敦煌石窟全集

第二卷

莫高窟第 256、257、259 窟 考古报告

敦煌研究院　编

文物出版社

北京　2024

图书在版编目（CIP）数据

敦煌石窟全集.第二卷,莫高窟第256、257、259窟考古报告/敦煌研究院编. -- 北京：文物出版社,2024.1
　　ISBN 978-7-5010-8204-9

Ⅰ.①敦… Ⅱ.①敦… Ⅲ.①敦煌石窟—文集 Ⅳ.
①K879.214-53

中国国家版本馆CIP数据核字(2023)第184125号

敦煌石窟全集　第二卷
莫高窟第 256、257、259 窟考古报告

编　　者：敦煌研究院

特约编辑：黄文昆
责任编辑：智　朴
责任印制：张道奇

出版发行：文物出版社
社　　址：北京市东城区东直门内北小街 2 号楼
邮　　编：100007
网　　址：http://www.wenwu.com
经　　销：新华书店
印　　刷：北京荣宝艺品印刷有限公司
开　　本：787mm×1092mm　1/8
印　　张：137
版　　次：2024 年 1 月第 1 版
印　　次：2024 年 1 月第 1 次印刷
书　　号：ISBN 978-7-5010-8204-9
定　　价：3480.00 元（全三册）

The Dunhuang Caves

II

Caves 256 , 257 , 259 of Mogao Grottoes

DUNHUANG ACADEMY

Cultural Relics Press

Beijing 2024

工作单位　敦煌研究院

任务承担　考古研究所

考古记录　蔡伟堂　张清涛　张小刚　王　娇

报告执笔　樊锦诗　蔡伟堂　黄文昆　张清涛　王　娇　张小刚

统　　稿　黄文昆　樊锦诗　蔡伟堂

英文提要　王平先翻译　Isabel McWilliams 译审　谢雅洁校对

三维激光扫描数据采集处理　北京戴世达数码技术有限公司

摄影测量　浙江大学文化遗产研究院

线图绘制　吴晓慧　吕文旭　赵　蓉　胡秀珍　李珊娜　邓虎斌　曲　波　樊梦笛　赵燕林
　　　　　　诺日卓玛　郭曳艺

线图校定　吴晓慧　吕文旭　赵　蓉　胡秀珍

线图总汇　吕文旭

摄影图版拍摄　宋利良

摄影图版校色　吴　健

数码采集摄影　吴　健　孙洪才　刘　刚　俞天秀　丁晓宏　赵　良　余生吉　乔兆福
　　　　　　　赵家斌　赵　蓉　师俊杰

数码照片拼图　俞天秀　丁晓宏　赵　良　杨　静　许丽鹏　罗毓灏　王江子　詹敦燕
　　　　　　　万　磊　史玉芳　李大丁　师俊杰　赵　蓉

彩塑壁画材质颜料取样分析　于宗仁　张文元　水碧纹　善忠伟　冯雅琪　崔　强
　　　　　　　　　　　　　赵金丽　王　卓　殷志媛　柴勃隆

碳十四年代测定　北京大学考古文博学院加速器质谱实验室　第四纪年代测定实验室

图文资料　敦煌学信息中心　文物数字化研究所　保护研究所
　　　　　　大英图书馆国际敦煌项目（IDP）
　　　　　　英国剑桥大学李约瑟研究所（Needham Research Institute, University of Cambridge）

序　言

位于甘肃省河西走廊西端的敦煌莫高窟、西千佛洞和瓜州榆林窟，因相同的地理位置、历史条件、题材内容、艺术特征，共属敦煌佛教石窟艺术范畴，统称为敦煌石窟。

敦煌莫高窟自前秦建元二年（公元 366 年）始建，经北朝、隋、唐、五代、宋、回鹘、西夏、元相继开凿修建，现存洞窟 735 个，其中有彩塑和壁画的洞窟 493 个（其中南区 488 个，北区 5 个；北区另有 243 个供僧侣居住的僧房窟、修行的禅窟、埋葬的瘗窟、仓储的仓廪窟，窟内均无壁画、塑像），并保存着唐、宋木构窟檐 5 座及窟前的舍利塔群。敦煌西千佛洞有北朝、隋、唐、五代、宋、回鹘、元洞窟 22 个。瓜州榆林窟有唐、五代、宋、回鹘、西夏、元洞窟 42 个，窟前有 20 座佛塔和化纸楼。敦煌石窟，尤其是莫高窟，规模宏大，历史悠久，内容丰富，艺术精湛，保存良好，具有珍贵的历史价值、艺术价值和科技价值。1961 年，莫高窟、西千佛洞和榆林窟被国务院公布为第一批全国重点文物保护单位。1987 年，敦煌莫高窟被联合国教科文组织世界遗产委员会批准列入世界文化遗产名录。

敦煌石窟的建筑、彩塑、壁画，历经千余年，由于自然和人为的原因，已患有多种病害，科学的保护工作纵能延长它的岁月，却很难阻止其逐渐发生劣化，无法使其永存。20 世纪以来，包括敦煌石窟研究在内的"敦煌学"各研究领域，取得了很多研究成果。仅敦煌研究院研究介绍敦煌石窟的出版物，已数以百计。然而，迄今为止还没有一部科学、完整、系统地著录敦煌石窟全面资料的出版物。及早规划并编辑出版多卷本记录性的考古报告《敦煌石窟全集》，对于永久地保存文化遗产——敦煌石窟的科学档案资料，无疑是十分必要的。这对于推动历史文化遗产的研究、满足国内外学者和学术机构对敦煌石窟资料的需求，都具有重要意义。而且，在石窟遗存逐渐劣化甚至坍塌毁灭的情况下，科学而完整的档案资料将成为文物修缮乃至复原的依据。

1957 年，在文化部副部长郑振铎主持下，制订了编辑出版《敦煌石窟全集》（以下简称《全集》）的计划，由学者、艺术家组成编委会。编委成员（按姓氏笔画为序）为王乃夫、王冶秋、王振铎、王朝闻、叶浅予、刘敦桢、吴作人、张珩、周一良、金维诺、赵万里、赵正之、夏衍、夏鼐、宿白、常书鸿、梁思成、董希文、谢稚柳、翦伯赞，共二十人。1958 年至 1959 年先后召开过三次编委会议，制订了出版规划纲要、选题计划、编辑提纲和分工办法等文件的草案。1959 年已经编出第 285 窟的样稿。

1962 年，宿白先生带领北京大学历史系考古专业学生到敦煌莫高窟实习，指导学生按照石窟寺考古学的方法，选择典型洞窟作全面的实测和文字记录。期间，他在敦煌文物研究所（敦煌研究院前身）做学术讲座"敦煌七讲"，系统阐述中国石窟寺考古学的理论和方法。从此，敦煌文物研究所开始了敦煌莫高窟的考古学记录工作，先后绘制了第 248 窟、285 窟的测绘图，写出第 248 窟的文字记录，开始编撰第 248 窟考古报告的初稿，终因"文化大革命"而被迫中断。

20 世纪 80 年代，敦煌研究院逐渐恢复了石窟考古和编写报告的工作，1994 年再次草拟考古报告《全集》编辑出版计划，并在院考古研究所成立了报告的编写小组。2004 年，成立了由本院考古研究所、保护研究所、数字中心（文物数字化研究所）、信息资料中心（敦煌学信息中心）

的专业人员组成的《全集》工作委员会，并确定了报告编写的体例。莫高窟北区除第461～465窟外，其他洞窟已单独编辑出版了考古报告，不在《全集》计划之内。

由于敦煌石窟规模宏大，编写多卷本记录性考古报告，是一项浩繁、艰巨、长期的工程。完成这样的工程，首先要确定《全集》分卷的原则，制订科学、周密的分卷计划成为首要解决的问题。根据过往的经验，多卷本考古报告的分卷有多种不同的方法：第一种方法是按洞窟编号的顺序，以相同或相近的分量，依次分卷；第二种方法是先重点，后非重点洞窟分卷；第三种是以洞窟开凿时代的早晚作为脉络，兼顾崖面布局形成的现状，依次组合各卷的洞窟；此外还有按编辑出版的先后确定卷数，甚至还有不分卷的意见。我们认为，认真编制分卷计划，以推进《全集》工程的实现是我们的责任。

敦煌石窟的形成，经历了从早到晚的历史过程。崖面上石窟群布局的现状似呈现不同时代参差错杂的现象，石窟的修造并无统一计划。但依据文物遗迹现状仍不难看出，"洞窟开凿的早晚和它的排列顺序有极密切的关系"（"敦煌七讲"），北朝至唐代前后各时代洞窟建造的位置和排列大致有序；同时代洞窟或成组、或成列，大致形成特定的区域。至五代、北宋以后，在崖面基本饱和的条件下继续开凿洞窟，或向崖面的两端和上下发展，或在洞窟与洞窟之间插空补缺，或改造、重绘前代洞窟。另外，石窟分期断代的研究表明，不同时代的洞窟既有区别，又有联系；相同时代的洞窟既有建筑形制、塑绘内容、艺术特点、制作材料和制作方法的共同特征，又在建造规模、洞窟结构、艺术水准和保存状况等方面存在差异。上述石窟群形成过程中的复杂因素，是制订《全集》分卷规划时需要周密考虑的。为了使多卷本的《全集》具有科学性、系统性、学术性，避免编排不当造成撰写时的混乱、重复或遗漏，避免各卷分量的畸轻畸重，我们以洞窟建造时代前后顺序为脉络，结合洞窟布局走向，以典型洞窟为主，与邻近的同时代或不同时代的若干洞窟形成各卷的组合。这是我们编辑出版计划分卷编册的基本原则。

《全集》的规模大约将达到一百卷，本卷《莫高窟第256、257、259窟考古报告》包括北魏第257、259窟，五代宋第256窟。各卷逐窟记录洞窟位置、窟外立面、洞窟结构，依据叠压打破关系分层叙述洞窟内容，包括题记、碑刻、保存状况，注意观察对于考古学研究具有意义的各种迹象。此外，全面、准确的测绘图和详备的照片图版是本书中与文字并重的组成部分。莫高窟各卷之后，将依次分编西千佛洞、榆林窟各卷。作为"全集"，本书亦不限于对现状的记录，在附录中尽可能收录、汇集前人调查、记录的成果，以及有关洞窟研究文献的目录，还包括相关的科学分析实验报告等。

《敦煌石窟全集》的编辑出版，可能需要几代人的努力才能最终完成，因此我们没有理由将这项无比重要的工作再事推延。从现在开始，我们将分卷陆续编辑出版这套石窟寺考古报告的全集。这对我们是全新的工作，一切在探索和尝试中进行。我们自知水平有限，缺点和疏漏在所难免，只希望在实践中积累经验，不断提高我们的工作水平，将力求完备的文物资料留存于世。

目　录

插图目录

第三章 第 257 窟

第四章　第 259 窟

第五章 结语

图版目录

I 测绘图版

II 摄影图版

数码全景摄影拼图目录

第一章 绪论

本卷将报告敦煌莫高窟第 256、257、259 窟三个编号洞窟。这是继多卷本考古报告《敦煌石窟全集》第一卷《莫高窟第 266～275 窟考古报告》之后编撰的《敦煌石窟全集》第二卷，包括第 257、259 窟两个北魏洞窟和晚期第 256 窟。纳入本卷的第 256 窟与北侧北魏第 257、259 窟相邻，崖面南北两侧都是早期洞窟[1]。

一 本卷洞窟概况

本卷考古报告之第 256 窟（Ch. IX，P. 107，O. 107，C. 245，S. 192）、第 257 窟（P. 110，O. 110，C. 243，S. 193）、第 259 窟（P. 111，O. 110a，C. 242，S. 194）[2]，位于莫高窟石窟群南区中段自下而上第二层洞窟崖壁上，坐西向东，左右相邻。

本卷第 256 窟之南为隋代第 255 窟、北魏第 254 窟、隋代第 253 窟、唐代第 252 窟、北魏第 251 窟、北周第 250 窟、西魏第 249 窟、北魏第 248 窟、西魏第 247 窟。

本卷第 257、259 窟以北是北魏第 260 窟、隋代第 262 窟、北魏第 263、265 窟、隋代第 266 窟和早期第 268、272、275 三窟及隋代第 274 窟。

第 256 窟上方是内凹的崖壁。第 257、259 窟上方为中唐第 258 窟、五代第 261 窟。本卷三窟下方洞窟自南向北为初唐第 71、70 窟，中唐第 69 窟，初唐第 68、67 窟（图 1～5；图版 I：1、2；图版 II：1～4）。

第 256 窟基本完整，前室有晚近时期修建的木构窟檐。此窟平面位置相对于南侧第 254 窟至西魏第 247 窟等 9 个洞窟、北侧第 257 窟至早期第 275 窟等 11 个洞窟，明显向后凹进，推测此窟是在其所在崖面坍塌之后重建而成。历史上崖面自然崩塌，也造成第 257、259 窟前部外立面和窟内前壁全部以及窟顶和南北侧壁的前端残毁，窟内遭受不同程度的损坏。第 257 窟南壁东端局部坍毁，北壁东端较大面积坍毁，窟顶前部坍毁过半，影响波及后部。第 259 窟类似，南壁东部大面积塌毁，窟顶大部残毁，北壁东端稍有残毁。二窟外立面包括岩孔，均无留存。第 257 窟历史上在后甬道西南角生火和中心塔柱四面龛前燃灯，南壁西端、西壁上边、南端，以及顶部西南角和塔柱西向面因烟熏而致油渍污染严重。

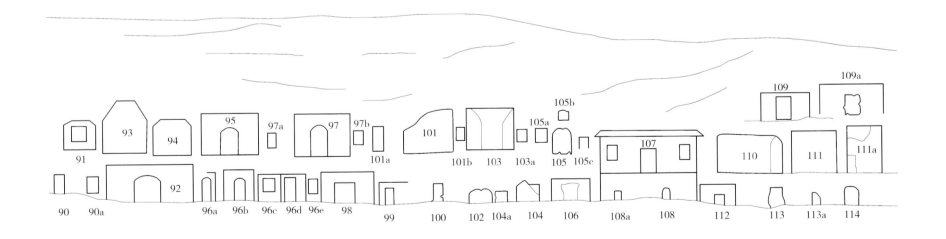

图 1 第 256、257、259 窟附近崖面立面图（据伯希和 1920～1924 年《敦煌石窟图录》清绘，部分）

---

[1] 洞窟时代，依据敦煌文物研究所整理《敦煌莫高窟内容总录》，文物出版社，北京，1982 年 11 月。以下叙及各窟标注时代皆据此。

[2] "Ch." 表示斯坦因编号，"P." 表示伯希和编号，"O." 表示奥登堡编号，"C." 表示张大千编号，"S." 表示史岩编号。

图 2　第 256、257、259 窟周围崖面立面图（据奥登堡 1914 ～ 1915 年水彩图清绘，部分）

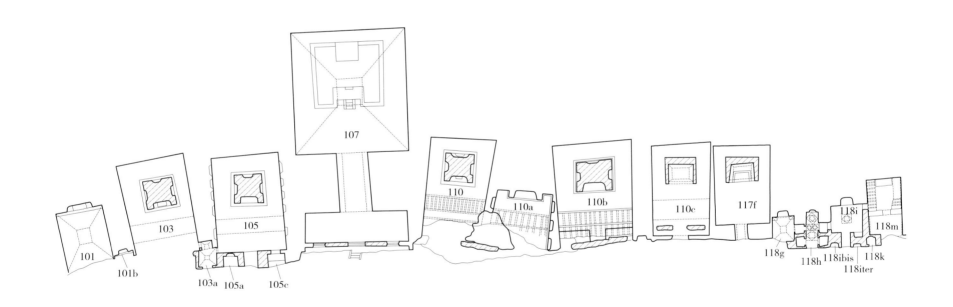

图 3　第 256、257、259 窟及相邻洞窟平面图（据奥登堡 1914 ～ 1915 年图清绘，部分）

　　本卷三窟历史上都有过重修。第 256 窟主室四壁壁画，窟顶的西、北、南披和藻井壁画，主室前的甬道壁画，甬道前的前室西壁壁画均有两层叠压，说明下层为原创，上层壁画为重绘。该窟前室的木构窟檐结构简单、材料简陋，为晚近时期所建。第 257 窟中心塔柱的塔座正面（东向面）和两侧面（南向面和北向面）的东端有后代重绘的壁画。第 259 窟窟顶后部，正壁（西壁）塔柱形前上方平顶原作壁画损毁处后代作了补绘，正壁龛内彩塑并坐二佛的脸部和胸部在晚近时期被重新装銮涂色。

　　1954 年，敦煌文物研究所（敦煌研究院前身）对第 257 窟窟顶后部平顶多处破损壁画和第 259 窟后部平顶一处破损壁画做了边沿

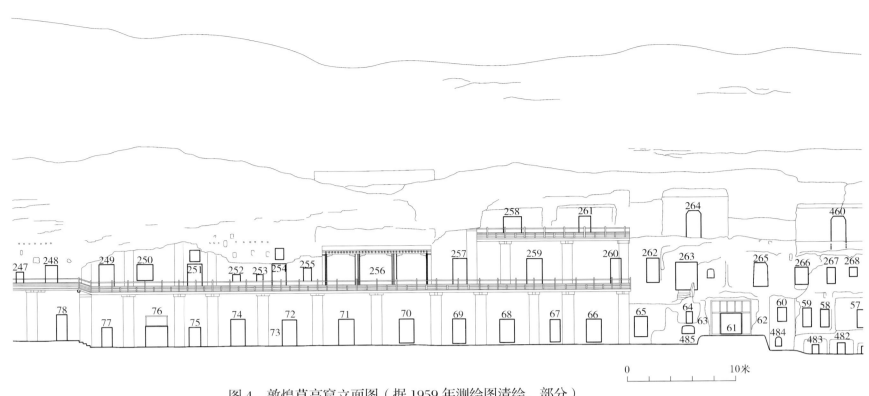

图 4　敦煌莫高窟立面图（据 1959 年测绘图清绘，部分）

加固保护 [3]。1957 ～ 1958 年，在国家文物局直接领导下，由局直属古代建筑修整所（现中国文化遗产研究院）与敦煌文物研究所合作，针对莫高窟南区中段第二层第 248 ～ 260 窟北魏石窟群的危崖，实施了试验性的加固工程 [4]。工程中，修建了这段石窟群前的木结构栈道，在第 257、259 窟前端坍毁的窟外立面构筑了砌体，重修塌毁了的前壁（东壁）并安装窟门，将两窟的南壁和北壁东端不同程度的残毁部分修补完整，两窟前端窟顶塌毁部分都做了支撑加固和维修。工程期间，第 256 窟部分地面铺设了水泥、水泥方砖或使用了前代花砖。第 257、259 窟也铺设了水泥地面。1999 年，做窟外危崖石的清理工程，加固崖体，并将洞窟木门更换为 1987 年已制作完成的铝合金门 [5]。2005 年将窟前木栈道改建为钢筋混凝土栈道。

在 1944 年之前，对本卷三窟，做过调查记录的，国外主要有英国马尔克·奥雷尔·斯坦因（Marc Aurel Stein）、法国保罗·伯希和（Paul Pelliot）、俄国谢·费·奥登堡（Сергей Федорович Ольденбург），以及英国李约瑟（Joseph Terence Montgomery Needham）和德斯蒙德·巴慎思（Desmond Parsons）、美国艾琳·文森特（Erin Vincent）和约翰·文森特（John Vincent）等；国内除满清官厅外，主要有张大千、何正璜、谢稚柳、石璋如、史岩、李浴、罗寄梅等，他们从洞窟编号、文字记录、石窟测绘、壁画临摹、照片拍摄等方面，全面或侧重某方面做了调查记录 [6]。自 1944 年以来，国立敦煌艺术研究所（敦煌文物研究所、敦煌研究院前身）成立近八十年间，对于本卷的三窟在内的敦煌石窟长期进行调查、研究，此期间，国内外学术界在洞窟形制、洞窟时代、壁画内容、造像特征、绘画技法、颜料分析等方面的研究，取得了丰硕的成果 [7]。

二　本卷编写经过

本卷"莫高窟第 256、257、259 窟考古报告"是按照敦煌研究院 1994 年制订的多卷本《敦煌石窟全集》分卷计划，继续按照考古报告全面记录的要求，对本卷第 256、257、259 窟重新进行考古调查，以文字记录、测绘、摄影，记录三个洞窟的建筑结构和彩塑、壁画的内容，并全面收集相关资料和既有成果，在此基础上编写的考古报告。

本卷考古报告的三个洞窟资料和文史资料收集研究、文字记录和报告编写，始于 2012 年，由樊锦诗、蔡伟堂、张清涛、张小刚、王娇、黄文昆承担。具体分工负责如下：第一章绪论、第五章结语，樊锦诗；第二章第 256 窟，蔡伟堂；第三章第 257 窟，张清涛；第四章第 259 窟，王娇。最后，由黄文昆、樊锦诗、蔡伟堂审订统稿。

---

[3]　孙儒僩《我经历的敦煌石窟保护——上世纪40至60年代》，《敦煌研究》2006年第6期，p. 208。

[4]　同注[3]，pp. 203–218。

[5]　孙儒僩《敦煌石窟保护与建筑·我经历的敦煌石窟保护工作》，甘肃人民出版社，兰州，2007年7月，p. 54。又，《敦煌莫高窟石窟档案》，现藏敦煌研究院保护研究所。

[6]　详见本书附录一〈本卷洞窟调查记录文献摘录〉，附录二〈本卷洞窟历史照片选辑〉。

[7]　参见本书附录三〈本卷洞窟相关论著、资料目录〉。

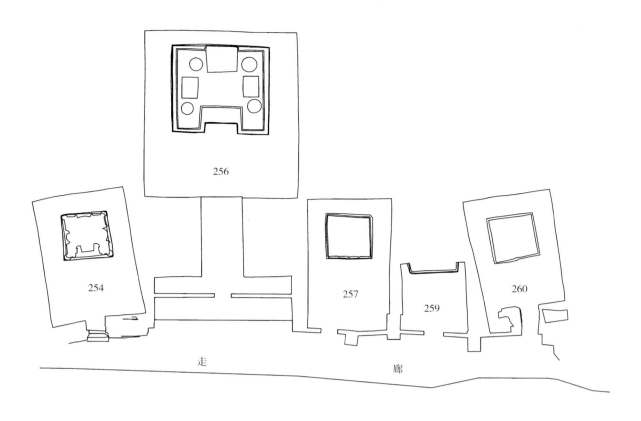

图 5   第 254 ～ 260 窟连续平面图（2006 年 5 月全站仪测绘）

本卷报告的测绘图，基本沿用第一卷报告的测绘技术和绘制方法 [8]。

2005 年，敦煌研究院考古研究所开始使用传统的小平板仪手工测绘方法测绘第 257、259 窟。2006 年，试用全站仪测量拼图的方法测绘第 257 窟。2009 年，北京戴世达数码技术有限公司完成对第 257 窟的三维激光扫描。

2007 年 4 月，由北京戴世达数码技术有限公司完成对第 256、259 窟的三维激光扫描。2014 年 11 月，邀请浙江大学文化遗产研究院采用摄影测量方法，获取第 256 窟前室被遮挡的壁画和窟檐内部建筑构件数据 [9]。

2015 年 5 月，完成相关数据处理，提交绘图人员主要依据点云切片和点云影像图绘制线图。

本卷"测绘图版"和正文插图中，包括了各窟窟室结构（包括中心塔柱和中心佛坛）的平面、立面、剖面图，俯视投影和仰视图，佛龛和塑像的正视、侧视、剖视和等值线图，窟顶和佛龛的展开、壁画整体和局部及洞窟透视图，本卷洞窟的联合平面图、联合外立面图，以及各章节随文的线描插图等。此外，与《全集》第一卷相同，由于洞窟的地面和四壁之间不存在平行或垂直的关系，绘制了各窟的平立面关系图，以准确展示平立面图之间的投影关系。敦煌研究院考古研究所吴晓慧、吕文旭、赵蓉、胡秀珍、诺日卓玛、郭曳艺、邓虎斌、曲波、李珊娜、樊梦笛、赵燕林等测绘人员在电脑中使用计算机辅助软件，并依据国家规定的测绘标准，完成了上述工作。

本卷报告中塑像及佛龛的测绘方法：测绘人员对塑像及佛龛全方位、多角度拍摄数码照片，采集的信息分组分类，按需求导入三维建模软件 PhotoScan 进行处理；将建好的三维模型导出塑像或塑像及佛龛的正视、左侧视、右侧视正射影像图，进而利用点云将其定位，再分别导入计算机辅助软件 MicroStation，以三维激光扫描数据校验导入的正射影像图至与点云完全吻合；最后，利用 MicroStation 绘制线图。方法的变通丰富了考古测绘的技术手段。

塑像等值线图绘制：运用点云处理软件 Cyclone 做好各对应的塑像或佛龛独立坐标系点云数据模型。然后在 MicroStation 三维模式下，选用切片工具，按塑像的不同大小等距离切出点云数据模型的断面，依据切出的断面描绘等值线。

本卷"摄影图版"照片，由本卷报告编写人员提出拍摄目录，本院文物数字化研究所宋利良承担拍摄，主要拍摄彩色反转片并以数码相机拍摄的照片为补充。少数例外，图片拍摄者均在正文中或图下注明。摄影图版由吴健校色。

本卷三个洞窟电脑软件绘图使用的洞窟数码拼接照片，以及附载摄影图版后部的"数码全景摄影拼图"，均由本院文物数字化研究所数码采集摄影拼接提供。数码采集摄影人员为吴健、孙洪才、刘刚、俞天秀、丁晓宏、赵良、余生吉、乔兆福、赵家斌、赵蓉、师俊杰等，拼接人员为俞天秀、丁晓宏、赵良、杨静、许丽鹏、罗毓灏、王江子、詹敦燕、万磊、史玉芳、李大丁、师俊杰、赵蓉等。

---

[8]   参见《敦煌石窟全集》第一卷《莫高窟第266～275窟考古报告》第一分册·附录五〈三维激光扫描技术在敦煌石窟考古测绘中的应用〉，文物出版社，北京，2011年8月，pp. 340-342。

[9]   2014年10月27日～11月8日，浙江大学文化遗产研究院受敦煌研究院考古研究所邀请，对莫高窟第252、253、255窟，以及第256窟前室壁面和顶部开展多图像摄影测量三维数字化实验工作。第256窟前室各壁与顶部空间异常狭窄，无法采用传统三维激光扫描仪作业，通过摄影测量三维模型结果输出对应洞窟壁面的正射影像图，有效解决了狭小空间下的复杂测量难点。

本卷附录一"本卷洞窟调查记录文献摘录"，由蔡伟堂集录。附录二"本卷洞窟历史照片选辑"中的历史照片，院藏部分照片由李贞伯、祁铎、孙儒僴、盛鼐海、宋利良、吴健和文物出版社彭华士等拍摄[10]。20 世纪 40 年代初罗寄梅在敦煌石窟拍摄照片，由美国普林斯顿大学唐氏研究中心（P.Y. and Kinmay W. Tang Center for East Asian Art, Princeton University）收藏，该中心将部分罗氏照片捐赠给敦煌研究院[11]；李约瑟于 20 世纪 40 年代来敦煌石窟考察，他拍摄的照片，由英国剑桥大学李约瑟研究所（Needham Research Institute, University of Cambridge）提供给敦煌研究院[12]；艾琳·文森特在敦煌石窟拍摄的照片，由其女布朗恩·文森特（Brown Vincent）捐赠给敦煌研究院[13]；巴慎思、约翰·文森特在敦煌石窟拍摄的照片，均由大英图书馆国际敦煌项目（IDP）提供[14]。附录三"本卷洞窟相关论著、资料目录"，由王娇、蔡伟堂在第一卷考古报告附录三的基础上增删。附录四"本卷洞窟碳十四（[14]C）年代测定报告"，由北京大学考古文博学院加速器质谱实验室、第四纪年代测定实验室承担并完成。

附录五"莫高窟第 256、257、259 窟壁画彩塑制作工艺与材料研究报告"，由本院保护研究所于宗仁、张文元、水碧纹、善忠伟、冯雅琪、崔强、赵金丽、王卓、殷志媛、柴勃隆等专业人员承担。他们利用多光谱摄影、数码显微镜、偏光显微镜、生物显微镜、扫描电子显微镜一能谱、便携式 X- 射线荧光光谱、拉曼光谱、红外光谱、X- 射线衍射光谱、气相色谱一质谱联用等手段，对壁画和彩塑的制作材料和工艺调查分析；利用碳十四（[14]C）测年方法确定壁画的制作年代。相较第一卷的材料分析，由于方法更加全面，在对材料和工艺更加深入分析基础上，明确了地仗层中的两种植物纤维，颜料层中的胶结材料、墨以及两种有机染料。

本卷提要由王平先担任英译，经 Isabel McWilliams 译审，谢雅洁校对。

总之，本报告是一项集体性成果，是在院内外各有关部门和机构的大力支持、积极配合及共同努力下完成的。文物出版社为本书出版给予了支持。在报告出版之际，谨向曾给予我们指导、支持和帮助的老师、同仁、朋友和以上提到的院外协作单位、本院相关部门及所有参加工作的人员，表示诚挚的感谢。

三　本卷编写体例说明

本卷考古报告基本按照第一卷的体例编写[15]，只是因为洞窟结构上和内容上的不同，报告文本在叙述顺序上有所调整。

本卷报告共分五章，第一章绪论，第二章第 256 窟，第三章第 257 窟，第四章第 259 窟，第五章结语。

本卷第 257 窟为中心塔柱窟，第 259 窟中有塔柱形，第 256 窟为中心佛坛窟。报告文本原则上先塔柱、佛坛而后壁面。对于塔柱和佛坛的叙述，依自下而上的顺序，与之协调，各壁面的内容因而同样作自下而上的叙述。再者，中心塔柱式和中心佛坛式洞窟中，遵循佛教右绕敬拜的礼仪，内容布局须相应按照向右旋绕的方向。以上两者，有违左右对称布局情况，与第一卷有所不同。

塔柱、佛坛的叙述按东向面、南向面、西向面、北向面的顺序。每面自下而上，塔柱分塔座、塔身，佛坛分下层、上层。塔座、佛坛均属须弥座形式，佛坛为两层须弥座叠垒。叙述自下而上，塔座包括座基、座身、座沿，佛坛每层有基座、束腰、上涩。

第 257 窟，窟室壁面内容随中心塔柱右绕走向；东壁不存，叙述按南壁、西壁、北壁顺序。第 256、259 窟壁面（包括塔柱形），因内容无涉右绕，仍按通常左右对称体例，即正、左、右、前（西壁、北壁、南壁、东壁）依次叙述。壁面上下分段，依次为下段、上段，或下段、中段、上段。

第 257 窟塔柱柱身和第 259 窟南北两壁上段，先下层后上层；下层为塑造佛坐像的圆券形龛，上层为塑造菩萨交脚坐或半跏坐的阙形龛，主次分明。塔柱和壁面同层内容，先龛像后壁面，先龛内后龛外，先塑像后壁画。

本卷报告测绘图、摄影图版以及附录内容的编排，与第一卷体例基本相同，不再赘述。

---

[10] 由敦煌研究院文物数字化研究所提供。

[11] 由敦煌研究院敦煌学信息中心提供。另有3张照片采自Dora C.Y. Ching Visualizing Dunhuang: The Lo Archive Photographs of the Mogao and Yulin Caves (I– IX), Princeton University Press, 2021。

[12] 由本院罗华庆、许强具体承办交付本书使用。

[13] 由敦煌研究院文物数字化研究所提供。参见艾琳·文森特著，刘勤译《神圣的绿洲——1948，艾琳·文森特的敦煌之旅》，甘肃教育出版社，兰州，2019年12月。书中刊载相关照片1张，编号图版20。

[14] 由本院陈列中心盛鼐海负责联系承办交付本书使用。

[15] 详见《敦煌石窟全集》第一卷《莫高窟第266～275窟考古报告》第一分册，文物出版社，北京，2011年8月，pp.24-26。

第二章 第256窟

第一节 窟外立面

第256窟坐西向东，方向为东偏北2.76度，高程1337.20米。南邻第255、254窟，北接第257、259窟，上方偏北有第258、261窟，下方为第70、71窟（图1、2；图版I：1、2；图版II：3～5）。

图1　第256窟透视图（向西北）

此窟窟外崖面，早年或因自然坍塌或人工所为而较之相邻其他洞窟崖面向后缩进。在20世纪50年代末至60年代初的莫高窟南区洞窟维修加固工程中，开敞的前室部分壁面被挡墙砌体所覆盖。

根据现存暴露在外的崖面遗迹，以及近现代不同时期的相关文字、摄影、测绘图等调查记录资料[1]，可知该窟窟外立面曾经几度变迁。

第256窟窟外崖面，曾经有过一定程度的坍塌情况。关于本窟外立面遗迹的记录，文字信息颇少，或仅记前室窟檐一座。对于木构窟檐上方的崖面迹象，未曾予以记录。从20世纪初期以来的历史照片和测绘图看，此窟之下方，当时，下层洞窟几近被积沙埋没，窟前地面升高，借助矮小木梯即可通达本窟。20世纪40年代，国立敦煌艺术研究所曾在此窟前作过部分修缮，采取保护措施，新筑护墙，安装窟门，修建阶梯等。此外，本窟崖面上方之崖顶曾经修筑一段防沙土坯挡墙，以阻沙石流入下方洞窟。该防沙墙在1954年5月和1955年3月拍摄的照片中尚未见到，而在1957年7月和1959年4月的照片中，防沙墙已经筑起，故而此墙修筑时间当在1956年前后。至20世纪50年代末，敦煌文物研究所在对此窟附近洞窟进行维修加固工程中，拆除并重新修缮了此窟以及上下左右与其相邻洞窟的部分窟前建筑、交通梯道设施、木质门窗和防护土墙，并全面进行了考古清理，发掘出被积沙埋没的与之相关的下层洞窟及其窟前建筑遗迹，窟外崖面原来迹象大体暴露无遗[2]。在20世纪90年代以前，还可以看到崖壁上残存5个孔眼遗迹，以及人工打凿痕迹[3]。其后，1999年，敦煌研究院保护研究所在对本窟进行崖面清理加固工程中，将时存孔眼和沟槽等遗迹封堵填平，且用"PS"材料加固崖面岩体。但参照

---

　　[1]　20世纪初以来，先后有斯坦因、伯希和、奥登堡、张大千、史岩、石璋如、何正璜、谢稚柳、阎文儒、敦煌文物研究所等个人或机构单位不同时期的文字记录和测绘图，以及摄影图片等。详细情况，请参见本卷附录一〈本卷洞窟调查记录文献摘录〉和附录二〈本卷洞窟历史照片选辑〉。

　　[2]　请参见本卷附录一〈本卷洞窟调查记录文献摘录〉和附录二〈本卷洞窟历史照片选辑〉之各家相关文字记录、窟外立面测绘图和历史照片，以及《敦煌莫高窟石窟档案》之第256窟档案记录（敦煌研究院保护研究所藏）。又，参见孙儒僩〈我经历的敦煌石窟保护——上世纪40至60年代〉，《敦煌研究》2006年第6期，pp. 211–212。

　　[3]　参见本卷附录二〈本卷洞窟历史照片选辑〉之（九）敦煌研究院藏历史照片。

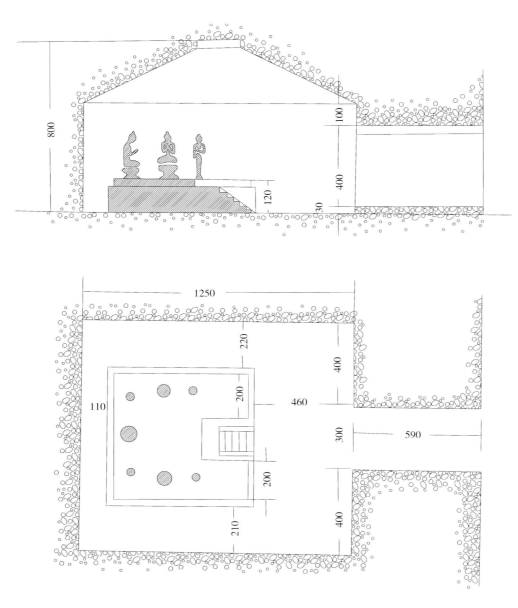

图 2　莫高窟第 256 窟平面及剖面图（20 世纪 50 年代测绘，据敦煌文物研究所石窟档案）

早期拍摄照片，对比相对位置简要描述，仍约略可见部分孔眼凿痕遗迹，兹将孔眼之大体尺寸列表，包括各孔眼编号、位置、形状、尺寸等，以资参考（图版 I：2）。

　　在窟外崖面上部，残存出檐及孔眼遗迹。其中檐脊上方孔眼（下表中编号①），下距前室西壁顶边垂直距离 284 厘米，孔眼方形，高 32 厘米、宽 45 厘米；下方孔眼（编号②）长方形，高 29.3 厘米、宽 48.6 厘米，二孔之间相距 68 厘米。

　　以檐脊上下孔眼为中心，似曾有人字斜坡状向南、向北两侧延伸之散水沟槽痕迹，约略在北坡斜线上残存二孔眼，疑安置护檐板构件所遗留，其中偏北略上孔眼（编号③），扁圆形，高 19.5 厘米、宽 39.8 厘米，与檐脊上方孔眼、下方孔眼直线距离分别为 129 厘米和 94.2 厘米。另一略下偏北孔眼（编号④），与之相距 40.2 厘米，方圆形，高 23.3 厘米、宽 26.4 厘米。在南坡斜线上残存一孔眼（编号⑤），椭圆形，高 32 厘米，宽 57.5 厘米，与檐脊上方孔眼、下方孔眼直线距离分别为 146.2 厘米和 110 厘米（图 3）。

　　上述残存之孔眼遗迹，当系为固定护檐板之类构件而打凿[4]，详见下表。

第 256 窟外立面孔眼位置、形状、尺寸登记表

编　号	位　置	形　状	尺　寸（单位：厘米）			备　注
			高	宽	深	
①	檐脊上	方形	32	45	不明	已封堵
②	檐脊下	长方形	29.3	48.6	不明	已封堵
③	北坡上	扁圆形	19.5	39.8	不明	已封堵
④	北坡下	方圆形	23.3	26.4	不明	已封堵
⑤	南坡上	椭圆形	32	57.5	不明	已封堵

[4]　相同遗迹之情况，在莫高窟现存其它洞窟崖面亦可见到，例如第233窟、第427、428、431窟，第454窟等窟外崖面上方，至今尚存护檐板和固定护檐板之木质构件及其遗迹等。

图 3　第 256 窟外立面孔眼位置图

在第 256 窟下方，正当下层洞窟第 70、71 窟。二窟较之第 256 窟皆向前凸出，且于二窟前室外立面均凿有梁孔和地栿槽，当系二窟木构窟檐建筑架构之遗迹。窟外崖面经维修加固之后，这些原来遗存迹象被遮挡[5]。其窟外立面之现状，当系 20 世纪 50 年代末 60 年代初南区崖面维修加固工程后初具之外貌。尔后虽几经加固修葺，局部有所变化，但基本维持当时原状。

2005 年，敦煌研究院保护研究所将包括本卷洞窟在内的第二层洞窟之第 248 ～ 260 窟区段窟前原木质栈道和护栏，更换为钢筋混凝土浇筑的栈道、木构护栏。详情参见后文相关部分（图版 II：5、6）。

第二节　洞窟结构

第 256 窟，由前室、甬道和主室（后室）三部分构成。

受窟外崖面崩塌或人为干预之影响，此窟前室敞口，无前壁，平面横长方形，西壁中部向西开甬道通向主室，后世（清代末民国初）修筑窟外木结构窟檐。

甬道纵长方形平面，盝形顶。

主室平面方形，地面中央靠后设中心佛坛，坛上塑像；覆斗形窟顶，顶四角各凿一"凹窝"。东壁中间辟门，经甬道连通前室。全窟窟室通进深（包括前室、甬道、主室）约 2185 厘米（图 1、2；图版 I：3 ～ 7、9 ～ 11）。

根据第 256 窟现存各种迹象判断，洞窟结构似基本保存初建时之原貌。唯塑像、壁画经后代重修重塑重绘，增筑木构窟檐。因此，洞窟结构未予分层，一并叙述说明如下。

---

[5] 据20世纪50年代末60年代初敦煌文物研究所拍摄的老照片，可见在第70窟前室西壁，有方形或长方形孔眼6个，其中窟门两上角各1个，当系安装固定门框而凿；其余4个当为梁栿孔。在第71窟前室西壁，残存圆形或不规则形梁栿孔眼4个。二窟近门之梁栿孔均上下互相对应，其中地栿孔自西壁起向东延伸，于前室地面各打崖岩2栿槽。此外，在第70窟与第71窟之间（即第70窟前室南壁、第71窟前室北壁）、第69窟与第70窟之间（即第70窟前室北壁）和第71窟与第72窟之间（即第71窟前室南壁），分别残存一段砾岩崖体隔墙，向东伸出。在隔墙东端之断面上、下方，亦各凿一孔眼，其中或有残毁者。第70窟和第71窟前室之梁孔和栿槽迹象，当系二窟木构窟檐建筑架构之遗迹。前述与第256窟相关的第70、71窟下层洞窟外立面之建筑遗迹，于20世纪50年代末至60年代初南区洞窟崖面维修加固工程时被砌体遮挡覆盖，现已无法看见。参见本卷附录二〈本卷洞窟历史照片选辑〉之（九）敦煌研究院藏历史照片，以及《敦煌莫高窟石窟档案》（敦煌研究院保护所藏）。详情见本报告后述相关章节。

一 前室

第 256 窟前室，现残存西壁、北壁、南壁和顶部，创建之初有无东壁已无从稽考 [6]。据近现代相关图文资料记录和现存遗迹推测，前室东西进深约 360 ～ 390 厘米，南北宽 1071.2 ～ 1079.3 厘米，高 486 ～ 510 厘米。

关于本窟前室，据 20 世纪初奥登堡记录："前室有新的窟前建筑，曾有坍塌的楼梯通向此处，屋顶（椽木上覆以芦苇）已坍，上面还留有旧顶的痕迹并有绘画，室顶尚可见带有浮塑棋格的团花，大概原曾泥金，室顶向上弯曲，有上端图案和佛珠。"史岩记曰："窟前有屋三间，中间上穿，地面有二穴，左穴下通第二四六窟，右穴下通第二四七窟，门前已凿石级，盖可上下。"石璋如记："前室：东西 2.95 公尺，南北 9.8 公尺，计 28.91 平方公尺，合 8.75 坪。高 4.2 ～ 4.8 公尺，筑有三间木构窟檐，顶作券棚式。门北一洞通下 C246 窟、门南另一洞通 C247 窟。"今前室西壁上部甬道口上方有安插木构当心间两根内梁的孔眼。南北两壁大部被木构山墙遮覆，上部亦遭两根外梁的破坏，壁面仅露出顶端少许。

（一）地面

第 256 窟前室原地面的情况，至少在 20 世纪 40 年代以前的各种文字图像资料中，均无详细记载，具体状况不甚明了。据 20 世纪 40 ～ 50 年代对本窟地面的有关记录来看，当时地面凹凸不平，窟口前方地面南侧和北侧各有一穿洞，分别与下层洞窟初唐第 70、71 窟窟顶上下相通，亦即该窟打破了下层两个洞窟。50 年代，敦煌文物研究所在对第 248 ～ 260 窟区段上、下层洞窟及其崖面维修加固工程中，将本窟前室地面与下层洞窟之间的穿洞做了封堵抹平 [7]。

现状前室地面呈横长方形，西壁底边长 1071.2 厘米，北壁底边残长 360 厘米，南壁底边残长 360.7 厘米，南壁、北壁底边现存东端相距约 1079.3 厘米 [8]。

在原地面南北两端，分别被后代（约清代、民国时期）重修之南、北山墙之墙基占据、遮挡部分。

20 世纪 50 ～ 60 年代，敦煌文物研究所在修缮此窟前室时，在地面铺设水泥方砖。有关详情，请参见后文相关叙述。

（二）壁面

第 256 窟前室西壁顶边长 1019.2 厘米、北端高 473.8 厘米、南端高 492.4 厘米。壁面中间靠下为窟门甬道东入口。甬道口北沿距北壁 357.5 ～ 367.2 厘米、南沿距南壁 352.8 ～ 360.4 厘米、上沿距西壁顶边 84.6 ～ 88.6 厘米（图版 I：12；图版 II：10、11）。

窟门甬道东入口高 386.5 厘米、宽 280.8 ～ 304 厘米。口沿顶部呈盝形，中央平顶边长 194.2 厘米，北斜边长 77.2 厘米，南斜边长 77.6 厘米；盝形之下，口沿北边高 322.5 厘米、南边高 333.2 厘米。

西壁甬道入口上方两侧近壁面顶部，后代分别打凿梁孔各 1 个，将原来部分壁面破坏。北侧梁孔纵长，高 103.5 厘米、宽 28.5 ～ 46.7 厘米、深 73 厘米；南侧梁孔略作竖长方形，高 113.2 ～ 119.6 厘米、宽 57.2 ～ 64.5 厘米、深 70 厘米。二梁孔之间相距 355.7 厘米（图版 I：5、12；图版 II：15、16-2）。

在西壁顶边向下 57 ～ 68 厘米，甬道东口上沿之上，其间通壁横宽的部分壁面被后代重修窟檐之屋顶遮挡，致高约 36 ～ 43 厘米的壁面损毁。窟檐上方壁画暴露在外，长年遭受风沙侵蚀，日晒雨淋，大多颜色褪变，漫漶不清。

北壁顶边残长 202.3 厘米、现存东端残高约 483.5 厘米（图版 I：13；图版 II：19-1）。

南壁顶边残长 165 厘米、现存东端残高 492.3 厘米（图版 I：14；图版 II：19-2）。

在南、北壁之前，后代（清末、民初时期）因建造木构窟檐而新筑南山墙和北山墙，以土坯垒砌，皆低于原来壁面。后又经敦煌文物研究所、敦煌研究院两度重修加固，原壁面大部（壁前中下部）仍被窟檐和山墙所遮挡，仅壁面顶边以下、木构窟檐顶部以上，约 60 厘米壁面露出原貌。南北两壁东端皆毁，上部原露出崖体，下部涂墁白灰泥 [9]，后经现代洞窟维修加固工程，已被

---

[6] 参见奥登堡著，季一坤译《敦煌千佛洞石窟叙录》，俄罗斯国立艾尔米塔什博物馆、上海古籍出版社编纂《俄罗斯国立艾尔米塔什博物馆藏敦煌艺术品》VI，上海古籍出版社，上海，2005 年 10 月，p. 153；史岩《千佛洞初步踏查纪略》手稿，1943 年，现藏敦煌研究院敦煌学信息中心；谢稚柳《敦煌艺术叙录》上海出版公司，上海，1955 年 11 月，p. 324；石璋如《莫高窟形》上册，台北·历史语言研究所，1996 年 4 月，p. 477。

[7] 参见本卷附录一〈本卷洞窟调查记录文献摘录〉和附录二〈本卷洞窟历史照片选辑〉之各家相关图文资料和照片。

[8] 此处西壁、南壁和北壁以及东端地面底边之尺寸，系现状丈量。了解原地面之状况，可结合部分现存迹象，并参见本卷附录相关图文资料记录。

[9] 详情参见本卷附录一〈本卷洞窟调查记录文献摘录〉和附录二〈本卷洞窟历史照片选辑〉之各家相关图文资料和照片。

砌体覆盖（图3）。

（三）顶部

前室顶为平顶，但东端稍高于西端，略有坡度，斜面倾角约在5度以内。东边残长约1047.4厘米。室顶西、南、北边分别连接西、南、北壁顶边。其中东边及南、北边东端不同程度残损，尤以东边为甚。

在室顶东边，壁面转折向上，向前呈约43度角倾斜，形成宽约124厘米的斜面，与上方崖面相接，垂直高约80厘米。现大部地仗泥层脱落，残存的部分泥面，南北宽832.6厘米、高17.5～47.8厘米，残存少许露天壁画（图版I：15；图版II：6～9）。

（四）木构窟檐

此窟前室，后代（清代、民国时期）增建了面阔三间之木构窟檐。其后又经现代几次重修改建，加固维修。详情参见后述有关章节。

二 甬道

第256窟甬道纵长方形平面，盝形顶，连接前室和主室（后室）。高378.4～398.7厘米，东西进深586.5～590.6厘米，南北宽293.5～302.8厘米（图版I：16～19）。

（一）地面

甬道地面北边长584.2厘米、南边长588.9厘米、西边长296.1厘米、东边长307.2厘米。高于前室地面12～14厘米，高出主室地面21～24厘米。现地面经后代重修铺衬，详见本章第四节"现代遗迹"部分。

（二）壁面

甬道北壁呈横长方形，高314.6～331.8厘米，顶边长606.3厘米。壁面自下而上渐向外张，下边窄于上边。顶边中部略低，两端稍高（图版I：16；图版II：20）。

甬道南壁，形制与北壁基本相同，高320.3～337.7厘米，顶边长603.8厘米。壁面自下而上渐向外张，下边窄于上边（图版I：17；图版II：28）。

（三）顶部

甬道顶呈盝形，中间纵长方形平顶，北边长611.3厘米、南边长609.3厘米、西边长201.1厘米、东边长192.3厘米。西端壁画地仗泥层剥落处，露出砾岩崖体和压边固泥木质骨架。可见露出的方木长66.5～178.6厘米，宽10～14厘米；方木的中间，明显有一条通长的裂缝。现代抹泥修补地仗泥层及壁画剥落边缘（图版I：18、19；图版II：37）。

北披斜面倾角59.04度，宽68.2～79.6厘米，垂直高57.8厘米[10]，上接平顶北边，下连北壁顶边。

南披斜面倾角50.66度，宽67.8～75.2厘米、高53厘米，上接平顶南边，下连南壁顶边。

三 主室

第256窟主室（即后室），平面方形，覆斗形顶，高855.6～875.7厘米、南北宽1092.3～1093厘米、东西进深1218.2～1221.3厘米，地面设中心佛坛。

---

[10] 本书所述立面、斜面、弧面等不同形体的高度，均为垂直高，下同。

（一）地面

主室地面大体呈方形，东西稍长，南北略短；西边长 1093.2 厘米、北边长 1217.2 厘米、南边长 1222.8 厘米、东边长 1092.4 厘米，中央靠后设倒"凹"字形平面的佛坛（图版 I：4；图版 II：52）。

1. 中心佛坛

佛坛东向面通宽 688.7 厘米，其中南段底边长 232.6 厘米、北段底边长 220 厘米，中段向里凹入部分之东向面底边长 231.3 厘米、南向面底边长 76.5 厘米、北向面底边长 74.5 厘米。

佛坛南向面底边长 639.6 厘米、西向面底边长 689.7 厘米、北向面底边长 640 厘米。

佛坛与南、西、北三壁之间形成右旋环绕礼拜通道。南向面底边距南壁 201.3 ～ 208.3 厘米、西向面底边距西壁 108.8 ～ 115.7 厘米、北向面底边距北壁 208.2 ～ 221.5 厘米。东向面南北两段底边距壁 472 ～ 490 厘米（图版 I：4、6 ～ 10；图版 II：38 ～ 40）。

2. 花砖

主室地面铺设边长约 28 ～ 33 厘米的方形花砖，东西 36 ～ 38 排，南北 32 ～ 37 列，完整或大体完整花砖共计约 930 块。若以佛坛为中心，则地面大体可分为坛前（东）、坛后（西）、坛左（北）、坛右（南）四部分。其中坛前中间至入口处部分花砖被毁，现为水泥地面，当系现代修补（图版 II：52 ～ 54）。

坛前花砖：坛东沿以东，被水泥地面分隔为南北两部，北部东西 16 排、南北 16 列，南部东西 14 ～ 16 排、南北 15 列；此外，佛坛东向面凹入部分地面，东西 3 排、南北 7 列。

坛后花砖：坛西沿以西，东西 3 排，南北 32 列。

坛左花砖：坛北沿以北，坛前、坛后之间，东西 19 排、南北 6 列。

坛右花砖：坛南沿以南，坛前、坛后之间，东西 18 排、南北 6 列。

除南壁底边前花砖（即坛前南部北起第 15 列、坛右北起第 5 列和坛后北起第 32 列）以半砖成列，以及其他壁面、佛坛各面底边前个别处使用半砖、残砖填补之外，地面大面积铺以完整花砖，大体对缝铺设，仅局部偶有错缝的情况。

花砖为模印烧制，保存不甚完好，纹饰亦杂，多数受踩踏磨损难以辨认。

3. 局部清理

2007 年 6 月，为了解主室地面铺衬花砖之下的地层堆积情况，我们在避免大面积揭取花砖的前提下，选择在佛坛北侧和北壁底边前两处地面，进行了局部试探清理[11]。现将有关清理情况简述如下。

第一处，佛坛北侧中部与北壁之间地面，南起佛坛基座北边，北至北壁底边，清理范围南北长 206 厘米、东西宽 34 ～ 35 厘米。其西边距西壁 333 ～ 337.6 厘米（即花砖西起第 11 排）。首先揭取表面花砖 6 块，再向下清理至岩体，总深约 10 厘米（图版 II：55-1、2、56）。

地面自上而下铺衬堆积层依次为：①花砖，厚 6 厘米；②细沙层，厚约 1.5 厘米；③堆积层，含有壁画碎片、草泥残块、木屑等杂物，厚约 1.5 厘米；④泥土层，厚约 1 厘米，以下为岩体。其中③，于重修表层壁画时形成，堆积被刻划破坏的底层壁画的碎片残块粉末之类，留在地面作为铺垫层[12]。④当系开窟初始的原地面，铺衬泥土于岩体面上，平整光滑（图版 II：55-6）。

第二处，北壁中部偏东底边前的地面，范围南北 36 厘米、东西 31 厘米，其东边距东壁 477 厘米（即花砖东起第 17 排），以西与第一处相距 338 厘米。揭取表面花砖及以下其它铺垫堆积诸层，具体情况与第一处基本相同，唯花砖北部边缘被嵌入北壁表层壁面之内约 1.5 ～ 2 厘米，亦即花砖被表层壁画所叠压（图版 II：55-3、4）。

通过上述清理，我们初步判断认为，第④层，系初建洞窟时原来的地面，当与窟内下层（即底层，第一层）壁画同时。第①至③层，为重修时的堆积层和现地面，疑与窟内上层（第二层，即表层）壁画时代大致相当。

---

[11] 2007年6月1日，为探查了解第256窟地面花砖及其下面的地层堆积情况，选择两处地面进行了局部清理。参加此次现场工作的人员，除了项目课题组成员樊锦诗、蔡伟堂、张清涛之外，还有考古学家彭金章和考古所专业人员王建军，以及摄影师孙志军等。谨在此对他们诚挚致谢！

[12] 根据本窟北壁、东壁、西壁露出部分底层壁画被刻划破坏的情况，推断系重修表层壁画时，用以增强表层壁画地仗层的附着力而有意为之，碎屑等杂物形成堆积。

（二）佛坛

主室中央平面倒"凹"字形（马蹄形）须弥座式佛坛[13]，上下两层相叠，通高114.3～122.4厘米，坛上塑像（图版I：20～25；图版II：39、40）。

佛坛下层，东西进深639.6～640厘米、南北宽688.7～689.7厘米、高69.5～78.8厘米。自下而上由基座、束腰、上涩（含上枭、上枋）三部分构成，东向面中部向里凹入。

佛坛上层，叠置于下层之上，其形制与下层基本相同，同为倒"凹"字形平面，尺度略小于下层，东西进深419.8～597.2厘米、南北宽623.7～629.6厘米、高38.5～44.2厘米，唯西向面中段向外（西）凸出至略与下层西边齐平。

1. 佛坛东向面

（1）佛坛东向面下层

佛坛东向面下层可分为南、中、北三段，其中段向里凹入。各段基座和上涩均向外凸出，束腰部向内凹入。

北段上边长221.7厘米，北端残高71.3厘米。南段上边长229.5厘米，南端残高70.2厘米。中段向里凹入部分之东向面上边长239.2厘米，西北转角残高69.3厘米，西南转角残高70.2厘米；南向面上边长78.6厘米，东端残高72.5厘米；北向面上边长72.6厘米，东端残高70.7厘米（图版I：20、21；图版II：59-2）。

1）基座

佛坛基座岩胎泥塑，大部残损毁坏，其中北段和中段之东向面、南向面与地面花砖上下齐平或被遮掩于花砖之下。唯南段和中段之北向面部分基座露出花砖之上，可见基座向外凸出5～10厘米，残高1.5～3厘米。基座南段之南端残存白灰泥面，厚约0.1～0.2厘米。

2）束腰

束腰部北段下边长214.7厘米、上边长214.5厘米、北端高54厘米。南段下边长223.6厘米、上边长220.2厘米、南端高47厘米。中段凹入部分之东向面下边长235.4厘米、上边长237.8厘米，西北转角高49.7厘米，西南转角高49.9厘米；南向面下边长78.8厘米、上边长76.6厘米、东端高51.4厘米；北向面下边长72.7厘米、上边长71.8厘米、东端高50.2厘米。

束腰部共塑出11个壶门[14]。其中南段和北段各3个，中段凹入部分之东向面3个，南向面、北向面各1个。壶门轮廓略呈方圆形，上边居中作尖状凸起，以此为中心，对称分向两边作二连弧，转而向下，逐渐内敛，底边平直。各壶门之间隔，上下略呈喇叭形，上楣整体通连。各壶门高44.6～48.6厘米、宽61.6～76.5厘米、深0.5～2.5厘米。

3）上涩

上涩向外凸出4～6厘米，其北段上边长221.3厘米、北端高16.5厘米。南段上边长229.8厘米、南端高19.8厘米。中段凹入部分之东向面上边长234.8厘米、西北转角高17.8厘米、西南转角高18.9厘米；南向面上边长75.4厘米、东端高17.5厘米；北向面上边长71.6厘米、东端高18.7厘米。

---

[13] 须弥座，源于古代印度，系安置佛、菩萨像之台座。须弥即指须弥山，在古代印度传说中是世界的中心。须弥坛由须弥座发展而来。须弥座传入中国以后，最早的实例见于敦煌、云冈等地北魏石窟，其形式比较简单，雕绘装饰不多；至唐宋，使用渐盛，成为宫殿、寺观等建筑专用的基座，造型也逐渐复杂华丽，并出现了莲瓣、卷草等花饰和角柱、力士、间柱、壶门等，发展成为由下涩、束腰、上涩等部分组成一种多层叠涩（线脚）的基座构筑和装饰的形式（参见梁思成、刘致平《建筑设计参考图集》第一集《台基》，中国营造学社，1935年11月，pp. 4–8，图版壹）。宋·李诫《营造法式》中，规定了须弥座的详细作法，曰："垒砌须弥座之制：共高一十三砖，以二砖相并，以此为率。自下一层与地平，上施单混肚砖一层；次上牙脚砖一层，[比混肚砖下龈收入一寸；] 次上罨牙砖一层，[比牙脚出三分；] 次上合莲砖一层，[比罨牙收入一寸五分；] 次上束腰砖一层，[比合莲下龈收入一寸；] 次上仰莲砖一层，[比束腰出七分；] 此上壶门、柱子砖三层，[柱子比仰莲收入一寸五分，壶门比柱子收入五分；] 次上罨涩砖一层，[比柱子出一分；] 次上方涩平砖两层，[比罨涩出五分]。如高下不同，约此率随宜加减之。[如殿阶基作须弥坐砌垒者，其出入并依角石柱制度，或约此法加减。]"（梁思成《营造法式注释》卷第十五"砖作制度"之"须弥坐"条，中国建筑工业出版社，北京，1983年9月，p. 276）。降至清代，"在较大较考究的建筑中，台基可以做成须弥座。须弥座各部的位置与尺寸都有规定。其各部名称，由下往上是圭脚（龟脚），下枋、下枭、束腰、上枭和上枋"（梁思成《清式营造则例》，中国建筑工业出版社，北京，1981年12月，p. 34）。本窟佛坛（须弥坛）和后主室主尊佛座（须弥座），均与宋、清之"须弥座（坛）"记载并不完全相符，各部位难以逐一对应。为了叙述方便，本卷对须弥坛（座）各部位之称谓主要借用梁先生说。根据本窟佛坛、佛座实情，其各部位自下而上采用"基（坛）座""下涩""下枋""下枭""束腰""上涩""上枭""上枋"等名称予以描述。

[14] 孙儒僩："壶门，中国古建筑细部名称。指殿堂阶基。佛床、佛帐须弥座束腰部分各柱之间形似葫芦形曲线形边框的部分，石窟中佛床须弥座及晚期壁画下部墙裙亦绘此形装饰，门中画伎乐及火焰宝珠等纹样"（参见季羡林主编《敦煌学大辞典》"壶门"条，上海辞书出版社，上海，1998年12月，p. 31。又见敦煌研究院编《敦煌艺术大辞典》"壶门"条，上海辞书出版社，上海，2019年12月，p. 36）。关于"壶门"一词，对其名称、形制、出处、用途、源流等，有不同解释和说法。请参见霍媛〈"壶门"名称小考〉，《文物鉴定与鉴赏》2018年第14期，pp. 55–57；经明汉、刘文金〈传统家具文化文献中"壶门"与"壸门"之正误辨析〉，《家具与室内装饰》2020年第7期，pp. 54–55；李可欣、邵晓峰〈中国传统家具中壶门结构的文化溯源与演变〉，《美术教育研究》2018年第22期，pp. 18–19、22。

北段、中段、南段上涩转角衔接互连，结构相同，均叠涩四层，自下而上渐向外侈（挑出）。第一层，斜面，宽4～5厘米、高2.5～3.8厘米；第二层，立面，高2.3～3.7厘米；第三层，斜面，宽5～6厘米、高3.3～4.5厘米。以上第一层至第三层为上枭。第四层为上枋，立面，高8.2～13.4厘米。

4）保存现状

佛坛下层基座东向面仅残存南段和中段少许部分，无完整之形，北段和中段凹入部分皆被地面铺衬花砖叠压遮盖，均已残毁。

束腰部壸门下端因近地面而大多残损，局部地仗泥层脱落，露出崖体砾岩，泥层厚1～3厘米。其中北起第三壸门上部残毁，露出崖体，高16.7～22.8厘米，宽9.7～12.8厘米，泥层厚约2厘米。

上涩除南段和北段局部保存较好之外，大部亦残损毁坏。上枋破损尤为严重。其中第一处自北段北端向南，残毁面积长47厘米、高8.5～12厘米；第二处自北段南端向北，残毁面积长88厘米、高10～21厘米；第三处中段自西南转角向北，残毁面积长75厘米、高5～13厘米；第四处自南段之北端（即中段东南转角）始向南，残毁面积长60厘米、高9～21厘米。以上四处破损，现代均以草泥修补。

此外，在佛坛上沿残破处，尚可见泥层剥落后露出岩体和里面压边木条骨架。其中第一处在中段，露出木条长58厘米、厚1.5～2厘米，其南端距西南转角约6厘米；第二处在南段，露出木条长76厘米、宽4.5厘米、厚2.5厘米，其北端距南段北端46厘米。两处草泥层厚1～3厘米。另外在北段残破处泥面形状显示，亦可能内有木骨。据此可知佛坛塑造技法和制作工艺：将砾岩凿成佛坛初坯之后，敷泥塑作，并在上面边沿置入木条为骨架，外面抹泥，形成平直且牢固的边缘。

（2）佛坛东向面上层

佛坛东向面上层，亦分南、中、北三段，北端高46.3厘米、南端高45.7厘米。其北段下边长155.7厘米、上边长146.5厘米，南段下边长166.5厘米、上边长151.6厘米。中段凹入部分东向面下边长296.3厘米、上边长309.7厘米、西北转角高40厘米、西南转角高40.8厘米，南向面下边长165.9厘米、上边长170厘米、东端高44.6厘米，北向面下边长162厘米、上边长170.7厘米、东端高43厘米（图版 I：20、21）。

1）基座

佛坛基座塑作覆莲，向外凸出10.5～12厘米。其中北段外边长169厘米、内边长148.7厘米、北端高3.2厘米、南端高2厘米，浮塑11莲瓣；南段外边长169厘米、内边长148.5厘米、南端高3.7厘米、北端高2.2厘米，浮塑12莲瓣。中段凹入部分之东向面外边长292.7厘米、内边长300.9厘米、西北转角高2.9厘米、西南转角高3.3厘米，浮塑22莲瓣；南向面外边长174.9厘米、内边长167.8厘米，浮塑13莲瓣；北向面外边长173.6厘米、内边长165.3厘米，浮塑13莲瓣。

基座东、南、西、北四面覆莲基本相同。莲瓣略呈方形，中部隆起，长8.2～8.6厘米、宽11.7～13.8厘米、高0.2～0.8厘米。

2）束腰

束腰部北段下边长142.2厘米、上边长139.4厘米、北端高23.3厘米。南段下边长147.5厘米、上边长144.9厘米、南端高21厘米。中段凹入部分之东向面下边长229.5厘米、上边长304.7厘米、西北转角高21.5厘米、西南转角高18.8厘米；南向面下边长164.9厘米、上边长163.9厘米、东端高24.9厘米；北向面下边长163.6厘米、上边长164厘米、东端高20.2厘米。

束腰部共塑出24个壸门。其中南段、北段各4个，中段凹入部分之东向面8个，南向面、北向面各4个。壸门高18.6～23.5厘米、宽29.2～37.4厘米、深0.5～1.5厘米。壸门形制与下层基本相同，唯边框左右竖直。壸门间隔宽3～5厘米，上下亦无喇叭形。

3）上涩

上涩向外凸出4～5厘米，其中北段上边长139.6厘米、北端高19厘米；南段上边长148.7厘米，南端高19.8厘米；中段凹入部分之东向面上边长309.8厘米、西北转角高16.2厘米、西南转角高17.9厘米，南向面上边长170.7厘米、东北转角高17.6厘米，北向面上边长167.8厘米、东南转角高19.2厘米。

北、中、南三段上涩大部残毁，从各段现存部分或完整之结构迹象看，之间转折衔接，分层、结构相同，各段均叠涩四层，自下而上渐向外侈。以保存较好的北段为例，第一层，斜面，宽2厘米、高0.8～1.5厘米；第二层，立面，高1.6～2.2厘米；第三层，斜面，宽9.5～11厘米、高8.6～9.5厘米，浮塑仰连，莲瓣高7.2～7.5厘米、宽10.9～13厘米、厚0.2～0.5厘米。北段存11莲瓣（另南北两端转角各1莲瓣与北向面、南向面共用），南段残存8莲瓣，中段凹入部分残存2莲瓣，其余均毁。以上第一层至第三层为上枭。第四层上枋，立面，高6.6～6.8厘米。

4）保存现状

佛坛上层基座东向面保存较完好，唯部分莲瓣前端边缘略有残毁。壸门下部壁画有不同程度磨蚀乃至破坏，部分残失者以草泥修补。

上涩部分大多残毁，露出砾石岩面或地仗泥层，上枋损毁尤为严重。

2. 佛坛南向面

（1）佛坛南向面下层

佛坛南向面下层略呈横长方形，上边长 639.2 厘米、西端高 74.5 厘米，基座和上涩外凸，束腰部内凹（图版 I：22；图版 II：61-2）。

基座岩胎泥塑，部分残毁，较地面花砖略高或与之齐平，向外凸出 3 ～ 10 厘米，上边长 637.2 厘米，可见高 2 ～ 3.8 厘米。叠涩二层，表面涂抹白灰泥层，厚约 0.2 厘米，西端残高 2.5 厘米。

束腰部下边长 628.8 厘米、上边长 627.9 厘米、西端高 52.3 厘米，塑出 8 个壶门。壶门高 38.5 ～ 50.4 厘米、宽 68.5 ～ 80.3 厘米、深 1 ～ 2 厘米。壶门形制与东向面下层基本相同，壶门间隔宽 5.7 ～ 6.4 厘米。

上涩向外凸出 5 ～ 6.5 厘米，长 627.9 ～ 645.2 厘米、高 18.8 ～ 22.1 厘米。叠涩四层，自下而上渐向外侈。第一层，斜面，宽 5 厘米、高 2.5 ～ 4.8 厘米；第二层，立面，高 1.6 ～ 2.5 厘米；第三层，斜面，宽 7.5 ～ 8 厘米、高 5 ～ 6.8 厘米。以上第一至第三层为上枭。第四层上枋，立面，高 7.8 ～ 10.2 厘米。

基座部分残损，东段尚见白灰泥面，较之佛坛东、西、北三面下层保存稍好。由东向西第六、七、八壶门下部略有残破。上涩中段和上枋至坛面转折边缘以及东西两端转角皆残。其中西端露出木条骨架，可见长 7.6 厘米、宽 4 厘米、厚 2 厘米。中段残毁部分长约 270 厘米，距东端 180 厘米。

（2）佛坛南向面上层

佛坛南向面上层略呈横长方形，下边长 597.6 厘米、上边长 580.3 厘米、西端高 40.5 厘米，基座和上涩外凸，束腰部内凹（图版 I：22；图版 II：56）。

基座外边长 597.2 厘米、内边长 578.6 厘米、西端高 1.8 厘米，塑作覆莲，向外凸出 10.5 ～ 11.8 厘米，共 43 莲瓣。

束腰部下边长 575.5 厘米、上边长 571.4 厘米、西端高 17.8 厘米，塑出 15 个壶门。壶门高 11.2 ～ 20.2 厘米、宽 31.8 ～ 35.7 厘米、深 0.5 ～ 1.5 厘米。壶门形制与东向面上层基本相同。壶门间隔宽 3.5 ～ 5 厘米。

上涩向外凸出 3 ～ 4 厘米，长 571.4 ～ 583.7 厘米、高 18.8 ～ 21.6 厘米。叠涩四层，自下而上渐向外侈。第一层，斜面，宽 2.5 ～ 3 厘米、高 0.8 ～ 2.2 厘米；第二层，立面，高 1.3 ～ 2.8 厘米；第三层，斜面，宽 8.5 ～ 11 厘米、高 8.2 ～ 10 厘米，浮塑仰莲 41 莲瓣（另东西转角各 1 莲瓣与东向面、西向面共用）。莲瓣高 7.5 ～ 9.5 厘米、宽 11 ～ 15 厘米、厚 0.2 ～ 0.5 厘米，保存基本完好。以上第一层至第三层为上枭。第四层上枋，立面，高 5.8 ～ 7.6 厘米。

南向面上层除上枋部分残毁之外，余皆保存较完好。残毁部分经近现代以草泥抹面修补。

3. 佛坛西向面

佛坛西向面下层和上层，均可分为北、中、南三段。下层通宽 689.2 ～ 701.5 厘米、上层通宽 605.5 ～ 616.2 厘米。上层、下层基座和上涩皆向外凸出，束腰部向内凹入（图版 I：23、24）。

佛坛西向面中段增筑一方壁面，连接上、下层，由下层坛基座至上层坛上面主尊须弥座后面（西向面）基座，通连一体，立面高 105.6 ～ 115 厘米、宽 219.8 ～ 224.5 厘米，向外凸出至与下层坛基座底边、上枋立面齐平，其中凸出于南北两段下层束腰部 3.5 ～ 4.5 厘米，凸出于南北两段上层坛基座、束腰部、上涩分别为 26 ～ 29 厘米、37 ～ 38 厘米、34 ～ 37厘米。

（1）佛坛西向面下层

佛坛西向面下层基座岩胎泥塑，较之地面花砖略高或与之齐平，向外凸出 3 ～ 4.5 厘米，可见高 1 ～ 2.5 厘米。

束腰部南段下边长 237.3 厘米、上边长 239.5 厘米、高 50 ～ 55.9 厘米，北段下边长 223.2 厘米、上边长 225.5 厘米、高 55.5 ～ 57.3 厘米，塑出 6 个壶门（其中南段、北段各塑出 3 个壶门）。壶门高 41.2 ～ 55.3 厘米、宽 63.8 ～ 70.5 厘米、深 0.5 ～ 2.5 厘米。壶门形制与东向面、南向面下层基本相同。壶门间隔宽 5.8 ～ 15.2 厘米。中段壁面 2 个彩绘影作壶门高 69.3 ～ 81.7 厘米、宽 89 ～ 95.3 厘米。

上涩向外凸出 4 ～ 5 厘米，南段长 239.5 ～ 251.8 厘米，北段长 225.1 ～ 232.1 厘米、高 15.2 ～ 21.3 厘米。南北两段结构相同，均叠涩四层，自下而上渐向外侈。第一层，斜面，宽 2.5 ～ 3.8 厘米、高 1.5 ～ 3.2 厘米；第二层，立面，高 0.8 ～ 2.2 厘米；第三层，斜面，宽 5 ～ 6 厘米、高 3.5 ～ 5.8 厘米；以上三层为上枭；第四层上枋，立面，高 7 ～ 10.8 厘米。

基座大部残毁。束腰下部及壶门残损严重，南段壶门部分泥层剥落后露出岩体，泥层厚 1 ～ 3 厘米。上涩亦多残损，北段两处残破：

一处在北端转角起向南，长 78.3 厘米、宽 19.4 厘米，残毁，现代修补泥面。另一处距前者向南 45.5 厘米，亦毁，长 25 厘米、宽 12 厘米，可见两层壁画叠压，下层地仗厚 1～3 厘米，上层地仗厚 0.3～0.5 厘米。泥层脱落后，露出压边固泥木条，可见木条长 66 厘米、厚 2～2.5 厘米。南段上涩北部残毁，长 34～63 厘米、宽 17.5 厘米；南端转角处泥层部分剥落，露出岩体和木条。

（2）佛坛西向面上层

佛坛西向面上层，南段之基座宽 202.3～212 厘米、高 1.9～3.4 厘米，束腰部宽 200～202 厘米、高 17.4～19.2 厘米，上涩宽 200 厘米、高 17.2～19.5 厘米；北段之基座宽 182～186.7 厘米、高 1～2 厘米，束腰部宽 178.3～180.7 厘米、高 17.6～19.2 厘米，上涩宽 178.3～180.2 厘米、高 16.9～20.3 厘米。中段向外凸出部分之南向面基座、束腰、上涩各部东西宽分别为 16.9～26.8 厘米、37.5～38.4 厘米、33.6～37.8 厘米，各部高分别为 2～2.8 厘米、20～22.3 厘米、16.5～17.2 厘米；北向面基座、束腰、上涩各部东西宽分别为 26.3～34.4 厘米、37～38.5 厘米、34.8～37.3 厘米，各部高分别为 3～3.5 厘米、18.8～20.3 厘米、13.8～17.5 厘米（图版 I：23、24）。

基座塑作覆莲，向外凸出 10～12.3 厘米。其中南段外边长 212.4 厘米、内边长 203.3 厘米，浮塑 15 莲瓣（另南北转角各 1 莲瓣与中段南向面、佛坛南向面共用）；北段外边长 190.6 厘米、内边长 181.7 厘米，浮塑 13 莲瓣（另南北转角各 1 莲瓣与中段北向面、佛坛北向面共用）。

束腰部塑出 11 个壶门（其中南段 5 个、北段 4 个以及中段北向面、南向面各 1 个）。壶门高 11.8～17 厘米、宽 33.2～42 厘米、深 0.5～1.5 厘米。壶门形制与东向、南向、北向三面上层基本相同，唯北段壶门两边作弧状，轮廓略呈椭圆形。壶门间隔宽 3～9 厘米。

上涩向外凸出 3.5～5 厘米，南段长 199.6～200 厘米，北段长 178.3～180.2 厘米，中段南向面长 38.5 厘米、中段北向面长 37 厘米，高 16.7～20.2 厘米，均叠涩四层，自下而上渐向外侈。第一层，斜面，宽 1～2.8 厘米、高 1～2.5 厘米；第二层，立面，高 1.2～1.6 厘米；第三层，斜面，宽 9～11 厘米、高 8～10 厘米，浮塑仰莲 35 莲瓣（另每段南、北转角各 1 莲瓣分别与中段南向面、北向面或佛坛南向面、北向面共用）。莲瓣高 7～9 厘米、宽 10～13 厘米、厚 0.2～0.5 厘米。其中除北段 2 莲瓣残毁，现代修补之外，其余均保存完好。以上第一层至第三层为上枭；第四层上枋，立面，高 5.2～7.4 厘米。

佛坛西向面保存基本较好，唯壶门下部有不同程度残损，上枋大部毁坏，多处经近现代修补泥面。

4. 佛坛北向面

（1）佛坛北向面下层

佛坛北向面下层略呈横长方形，上边长 641.5 厘米、西端高 74.4 厘米，基座和上涩外凸，束腰部内凹（图版 I：25；图版 II：67-1）。

基座岩胎泥塑，较之花砖地面略高，或被遮掩于花砖之下。自基座西端起向东 220 厘米处之北侧地面，经向下清理，在地面花砖及花砖以下铺垫层厚度可知[15]，基座向外凸出约 6 厘米，高 10 厘米。

束腰部下边长 640.5 厘米、上边长 635.4 厘米、西端高 55.4 厘米，塑出 9 个壶门。壶门高 48.8～54.5 厘米、宽 62～65.9 厘米、深 0.5～2 厘米。壶门形制与东向面下层基本相同，但边框左右趋向竖直。壶门间隔宽 5～10 厘米，下端稍显喇叭形。

上涩向外凸出 4.5～5.5 厘米、长 635.3～643.8 厘米、高 16.4～18.8 厘米，叠涩四层，自下而上渐向外侈。第一层，斜面，宽 3～4 厘米、高 2.1～3.8 厘米；第二层，立面，高 1.5～2.9 厘米；第三层，斜面，宽 6 厘米、高 3.2～4.8 厘米；以上三层为上枭；第四层上枋，立面，高 6.4～7.9 厘米。

基座大部残损，几无完整部分。束腰壶门下部残破严重。上涩有三处大面积残毁，由东向西第一处，长 70 厘米、高 15 厘米；第二处，长 159.4 厘米、高 14.8 厘米；第三处，长 60 厘米、高 17 厘米。残破部位现代均涂抹草泥修补。在第一、二处破损处，尚可见露出压边木条。上枋东西两端及边缘转折处均残。

（2）佛坛北向面上层

佛坛北向面上层呈横长方形，下边长 593.2 厘米、上边长 575.2 厘米、西端高 39.4 厘米，形制结构与下层基本相同（图版 I：25）。

基座外边长 598.9 厘米、内边长 579.7 厘米、西端高 2.5 厘米，塑作覆莲，向外凸出 10.2～11.7 厘米，共 46 莲瓣。

束腰部下边长 572.6 厘米、上边长 569.7 厘米、西端高 17.8 厘米，塑出 16 个壶门。壶门高 14.8～21.9 厘米、宽 29.4～33.5 厘米、深 0.5～1.5 厘米。壶门形制与东向面、南向面上层基本相同。壶门间隔宽 3.5～5.8 厘米。

---

[15] 本节前文之"三 主室·（一）地面·3. 局部清理"，详述有关情况。

上涩向外凸出 4～5 厘米、长 569.7～578.7 厘米、高 17.3～20.4 厘米。叠涩四层，自下而上渐向外侈。第一层，斜面，宽 2.5～3 厘米、高 0.8～2 厘米；第二层，立面，高 0.5～2.4 厘米；第三层，斜面，宽 11 厘米、高 8.5～10 厘米，浮塑仰莲 47 莲瓣（另东西转角各 1 莲瓣与东向面、西向面共用）。莲瓣高 7.5～8.5 厘米、宽 10～13 厘米、厚 0.2～0.6 厘米。除其中 4 莲瓣残毁经现代修补之外，其余均保存完好。以上第一层至第三层为上枭。第四层上枋，立面，高 5.2～7.7 厘米。

北向面上层大部保存较好，唯基座莲瓣部分稍残，壸门下部略有破损，上涩部分毁坏严重，尤以上枋为甚。泥层剥落和残破处，经近现代涂泥修补。

5. 佛坛上面

（1）佛坛下层上面

佛坛上、下层平面均呈倒"凹"字形（马蹄形），上层平面略小于下层。下层上面因叠置上层佛坛而在周边存在宽度不等的狭窄空间，其内侧为上层坛的基座，浮塑覆莲一匝，外侧即下层上枋边沿，为草泥抹面，浅埋木条起压边固泥的作用，未见其他设施之迹象[16]。

佛坛下层上面之东部，北段（上层坛东向面北段前）东西宽约 30～50.5 厘米、南段（上层坛东向面南段前）东西宽约 25～47.7 厘米；中段凹入部分西部（上层坛中段东向面前）南北长 240.9 厘米、东西宽约 128 厘米，北部（上层坛中段南向面前）东西长 79.5 厘米、南北宽约 31.8 厘米，南部（上层坛中段北向面前）东西长 73.8 厘米、南北宽约 26.4～26.8 厘米。

佛坛下层上面之南部（上层坛南向面前），南北宽约 33.2～36 厘米。

佛坛下层上面之西部（上层坛西向面前），其中南段（中段壁面以南）东西宽约 22.3～36 厘米；北段（中段壁面以北）东西宽约 20 厘米。

佛坛下层上面之北部（上层坛北向面前），南北宽约 28.6～42.7 厘米。

（2）佛坛上层上面

佛坛上层上面，南北宽 609～613.6 厘米、东西进深 579.5～586.4 厘米，东部北段宽 147.7～149 厘米，南段宽 150～161.4 厘米，中段凹入部分宽 301 厘米、进深 163.6～168 厘米，其后西距佛座 265.9 厘米。

上层坛上面后部中间筑 1 方形须弥座塑造佛坐像、两侧筑 2 圆形台塑弟子立像，以东南北两侧各筑 1 方形座塑菩萨坐像、1 圆形台塑供养菩萨（天人）立像。

上层坛平面系抹平的草泥面，经考古和文物保护专业人员配合清理浮土层之后，于平面东北角发现有两重泥层叠压之迹象。底层为泥层，表面光滑。表层为粗草泥层，厚约 1～2 厘米，系此前长期人为踩踏，加之窟顶壁画剥离脱落，散落在佛座、像台周围坛面上，逐渐形成浮土堆积层。

清理浮土堆积层，出土了许多零碎的壁画或泥层残块，均系窟顶坠下。大块残画约 8 厘米 ×13 厘米，小块约 3 厘米 ×3 厘米，更多则是碎片或呈粉末状。

佛坛上层上面前部、塑像以东，南北两侧各残存二凿窝，以及黑色油垢积层或烧土。其中北侧之凿窝，径约 8 厘米，西距像台约 78 厘米，北距像沿 77 厘米，二窝间距 13 厘米，内皆填以草泥，仅见痕迹。像台东侧坛面可见一方黑红色烧土层，残存面积约 20 厘米 ×20 厘米，东距坛沿 13 厘米，北距坛沿 110 厘米（图版 II：46-2）。南侧之二凿窝，径约 10 厘米，西距像台 46 厘米，南距坛沿 60 厘米，内填浮土，二窝间距 13 厘米。凿窝之北 12 厘米，残存黑色油垢层，当系燃灯油渍积结，面积约 24 厘米 ×20 厘米，南距坛沿 84 厘米，东距坛沿 14 厘米（图版 II：46-1）。

凿窝的造作疑为安插塑像的骨架。根据坛面现存遗迹，并参考莫高窟同类型洞窟原作塑像组合位置，推测，此处可能原为二供养菩萨（天人）塑像之所在。

佛坛东向面中段凹入部分上层和下层之前，曾分别设置台阶（踏跺）以便上下通行。下层坛前似有四级，上层坛前一级[17]，现已不

---

[16]　孙儒僩调查研究认为，敦煌石窟"中心佛坛的形式从隋代开始，当时的佛坛形式只是一个简单的方台。晚唐以后，佛坛形式改为须弥座式，……佛床上曾经出现的小栏杆在佛坛上仍然流行，在莫高窟晚唐第 16 窟，五代第 61、108、146，宋代第 233 窟佛坛上都发现了曾经装饰过小栏杆的痕迹"。"晚唐第 16 窟是一个大型石窟，……佛坛形式为重层须弥座式，上层平面为马蹄形，下层平面为矩形。须弥座（坛）中间的壸门里有晚唐绘的护法神将、狮子、金刚等。在上下须弥座（坛）的边沿处，每隔一米左右就有一块长 40 厘米、宽 4.5 厘米的木条，浅埋在佛坛边沿的泥下。在佛坛拐角处的木条比中间稍长一点，为 44 厘米，以 45 度角的方向放置在拐角中间，向外的一头与拐角两条边平齐呈 90 度的尖角状。……这个佛坛上在修建之初，曾经安装有栏杆，栏杆的望柱就卯接在这些木条上"。"第 61、108、146 窟的佛坛都是重层马蹄形须弥座形式，在这些洞窟的佛坛须弥座下也都发现了安装小栏杆的遗迹。在须弥座（坛）的上下两层距沿 6 厘米左右的薄泥层下，压有长木条，上有孔洞，正是安装小栏杆的"（孙毅华、孙儒僩《敦煌石窟全集·石窟建筑卷》，商务印书馆（香港）有限公司，香港，2003 年 12 月，p. 143）。本窟佛坛上下两层边沿，在残破处虽发现泥层下有木条，但未见木条上有孔洞或其他痕迹，或许此处木条只是起压边固泥的作用。这说明，该窟上下两层佛坛边沿可能未曾安装过小栏杆，抑或初建时有安装而后重修时被破坏。

[17]　据斯坦因、奥登堡、石璋如测绘图记录。参见本卷附录一〈本卷洞窟调查记录文献摘录〉。

存。何时拆除，未见记录。

佛坛上层坛中段凹入部分南、北上枋边沿部均已残损，且略低于坛面。其中南沿东西残长156厘米、南北宽16～19厘米、高2.5～4厘米；北沿东西残长146厘米、南北宽9～10厘米、高2～4厘米，似人为拆除压边木条而遗留之痕迹。

（三）壁面

第256窟主室，东壁、西壁略窄于南壁、北壁。各壁结构现状如下：

1. 西壁

西壁（后壁、正壁）壁面呈横长方形，底边略长于顶边，南端略高于北端，顶边长1011.3厘米、北端高564.9厘米、南端高571.4厘米。

壁面现有三处残破：第一处在北上角，其上始于顶边，右至北边，高56.9～157.2厘米、宽100～421.9厘米。第二处位于壁面南上角，上起顶边，左距南边9～22.5厘米、高24.8～73.4厘米、宽56.8～151.6厘米。第三处在壁面北下角，其下始于地面及北边下端，高43.2～45.9厘米、宽41.9～52.8厘米。三处残破，皆泥层脱落露出崖体砾石层。在砾石层上，可见留有密集的白道凿痕。一些凿平的砾石层上墁1～3厘米厚的粗草泥，泥层之上加抹极薄细泥，厚约0.3～0.5厘米。相对光滑平整的细泥面，即为绘制壁画的地仗。相同情况亦见于本窟多处破损壁面。泥层脱落后的边缘，现代均以泥面进行了修补（图版I：26；图版II：81、82）。

2. 北壁

北壁壁面呈横长方形，自下而上渐向内收，顶边长1133.7厘米、东端高535.8厘米。西上角残破，起自顶边、西边，高38～150厘米、宽122～245厘米，泥层地仗脱落边缘，经现代抹泥修补（图版I：27；图版II：84、85）。

3. 南壁

南壁壁面呈横长方形，底边长于顶边，西端稍高，顶边长1137.6厘米、东端高545.6厘米。壁面西上角有一处残破，上起顶边，距西边约68厘米，高28～72厘米、宽155～346厘米。泥层剥落后，露出崖体砾石层，可见遗留多道白色凿痕。泥层脱落边缘，经现代抹泥修补（图版I：28；图版II：88、89）。

4. 东壁

东壁即前壁，壁面顶边长1020.2厘米。自下而上略内收，顶边中间略低。壁面中间靠下辟门开甬道通前室。甬道西口通高395厘米、宽201.6～293.8厘米，上沿距壁面顶边115.8～116.3厘米、北沿距壁面北边392.4～398厘米、南沿距壁面南边388.5～403.7厘米、底边下距主室地面22.8～24.6厘米。口沿顶部呈盝形，中央平顶南北宽200厘米、北斜边长81.7厘米、南斜边长67.8厘米、北边高326.4厘米、南边高336.5厘米（图版I：29；图版II：96～98）。

在东、南、西、北各壁壁画剥落处，均可见不同程度的上下两层壁画叠压情况。其中下层地仗泥层厚1～3厘米、上层泥层厚1～2厘米。详情参见本章相关部分内容。

（四）窟顶

窟顶呈覆斗形，顶部中央设藻井。自四壁顶边以上顶部隆起的垂直高度为306.6～321厘米。四个披面皆作梯形，各披之间转折稍圆缓，不甚分明。转折处下端之四隅角，分别凿出凹窝（向内凹入之浅窝，下同）[18]（图版I：30；图版II：119）。

---

[18] 对此形制，有各种不同的表述或称谓。譬如，孙儒僩称"穹窿形的转角"，认为曹氏政权统治敦煌时期，出现这种"穹窿形的转折形式，就是受新疆高昌穹窿顶建筑的影响"（孙毅华、孙儒僩《敦煌石窟全集·石窟建筑卷》，商务印书馆（香港）有限公司，香港，2003年12月，p. 129）。段文杰称"凹入的浅窝"（段文杰〈晚期的莫高窟艺术〉，《敦煌石窟艺术研究》，甘肃人民出版社，兰州，2017年8月，p. 102）。季羡林主编《敦煌学大辞典》"第61窟"条有云："四角各有圆拱龛形凹壁，画四大天王，象征镇守四方"（上海辞书出版社，上海，1998年12月，p. 63）。萧默称"凹进的弧面"（萧默《敦煌建筑研究》，文物出版社，北京，1989年10月，p. 54）。贺世哲称"窟顶四角凹陷，形成浅龛"（季羡林主编《敦煌学大辞典》"第98窟、第100窟、第55窟、第454窟"条，上海辞书出版社，上海，1998年12月，pp.64-66）。本卷暂称"凹窝"。

藻井方形，井口东西边长 189～197.3 厘米、南北边长 213～214 厘米，向上凹入 55～59.3 厘米。方井内侧立面基本垂直，西面高 46.5 厘米、北面高 52 厘米、南面高 48.8 厘米、东面高 50.6 厘米。方井内顶面泥层剥落殆尽，露出崖体；南、西、北面可见表里两层泥皮，表层泥皮厚 0.5～1.5 厘米、里层泥皮厚 1～3 厘米，部分脱落，露出岩面。

西披，上接方井井口西边，下边与西壁顶边重合，披面呈约 28.3 度倾斜、纵长 520 厘米。大部泥层脱落，露出砾石面，仅存的部分泥层主要有居于披面南部的上中下三处，分别残存面积约 100 厘米 ×318 厘米、110 厘米 ×317 厘米、66 厘米 ×118 厘米（图版 II：121）。

北披，上接方井井口北边，下边与北壁顶边重合，披面呈约 32 度倾斜、纵长 485 厘米。西边一带泥层剥落，露出崖体砾石层，两处剥落面积分别为 540 厘米 ×70～223 厘米、90 厘米 ×42 厘米（图版 II：122）。

南披，上接方井井口南边，下边与南壁顶边重合，披面呈约 32 度倾斜、纵长 493 厘米。四处泥层脱落，露出砾石层，两处位于西边上半段、下半段，另两处在下部略偏西，上大下小，面积分别为 184 厘米 ×96 厘米、450 厘米 ×60～147 厘米、205 厘米 ×62 厘米、59 厘米 ×36 厘米（图版 II：123）。

东披，上接方井井口东边，下边与东壁顶边重合，披面呈约 30 度倾斜、纵长 542 厘米。保存较好，壁画完整。

在南披、西披、北披泥层脱落处，皆可见有两层壁画叠压迹象，表层壁画剥落面积较之底层壁画剥落面积略大，底层泥层厚 1～3 厘米、表层泥层厚 0.5～1.5 厘米（图版 II：124）。

窟顶四披下端隅角之凹窝，皆呈穹隆形。东北角凹窝，纵长 260 厘米、横宽 215 厘米、深 40 厘米；东南角凹窝，纵长 280 厘米、横宽 220 厘米、深 50 厘米；西南角凹窝，稍残，纵长 250 厘米、横宽 220 厘米、深 55 厘米；西北角凹窝，纵向残长 260 厘米、横宽 255 厘米、深 55 厘米。其中西北角和西南角的凹窝，泥层脱落殆尽，完全露出砾石岩体，但凹窝形状清晰，西南角凹窝略有残损。东北角和东南角看似完整，被上层壁画覆盖，凹窝结构原貌被遮盖，应曾于里层之上加敷泥层，令凹窝变浅，轮廓因而不甚明显。

窟顶中心方井、西披，以及南、北披西部，因泥层大面积脱落而露出岩体砾石面上密集的白道凿痕，长短不等，斜竖各异，系开窟时打凿的钎痕，有利于新添泥层的附着[19]。此外，在西披岩面中间，残存一道纵向土红色粗线，当系本窟设计的中轴线（图版 II：121-2）。

第三节　洞窟内容

第 256 窟凿成之后，在前室、甬道、主室各部岩面上铺墁草泥，找平，做成适合绘画的壁面。而后在主室佛坛上层、下层东向面、南向面、西向面、北向面，窟室西壁、北壁、南壁、东壁，顶部藻井、西披、北披、南披、东披，甬道北壁、南壁和顶部，以及前室西壁、北壁、南壁和顶部，分别施以彩绘、绘制不同内容的壁画，并在主室佛坛上面雕塑群像。如上为此窟初始的原创，即洞窟内容的第一层。

本窟壁画存在重层，在主室佛坛、四壁、窟顶，甬道顶部和北壁残破处，以及前室西壁，均可见上下两层壁画，按叠压关系，覆盖在第一层（下层、底层、里层）之上的表层（上层）壁画为第二层。

此外，塑像及其台座，曾经过再次重修妆銮或重新塑绘，且于前室修筑木构窟檐，当列为本窟第三层内容。

以下将洞窟内容分层叙述如下。

一　第一层塑像和壁画

洞窟形制之外，第一层塑像和壁画内容，可见迹象包括主室佛坛上面主尊塑像和佛坛四面下层（底层）壁画，西壁、北壁、南壁、东壁下层壁画，窟顶西披、北披、南披下层壁画，以及甬道顶、甬道北壁、前室西壁下层壁画。

（一）前室

前室第一层壁画，仅见西壁甬道东入口北侧第二层壁画之下露出少许部分，横长 39.2 厘米、高 7～16.8 厘米，南边距甬道口北沿

---

[19] 该迹象表明，砾岩之坚硬、凿窟之艰难。开窟和绘画之流程，须先在崖体上打凿出预设窟形，整平后铺墁粗泥构成壁面，然后和细泥涂抹制作地仗，再进行壁画的绘制。关于本卷石窟塑像和壁画的制作工艺和使用材料，可参见本卷附录五〈莫高窟第256、257、259 窟壁画彩塑制作工艺与材料研究报告〉。

25.7 厘米，下边接近地面。壁画为白色地上残存红色横向线条一段及其上方黑色画迹。线条宽 1.7 厘米，可见长 12.9 厘米，下距地面 10.2 厘米，当系西壁门北侧原有壁画下沿的边线（图版 II：47-2）。

（二）甬道

甬道第一层壁画，见于顶部中间平顶部分和北壁西部表层壁画剥落或破损处。

在平顶东端第二层壁画剥落处，露出第一层壁画，东西长 67 厘米、南北宽 23～44 厘米。画层剥落，现为泥壁地仗，散存零星绿、白、蓝色痕迹（图版 II：47-1）。

在北壁顶边，自甬道西口边沿向东 162.7 厘米，有一残破处，高 3 厘米、宽 4.3 厘米，表层壁画剥落后，露出里层壁画遗迹，残存白、蓝、绿、红色画迹（图版 II：48-1）。

（三）主室

1. 佛坛

佛坛之上现存 7 身塑像，均经重修、重妆或重塑（图版 II：38-1）。除主尊佛坐像一定程度的保留原作迹象之外，其他塑像皆为后代重新塑作彩绘。此外，前述佛坛上层上面东部残存的凿窝，以及油垢和烧土，亦有可能是原创塑像留下的遗迹。

在佛坛东向面、南向面、西向面、北向面，露出残存的第一层壁画部分遗迹（图版 II：48-2、4～8）。

（1）塑像

1）佛坐像

在佛坛上层坛上面后部的中间，紧靠西边设方形须弥座，塑造佛坐像 1 身，为窟内主尊。佛像圆雕泥塑，正面朝东，结跏趺坐，通高 358.2 厘米（包括须弥座），坐高 238.5 厘米，头高 75 厘米、宽 54.8 厘米，肩宽 115.7 厘米，腰部宽 70 厘米，两膝间距 158 厘米。

佛像大体保持原形，唯后代重新敷色彩绘。头顶低平肉髻，髻高 15 厘米，底径 30 厘米，髻底至前额发际高 15 厘米。螺发，螺纹底径 1.5～3.6 厘米、高 1.6～3 厘米，着石青色。面型方圆，高 48 厘米、宽 45 厘米。额际圆形白毫涂红色。双眉弯曲，眉棱稍隆，与鼻梁相连。两眼略鼓（稍残），目启前视，内嵌黑色眼珠，上眼睑稍弧，下眼睑近平。鼻梁高直（稍残），鼻头略圆。红唇闭合，嘴角微翘。两耳下垂，耳长 31.8 厘米。现状面部及肢体肌肤敷白粉，略施浅肉红色晕染，鼻梁、面颊、下颏部分呈黑色（原有施色变黑）。颈项横径 31 厘米，颈前三道。肩宽，胸挺，腹微鼓。右臂屈起，小臂向上，右手抬至胸前右侧，掌心向前，结施无畏印；除拇指外，余指皆残，中指残断处露出铁丝骨架。左臂屈肘自然下垂，左手掌心向上置于左膝上，五指舒展，结与愿印；左手长 40 厘米、宽 21.6 厘米。双腿盘屈，结跏趺坐，跣双足仰掌平置左右膝弯之上，左胫在前，叠压右踝；左脚长 44.2 厘米、宽 20～23 厘米，右脚可见长 40 厘米、宽 20～22 厘米。

佛像内着黑褐色僧祇支，系带于胸腹之际打结；外披通肩土红色袈裟，双领下垂，袒露前胸。袈裟披覆左右肩臂，右幅敷搭右全臂后垂至右腹、右股，左幅垂覆左肘，后幅自后腰绕腹前向左上，以衣角之系带与左肩后之系带在肩前相挽打结，以固袈裟穿着，垂下之衣角横搭左小臂下达左股之上。衣纹塑造随体集中于两臂、腹部和胫前，袈裟下摆呈波状垂弧悬于座前，中间露出黑褐色裙摆尖角。袈裟衣缘翻出里面石绿色，裙缘翻出里面粉红色（图 4；图版 II：41～43）。

佛头后部贴塑螺发部分脱落，遗留许多小窝残迹，直径约 1 厘米余。脑后中间有一纵长方形小孔，高 9～9.8 厘米、宽 4.5～5 厘米。其上边距肉髻底边 17～18 厘米，下边距颈部 29 厘米，南边距右耳 24～25 厘米，北边距左耳 21～22 厘米。方孔内插木楔。

背部中间偏下亦有一纵长方形孔，高 9.7 厘米、宽 6.7 厘米。其上边距颈部 85 厘米，下边距臀部座面 70 厘米，南边距右臂 67 厘米，北边距左臂 63 厘米。方孔内嵌木楔。

据头部和背部二方孔推断，疑佛像背后原来装有光背，二孔当起固定作用。光背被毁失之后，未明何时填以木楔（图 4；图版 II：44-1、3）。

佛像头部与颈后相连处，有一道横长 29 厘米、宽约 0.5 厘米的裂隙，系头部安装的痕迹。肩部和后背上部有较大面积鸟爪抓痕，且多处起甲龟裂。

2）佛座

側視（向北）　　　　　　　　　　　　　　正視　　　　　　　　　　　　　　側視（向南）

剖視（向南）　　　　　　　　　　　　　　后視　　　　　　　　　　　　　　剖視（向北）

0 10　　　50厘米

图 4　第 256 窟佛坐像

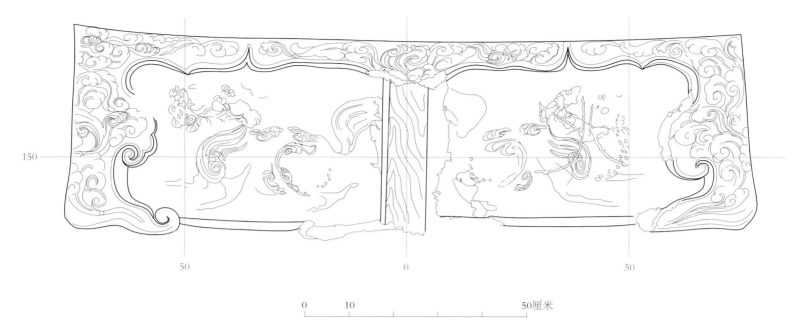

图 5　第 256 窟佛坐像须弥座西向面束腰部

佛座为方形须弥座[20]，由下枋、下枭、束腰、上枭、上枋等部分构成，通高 104 ～ 110.8 厘米，座面南北宽 189.4 ～ 194.4 厘米、东西深 181.2 ～ 185.8 厘米。佛座后面底边与下层坛西向面大致齐平而略向外凸出，北面底边距上层坛北沿 188.6 ～ 189.7 厘米，南面底边距上层坛南沿 208.6 ～ 218.7 厘米（图 4；图版 II：45，佛座各部尺寸见佛座结构尺寸一览表）。

佛座下枋上面与佛坛上层坛面基本齐平或略有高出，西向面高 6 厘米，各面皆未见绘画装饰。

下枭东向、南向、北向面叠涩四层，仅西向面为二层。下起第一层四面皆浮塑覆莲，其中除四角各 1 莲瓣属两面共用外，余东向面 8 莲瓣、北向面 6 莲瓣、南向面 7 莲瓣、西向面 8 莲瓣，合计 33 莲瓣。莲瓣横宽 21.2 ～ 25.5 厘米、厚 2 ～ 3.5 厘米，西向面莲瓣纵长 15 厘米，另三面莲瓣纵长 8.6 ～ 9.5 厘米。莲瓣表面均施彩绘，西向面莲瓣彩绘图案保存较好，似第一层壁画，其余各面图案皆残，模糊不清，或被重绘，仅见黑、红、绿、白色画迹。西向面莲瓣二色相间，分别绘石绿色边缘土红色地和白色边缘黑色地的宝相花纹。纹样由约十二花朵作十字、米字形组合，莲瓣间隙立面填土红色为界隔（图版 II：45-2）。其上方叠涩第二层，敷白粉，无彩绘。东向面、南向面、北向面之第二层至第四层皆呈黑色。第三层墨绘波状卷草纹（图 4）。

束腰部东向面、南向面、西向面、北向面各塑造 2 壶门。壶门边缘都不同程度残损或经改变、重绘，仅西向面壶门似为未经重妆的原作，除两门之间部分残毁外，其余部分保存较好（图 4、5；图版 II：45）。

壶门底边敞开，两侧边作云头状曲折，下部折曲处塑出卷云形。两门之间上部所绘花朵已残，仅残存红黑色花瓣，其上土红色线勾形，绘顺旋云头式卷草，粉青色叶面红黑色叶背；两侧各一云头式卷草，右侧顺旋、左侧逆旋，粉青色叶面染浅红色叶背，先端绿色。二壶门外南北均自下而上绘云头式卷草，南侧三片，上下绿色叶面白色叶背、顺旋、先端绿色，中间粉青色叶面红黑色叶背、顺旋；北侧一片绿色叶面白色叶背、顺旋在下，居中一片粉青色叶面红黑色叶背，两片绿色叶面白色叶背在上，顺旋、逆旋各一。纹样外土红色填地。壶门外沿以白色勾边，内沿敷绿色。

南侧壶门内白色地上绘一神兽，头南尾北，回首向南，红眼，张血口，绿色鬃、鬣、翘尾和胁下的长毛，胸腹前有红色的鳞片，红黑色勾染肩部的翅翼和后肢屈起的弧度。北侧壶门内同样于白色地上绘一神兽，头北尾南，向北回首，张口吐舌，昂首挺胸，作奋进状，鬃鬣飘扬，红黑色有力的弧线勾染翅翼和后肢（图 5）。

二壶门间隔残破处露出里面竖立的木条骨架，可见纵长 33.2 ～ 34 厘米、宽 8 ～ 9 厘米、厚 1.5 ～ 2 厘米。此外，东向面南侧壶门南北两边、南向面和北向面东侧壶门的东边，壶门内面（花板）与壶门边沿出现间隙，三处间隙内有空间通连，并在束腰部东向面里面形成"空鼓"。由三处间隙可知在佛座的东南角和东北角也都存在竖立的木条骨架。南向面西侧壶门西边、北向面西侧壶门西边残破处亦可见木条骨架的痕迹。

上枭除西向面似保存原貌之外，其余三面均经后代重妆彩绘（图 4）。西向面上枭下起第一层下斜面敷石绿色，细窄的立面分上下两段，下段白色地、上段粉青色地，于上段白色、红黑色相间绘云纹。上枭第二层浮塑仰莲，每面各浮塑 4 莲瓣，外加四角各 1 莲瓣两面共用（东向、南向、北向面上枭莲瓣被后世改妆，西向面南北两角之莲瓣亦为南向面、北向面被后世改妆）。莲瓣宽 28 ～ 36 厘米、厚 2 ～ 4 厘米。西向面仰莲略同下枭覆莲，莲瓣二色相间，分别为粉青色冠檐白色瓣、黑色基部和绿色瓣、红色基部。黑色基部中绘一朵复瓣莲花，白色花芯，内红黑色五瓣、外粉青色六瓣围以六片三裂至五裂绿叶，基部两侧各一片粉青色叶。红色基部中绘一朵浅红色瓣绿蕊立

---

[20]　参见注[13]。

姿莲花，左右配以六片（三对）云头式阔叶卷草，上下两对粉青色叶面红黑色叶背、居中一对绿色叶面浅红色叶背。莲瓣间隙立面填土红色（图4；图版Ⅱ：45-1）。

上枋唯西向面保存原绘装饰图案。其下斜面敷石绿色，立面彩绘，于土红色地上绘一整二半团花纹图案，宽10厘米，椭圆形整花居中，四出红黑色芯绿色瓣，半花相对分置上、下边（图4；图版Ⅱ：45-2）。

佛座上面设方形坐垫（蒲团，莲座），南北宽173.8～176.7厘米、东西深171.3～173.9厘米、高13.5～17.5厘米，居于座面靠前，其东、南、西、北底边距座面四沿分别为4.5厘米、5～7.5厘米、7～8.5厘米、7～9厘米。东向面被坐佛袈裟遮挡，南向面、西向面、北向面均经后代涂色加塑重绘（图4）。

第256窟中心佛坛上佛座结构尺寸一览表

单位：厘米

	下 枋	下 枭	束 腰	上 枭	上 枋
东向面	立面上边长209.5 可见高1～3.9	叠涩四层 第一层斜面下边长209.4、高6～8.5 第二层弧线混脚下边长182、高2.6～4 第三层斜面下边长171.8、高3.5～4.3 第四层立面横长157.8、高2.8～3.6	立面横长138.9～144.5、高47.3～48.4，塑二壶门 北侧壶门高43～46.5、宽40～56.5、深8.5～10.5 南侧壶门高42.5～48.2、宽53.2～55.6、深8.5～11.5	叠涩二层 第一层立面横长146.8、高3～4.5，下斜面高1.5～3.5 第二层上边长146.8～181.5、高16.8	立面横长189.5、高11，下斜面高1.4～5.3
南向面	立面上边长199.3	叠涩四层 第一层斜面下边长183.5～198.3、高7～8 第二层弧线混脚下边长175～183.5、高3.2～4.8 第三层斜面下边长164.8～175、高3.5～4.5 第四层立面横长154.6～164.8、高2.5～3	立面横长149.6～154.6、高44.3～48.3，塑二壶门 东侧壶门高36.7～45、宽58.4～62.3、深7.5～9 西侧壶门高33～44、宽55.6～58.7、深7.5～10	叠涩二层 第一层立面横长156.7、高3～4，下斜面高2.7～4 第二层斜面上边长157～180.9、高14～15.9	立面横长185.9、高9～12.5，下斜面高4～6
西向面	斜面上边长215.2 高4～6	叠涩二层 第一层斜面下边长177.4～189.3、高15.6～20.5 第二层立面横长162.7～170.6、高2～5	立面横长150.2～155.8、高45～47，塑二壶门 北侧壶门高31～44、残宽50.8～60、深6～7 南侧壶门高36～44.5、残宽54～65、深5.5～6.5	叠涩二层 第一层立面横长160.7、高2.9～3.5，下斜面高4.5～4.8 第二层斜面上边长160.5～189、高14.5～18.6	立面横长193～195、高10～11厘米，下斜面高3.5～5.5
北向面	立面上边长188.4	叠涩四层 第一层斜面下边长167.2～187.6、高9.5～11 第二层弧线混脚下边长157.9～167.2、高3～4 第三层斜面下边长151～158、高3～4 第四层立面横长150.6～157.9、高2～3.8	立面横长140.6～143.5、高46.4～48.3，塑二壶门 东侧壶门高33.6～45.7、宽43～57、深8～10 西侧壶门高34～45厘米、宽53～56.5、深8～11	叠涩二层 第一层立面横长140.6、高4～5，下斜面高2～4 第二层斜面上边长147.5～174.6、高15～16.5	立面横长180～181.5、高10～12.5，下斜面高3.5～4.3

（2）佛坛壁画

下层坛和上层坛不同朝向的各面，束腰部壶门内外和上涩部叠涩各层，表层（第二层）壁画剥落处露出零星底层（第一层）壁画。

在佛坛下层束腰部，东向面北起第一壶门外北侧、第五、第六壶门之间下部、第七壶门外南侧下部、第九壶门外北侧中部和下部、第十壶门外南北两侧下部，残破处均露出第一层（底层）壁画之黑、白、青、绿、红色画痕，以及花卉图案；在第一至第五、第七至第十一壶门内下部以及第五壶门内中部、下部和北部，泥层脱落处，同样露出第一层壁画各色画迹，其中第五、第七壶门内可见画迹较多，似绘莲花等，第五壶门内画迹分布零散。南向面东起第一壶门东侧和第一、第二壶门之间下部可见两层壁画叠压，表层壁画脱落处露出第一层壁画，土红色地上绘花卉图案，第一壶门内下部边缘壁画剥落处露出第一层壁画白色地仗。北向面西起第九壶门内下部边缘残损处露出第一层壁画白、绿、黑色画迹。

在佛坛下层上涩部，壁画残破剥落处可见两层壁画叠压，第一层壁画断续分布于各面。东向面第四层南侧露出底层壁画和压边木条。南向面第二、第四层西端转角泥层脱落处露出第一层画迹；其中第四层中部露出两处，第一处距西端198厘米，宽20厘米，高3厘米，第二处距东端223厘米，宽18厘米、高2厘米，皆散见白、红、绿、黑色画迹，似绘花叶纹样等。西向面第四层，南段露出下层泥面和壁画残迹，北段露出压边木条和下层壁画红、白、黑色残画。遗迹显示底层壁画制作是在凿平的岩体上涂墁粗草泥，上面边沿置入木条骨架，再涂以细泥使之平整光滑，然后进行绘制。北向面第四层西端转角处露出压边木条和下层壁画黑、白、青色残迹，另一处遗迹距西端 136 厘米，残宽 28 厘米、高 5 厘米。

2. 西壁

在西壁北侧下部，表层（第二层）壁画脱落后，露出底层（第一层）壁面，高 142 厘米、宽 140 厘米，北边距西壁北边 49 厘米，下边距地面 104 厘米，画层现已剥落。在第二层壁画重绘时，为增强泥层的附着力，在第一层壁面上密密刻划，底层壁画现仅存零星白、红、蓝、黑色痕迹。另一处同样在表层壁画脱落后，露出底层壁面，位于西壁北边，高 89 厘米、宽 16 厘米，南边距前者 45 厘米，下边距地面 78 厘米，底层壁画仅存零星白、蓝、绿、红、黑色痕迹。

另外，在西壁南上角表层壁画脱落后之残破边缘处，亦可见第一层壁画残存少许红、蓝、黑色痕迹。

3. 北壁

北壁西下角表层壁画脱落后，露出底层壁画，起于北壁西边，高 87.5～178 厘米、宽 63.5～88.6 厘米，下边距地面花砖 24.5 厘米。画层因重绘表层壁画被刻划几尽，仅见白色地上红、蓝等色痕迹。

北壁西边以东 332.5 厘米另一处表层壁画残破，露出底层壁画，高 45.3～76 厘米、宽 34～62 厘米，下边距地面花砖 87 厘米。画层被刻划严重，仅存零星白色地上红、蓝、黑、绿色痕迹。

除此之外，尤为重要的是北壁下边明显的两层壁画叠压迹象，未被表层壁画覆盖或破坏之处，多处可见底层壁画，白色地上有红色画迹和黑色下边线。

4. 南壁

南壁下边可见上下两层壁画叠压迹象，未被表层壁画覆盖或破坏之处，露出多处底层壁画，可见白色地上红、绿色画迹和画面下部黑色边线。

5. 东壁

东壁窟门北侧，经前世人为破坏表层壁画被剥离处，露出底层壁画，残迹高 31.8～71.4 厘米、宽 19～71.8 厘米，北距东壁北边 141 厘米，下距地面 97 厘米。画面被刻划破坏，白色地上红、绿等色画迹漫漶，其中可见底层供养人题记一方，残存高 55 厘米、宽 11 厘米，浅绿地色上墨书："故太□□十一小娘子一心……"，今可辨："……十一小娘子一心……"[21]。

东壁北侧距窟门门沿仅 8 厘米、下边距地面 95 厘米，高 76 厘米、宽 5～24 厘米，表层壁画被剥离后，露出底层壁画，画面被刻划脱落，仅见白、绿、红、黑、蓝色痕迹（图版 II：49-1）。

东壁南侧下部，有两处经人为破坏表层壁画被剥离后露出底层壁画（图版 II：49-2）。其中偏北一处距窟门门沿 33.6 厘米，下边距地面 94 厘米，残迹高 54.5 厘米、宽 10～37.3 厘米。画面刻划较甚，可见白色地上绿、红、黑、蓝色及贴金画迹，并残存供养人题记一方，高 65 厘米、宽 9.5 厘米，浅绿色地上墨书："故郡君太夫人钜鹿索氏一……"[22]，今仅可辨"钜鹿索氏一"五字。其南侧另一处南距东壁南边 108 厘米，下距地面 102 厘米，残迹高 68.2 厘米、宽 18.2～30 厘米，画面刻划严重，隐约可见底层壁画一方供养人题记，残高 52 厘米，宽约 9 厘米，绿地上墨书："郡君太夫人廣平宋氏……"[23]，今辨识所见："郡君……廣平宋氏……"。

在窟门南北两侧东壁下边，存上下两层壁画叠压迹象，未被表层壁画覆盖或破坏之处，露出少量底层壁画，可见白色地上的黑、红色横向边线痕迹。

6. 窟顶

窟顶西披，仅存于披面南部的上、中、下三处泥层，均于表层壁画脱落处露出少许底层壁画白色地和红、蓝、绿、黑色痕迹，画层剥蚀后的泥面光滑平整。

此外，在西披凿平的砾石岩面上，中间自上而下绘有一条土红色竖线，长 390.6 厘米，应为本窟之中轴线（图版 II：121）。

在南披和北披西边上段，以及方井内南、西、北边侧立面，表层壁画脱落处，均残存底层壁画零星白、蓝、绿、红、黑等色画迹（图

---

[21] 此据敦煌研究院编《敦煌莫高窟供养人题记》，文物出版社，北京，1986 年 12 月，p. 110。不同时期各方辨识文字多寡有别，详见本卷附录一〈本卷洞窟调查记录文献摘录〉之（九）、（十四）。

[22] 详见本卷附录一〈本卷洞窟调查记录文献摘录〉之（九）、（十一）、（十二）、（十四）。

[23] 详见本卷附录一〈本卷洞窟调查记录文献摘录〉之（十一）、（十二）、（十四）。

版 II：122-1、123-1）。

综上所述，第 256 窟第一层壁画和塑像，因被后代破坏、覆盖或重新绘塑，除雕塑主尊佛坐像大体保持原形外，所见存之壁画遗迹，零星有限，缺乏完整性，难以判断其整体布局及内容情况，故对于本窟初建时之绘塑原貌，目前尚缺乏认识。

二　第二层壁画

第 256 窟在前室、甬道、主室各壁面、顶部和中心佛坛，第一层（下层，底层，里层）壁画之上，加抹泥层，覆盖全窟，再行绘制第二层（上层、表层）壁画，由遗迹所见，明显叠压在第一层壁画之上。第二层壁画，除前室残损较甚，甬道、主室保存尚好，整体布局清晰，依次叙述如下。

（一）前室

前室因后代构筑窟檐，且经数次拆迁修葺，故壁画残损并多被遮挡，加之风沙侵蚀、日晒雨淋等自然因素，保存状况很差。窟室空间东面（前面）开敞，西壁中间辟门，为甬道东端入口。壁面（包括西、北、南三壁）经整体规划布局，分上下两段绘制壁画，下段表现坛基，上段帐幔之下展开壁画的主题。作画之前，均铺敷白粉层为地仗，而后绘画（图版 I：12 ～ 15；图版 II：10、11）。

1. 西壁
（1）西壁下段
壁面下段通壁宽影作佛坛，装饰壸门供宝，残损严重。
1）西壁北侧下段
西壁北侧下段高约 57 ～ 66 厘米、残宽 260 厘米，绘壸门供宝，颜色褪变严重，漫漶不清，隐约可见少许火焰宝珠和壸门外形。
壸门上方，绘一道边饰，残存横长 270 厘米、高 8 厘米，仅见上下边线画痕，图案纹饰不清。
2）西壁南侧下段
西壁南侧下段高约 50 厘米、残宽 150 厘米，画层剥落，情况不明。
下段与上段之间边饰，仅见存白色边线痕迹，残存横长 148 厘米，高约 7 厘米。
（2）西壁上段
1）帐幔
西壁上段，顶边下一道宽 2 ～ 6 厘米的绿色横线通贯南北，横线上下留细窄白色地仗。以下中间部分和南北两侧稍有不同。在壁面北侧和南侧，绿色横线之下又一道半花纹边饰，影作帐额。北侧宽 7 ～ 8.5 厘米、残存横长 252.5 厘米，南侧宽 7 ～ 8 厘米、残存横长 286.5 厘米，土红色线描勾形，复瓣半花上下交错，上花内层三圆形白色瓣、基部红黑色，外层三片白色三裂瓣、基部红黑色；下花内层三圆形白色瓣，外层三片绿色三裂瓣、基部白色。
半花纹边饰下方通壁宽绘帐幔，由垂角、帷幔、花串、帐带、铃铎等组成，北侧高 34 ～ 36 厘米、残存横长 264 厘米，南侧高 42.5 ～ 44.5 厘米、残存横长 286 厘米，垂角下花串四朵。壁面上段甬道口左右上方被后代打凿两眼梁孔破坏，中间部分门上无半花边饰，帐幔高 24 ～ 26 厘米、残存横长 334 厘米。垂角下花串三朵。
帐幔垂角内外相错叠压；外角白色，绘半花，花芯沥粉堆金，三片粉青色花瓣、基部红黑；内角绿色，绘白色花瓣、基部绿色。垂角下帷幔黑色，其前，外角下垂白色帐带，绿色勾边，下缀铃铎沥粉堆金；内角下垂花串，萼托呈红褐色，花冠交替施白色、绿色，每串四朵，下缀珠饰。
上述顶边下绿色横线、半花纹边饰和帐幔，于南北两端与南北两壁上段顶边下的横线、边饰、帐幔通连（图 6；图版 I：12）。
2）甬道东口
ⅰ 甬道门
在西壁中间部分，甬道门自地面起，门顶盝形，浮塑门沿宽 9 厘米，浮出壁面约 1 厘米，绘回纹边饰，彩绘褪色，可见施黑色晕染，两边勾线（图 6）。

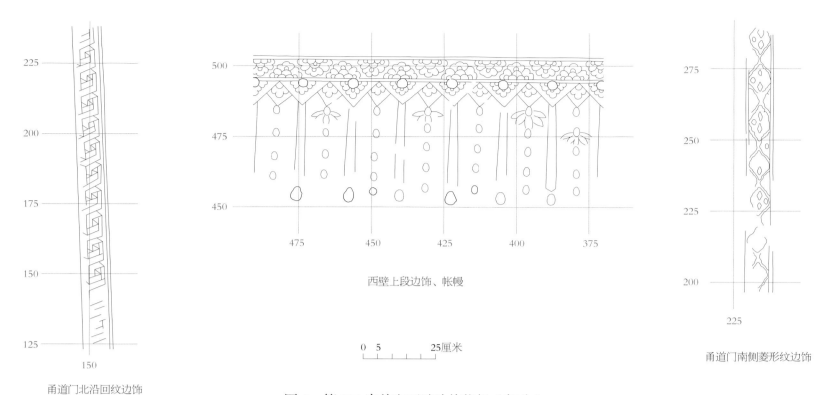

225
200
175
150
125
150
甬道门北沿回纹边饰

500
475
450
475   450   425   400   375
西壁上段边饰、帐幔

0 5   25厘米

275
250
225
200
225
甬道门南侧菱形纹边饰

图 6　第 256 窟前室西壁边饰帐幔（部分）

ⅱ 七佛

甬道门顶与上方帐幔之间，绘坐佛一排，并列 7 身，为过去七佛 [24]，皆正面，保存程度不同，残存通高 18 ～ 30 厘米（包括菩提宝盖）。该七佛图下部遭受后代修建窟檐屋顶的破坏，坐佛形象保存最多的仅及于颈、肩部（北起第一、二身），有的只见眉眼（第六、七身），最少的仅有头顶部分（第四、五身），画面严重褪色，模糊不清，少数五官尚可分辨（图 7；图版 II：15-2、16-1）。

坐佛皆有头光、身光，上有华盖、双树。头光和身光较完整者皆可见三圈，由内而外第三圈饰方形莲瓣纹或尖角莲瓣纹。头光横径 16 ～ 17.5 厘米，身光横径 28 厘米。

华盖高悬坐佛上方，横径 23 ～ 24 厘米。盖顶中央隆起，呈圆丘状，中心饰火焰宝珠。盖沿六边（或八边）形，正视可见三段凹弧的伞沿，悬饰璎珞、珠串。华盖后面的菩提双树，树冠横径 35 ～ 36 厘米。坐佛之间绘交茎花卉。

北起第一身坐佛北侧，绘 1 身菩萨，隐约可见冠饰、头光等，画迹模糊。

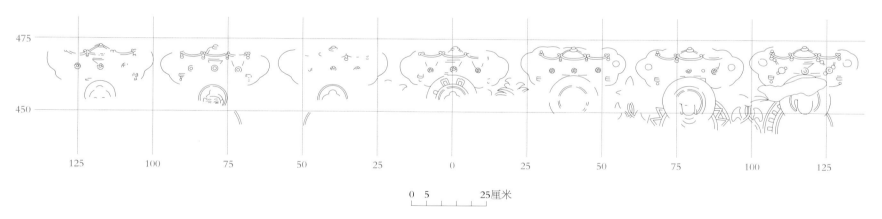

475
450
125   100   75   50   25   0   25   50   75   100   125

0 5   25厘米

图 7　第 256 窟前室西壁甬道口上七佛

ⅲ 供养菩萨（天人）

甬道门外两侧，各绘有上下纵向排列的供养菩萨（天人）一列。

甬道门北侧供养菩萨壁画，残存高 271 厘米、宽 30 ～ 58 厘米，残存 6 身。供养菩萨坐姿，稍侧向右，略朝向南，高约 56 厘米（包括头光、莲座），均模糊不清，可不同程度辨认出身光、头光、宝冠、耳饰、项圈、腕钏、臂钏、璎珞、下裙、帔巾、莲座、流云，以及沥粉画迹等。头光较完整者可见三圈，由内而外第三圈饰尖角或方形莲瓣纹，横径约 23 厘米。身光横径约 26 厘米。画面严重褪色，

---

[24] "七佛"，又称过去七佛，即毗婆尸佛、尸弃佛、毗舍浮佛、拘留孙佛、拘那含牟尼佛、迦叶佛、释迦牟尼佛。七佛之名号，见诸多部佛经，如《阿含经》《贤劫经》《佛名经》《四分律》《智度论》《七佛经》等，各经互有出入，七佛之造像及其榜题，所据佛经与佛名亦不尽相同。敦煌石窟中七佛之绘塑题材，始见于西魏，历经隋、唐、五代、宋，终于西夏，现存 60 余幅（铺）。一般画在窟门上方，或绘于侧壁、顶部，塑像较少。墨书榜题文字有的清晰，可知所据佛经；有的字迹漫漶，或无榜题。参见贺世哲《敦煌图像研究·十六国北朝卷》，甘肃教育出版社，兰州，2006 年 6 月，pp. 342–347。又，赵燕林、赵晓星〈莫高窟第 365 窟七佛榜题录释〉，《敦煌研究》2020 年第 6 期。

仅存黑、白二色（图8）。

甬道门南侧供养菩萨壁画，残存高238厘米、宽41～55厘米，残存4身。坐姿供养菩萨稍侧向左，略朝向北，规格与北侧基本相同，保存程度更差，模糊不清，仅可辨认部分身光、头光、冠饰、耳饰、项圈、腕钏、臂钏、璎珞、莲座及流云等，画面严重褪色。菩萨头光、身光横径分别为约22.5厘米、35厘米。头光与身光外圈以尖角或方形莲瓣纹交替搭配组合（图8）。

3）西壁上段北侧

西壁门南北两侧上段主题壁画内侧（各自靠近甬道门的一侧），均绘制二道纵向边饰。其中一道宽约8～10厘米，绘一整二半菱形图案，与中间门两侧纵列供养菩萨画面分隔，外侧与之紧贴另一道稍窄的联珠纹边饰（图6）。上段北侧一整二半菱形纹边饰残存纵长230厘米、宽10.4厘米，联珠纹边饰残存纵长78厘米、宽5.4厘米。

西壁上段北侧和南侧，帐幔之下，二道纵向边饰外侧，绘制主题壁画，分别为普贤变和文殊变。

西壁上段北侧、纵向边饰以北，绘壁画普贤变一铺[25]，高约370厘米、宽307厘米，现存壁画残高323～330厘米、残宽279～284厘米。图中普贤菩萨乘象居中，南北两侧各立二随从菩萨（图9；图版I：12；图版II：10、12）。

i 普贤菩萨

普贤菩萨乘象，残存通高265厘米（包括华盖、大象），画面模糊，严重褪色，仅有部分浅淡线描画迹可辨，设色较多填地绿色残迹。

图8 第256窟前室西壁甬道门南、北侧供养菩萨（天人）

菩萨半跏坐姿，正面，隐约可见弯眉、双耳及蝌蚪形唇髭。左臂屈起，左手在胸前捻一柄曲颈芝式如意斜置左肩上。右臂屈肘，右手似前伸置于右股上。左腿盘坐，舒右腿，右胫斜下稍内收，跣足露出裙外。

头戴五佛冠，五身坐佛聚在中央，宝冠上缘作六连弧，装饰朵云、莲蕾、缯带、耳饰在两侧珠环流苏长垂，身饰珠串项圈、璎珞、腕钏、臂钏，下着黑色长裙，帔巾于身后呈环状向绕双臂婉转飘下。

坐下仰莲座置于象背。大象侧身而立，佩饰、铃铛垂于胸前。象背负仰莲座。

头光圆形，横径61厘米，似饰水波纹；身光圆形，横径92.5厘米，外圈可见尖角莲瓣纹。头光、身光外缘皆饰火焰纹。

菩萨上方高悬菩提宝盖，可见华盖下部伞沿垂幔、帐带、流苏、珠、铃等饰物，上部盖顶画迹无存。

ii 随从菩萨（天人）

i）北侧菩萨

普贤菩萨左侧南起第一身菩萨，残高155厘米（包括头光），稍侧向右（南），朝向普贤菩萨。右手在上、左手在下于胸前持长杆莲枝。可见头光、耳饰、项饰、腕钏、璎珞、饰带、帔巾。道道璎珞如帘，垂挂身前。头光圆形，横径46厘米，内外二圈。莲枝长杆高直，一杆三花二蕾，三朵宝装复瓣莲花，二朵莲蕾分向左右，花萼全开，枝茎间挂方胜纹幡帜横飘于前。

第二身（外侧）菩萨，残高104厘米（包括头光），稍侧向右。因处于壁面北端，身体左侧被近代所筑窟檐山墙遮挡，画迹可见耳饰、璎珞。头光圆形，未被遮挡的横径仅25.6厘米，内外二圈，外圈饰莲瓣纹。手举宝幢高过头顶。宝幢多层，饰火焰宝珠、垂幔、璎珞等。

---

[25] "普贤变"，在敦煌石窟中，一般与"文殊变"对称出现，是敦煌艺术中最常见的题材之一。这两铺经变始见于初唐，终于元代，现存一百五十余幅，大多绘于佛龛或甬道出、入口的南北两侧，或窟顶南北两披。画面构图繁简不同，侍从多寡不一。敦煌研究院编《敦煌艺术大辞典》"普贤变"条（史苇湘）："其规律是从简到繁，到中、晚唐和五代时期，敦煌石窟的普贤变形成多达数十人的大幅画面，其侍从有梵天、天王、天龙八部、力士、菩萨，幢幡、彩云、鲜花、舞乐充填其间，十分华丽。"普贤菩萨乘六牙白象，与乘青狮的文殊菩萨相对。其持物、冠着描绘略有区别，人物表现有所不同，具有一定的时代特征（上海辞书出版社，上海，2019年12月，p.302）。

图 9　第 256 窟前室西壁北侧普贤变

ii）南侧菩萨

普贤右侧北起第一身菩萨，残高 139.5 厘米（包括头光），稍侧向左（北），朝向普贤菩萨。左手在上、右手在下于胸前持长杆莲枝。曲眉入鬓，冠饰莲花、云珠、簪钗，饰耳环、项圈、腕钏、璎珞。帔巾敷搭双肩向下，在腿前环两道向上，由内而外搭小臂垂于两侧。道道璎珞如帘，垂挂身前。头光圆形，横径 43.7 厘米，内外二圈，内圈横径约 30 厘米，外圈宽出 6.5 ～ 6.8 厘米，饰尖角莲瓣纹。长杆莲枝与北侧同式对称。

第二身（外侧）菩萨，残高 135 厘米（包括头光），稍侧向左。左手在上、右手在下举宝幢高过头顶。头戴花鬘宝冠，饰耳环、项圈、腕钏、璎珞。帔巾搭两肩向下，环于腿前上卷，由内而外搭小臂垂于两侧。道道璎珞如帘，垂挂身前。头光圆形，内外二圈，第一圈横径约 30 厘米，外圈宽出 6.5 ～ 7 厘米，饰方形莲瓣纹。宝幢与北侧同式对称。

在画面空白处，点缀插绘各式花卉纹样。下部边缘，隐约可见水涡纹样和一段边饰。其中边饰作几何纹，表现立体方砖之正面、上面和侧面，当系宝池边栏及上段经变画下与下段佛坛上边相隔的饰带。

4）西壁上段南侧

图 10　第 256 窟前室西壁南侧文殊变

西壁上段南侧主题壁画内侧（靠近甬道门的一侧）与中间门两侧纵列供养菩萨画面分隔的二道纵向边饰，其中一整二半菱形纹边饰残存纵长 105 厘米、宽 9.3 厘米，联珠纹边饰，残存纵长 94 厘米、宽 3.8 厘米。

西壁上段北侧、纵向边饰以南，绘主题壁画文殊变一铺[26]，高约 387 厘米、宽 307 厘米，现存壁画残高 370 厘米、宽 307 厘米。图

---

[26]　参见注[25]。"文殊变"，在敦煌石窟中常与"普贤变"对称绘制。敦煌研究院编《敦煌艺术大辞典》"文殊变"条（史苇湘）："初唐时西龛阔大，帐门两侧壁面狭窄，描绘文殊乘于狮座之上，仅有三五身侍从；到盛唐时，画面铺演富丽，人物渐多；吐蕃时代到晚唐愈见繁华，形成场面浩大的出行图，文殊高坐于狮舆之上，前后上下扈从帝释、天王、力士、飞天、供养菩萨、执幡天人、诃梨地母……达数十人之多"（上海辞书出版社，上海，2019 年 12 月，p. 301）。五代、宋以后，画面描绘更趋成熟，人物更为众多复杂。

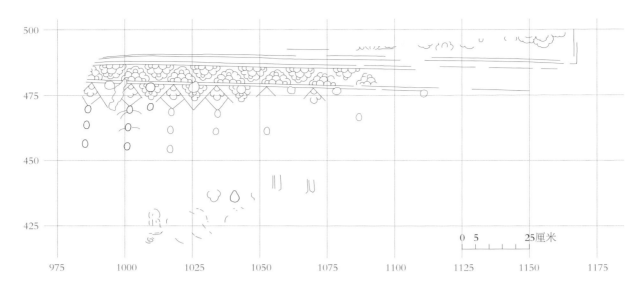

图 11　第 256 窟前室北壁部分

中文殊菩萨乘狮居中，南北两侧各立二随从菩萨（图 10；图版 I：12；图版 II：11）。

　　i 文殊菩萨

　　文殊菩萨乘狮，残存通高 293 厘米（包括华盖、狮子），画面模糊不清，严重剥落、褪色，仅见部分画迹，以沥粉堆金线描居多。

　　菩萨半跏坐姿，正面。屈左臂，左手置于腹前掌心向上。右臂屈起，右手于胸前执握一柄云头状芝式如意斜置右肩上。似右腿盘坐，舒左腿。

　　头戴五佛冠，与北侧普贤菩萨冠饰大致相同，化佛通高 9.8 厘米（包括头光、莲座），宝冠上缘作四连弧，装饰朵云，两侧四朵莲花吐蕊，缯带、耳饰在两侧珠、环、流苏长垂。身饰珠串项圈、璎珞、腕钏、臂钏等，下着裙，帔巾于身前婉转绕双臂飘下。

　　坐下仰莲座置于狮背。雄狮侧身而立，背负莲座。配饰、铃铛垂于胸前，上缘为横格几何纹。

　　头光圆形，横径 75 厘米，饰水波纹。身光圆形，横径 96 厘米，内外三圈，内圈横径约 70 厘米，第二圈宽出 4 厘米；外圈宽出 10～11.5 厘米，饰尖角莲瓣纹。头光、身光外缘皆饰火焰纹。

　　菩萨上方高悬菩提宝盖。可见盖顶边缘连弧、云头和装饰莲蕾的伞沿，以及华盖下部周沿垂幔、莲花、帐带、流苏、珠、铃等饰物，并可仰视伞底的圆形内骨。

　　ii 随从菩萨（天人）

　　i）北侧菩萨

　　文殊菩萨左侧南起第一身菩萨，残高 132 厘米（包括头光），稍侧向右，朝向文殊菩萨。双手持长杆莲枝。菩萨头戴花鬘宝冠，可见头光、耳饰、项圈、腕钏、璎珞、帔巾等。道道璎珞如帘，垂挂身前。头光圆形，横径 44 厘米。内外二圈，内圈横径 30 厘米，外圈宽出 5～6 厘米，饰尖角莲瓣纹。

　　第二身（外侧）菩萨，残高 104 厘米（包括头光），稍侧向右。右手在上，左手在下，举宝幢高过头顶。可见花鬘宝冠、耳饰、项圈、腕钏、璎珞。道道璎珞如帘，垂挂身前。头光圆形，横径 46 厘米，内外二圈，内圈横径 30 厘米，外圈宽出 5.5～6 厘米，饰方形莲瓣纹。宝幢数层（上部残毁）。文殊两侧随从菩萨所持长杆莲枝和宝幢均与普贤两侧随从菩萨所持同式。

　　ii）南侧菩萨

　　文殊右侧北起第一身菩萨，残高 131 厘米（包括头光），稍侧向左，朝向文殊菩萨。仅见头光、花鬘宝冠、耳饰、项饰、璎珞。道道璎珞如帘，垂挂身前。其上方可见长杆莲枝、横飘幡帜。

　　第二身（外侧）菩萨，残高 87 厘米（包括头光），稍侧向左。仅见菩萨璎珞和上方宝幢等少许画迹。

　　在画面空白处，插绘各式花卉纹样。

　　2. 北壁

　　北壁仅存上段部分壁画，顶端承接西壁北端横线、边饰、帐幔横贯东西，残高 20～75 厘米、残宽 60～178 厘米（图 11；图版 I：13；图版 II：18）。

　　北壁顶边绿色横线宽 2～3.5 厘米、残存横长 178 厘米，于东端与室顶东边南北走向的绿色横线垂直相接。

　　横线下一道半花边饰，宽 6.5～8 厘米、残存横长 170 厘米，土红色线勾形，上花红黑色芯、白色花瓣，下花白色芯、绿色花瓣。

　　边饰之下帐幔，由垂角、帷幔、帐带、花串等组成，残高 13～45 厘米、残存横长 126 厘米。绿白二色垂角内外交错。外角白色，

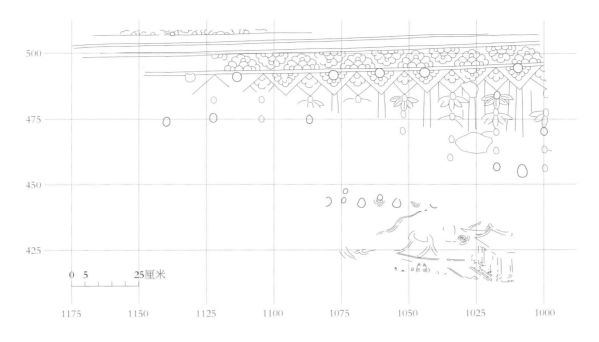

图 12　第 256 窟前室南壁部分

沥粉花芯，白色花瓣、基部红色，下垂帐带。内角绿色，白色花瓣，下垂花串，沥粉蕚托、铃铎，褪色严重。

以下壁画因后代于壁前修筑木构窟檐下之北山墙，大部分被遮挡，不知详情，唯木构梁架之间露出少许画迹：可见高 13 厘米、宽 38 厘米，绘赴会佛、建筑、云气纹等内容。残存赴会佛二身，均残高 9.6 厘米（包括头光、莲座），结跏趺坐，禅定印，乘祥云。建筑物仅见屋顶部分，为悬山顶，正脊两端有鸱尾。壁面东部画层几乎剥落殆尽。

3. 南壁

南壁仅残存上段部分壁画，顶端承接西壁南端横线、边饰、帐幔，技法相同，横贯东西，残高 17 ～ 95 厘米、残宽 65 ～ 173 厘米（图 12；图版 I：14；图版 II：13、14-1）。

南壁顶边绿色横线宽 3.5 ～ 4 厘米，残存横长 173 厘米，于东端与室顶东边南北走向的绿色横线垂直相接。

横线下一道半花边饰，宽 7.5 ～ 8.2 厘米、残存横长 147 厘米。土红色线勾形，纹样同于北壁，纹样外黑色填地。

边饰之下帐幔等，残高 20 ～ 53 厘米、残存横长 65 ～ 148 厘米。帐幔垂角、帷幔、花串、帐带等同于北壁。

以下壁画因后代于壁前修筑木构窟檐下之南山墙，大部分被遮挡，仅从木构梁架之间隐约可见少许画迹，残高 22 厘米、宽 65 厘米，绘建筑、赴会佛、流云纹等。残存赴会佛二身，残高约 8 厘米（包括头光、莲座），结跏趺坐，禅定印，乘祥云自上而下。建筑物三座，东起第一座仅见屋顶；第二座可见高 16 厘米，悬山顶屋脊两端有鸱尾，殿内似悬钟一口，黑色，沥粉绘弦纹；第三座高约 22 厘米，绿色悬山顶正脊有鸱尾，檐下四柱，黑色，有栏杆、望柱、台基。

4. 顶部

前室平顶，东部残损较多，壁画主要保存在西半部，分割为南、中、北三部分。其残存部分，南部自顶南边向北 292 ～ 316 厘米、自顶西边向东 162 ～ 170 厘米，北部自顶北边向南 179 ～ 306 厘米，自顶西边向东 88 ～ 192 厘米，中部自距顶西南角 351 厘米起向北（或自距顶西北角向南 343 厘米起向南）140 ～ 323 厘米、自顶西边向东 84 ～ 160 厘米（图版 I：15；图版 II：13、14）。由于室顶轻微的倾斜，顶面壁画在南北两端延伸至南壁、北壁的顶端，愈往东益甚。

前室顶部壁画团花图案南北成排，东西成列，整齐划一，团花之间填充十字花叶（图 13）。其中保存完整或基本完整的团花，南部西起第一至第六排分别为 12、10、10、8、7、5 朵；中部西起第一至第六排分别为 12、10、10、8、7、5 朵；北部西起第一至第四排各 12 朵、第五至第七排分别为 8、7、3 朵；合计 170 朵，各部边缘尚或多或少残存缺损的花瓣和叶片。

图 13　第 256 窟前室顶部团花（部分）

团花直径 22～24 厘米, 土红色线描勾形绘复瓣莲花, 沥粉堆金莲芯, 瓣分三重: 第一重四出花, 相隔一周留白, 第二重围绕八瓣, 沥粉堆金花芯, 五裂花瓣, 瓣间露第三重瓣, 施色分为二式。Ⅰ式, 第一重各花白色芯、粉青色瓣、基部红黑色; 第二重绿色瓣、基部白色 (浅红色), 第三重白色瓣、基部红黑色。Ⅱ式, 第一重各花白色芯、粉青色瓣、基部红黑色; 第二重白色瓣、基部红黑色, 第三重绿色瓣、基部白色 (浅红色)。二式上下左右交错。团花之间, 绘四出十字花叶, 沥粉堆金花芯, 四瓣四叶; 白色四瓣、基部红黑色, 绿色深裂锐角四叶, 基部白色 (浅红色)。纹样外以黑色填地。

顶面壁画团花的南边、西边、北边, 留出白边与三壁顶端绿色横线相隔。绿色横线不只在三个壁面的顶端, 同样位于窟室顶面团花图案的东边, 来自北壁顶端绿色横线至东端 90 度角向南的折转。顶面南段团花图案的东边亦残存断续的绿色横线。西壁中间上部因两眼梁孔凿造而有顶面的南北两处毁损, 值得注意的是, 靠南一处毁损部位又有一道东西向绿色纵线, 为顶面团花图中的分界; 或可推测, 靠南一处毁损中也会有同样绿色分界线, 从而将前室顶部团花图一分为三。

顶面东边绿色横线外, 壁面斜角转折向上披, 处于露天的崖壁上, 残存的泥面上壁画纵长 15～52 厘米、横长 39～730 厘米, 自上而下绘火焰宝珠、半花纹装饰和帐幔。较清晰的画面在北段, 残存九颗火焰宝珠画迹, 残高 9～12 厘米, 相隔约 28～32 厘米, 宝珠、火焰色彩因褪变而呈黑灰色 (图版Ⅰ: 12、15; 图版Ⅱ: 6-1～8)。其下半花纹装饰的帐额, 宽 8.59～12 厘米, 残存横长 223 厘米和 12.7 厘米的两段, 亦呈同样的变色, 半花皆复瓣, 上花内瓣深色、外瓣浅色, 下花内瓣浅色、外瓣深色。帐幔残存纵长 10～27 厘米、横长 552 厘米, 上有垂角, 浅色外角、深色内角。帷幔呈白色。外角下垂白色帐带, 剥落后露出土色。内角下垂花串, 呈黑白二色交错。最北端一处纵长 23.6 厘米、横长 39 厘米的小片画迹中, 保存垂角的土红色线描勾勒和以鲜红色三珠形式表现花串中的萼托。

此外, 在平顶东北角黑色横线之外、崖壁斜面的北下角, 残存壁画绘流云和一身飞天, 画迹褪色模糊。飞天仅见黑色衣裙和帔巾, 应该是窟口上方露天摩崖壁画帐幔之下仅存的内容。

(二) 甬道

甬道第二层 (表层) 壁画, 南、北壁对称, 同样分上下两段绘供养菩萨和壶门供宝, 盝形顶上中间平顶绘团花图案、南北两侧斜披面绘帐幔。

1. 北壁

北壁壁画分上下两段布局, 下段绘壶门供宝, 上段绘莲池、供养菩萨及化生童子。壁面东端和下段剥蚀漫漶, 画面模糊不清。其中自东边起向西 20～164 厘米、高 40～120 厘米范围内, 壁画磨蚀颜色褪变, 画面部分被毁, 露出泥土面 (图版Ⅰ: 16; 图版Ⅱ: 20、24)。

北壁东西两边通壁高各绘一道纵向边饰, 东边画迹磨蚀不见, 西边大部完整。边饰宽 10 厘米, 绘半花纹图案, 瓣分三重, 内重云头形瓣, 外围三瓣, 瓣间露第三重二瓣。施色分二式, 左右相对交错: 左花Ⅰ式, 内重瓣粉青色、外围绿色三瓣, 第三重粉青色瓣; 右花Ⅱ式, 内重瓣绿色、外围粉青色三瓣, 第三重绿色瓣。纹样外黑色填地 (图 14; 图版Ⅱ: 36-5)。

(1) 下段

北壁下段高 63～66 厘米, 上边一道横向边饰, 在上段壁画莲池之下, 两端分别连接壁面东西两边纵向边饰, 宽 7.5～8.5 厘米、残存横长 368 厘米, 东部磨蚀。边饰上下土红色横线描边, 绘方胜纹 (平行四边形格, 格两侧斜边倾角约 70 度, 格内对角图案, 中央聚焦于一圆心), 画迹模糊。

方胜纹饰带下边土红色线下以一道与饰带同长的绿色横线界隔, 之下绘半花纹边饰一道、壶门供宝一排, 白色为地, 以红、绿、黑色勾染。半花纹边饰宽约 6.4 厘米, 壶门外、上楣、门侧及二门之间饰以花卉, 与边饰间无明显分界。壶门内绘火焰宝珠, 绿色宝珠、红色火焰。画迹大多漫漶剥蚀, 模糊不清。隐约可见残存西侧五个壶门, 其余仅见黑、绿、红色斑。壁面下段东侧及下部壁画脱落, 遭磨损、刻划, 多处露出泥面 (图 14)。

(2) 上段

北壁上段高 248～258 厘米, 绘宝池莲花上立姿供养菩萨 (天人) 8 身, 菩萨上方各有华盖; 空间点缀蔓枝莲花, 于各菩萨头前上方花朵上立化生童子 1 身。

1) 莲花宝池

上段下部绘长方形水池, 东西两端连接纵向边饰, 纵长 74 厘米, 约占壁面高近四分之一。池中水面敷石绿色, 蔓生莲花, 曲茎向上, 顶端花叶高达 203～209 厘米, 及于菩萨上方华盖垂饰。水池上边、下边砌以立体方砖, 已漫漶模糊; 方砖绘出斜角的顶面和矩形的立

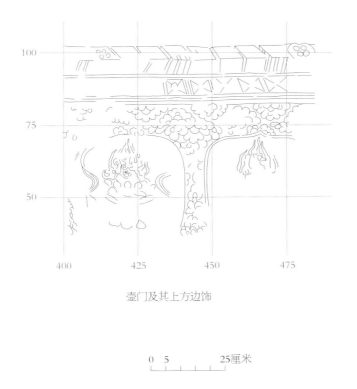

壸门及其上方边饰

0 5 25厘米

西端边饰

图14　第256窟甬道北壁下段壸门、西端边饰（部分）

面，具立体感，砖面施以黑、绿、青、白，大致四色一组，相互搭配；顶面可见白绿二色、黑灰二色田字纹，立面可见黑灰二色、绿白二色竖线纹。莲花宝池残存横长308～370厘米，东段磨蚀未存。

2）供养菩萨（天人）

菩萨皆立姿，通高195.5～200厘米（包括莲台、头光），两脚分开各踏一朵莲花，似缓步朝西行进。西起第五、六身稍残，部分颜色褪变脱落；第七、八身大部剥落，仅存少许沥粉画痕，露出泥面；余皆保存较好（图15～18；图版I：16）。菩萨面部方圆，额有白毫，波状发际线后绿色晕染头发。眼半启，平视，鼻尖稍高，鼻翼较窄，双唇轻合，耳轮长垂，颈项勾弧线二至三道。

菩萨顶束发髻，戴花鬘宝冠，宝冠前横列三圆饼形珠，其上堆叠一饼形大珠及小珠、莲瓣，大珠中插一朵白色花，三至五瓣，绿色萼。冠顶饰三宝标，以束腰仰覆莲为座。冠后如意形饰物，上下云头承火焰宝珠，宝珠石绿色、火焰红、黑色。侧面鬟上可见横插笄端饰宝装白色莲蕾，花瓣尖端缀宝装珠串、铃铎，笄端之上现云头。束发巾帕拢在耳后，白色绦带垂下。宝冠两侧宝缯、缨带于肩前编扎成束，宝缯层叠展开，长缨垂至腰际回绕两臂长曳近膝，末端斜剖出尖角外张。

菩萨袒上身，斜披络腋。项圈横饰圆饼形珠或覆莲形珠及云头，三珠或单珠，下缀珠链花串璎珞三条。腕钏双环，其中一环中串圆珠，单颗或数颗，大小主次搭配。臂钏呈黑色，上现云头，饰云纹、弦纹，外侧横向饰宝装莲蕾，下垂绿黑二色彩带；后面附一束白色绢帕纵向对折，折叠端在上向外侧倾，下端呈圆台形缀珠。胸前垂下的璎珞，于腹前穿莲花形圆璧仍为三道长垂，璧中心饼形宝珠围以莲瓣；璎珞均由珠链花串组成，中道长及两踝之间，末端缀铃铎；左右两道于膝下各缀一饼形珠，以下分别环绕至两胫之后又缀一饼形珠于胫后半露。下身黑色长裙曳地，露出跣足，裙腰翻出覆盖两胯，腰带长垂腿间。菩萨或袒右肩，帔巾在身后呈环状，向前绕双臂婉转飘下；或者帔巾搭肩，遮覆两肩及上臂，在身前垂至腹下呈环状两道回绕双臂垂下。袒右肩者均饰臂钏，帔巾覆肩者上臂被遮盖，不见臂钏。

壁画白色地，土红色线描勾勒人物肢体、五官、图案纹饰、莲花台座，肌肤不另施色；随身饰品、器物多以沥粉勾线，其间填染，褪色后呈黑色、黑灰色或土色。面部石绿色勾染弯眉、胡髭；连弧状发际线、耳廓外缘及发髻施绿色晕染。白色的巾帕及其绦带。缯帛和缨带皆为黑绿二色。帔巾石绿、粉青二色互为面、里。长裙黑色晕染。冠、笄、耳环、项圈、腕钏、臂钏、璎珞及华盖等，珠饰有黑色、绿色、粉青色，花朵绿色、粉青色、白色，黑珠、铃铎及花萼以沥粉线描，唯绿色、粉青色珠、花及衣物等一律涂染而不勾线。

菩萨足下开敷仰莲。白色地上以土红色线白描莲花；花重瓣，长茎连蔓，间有花朵、花蕾、叶片。画面的下部绘绿色七宝水池，白色莲花在水中绵延一体。

圆形头光，绘莲花图案，横径53～54.5厘米，内外二圈，内圈莲房绿色、周缘黑色宽边，外圈绘莲瓣，分别为三角形尖瓣或格状方瓣。尖瓣白色、黑褐色基部，两角间扇形绿白二色复瓣；方瓣二色，白色瓣、基部黑褐色或绿色瓣、基部浅红色，交替作格状排列。两种纹样的头光，外圈周边均勾黑色线。

上方华盖[27]，形制大体相同，但绘制有异，区别主要在于视角的高低。华盖盖顶略作圆丘状，高9～12厘米，面积不大，横径

[27]　参见敦煌研究院编《敦煌艺术大辞典》"华盖"条（刘玉权），上海辞书出版社，上海，2019年12月，p.417。又，关友惠《敦煌石窟全集·图案卷》14，商务印书馆（香港）有限公司，香港，2003年3月，p.48；扬之水《曾有西风半点香·敦煌艺术名物丛考》，生活·读书·新知三联书店，北京，2012年1月，p.53。

18.2～22.7 厘米，约伞面的三分之一。全伞横径 56～61 厘米，通高（包括顶饰、垂饰）38.5～45.5 厘米（图版 II：22-1、23-1）。

平视的角度，盖顶顶端饰莲花火焰宝珠，顶面左右两坡各饰一珠。伞沿较平直，绘出三折，折角处即伞骨外端饰云头、火焰宝珠，伞沿折角间各饰一火焰宝珠；火焰宝珠共七颗，多为绿色珠，红、黑色火焰；火焰珠之间加饰黑褐色圆珠若干颗。周沿宝珠下各有垂饰，折角端下挂宝装璎珞，黑、白、绿、红色花穗珠饰，绘出四条；折角间绿色线描白色幡带饰浅灰色半花纹，下坠铃铎，绘出三条。相邻两折角共以璎珞珠串悬系一饼形大珠，大珠周边缀三绿色、三粉青色小珠。伞沿下翻出黑褐色里面，下部白色尖角纹；中间盖顶下口绘垂角和圆筒状帐幔；垂角交错重叠，外角黑色、内角呈浅红色；帐幔外面染竖道表现褶襞，呈浅灰色。帐幔下口仰视角度呈椭圆形，双线勾边，其内上部平涂绿色半圆、下缘长短绿色竖道留白，合成一朵绿芯白瓣莲花。

仰视的角度，盖顶顶端饰一朵覆莲，顶面左右两坡各饰一珠。伞沿无折，呈平缓的弧形，左右两端有云头起翘，沿边大致等距离饰七颗火焰宝珠，绿色珠，红、黑色火焰；火焰珠之间加饰黑褐色圆珠四至六颗。宝珠下各有垂饰，左起第一、三、五、七火焰珠下挂宝装璎珞，黑、白、绿、红色花穗珠饰，绘出四条；第二、四、六火焰珠下绿色线描白色幡带饰浅灰色半花纹，下坠铃铎，绘出三条。第一、三，第三、五，第五、七等两珠间，共以璎珞珠串悬系一饼形大珠，大珠周边缀三绿色、三粉青色小珠。伞沿下翻出黑褐色里面，下部白色尖角纹；中间盖顶下口绘圆圈状帐楣、垂角和圆筒状帐幔；绿色帐楣双线勾边，饰白色连珠；垂角交错重叠，外角黑色、内层呈浅红色；帐幔外面染竖道表现褶襞，呈浅灰色。帐幔下口仰视角度呈椭圆形，双线勾边，其内上部平涂绿色半圆、下缘长短绿色竖道留白，合成一朵绿芯白瓣莲花。

综上述，甬道两壁供养菩萨可分帔巾覆肩和袒右肩二式。帔巾覆肩者（以下简称 I 式），不见臂钏，帔巾在腹下呈环状两道，头光饰三角形尖瓣莲花，平视角度绘华盖。袒右肩者（以下简称 II 式），可见络腋斜挂左肩，露出有竖向饰物的臂钏，帔巾在身后呈环状，头光饰格状方瓣莲花，仰视角度绘华盖。

8 身菩萨自西而东排列，I 式菩萨和 II 式菩萨在壁画菩萨队列中交替轮换。依次叙述如下。

西起第一身菩萨，I 式，高 194 厘米（包括莲台、头光），稍侧向右，两臂屈起持长柄香炉，左手在胸前握柄端，右手托炉体于肩前。宝冠前面堆叠大珠插三瓣花，笄端莲蕾半开五瓣。耳环缀黑色桃形珠。颈项弧线第二道加饰颗粒状绿色细珠。项圈缀饼形三珠，下缀璎珞三条。腕钏之一环中串黑、绿色珠。腹前黑色络腋；圆壁周围莲瓣黑绿二色交替。裙腰翻出里面白色，粉青色边缘；中间白色腰带打结垂至莲台，腹下、膝上各有一处膨起，或为打结之团块。帔巾搭肩，绕臂垂下，腹下呈环状两道，粉青色面、绿色里。手中香炉黑灰色，束腰圈足，平底，浅斜腹，侈口，圆盖，白色圆珠盖钮，条形长柄饰以云纹并有三朵覆莲呈丘状隆起（图版 II：36-5）。头光横径 53.6 厘米，外圈宽 7.3 厘米，绘尖瓣莲纹。上方华盖按平视的角度绘制，横径 62 厘米、高 47.7 厘米，顶面两坡饰珠呈土色；伞沿左起第二火焰珠白色，中间三火焰珠间各一黑色珠（图 15；图版 II：21、25-1）。

第二身菩萨，II 式，高 190 厘米（包括莲台、头光），稍侧向右，两臂屈起，双手抬至胸前持长带璎珞（花绳），右手在前仰掌承托，左手握持。宝冠前面堆叠大珠插三瓣花，笄端莲蕾三瓣。耳环缀绿色三珠。颈项弧线二道。项圈横饰饼形四珠，下缀璎珞。腕钏之一环中串一黑色珠及粉青、绿色小珠。臂钏宝装莲蕾半开五瓣，圆台形下端缀黑、绿色小珠，右臂钏可见贴金[28]。黑色络腋挂左肩见于腹前；圆壁周围黑色莲瓣。裙腰翻出，里面绘繁花，土红色线描，黑、灰、粉青等色晕染，石绿色边缘；中间绿色腰带打结垂至莲台，翻出里面白色。帔巾在身后呈环状，绕双臂婉转飘下，绿色面、粉青色里。手提璎珞为珠链花串，与身上璎珞略同，经双手于内侧垂至腹下，外侧向左右长垂，飘曳至两踝之外。头光横径 54.5 厘米、外圈宽 7.2 厘米，绘方瓣莲纹。上方华盖按仰视的角度绘制，横径 63.3 厘米、高 43.6 厘米，伞沿火焰珠之间可见黑色珠六颗（图 15；图版 II：21、25-1）。

第三身菩萨，I 式，高 191.8 厘米（包括莲台、头光），稍侧向右，两臂屈起，左手于腹际拇指、中指相捻持一朵莲花；右手抬至胸前覆于上方，伸拇指、食指、小指，余二指屈。头上束髻褪色，呈黄灰色。宝冠前面堆叠大珠插五瓣花，笄端莲蕾半开五瓣。耳环缀黑色珠。颈项弧线第三道加饰颗粒状细珠。项圈缀饼形单珠、花瓣。腕钏之一环中串黑、绿色珠。腹前黑色络腋，粉青色领缘黑色双线勾边。裙腰翻出里面白色，隐约可见粉青色边缘；中间白色腰带打结垂至莲台，腹下、膝上各有一处膨起。帔巾搭肩，绕臂垂下，腹下呈环状两道，粉青色面、绿色里。左手白色半开莲花，六瓣，绿色萼、茎。头光横径 52.8 厘米，外圈宽 7.7 厘米，绘尖瓣莲纹。上方华盖按平视的角度绘制，横径 68 厘米、高 42.8 厘米，伞沿中间火焰珠两侧各一黑色珠（图 16；图版 II：25-2）。

第四身菩萨，II 式，高 193.8 厘米（包括莲台、头光），稍侧向右，两臂屈起，右手在肩侧执花枝，小指翘起；左手在肩前扬掌，拇指、

---

[28] 沥粉堆金，敷金的一种技法。李其琼："敷金，壁画敷彩技法之一。敦煌壁画以色彩鲜丽见长，色不足以增辉时另饰金色，谓敷金。有贴金、描金、沥粉堆金三法……沥粉堆金，即在立体的粉线、粉点上贴金，敦煌民间传统用牛胶合熟石膏如泥，装入防潮的皮囊内，口接一细管，用时面壁挤压皮囊，粉从管出，绘成图案，称沥粉，待粉干透，再涂胶水于沥粉线纹上，贴以金箔，即成沥粉堆金。此法始于五代，在曹氏家族的供养像上，尤喜用沥粉堆金表现妇女身上的装饰，如莫高窟第428窟前室甬道上的回鹘公主等三女供养人头上的凤冠、胸前珠串，均沥粉绘成；西夏时也用沥粉堆金绘菩萨璎珞环钏"（季羡林主编《敦煌学大辞典》，上海辞书出版社，上海，1998年12月，p. 224。又见敦煌研究院编《敦煌艺术大辞典》，上海辞书出版社，上海，2019年12月，pp. 552～553）。

图 15　第 256 窟甬道北壁西起第一、二身供养菩萨（天人）

食指相捻。头发、发髻褪色，呈黄灰色。宝冠前面堆叠大珠插三瓣花，笄端莲蕾三瓣。耳环缀绿色三珠。颈项弧线三道，第二道隐约可见颗粒状细珠。腕钏之一环中串黑色珠及二小珠。臂钏宝装莲蕾半开，褪色，仅见线描，莲叶呈浅绿色。黑色络腋挂左肩见于腹前，圆璧周围白绿二色莲瓣。璧下三条璎珞之外，另有一条扁平长带璎珞（花绳），分节饰白、黑、绿、灰、红色纹样，由两股之后绕至膝前，系对称双环花结，两端缀珠穗，垂下向左右外撇。裙腰翻出，里面绘绿地白色团花，外围白地半花边饰，三线勾边，石绿色边缘。中间绿色腰带打结垂至莲台，腹下一处膨起，翻出里面白色。帔巾在身后呈环状，绕双臂婉转飘下，白色面、绿色里。右手中复瓣花冠白色六瓣，萼黑色五片，绿茎折曲，绿叶繁茂。头光横径 53.6 厘米，外圈宽 7.7 厘米，绘方瓣莲纹。上方华盖按仰视的角度绘制，横径 61.4 厘米、高 39.5 厘米，伞沿火焰珠之间黑色珠可见四颗（图 16；图版 II：25-2）。

图 16　第 256 窟甬道北壁西起第三、四身供养菩萨（天人）

　　第五身菩萨，I 式，高 191 厘米（包括莲台、头光），稍侧向右，两臂屈起，双手于胸腹之际，右手执一莲蕾、左手握曲茎长枝。画面褪色严重，现存除头光尚清晰外，面部画迹浅淡，其余仅见身上饰品沥粉线描。宝冠前面堆叠大珠插五瓣花，笄端莲蕾半开五瓣，冠后如意形云头上承三宝标。颈项弧线第三道似加饰颗粒状细珠。项圈缀覆莲形珠、云头。腕钏之一环中串珠。腹前见斜披络腋双勾领缘，圆璧中心有饼形珠轮廓。帔巾搭双肩，腹下呈环状两道。长裙因褪色细节难辨。左手曲茎向上莲花盛开于面前，石绿色茎、叶、莲房；莲房上仰覆莲台供绿色宝珠。右手横持三瓣莲蕾，已褪色。头光横径 54.5 厘米，外圈宽 78.6 厘米，绘尖瓣莲纹。上方华盖按平视的角度绘制，横径 58.2 厘米、高 44.7 厘米，伞沿中间火焰珠两侧各一黑色珠（图 17；图版 II：26-1）。

　　第六身菩萨，II 式，高 200 厘米（包括莲台、头光），正面，头略向右偏斜。两臂屈肘，双手捧持花盘于胸前，左手托盘底、右手扶盘身。

图 17　第 256 窟甬道北壁西起第五、六身供养菩萨（天人）

画面褪色较第五身更甚，敷色殆尽，头部、上身左侧及胫下磨蚀露出泥面，头光、冠饰、璎珞、器物部分沥粉线描犹存。宝冠前面无插花，左右笋端宝装覆莲，其上竖立云头，向两外侧横出步摇。项圈两道弦纹，下边波状卷云纹。腕钏之一环串珠，臂钏仅见线描卷云、弦纹及宝装莲蕾之覆莲瓣。腹前圆璧中心大珠周边饰波状卷云纹，外围莲瓣漫漶，下垂三道璎珞线描可辨。裙腰翻出仅见双勾边线，中间绿色腰带已褪色。右侧画痕显示帔巾呈环状，婉转飘下。手中花盘圈足，平底，浅斜腹饰莲瓣纹，侈口，盘内满盛花卉呈白色。头光横径55.4 厘米，外圈宽 7.7 厘米，绘方瓣莲纹。上方华盖按仰视的角度绘制，横径 62.3 厘米、高 38.6 厘米，伞沿火焰珠之间黑褐色珠六颗（图17；图版 II：26-1）。

　　第七身菩萨，I 式，残高 167.6 厘米（包括头光），稍侧向右，两臂屈起，右手托举净瓶于右肩上方，左手置左胸前。画面褪色愈甚，

图 18 第256窟甬道北壁西起第七、八身供养菩萨（天人）

头光亦大部褪色，面部仅双眉曲线有迹可寻，其余所存多为身上饰品和器物沥粉线描，双膝以下褪色、磨损、剥落，露出泥面。残存宝冠前面大小珠饰、冠顶三宝标、冠后如意形云头、笄端莲蕾缀覆莲珠饰。项圈缀覆莲形珠，腹前圆璧及璎珞之线描，与第六身菩萨形制略同。右手净瓶仅见沥粉线描画痕，高圈足饰莲瓣纹、米字纹、球腹，肩饰弦纹、细长颈饰斜十字纹、莲瓣纹，圆唇，下腹部分磨蚀。头光残存横径48.2厘米，外圈宽6.7厘米，绘尖瓣莲纹。上方华盖按平视的角度绘制，顶部、伞沿残，横径56.8厘米、残高37.9厘米（图18；图版II：24、26-2）。

第八身菩萨，II式，残高159.3厘米（包括头光），稍侧向右，两臂屈起。壁画大部残毁，在甬道两壁供养菩萨中保存程度最差，仅残存上方华盖和腹下一些璎珞的沥粉线描。此外仅见沥粉线描脱落遗留下来沿线白粉地仗所形成的白色线条，显示头光轮廓、冠饰、项圈、腕钏、臂钏和腹前圆璧部分信息。项圈横缀三个覆莲形珠。腕钏显示双手的位置，右手在右胸前，左手置于腹际。圆璧饼形珠周边饰波状卷云纹。菩萨面目、手姿，以及胫踝以下及水池莲花等均无画迹，仅存泥面。头光横径约43厘米，外圈宽7.5厘米，绘方瓣莲纹。上方华盖按仰视的角度绘制，横径60.5厘米、高40厘米（图18；图版II：24、26-2）。

图 19　第 256 窟甬道北壁西起第一、二身供养菩萨（天人）之间化生童子

　　菩萨华盖两侧或二者之间，各以黑褐色五瓣花朵和上下左右四方深裂形、披针形叶片作十字形组合。叶片以绿色为主，间有浅灰色（粉青色）交替搭配。无叶片的同样黑褐色五瓣花朵也出现在华盖上方，偏华盖一侧或二华盖之间，残存七朵。

　　3）化生童子

　　壁画供养菩萨之间满满点缀联茎蔓生于水池中的莲花。花株高，茎蔓细长，蜿蜒曲折，呈浅灰色；绿色截形和深裂形叶，白色椭圆形叶；开敷、半开的花朵或花蕾，白色花瓣、黑色萼片，或黑色花瓣、白色萼片。绘黑色（灰色）花瓣、萼片、叶片均留白边。

　　供养菩萨队列中，每身供养菩萨头光前（西侧）上方，莲花花株的顶端，各有一朵开敷莲花，高凸的莲房上站立一化生童子。莲花仰覆花瓣，莲房立面绿色、顶面粉青色。

　　化生童子共 8 身，身高 13.2 ～ 14.7 厘米，裸体，髡头，上身稍前俯、膝微屈，两手合捧花朵（花蕾）于面前；肢体丰肥，双足纤小，着靴，短靿及于胫之半；土红色线白描勾勒，头顶染浅灰色，其中黑色褪色减淡呈黑灰色（图 15 ～ 19；图版 II：24-1 ～ 7）。由西向东，依次叙述如下。

　　西起第一身童子，位于西起第一身菩萨头光前上方，高 14.1 厘米，稍侧向左、面朝东，手捧桃形莲蕾，着白色靴，靿口绿色。足下莲花白色复瓣（图 15、19；图版 II：27-1）。

　　第二身童子，位于第二身菩萨头光前上方，高 14.7 厘米，稍侧向右、面朝西，手捧半开三瓣莲蕾，着白色靴，靿口白色。足下莲花黑、灰色复瓣（图 15、19；图版 II：27-2）。

　　第三身童子，位于第三身菩萨头光前上方，高 14.2 厘米，稍侧向右、面朝西，手捧桃形莲蕾，着白色靴，靿口白色。足下莲花白色复瓣（图 16；图版 II：27-3）。

　　第四身童子，位于第四身菩萨头光前上方，高 13.6 厘米，稍侧向右、面朝西，手捧半开三瓣莲蕾，着白色靴，靿口绿色。足下莲花黑、灰色复瓣（图 16；图版 II：27-4）。

　　第五身童子，位于第五身菩萨头光前上方，高 13.5 厘米，稍侧向右、面朝西，手捧半开三瓣莲蕾，着白色靴，靿口绿色。足下莲花白色复瓣（图 17；图版 II：27-5）。

　　第六身童子，位于第六身菩萨头光前上方，高 13.3 厘米，稍侧向右、面朝西，手捧半开三瓣莲蕾，着白色靴，靿口绿色。足下莲花黑灰色复瓣（图 17；图版 II：27-6）。

第七身童子，位于第七身菩萨头光前上方，高 13.2 厘米，稍侧向右、面朝西，手捧半开六瓣莲蕾，着白色靴，勒口褪色。足下莲花白色复瓣（图 18；图版 II：27-7）。

第八身童子，位于第八身菩萨头光前上方，高约 13.8 厘米，其朝向、姿态、持物，与同列第二至五身童子大略相同，画面严重褪色、漫漶，画迹隐约可见，足下莲花莫辨（图 18）。

2. 南壁

南壁壁画分上、下两段布局，下段绘壶门供宝，上段绘莲池、供养菩萨及化生童子。保存程度稍优于北壁，壁面下段和上段东部，壁画有所褪色、磨蚀、漫漶、模糊，东端及近地面处，部分白粉层剥失，露出泥面，东端且有烧烟熏黑痕迹（图版 I：17；图版 II：28）。

南壁内容与北壁相对称，东西两端、沿东边、西边甬道口，绘通壁高纵向边饰。东边仅存上段部分，以下画迹磨蚀不见，西边大部完整。边饰宽 10 厘米，绘半花纹图案，纹样与北壁相同，施色亦分二式，东边左花 I 式、右花 II 式，西边左花 II 式、右花 I 式。纹样外黑色填地（图 20）。

（1）下段

南壁下段高 65 厘米，上边一道横向边饰，与上段壁画莲池相隔，两端分别连接壁面东西两边纵向边饰，宽约 8 厘米，横长残存 564 厘米。边饰上下土红色横线描边，绘方胜纹，大部漫漶、模糊。

方胜纹饰带下边土红色线下以一道与饰带同长的绿色横线界隔，之下绘半花纹边饰一道、壶门供宝一排，白色为地，以红、绿、黑色勾染。半花纹边饰宽约 13.6 厘米，上花浅色瓣、下花深色瓣，画迹漫漶；壶门外，上楣、门侧及二门之间饰以花卉，与边饰间无明显分界。壶门内绘火焰宝珠，大多漫漶剥蚀，模糊不清。隐约可见残存西起第一至第九个壶门。壶门残存高 35 ～ 45 厘米、宽约 390 厘米，东部、下部漫漶、磨损、刻划、烟熏、脱落严重，多处露出泥面（图 20）。

（2）上段

南壁上段高 258 ～ 271 厘米。绘宝池莲花上立姿供养菩萨（天人）8 身，菩萨上方各有华盖；空间点缀蔓枝莲花，于各菩萨头前上方花朵上立化生童子 1 身，又 1 身在第八身菩萨头后。

1）莲花宝池

上段下部绘横长方形水池，东、西两端连接纵向边饰，纵长 75 厘米，横长 575 厘米，约占壁面高近四分之一。池水石绿色，供养菩萨和化生童子足下之莲花皆联茎蔓生于宝池中，白色莲茎波曲交缠互连，顶端花叶高达 207 ～ 211 厘米。水池上下两边砌方砖，绘出上面与侧面，具立体感。砖面饰四叶花、冰裂纹，施以黑、绿、青、白，四色搭配。

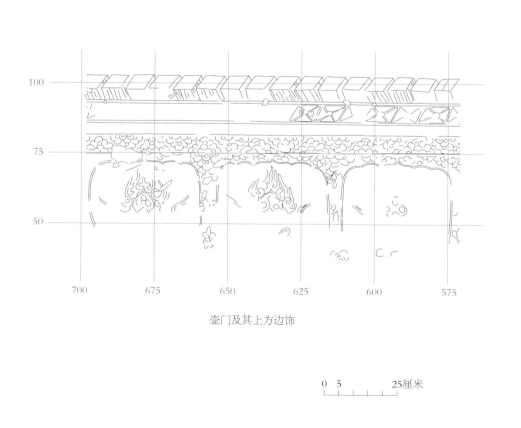

壶门及其上方边饰

0　5　　25厘米

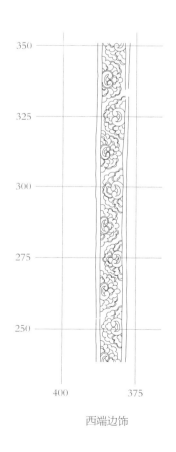

西端边饰

图 20　第 256 窟甬道南壁下段壶门、西端边饰（部分）

2）供养菩萨（天人）

菩萨皆立姿，通高195～200厘米（包括莲台、头光）。菩萨头束高髻，戴花鬘冠，宝缯缨带长垂，袒上身，斜披络腋，饰项圈、腕钏、臂钏、璎珞，腰束长裙，帔巾绕身，跣足，大体保存完好；肌肤白色，土红色线描勾勒，淡红唇，石绿色染须眉，饰品、器物以沥粉勾绘；面容、形象、姿态、冠著、服装、饰品，以及足下莲花、头后圆光、上方华盖，与北壁供养菩萨基本一致。稍有不同，如发际线、耳后、高髻以石青色晕染头发。又如，冠饰上火焰宝珠不见于如意形云头而在笄端宝装莲蕾之后，大颗宝珠绿色，黑色火焰，代替北壁所见笄端云头。由于残损较少，华盖伞沿珠饰一律都是七颗火焰宝珠与六颗黑色珠相间排列，白色幡带饰浅灰色半花纹（图21～24；图版 I：18）。

8 身供养菩萨（天人）自西而东排列，其样式同样如北壁分为 I 式和 II 式在队列中交替轮换，依次叙述如下。

西起第一身菩萨，I 式，高196.8厘米（包括莲台、头光），稍侧向左，两臂屈起，左手于面前仰掌托花盘，食指、小指外翘；右手在胸前掌心向前，以拇指、食指捻花，余三指指尖向上。宝冠前面堆叠大珠插五瓣花，笄端莲蕾半开五瓣。耳环缀黑色珠。颈项弧线第三道加饰颗粒状绿色细珠。腕钏之一环串一绿色珠。腹前黑色络腋，粉青色领缘上黑色勾边，绿色系带。圆璧周围石绿、粉青二色莲瓣。腰间玉带饰方形銙板。裙腰翻出里面白色，粉青色边缘；白色腰带膝上打结膨起，在两腿间垂至莲台。帔巾搭肩，绕臂垂下，腹下呈环状两道，粉青色面、绿色里。右手白色花一朵，半开五瓣，绿色萼、茎；左手黑褐色花盘，半高圈足，浅斜腹，口沿外侈，饰竖线纹，盘中盛大朵白色复瓣花，绿叶烘托，上方、左、右三片黑色花瓣围以绿叶。头光横径54.5厘米，外圈宽8.6厘米，绘尖瓣莲纹；尖瓣粉青色，两角间扇形绿、粉青二色复瓣，基部绿色。上方华盖按平视角度绘制，横径76.8厘米、高50.9厘米，伞沿两侧下挂浅红色、灰色垂幔，盖顶下垂角之上有圆圈状帐楣（图21；图版 II：29、33-1）。

第二身菩萨，II 式，高196.8厘米（包括莲台、头光），稍侧向左，两臂屈起，右手在腹前以中指、无名指与拇指执长茎莲花；左手抬至肩前向右侧半握，拇指、食指相对，小指伸直。宝冠前面堆叠大珠插五瓣花经黑色晕染，冠顶未画三宝标，冠后如意形云头上现一较小火焰宝珠，下方笄端后一大火焰宝珠，笄端莲蕾半开五瓣。脑后垂发缀石绿色花结。耳环缀绿色三珠、粉青色一珠。颈项弧线第三道加饰颗粒状绿色细珠。项圈缀饼形三珠。腕钏之一环缀一绿色珠。臂钏宝装莲蕾半开五瓣。黑色络腋挂左肩，见于腹前，圆璧周边粉青、绿色莲瓣。裙腰翻出，里面绘团花纹，土红色线描，填黑色地，绿色宽缘。绿色腰带在腹前层叠系花结，在两腿间长垂至莲台，翻出里面白色。帔巾在身后呈环状，绕双臂婉转飘下，绿色面、粉青色里。右手莲花绿色细茎弯曲斜上，于肩侧分开两枝，一朵莲花绽开于头光右侧，朝内，重层白色花瓣、绿色莲房上又半开五瓣；另一朵朝外侧下方，黑萼七瓣、白色莲蕾三瓣；深裂形绿叶。头光横径54.1厘米，外圈宽8.4厘米，绘方瓣莲纹；粉青色瓣、基部黑色，绿色瓣、基部白色或灰色。上方华盖按仰视的角度绘制，横径65.9厘米、高45.9厘米，伞沿两侧下挂浅红色垂幔（图21；图版 II：29、33-1）。

第三身菩萨，I 式，高199.1厘米（包括莲台、头光），稍侧向左，两臂屈起，左手在上、右手在下，双掌于腹际上下相对。宝冠前面堆叠大珠插五瓣花，笄端莲蕾半开黑色五瓣，花萼后一火焰宝珠。耳环缀黑色三珠。颈项弧线三道，第二、三道之间加饰一道颗粒状细珠。项圈缀饼形珠、云头。腕钏之一环缀粉青色珠。腹前露出黑色络腋。裙腰翻出里面白色，粉青色边缘；中间白色腰带垂至莲台，膝下有一处膨起。帔巾搭肩，绕臂垂下，腹下呈环状两道，粉青色面、绿色里。头光横径54厘米，外圈宽8.2厘米，绘尖瓣莲纹，与第一身同式。上方华盖按平视的角度绘制，横径63.8厘米、高45.3厘米（图22；图版 II：30、33-2）。

第四身菩萨，II 式，高197.7厘米（包括莲台、头光），稍侧向左，两臂屈起，双手持长带璎珞（花绳），左手抬至胸前仰掌承托，右手在腹下握持。高髻顶上有一土黄色圆珠状物。宝冠前面堆叠大珠插五瓣花，笄端莲蕾半开五瓣，花萼后一火焰宝珠。耳环缀绿色三珠。颈项弧线三道，第二、三道之间加饰一道颗粒状绿色细珠。项圈缀饼形珠、云头。腕钏之一环缀绿色珠。臂钏宝装莲蕾半开黑色五瓣。黑色络腋挂左肩见于腹前。圆璧周围绿色、粉青色莲瓣。裙腰翻出，里面绿色、白色绘团花纹，填黑色地，绿色边缘。绿色腰带在腹前层叠系花结，在腿间垂至莲台，里面白色。帔巾在身后呈环状，绕双臂婉转飘下，绿色面、粉青色里。手提璎珞为珠链花串，与身上璎珞略同，于双手之间垂至腹下，又经双手飘曳至两踝外侧。头光横径54.5厘米，外圈宽8.2厘米，绘方瓣莲纹。上方华盖按仰视的角度绘制，横径59.8厘米、高45.4厘米（图22；图版 II：30、33-2）。

第五身菩萨，I 式，高199.2厘米（包括莲台、头光），稍侧向左，两臂屈起，双手奉香炉供宝于胸前，右手握持承盘底足，左手于盘沿上立掌，屈中指、无名指轻触盘中莲花。冠、笄装饰略同第四身，唯冠前面堆叠大珠插黑色三瓣花。耳环缀黑色三珠。颈项弧线三道，第二、三道之间加饰一道颗粒状绿色细珠。项圈缀饼形珠、云头。左右腕钏之一环分别缀绿色、粉青色珠。腹前黑色络腋黑边粉青色领缘，绿色系带；白色饼形珠周围白绿二色莲瓣。裙腰翻出，里面白色，勾染粉青色边缘；中间白色裙带腹下打结后垂至莲台，膝上打结膨起。帔巾搭肩，绕臂垂下，腹下呈环状两道，粉青色面、绿色里。胸前花盘黑色，圈足，浅斜腹，饰竖线纹，荷叶形侈口；盘内黑色覆莲瓣、白色蕊，中心黑色莲房高凸如束腰状，上承大朵白色仰莲；莲花上置香炉，黑色莲瓣纹炉身，圆腹，火焰宝珠盖钮。头

图 21　第 256 窟甬道南壁西起第一、二身供养菩萨（天人）

光横径 54.5 厘米，外圈宽 8.3 厘米，绘白色尖瓣莲纹，土红色线描勾绘。上方华盖按平视的角度绘制，横径 69.6 厘米、高 40.7 厘米（图 23；图版 II：31、34-1、36-3）。

第六身菩萨，II 式，高 195.5 厘米（包括莲台、头光），正面，头略向左偏斜，两臂屈起，双手奉花盘于胸前，右手握持盘底足，左手扶持盘沿。宝冠前面饼形单珠上纵向堆叠三珠，无插花；两侧笄端宝装莲蕾半开白色五瓣，花萼后各一火焰宝珠，莲蕾瓣尖各缀有珠串。耳环缀绿色三珠。颈项弧线三道，第二、三道之间加饰一道颗粒状细珠。项圈缀饼形珠、云头。腕钏之一环缀绿色珠。臂钏宝装

图 22　第 256 窟甬道南壁西起第三、四身供养菩萨（天人）

莲蕾半开黑色五瓣。黑色络腋挂左肩露出于腹前，饼形珠周围粉青、绿色莲瓣。裙腰翻出，里面绘团花、半花图案，土红色线描，绿色、白色花瓣，黑色填地，绿色边缘。绿色腰带在腹前层叠系花结，在腿间垂至莲台，里面白色。帔巾在身后呈环状，绕双臂婉转飘下，绿色面、粉青色里。胸前黑褐色花盘，浅斜腹，口沿外侈，饰竖线纹，盘中盛大朵白色复瓣花，绿叶烘托，上方、左右三朵黑瓣花围以绿叶。头光横径 70.5 厘米、外圈宽 7.8 厘米，绘方瓣莲纹。上方华盖按仰视的角度绘制，横径 65 厘米、高 44.8 厘米（图 23；图版 II：31、34-2）。

图 23 第 256 窟甬道南壁西起第五、六身供养菩萨（天人）

　　第七身菩萨，I 式，高 200 厘米（包括莲台、头光），稍侧向左，两臂屈起，左手仰掌于面前托净瓶，右手于肩前立掌，拇指、食指相捻。画面褪色，下部较甚。宝冠前面堆叠大珠插黑色五瓣花。耳环缀黑色三珠。颈项弧线第三道似饰颗粒状细珠。项圈缀覆莲、云头。腕钏之一环缀绿色珠。腹前黑色络腋黑边粉青色领缘，绿色系带；圆璧周围白绿二色莲瓣。裙腰翻出里面白色；中间白色裙带在腿间垂至莲台，膝上打结膨起。帔巾搭肩，绕臂垂下，腹下呈环状两道，粉青色面、绿色里。左手中净瓶通体黑色，圈足下白色覆莲瓣托底，束腰之上白色复瓣仰莲承瓶身球腹，瓶颈细长，侈口圆唇中一朵白色莲蕾五瓣半开（图版 II：36-3）。头光横径 53.6 厘米、外圈宽 8.4 厘米，绘尖瓣莲纹，与第五身同式。上方华盖按平视的角度绘制，横径 60 厘米、高 42.5 厘米（图 24；图版 II：32、34-2）。

图 24　第 256 窟甬道南壁西起第七、八身供养菩萨（天人）

　　第八身菩萨，II 式，高 198.2 厘米（包括莲台、头光），稍侧向左，两臂屈起，右手于腹前半握，执一朵花；左手抬至肩前立掌向右，以拇指、食指执一枝莲花。画面褪色严重，身体东侧和下部较模糊。宝冠前面堆叠大珠插三瓣花，笄端莲蕾半开五瓣。耳环缀绿色三珠。颈项弧线第三道似加饰颗粒状细珠。项圈缀饼形三珠。腕钏之一环缀绿色珠。臂钏宝装莲蕾半开五瓣，左臂黑瓣、右臂白瓣。灰色络腋挂左肩见于腹前；圆璧周围白绿二色莲瓣。裙腰翻出，里面绘团花、半花纹，土红色线描，黑色双线勾边，绿色边缘。绿色腰带在腹前层叠系花结，在腿间垂至莲台，里面白色。帔巾在身后呈环状，绕双臂婉转飘下，绿色面、粉青色里。右手中白色五瓣小花一朵；左手细长曲茎中段白色叶芽处分枝，末端一朵白色复瓣莲花回向菩萨头侧，绿色莲房中又开花五瓣，另一枝生三角形叶、浅裂形叶各一片。头光横径 54.5 厘米，外圈宽 5.5 厘米，绘方瓣莲纹。上方华盖按仰视的角度绘制，横径 60 厘米、高 42 厘米（图 24；图版 II：32、34-2）。

菩萨华盖之间（不见于东西两端华盖的外侧），各以数瓣围合成花朵，上下左右四方绘深裂形、披针形叶片作十字形组合；形式与北壁相仿，但除第六、七身菩萨华盖之间外，皆因花瓣颜色浅淡近乎白色而不显。叶片以绿色为主，间有浅灰（粉青）色。无叶片的同样黑褐色五瓣花朵也出现在第六、七、八身菩萨华盖的西侧上方，残存三朵。

3）化生童子

与北壁相同，壁画中每一身供养菩萨面前，约与头光齐高，水池中蔓生的莲茎高枝上，都有一身莲花化生童子，均立姿，身高 11.8 ～ 14.5 厘米；裸体、髡头，上身稍前俯，膝微屈，两手合捧莲蕾于面前，足下为开敷莲花中央绿色的莲房；肢体丰肥，双足纤小，着靴，短靿及于胫之半；土红色线白描勾勒，头顶染浅灰色，靿口边缘施石绿色。包括第八身菩萨头光后方的一身在内，南壁化生童子共 9 身（图 21 ～ 25）。由西向东，依次叙述如下。

西起第一身童子，位于西起第一身菩萨头光前上方，高 13.6 厘米，稍侧向右、面朝东，手捧桃形莲蕾，着黑色靴，靿口绿色。足下莲花黑色复瓣，莲房立面白色（图 21、25；图版 II：35-1）。

第二身童子，位于第二身菩萨头光前上方，高 13.6 厘米，稍侧向左、面朝西，手捧桃形莲蕾，着白色靴，靿口绿色。足下莲花黑色复瓣（图 21、25；图版 II：35-2）。

第三身童子，位于第三身菩萨头光前上方，高 12.7 厘米，稍侧向左、面朝西，手捧桃形莲蕾，着白色靴，靿口绿色。足下莲花白色复瓣（图 22；图版 II：35-3）。

第四身童子，位于第四身菩萨头光前上方，高 13.9 厘米，稍侧向左、面朝西，手捧桃形莲蕾，着白色靴，靿口绿色。足下莲花黑色复瓣（图 22；图版 II：35-4）。

第五身童子，位于第五身菩萨头光前上方，高 14.5 厘米，稍侧向左、面朝西，手捧桃形莲蕾，着白色靴，靿口绿色。足下莲花白色复瓣（图 23；图版 II：35-5）。

图 25　第 256 窟甬道南壁西起第一、二身供养菩萨（天人）之间化生童子

第六身童子，位于第六身菩萨头光西侧上方，高 14.5 厘米，稍侧向左、面朝西，手捧半开三瓣莲蕾，着白色靴，勒口绿色。足下莲花白色复瓣（图 23；图版 II：35-6）。

第七身童子，位于第七身菩萨头光前上方，高 12.3 厘米，稍侧向左、面朝西，手捧半开六瓣莲蕾，着白色靴，勒口绿色。足下莲花黑色复瓣（图 24；图版 II：35-7）。

第八身童子，位于第八身菩萨头光前上方，高约 14.4 厘米，稍侧向左、面朝西，手捧桃形莲蕾，着白色靴，勒口绿色。足下莲花白色复瓣（图 24；图版 II：36-1）。

第九身童子，位于第八身菩萨头光后上方，高约 11.8 厘米，稍侧向左、面朝西，手捧桃形莲蕾，着白色靴，勒口绿色。足下莲花白色复瓣（图 24；图版 II：36-2）。

3. 顶部

甬道盝形的顶部，分为中间平顶、北披、南披三部分绘制壁画。中间平顶绘团花图案，北披、南披画帐幔（图版 I：18、19；图版 II：37）。

（1）平顶

中央平顶壁画团花图，东西长 209 ～ 210 厘米、南北宽 227.1 ～ 233.2 厘米，除东西两端部分斑驳脱落之外，大部保存完好。

1）边饰

团花图案的东南西北四周以多道不同颜色的线条和图案组成边饰，由外而内依次为粉青、浅红、绿色、白色、联珠纹、粉青、浅红、绿色、白色、土红，以上除最靠内侧的石绿、白色之外，各道色线均间隔以土红色细线。其中，在南北两边的中段，靠内侧的粉青、浅红两道合并为一道浅红，另在按南北两边外起第四道白色线多处被石绿色线挤占。包括边饰在内的团花图比平顶稍宽，故在南边和北边均延伸过南披和北披的上边，下接两披的帐幔图。边饰中的联珠纹以极浅的粉青为地，土红色细线勾描圆珠。本窟联珠纹圆弧描线规整，应该使用了圆规之类的工具。

2）团花纹

边饰内侧最后一道土红色细线，是整个团花图案实际的边线。统一规格的团花，前后左右对齐，南北成排，东西成列，之间并无界线相隔。原状东西 21 排、南北 7 列。经历代毁损，各列都有不同程度的残损，东西残存 19 排；其中东起第一、二、三排分别残存 2、3、6 朵，第四排至第十八排各 7 朵，第十九排残存 1 朵，第二十、二十一排已无存。

团花图形组构相同，两种不同的施色前后左右交错，四方连续。团花纹样圆形，直径 22 ～ 23 厘米，土红色线勾形，绘重瓣莲花一朵，均沥粉堆金圆形莲芯；瓣分三重，由内而外第一重四瓣，相隔一周留白，第二、三重皆为八瓣。其施色分为二式。I 式，第一重，粉青色基部、红黑色瓣；第二重，沥粉堆金基部、浅红色瓣、绿色冠檐；第三重，红黑色基部、粉青色冠檐。II 式，第一重，粉青色基部、红黑色瓣；第二重，沥粉堆金基部、红黑色瓣、粉青色冠檐；第三重，浅红色基部、绿色冠檐。壁画中团花的花芯和二重瓣基部，是不同大小的圆形，沥粉堆金脱落后，呈黑褐色或土色。花瓣的红黑色，都是在涂染黑色后再点染红色（一般三个深红色点）。三重瓣在二重遮挡之下，只在两瓣间露出一角。视觉效果上两种式样分别以二重冠檐的石绿和粉青为主色调（图 26）。

3）十字花纹

在团花的间隙，添加十字（四出）花为补充纹样，填补四朵团花之间的空白。纹样以土红色线描中央一朵单瓣小花，圆形花芯沥粉堆金，四出花瓣粉青色、基部红黑色；上下左右四出叶片，浅红色基部，绿色檐部四裂，先端尖锐。团花图周边的十字花均为半花纹样。团花、十字花纹样之外，全图填黑色为地（图 26）。

因泥层剥落，平顶壁画残损集中于东西两端。东端

图 26　第 256 窟甬道顶团花（部分）

南披

北披

图 27　第 256 窟甬道斜披顶边饰、帐幔（部分）

主要残损三处，东南角一处长 37.3～101 厘米、宽 43.2～99.5 厘米，东北角一处长 82.7～104 厘米、宽 50～75 厘米，东北部另一处长 31.8～67.7 厘米、宽 15.9～44.1 厘米。西端大片残损，长 52.3～110 厘米、宽 159～202.7 厘米（图版 I：18、19）。

（2）北披

甬道顶北披斜面横长约 606～611 厘米、纵长 68～75 厘米，东端部分壁画起甲剥落，画面斑驳。上边紧接平顶团花图，为一道一整二半菱形花纹边饰，以下绘帐幔（图 27）。

1）边饰

北披一整二半菱形花纹边饰上接平顶团花图的北边，通披面横长，纵向宽 9～10 厘米。纹样土红色横线勾上下边，两线间以菱形整花居中，三角形的半花贴附上下边。土红色线勾形，整花沥粉堆金圆形花芯，花冠裂为四瓣，黑色基部、粉青色瓣；半花浅红色半圆花芯，围以三瓣，浅红色基部、绿色瓣，整瓣居中，左右皆半瓣。整花与半花以主色调粉青与绿色形成视觉效果上的对比。整花与半花之间填黑色为地。

2）帐幔

一整二半菱形花纹边饰之下，通披面横长绘帐幔，纵向宽 45 厘米。由花瓣、垂角、帷幔、花串、帐带、宝珠等组成。菱形花纹边饰拟为帐额，其下饰花瓣、垂角层叠，均土红色线勾形。花瓣纹沥粉堆金基部、黑色三裂瓣，一倍间隔排列。花瓣纹绘于垂角纹石青色外角底边相交处，外角下部中间饰倒梨形沥粉堆金；绿色内角饰浅红色三裂花瓣、基部浅绿色。垂角下帷幔黑色，其上染薄粉竖道表现褶纹，下幅垂弧，横向连绵呈波状。帷幔前，外角下悬垂花串，下缀黑色三珠；每串三朵覆瓣花，每朵五瓣，先端尖锐，交替施粉青、绿色，勾白色脉纹，萼托沥粉堆金。内角下垂帐带，绿色勾边，白色，饰浅灰色半花纹，下缀铃铎沥粉堆金。

北披帐幔纹西端仅绘半幅，垂角、帷幔、花串及上边菱形花均只为右半。东端残损情况略同。全披帐幔完整垂弧计 30 段，及东西两端各半幅。第四、五、九段花串下端所缀为红色三珠，至第二十一段起残损渐甚，斑驳褪色，东端两段画迹几已褪尽，仅见沥粉所绘花芯、圆珠残痕。

帐幔垂饰下端，已及北壁供养菩萨华盖顶端。

（3）南披

甬道顶南披斜面横长约604～609厘米、纵长68～76厘米，壁画保存完整，内容与北披相同，南北对称，接平顶团花图的南边，通披面横长自上而下绘一整二半菱形花纹边饰、花瓣、垂角、帷幔及花串、帐带、宝珠等。菱形花纹边饰纵向宽8～9厘米、帐幔纵向宽50～52厘米。东西两端帐幔纹皆为半幅，其间完整垂弧30段，纹样、线描、设色一应绘制技法与北披无异，在花串萼托、帐带铃铎等沥粉处，可见部分贴金残迹（图27；图版Ⅱ：37-2）。

帐幔垂饰下端，已及南壁供养菩萨华盖顶端。

（三）主室

主室第二层（表层）壁画，中心佛坛东向面、南向面、西向面、北向面下层、上层绘壶门供宝、供养菩萨、力士、装饰图案等；南壁、西壁、北壁绘壶门供宝和千佛，东壁绘壶门供宝、千佛、千佛变和供养人，窟顶绘藻井、棋格团花、帐幔。同时，地面整体铺以花砖。分别叙述如下。

1. 地面花砖

主室地面铺设花砖，大多纹样因踩踏而磨损，纹饰难以辨识或泯灭。观察保存比较完好的花砖，按其纹样之不同，大致分为如下五种（图28、29；图版Ⅱ：52～54）。

第一种（Ⅲ型3式），八瓣莲花云头纹，长28厘米、宽28厘米、厚5厘米。中央圆形花芯，内有六蕊，围以莲花八瓣，每瓣两条脉纹，外周云头纹八朵，四角花蕾（图28-1；图版Ⅱ：52-2）。

第二种（Ⅱ型2式），蔓草卷云纹，长33厘米、宽33厘米、厚6厘米。中央花芯四蕊，环绕上下左右四出蔓草卷云纹，四角花蕾（图28-2；图版Ⅱ：53-2）。

第三种（Ⅲ型1式），云头莲花纹，长33厘米、宽32厘米、厚6厘米。中央花芯七蕊，围以莲花八瓣，先端圆润，每瓣一条脉纹，外绕云头纹八朵，四角云头纹（图28-3；图版Ⅱ：53-1）。

第四种（Ⅴ型1式），桃心十二卷瓣莲花纹，长32厘米、宽32厘米、厚6厘米。由桃心四出组成圆形花芯，外绕十二卷瓣莲花，花瓣如波浪向右侧翻卷；四角云头纹（图28-4；图版Ⅱ：54-1）。

第五种（Ⅳ型1式），桃心十六瓣莲花纹，长30厘米、宽29.5厘米、厚6厘米。四出桃心合为花芯，环以一圆，外周平铺莲花十六瓣，四角卷草纹（图28-5；图版Ⅱ：54-2）。

以上五种类型的花砖，在20世纪60年代莫高窟窟前殿堂遗址考古清理发掘中，均曾有出土，并见载于其清理发掘报告[29]，五种各以括号注明该报告所分型、式。

2. 佛坛

佛坛现存第二层壁画，在下层坛主要分布于束腰和上涩，束腰部浮塑壶门，壶门外彩绘图案，壶门内画供养菩萨（天人）、力士等，上涩分层绘装饰图案；在上层坛则于基座绘覆莲瓣，束腰部浮塑壶门内绘供宝、法器、伎乐、供养菩萨（天人）、神兽、花卉等，上涩分层绘装饰图案（图版Ⅰ：20～25；图版Ⅱ：57～69）。

（1）佛坛东向面

[29] 参见潘玉闪、马世长《莫高窟窟前殿堂遗址》，文物出版社，北京，1985年12月，pp. 75–80。根据该考古报告可知，此类型式的花砖，大多见于五代、宋时期曹氏归义军统辖敦煌时的莫高窟窟前殿堂遗址之中。

1. 八瓣莲花云头

2. 蔓草卷云纹

3. 云头莲花纹

4. 桃心十二卷瓣莲花纹

5. 桃心十六瓣莲花纹

图28　第256窟地面花砖

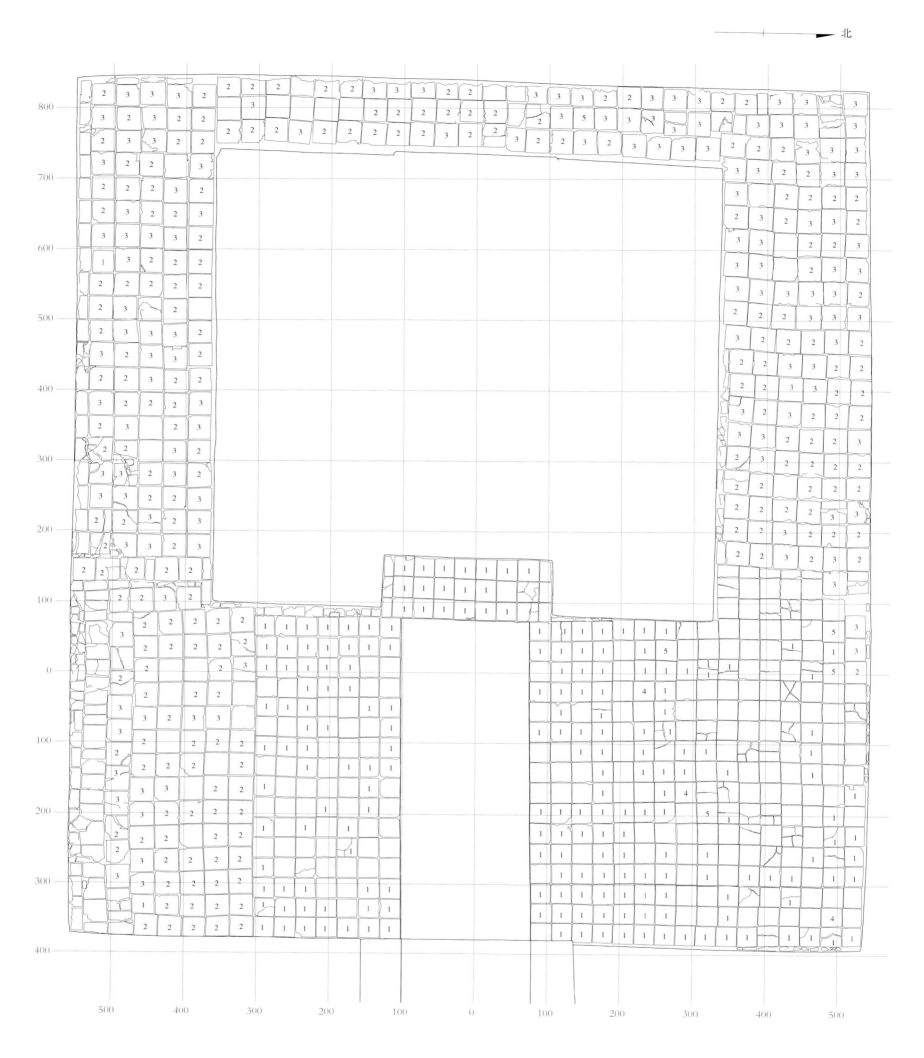

北

分布图中花砖编号:
1 第一种 八瓣莲花云头纹
2 第二种 蔓草卷云纹
3 第三种 云头莲花纹
4 第四种 桃心十二卷瓣莲花纹
5 第五种 桃心十六瓣莲花纹

0   100厘米

图 29 第 256 窟主室地面花砖分布图

1）佛坛东向面下层（图版 I：20、21；图版 II：59-2）

i 基座

下层坛基座大部残毁，仅见南段残存少许涂染白色痕迹，未见壁画遗存。

ii 束腰

束腰部浮塑 11 个壶门，其中北起第一至第三壶门位于北段，第四至第八壶门居中段，第九至第十一壶门属南段。壶门塑成后彩绘。

壶门外，上楣和两门间隔均饰以花卉图案。随具体部位、形状、空间大小绘画不同的适合纹样，以重瓣花、十字花的半花为主，土红色线描勾形，施石绿、粉青、黑、白、浅红、深红色，黑色填地。其中主要纹样位于两门之间的上方，绘半十字花；中央一朵重瓣莲花，半花绘出第一重三绿色瓣、第二重三绿色基部黑色瓣、第三重五（或四）黑色基部粉青色瓣；左、右、下方各一朵锐角花形，三绿色萼片、二黑色基部粉青色翼瓣、一黑色基部绿色深裂旗瓣（图版 II：70-1）。同式重瓣花排列至束腰部左右两端，则绘成半花之半，装饰两个直角的空间。两门间隔下端一朵锐角花形倒置，与上方十字花形适相对称。壶门上楣的中间，尖拱两侧各绘一朵重瓣半花，内瓣黑色、外瓣绿色与粉青交替，二花并排同向或正倒相对。此外，另以绿色、粉青色单瓣小花，点缀剩余空间，亦均为半花。壶门外沿以石绿色勾边。

除第六壶门绘供宝之外，壶门内白色地上，各绘一身坐姿供养菩萨（天人）。菩萨姿势、动态多样，头顶束髻或戴花鬘宝冠，饰耳环、项圈、腕钏、臂钏、璎珞，上身斜披络腋，下身着长裙。绿色帔巾在头上方呈环状，在两侧飞扬，二度波曲后绕双臂，向两侧婉转飘下回卷。画面不同程度损毁，除帔巾外，大部褪色、漫漶、模糊不清，仅存长裙黑色晕染、少许饰品沥粉画迹，并隐约可见头部、躯体肌肤的红色晕染。另有多处地仗、泥层剥落（图版 II：59-1）。自北至南依次叙述如下。

北起第一壶门，高 47.2 厘米、宽 64 厘米，供养菩萨残高 40 厘米（包括莲座），稍侧向右、略朝向南。双臂屈起，前臂置于胸前；交胫盘坐，左腿在前。头、面部、手姿漫漶不清，隐约可见肌肤红色晕染，仅存头上宝冠及络腋、臂钏、璎珞等画痕少许，红色缯带自冠两侧飘起，臂钏饰物三黑色珠见于双肘下，腹前绿珠环绕饰物似圆璧。黑色长裙，裙腰翻出，可见绿色褶纹，白色腰带系结垂下。右侧绿色帔巾保存稍好，左侧多漫漶。莲座横径 47.8 厘米，两圈，内圈白色、外圈绿色。壶门下部约高 5.5 厘米、宽 56.3 厘米残损，部分泥层脱落（图 30；图版 II：57-1）。

第二壶门，高 47.2 厘米、宽 64 厘米，供养菩萨残高 38 厘米（包括莲座），稍侧向右、略朝向南。双臂屈起向右前方，两手奉花盘于面前，交胫盘坐，左腿在前。绿色缯带自冠两侧飘出，末端回卷。肌肤经红色晕染，项圈、腕钏、臂钏、璎珞仅见少许，双肘下垂臂钏黑色珠，绿色珠串在腹前交叉，似穿绿珠环绕圆璧。黑色长裙，裙腰翻出，腰带垂下。手中花盘盛开敷莲花，红黑色五瓣，周围绿色叶片。莲座横径约 42 厘米，两圈，内圈白色、外圈黑色。壶门下部高 8 厘米、宽 60 厘米残损，画面漫漶、剥落，部分泥层脱落（图 30；图版 II：57-2）。

第三壶门，高 46.9 厘米、宽 64.5 厘米，供养菩萨残高 38.6 厘米（包括莲座），头部残毁，上肢模糊不清，交胫盘坐。冠饰画痕仅见少许，绿色缯带飘出回卷。右肘下见臂钏黑色垂珠。黑色长裙。莲座横径 48 厘米，两圈，内圈白色、外圈绿色。壶门上部宽 14 厘米、高 21 厘米残毁，泥层剥落；下部高 8 厘米、宽 57 厘米残损，局部画面漫漶、模糊、剥落（图 30；图版 II：57-3）。

第四壶门，位于下层坛中段凹入部分的南向面，高 48.7 厘米、宽 69.5 厘米，供养菩萨残高 45 厘米（包括莲座），画面褪色、漫漶、斑驳，头、臂、手皆模糊不清，似稍侧向右、略朝向西，盘腿坐。隐约可见戴冠，绿色缯带自冠两侧飘出回卷，项圈珠饰，黑色长裙。绿色帔巾右侧斑驳。莲座横径 46 厘米，两圈，内圈绿色、外圈黑色。壶门内西侧及下部高 6～35 厘米、宽 22～62 厘米残损，画面漫漶、模糊、斑驳严重，部分泥层脱落（图 31；图版 I：21；图版 II：57-4）。

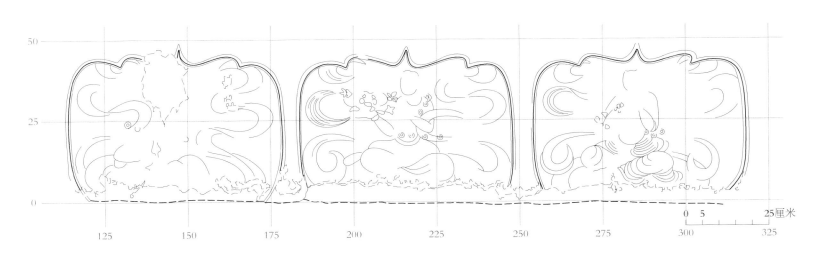

图 30　第 256 窟主室佛坛东向面下层北起第一、二、三壶门（北段）

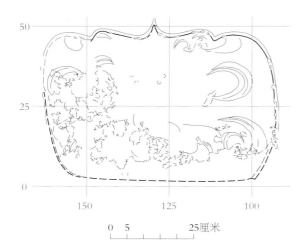

图 31　第 256 窟主室佛坛东向面下层
北起第四壶门（中段南向面）

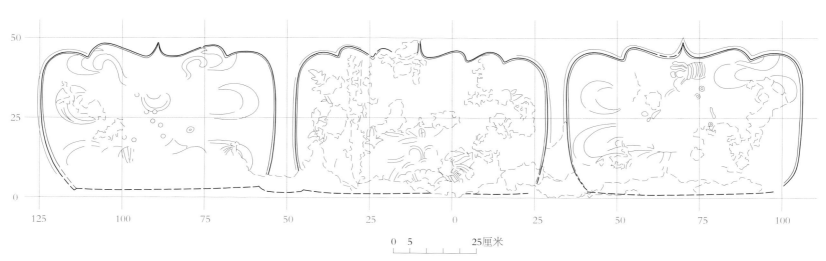

图 32　第 256 窟主室佛坛东向面下层北起第五、六、七壶门（中段东向面）

第五壶门，与以南二壶门共处下层坛中段凹入部分的东向面，高 47.7 厘米、宽 71.7 厘米，供养菩萨残高 35 厘米（包括莲座），稍侧向右、略朝向南，画面残损严重，漫漶、斑驳，似盘腿坐，头部肌肤红色晕染可见，冠两侧绿色缯带飘出回卷，肘下残存臂钏黑色珠饰；左肩斜挂绿色珠串，黑色长裙。绿色帔巾左侧斑驳严重。莲座残。壶门中部偏南上有一环形双线划痕；下部、北部高 12 ～ 35 厘米、宽 68 厘米画面斑驳、漫漶，残损严重，部分泥层脱落（图 32；图版 II：57-5）。

第六壶门，高 47.6 厘米、宽 76.4 厘米，画面大部斑驳、漫漶，不辨完整图像，仅见下部居中花卉及零星分散花叶等画迹，黑色、绿色勾染。此壶门处在下层坛束腰部左右居中的位置，画面内容似摩尼供宝，为南北两侧各五身供养菩萨（天人）朝向的中心。壶门下部残毁，两下角泥层脱落，面积分别为 15 厘米 ×18 厘米、10 厘米 ×17 厘米（图 32；图版 II：57-6）。

第七壶门，高 46 厘米、宽 71 厘米，供养菩萨残高 23 厘米（包括莲座），稍侧向左、略朝向北。画面中部漫漶，隐约可见肌肤红色晕染痕迹，盘腿坐。绿色缯带自冠两侧飘出回卷，残存臂钏黑色垂珠，胸腹绿色珠饰似璎珞腹前穿璧，着黑色长裙。莲座残毁。壶门下部高 6 ～ 15 厘米、宽 61 厘米画面斑驳、漫漶，残损严重，部分泥层脱落（图 32；图版 II：57-7）。

第八壶门，位于下层坛中段凹入部分的北向面，高 45.7 厘米、宽 62 厘米，供养菩萨残高 37 厘米（包括莲座），稍侧向左、略朝向西。头、胸、腹、臂、手皆漫漶，隐约有肌肤晕染红色画痕，盘腿坐。冠着、饰物大多模糊，可见冠两侧绿色缯带飘出回卷。

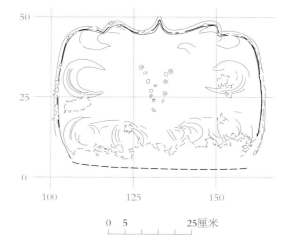

图 33　第 256 窟主室佛坛东向面下层
北起第八壶门（中段北向面）

耳环缀绿色珠，绿色珠串似于胸腹前交叉穿璧垂下。黑色长裙，裙腰翻出，绿色腰带垂下。莲座横径 50 厘米，两圈，内圈白色、外圈黑色。壶门下部高 6 厘米、宽 54 厘米画面斑驳、磨损，部分泥层脱落（图 33；图版 I：21；图版 II：57-8）。

第九壶门，高 46 厘米、宽 64.5 厘米，供养菩萨残高 35 厘米（包括莲座），稍侧向左、略朝向北。五官模糊，但由头、面部、肢体红色晕染可辨，双臂屈起，两手合于面前执物。交胫盘坐，右腿在前。冠两侧绿色缯带飘出回卷。饰缀珠项圈、腕钏、臂钏。黑色长裙，裙腰翻出绿色褶纹。莲座残甚，横径约 37 厘米，两圈，内圈白色、外圈绿色。壶门下部高 6 ～ 11 厘米、宽 59 厘米画面漫漶、残损，部分泥层脱落（图 34；图版 II：58-1）。

第十壶门，高 44.6 厘米、宽 68 厘米，供养菩萨残高 36 厘米（包括莲座），稍侧向左、略朝向北。肌肤红色晕染显现，双臂屈起向左前方，两手奉花盘于面前，交胫盘坐，右腿在前。冠两侧绿色缯带飘出回卷。项圈、腕钏、臂钏画迹仅存少许。双肘下见臂钏黑色三珠、腹前绿珠交叉。黑色长裙，裙腰翻出隐约有绿色褶纹。手中花盘盛开敷莲花，红黑色五瓣，周围绿色叶片。莲座残，内圈白色、外圈黑色。壶门下部高 5 ～ 10 厘米、宽 59 厘米残损，部分泥层脱落（图 34；图版 II：58-2）。

第十一壶门，高 43.8 厘米、宽 62 厘米。供养菩萨残高 40 厘米（包括莲座），稍侧向左、略朝向北。肌肤红色晕染显现，五官不清，双臂屈起，两手举至面前似执乐器作横吹状。交胫盘坐，右腿在前。冠两侧绿色缯带飘出回卷。耳环缀绿色珠，腕钏、臂钏均饰珠，右

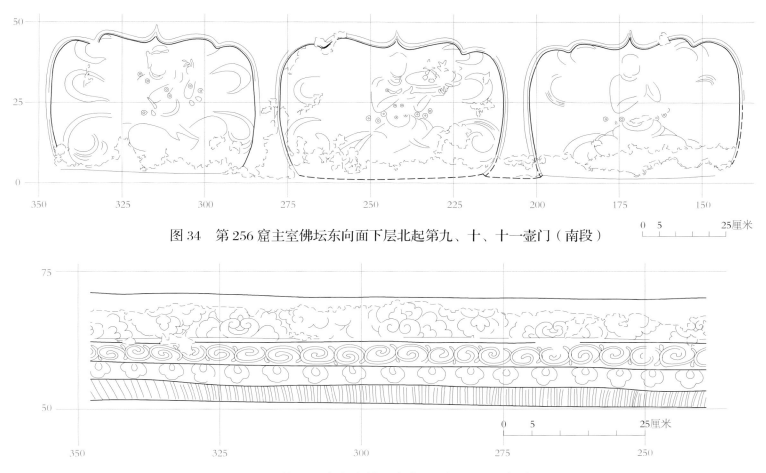

图 34　第 256 窟主室佛坛东向面下层北起第九、十、十一壶门（南段）

图 35　第 256 窟主室佛坛东向面下层上涩（部分）

肩腹际见璎珞绿色珠串。黑色长裙，绿色腰带于腹前垂下。残存莲座。壶门下边稍残，有少量泥层脱落（图 34；图版 II：59-1）。

iii　上涩

上涩壁画自下而上叠涩四层饰带，其中第一、二、三层属上枭，第四层为上枋，通高 16 ～ 20 厘米，大部残毁，尤以南段、北段的南北转角和中段凹入部分为甚（图 35；图版 II：72-5、6、8）。

第一层，斜面，白色地上绘土红色竖线纹；北段南北两端毁，残存横长 193 厘米；中段凹入部分南向面东端毁，残存横长 70 厘米；凹入部分东向面中部毁，两端分别残存横长 90 厘米、92 厘米；凹入部分北向面中部、西端毁，残存横长 15 厘米、30 厘米；南段南北两端毁，残存横长 192 厘米。

第二层，立面，绿色地上土红色线勾勒，绘花瓣纹，绿色基部，红黑色三裂瓣，先端朝下，一倍间隔排列；北段南北两端毁，残存横长 185 厘米；中段凹入部分南向面东端毁，残存横长 64 厘米；凹入部分东向面中部毁，两端分别残存横长 86 厘米、78 厘米；凹入部分北向面东部毁，残存横长 23 厘米；南段北部毁，残存横长 178 厘米。

第三层，斜面，白色地上土红色线描涡卷纹，正旋、逆旋交替二方连续。其上土红色横线描边；北段仅残存中部，横长 98 厘米；中段凹入部分南向面东部毁，残存横长 26 厘米；凹入部分东向面中部毁，残存三处分别横长 17 厘米、33 厘米、23 厘米；凹入部分北向面仅残存西端，横长 19 厘米；南段南北两端毁，残存横长 174 厘米。

第四层，立面，绘半花纹，土红色线勾形，白描云头状莲心，瓣分二重，绿色、白色交替施于内重、外重，半花上下对置，下花内重绿瓣、上花内重白瓣，二方连续，黑色填地。画面残损、模糊，仅片段残存；北段仅残存中部，横长 87 厘米；中段凹入部分北向面、东向面、南向面几乎尽毁，仅见零星残痕；南段南北两端略有毁损，残存横长 160 厘米。

2）佛坛东向面上层（图版 I：20、21；图版 II：59-2）

i　基座

基座浮塑覆莲瓣并施彩绘，画面大多磨损脱落，漫漶不清，仅存花、叶零星画迹及黑、白、绿、蓝、红色等大小不同的色块。

ii　束腰

束腰部浮塑壶门 24 个，其中第一至第四壶门位于北段，第五至第二十壶门居中段，第二十一至第二十四壶门属南段。壶门内外塑绘内容、形制、技法与下层坛大致相同，尺度减小，保存程度稍好。

壶门外，以两门间隔上方十字花的半花纹样为主，半花重瓣，红黑色内瓣、红黑色基部粉青色外瓣，壶门上楣中间尖拱两侧和二门间隔下部点缀绿色、粉青色单瓣半花、绿叶，空间仍以黑色填地，用笔较下层坛稍显简率。壶门外沿以石绿色勾边。其中，第一壶门北侧上下、第二十四壶门南侧有轻微残损，第四壶门南侧与第五壶门东侧转角处下端、第九壶门北侧下端、第十一至十二壶门上楣、第十至十三壶门门间下部、第十三壶门南侧、第十七与第十八壶门门间下端、第二十壶门东侧上部残损，第十四壶门上楣部分残毁。

壶门内均于白色地上绘一身坐姿供养菩萨（天人），菩萨姿势、动态多样，装束、服饰与下层坛略同。稍清晰的画面显示，坐姿除盘腿外，北起第四壶门有胡跪之例。帔巾形态变化更为丰富，在头后横向呈环状，自上而下或自下而上绕臂后，向两侧波曲、旋绕，向外飘扬，末端回卷；绿色面、粉青色里，两面均以白粉细线勾染帔巾纵向条纹。自北至南依次叙述如下。

　　北起第一壶门，高22.4厘米、宽29厘米，供养菩萨高20厘米（包括莲座），稍侧向右、略朝向南。画面模糊，似双臂屈起向右前方，两手奉花盘于面前，结跏趺坐。项圈缀绿色珠，双肘下可见臂钏黑色三珠。黑色长裙，绿色裙腰翻出，腰带于腹前垂下。帔巾绕臂后绕圈向外飘出。手中花盘盛开敷莲花，红黑色六瓣，周围绿色、粉青色叶片。莲座横径26.8厘米，两圈，内圈白色、外圈绿色（图36；图版Ⅱ：60-1）。

　　第二壶门，高22.2厘米、宽30.4厘米，供养菩萨高19.2厘米（包括莲座），稍侧向右、略朝向南。画面模糊，似双臂屈起，两手置于胸前，交胫盘坐，左腿在前。肌肤白色，绾髻，饰耳环、项圈、腕钏，斜披红色络腋。黑色长裙，粉青色裙缘曳地，绿色裙腰翻出。帔巾绕臂后向外飘出。正旋绕圈、逆旋回卷。莲座横径28.3厘米，两圈，内圈绿色、外圈黑色，两圈之间齿状留白一周，浅红色点染，以示莲瓣（图36；图版Ⅱ：60-1）。

　　第三壶门，高23.6厘米、宽32厘米，供养菩萨高19.5厘米（包括莲座），稍侧向右、略朝向南。画面模糊，似双臂屈起，两手置于胸前。双腿盘坐。可见胸前绿色珠串。黑色长裙，粉青色裙缘曳地，绿色裙腰翻出，绿色腰带腹前系结垂下。帔巾绕臂后绕圈向外飘出回卷。莲座横径28.8厘米，两圈，内圈白色、外圈绿色。壶门下边北部高7.5厘米、宽8.2厘米残毁，泥层脱落（图36；图版Ⅱ：60-2）。

　　第四壶门，高23.5厘米、宽32.6厘米，供养菩萨高19.5厘米（包括莲座），稍侧向右、略朝向南。画面模糊，似双臂屈起向右前方，两手奉花盘于面前，胡跪，右腿屈起、跪左膝。冠两侧红色缯带婉转上扬，饰耳环、缀珠项圈。黑色长裙，粉青色裙缘曳地，绿色裙腰翻出，绿色腰带腹前垂下。帔巾绕臂后婉转向外飘出回卷。手中花盘盛莲花红黑色瓣褪色，周围绿色叶片。莲座横径26.5厘米，两圈，内圈绿色、外圈黑色，两圈之间留白一周，浅红色作齿状点染，以示莲瓣。壶门内南下角稍残，中间有纵向裂隙（图36；图版Ⅱ：60-2）。

　　第五壶门，与以西三壶门共处上层坛中段凹入部分的南向面，高22厘米、宽35.6厘米，供养菩萨高18.7厘米（包括莲座），稍侧向右、略朝向西。画面模糊，似双臂屈起，双腿盘坐。绾髻，饰耳环，项圈缀三绿色珠。黑色长裙褪色，绿色裙腰翻出，粉青色裙缘曳地。帔巾绕臂后左侧飘出绕圈向外，右侧向外飘出绕圈婉转折上回卷。莲座横径24.4厘米，两圈，内圈白色、外圈绿色（图36；图版Ⅰ：21；图版Ⅱ：60-3）。

　　第六壶门，高21厘米、宽38厘米，供养菩萨高17.5厘米（包括莲座），稍侧向右、略朝向西。弯眉、前视，似双臂屈肘，前臂置于胸前，双腿盘坐。束高髻，戴三珠宝冠，两侧缯带飘出上卷，右侧婉转回勾，左侧飘转向后。饰耳环、项圈，绿色大珠垂挂左肩。黑色长裙，绿色裙腰、腰带。帔巾绕臂后向外绕圈飘出回卷。莲座横径22.2厘米，两圈，内圈绿色、外圈黑色，两圈之间留白一周。壶门下部西侧斑驳（图36；图版Ⅱ：60-3）。

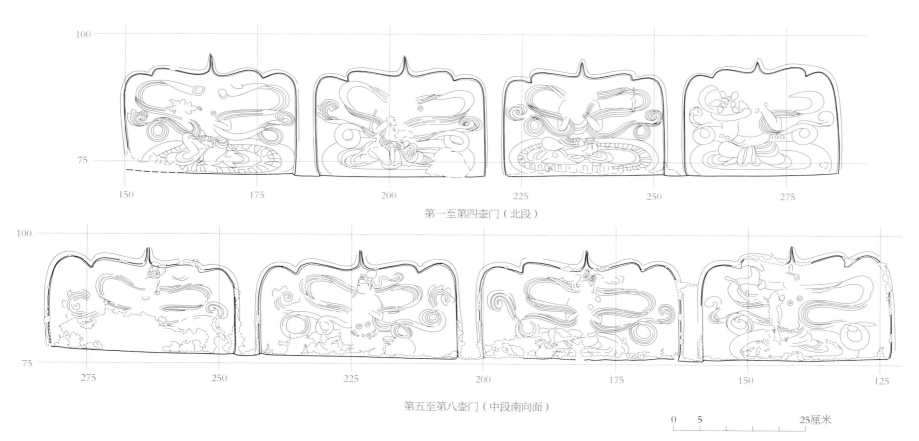

第一至第四壶门（北段）

第五至第八壶门（中段南向面）

图36　第256窟主室佛坛东向面上层北起第一至第八壶门

第七壶门，高 20.4 厘米、宽 37.4 厘米，供养菩萨高 17 厘米（包括莲座）。稍侧向右，面略侧向西。曲眉入鬓，二目前视。双臂屈起，双腿盘坐，束高髻，冠两侧缯带飘出回卷。饰耳环、璎珞，斜披络腋，腹前绿色大珠。绿色裙腰，黑色裙缘，腰带系结垂下。帔巾绕臂后向外两次绕圈飘出回卷。莲座横径 20.7 厘米，两圈，内圈白色、外圈绿色（图 36；图版 II：60-4）。

第八壶门，高 19.9 厘米、宽 35.3 厘米，供养菩萨高约 16.7 厘米（包括莲座），稍侧向右，略侧向西。画面模糊，下部残毁，略见五官画痕，似双臂屈起，两手置于胸前奉物。束高髻，戴宝冠，隐约可见两侧飘出缯带。饰耳环、项饰有绿色大珠，胸腹以下无存。帔巾绕臂后向外飘出绕圈回卷。手中奉物不明，残存少许绿色花叶。壶门下部高 4.8 ～ 9.3 厘米、宽 28.7 厘米大片毁损，地仗剥落（图 36；图版 II：60-4）。

第九壶门，与以南七壶门共处上层坛中段凹入部分的东向面，高 17.7 厘米、宽 34.3 厘米，供养菩萨高约 14 厘米（包括莲座），画面中部漫漶，隐约似有肌肤红色晕染痕迹；下部残破，仅见裙裾黑白二色画痕。两侧帔巾绕臂后向外绕圈向上飘出回卷，右侧绕圈二次。壶门下部中间高 5.8 厘米、宽 2.7 ～ 11.4 厘米泥层剥落，另有破损、裂纹多处（图 37；图版 II：60-5）。

第十壶门，高 17.3 厘米、宽 34.9 厘米，供养菩萨高约 14 厘米（包括莲座），稍侧向右、略朝向南。头、手皆模糊不清，似双臂屈起，两手置于胸前，双腿盘坐，左腿在前。缯带在头两侧飘出，腹间有绿色珠。黑色长裙，裙腰翻出呈粉青色画痕。帔巾绕臂后向外飘出向上，右侧两次绕圈，左侧三次绕圈，末端回卷。莲座横径 23 厘米，两圈，内圈白色、外圈黑色。壶门下部多处龟裂、斑驳（图 37；图版 II：60-5）。

第十一壶门，高 17.3 厘米、宽 34 厘米，供养菩萨高约 14.3 厘米（包括莲座）。画面严重褪色、漫漶，似盘腿坐。似绾髻，红色缯带自冠两侧飘出回卷，裙裾仅见少许黑白二色画痕。帔巾横向飘出绕圈向上，末端回卷，两侧画迹较显。莲座横径 20.8 厘米，两圈，内圈白色、外圈绿色。壶门内南下、北上多处损毁、斑驳、脱落（图 37；图版 II：60-6）。

第十二壶门，高 16.9 厘米、宽 34.5 厘米，供养菩萨高约 14.5 厘米（包括莲座）。画面中部模糊，似作正面，双臂屈起，双手于胸前持物，双腿盘坐。红色缯带自冠两侧飘出回勾，腹间似有绿色珠饰。红色长裙，黑色裙缘。帔巾绕臂后向外飘出绕圈上扬，末端回卷，右侧二次绕圈。手中持物不明，右肩前及更外侧有绿色叶片状画痕。莲座横径 23 厘米，两圈，内圈白色、外圈黑色。壶门下边稍残，画面被道道泥水流痕污染（图 37；图版 II：60-6）。

第十三壶门，高 18 厘米、宽 33.5 厘米，供养菩萨高约 14 厘米（包括莲座），画面漫漶、破损，残损严重，双腿盘坐。仅见少许绿色珠饰、红色长裙画痕、黑色裙缘。残存帔巾在两侧绕圈、飘卷。莲座残，两圈，内圈白色、外圈绿色。壶门内损毁严重，南下高 11 厘米、宽 17 厘米泥层剥落，北上高 3.2 ～ 7.3 厘米、宽 13.6 厘米被涂抹草泥遮盖，画面被道道泥水流痕污染（图 37；图版 II：60-7）。

第十四壶门，高 18 厘米、宽 34 厘米，供养菩萨高约 14.5 厘米（包括莲座），褪色、漫漶，画面模糊，双腿盘坐，黑色长裙。帔巾绕臂后向外飘出，绕圈上扬回卷。莲座横径 22.3 厘米，两圈，内圈白色、外圈黑色。壶门内严重褪色，下部斑驳，上沿尖拱北侧宽约 9 厘米破损（图 37；图版 II：60-7）。

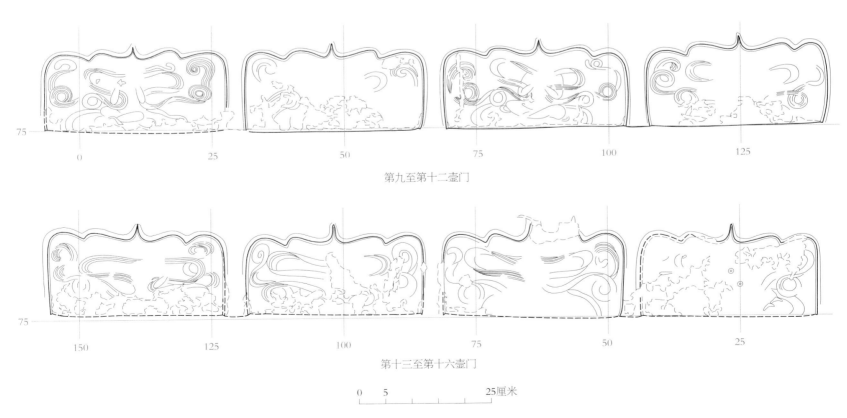

第九至第十二壶门

第十三至第十六壶门

0 5   25厘米

图 37　第 256 窟主室佛坛东向面上层北起第九至第十六壶门（中段东向面）

第十五壶门，高 17.5 厘米、宽 33.6 厘米，供养菩萨高约 14 厘米（包括莲座），画面褪色、漫漶，似略朝向北，双腿盘坐，红色缯带自头两侧飘出回卷，黑色长裙斑驳。帔巾绕臂后向外飘出绕圈而上回卷。莲座横径约 23 厘米，仅存两端白色、绿色残痕。壶门中、下部残损，多处地仗剥落，其中中部一处高 11.5 厘米、宽 5 ～ 25 厘米（图 37；图版 II：60-8）。

　　第十六壶门，高 18.3 厘米、宽 33.4 厘米，供养菩萨高约 14 厘米（包括莲座），画面褪色、漫漶、模糊，似略朝向北，双臂屈起，左前臂在身侧外张，双腿盘坐。缯带自头两侧飘出回卷，黑色长裙。帔巾绕臂后向外飘出，左侧婉转上扬，右侧绕圈婉转上扬，末端回卷。莲座横径约 22 厘米，两圈，内圈白色、外圈黑色。壶门下部残毁较甚，地仗剥落严重（图 37；图版 II：60-8）。

　　第十七壶门，与以东三壶门共处上层坛中段凹入部分的北向面，高 18.6 厘米、宽 36.5 厘米，供养菩萨高约 15.4 厘米（包括莲座），稍侧向左、略朝向西。身姿漫漶不清，盘腿坐。缯带自头两侧飘出回卷，上身仅见少许璎珞绿色珠饰，下身着裙。帔巾绕臂后向外飘出，绕圈而上回卷。莲座横径 21.5 厘米，两圈，内圈白色、外圈绿色。壶门内褪色，下边残损，东侧高 3.5 厘米、宽 19 厘米地仗剥落（图 38；图版 I：21；图版 II：61-1）。

　　第十八壶门，高 19.4 厘米、宽 37.2 厘米，供养菩萨高约 16 厘米（包括莲座），稍侧向左、漫漶，似双臂屈起，两手置于胸前，双腿盘坐。隐约可见缯带自冠两侧向外飘出。肩挂璎珞，可见三颗绿色大珠。黑色长裙，绿色裙腰翻出。帔巾绕臂后向外飘出，绕圈上扬回卷。莲座两圈，内圈绿色、外圈黑色，两圈之间齿状留白一周，浅红色点染。壶门下边残损，西侧高 5 厘米、宽 18.2 厘米地仗剥落（图 38；图版 II：61-1）。

　　第十九壶门，高 19.2 厘米、宽 35.3 厘米，供养菩萨高 15.8 厘米（包括莲座），稍侧向左、略朝向西。隐约可见头部鬘发、耳部画痕，上肢模糊不清，双腿盘坐。缯带自冠两侧飘出回卷，身前残存绿色大珠。黑色长裙，裙腰翻出，绿色腰带。帔巾绕双臂后向外飘出，绕圈婉转折上回卷。莲座横径 22.6 厘米，两圈，内圈白色、外圈绿色。壶门下部少许斑驳残损（图 38；图版 II：61-2）。

　　第二十壶门，高 20.4 厘米、宽 36 厘米，供养菩萨高 16.7 厘米（包括莲座），稍侧向左、略朝向西，双臂屈起，两手抬至胸前，双腿盘坐，身前可见绿色珠饰。黑色长裙，绿色裙腰。帔巾绕臂后向外飘出绕圈，婉转折上回卷。莲座横径 23 厘米，两圈，内圈绿色、外圈黑色，两圈之间留白一周染浅红。壶门下边少量斑驳、龟裂（图 38；图版 II：61-2）。

　　第二十一壶门，与以南三壶门共处上层坛东向面南段，高 20.6 厘米、宽 32.5 厘米，供养菩萨高 16.8 厘米（包括莲座），稍侧向左、略朝向北。双臂屈起，两手似置于胸前，双腿盘坐，右腿在前。头戴花鬘宝冠，红色巾帕在冠两侧系结，缯带向外飘出，末端回卷。斜披络腋，饰项圈、璎珞，绿色珠饰自左肩至右胁成串，腹前多颗绿色珠加绕璧呈环。黑色长裙，粉青色裙缘曳地，绿色裙腰翻出，绿色腰带腹前垂下。帔巾绕臂后向外飘出，绕圈婉转而上，再绕圈向内回卷。莲座横径 20.5 厘米，两圈，内圈白色、外圈绿色（图 38；图版 II：61-3）。

　　第二十二壶门，高 21.3 厘米、宽 32.5 厘米，供养菩萨高 17 厘米（包括莲座），稍侧向左、略朝向北。双臂屈起，手似置于胸前，双腿盘坐。头戴花鬘宝冠，红色巾帕在冠两侧系结，红色缯带向外飘出上扬，末端回卷。隐约可见斜披红色络腋，饰耳环、项圈、腕钏、璎珞，右肩左肘绿色珠饰清晰可见，腹前似绿珠绕璧。黑色长裙，粉青色裙缘曳地，绿色裙腰翻出，绿色腰带腹前垂下。帔巾绕臂后向外飘出，右侧绕圈婉转而上回卷，左侧二次绕圈而上婉转回卷。莲座横径 22.5 厘米，二圈，内圈白色、外圈黑色。壶门下部中间偏北

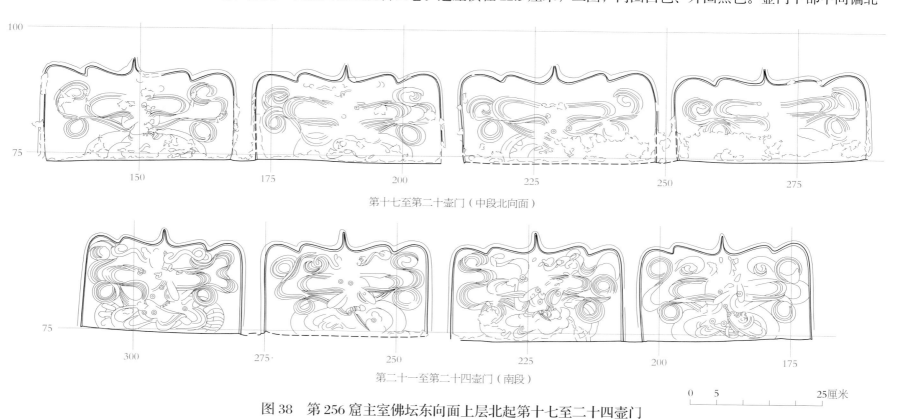

第十七至第二十壶门（中段北向面）

第二十一至第二十四壶门（南段）

0　5　　　　　　25 厘米

图 38　第 256 窟主室佛坛东向面上层坛北起第十七至二十四壶门

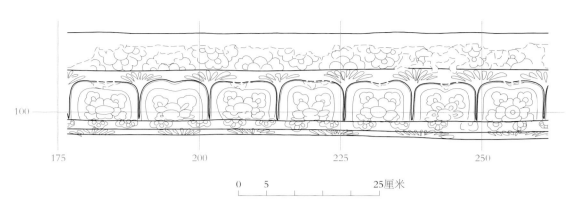

图 39 第 256 窟主室佛坛东向面上层上涩（部分）

高 4 厘米、宽约 5 厘米地仗剥落（图 38；图版 II：61-3）。

第二十三壶门，高 20.4 厘米、宽 31 厘米，供养菩萨高 16.6 厘米（包括莲座）。稍侧向左、略朝向北，两臂屈起，双手合置于胸前，双腿盘坐。顶束高髻，戴花鬘宝冠，红色缯带在冠两侧系结向外飘出，末端回卷。斜披络腋，饰项圈、腕钏、臂钏，可见绿色珠饰。黑色长裙，粉青色裙缘曳地，绿色裙腰翻出，绿色腰带腹前系结垂下。帔巾绕臂后向外飘出，绕圈婉转折上，再绕圈向内回卷。莲座横径 21.9 厘米，两圈，内圈白色、外圈绿色（图 38；图版 II：61-4）。

第二十四壶门，高 20 厘米、宽 30 厘米，供养菩萨高 17.5 厘米（包括莲座），稍侧向左、略朝向北。两臂屈起，似在胸前奉花盘，双腿盘坐，右腿在前，露右足。顶束高髻，戴花鬘宝冠，红色缯带在冠两侧系结向外飘出，末端回卷。右耳环缀绿色三珠，斜披红色络腋，饰项圈。璎珞交于腹际穿璧，向下分两条环于腿上，绿色圆珠在两肩、胸际、腹前清晰可见。黑色长裙，粉青色裙缘曳地。帔巾绕臂后向外飘出绕圈婉转上扬回卷。手中花盘模糊，可见红黑色花瓣、绿色叶片。莲座横径 24.6 厘米，两圈，内圈绿色、外圈黑色，两圈之间齿状留白，染浅红色（图 38；图版 II：61-4）。

iii 上涩

上涩壁画自下而上叠涩四层饰带。其中第一、二、三层属上枭，第四层为上枋，通高 17～20 厘米，大部残毁，尤以中段凹入部分和南段北部为甚（图 39；图版 II：73-4、5）。

第一层，斜面，白色地上绘土红色扇形花图案，每朵七至九瓣，披针形，先端朝上，宽 7.3～9 厘米；北段基本完好；中段凹入部分南向面西部毁，东部残存横长 55 厘米；凹入部分东向面残毁较甚，北部残存横长 68 厘米、中部残存横长 34 厘米、南部残存横长 80 厘米；凹入部分北向面东端稍毁，残存横长 147 厘米；南段北端毁，残存横长画面长 104 厘米。

第二层，立面，绿色地上土红色线勾形，绘花瓣纹，绿色基部，红黑色三裂瓣，先端朝下，一倍间隔排列；北段除 3 厘米毁损外基本保存完好；中段凹入部分南向面仅东端残存横长 55 厘米；凹入部分东向面南端残存横长约 88 厘米、北端残存横长约 91 厘米；凹入部分北向面保存完整，南段南部残存横长 97 厘米。

第三层，斜面，浮塑彩绘莲瓣一排；仅北段北端起横长 141 厘米；中段凹入部分东向面南端横长 7 厘米，凹入部分北向面西端横长 19 厘米；南段南端起横长 97.3 厘米残存。浮起的方形仰莲瓣外廓涂染红色，莲瓣宽 10.7～13.2 厘米；莲瓣基部黑色，冠檐交替为石绿色和粉青色；黑色基部内绘一朵开敷的单瓣花，红黑色花芯，粉青色晕染白色花瓣，圆瓣或尖瓣；圆瓣花在石绿色冠檐瓣内，尖瓣花在粉青色冠檐瓣内；花朵外围绿叶二至四片；凡此二方连续，左右转角处端头作成半莲瓣，与另一向面端头半瓣合为整瓣。彩绘莲瓣上方白色地上，两瓣间各绘一朵土红色扇形花，纹样略同第一层。南段绘制较北段稍显随意，少数莲瓣中花朵将花芯绘成三至四瓣由此改为复瓣花。此外南段莲瓣之上土红色扇形花全毁，纹样仅存于北段。

第四层，立面，绘半花纹，现仅在北段中部残存横长 80 厘米，且上缘破损。半花纹样土红色线勾形，瓣分二重，内重黑色三瓣，外重基部黑色、冠檐交替为绿色和粉青色，二色半花上下先端相对，绿色在下、粉青色在上，二方连续排列，黑色填地。

（2）佛坛南向面

1）佛坛南向面下层（图版 I：22；图版 II：61-5、75-1）

i 基座

下层坛基座大多被毁坏，仅残存敷染白色地仗，画迹无存。

ii 束腰

束腰部浮塑 8 个壶门。壶门塑成后彩绘。其绘制方法、装饰纹样、布局、敷色等与东向面下层坛基本相同。

壶门外，上楣和两门间隔均饰以花卉图案。两门之间上方绘主要纹样，以重瓣花为中心，与左、右、下方锐角花形组成十字花的半花，黑色填地。重瓣花仍由内而外绿色瓣、黑色瓣、粉青色瓣三重，锐角花形之萼片、瓣形、叶片及设色呈现多样的变化；第一至第四壶门之间只以三片绿萼或黑萼下接绿色或粉青色锐角单瓣，第四至第七壶门之间萼片上多出一重粉红色三瓣，一些旗瓣变为唇形（图版Ⅱ：70-2），特例如第七、八壶门之间以单瓣花由大到小排列成串以代替锐角的花形。第一壶门东侧转角、第二至第五壶门门间下端略有残损，第六至第八壶门门间下部残损增多，第八壶门西侧彩绘残失殆尽。

壶门外沿多以白色勾边，多呈浅红色，唯第一壶门以绿色勾边。内沿均施以绿色。壶门内白色地上，各绘一身坐姿供养菩萨（天人），以伎乐供养为主。其冠着、服饰基本相同，并与东向面一致，绾髻、戴宝冠，红色缯带较清晰、艳丽，臂钏所附绢帕上端向外侧倾，红色鲜明。其手中执各种乐器，姿势、动态多样。除东起第一壶门外，保存状况优于东向面。石绿色帔巾，粉青色里，在头后或肩后横向呈环状，绕臂后向两侧旋绕，波曲，向上飘扬，末端回卷。除部分画面下部损毁之外，各壶门彩绘大体得以保存。自东至西依次叙述如下。

东起第一壶门，高43.2厘米、宽60.7厘米，供养菩萨高36.7厘米（包括莲座），稍侧向左、略朝向东。画面中间褪色、模糊，双臂屈起，右手于胸前，左手抬至左肩前持物，交胫盘坐，右腿在前。由肌肤红色晕染残迹可见眉、眼、口、鼻，黑色线描宝冠、缯带，冠两侧缯带系结向外飘出回卷。饰耳环、项圈、臂钏，腕钏双环缀绿珠，璎珞绿色大珠由两肩垂至腹际交叉，斜披络腋，着黑色长裙。帔巾绕臂后向外飘出，右侧绕圈上扬，左侧向下回卷。莲座横径45.7厘米，二圈，内圈白色、外圈绿色。壶门下边稍残，部分地仗剥落（图40；图版Ⅱ：62-1）。

第二壶门，高47.3厘米、宽65厘米，供养菩萨高39.4厘米（包括莲座），稍侧向左、略朝向东。曲眉、隆鼻、红唇，面色白皙。左手作击鼓状，右手模糊不清。交胫盘坐，右腿在前。黑色发髻，三珠宝冠两侧红色缯带系结飘出回卷。耳环缀绿色三珠，项圈缀珠，臂钏附红色绢帕。双肩璎珞绿色珠串交于腹前穿圆莲形璧，分左右垂于两股。斜披红色络腋。红色勾长裙褶襞、浅红色晕染，粉青色裙缘。帔巾绕臂后飘出绕圈上扬婉转回卷。腹前腰鼓横置，束腰，鼓面浅红色，供两手拍击。莲座横径51厘米，两圈，内圈白绿色、外圈黑色，两圈之间齿状留白一周。壶门下边残损，部分泥层脱落（图40；图版Ⅱ：62-2）。

第三壶门，高48.2厘米、宽70.2厘米，供养菩萨高41厘米（包括莲座），稍侧向左、略朝向东。可见眉、鼻、红唇。双臂屈起，两手抬至头两侧持钹作拍击状。交胫盘坐，右腿在前。黑色线描发髻、三珠花鬘宝冠，红色缯带自两侧系结飘出上扬回卷。隐约可见颈项弧线。饰耳环，项圈缀饼形珠，腕钏之一环缀绿色珠，臂钏附红色绢帕。双肩璎珞绿色珠串交于腹前穿圆莲形璧，分左右下垂。另一大珠串璎珞自右肩斜挂至左胁下。斜披红色络腋。红黑色勾染长裙，褶纹留白，绿色裙腰翻出，绿色腰带垂至莲座。帔巾绕臂后飘出绕圈上扬婉转回卷。手中双钹，绿色，钹碗所系红色钹巾二条飘出。莲座横径48.2厘米，两圈，内圈白色、外圈绿色。壶门下边稍有残损，部分地仗剥落（图40；图版Ⅱ：62-3）。

第四壶门，高50.3厘米、宽69厘米，供养菩萨高42厘米（包括莲座）。稍侧向左、略朝向东。曲眉、大眼、隆鼻、红唇、面颊画迹清晰，双臂屈起，两手奉花盘于胸前。交胫盘坐，右腿在前。黑色线描发髻、三珠花鬘宝冠，红色缯带自冠两侧系结飘出上扬回卷。耳环缀绿

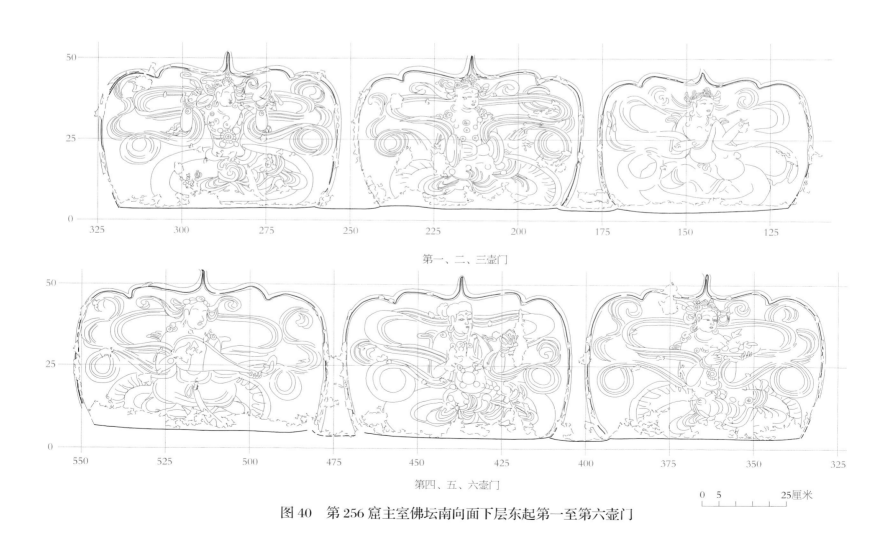

第一、二、三壶门

第四、五、六壶门

图40　第256窟主室佛坛南向面下层东起第一至第六壶门

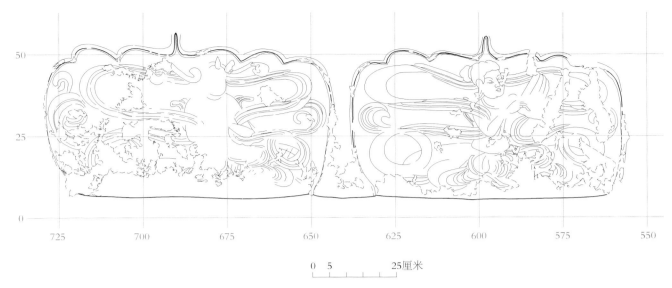

图 41　第 256 窟主室佛坛南向面下层东起第七、八壶门

色三珠。饰项圈、缀珠双环腕钏、附红色绢帕臂钏。肩挂璎珞相交于腹前穿圆莲形璧分开环于股侧。斜披红色络腋。黑色勾染长裙，褶纹留白，粉青色裙缘，绿色裙腰翻出。帔巾绕臂后飘出绕圈上扬婉转回卷。手中花盘盛开敷莲花，红黑色六瓣，周围绿色叶片。莲座横径 51.3 厘米，两圈，内圈绿色、外圈黑色，两圈之间齿状留白一周，齿染浅红色。壶门下边部分地仗剥落（图 40；图版 II：62-4）。

　　第五壶门，高 49.3 厘米、宽 66 厘米，供养菩萨高 41 厘米（包括莲座），稍侧向左、略朝向东。五官清晰，黑色线描眉、眼、鼻、口、耳、红唇，额有白毫。双臂屈起，右手置于胸前，左手在肩前持花蕾。交胫盘坐，右腿在前。黑发绾高髻垂于脑后。耳环、腕钏缀绿色珠。白描颈项弧线二道、缀珠项圈。臂钏附红色绢帕。肩挂璎珞相交于腹前穿璧分垂于左右。斜披红色络腋。黑色勾染长裙，褶纹留白，浅红色晕染，青色裙缘，绿色裙腰翻出，绿色腰带垂至莲座。帔巾绕臂后飘出绕圈上扬回卷。左手花蕾存黑色、绿色、粉青色画迹。莲座横径 51 厘米，两圈，内圈黑色、外圈绿色，两圈之间留白一周。壶门下部稍残，部分画面剥落（图 40；图版 II：62-5）。

　　第六壶门，高 48.6 厘米、宽 74.2 厘米，供养菩萨高 38.9 厘米（包括莲座），稍侧向左、略朝向东。面部模糊，曲眉、红唇可辨。双臂屈起，怀抱曲项琵琶，右手于琴腹弹拨，左手握琵琶颈部控弦，盘腿坐。红色缯带自冠两侧系结飘出上扬绕圈回卷。耳环缀绿色三珠，腕钏缀绿色珠，臂钏附红色绢帕，斜披红色络腋，红黑色长裙，绿色裙腰翻出，腰带垂至莲座。帔巾绕臂后飘出绕圈上扬婉转回卷。手中琵琶梨形，直颈，黑色，横抱胸前，琵琶面板腹部中段敷石绿色。莲座横径 48.8 厘米，内圈绿色、外圈白色，外周勾黑色粗线轮廓，线内浅红色作齿状点染。壶门下部残损，部分剥落（图 40；图版 II：62-6、71-2）。

　　第七壶门，高 49.9 厘米、宽 80.3 厘米，供养菩萨高 39.5 厘米（包括莲座），稍侧向左，头微仰，略侧向东。黑色线描眉、眼、鼻、口、耳、红唇。双臂屈起，双手于面前持物，交胫盘坐，右腿在前。黑发绾高髻垂于脑后，红色缯带束发。隐约可见颈项弧线二道。饰耳环、项圈，臂钏附红色绢帕，斜披红色络腋。红黑色勾染长裙，褶纹留白，浅红色晕染，石青色裙缘，绿色裙腰翻出。帔巾绕臂后飘出绕圈上扬回卷。手中所持似为拍板，土红色。莲座横径 52.5 厘米，两圈，内圈浅红色、外圈绿色。壶门东部和下边残损，多处剥落（图 41；图版 II：62-7）。

　　第八壶门，高 50.2 厘米、宽 85 厘米，供养菩萨高 40 厘米（包括莲座），稍侧向左、略朝向东。褪色模糊，面部仅见红唇，似双臂屈起，双手合置胸前，交胫盘坐，右腿在前。红色缯带自冠两侧系结飘出回卷。隐约可见饰耳环、项圈，臂钏附红色绢帕。黑色勾染长裙，褶纹留白。帔巾绕臂后飘出绕圈上扬回卷，右侧上扬再绕一圈回卷。莲座横径约 60 厘米，两圈，内圈绿色、外圈黑色，两圈之间齿状留白一周，齿染浅红色。壶门下部、西部地仗、泥层剥落严重，画面漫漶、斑驳（图 41；图版 II：62-8）。

　　iii　上涩

　　与东向面下层坛上涩装饰基本相同，叠涩四层，自下而上第一、二、三层属上枭，第四层为上枋，通高 18～21 厘米。大部残毁，尤以中段为甚，被毁画面长达 250 厘米，东西两端转角次之；四层中，上枋毁损最为严重（图 42；图版 II：73-1）。

　　第一层，斜面，白色地上绘土红色竖线纹；除距西端 193.5 厘米（中间第五壶门上方）有横长 26 厘米残毁之外，余均保存完好。

　　第二层，立面，单敷石绿色；中部残毁，东西两端稍残，西部残存横长 307 厘米，东部残存横长 268 厘米。

　　第三层，斜面，白色地上土红色线描涡卷纹，正旋、逆旋交替二方连续；中部残毁，东西两端稍残，西部残存横长 189 厘米，东部残存横长 213 厘米。东部间或留存被覆盖的土红色细笔起稿画迹。

　　第四层，立面，绘半花纹，土红色线勾形，纹样与东向面下层坛上枋相同，黑色填地；损毁严重，仅靠近东西两端可见部分画迹，西部残存横长 190 厘米，东部残存横长 167 厘米，大部褪色、漫漶，上沿边缘几乎全部磨损。

　　2）佛坛南向面上层（图版 I：22；图版 II：61-5）

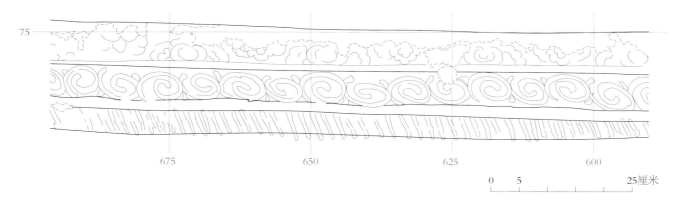

图42　第256窟主室佛坛南向面下层上涩（部分）

i 基座

基座浮塑覆莲瓣并施彩绘，画面大多磨损脱落，漫漶不清，仅存白色地仗上黑、白、红、绿等色莲花、叶、瓣等零星画迹。

ii 束腰

束腰浮塑壶门15个，除少数画面褪色、模糊、地仗剥落外，其余保存完整。

壶门外仍以两门间隔上方十字花的半花纹样为主，趋于简化，中央半花重瓣稍占多数，红黑色内瓣、粉青色外瓣；近半为单瓣，红黑色芯、粉青色瓣；左、右、下方锐角花形及上楣尖拱两侧和二门间隔下部点缀花、叶，分别施绿色、粉青色，单瓣，或双瓣连缀。纹样以外空间黑色填地。

壶门外沿以白色勾边，内沿施以绿色。壶门内于白色地上分别绘神兽、宝珠、花卉、乐器以及"七宝"等内容[30]。自东至西依次叙述如下。

东起第一壶门，高20厘米、宽35.7厘米，绘翼狮，高16.5厘米、长32厘米，头东尾西，侧身而卧。铁线勾形，狮抬头，二目大睁，黑瞳，黑色鼻头，张红黑色血口，吐长舌，竖耳，绿色染头后和颈项涡卷的鬃毛、尾部波曲高扬的四绺长毛以及腿部的阴面，红黑色勾染肩部翅翼、忍冬叶形弧线屈起的后肢以及露出的后爪（图43；图版Ⅱ：63-1）。

第二壶门，高20.2厘米、宽35.2厘米，绘火焰宝珠（珠宝、神珠宝、摩尼宝珠、摩尼宝、明珠宝）[31]，下有束腰莲座，通高16厘米（包括莲座），居中。莲座下枭覆莲，绿色莲房、红色莲瓣；束腰之上大朵仰覆莲花承载火焰宝珠，黑色莲瓣，绿色宝珠，红色火焰。绿色飘带绕莲座束腰向两侧飘出，婉转向上回卷，翻出青色里面、白色条纹。莲座横径17.3厘米（图43；图版Ⅱ：63-1）。

第三壶门，高19厘米、宽34.9厘米，绘神兽，高12.5厘米、长32.2厘米，头东尾西，俯卧，作扑食状。铁线勾形，头部前伸，双目微合，黑色鼻头，红黑色血口，长吻接地；绿色鬃毛长而顺直，向后飘起；尾毛三绺，弯曲垂下，红黑色肩头和忍冬叶形勾染后肢屈起的弧度（图43；图版Ⅱ：63-2）。

---

　　[30]　在佛坛南向面上层坛东起第七至第十三壶门内，依次分别绘女子、车轮、武士、宝盒、白象、骏马、宝珠等，似佛经中所谓转轮王拥有之"七宝"。对此佛教各经典记述略有不同，现举引诸例如下：1. 后秦佛陀耶舍共竺佛念译《长阿含经》卷三："何谓七宝：一金轮宝，二白象宝，三绀马宝，四神珠宝，五玉女宝，六居士宝，七主兵宝"（《大正藏》第1册，p. 21。同上卷一、卷四、卷六、卷十三、卷十八等所记相同）。2. 东晋僧伽提婆译《中阿含经》卷十一："彼七宝者，轮宝、象宝、马宝、珠宝、女宝、居士宝、主兵臣宝"（《大正藏》第1册，p. 493。同上卷十三、卷十四、卷十五、卷三十、卷四十一等所记相同）。3. 南朝宋求那跋陀罗译《过去现在因果经》卷一："一金轮宝，二白象宝，三绀马宝，四神珠宝，五玉女宝，六主藏臣宝，七主兵臣宝"（《大正藏》第3册，p. 622）。4. 唐玄奘译《俱舍论》卷十二："轮王出现于世，便有七宝出现世间。其七者何？一者轮宝，二者象宝，三者马宝，四者珠宝，五者女宝，六者主藏臣宝，七者主兵臣宝"（《大正藏》第29册，p. 64）。5. 北凉昙无谶译《悲华经》卷二："金轮，白象，绀马，玉女，藏臣，主兵，摩尼宝珠"（《大正藏》第3册，p. 176）。6. 后秦鸠摩罗什译《弥勒下生成佛经》："王有七宝：金轮宝、象宝、马宝、珠宝、女宝、主藏宝、主兵宝"（《大正藏》第14册，p. 424），又《弥勒下生大成佛经》：一金轮宝，二白象宝，三绀马宝，四神珠宝，五玉女宝，六主藏臣，七主兵臣（《大正藏》第14册，p. 429）。7. 东汉竺大力共康孟详译《修行本起经》卷上："一金轮宝，二神珠宝，三玉女宝，四典宝藏臣，五典兵宝，六绀马宝，七白象宝"（《大正藏》第3册，p. 462）。8. 北魏慧觉等译《贤愚经》卷十三："金轮、象、马、玉女、神珠、典藏、典兵，悉以应集，君四天下，为转轮王"（《大正藏》第4册，p. 439）。9. 唐菩提流志《大宝积经》卷七十六："所谓轮宝、象宝、马宝、明珠宝、玉女宝、长者宝、主兵宝，是名七宝。"又曰："何者为七，一者金轮宝、二者白象宝、三者绀马宝、四者珠宝、五者长者宝、六者玉女宝、七者主兵宝"（《大正藏》第11册，pp. 428—429）。10. 宋法贤译《众许摩诃帝经》卷十："复有轮宝、摩尼宝、女宝、兵宝、主藏宝、象宝、马宝"（《大正藏》第3册，p. 962）。尚有如《大般涅槃经》《太子瑞应本起经》《瑜伽师地论》《菩萨本行经》《顶生王因缘经》《佛本行集经》《佛本行经》《大智度论》《华严经》，以及《华严经探玄记》《经律异相》《法苑珠林》等亦均有记载。在敦煌石窟壁画中，七宝图似多见于弥勒下生经变，始于盛唐，终于宋代。其作为供养绘于主尊弥勒佛下方，如莫高窟第33、445窟，榆林窟第25窟等；或画在主尊佛上方华盖两侧，如莫高窟第148、231、12窟等。另见于莫高窟第76窟东壁门上"七宝图"，榜题自右至左墨书："珠宝、马宝、兵宝、轮宝、女宝、象宝、藏宝"。

　　[31]　珠宝，转轮王"七宝"之一，参见注30。《长阿含经》卷三："自然神珠忽现在前，质色清澈，无有瑕秽"（《大正藏》第1册，p. 22）。昙无谶译《大般涅槃经》卷十二："其后不久于王宫内自然而有宝摩尼珠，纯清琉璃大如人髀，能于暗中照一由旬。若天降滴雨如车轴，是珠力能作盖遍覆足一由旬，遮此大雨不令下过"（《大正藏》第12册，p. 437）。《大宝积经》卷七十六："珠宝，大如人髀，纯青琉璃，其光照曜，周匝八方各一由旬"（《大正藏》第11册，p. 429）。鸠摩罗什译《弥勒大成佛经》："神珠宝，明显可观，长于二肘，光明雨宝，适众生愿"（《大正藏》第14册，p. 429）。《菩萨本行经》卷中："摩尼珠宝，著于幢头，昼夜常照千六百里"（《大正藏》第3册，p. 116）。

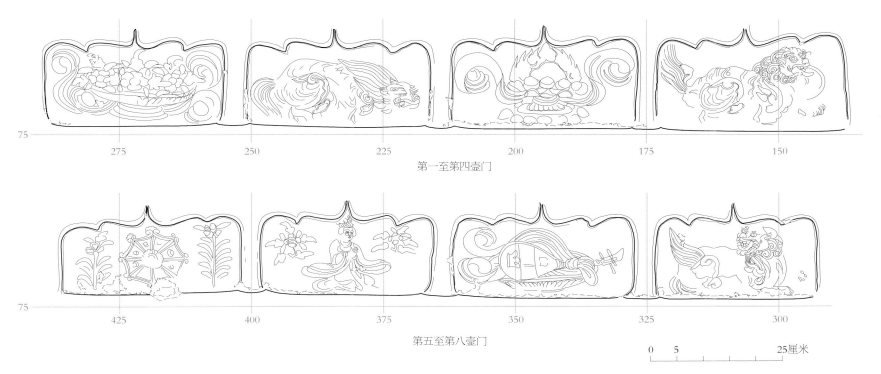

75
275   250   225   200   175   150
第一至第四壶门

75
425   400   375   350   325   300
第五至第八壶门

0   5   25厘米

图 43   第 256 窟主室佛坛南向面上层东起第一至第八壶门

　　第四壶门，高 18.9 厘米、宽 34 厘米，绘盘花，通高 13.9 厘米。盘内置开敷莲花三朵；粉青色花芯，黑色五瓣，茂盛绿叶围绕。花盘高 5 厘米、横径约 21.4 厘米，敞口，浅腹，圆台形圈足绕绿色飘带向两侧飘出，绕圈上扬回卷，翻出青色里面（图 43；图版 II：63-2）。

　　第五壶门，高 18.7 厘米、宽 30.7 厘米，绘翼狮，高 13.4 厘米、长 22.3 厘米，头东尾西，侧身而卧。铁线勾形，狮抬头回首，二目圆睁，略朝向西，黑瞳，黑色鼻头，张红色血口，绿色染头后颈项涡卷的鬃毛、较顺直扬起的尾毛和腿部、腹部的阴面，红黑色勾染肩部翅翼、忍冬叶形后肢屈起的弧度以及露出的脚爪（图 43；图版 II：63-3）。

　　第六壶门，高 18.7 厘米、宽 34.6 厘米，绘琵琶，长 23.6 厘米，侧倾向东横置，下有承盘。盘身白描仰莲披针形花瓣，三线描盘口边沿，横径约 20.8 厘米。琵琶梨形，面板黑色，颈部灰色，腹部黑色。腹部中段敷绿色，下段覆手（搏弦）留白与上端头部均线描并施浅红色晕染，上段左右灰色部位似为音孔。粉青色飘带系结于颈部，飘拂向西婉转回卷，翻出绿色里面（图 43；图版 II：63-3）。

　　第七壶门，高 18.3 厘米、宽 33 厘米，绘女子（女宝、玉女宝）[32]，高 14.7 厘米，稍侧向左、略朝向东，两臂屈起，双手于胸前合掌，跽坐于地。绾髻，戴花鬘宝冠，垂发齐耳，两鬓包面。长眉入鬓，大眼黑瞳，双目平视，红唇，面颊涂染腮红。身着红色交领大袖襦，衣缘绿色；大袖向两侧张开，翻出里面白色、衣缘黑色；下着白色长裙，裙缘绿色。女子两侧各绘一枝开敷莲花，花芯白色或红色，黑色四瓣，外绕绿色三裂形五叶，绿色枝干（图 43；图版 II：63-4、76-1）。

　　第八壶门，高 17.5 厘米、宽 34 厘米，绘轮形（轮宝、金轮宝）[33]，径 10～13.3 厘米，居中，由内而外依次为毂、辐、辋。轮形中央为白色圆形莲花，以示毂，直径约 4 厘米；外廓八边形，以示辋。辋每边略作凹弧，两端微翘作卷云纹。辋、毂之间以八辐隔为八个略呈梯形的区块，交替填涂绿色和黑色；每色块中央均有一小块方、圆不甚规则的留白。轮形两侧各绘一花株，单茎竖直，几与壶门同高，左右两排对生的披针形大叶，茎、叶绿色；顶端三朵花，左侧三朵为钟状花冠，右侧三朵黑色花蕾，浅红色萼托（图 43；图版 II：63-4、76-1）。

　　第九壶门，高 15.3 厘米，宽 33.7 厘米，绘武士（兵宝、主兵宝、主兵臣宝、典兵宝）[34]，高 12 厘米，稍侧向左、略朝向东，两臂

　　[32] 女宝，转轮王"七宝"之一，参见注30。鸠摩罗什译《弥勒大成佛经》："玉女宝，颜色美妙，柔软无骨"（《大正藏》第14册，p. 429）。《长阿含经》卷三："时玉女宝忽然出现，颜色从容，面貌端正。不长不短，不粗不细，不白不黑，不刚不柔。冬则身温，夏则身凉。举身毛孔出栴檀香，口出优钵罗华香。言语柔软，举动安详。先起后坐，不失宜则"（《大正藏》第1册，p. 22）。昙无谶译《大般涅槃经》卷十二："其后不久复有女宝，形容端正微妙第一，不长不短不白不黑。身诸毛孔出栴檀香，口气香洁如青莲花。其目视见一由旬，耳闻鼻嗅亦复如是，其舌广大出能覆面。形色细薄如亦铜叶，心聪叡哲有大智慧。于诸众生常有软语。是女以手触王衣时，即知王身安乐病患，亦知王心所缘之处"（《大正藏》第12册，p. 437）。失译附东晋录《菩萨本行经》卷中："玉女宝，端正无比犹若天女，无有女人瑕秽之垢，身体香洁如优钵花。王意欲得清凉之时身自然冷，欲得温时身自然温。声如梵声常能使王欢喜踊跃"（《大正藏》第3册，p. 116）。

　　[33] 轮宝，转轮王"七宝"之一，参见注30。《长阿含经》卷三："自然金轮忽现在前，轮有千辐，光色具足，天匠所造，非世所有，真金所成，轮径丈四"（《大正藏》第1册，p. 21）。昙无谶译《大般涅槃经》卷十二："时东方有金轮宝，其轮千辐毂辋具足，非工匠造自然而成"（《大正藏》第12册，p. 437）。鸠摩罗什译《弥勒大成佛经》："金轮宝，千辐毂辋，皆悉具足"（《大正藏》第14册，p. 429）。《菩萨本行经》卷中："金轮宝，轮有千辐，纵广四十里，周匝百二十里。王欲行时轮在前导，不宾服者金轮自然在头上旋，自然降服不用兵仗"（《大正藏》第3册，p. 116）。

　　[34] 兵宝，转轮王"七宝"之一，参见注30。鸠摩罗什译《弥勒大成佛经》："主兵臣，宜动身时，四兵如云从空而出"（《大正藏》第14册，p. 429）。《长阿含经》卷三："时主兵宝忽然出现，智谋雄猛，英略独决"（《大正藏》第1册，p. 22）。昙无谶译《大般涅槃经》卷十二："其后不久有主兵臣自然而

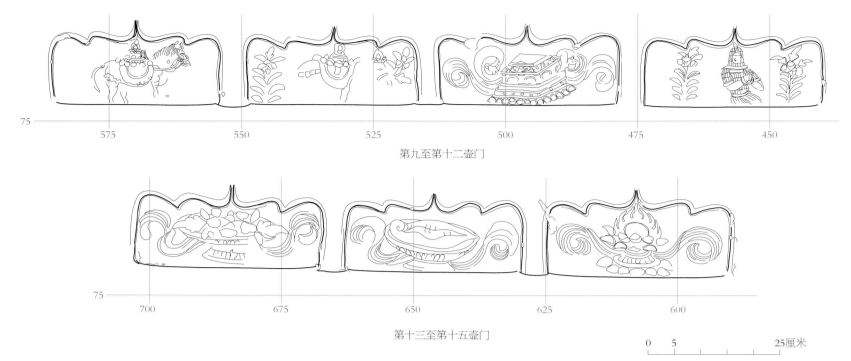

第九至第十二壶门

第十三至第十五壶门

0   5   25厘米

图 44　第 256 窟主室佛坛南向面上层东起第五至第十五壶门

屈肘，双手于胸前合掌，跪坐。面部经浅红色晕染，红唇。戴头盔，身披铠甲，着战裙。盔顶饰红缨，盔甲白色，边缘黑色，铁线绘身形、甲片。武士两侧各绘一花株，形式与第八壶门轮形两侧基本相同，粉青色茎，对生叶片绿色、粉青色相间，花株顶端三朵黑色花蕾，浅红色尊托（图 44；图版 II：63-5）。

第十壶门，高 15.6 厘米、宽 34 厘米。绘宝盒（主藏宝、主藏臣宝、藏臣宝、典藏宝、典藏臣宝、居士宝、长者宝）[35]，通高 10.5 厘米（包括莲座），方形，半侧向右（西）、俯视的角度。宝盒下莲花基座，黑色覆莲座基，座身红色粗线勾下边、上沿，绿色立面约二倍间隔饰红点（连珠）纹。宝盒方棱线脚底座，盒身立面饰云头如意纹，盝形盒盖四坡饰半花纹，顶面模糊。绿色飘带由盒两侧，各分上下两端飘出回卷（图 44；图版 II：63-5）。

第十一壶门，高 15 厘米、宽 32.4 厘米，绘白象（象宝、白象宝）[36]，高约 11.4 厘米（包括鞍鞯、宝珠）、长约 19 厘米，头东尾西，侧身而立。铁线勾形，大象低头垂尾，睁眼前视，垂耳，长鼻，著络头、攀胸，头顶莲花火焰珠，宝装鞍鞯、鞯带，绿色宽缘红色障泥，鞍上设莲座摩尼供宝，其黑瓣莲花、白色覆莲台、绿色宝珠、红黑色火焰。白象两侧各绘一花株，形式与第八、九壶门基本相同，但东侧一株下部被遮挡，上部花枝向外侧倾（图 44；图版 II：63-6、76-2）。

第十二壶门，高 16.5 厘米、宽 31.8 厘米，绘骏马（马宝、绀马宝）[37]，高 12.8 厘米（包括鞍鞯、宝珠）、长 18.8 厘米，头东尾西，侧身而立。红褐色晕染形体，马身俊键，毛色略红，扬头垂尾，双耳竖起，两眼有神；鞍辔齐全，红色辔头，绿色宽缘红色障泥。鞍上设莲座摩尼供宝，其红瓣莲花、白色覆莲台、台上红色莲花、绿色宝珠、红色火焰（图 44；图版 II：63-6、76-2）。

第十三壶门，高 16.9 厘米、宽 34.9 厘米，绘火焰宝珠（珠宝、神珠宝、摩尼宝珠、摩尼宝、明珠宝），通高 14 厘米（包括莲座），居中。莲座之上供养莲花火焰宝珠。莲座为束腰莲花须弥座，横径 14.6 厘米，下枭红色花瓣覆莲，上枭黑色花瓣仰覆莲，上承绿色摩尼宝珠，

出，勇健猛略策谋第一善知四兵。若任斗者则现圣王，若不任者退不令现。未摧伏者能令摧伏，已摧伏者力能守护"（《大正藏》第12册，p. 437）。《大宝积经》卷七十六："主兵宝，自然而出勇猛策谋策略第一，预知王心七日所念，善知四兵斗战之法，未集者令集，已集者令散"（《大正藏》第11册，p. 429）。《菩萨本行经》卷中："典兵臣，王意欲得百千万兵自然而至"（《大正藏》第3册，p. 116）。

[35] 主藏宝，转轮王"七宝"之一，参见注30。昙无谶译《大般涅槃经》卷十二："其后不久有主藏臣自然而出，多饶财宝巨富无量，库藏盈溢无所乏少，报得眼根力能彻见一切地中所有伏藏，随王所念皆能办之"（《大正藏》第12册，p. 437）。鸠摩罗什译《弥勒大成佛经》："主藏臣，口中吐宝，足下雨宝，两手出宝"（《大正藏》第14册，p. 429）。《菩萨本行经》卷中："典藏臣，王意欲须金银七宝衣被饮食，披其两手七宝财产一切所须，随意所欲从手中出而无有尽"（《大正藏》第3册，p. 116）。《长阿含经》卷三："居士宝。时居士丈夫忽然自出，宝藏自然，财富无量。居士宿福，能彻视地中伏藏，有主无主，皆悉知见。其有主者，能为拥护，其无主者，取给王用"（《大正藏》第1册，p. 22）。《大宝积经》卷七十六："长者宝，丰饶财宝巨富无量，随王所念皆能办之自然而应"（《大正藏》第11册，p. 429）。壶门图像与敦煌石窟壁画《弥勒下生经变》中七宝图之"藏宝"画面相似，绘一方形宝盒（箱）。

[36] 象宝，转轮王"七宝"之一，参见注30。《长阿含经》卷三："自然象宝忽现在前，其毛纯白，七处平住，力能飞行。其首杂色，六牙纤傭，真金间填"（《大正藏》第1册，p. 22）。鸠摩罗什译《弥勒大成佛经》："白象宝，白如雪山，七肢拄地，严现可观，犹如山王"（《大正藏》第14册，p. 429）。昙无谶译《大般涅槃经》卷十二："其后不久复有象宝，状貌端严如白莲花七支拄地"（《大正藏》第12册，p. 437）。《菩萨本行经》卷中："白象宝，其象身体优犅姝好白如雪光，王乘其上自然飞行，一食之顷周四天下"（《大正藏》第3册，p. 116）。

[37] 马宝，转轮王"七宝"之一，参见注30。《长阿含经》卷三："自然马宝忽现在前，绀青色，朱髦尾，头颈如象，力能飞行"（《大正藏》第1册，p. 22）。鸠摩罗什译《弥勒大成佛经》："绀马宝，朱鬣髦尾，足下生华，七宝蹄甲"（《大正藏》第14册，p. 429）。昙无谶译《大般涅槃经》卷十二："其后不久次有马宝，其色绀炎髦尾金色"（《大正藏》第12册，p. 437）。《菩萨本行经》卷中："绀马宝，朱色髦尾，王乘其上一食之顷遍四天下"（《大正藏》第3册，p. 116）。

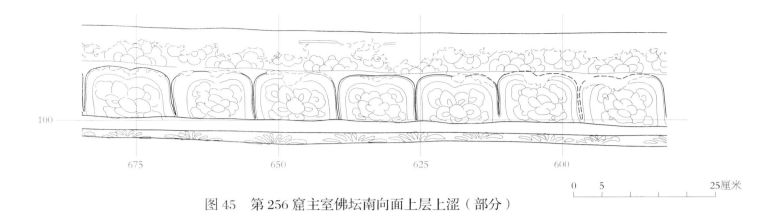

图 45　第256窟主室佛坛南向面上层上涩（部分）

红色火焰。莲座束腰部白描覆莲瓣，绿色飘带缠绕其上向两侧飘出上扬回卷，翻出粉青色里面（图44；图版 II：63-7）。

第十四壶门，高 15 厘米、宽 33.7 厘米，绘海贝（砗磲）[38]，通高 10 厘米（包括承盘）。黑色线白描海贝，卵圆形，较扁平，横长 16.7 厘米，勾出贝壳开口及少许壳面纹理。白描承盘高约 4 厘米、口径 18 厘米，覆莲纹底圈足，盘身斜腹，饰仰莲纹。绿色飘带自盘两侧婉转飘出上扬回卷，翻出粉青色里面、白色条纹（图44；图版 II：63-7）。

第十五壶门，高 16 厘米、宽 35.6 厘米，绘莲花，通高 10.3 厘米（包括承盘），居中。铁线勾描花芯、株茎、承盘，突显单朵开敷黑色五莲瓣，左右各一大二小三片绿叶。盘高 5.4 厘米、足径约 12 厘米、口径约 19.5 厘米，覆莲底座，浅腹，饰仰莲纹。绿色飘带于盘两侧向外飘出上扬回卷（图44；图版 II：63-7）。

iii 上涩

与东向面上层坛上涩装饰基本相同，叠涩四层，通高 19 ～ 20.7 厘米，壁画部分残毁，以上枋较甚（图45；图版 II：71-1）。

第一层，斜面，白色地上绘土红色扇形花图案，每朵六至九瓣，披针形，先端朝上，宽 7.3 ～ 10.9 厘米，整体保存良好。

第二层，立面，单敷石绿色，仅东端横长 76.8 厘米与东向面相同绘花瓣纹，绿色基部，红黑色三裂瓣，一倍间隔排列。

第三层，斜面，浮塑彩绘莲瓣一排，大体保存完整，共 42 瓣，其中包括东西两端转角处各半瓣。浮起的方形仰莲瓣外廓涂染红色，莲瓣宽 11.3 ～ 14.5 厘米；莲瓣基部交替为红色和黑色，冠檐交替为绿色和粉青色。红色和黑色基部内绘一朵开敷的单瓣花，红色或红黑色花芯，粉青色晕染白色花瓣，花朵外围绿叶二至四片；凡此二方连续排列。作为例外，其中西段间有六朵重瓣花，内重红黑色四瓣、外重粉青色五瓣。

第四层，立面，绘半花纹，大多残毁，上部尤甚，上枋上缘尽皆破损。残存画迹自东至西大体分为三段，分别横长 70.5 厘米、151 厘米、223 厘米。半花纹样与东向面相同，土红色线勾形，瓣分二重，内重红黑色三瓣，外重交替为石绿色和粉青色，绿色在下、粉青色在上，上下半花先端相对，二方连续排列。纹样外黑色填地。

（3）佛坛西向面

1）佛坛西向面下层（图版 I：23、24；图版 II：40-2、74-2）

i 基座

基座大部被毁，残存部分仅见白色地仗，无画迹。

ii 束腰

束腰部 8 个壶门。其中浮塑南段的第一至第三壶门和北段的第六至第八壶门，中段则幅面扩展至上层坛绘成壁画第四、第五壶门。南北两段 6 个壶门塑成后彩绘。其绘制方法、装饰纹样、布局、敷色等与东向面、南向面下层坛基本相同。

浮塑壶门外上楣和两门间隔均饰以花卉图案。以重瓣花为中心，与左、右、下方锐角花形组成十字花的半花，土红色线勾形，黑色填地。其中南段中央大花由内而外绿色瓣、黑色瓣、粉青色瓣三重，北段则由内而外红黑色瓣、粉青色瓣、云头形卷瓣三重，后者黑色基部、粉青色云头形檐部回卷向内；另有特例，第六壶门南侧重瓣花由内而外红黑色瓣、浅红色瓣、粉青色瓣三重。锐角花形在北段由绿色花托、浅红色三瓣花萼、黑色基部粉青色翼瓣和黑色或浅红色基部绿色狭长锐角旗瓣组成；南段则简化为绿色或粉青色翼瓣和粉青色或绿色旗瓣，绿色、粉青色二瓣连缀，甚至只有单瓣。

中段壁画高 98.2 ～ 101.4 厘米、宽 221 ～ 225 厘米，壶门外敷染土红色，直达下方基座，壶门上方约 8.2 厘米，描一道白色线，横贯南北，上接西向面上层坛上枭。敷白色地影作 2 壶门（第四、第五壶门），壶门内各绘一身蹲坐力士（药叉），两臂张开，手按双膝，皆戴束发冠，半裸，饰耳环、项圈、腕钏、臂钏、足环，下系腰布，跣足。

[38]　海贝（砗磲），佛经所述七宝之一。鸠摩罗什译《佛说阿弥陀经》记七宝池："以金、银、琉璃、玻璃、砗磲、赤珠、马瑙而严饰之"（《大正藏》第3册，p.46）；《妙法莲华经》卷四《见宝塔品》记七宝池："以金、银、琉璃、砗磲、马瑙、真珠、玫瑰七宝合成"（《大正藏》第1册，p.32）。

浮塑壶门外沿以白色勾边，内沿施以绿色。壶门内白色地上，各绘一身坐姿供养菩萨（天人），与东向面、南向面下层坛略同，而姿势、冠着、装饰、动态各异。画迹大多褪色、漫漶、剥落，保存不佳，除第三壶门可见人物形象外，余皆主要保存绿色帔巾在头后横向呈环状、在两侧飘扬、旋绕以及红色缯带自头两侧飘出画迹。自南至北依次叙述如下。

南起第一壶门，高47.3厘米，宽68.7厘米，供养菩萨高约40厘米（包括莲座），似稍侧向左、略朝向南。壁画下半部严重剥落，上半部中间漫漶，但红色缯带清晰，自头两侧飘出回卷，另有零星珠饰画迹。两侧残存绿色帔巾头后环绕，向两侧飘卷、翻出石青色里面（图46；图版II：64-1）。

第二壶门，高49厘米，宽70.6厘米，大部残毁，地仗、泥层剥落，仅上部残存画迹，供养菩萨几无痕迹，仅见绿色帔巾于头后呈环，绕臂向外飘出，婉转向上，末端回卷（图46；图版II：64-2）。

第三壶门，高51.9厘米，宽70.7厘米，供养菩萨高约43厘米（包括莲座），稍侧向左、略朝向南，双臂屈起，似奉花于身前。面庞丰腴，可见线描眉眼、耳廓，点染红唇。黑发高髻，戴宝冠，红色巾帕裹头束结垂于耳后，左肩、胸前斜披红色络腋，右肩侧臂钏所附红色绢帕上端向外侧倾，胸腹间有璎珞绿色珠饰。绿色帔巾头后呈环，绕臂后向两侧婉转绕圈、上扬、回卷。手奉之花在左肩前，开敷莲花黑色五瓣，三片菱形绿叶。壶门下部大面积泥层剥落并两处凿孔（图46；图版II：64-3）。

第四壶门，壁画，残高70.8厘米，宽89厘米，力士（药叉）残高68厘米，正面，上身稍向右（北）侧倾。平视，两臂张开稍屈，按在膝上双手掌心向下，五指箕张；臀部下坐，双腿提起屈膝，粗眉，双目圆睁，白眼绿瞳，红唇紧闭，两颊突兀，下颌宽阔。宝冠饰珠，颈前二道。袒上身，绿色项圈串三大珠，居中下缀三珠，左右横列各缀三珠。钏环皆绿色，耳环缀绿色三珠，腕钏各缀一珠。白色腰布于腹下系结，及于膝上。深浅红色晕染肌肤，胸阔腰细，四肢肌肉隆起，关节突兀，形体姿态强健有力。壶门下部地仗剥落残损受污染，致双脚画迹被毁，南侧上部有数凿痕（图47；图版II：65-1）。

第五壶门，壁画，高约80.7厘米，宽95.3厘米，力士（药叉）高74.8厘米，略微侧向右，上身稍向左（南）侧倾。平视，形象、姿态、衣着、装饰和绘画技法与第四壶门基本相同，两臂张开，屈肘按膝，五指箕张；臀部下坐，双腿屈膝，两胫内收，双足抬起，脚心朝前，脚趾分开。横眉浓重，白眼绿瞳，阔鼻。厚唇涂朱，下颌丰肥。耳环、项圈、腕钏、臂钏、足环均同第四壶门，皆施绿色，白色腰布。深浅红色晕染肌肤。壶门下边部分地仗剥落残损受污染（图47；图版II：65-2）。

第六壶门，高54.2厘米，宽64.9厘米，供养菩萨残高32.5厘米（包括莲座），似稍侧向右、略朝向北，似在身前奉花。五官模糊。红色缯带在两鬓上打结，向两侧婉转飘出回卷。红色络腋自右肩斜披，左臂绿色珠饰臂钏所附红色绢帕上端向外侧倾。右肩侧可见红黑色花瓣、绿叶。绿色帔巾在头后呈环，左侧绕臂后绕圈飘出。壶门下部高13.5～34厘米、宽22～62厘米残毁，其中一处露出岩体（图47；图版II：64-4）。

第七壶门，高55.6厘米，宽70厘米，大部残损，略见红色晕染画迹，供养菩萨绿色帔巾于头后横向呈环状，可见右侧绕臂后婉转高扬，左侧高处亦见帔巾末端回卷。壶门内高23～41厘米、宽38.6～61.7厘米残毁、剥落（图47；图版II：64-5）。

第八壶门，高54.8厘米，宽64.9厘米，供养菩萨残高25厘米（包括莲座），似稍侧向右，略朝向北。画面大部残损，仅北上角、上边、南边残存地仗、画迹，可见头左侧红色缯带、右耳环所缀绿色三珠，左右两侧绿色帔巾绕圈飘卷（图47；图版II：64-6）。

iii 上涩

西向面下层坛南段和北段上涩装饰与南向面基本相同，叠涩四层，自下而上第一、二、三层属上枭，第四层为上枋，通高15～21.5厘米。各层保存程度不同，以北段之北端、南段之北端残毁为甚（图48）。

第一层，斜面，白色地上绘土红色竖线纹；南段自南端起残存横长210厘米，北段自南端起残存横长169厘米，其中18厘米缺损。

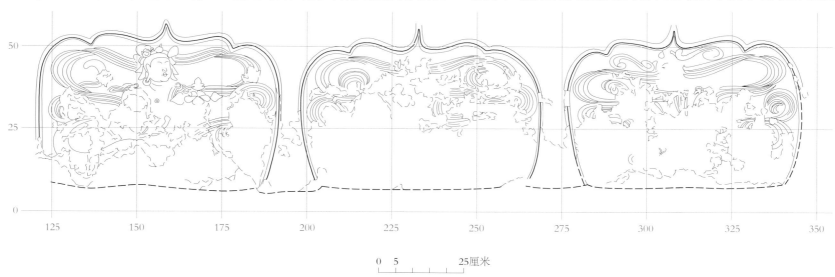

图46　第256窟主室佛坛西向面下层南起第一至第三壶门

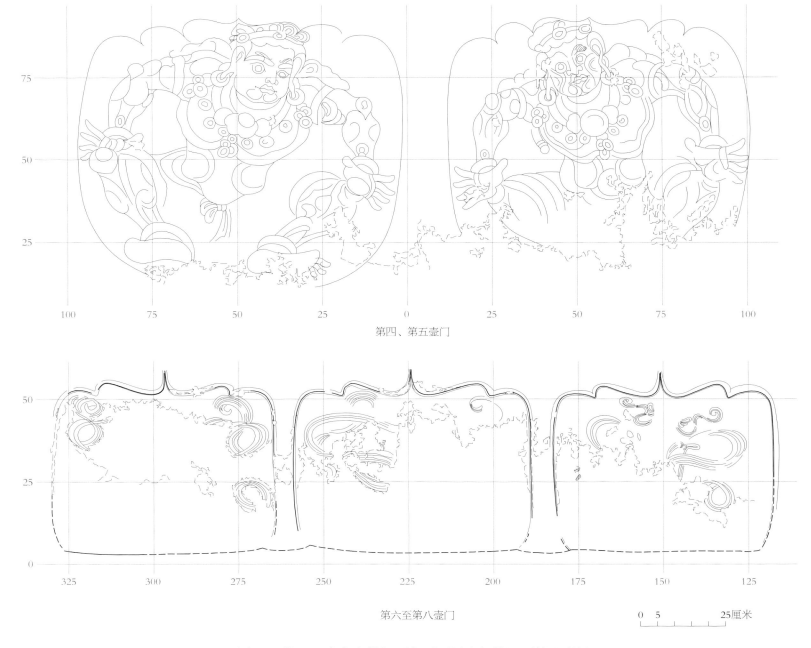

第四、第五壶门

第六至第八壶门

0 5   25厘米

图 47　第 256 窟主室佛坛西向面下层南起第四至第八壶门

第二层，立面，留白色地；南段自南端起残存横长 205 厘米，北段自南端起残存横长 159 厘米。

第三层，斜面，白色地上土红色线描涡卷纹，正、逆旋交替二方连续；南段自南端起残存横长 186 厘米，北段自南端起残存横长 157 厘米，其中 24 厘米缺损。

第四层，立面，土红色线勾形，绘半花纹，纹样与东向面、南向面下层坛上枋相同，黑色填地。上枋边缘皆残损，画面褪色、斑驳或无存。南段自南端起残存横长 181 厘米，北段距南端 17 厘米起残存横长 136 厘米，其中 17.5 厘米缺损。

2）佛坛西向面上层

上层坛中段西向面与下层坛通连绘制壁画，即下层坛第四、第五壶门。其南段、中段南向面、中段北向面和北段，仍同东向面、南向面上层坛一样，分基座、束腰、上涩三部分作绘塑装饰（图版 I：23、24；图版 II：40-2、74-1）。

ⅰ 基座

基座浮塑覆莲瓣，表面以抹白灰泥作地仗，薄如蛋壳，其上彩绘莲花图案，大多漫漶磨蚀，模糊不清，仅存黑、白、红、绿色残迹。

ⅱ 束腰

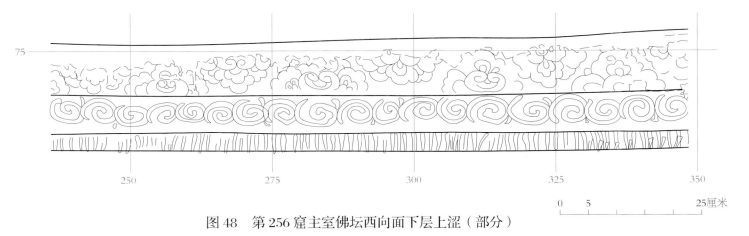

0 5   25厘米

图 48　第 256 窟主室佛坛西向面下层上涩（部分）

束腰部浮塑 11 个壶门，其中南起第一至第五壶门位于南段，第八至第十一壶门属北段；凸出在前的中段绘制壁画，与下层坛齐平；在中段的南北两侧面，即南向面和北向面，绘塑第六、第七壶门。

壶门外以两门间隔上方十字花的半花纹样为主，南段稍简化，中央花单瓣，红黑色花芯，粉青色花瓣，左、右、下方各一绿色叶片；北段中央花重瓣，红黑色内瓣，粉青色外瓣，左、右、下方锐角花形绿色花萼、浅红色花瓣、绿色叶片。上楣尖拱两侧点缀绿色、粉青色单瓣花，二门间隔下端绘黑色芯、粉青色瓣半花，上出绿色萼、浅红色三瓣小花、绿色叶。空间黑色填地。彩绘保存基本完整，唯第七、第八壶门之间下端残损，第八壶门南侧下端泥层剥落。

壶门外沿以白色勾边，内沿施以绿色。壶门内于白色地上分别绘宝珠、乐器、佛具等内容，保存基本完整。自南至北依次叙述如下。

南起第一壶门，高 16 厘米、宽 35 厘米，绘金刚铃[39]，高 11.2 厘米，钟形，圆口朝下立置。铃身横径 7.5 厘米，柄端作金刚杵形，绘出三股（钴），通体绿色。绿色飘带于柄下系花结，向外飘出绕圈向上，末端回卷，翻出粉青色里面（图 49；图版 II：64-7）。

第二壶门，高 15.7 厘米、宽 36.4 厘米，绘海贝（砗磲），通高 10.5 厘米（包括承盘）。黑色线白描海贝，卵圆形，较扁平，横长 21.7 厘米，勾出贝壳外形及开口。浅盘口径 25.6 厘米，盘身饰仰莲纹。绿色飘带于盘座两侧打结后向外飘出，末端回卷（图 49；图版 II：64-8）。

第三壶门，高 15.9 厘米、宽 34.8 厘米，绘金刚杵[40]，横置，长 30.5 厘米。两端分别绘出三股（钴），尖锋锐利，中段柄把供握持，通体绿色。白色条纹粉青色飘带于柄把处系花结后向下，分开向两侧飘出，末端回卷，里面绿色（图 49；图版 II：65-3）。

第四壶门，高 17 厘米、宽 33.3 厘米，绘摩羯鱼[41]，置于盘中，通高 13.2 厘米（包括承盘）、长 25.5 厘米，头南尾北。形态为龙首鱼身，睁眼前视，头上红色的双角，血色大口吐出如钩的红色长舌；粉绿色染龙头，粉青色染鱼身；红黑色分节的鱼腹，红色的背鳍，白色腹鳍、臀鳍和分叉的尾鳍。白描承盘，浅腹，横径 24 厘米，盘身饰仰莲纹（图 49；图版 II：65-4）。

第五壶门，高 17 厘米、宽 35.7 厘米，绘火焰宝珠（珠宝、神珠宝、摩尼宝珠、摩尼宝、明珠宝）、珊瑚[42]，盛于盘中，通高 13 厘米（包括承盘）。绿色宝珠居中，红色火焰。两侧各立一树状黑珊瑚，分枝三叉。承盘敞口，横径 23.6 厘米，盘身饰仰莲纹。绿色飘带于盘底两侧系结飘出，绕圈上扬回卷（图 49；图版 II：66-1）。

第六壶门，处于中段的南向面，高 19.2 厘米、宽 31.7 厘米，绘莲花。开敷莲花居中，白色花芯，红黑色五瓣，两侧又各露出叠压在后面的三枚花瓣，合为横排三朵花；上下左右各一片绿叶，左、右、上皆为浅裂三角形。壶门下边残损，中间近似三角形泥层剥落，高 5.5 厘米、底边横长 17.5 厘米，莲花之下承盘漫漶不清（图 50；图版 I：24；图版 II：66-2）。

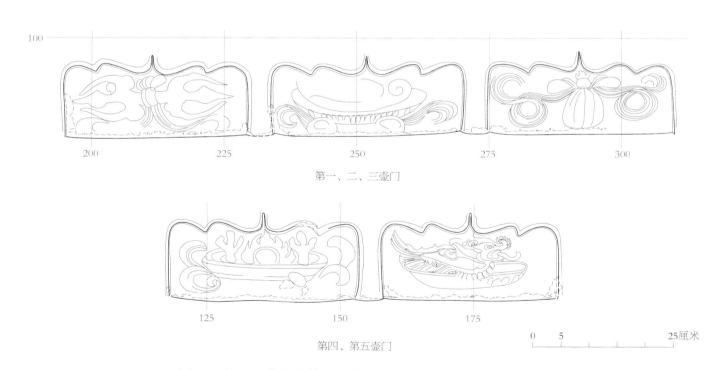

第一、二、三壶门

第四、五壶门

0 5   25厘米

图 49　第 256 窟主室佛坛西向面上层南起第一至第五壶门

[39] 金刚铃，佛教密宗法器；振铃发声，以供养佛尊、惊觉众生、警悟有情。其柄采用金刚杵形，有独股、三股、五股等。

[40] 金刚杵，古代印度武器、佛教法器，音译伐折罗、跋折啰等；质地坚固，号称无坚不摧，密迹力士、执金刚神持之护法、摧灭烦恼。

[41] 摩羯鱼，又作摩伽罗鱼，传说中极大之鱼。佛经云：五百估（贾）客入海采宝，遇摩羯鱼王张口欲食，人船俱危。经优婆塞众唱等鱼名念佛，令鱼王悔悟而闭口，海难即得幸免。故事见载南朝梁僧旻、宝唱等集《经律异相》卷四十三〈五百贾人值摩竭鱼称佛获免〉（《大正藏》第 53 册，p. 226）。

[42] 宝珠、珊瑚，属佛经所述七种珍宝。西晋法炬译《佛说恒水经》："一者白银、二者黄金、三者珊瑚、四者白珠、五者车磲、六者明月珠、七者摩尼珠，是为海中七宝"（《大正藏》第 1 册，p. 817）。三国魏康僧铠译《佛说无量寿经》卷上："其国土，七宝诸树周满世界：金树、银树、琉璃树、颇梨树、珊瑚树、玛瑙树、车磲树"（《大正藏》第 12 册，p. 270）。据宋法云编《翻译名义集》："佛教七宝凡有二种，一者七种珍宝，二者七种王宝"（《大正藏》第 54 册，p. 1105）。宝珠（摩尼珠）为七种珍宝之一，亦为转轮王七宝中之"珠宝"，见注 30、31。

第七壶门，处于中段的北向面，高 17.8 厘米、宽 32.4 厘米，绘火焰宝珠（珠宝、神珠宝、摩尼宝珠、摩尼宝、明珠宝）、珊瑚，盛于盘中，通高 13 厘米（包括承盘），与第五壶门基本相同。承盘横径 17.4 厘米，盘身略深，饰仰莲纹。绿色飘带于盘底两侧飘出，婉转上扬回卷（图 50；图版 I：24；图版 II：66-3）。

第八壶门，高 18.9 厘米、宽 39.4 厘米，绘击乐器拍板，横置于盘中，长 11.6 厘米。木质拍板，多片头端系绳串联，黑色线描，红色晕染。白描承盘，盘身略厚、略深，饰仰莲纹。绿色飘带于盘底两侧绕圈后飘出，婉转上扬回卷。壶门下部部分地仗剥落（图 50；图版 II：66-4）。

第九壶门，高 17.7 厘米、宽 38 厘米，绘金刚杵，横置盘中，长 23.2 厘米，两端分别绘出三股（钴），与第三壶门基本相同，通体绿色。承盘横径 21.5 厘米，低圈足，斜腹，白描半花纹。绿色飘带绕盘底向两侧飘出系结后向外飘出，在两侧婉转上扬，末端向下回卷，留白绘纵向条纹。壶门下部部分地仗剥落，南下角泥层剥落（图 50；图版 II：66-5）。

第十壶门，高 17.9 厘米、宽 42 厘米，绘莲花，与第六壶门大略相似。开敷莲花居中，绿色花芯，黑色五瓣，两侧各露出叠压在后面的三枚红色花瓣，合为横排三朵花，左右各一片三角形浅裂绿叶，上方二片卵形绿叶。白描莲花承盘较清晰，横径 18.9 厘米，盘身饰云头纹。绿色飘带于盘底两端系结后婉转上扬，至高处回卷，翻出粉青色里面。壶门下边残损，部分地仗脱落（图 50；图版 II：66-6）。

第十一壶门，高 17.3 厘米、宽 41.3 厘米，绘弦乐器古筝，略呈长方形，稍作曲面隆起。面板施黑色，筝的首、尾、侧板白色，长 21 厘米，横置盘上。白描盘身饰卷草纹，横径 18.5 厘米。绿色飘带缠绕于承盘底足两侧飘出婉转上扬，末端回卷。壶门下部散在多处小面积地仗剥落，中间和北上部受到泥水污染（图 50；图版 II：66-7）。

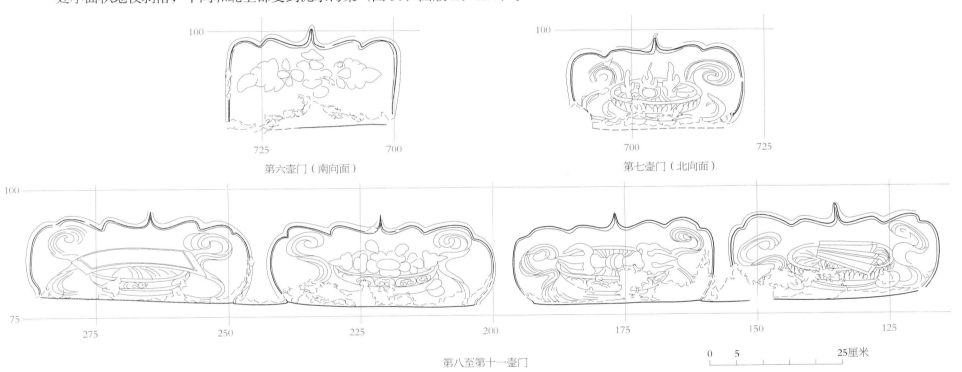

第六壶门（南向面）　　　第七壶门（北向面）

第八至第十一壶门

0　5　　　25厘米

图 50　第 256 窟主室佛坛西向面上层南起第六至第十一壶门

iii 上涩

与东向面、南向面上层坛上涩装饰基本相同，自下而上叠涩四层，通高 16 ～ 20 厘米，壁画部分残毁，以上枋较甚（图 51；图版 II：72-1）。

第一层，斜面，白色地上，仅南段绘土红色扇形花图案。每朵五至八瓣，披针形，先端朝上，宽 6.4 ～ 11.6 厘米，整体保存良好。

第二层，立面，单敷石绿色，仅北段北端横长 6 厘米残损外，保存良好。

第三层，斜面，浮塑彩绘莲瓣一排，大体保存完整，原共 36 瓣以及南北两端转角处各半瓣，现北端三瓣及转角处半瓣残毁，残存南段 16 瓣及南端转角处半瓣、中段南向面 3 瓣、中段北向面 3 瓣、北段 11 瓣。浮起的方形仰莲瓣外廓涂染红色，莲瓣宽 10 ～ 12.7 厘米；莲瓣基部红色、冠檐绿色，交替为基部黑色、冠檐粉青色，唯北段南起六瓣反之。南段基部内各绘一朵开敷的单瓣花，红黑色花芯、粉青色花瓣，花朵上方左右二片绿叶。北段红色基部内绘单瓣花，红黑色花芯、粉青色尖瓣，黑色基部内绘重瓣花，内重黑色四圆瓣、外重粉青色浅裂方瓣，花朵四角各绘一片绿叶。

第四层，立面，绘半花纹。大多残毁，上部尤甚，上缘尽皆破损。南段画迹片段残存，中段南向面受污染画面漫漶，中段北向面画迹和北段之北端 33 厘米以南残存横长 93 厘米画迹较为清晰。南段半花纹样为单瓣花，下花黑色花芯、绿色花瓣，上花红色花芯、粉青色花瓣。中段、北段半花纹样与东向面、南向面基本相同。黑色填地。

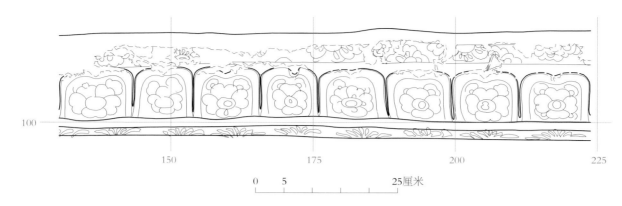

图 51　第 256 窟主室佛坛西向面上层上涩（部分）

（4）佛坛北向面

1）佛坛北向面下层（图版 I：25；图版 II：67-1）

ⅰ 基座

基座彩绘无存，仅见部分白色地仗。

ⅱ 束腰

束腰部浮塑 9 个壸门，塑成后彩绘，其绘制方法、装饰纹样、布局、敷色等与东向面、南向面、西向面下层坛基本相同。

壸门外上楣、两门间隔饰花卉图案，以十字花的半花纹样为主的装饰纹样，除西端第一、第二壸门之间上方重瓣花与南向面下层坛和西向面下层坛南段相同外，均与以云头形卷瓣为特征的西向面下层坛北段基本相同，包括左、右、下方锐角花形在内。楣上、门间点缀双瓣双叶小花，花瓣黑色基部，青色晕染白色冠檐。纹样外以黑色填地。下层坛西端、第一壸门西侧地仗剥落，各壸门间隔下端有不同程度的残损。

壸门外沿以白色勾边，内沿施以绿色。壸门内于白色地上各绘坐姿供养菩萨（天人）一身，与东向面、南向面、西向面下层坛略同，白描面庞、五官、发带、宝冠、项圈、钏环，冠两侧飘红色缯带，璎珞在腹前相交穿璧。斜披红色络腋，腰束黑色长裙以及帔巾两面，均以留白绘条纹。帔巾在头后横向呈环状，绕臂后飘出。莲座两圈之间大多作齿状留白以示莲瓣。唯东端第九壸门，纯以线描勾勒宝冠、缯带、项圈、饼形珠饰、臂钏绢帕等，不染红唇，赋彩简省，与众不同。自西至东依次叙述如下。

西起第一壸门，高 55.5 厘米、宽 64.5 厘米，供养菩萨残高 33 厘米（包括莲座），画面漫漶、剥落、残损严重。头部模糊不清，似戴宝冠，残存红唇及其下横向红色直线，似横笛之类，属管乐吹奏情况。左右臂钏明显所附红色绢帕上端向外侧倾及绿色三珠装饰。左胸下有绿色珠饰。右下见盘屈腿部黑色长裙画迹。绿色帔巾在头后横向呈环折回绕臂，右侧飘出，末端向上回卷，翻出石青色里面。壸门内自下而上高 17～43 厘米、宽 9～63.6 厘米严重斑驳（图 52；图版 II：67-2）。

第二壸门，高 54.3 厘米、宽 65.8 厘米，供养菩萨残高 43 厘米（包括莲座），稍侧向右，略朝向东。两臂屈起，右手于肩前持长柄香炉，左手抬至左胸前，模糊；双腿交胫盘坐，左腿在前。白描弯眉、眼、鼻、面庞尚清晰，红唇半启。绾高髻，宝冠饰饼形珠，红色缯带在冠两侧系花结，飘出婉转上扬，末端回卷。项圈于胸前缀三绿珠，臂钏所附绢帕上端向外侧倾，璎珞珠串在腹前交叉后垂置两股上。红色络腋自左肩而下覆左胸、腹际。黑色长裙留白绘条纹，裙缘曳地。绿色帔巾绕臂后飘出，婉转绕圈上扬回卷，翻出青色里面。右手中长柄香炉，以墨线勾绘，炉体作束腰仰覆莲，平底，斜腹外饰莲瓣纹，圆形炉盖饰弦纹，红黑色盖钮，长柄。莲座残存绿色外圈，其内白色，黑色点染作齿状。壸门下边高 3～13 厘米、宽 60 厘米和上部偏右纵长 22.7 厘米、宽约 2.3 厘米画面剥落（图

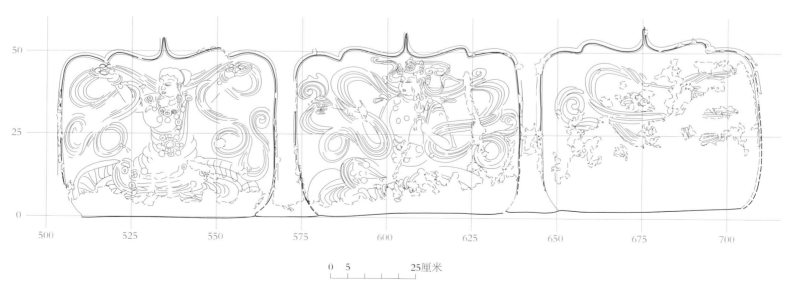

图 52　第 256 窟主室佛坛北向面下层西起第一、二、三壸门

52；图版 II：67-3）。

第三壶门，高 54.4 厘米、宽 62.9 厘米，供养菩萨残高 40 厘米（包括发髻、莲座），稍侧向右，略朝向东。双臂张开高举过头，两手仰掌各托举莲花一朵，盘腿而坐。白描眉、眼、鼻、耳，红唇鲜艳。绾高髻，饰耳环，项圈缀三饼形珠并四白色圆珠，腕钏各缀一珠。两肩挂璎珞在腹前相交穿莲花形璧，向下分开垂于两股，右膝上和左膝下均绘出珠串中的圆璧。红色络腋自左肩而下覆于左胸、腹际。黑色长裙留白绘条纹。绿色帔巾绕臂后向下绕圈婉转回卷，白色条纹，翻出青色里面。掌中开敷莲花皆黑色五瓣。莲座横径 54.6 厘米，两圈，内圈绿色、外圈黑色，两圈之间齿状留白，以示莲瓣。壶门下边高 4～9 厘米、宽 57 厘米地仗、泥层剥落，画面残毁（图 52；图版 II：68-1）。

第四壶门，高 53.4 厘米、宽 64.3 厘米，供养菩萨残高 43 厘米（包括莲座），稍侧向右，略朝向东，颔首。双臂屈起，两手合捧花束于胸前，交胫盘坐，左腿在前。白描额间白毫，长眉、眼、鼻、大耳，红唇漫漶。绾高髻，束带飘卷在后方，末段回卷；戴花鬘宝冠，红色缯带自冠两侧系结后婉转上扬飘出，末端回卷。饰耳环、项圈，腕钏各缀一珠，臂钏所附红色绢帕上端向外侧倾，璎珞在腹前相交穿璧，向下分开垂于两股，珠串中二圆璧置于右膝、左踝前。斜披红色络腋，覆左胸、腹际。黑色长裙白色条纹。绿色帔巾绕臂后飘出绕圈向外，末段回卷，白色条纹，石青色里面。手中花束见红黑色花瓣、绿色叶片。莲座横径 54.4 厘米，内外两圈，内圈呈灰色、外圈绿色。壶门下边高 4～8 厘米、宽 53 厘米画面剥落（图 53；图版 II：68-2）。

第五壶门，高 52 厘米、宽 64.9 厘米，供养菩萨残高 43 厘米（包括莲座），正面。右臂屈起外张，右手举至肩侧立掌托莲花一朵，左手置于胸前左侧，盘腿而坐。隐约可见眼、鼻、小嘴红唇。顶髻高耸，花鬘宝冠饰饼形珠。红色缯带自冠两侧系结后飘出绕转上扬，末端回卷。饰耳环，项圈缀莲花、绿珠，双环腕钏缀一绿珠，臂钏所附红色绢帕上端向外侧倾，璎珞自两肩而下在腹前相交穿璧，斜披红色络腋覆左胸、腹际。黑色长裙留白绘条纹施浅红色晕染。青色帔巾绕臂后飘出绕圈婉转而上，末端回卷，留白绘条纹。右掌中莲花残存黑色芯、瓣。莲座横径残存 44.6 厘米，两圈，外圈黑色，其内齿状留白染浅红色。壶门下边及下部西侧高 3～18 厘米、宽 57 厘米画面剥落（图 53；图版 II：68-3）。

第六壶门，高 51.6 厘米、宽 64.4 厘米，供养菩萨残高 39.5 厘米（包括莲座），稍侧向右，略朝向东，颔首。双臂屈肘，交胫盘坐，两手在腹前抚弦弹筝。白描曲眉长目、两眼下视，小嘴红唇。绾高髻，束带飘向后方回卷。头戴花鬘宝冠，红色缯带自冠两侧系结婉转飘出，在末端回卷。饰耳环，项圈缀绿色珠，腕钏双环，臂钏所附红色绢帕上端向外侧倾，璎珞在腹前穿璧。斜披红色络腋，着黑白条纹长裙。绿色帔巾绕臂后向外飘出，绕圈上扬回卷，翻出粉青色里面。身前古筝横置股上，长 39 厘米，面板黑色，筝尾白色。莲座横径 51.6 厘米，两圈，内圈白色、外圈绿色。壶门下部高 4～7 厘米、宽 50 厘米画面残毁（图 53；图版 II：68-4）。

第七壶门，高 53 厘米、宽 64 厘，供养菩萨高 39 厘米（包括莲座），稍侧向右，略朝向东，头微仰。双臂屈起张开，双手抬过两肩，

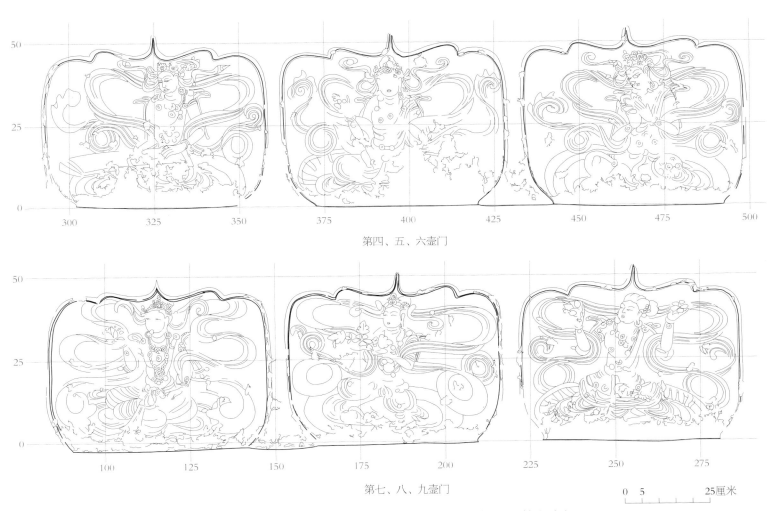

第四、五、六壶门

第七、八、九壶门

图 53　第 256 窟主室佛坛北向面下层西起第四至第九壶门

各仰掌托莲花一朵，盘腿而坐。白描额间白毫、长眉细目、鼻、耳、面庞，小嘴红唇，高髻后垂。耳环缀绿色珠。白描项圈缀饼形珠。双环腕钏缀绿色小珠。臂钏饰云纹，所附红色绢帕向外侧倾。璎珞在腹前相交穿璧后分开垂于两股，珠串中二圆璧置于膝上，再绕向身后。斜披红色络腋。黑白条纹长裙，绿色裙腰翻出，裙裾曳地。绿色帔巾白色条纹，绕臂后绕圈上扬回卷。手中莲花右手半开黑瓣三枚、左手开敷红瓣五枚。莲座横径 50.8 厘米，两圈，内圈绿色、外圈黑色，之间留白，齿状染浅红色。壶门下边高 4～9 厘米、宽 55 厘米画面剥落（图 53；图版 II：68-5）。

第八壶门，高 51.5 厘米、宽 62 厘米，供养菩萨高 43 厘米（包括莲座），稍侧向右，略朝向东。双臂屈起，双手于胸前奉花盘，交胫盘腿坐，左腿在前。白描眉、眼，染红唇。高髻后垂，戴花鬘宝冠，红色缯带于冠两侧系结向外飘出回卷。饰耳环，项圈缀珠，腕钏双环，臂钏附红色绢帕。璎珞相交于腹前穿圆璧。斜披红色络腋。黑色长裙绘灰色条纹，白色腰带于腹前系结垂于股间。绿色帔巾绕臂后飘出，绕圈向上再绕圈回卷。翻出白色条纹青色里面，胸前花盘盛莲花三朵，居中黑色五瓣，两侧叠压在后二朵各浅红色三瓣，左、右、上方浅裂三角形绿叶。莲座横径 46.8 厘米，两圈，内圈白色、外圈绿色。壶门下边部分残损，上部画面有点点洒落的墨迹（图 53；图版 II：68-6）。

第九壶门，高 49.4 厘米、宽 64 厘米，供养菩萨高 42.7 厘米（包括莲座），稍侧向右，略朝向东。右臂屈起，手托花蕾于面前，左臂稍屈，左手按于股上，交胫盘坐。面部斑驳、模糊，有眉、目、鼻、嘴、耳画迹可寻。全图以墨色线描为主，宝冠正、侧面堆叠饼形珠，白色缯带自冠两侧系结，婉转上扬，末端向下回卷。双耳饰环。项圈缀三饼形珠。腕钏双环缀绿色珠。云纹臂钏附绢帕上端折曲向外、下端缀三黑色珠。两肩垂下璎珞绿色珠串于腹前相交穿璧。斜披黑色络腋。黑色长裙晕染褶纹，翻出绿色裙腰，腰带打结垂在两腿间，裙裾曳地。绿色帔巾在头上呈环状，婉转而下绕臂，飘向两侧下方回卷，里面粉青色晕染。右手浅红色花蕾五瓣，黑色花萼约九片环绕。红色晕染肌肤、花蕾。莲座横径 48 厘米，两圈，内圈绿色、外圈黑色。壶门下边部分残损，西部画面有少数洒落黑色墨点（图 53；图版 II：68-7）。

iii 上涩

与南向面下层坛上涩装饰基本相同，自下而上叠涩四层，通高 15～18.7 厘米。每层残损程度不同，愈上残损愈重；自西至东，残损严重的三处分别横长 46～60 厘米、30～166 厘米、46～70 厘米，大体西半部更为严重（图 54；图版 II：73-2、3）。

第一层，斜面，白色地上绘土红色竖线纹；大体保存较好，仅西端横长约 8 厘米一段和相隔 12 厘米横长 55 厘米一段残毁。

第二层，立面，单敷石绿色；大部保存，仅西端横长 13 厘米、相隔 6.8 厘米横长 47 厘米和距东端 82 厘米横长 46 厘米三处残毁，另西部横长 129 厘米一段残损严重。

第三层，斜面，白色地上土红色线描涡卷纹，正、逆旋交替二方连续；残损过半，残存距西端约 12 厘米横长 9 厘米和相隔 6.8 厘米横长 56 厘米、东端横长 80.5 厘米和相隔 50 厘米横长 220 厘米画迹。

第四层，立面，绘半花纹，土红色线勾形，纹样与东向面、南向面、西向面下层坛上枋相同，黑色填地。大部残毁，残存距西端 9.6 厘米横长 14.5 厘米和相隔 56.8 厘米横长 51 厘米、东端横长 67 厘米和相隔 68 厘米横长 212 厘米画迹。

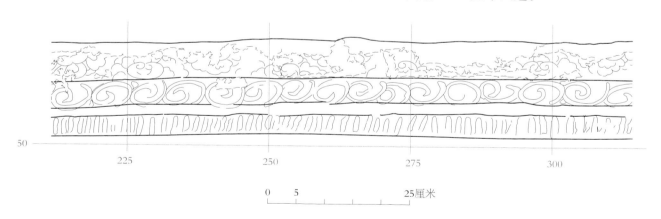

图 54　第 256 窟主室佛坛北向面下层上涩（部分）

1）佛坛北向面上层（图版 I：25；图版 II：67-1）

i 基座

基座浮塑覆莲瓣并施彩绘，画面磨损脱落，模糊不清，仅见黑、白、红、绿诸色画迹（图版 II：72-3）。

ii 束腰

束腰部浮塑 16 个壶门，壶门塑成后彩绘，基本保存完整，部分画面模糊不清或颜色褪变。壶门外，上楣和两门间隔以十字花的半花纹样为主的装饰纹样，中央的重瓣花与南向面上层坛西部的纹样相同；左、右、下方锐角花形绿色花萼、浅红色花瓣、绿色披针形叶。

空间黑色填地。

壸门外沿以白色勾边，内沿施以绿色。壸门内于白色地上分别绘宝珠、乐器、佛具等内容，保存基本完整。自西至东依次叙述如下。

西起第一壸门，高 17.6 厘米、宽 32 厘米，绘莲花，通高 12.7 厘米（包括承盘）。莲花半开，红蕊、白瓣；左右二朵莲蕾，黑瓣、白色开裂；浅绿色茎，上下左右六片浅裂绿叶。白描束腰高足承盘，横径 14 厘米，覆莲纹盘底，弦纹束腰部，云头纹浅腹，圆唇。绿色飘带在器足打结向两侧飘出，婉转上扬至高处回卷，翻出白色条纹青色里面。壸门下边稍有裂纹、剥落（图 55；图版 II：69-1）。

第二壸门，高 18.7 厘米、宽 32.4 厘米，绘火焰宝珠（珠宝、神珠宝、摩尼宝珠、摩尼宝、明珠宝）、珊瑚，盛于盘中，通高 14.2 厘米（包括承盘）。并排三颗绿色宝珠、红色火焰。两株树状黑色珊瑚竖立其间，分枝二叉或三叉。白描束腰高足承盘，敞口，横径 16 厘米，覆莲纹盘底，腰部饰饼形宝珠纹样，仰莲纹浅腹。绿色飘带于盘底两侧打结飘出，绕圈上扬回卷。壸门下边部分剥落（图 55；图版 II：69-1）。

第三壸门，高 19.8 厘米、宽 31.5 厘米，绘弦乐器古筝，通高 12.5 厘米（包括承盘）。古筝略呈长方形，稍作曲面隆起，面板施黑色，筝首、侧板白色，长 23.6 厘米，横置盘上。白描束腰圈足承盘，覆莲纹盘底，深斜腹饰饼形宝珠纹、竖线纹，横径 27.2 厘米。绿色飘带于盘底打结，婉转回卷。壸门下边部分剥落（图 55；图版 II：69-2）。

第四壸门，高 20.5 厘米、宽 32 厘米，绘琵琶，梨形，侧倾向西横置，长 25 厘米。腹部面板黑色，下段覆手（搏弦）呈浅红色，中段敷绿色，上段品位二道与颈部施白色。腹部侧边露出背板呈红色。头部山口、弦轴、琴头均施红色。颈部白色，绿色飘带于琵琶细窄处系花结分开。飘带饰白色条纹，一端婉转飘在琴身上方，至壸门东上方回卷；另一端在下方绕圈至壸门西下角回卷，翻出青色里面。壸门下边部分剥落（图 55；图版 II：69-2）。

第五壸门，高 20 厘米、宽 30 厘米，绘曲柄香炉（柄香炉）[43]，高约 11.6 厘米、横径 14.5 厘米、通长 27 厘米（包括炉柄）。白描香炉，矮圈足，直腹，饰弦纹、仰覆莲纹，炉盖下部浅坡面饰竖线纹、覆莲纹，上部圆丘素面，顶饰红色宝珠纽。炉壁一侧接曲柄，柄方棱偏平，上面饰花叶图案，呈三段阶形折曲，后端短尾折向下再折向后。绿色飘带于柄上系花结，分别向左右上方飘起回卷或绕圈飘起回卷，翻出青色里面，两端垂于柄下（图 55；图版 II：69-3）。

第六壸门，高 21.3 厘米、宽 30 厘米，绘海螺（螺贝、法螺）[44]，残高 12 厘米，画面褪色，模糊。居中红色晕染绘海螺，竖立，略呈梭形，勾染圈圈螺纹。绿色飘带环过螺身，在两侧系花结，飘出绕圈，向内、向下回卷，留白绘条纹，翻出粉青色里面。壸门下边有小片剥落（图 55；图版 II：69-3）。

第七壸门，高 18.7 厘米、宽 30.7 厘米，绘宝盒（主藏宝、主藏臣宝、藏臣宝、典藏宝、典藏臣宝、居士宝、长者宝），通高 12.5 厘米（包

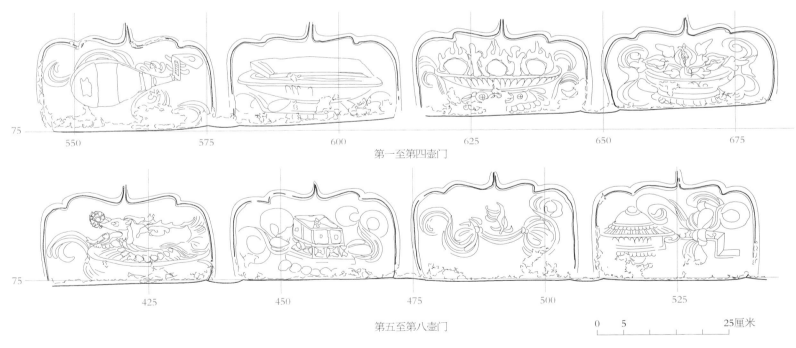

75

550　575　600　625　650　675

第一至第四壸门

75

425　450　475　500　525

第五至第八壸门

0　5　25厘米

图 55　第 256 窟主室佛坛北向面上层西起第一至第八壸门

[43]　香炉，用于烧香供佛前，若持手中则谓柄香炉，僧人常持十八物之一，即所谓头陀十八物，又与花瓶、灯台共为佛前三具足。新罗义寂《菩萨戒本疏》卷下：“十八物者，三衣为三，四瓶，五钵，六坐具，七锡杖，八香炉，九漉水囊，十手巾，十一刀子，十二火燧，十三镊子，十四绳床，十五经，十六律，十七佛像，十八菩萨形。前十四资身道具，后四出世胜轨，故制令常随不得离也”（《大正藏》第40册，p. 682）。

[44]　螺贝，偶见于佛经所述五宝。唐输波迦罗译《苏悉地羯啰经》卷中：“五宝，谓金、银、真珠、螺贝、赤珠”（《大正藏》第18册，p. 622）又，梭尾海螺可吹奏发声，传诸遥远，若佛说大法，故亦称法螺。隋阇那崛多译《佛本行集经》卷八：“击无量鼓，大鼓小鼓，复吹无量无边螺贝。诸如是等无量无边种种异类，杂妙音声，娱乐菩萨”（《大正藏》第3册，p. 691）。鸠摩罗什译《妙法莲华经》卷一：“今佛世尊欲说大法，雨大法雨，吹大法螺，击大法鼓，演大法义”（《大正藏》第7册，p. 3）。

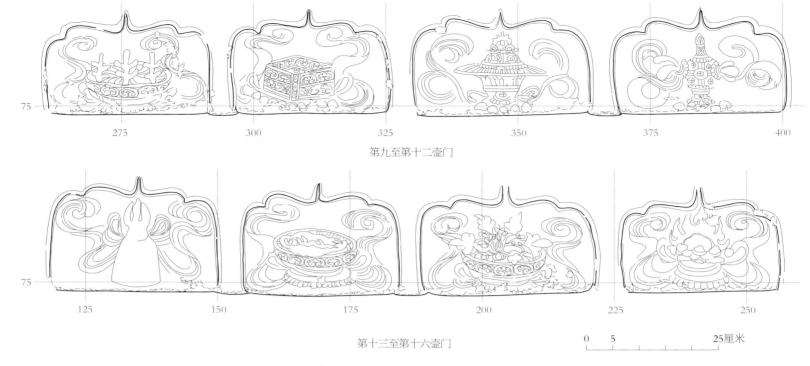

第九至第十二壶门

第十三至第十六壶门

0   5   25厘米

图 56   第 256 窟主室佛坛北向面上层西起第九至第十六壶门

括莲座），方形，半侧向右（东），俯视角度。宝盒下莲花基座，黑色覆莲座基，座身饰红、黑、绿、土四色方胜纹。盒身每面平分二方格，分别敷黑色、白色或红色、绿色，格中央各一圆点留白。盒盖平顶饰黑、红、白、青四色方胜纹，中央白色火焰宝珠盖纽。绿色飘带在座身两侧打结飘出绕圈上扬回卷，翻出青白二色条纹里面。壶门下边略有裂纹（图 55；图版 II：69-4、75-3）。

第八壶门，高 19 厘米、宽 31.8 厘米，绘摩羯鱼，头东尾西，置于盘中，通高 13.6 厘米（包括承盘）、长 23 厘米。龙首鱼身，赤目隆鼻，血口长舌，鼻头须毛如团花，犄角红黑色，通体粉青色，背鳍红色，胁生黑色翅翼，腹鳍、臀鳍、尾鳍皆白色线描。白描承盘横径 23 厘米，浅腹，饰莲花纹。盘底绿色飘带从两侧飘出，东端婉转上扬回卷，翻出粉青色、白色条纹里面。壶门下边少许剥落，致承盘底部画面残缺（图 55；图版 II：69-4、75-3）。

第九壶门，高 20 厘米、宽 32.6 厘米，绘净瓶（军持）[45]，通高 15.9 厘米（包括莲座）。瓶下覆莲座横径 11 厘米，莲瓣红黑色。墨线白描器物，瓶底仰覆莲束腰高圈足，球腹表面作玉带十字形穿璧，界隔为田字形四格，玉璧及每格之中饰饼形珠，细颈饰方胜纹，下端饰覆莲纹，上端瓶塞作三瓣莲蕾形。球腹两侧各一宝装覆莲纽环，绿色飘带由此系花结飘出，绕圈上扬回卷，白色条纹，翻出青色里面（图 56；图版 II：69-5）。

第十壶门，高 20.2 厘米、宽 33.5 厘米，绘香炉，通高 15.9 厘米（包括莲座），居中。炉下覆莲座横径 10.9 厘米，莲瓣黑色。墨线白描香炉，高圈足饰覆莲纹，束腰部饰圆饼形珠，器身平底，斜腹饰弦纹、仰莲纹，侈口。炉盖外周浅坡面饰竖线纹，中央圆丘顶下边饰覆莲纹、圆丘面分二格饰凹窝纹，丘顶仰覆莲花火焰宝珠盖纽，绿色宝珠、红色火焰。绿色飘带从炉底两侧系结飘出，绕圈上扬回卷（图 56；图版 II：69-5）。

第十一壶门，高 20.3 厘米、宽 29.7 厘米，绘奁箱（香奁、香匣、香盒、香函、宝箱）[46]，通高 11 厘米（包括莲座）。方形箱体，半侧向右（东），俯视角度。莲花座横径 16.8 厘米，红黑色莲瓣。白描箱体二层，满饰花纹，下层卷云纹、上层云头纹，四角纵向方棱饰联珠纹。敞口，可见内部上层四面卷云纹、底面莲花纹。绿色飘带自两侧底部打结飘出，绕圈上扬、婉转、回卷。壶门下边稍有剥落（图 56；图版 II：69-8）。

第十二壶门，高 19.9 厘米、宽 31 厘米，绘珊瑚，盛于盘中，通高 12.8 厘米（包括承盘）。三株树状黑珊瑚并排竖立盘中，红黑色，上下对生分枝，中间一株稍大。白描承盘，深腹，横径 16.5 厘米，覆莲纹足底。圆腹饰云头纹，内底饰旋辐纹。绿色飘带绕圈足束腰飘出婉转上扬。向内回卷，白色条纹，翻出青色里面。壶门下边和西侧少许剥落（图 56；图版 II：69-6）。

第十三壶门，高 20.2 厘米、宽 29.8 厘米，绘火焰宝珠（珠宝、神珠宝、摩尼宝珠、摩尼宝、明珠宝），下有束腰莲座，通高 16 厘米（包括承盘），居中。白描莲座下枭覆莲瓣纹，莲座上枭大朵仰覆莲花承载火焰宝珠，黑色莲瓣，绿色宝珠，红色火焰。绿色飘带绕莲座束腰在两侧系花结飘出，自下而上婉转上扬回卷，翻出白色条纹粉青色里面（图 56；图版 II：69-7）。

---

[45]　净瓶，音译军持，贮净水以便携带，为大乘僧人常持十八物之一，参见注43。艺术形象中梵天、观音手中多持此物。

[46]　奁，盛香之器，头陀十八物之一。鸠摩罗什译《梵网经》卷下："常用杨枝、澡豆、三衣、瓶、钵、坐具、锡杖、香炉、漉水囊、手巾、刀子、火燧、镊子、绳床、经律、佛像、菩萨形像。而菩萨行头陀时及游方时。行来百里千里。此十八种物常随其身"（《大正藏》第24册，p.1008）。其中仅列十七种物，独缺奁。补全者如明元贤《律学发轫》卷上："菩萨随身十八种物，杨枝、澡豆、三衣、瓶、钵、坐具、锡杖、香炉、奁、漉水囊、手巾、刀子、火燧、镊子、绳床、经律、佛像、菩萨像"（《大正藏》第60册，p.560）。

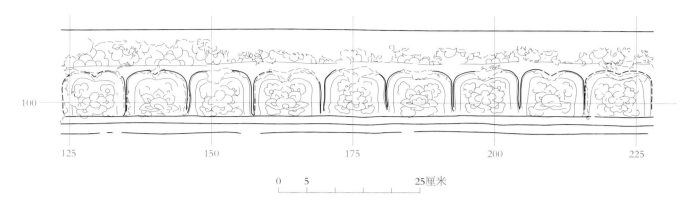

图 57　第 256 窟主室佛坛北向面上层上涩（部分）

第十四壶门，高 21.3 厘米、宽 33 厘米，绘莲花，通高 15.5 厘米（包括承盘）。盘中立体俯视效果半开莲花，白蕊，浅红色染蕊头，红黑色莲瓣，周围六片绿叶，大片叶浅裂三角形。白描承盘横径 16 厘米，束腰高足，覆莲足底，深腹，腹壁饰云头纹，盘口圆唇。绿色飘带绕器足束腰在两侧系花结，婉转上扬至高端回卷，翻出粉青色里面、白色条纹。壶门下边稍有裂纹、剥落（图 56；图版 II：69-7）。

第十五壶门，高 22 厘米、宽 29.4 厘米，绘海贝（砗磲），通高 11.7 厘米（包括承盘）。线描梭形海贝横置盘中，长 12.8 厘米，黑红二色染贝壳开口及壳面纹理。白描承盘横径 15.9 厘米，束腰高足，足底饰覆莲瓣，深腹，腹壁饰云头纹，盘口圆唇。绿色飘带绕器足束腰在两侧系花结飘出，婉转上扬至高端回卷，翻出粉青色里面，白色条纹（图 56；图版 II：69-8）。

第十六壶门，高 22.2 厘米、宽 31.5 厘米，绘金刚铃，高 17.4 厘米，钟形，圆口朝下置，横径 9.2 厘米。上部柄端作金刚杵形，绘出三股（钴），通体绿色。绿色飘带于柄下系花结向外飘出，婉转由下而上，至壶门东西两上角回卷，翻出青色里面、白色条纹（图 56；图版 II：69-8）。

iii 上涩

与南向面、西向面上层坛基本相同，叠涩四层，通高 16 ～ 20 厘米，壁画部分残毁，以上枋较甚（图 57；图版 II：72-2、73-5）。

第一层，斜面，白色地上仅东端绘二朵土红色扇形花图案，其中一朵披针形九瓣，宽 9.8 厘米，另一朵残存四瓣。

第二层，立面，单敷石绿色，仅西端横长 4 厘米残毁。

第三层，斜面，浮塑彩绘莲瓣一排，共 48 瓣，包括东西两端转角处各一半瓣，其中四瓣和西端转角处半瓣残毁。浮起的方形仰莲瓣外廓涂染红色，莲瓣宽 11.2 ～ 14.5 厘米；莲瓣基部交替为红色和黑色，冠檐交替为绿色和青色。红色基部内一朵开敷的单瓣花，红黑色花芯，花冠尖瓣。黑色基部内一朵复瓣花，内重红黑色四圆瓣，外重三裂方瓣。单瓣和复瓣的外重瓣均粉青色晕染白色花瓣，花朵外围绿叶四片。凡此二方连续排列。莲瓣上方白色地上，仅东端绘二朵扇形花图案，其中一朵披针形六瓣，宽 9.7 厘米，另一朵残存五瓣。

第四层，立面，绘半花纹，大多残毁，上部尤甚，上枋上缘尽皆破损，残存距西端 18.6 厘米以东横长 151.8 厘米，又隔 45.5 厘米以东横长 149.5 厘米和距东端 5.5 厘米以西横长 21 厘米，以及少许零星画迹。半花纹样与上层坛东向面、南向面和西向面北段上枋相同，土红色线勾形，瓣分二重，内重黑色三瓣，外重交替为石绿色瓣和粉青色瓣，绿色在下、粉青色在上，黑色填地。

3. 西壁

西壁壁画，上下左右四边、上部、下部及北部，起甲酥碱，严重剥蚀、褪色、漫漶，画面亦模糊不清，甚者泥层地仗脱落，露出崖体。据窟室现存迹象判断，西壁壁画内容当与南壁、北壁、东壁壁画基本相同并相互衔接。画面分上下两段布局，下段画壶门供宝，上段绘莲池千佛（图版 I：26；图版 II：81、82）。

（1）下段

下段壁画残高约 50 厘米，绘壶门供宝。画面严重漫漶，模糊不清，剥落殆尽，仅见少许画痕。

（2）上段

上段壁画残高约 430 厘米，绘制千佛。损毁严重，画面模糊，仅见画痕，隐约可见上下 9 排千佛，第一排至第九排分别残存 10 身、12 身、22 身、27 身、27 身、28 身、25 身、23 身、15 身，西壁现存千佛共计 189 身。上起第一排千佛仅见身下莲座的画迹，其余各排千佛皆不同程度地残毁，残存华盖、头光、身光、莲座等画迹，均甚模糊。壁画颜色大多剥蚀褪变，人物形象难以辨识。

4. 北壁

北壁壁画除西上角脱落、西下角剥蚀严重，以及沿东西两边和下边部分画面剥落、模糊不清之外，其余保存基本尚好（图版 I：

27；图版 II：83、84）。

（1）下段

下段高 71 ～ 73.6 厘米，共绘 18 个壶门，现残存 16 个。其中西端二壶门全毁。壶门高 42 ～ 50 厘米、宽 58.5 ～ 63.6 厘米。壶门内均绘莲花火焰宝珠，火焰红色，隐约可见绿色宝珠和下方的红色莲瓣，两侧绿色飘带婉转上扬回卷。壶门大多褪色，漫漶磨蚀，模糊不清，下部近地面处损毁尤甚。

壶门外，上楣和两门间隔均饰以花卉图案。其中主要纹样位于两门之间的上方，绘半十字花；中央一朵重瓣莲花，半花绘出内重三枚（黑色）圆瓣、外重三枚三裂瓣；下方三枚萼片、二枚翼瓣、一枚旗瓣组成锐角花形，另有同式反向锐角花形于其下与之对称；左方、右方半花均为三裂瓣，较为圆润，不成锐角形。壶门上楣绘数朵单瓣半花，先端朝上或朝下，交替排列。纹样皆以土红色线白描，褪色严重，仅存部分花瓣基部黑色点染，纹样外以黑色填地。

壶门图上边为一道通壁宽横向的半花纹边饰，高约 7.2 厘米，与壶门上方的半十字花浑然一体，没有明显的界线。边饰半花先端上下交错，均为重瓣莲花，土红色线描，内重三枚圆瓣，外重三枚三裂瓣；上花内重瓣黑色、外重瓣基部粉青色，下花内重瓣浅红色、外重瓣绿色，纹样外以黑色填地。边饰上边一道绿色边线，宽 6.3 ～ 6.5 厘米、横向残长 1073.4 厘米。

绿色边线之上与上段莲池边栏之间，相隔一道横向方胜纹边饰，高 8 ～ 8.5 厘米，西端磨蚀损毁，残长 1033.5 厘米。方胜纹边饰，上下以土红色线描边，线内排列斜角平行四边形方格，两侧斜角倾角约 57 度，格内对角图案，中央聚焦于一圆心，黑色对角与白色对角横竖交替，二方连续，为壁画下段与上段的分界（图版 II：86）。

（2）上段

上段高 474.6 ～ 486.4 厘米，绘莲池千佛。画面的下边，紧接下段方胜纹边饰，绘横向连绵的立体方砖纹样，为莲池下方的边沿，高 10 ～ 12 厘米、残长 1015 厘米；方砖绘出上面与向外的立面，具立体感；砖块略有间隔，上面和立面敷色依次为黑/白、白/黑、浅红/绿、绿/浅红，连续组合。其中部分黑色显示为黑灰二色的条纹。

绿色莲池内绘千佛，上下 9 排；上起第一、二排每排 32 身，第三至第九排每排 33 身，共计 295 身。其中第一、二排东端一身千佛的位置填绘莲蕾。除西上角、西下角和东端部分壁画褪色、漫漶，地仗、泥层脱落之外，其余各排千佛保存程度不同。上起第一排残存 25 身，第二排残存 28 身，第三排残存 33 身，第四、五、六排各残存 32 身，第七、八排各残存 30 身，第九排残存 29 身，北壁现存千佛共 271 身（图版 II：85、87-1）。

千佛上下左右对齐，左右成排，上下成列，无界线间隔，在白色地上以土红色线描起稿、勾勒，黑、绿、青、红色勾、染，绿色填地。

千佛通高 46 ～ 56 厘米（包括华盖、头光、莲座），佛坐高 24 ～ 28 厘米、两膝间距 19 ～ 22 厘米，正面，结跏趺坐，双脚外露，脚掌向上。青色佛发，肌肤经红色晕染，变色后呈灰褐色，五官大多模糊不清，颈部二道弧线。黑色袈裟敷搭左肩、半披右肩，右胁下翻出绿缘粉青色里面，横绕胸腹敷搭左肘，其上端凭借钩纽斜挂左肩前。

圆形头光横径 15 ～ 18 厘米、身光横径 25 ～ 28 厘米，均绘莲花图案，二圈，内圈莲房绿色，土红、黑色周缘，外圈饰莲瓣纹，分别为格状方瓣或三角形尖瓣。格状方瓣，粉青、绿色相间；尖瓣粉青色，叠压外层绿色圆瓣；花瓣基部以黑色点染。身光上部与头光相接，头光高出身光 6 ～ 8.5 厘米。仔细观察壁画千佛的头光和身光，可见上下两个圆形轮廓的中央皆有窝状圆点的圆心，疑似都使用了"绳规"之类的画具。

千佛莲座为开敷重瓣莲花，土红色线勾勒，横径 28 ～ 34 厘米。莲房绿色，莲瓣黑色或白色，黑色莲瓣边缘留白，莲花蒂下连茎，并于莲座、头光、身光两侧蔓生小花、苞蕾和绿叶，填补两身千佛之间的空隙。黑、白莲座，二色交替，相间排列。

鉴于印相和光背纹饰的不同，壁画千佛可分二式：坐佛双手于腹前相叠，右手在里，左手在外，拇指相触，结禅定印，头光外圈饰格状方瓣，身光外圈饰三角形尖瓣，简称 I 式；坐佛双手于胸前，右手在上扬掌、左手在下仰掌，结说法印，头光外圈饰三角形尖瓣，身光外圈饰格状方瓣，简称 II 式。千佛二身成组，每身各取一式，上下左右相间排列。由此，同式的千佛在壁面上形成道道斜线。大体而言，I 式千佛坐黑色莲座、II 式千佛坐白色莲座；而在北壁西上部，情况有所不同，I 式千佛坐白色莲座、II 式千佛坐黑色莲座。

千佛图大体格式规整，但绘制中亦难免失规、变通之处。千佛排列上的变异，如上起第一排西起第 22、23 身均为 II 式，第二排第 22、23 身均为 I 式，第三排第 10、11 身均为 II 式，第四排第 10、11 身和第 17、18 身均为 I 式。在莲座的排列上，如第三排第 14、15 身和第 17、18 身以及第七排第 22、23、24 身，坐下均为黑色莲座。全图中部以东保存较好，西部渐差，西端 10 列画迹模糊以至完全漫漶、剥落，残损之外绘制亦较简率。东部多以黑色勾染千佛头光、身光轮廓，令形象个体鲜明。

千佛上方华盖，高 12 ～ 22 厘米（包括顶饰、垂饰），横径 31 ～ 36 厘米。盖顶中央圆丘状，丘状顶饰珠；在第一排千佛华盖丘顶珠饰之上，还有一颗火焰宝珠，绿色三珠、黑色火焰。盖沿似八边形，绘出三折，折角各饰一火焰宝珠，绿色珠、白色火焰，下挂宝装

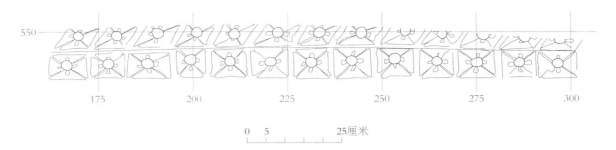

图 58　第 256 窟主室北壁上端与窟顶北披下边的方胜纹边饰（部分）

缨络，黑、白、绿色花穗珠饰；折角间各饰一黑色珠，相邻两折角共以珠串悬系一饰珠圆璧，盖沿两端挂铃铎。盖沿下边黑色帐楣，中间青色帷幔，两侧白色垂角、黑色（浅红色）帷幔。华盖后菩提双树，树干白色，树冠绿色、呈横椭圆形状，画面上大多与莲池的绿色混合。明显的画迹如千佛第三排第 4 ～ 13 身、第四排和第五排第 1 ～ 12 身、第六排第 2 ～ 4 身，在绿色填地时留出了树冠的轮廓；第一排第 21 ～ 32 身千佛的双树，则加重勾染了树冠的形状。

池中绿水下透出莲花土红色茎蔓，在最下排（第九排）千佛莲座间交缠互连，各列间上下衔接，于各千佛两侧旁出，一花一蕾，花朵五瓣半开，莲蕾二裂或三裂，花上蕾下，黑白二色相间配置，花朵先端分别朝向左侧或右侧，少数朝上，花蕾则一律朝上。花上方左右双树下各绘一片小叶或绿或白。第一排第 12 ～ 14 身和第 15、16 身，第二排第 12 ～ 14 身和第 15、16 身以及第 27 ～ 32 身，第三排第 13、14 身和第 27 ～ 33 身，第四排第 27、28 身和第 30、31 身，第五排第 27、28 身和第 30、31 身，以上相邻千佛之间只有一花或一蕾。也有一些千佛之间花、蕾皆白色，如第九排第 15 ～ 18 身等。第一排千佛华盖之间上方各绘一较大朵的半开五瓣花，多数白色，少数黑色，贴近上方边饰，第 23 列以东均朝向西，以西现存部分朝向东。

千佛图的上边石绿地色之上，留白约 1 厘米，绘方胜纹边饰，高 7 ～ 9 厘米、残长 530 厘米，以土红色横线为上下边，矩形格内对角图案，中央聚焦于一圆心，黑色对角与绿色对角横竖交替，二方连续，正当壁面上端与窟顶披面的分界。矩形方胜纹边饰与上边相隔土红色横线另一道斜角平行四边形方胜纹形成立体效果，与千佛图下边的立体方砖纹样同为莲池的边栏，框定了莲池的上、下边。斜角平行四边形方胜纹大体绘于窟顶北披的下边。由于结构上壁面与顶披的转折不甚规整，矩形方胜纹边饰部分延伸至窟顶北披下缘（图 58）。

5. 南壁

南壁壁画内容与北壁基本相同，壁面中部以西壁画大多漫漶，至西端几无画迹，西边和下边东西两端地仗剥落，西部顶端部分泥层脱落露出砾石层，其余壁画大体保存（图版 I：28；图版 II：88、89）。

（1）下段

下段高 71 ～ 76 厘米，共绘 21 个壶门，现残存 19 个。壶门高 43 ～ 50 厘米，宽 50 ～ 52 厘米。其中东起第一至第三壶门磨损，第十七至第十九壶门漫漶，其它壶门下部近地面处大多残损。壶门绿色线描边框，内绘火焰宝珠，较北壁保存稍好，清晰可见者，宝珠为绿色三珠，红色勾染焰苗，下有覆莲座，红色花瓣。绿色飘带于莲座两侧系结后飘出，婉转上扬回卷（图 59）。

壶门外，两门间隔上方绘半十字花，中央重瓣莲花内重圆瓣，基部呈红色，外重三枚三裂瓣；下方锐角花形白描萼片、翼瓣，三裂旗瓣染绿色，其下方同式反向纹样。左方、右方三裂锐角花瓣染绿色，较圆润。壶门上楣尖拱两侧各二朵单瓣半花，居中二朵白色朝下、两侧二朵绿色朝上。紧接上述纹样之上，为一道通壁宽横向的半花纹边饰，高 5.5 ～ 7.2 厘米，与壶门上方半十字花纹样浑然一体，没

图 59　第 256 窟主室南壁下段壶门（部分）

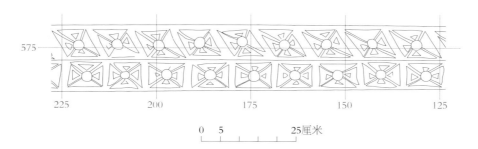

图60　第256窟主室南壁上端与窟顶南披下边的方胜纹边饰（部分）

有明显的界线。边饰纹样为重瓣莲花的半花，上花内重圆瓣、外重三裂瓣，基部呈红色；下花内重三圆瓣、外重三枚绿色三裂瓣。纹样外以黑色填地。边饰上边一道绿色边线，宽2.7～4厘米、横向残长1042.7厘米。

绿色边线之上与上段莲池边栏之间隔一道方胜纹边饰，宽8.5～10厘米，西端残毁，残长1041厘米。边饰上下以土红色线描边，平行四边形方格斜边倾角约57度，格内上下、左右绿色与黑色对角横竖交替，二方连续，为壁画下段与上段的分界，但已大部褪色、磨损，漫漶不清，仅断续可见黑色、绿色画迹（图60；图版II：91）。

（2）上段

上段高475～483厘米，绘莲池千佛。画面下边紧接下段方胜纹边饰绘立体方砖，横向排列，略有间隔，为莲池下方的边沿，高8～10厘米、残长1036厘米。方砖上面和立面敷色依次为粉青／黑、黑／粉青、绿／浅红、浅红／绿，连续组合。其中黑色大多为黑灰二色的条纹。

绿色莲池内绘千佛，上下9排，东西33列，其中上起第一、二排每排32身，南壁千佛与北壁相同，共计295身。现状上起第一排残存27身，第六排残存33身，第二、三、四、五、七、八排各残存32身，第九排残存31身，南壁现存千佛共283身（图版II：90、92～94）。

千佛排列和描绘与北壁基本相同，保存略好，中部以西褪色渐甚。千佛绘制比北壁更规整，通高47～51厘米（包括华盖、头光、莲座），佛结跏趺坐，正面，高25～29厘米，两膝间距20～22厘米。黑色袈裟敷搭左肩、半披右肩，粉青色里面敷搭左肘、斜挂左肩。左肩前钩纽的描绘在南壁更为清晰；纽环上的柄端由后背而来的绦带系结，沥粉堆金的技法突显金属的质感。使用沥粉堆金的部位见存者无几，尚零星见于头光周缘和华盖的伞沿和珠饰。千佛圆形头光横径15～18厘米、身光横径33～36厘米、莲座横径31～34厘米，华盖高13～16厘米、横径33～36厘米。华盖伞沿之下两侧的帷幔浅灰色、鲜红色或白色。上起第二排第4身千佛，身着袈裟及华盖伞沿下两侧帷幔敷以鲜艳的红色，全壁仅此一例。

印相、光背搭配的二式：I式佛，结禅定印，格状方瓣莲花头光、三角形尖瓣莲花身光，坐白色莲座；II式佛，结说法印，三角形尖瓣莲花头光、格状方瓣莲花身光，坐黑色莲座。仅第四排第2身禅定佛身下莲座违例涂成黑色；另，第八排第23、24两身均为说法佛（II式），但并未影响周围千佛的排序。千佛身侧的一花一蕾，绘制相对自由，居上的半开五瓣花中，间有三瓣、六瓣；居下的莲蕾，二裂或三裂，超过三分之一被省略，另有接近三分之一位置下降至相邻莲座之间的下方；花朵和苞蕾的朝向也有更多的变化。

各列千佛坐下莲花，以土红色线描茎蔓上下相连，且旁出分枝，婉转盘绕，末端生出花朵与苞蕾，点缀在千佛之间。茎蔓多隐在池水绿色涂敷之下，其中还有横向的水波纹，如东侧上端所见。

千佛图上方稍留白边，绘方胜纹边饰，高8～10厘米、残长812厘米，以土红色横线为上下边，矩形格内黑色对角与绿色、粉青色对角横竖交替，中央聚焦于土色圆心。作为壁面上端与窟顶披面的分界，矩形方胜纹纹样紧贴窟顶南披下边斜角平行四边形方胜纹，合成立体效果的莲池边栏。

6. 东壁

东壁壁画在四壁中保存较好，内容也较丰富，仍然分上下两段布局；下段画壸门供宝，上段绘莲池千佛，因中间辟门经甬道通往前室，将大部分壁面一分为二，北侧、南侧两相对称；门南侧、门北侧各占据壁面下段、上段部分幅面绘供养人画像，门上方、莲池千佛中间作经变构图（图版I：29；图版II：96～98）。

（1）下段

1）东壁北侧下段

东壁北侧下段高69.4～72.6厘米、宽242～245厘米，绘4个壸门。壸门高40～45厘米、宽51～58厘米，北端接北壁东端下段，南端接窟室门北侧供养人画像北侧边框之纵向饰带，褪色，下部益甚。纹样、敷色与北壁、南壁下段壸门基本相同，可见褪色后红色火焰、莲瓣及绿色飘带浅淡画迹。

壸门外，上楣和两门间隔花卉纹样与北壁、南壁基本相同，半十字花图案与之上一道高约7.1厘米的横向半花纹边饰浑然一体，没

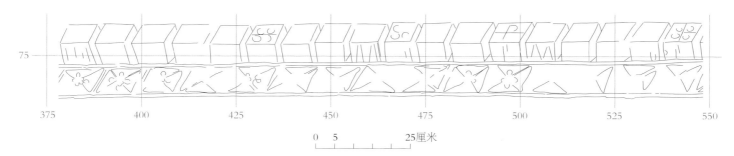

图 61　第 256 窟主室东壁南侧下段方胜纹与上段莲池下边立体方砖（部分）

有明显的界线，黑色填地。半花纹边饰高约 7.2 厘米，上花内重黑色圆瓣、外重白色三裂瓣；下花内重白色圆瓣、外重粉青色三裂瓣。边饰上边一道绿色边线，宽 1.6～2.3 厘米、横长 242 厘米。

绿色边线之上与上段莲池间隔一道横向方胜纹边饰，高 9～10 厘米、横长 241.8 厘米，上下以土红色线描边，平行四边形斜格内可见黑色对角，另一对角泛白色，横竖交替，二方连续，为壁画下段与上段的分界，其北段保存较好，南段模糊（图版 II：99-1）。

2）东壁南侧下段

东壁南侧下段高 60～70 厘米、宽 235～237 厘米，绘 4 个壶门。壶门高 40～42 厘米、宽 50～51 厘米，南端接南壁东端下段，北端接窟室门南侧供养人画像南侧边框之纵向饰带。下部褪色，自距南端 164 厘米底边起至南端高 34 厘米处一道宽约 15 厘米呈带状剥落。纹样、敷色与北侧下段相同，褪色较少，壶门以绿色勾边，绿色三珠形宝珠、红色火焰，下部有黑色仰莲瓣、红色覆莲瓣画迹，绿色飘带在下部系花结，婉转飘至两侧上部回卷。壶门外半十字花纹样和半花纹样，下花花瓣绿色晕染、上花花瓣红色晕染及填地黑色有所保存。边饰上边一道绿色边线宽约 1.9 厘米，横向方胜纹边饰高 9～10 厘米，横长 237.5 厘米。方胜纹上下土红色线描边，平形四边形斜格内褪色严重，绿色、粉青色对角与黑色对角横竖交替，近南端模糊（图 61；图版 II：99-2）。

（2）上段

上段因中间辟门，壁面一分为三，南北两侧绘莲池千佛，中间门上作经变构图。

1）东壁北侧上段

东壁北侧上段高 342.5～464.5 厘米，绘莲池千佛。画面下边紧接下段方胜纹边饰绘立体方砖，横向排列，略有间隔，为莲池下方的边沿，高 8～10 厘米、长 242 厘米。方砖呈立体形，四块一组；方砖上面和立面敷色，纹饰依次为黑 / 白、白 / 黑、白 / 绿、绿 / 白，连续组合。其中方砖黑色面之黑灰二色条纹，在东壁清晰显示上面为田字纹、立面为井字纹。

绿色莲池内绘千佛，上下 9 排；上起第一至第七排每排 10 身，第八、九排各 6 身，共计 82 身。其中第八、九排北起第 7～10 身千佛位置被供养人画像占据。第一排第 1 身千佛上部及上方残毁，第四至第九排第 1 身千佛均起甲剥落残损。第八排第 4、5 身和第九排第 5 身被人为破坏，残迹高 31.8～71.4、宽 19～71.8 厘米。

千佛排列和描绘与北壁、南壁、西壁基本相同，保存略好。千佛通高 46～50.7 厘米（包括华盖、头光、莲座），佛坐高 26～34 厘米、两膝间距 20～22.8 厘米。部分千佛五官尚存，如第七排数身千佛，眉棱、眼白、瞳仁和鼻、唇、耳的轮廓清晰可见，颈部二道或三道；印相手姿亦较清晰，如千佛第一排第 10 身和第二排第 3、4 身等，其中有细微的差异，如第一至第六排禅定印之左手在里右手在外，第七至第九排则右手在里左手在外。袈裟钩纽、头光和身光周缘，以及华盖伞沿、璎珞和珠饰，所施沥粉堆金多已剥落或被刮取。千佛圆形头光横径 16～18 厘米、身光横径 26～29 厘米、莲座横径 32～34 厘米，华盖高 13～18 厘米、横径 34～36 厘米。印相、光背搭配的 I 式佛（禅定佛）坐黑色莲座，II 式佛（说法佛）坐白色莲座。千佛之间绿色池水涂敷较厚且均匀，莲株茎蔓含蓄不显。千佛身侧一花一蕾配置较为齐整，唯第一排第 2、3 身千佛之间独有一花。

2）东壁南侧上段

东壁南侧上段高 455～458 厘米，绘莲池千佛，与北侧上段基本相同。画面下边紧接下段方胜纹边饰绘立体方砖，为莲池下方的边沿，高 10～11 厘米、长 237.5 厘米。方砖上面和立面敷色、纹饰依次为绿 / 浅红、浅红 / 绿、粉青 / 黑、黑 / 粉青，连续组合，其中黑色上面和立面分别饰田字纹和井字纹（图 61）。

绿色莲池内绘千佛，上下 9 排；上起第一至第七排每排 10 身，第八、九排各 6 身，共计 82 身。其中第八、九排南起第 7～10 身千佛位置被供养人画像占据，第八排第 4～6 身和第九排第 3～6 身千佛被人为破坏。第八、九排第 3、4 身之间人为破坏残迹高 68.2 厘米、宽 18.2～30 厘米，第 5、6 身之间人为破坏残迹高 54.5 厘米、宽 10～37.3 厘米。

千佛排列与北侧上段对称。千佛通高 47～50.5 厘米（包括华盖、头光、莲座），佛坐高 27～28 厘米、两膝间距 20～22 厘米。部分千佛五官尚存，更多保留褪色后白描的眉眼、鼻、耳、红唇和结印的双手以及铁线的袈裟衣纹，如第三排南起第 3 身，第四排南起第 1、2 身，第五排南起第 1～3 身，第六排南起第 5 身，第七排南起第 2、3 身，第八排南起第 1～3 身等。千佛结禅定印之右手在里

图 62　第 256 窟主室东壁门南侧千佛（部分）

左手在外。袈裟左肩钩纽，头光、身光的周缘，华盖的伞沿、璎珞、珠饰，所施沥粉堆金不同程度见存。第七至第九排千佛着红色袈裟，第八排千佛华盖沿下帷幔也敷以红色，类似南壁第二排东起第 4 身的特例。千佛圆形头光横径 17 ～ 18 厘米、身光横径 27 ～ 29 厘米、莲座横径 29 ～ 34 厘米，华盖高 12 ～ 15 厘米、横径 33 ～ 36 厘米。印相、光背搭配的 I 式佛（禅定佛）坐白色莲座，II 式佛（说法佛）坐黑色莲座（图 62；图版 II：100、101-1）。

千佛行列的空间，土红色线描的茎蔓隐在绿色池水下，并有水波、荷叶等丰富的内容。千佛身侧配置一花一蕾，其中第二排南起第 4 ～ 6 身之间、第 4 排第 9、10 身之间，佛侧只绘一花；另第一至第四排每排南起第 1 ～ 4 身千佛之间和第五至第九排各千佛之间，居下的莲蕾下降至相邻莲座之间的下方。莲花和苞蕾的形式呈现多样化，如五枚、七枚、九枚萼片中的苞蕾等，如第二排第 4、5 身之间、第三排第 1、2 身之间、第五排第 3、4 身之间和第 6、7 身之间、第七排第 6、7 身之间、第八排第 1 ～ 3 身之间所见。

　　3）东壁门上

门沿上方，高 86 ～ 101 厘米、宽约 300 厘米，南北两边与南侧、北侧千佛图无界线相隔，作经变构图。位于莲池千佛中间，绿地之上，中央绘宝瓶、莲花，南、北两侧绘立姿人物各 8 身、坐佛各 5 身，与东南西北四壁的莲池千佛浑然一体，据考证，内容为贤劫千佛变[47]（图 63；

　　[47]　梁尉英先生认为，这样的图像是根据西晋竺法护译《密迹金刚力士经》和北齐那连提耶舍译《大悲经·礼拜品》绘制而成，"选取关于贤劫千佛的内

图版 II：102）。

i 宝瓶、莲花

画面中间下方绘宝瓶，下方有从甬道门顶海水中生出粉青色、绿色卷云，围绕覆瓣莲花承载，卷云阴面黑色。莲花横径 18.3 厘米，黑色花瓣、绿色莲房。宝瓶高 29.3 厘米，圈足、鼓腹、宽肩、细颈、盘口，黑色沥粉线描十字束缚莲花纹样并施晕染。瓶内插数根（绘出约 11 根）细长筷状黑色筹签（图 64；图版 II：101-3）。

卷云状叶（千叶）从瓶口出，粉青色、绿色，10 朵，烘托巨大开敷宝装莲花，横径 112.6 厘米；红色花托、绿色花萼。共 34 枚仰覆莲瓣，包括隐在瓣后只露尖端的 13 瓣。花瓣表面粉青色瓣黑色基部、绿色瓣灰色基部，背面黑色；半隐的复瓣，黑色瓣粉青色基部、灰色瓣绿色基部。花瓣围绕绿色莲房，横径 73.4 厘米，莲房上面绘白色莲实（绘出 25 粒）。叶、瓣均以土红色线勾勒，敷色留出白边（图 64；图版 II：103）。

所绘内容为转轮圣王作七宝瓶，又作七宝筹，诸千太子书名筹签上，盛于瓶中[48]。

ii 千子擎签

宝瓶的两侧绘人物，共 16 身男子，每侧各 8 身分立宝瓶左右。其中各六身并排足踏祥云；北侧行列稍侧向左，南侧行列稍侧向右，高 21.6～25.9 厘米，呈八字形面向宝瓶，皆双手合于胸前，头顶束髻，沥粉堆金绘黑色桃形束发冠，交替身着绿缘灰色或白缘黑色大袖深衣，白色长裙，绿色裙带垂至膝下，着高头履。云朵交替以粉青色和绿色勾染。

左右各一人立行列之前，靠近宝瓶，双臂屈起。北侧立者高 21.2 厘米，稍侧向左，左手于身前持筹签，签黑色，竖直细长，上端高过头，头顶沥粉堆金绘桃形束发冠，身着宽袖黑色大袖深衣，领缘袖口翻出白色里面，白色长裙曳地，绿色腰带长垂及跗，足蹬高头履。南侧立者高 23.7 厘米，动态、仪表、着装与北侧立者基本相同，稍侧向右，右手持筹签（图 64；图版 II：103、104-2、105-2、106、107）。

千位太子逐一上前或遣侍人于宝瓶中擎取自己名字的筹签，知悉成佛的名号[49]。图中在前的一人手持取得的筹签，其余太子随后排列等候。

iii 千佛出兴于世

两侧千子行列身后，各有一人背向，稍仰首面朝半空，胸前手持筹签，足踏莲台；北侧人通高 26 厘米（包括莲台），稍侧向北；南侧人通高 26.8 厘米（包括莲台），稍侧向南。其头戴桃形束发冠，着绿缘灰色大袖深衣，白色长裙曳地，绿色腰带长垂及跗，足蹬高头履，莲台土红色勾形，莲花绿芯白瓣，横径 15.3～16 厘米。人前各五道云气生起，冉冉波状上升，空中云端各现一身坐佛，共 10 身，宝瓶、莲花两侧各 5 身，皆上排 3 身、下排 2 身（图 64、65；图版 II：108、109）。

北侧云端五身坐佛，通高 24～26 厘米（包括头光、莲座）、坐高 17～19 厘米，姿态、服饰基本相同，均结跏趺坐，两膝间距 9～13 厘米，稍侧向右，面北。双臂屈起，左手抬至胸前；右手在肩前向外伸出，掌心右倾向前。黑色袈裟敷搭左肩、半披右肩，右胁下翻出绿缘粉青色里面，横过胸腹敷搭左肘。圆形头光横径 9.9～11 厘米，身光横径 16.3～17.3 厘米，均内圈绿色、黑色周缘，外圈粉青色。坐下仰覆莲座，横径 17～19 厘米，莲花均绿色芯，上排北起第一、三身和下排北起第二身白色莲瓣，上排北起第二身和下排北起第一身黑色莲瓣。云气、云头外形皆以黑色勾染，内以绿色、粉青色勾染（图 65；图版 II：104-1）。

容，表现一个主题——贤劫千佛宿世因位受记和今世（贤劫）果位兴世，所以我们将此经变统之曰'贤劫千佛变相'。"图中以海水、大莲花、宝瓶、千佛变相必备的构图要素，进而凝固下来，组织结构在一个画面之中。宝瓶象征千佛宿世受记，莲花象征今世千佛兴世。从晚唐及至宋代，贤劫千佛变逐渐程式化，删繁就简而只有同图结构的宝瓶、莲花、千佛，作为象征寓意的符号。后期所绘满壁千佛之情形如同一般的千佛变，但与一般的千佛变又有根本的不同之处——千佛之间绘有莲花，莲枝蜿蜒穿插在千佛之间，则有莲现千佛之意，示现千佛出兴之旨。梁先生指出："主室甬道门上的贤劫千佛变相，其上及左右以至于同壁门南北所绘的千佛，不论其数量多与少，应视为与宝瓶、莲花之图相关联；亦应视此相邻的千佛为此壁贤劫千佛变相的一部分。换言之，此种情形是贤劫千佛变相构图的一种形式"（梁尉英《敦煌石窟贤劫千佛变相》，敦煌研究院编《1994年敦煌学国际研讨会文集——纪念敦煌研究院成立50周年》石窟考古卷，甘肃民族出版社，兰州，2000年6月，pp. 26-53）。本窟主室四壁绘莲池千佛，莲花、莲蕾以茎蔓相联系，穿插于千佛之间，壁面之间并无界隔，浑然一体，与东壁门上经变构图合成贤劫千佛变，四面壁画莲池千佛同属经变的组成部分。

[48] 《大宝积经》卷九，西晋竺法护译《密迹金刚力士会》："于是勇郡转轮圣王独处宴坐，在于清净高阁校露，自心念言：是吾诸子皆发无上正真道意，今当试之，何所太子先当逮致无上正真之道为最正觉者。便敕工师作七宝瓶极好团圆。……使诸千太子各各书名。作七宝筹著瓶中"（《大正藏》第11册，p. 51）。《如来不思议秘密大乘经》卷五，竺法护等译《持国轮王先行品》："时彼轮王后于一时独处栴檀楼阁之中，登于莲花师子之座，窃作是念：我此千子悉已安住阿耨多罗三藐三菩提法，然于其中何者最先得成阿耨多罗三藐三菩提果，我宜设法以验其事。作是念已，即敕侍人用以七宝妙巧作瓶。如其分量善施作已，即命各书千子名字置宝瓶中，复以七宝作妙莲花，于其花中安置宝瓶"（《大正藏》第11册，p. 714）。

[49] 《大宝积经》卷九，竺法护译《密迹金刚力士会》："时转轮王过七日后，取是七宝瓶在中宫夫人婇女诸太子众前举着紫金案上，使人举瓶，令诸太子各各探筹"（《大正藏》第11册，p. 51）。《如来不思议秘密大乘经》卷五，竺法护等译《持国轮王先行品》："然后于七昼夜广以微妙香花涂香粖香等及鼓吹歌音严饰供养瓶中名字，是时空中有十方天人助发种种妙供养事。如是供养七昼夜已，普召宫嫔眷属及王子并二童子咸集其前，复以贤妙金床安置宝瓶，安已即时敕遣侍人于宝瓶中取其名字。侍人如命瓶中最先取一名字……彼千子中相继而取"（《大正藏》第11册，p. 714）。

图 63　第 256 窟主室东壁门上千佛变

0　5　　25厘米

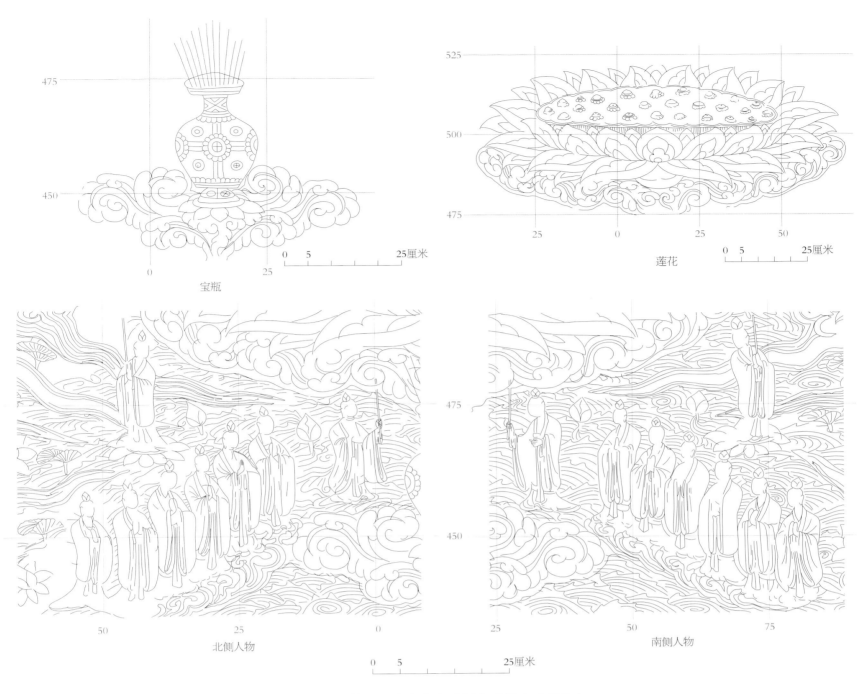

宝瓶　　　　　　　　　莲花

0　　5　　　　　　　25厘米

北侧人物　　　　　　　　　　　南侧人物

0　　5　　　　　　　25厘米

图64　第256窟主室东壁门上千佛变（部分）

　　南侧云头五身坐佛，通高26～28厘米（包括头光、莲座）、坐高18～20厘米，与北侧基本相同，对称构图，均结跏趺坐，两膝间距12～13.3厘米，稍侧向左，面南。双臂屈起，右手抬至胸前；左手在肩前向外伸出，掌心左倾向前。黑色袈裟呈黑褐色。圆形头光横径10～10.9厘米，身光横径16.8～18.5厘米。坐下仰覆莲座，横径17～19厘米，莲花绿色芯，上排南起第一、三身和下排南起第二身白色莲瓣，上排南起第二身和下排南起第一身黑色莲瓣。云气、云头描绘亦同北侧（图65；图版Ⅱ：105-1）。

　　图中人物，象征掣签在手的"千子"，面对祥云，行将化现成佛。坐佛陆续乘云而去，贤劫千佛次第出兴于世。千佛形象充满整个主室四壁上段的莲花池水中[50]。

　　经变构图中人物、坐佛，经过变色的肌肤均呈黑色或黑灰色，五官模糊不清，仅北侧云上人物行列南起第五、六身，云端坐佛北侧上排北起第一身和下排二身，南侧上排三身和下排南起第一身隐约可见眉、眼、鼻、唇痕迹。

　　在上述宝瓶、莲花、立人、坐佛之间空隙处，隐约可见线描水波纹、荷叶等，并且插绘点缀莲花、莲蕾于其间。花朵半开，三至六瓣，围以萼片。苞蕾二裂、三裂，有的也有萼片。白瓣黑萼或黑瓣白萼，黑白二色错落有致。同样变化丰富的莲花、莲蕾绘于壁面两边，点缀相邻壁面交界转折处，图像跨越两壁，主要见于东壁与北壁、南壁之间，而南壁、北壁与西壁之间则残毁无存。

　　壁面顶端留细窄白边绘通壁横长的方胜纹边饰，高8～10.5厘米、横长1010厘米，矩形方格内，沥粉堆金圆心，黑色对角与绿色、粉青色对角横竖交替，纹样与北壁、南壁顶端矩形方胜纹相连接，为四壁贤劫千佛变壁画的上边界；以土红色横线描边，纹样紧贴窟顶东披下边斜角平行四边形方胜纹，合成立体效果的莲池边栏。

　　（3）甬道门

---

　　[50]　北齐那连提耶舍译《大悲经》卷三《礼拜品》："阿难，何故名为贤劫？阿难，此三千大千世界劫欲成时尽为一水。时净居天以天眼观见，此世界唯一大水，见有千枚诸妙莲华，一一莲华各有千叶，金色金光大明普照，香气芬熏甚可爱乐。彼净居天因见此已，心生欢喜踊跃无量而赞叹言：奇哉奇哉，希有希有！如此劫中当有千佛出兴于世。以是因缘，遂名此劫号之为贤。阿难，我灭度后此贤劫中，当有九百九十六佛出兴于世"（《大正藏》第12册，p. 958）。

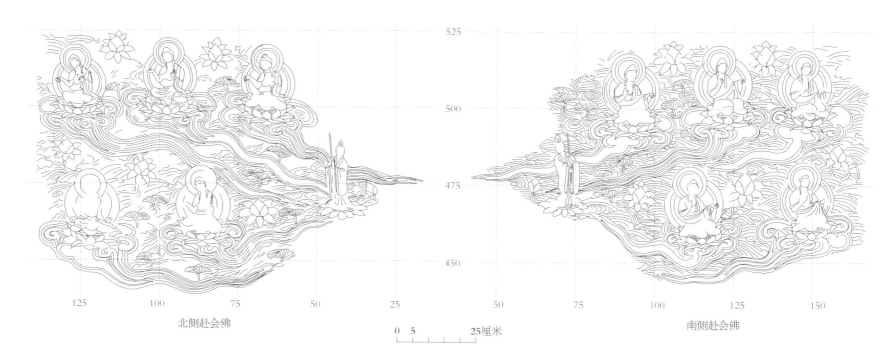

图 65　第 256 窟主室东壁门上千佛变（部分）

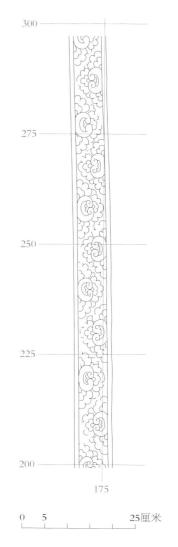

图 66　第 256 窟主室东壁门沿边饰（部分）

盝形甬道门的边沿，包括北边、南边，门顶水平方向的上边和南北两条斜边，以红色线描勾边，绘半花纹边饰，宽 10.5～14.5 厘米，南北两边下端直达窟室地面。三重复瓣莲花，内重一枚云头形卷瓣居中，围以三至四裂粉青色、绿色三瓣，瓣间露出外重二瓣；云头形瓣基部黑白二色，余各瓣基部皆红黑色，外重瓣檐部交替施绿色、粉青色；下花云头形瓣绿色，上花云头形瓣粉青色，纹样外以黑色填地（图 66）。

1）门北侧

门北边饰以北宽 145～147 厘米、下起壁面底边高 186 厘米，一方纵长方形壁画，占用了东壁北侧下段壶门供宝和上段莲池千佛的部分幅面（上段第七排千佛以下、北起第六身千佛和下段北起第四壶门以南）。其上边、北边绘半花纹饰带，土红色线描勾边，宽 6～8 厘米；上边横长 146 厘米，南端与甬道门北边饰带相接；北边纵长 182 厘米，下端及于地面。半花纹样与门沿边饰同型，三重瓣檐施色，由内面外，下（右）花粉青、绿色、粉青，上（左）花绿色、粉青、绿色，交替变化，纹样外以黑色填地（图版 II：101-2）。边饰内画面分上下二段，下段绘壶门供宝，上段白色地上绘供养人 3 身（图版 I：29；图版 II：111）。

i 壶门

下段高 28.6～29 厘米、宽 134～136 厘米，绘 6 个壶门。壶门高 14～16 厘米、宽 20～24.8 厘米，褪色，模糊，黑色线描边框，内绘莲花火焰宝珠，宝珠为绿色三珠，红色火焰，黑色莲瓣。宝珠两侧隐约可见绿色飘带翻卷。壶门外，上楣和两门间隔敷以土红色，以上留细窄白边描黑色、土红色两道横线，再留细窄白边与上段分界（图 67）。

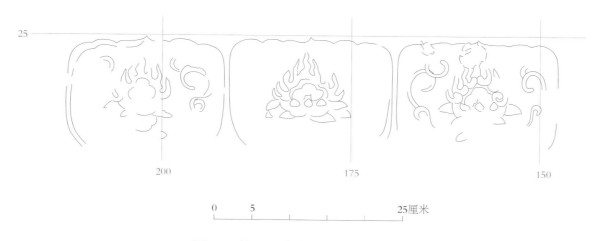

图 67　第 256 窟主室东壁下段壶门（部分）

图 68　第 256 窟主室东壁北侧供养人画像

ⅱ 供养人画像

　　上段下边描一道绿色横线与下段分界，四边围合之中，画面高 150～151 厘米、宽 136.5～138.6 厘米，绘供养人像，二身女子、一身童子，皆立姿。稍侧向左，朝向南（图 68）。

　　南起第一身，女供养人，高 147.8 厘米，曲眉，二目平视，黑眼珠，红唇闭合。两臂屈起，双手合捧香炉于胸前。头上沥粉堆金并线描绘立凤花冠，呈黑色；莲花上立凤，曲颈昂首，展翅翘尾，口衔铃铎。冠两侧饰花钿，插簪、钗，冠沿白绿二色，额前缀一云纹花饰，垂三绿色珠。两鬓抱面，耳后巾帕。项饰各色珠链、宝石、串饰，多达六重。身着红色交领大袖襦裙曳地，领缘袖口镶边饰青绿二色半花纹，黑色填地。白色腰带自腹前垂至跗上。肩下白色帔巾饰扇形花图案，自身后绕臂肘而下环于腹际两道，一端搭左前臂长垂及地。足蹬饰珠云头履，立于方形花色地毯上。沥粉堆金绘手中香炉，黑色，金饰大都剥落，覆莲纹高圈足，浅筒形炉身饰莲花纹，大盘口；花形炉盖饰莲瓣纹、竖道纹、弦纹，盖沿连弧，丘状盖顶上有莲花火焰宝珠盖钮，绿色宝珠、红色火焰（图版 II：112、113）。

像前南侧一方题榜，高 97 厘米、宽 7 厘米，绿地，字迹漫漶，识为："皇□（太）谯郡夫人……一心供养"[51]。题榜上方悬华盖（模糊），高约 13 厘米、横径 13.6 厘米，圆丘状盖顶饰覆莲瓣、火焰宝珠，伞沿绘出三折，沿上饰绿色宝珠，沿下挂垂幔、流苏、璎珞。题榜下端基础高 1.5 厘米、宽 10.5 厘米。题榜中上部遭人为破坏，高 76 厘米、宽 5～24 厘米泥层剥落。

第二身，女供养人，高 135 厘米，姿态、冠著、持物与第一身基本相同，凤冠未施沥粉堆金，与冠饰、簪钗、步摇及两鬓抱面均呈赭黄色，满满点缀绿色珠饰。项饰五重，大袖裙襦半花纹镶边，满饰四花四叶十字形图案；黑色芯红色花瓣，绿色三出复叶。绿色腰带垂至膝下。白色帔巾饰双叶小花枝图案。香炉亦无沥粉堆金，呈浅红色，圈足与炉身之间饰仰覆莲花，花形炉盖，盖沿连弧，盖顶莲花火焰宝珠盖钮（图版 II：114、115）。

像前南侧一方题榜，与第一身像前题榜同型，高 82.3 厘米、宽 7.2～7.6 厘米，绿地。上部被刻划严重，字迹难辨，识为："窟主娘子阎氏一心供养"[52]，今仅隐约可见文末"供养"二字。题榜上悬华盖，高约 10 厘米、横径 13 厘米；下端基础高 1.5 厘米、宽 11 厘米。

第三身，供养童子，残高约 34.5 厘米，长眉横直，双眼有神，直鼻，红唇。两臂屈起，双手握拳奉花盘于胸前。冠式不清，沿下鬟发外露，颈有二道。身着白色圆领袍服，袖口镶边饰半花图案，束黑色腰带，右侧腰间似悬挂饰物。胸前花盘浅红色，圈足，浅腹，圆唇，盘中盛红黑色花朵，四出掌状绿叶（图版 II：116）。

像前上方一方题榜，高 38 厘米、宽 6 厘米，绿地，字迹漫漶，识为："男節度都頭銀青光大夫檢校左散騎常侍御史大夫慕容貴隆……"[53]。

在第一、二身供养人脚下、绿色横线之上，各绘一方形地毯，呈平行四边形，横长约 64.5 厘米、宽（纵向斜边长）约 33 厘米、间隔 1.3 厘米，四周半花纹边饰；二重复瓣花，绿色、粉青色内外交替；北侧一方，内花内重粉青色瓣、外重绿色瓣，外花内重绿色瓣、外重粉绿色瓣，南侧一方反之，纹样外以黑色填地。

2）门南侧

门南边饰以北宽 132.7～133.5 厘米、下起壁面底边高 176～178 厘米，一方纵长方形壁画，占用了东壁南侧下段壸门供宝和上段莲池千佛的部分幅面（上段第七排千佛以下、南起第六身千佛和下段南起第四壸门以北）。其上边、南边绘半花纹饰带，土红色线描勾边，宽 7.7～8.7 厘米；上边横长 149 厘米，北端与甬道门南边饰带相接；南边纵长 176 厘米，下端及于地面。半花纹样与门沿、门北侧边饰同型，瓣檐施色，下（左）花粉青、绿色、粉青，上（右）花绿色、粉青、绿色，交替变化，纹样外以黑色填地。边饰内画面分上下二段，下段绘壸门供宝，上段白色地上绘供养人 2 身（图版 I：29；图版 II：117）。

i 壸门

下段高 25.6～28 厘米，宽 140.5～141 厘米，绘 5 个壸门。壸门残高 16～17.5 厘米、宽 25～28.8 厘米，比门北侧略清晰，但下部、北部残损较甚，北起第一壸门被烧烟熏黑。黑色线描边框，内绘莲花火焰宝珠，宝珠为绿色三重，火焰红色。宝珠两侧绿色飘带较细，婉转绕圈向上。壸门外，上楣和两门间隔敷以土红色，以上留细窄白边描黑色、土红色两道横线再留细窄白边与上段分界（图 44-2；图版 II：118）。

ii 供养人画像

上段下边描一道绿色横线与下段分界，四边围合之中，画面高 140～141.8 厘米、宽 140.9～141.8 厘米，绘供养人像，二身男子，皆立姿。稍侧向右，朝向北（图 69）。

北起第一身，男供养人，残高 122.5 厘米，面相方圆，容颜端正，二目平视，双唇闭合，下颌蓄须。两臂屈起，双手持长柄香炉于胸前。冠饰不明，鬟发外露，身着红色圆领窄袖长袍，袖缘白色，束黑色腰带，于左侧腰间饰銙板，铊尾露出垂于之下。所持长柄香炉，褪色呈灰色，圈足，深腹，带伞状炉盖，盖顶圆丘状。

像前北侧一方题榜，高 95.7 厘米、宽 7.5 厘米，绿地，字迹漫漶，识为："皇祖墨鼇軍諸軍事……銀青光祿大夫檢校……中書令……□（慕）□（容）歸盈"[54]。题榜上方悬华盖（模糊），华盖残高 9 厘米、横径 12 厘米，平视角度，盖顶饰绿色珠，伞沿黑色、平直，沿上相间饰四绿色珠、三黑色珠，两端下挂垂珠；盖顶下口浅红、黑色，浅红三幅垂幔，分别缀以绿色、粉青色璎珞。下端基础高 1.8

---

[51] 此据敦煌研究院编《敦煌莫高窟供养人题记》（文物出版社，北京，1986 年 12 月，p. 109）。不同时期各方辨识文字多寡有别，详见本卷附录一〈本卷洞窟调查记录文献摘录〉之（二）（四）（五）（六）（九）（十四）。

[52] 详见本卷附录一〈本卷洞窟调查记录文献摘录〉，同注[51]。

[53] 此据敦煌研究院编《敦煌莫高窟供养人题记》（文物出版社，北京，1986 年 12 月，pp. 109–110）。不同时期各方辨识文字多寡有别，详见本卷附录一〈本卷洞窟调查记录文献摘录〉，同注[51]。

[54] 此据敦煌研究院编《敦煌莫高窟供养人题记》（文物出版社，北京，1986 年 12 月，p. 110），但释文末字"中"似应为"归"字，故改之。不同时期各方辨识文字多寡有别。详见本卷附录一〈本卷洞窟调查记录文献摘录〉，同注[51]。

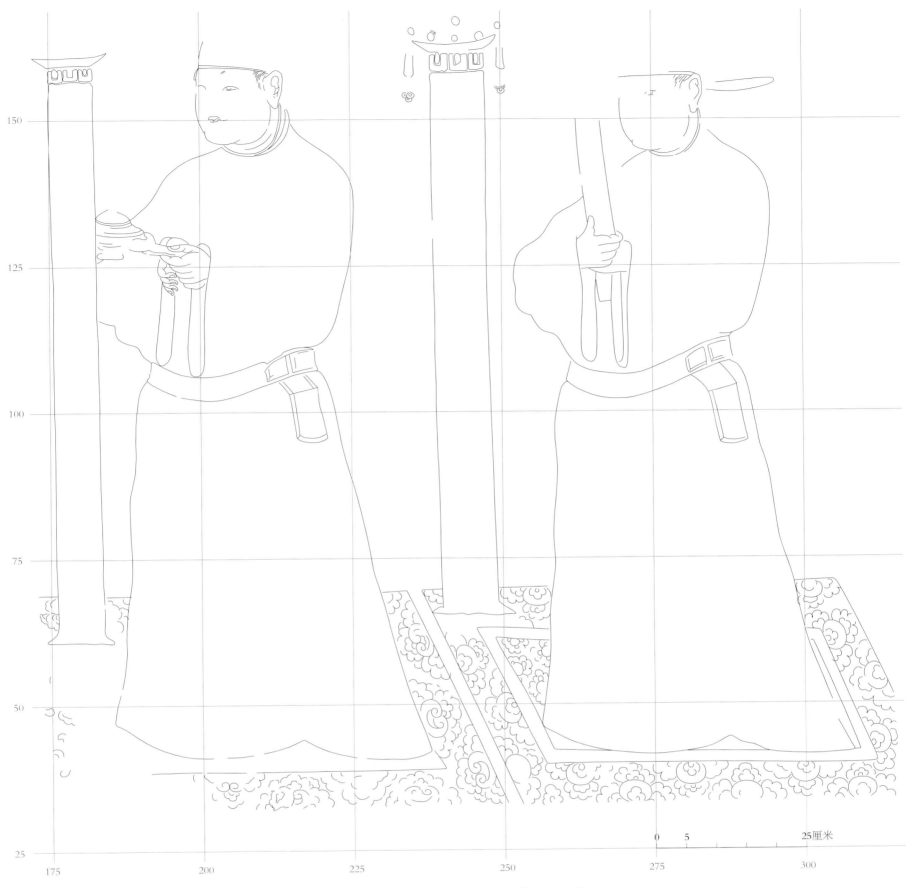

图 69　第 256 窟主室东壁南侧供养人画像

厘米、宽 11 厘米。

　　第二身，男供养人，残高 116.2 厘米，面容漫漶，目光前视，两臂屈起，双手于胸前持笏板。冠饰不明，身着红色圆领宽袖长袍，袖缘白色，束黑色腰带，于左侧腰间饰銙板，铊尾露出垂于之下。笏板白色。

　　像前北侧一方题榜，高 93 厘米、宽 9 厘米，绿地，字迹漫漶，识为："窟主玉門諸軍事守玉門使君銀青光禄大夫檢校尚書左僕射兼御使大夫上柱國慕容言長……"[55]。题榜上方悬华盖（模糊），华盖残高 14.3 厘米，横径 13.6 厘米，平视角度，盖顶饰绿色珠，伞沿黑色，两端稍起翘，沿上相间饰四绿色珠、三黑色珠，两端下挂绿色缨穗、垂珠；盖顶下口黑色、浅红、黑色三幅垂幔，分别缀以粉青色、绿色璎珞。下端基础高 1 ～ 2.3 厘米、宽 13.9 厘米。

　　在二身供养人脚下、绿色横线之上，各绘一方形地毯，呈平行四边形，横长约 68.7 厘米、宽（纵向斜边长）约 39.8 厘米、间隔 1.8 厘米，四周半花纹边饰；二重复瓣花，绿色、粉青色内外交替；北侧一方，内花内重粉青色瓣、外重绿色瓣，外花内重绿色瓣、外重粉

　　[55]　此据敦煌文物研究所编《敦煌莫高窟供养人题记》（文物出版社，北京，1986年12月，p. 110）。不同时期各方辨识文字多寡有别，详见本卷附录一〈本卷洞窟调查记录文献摘录〉，同注[51]。

图 70　第 256 窟主室窟顶东披

0　20　　　100厘米

绿色瓣，南侧一方反之，纹样外以黑色填地。第二身供养人袍服之下，露出方毯中央与边饰留白相隔的部分图案装饰，花卉纹样有整有破，黑色填地（图版 II：118）。

7. 窟顶

窟顶中心方井残毁，壁画地仗、泥层大部脱落，露出崖体，残存少许泥层、地仗及画迹。四披壁画内容相同，相互衔接，合成完整的天花装饰。四披壁画布局，分上中下三段，上段绘藻井边饰图案，中段以大面积的棋格团花为主题，下段绘帐幔。除东披壁画保存较完好之外，其余南、西、北披壁画均有不同程度的漫漶、剥蚀。从保存现状看，壁画多处脱落，露出底层壁画，上层壁画直接抹泥于下层壁画之上进行绘画（图 70 ～ 74；图版 I：30、31；图版 II：119）。

（1）藻井

1）中心方井

窟顶藻井方形，向上凹入的中心方井顶面壁画剥落殆尽，仅边角残存少许泥层、地仗和零星画迹。在方井内东南西北四边立面，壁画保存情况各不相同，除东边立面壁画稍有保存外，其他各立面不同程度剥落，露出底层地仗、泥面。东边立面现存表层壁画以白色为地，画面模糊不清。北边立面部分泥层剥落，东端残存部分表层壁画地仗白粉层。南边立面壁画磨蚀，仅见少许白色地仗，部分泥层剥落。西边立面残存表层少部分泥层，仅见零星白粉（图版 II：120）。方井外四周，窟顶四披围绕方井绘藻井的边饰图案。

2）边饰图案

窟顶四披自上而下、由内而外绘六道边饰，与方井共同组成丰富多彩的藻井装饰，纵向长 142 ～ 152 厘米。边饰纹样依次为方胜纹、联珠纹、一整二半菱形纹、回纹、波状缠枝卷草纹、联珠纹等，影作层层叠涩而上的覆斗形方井（图 70）。

披面上起第一道斜角平行四边形的方胜纹边饰，斜边倾角约 75 度，宽约 13.6 厘米，土红色线描勾形，内外双框，内框红黑色对角与绿色、粉青色对角横竖交替，中央圆心沥粉堆金脱落后呈土色，外框则以红黑、绿、粉青等色交替搭配，方胜纹下边紧贴一条青色横线。边饰褪色严重，仅小部分画迹可辨，宽 20 ～ 21 厘米，西披无存，北披残长 117 厘米，东披残长 196 厘米，南披残长 87 厘米。

第二道联珠纹边饰以土红色线描勾形，联珠白色，上、下绿色、粉青两条横线夹持，下以土红色线勾边。边饰宽 11 ～ 12.5 厘米，西披无存，北披残长 291 ～ 315 厘米，东披长 330 ～ 350 厘米，南披残长 278 ～ 282 厘米。

第三道一整二半菱形纹边饰，上、下绿色、粉青两条横线夹持，土红色横线勾上下边，两线间以菱形整花居中，三角形的半花贴附上下边。纹样土红色线勾形，整花双层，内层白色四裂花瓣，花芯沥粉堆金脱落后呈土色，外层四花十字围绕，粉青色瓣、红黑色芯；半花内层白色瓣，外层绿色瓣，纹样外以黑色填地。边饰宽 28 ～ 30.8 厘米，西披无存，北披残长 128 厘米，东披长 233 ～ 295 厘米，南披残长 168 厘米。

第四道回纹边饰，上、下土红色横线夹持，留细窄白线间隔，纹样绿色，以白粉描、染连续斜格状具立体感回字纹。边饰宽 25.9 ～ 28 厘米，西披无存，北披残长 160 厘米，东披长 282 ～ 307 厘米，南披残长 210 厘米。

第五道波状缠枝卷草纹边饰，上、下粉青色、绿色两条横线夹持，土红色线描勾形绘花、叶，黑褐色波状茎蔓，于上、下波谷中生出枝梗、花托，土红色线描花冠，卷曲的萼片和大片深裂的绿叶。边饰宽 29 ～ 33 厘米，西披无存，北披残长 276 厘米，东披长 345 ～ 387 厘米，南披残长 275 厘米（图 71）。

最下（外）道（第六道）联珠纹边饰，以土红色线描勾形，联珠白色，上、下粉青色、绿色两条横线夹持。边饰宽 11.4 ～ 13.2 厘米，西披无存，北披残长 291 ～ 315 厘米，东披长 330 ～ 350 厘米，南披残长 278 ～ 282 厘米。

（2）棋格团花

各披面梯形，上段藻井之下，四个梯形的中段披面绘主题纹饰棋格团花，上、下边各一条土红色横线，与上段藻井边饰、下段帐幔分界；左右斜边各绘两条联珠纹夹持的一整二半菱形纹边饰，作为两披之间的区隔。西披壁画已剥落殆尽，仅存南部纵长 11 ～ 36.4 厘米、横宽 127.3 厘米和纵长 54.5 ～ 114 厘米、横宽 53 ～ 336.4 厘米两片残迹。南北两披西部残损，北披纵向残长 245 厘米、上边横向残宽 313.6 厘米、下边横向残宽 731.8 厘米，南披纵向残长 256 厘米、上边横向残宽 293.6 厘米、下边横向残宽 776.4 厘米；东披保存完整，纵长 281.8 厘米、上边横宽 355.5 厘米、下边横宽 778.2 厘米。

壁画影作纵、横支条相交而形成棋格，上下成排，左右成列，支条绘半花边饰。完整的壁画以东披为例，棋格横向支条 7 条、纵向支条 17 条。支条宽 9 ～ 12 厘米，以之为框架的棋格，31 ～ 36 厘米见方。梯形披面上，棋格上下 6 排，左右 16 列。上起第一排 10 格，其中 8 整格及两端 2 格被梯形斜边切割剩半格；第二排 12 格，其中 10 整格及两端 2 格被切割剩一角；第三排 12 格，其中 10 整格及两端 2 格被切去一角；第四排 14 格，其中 12 整格及两端 2 格被切去小半；第五排 16 格，其中 14 整格及北端 1 格被切去大半、南端 1 格被切割剩一角；第六排 17 格，其中 15 整格及北端 1 格被切割剩一小角、南端 1 格被切去一角（图 71；图版 II：124-2）。

藻井外周（第五、第六道）边饰　　　　0　5　　25厘米

棋格团花　　　　0　5　　25厘米

图 71　第 256 窟主室窟顶东披纹饰（部分）

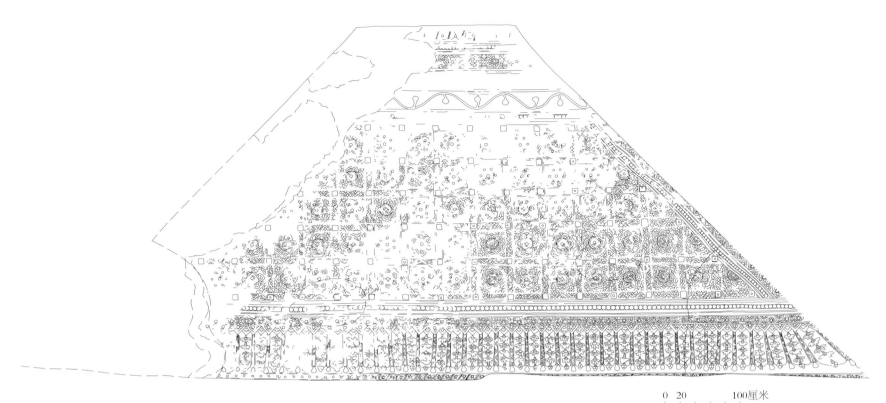

图 72　第 256 窟主室窟顶北披

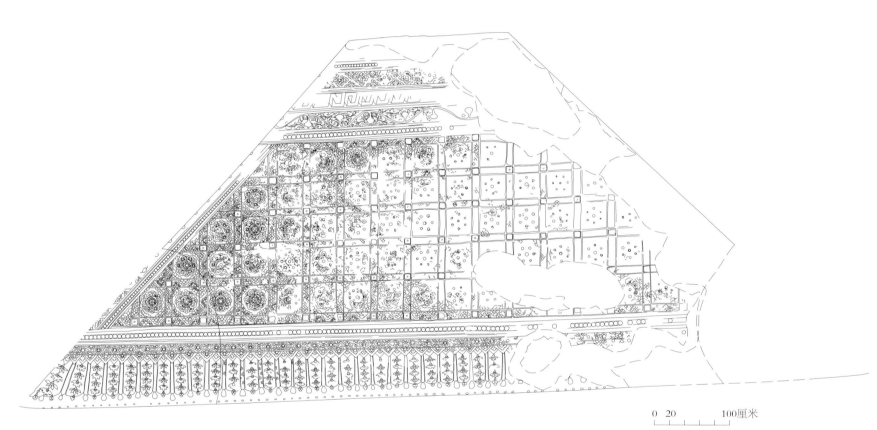

图 73　第 256 窟主室窟顶南披

其余三披现状：西披两片残迹中可见棋格遗迹 17 格，其中仅 2 整格（图 74）。北披上下棋格 5 排，上起第一排残存 8 格，其中 6 整格及东端 1 格被切去一角、西端 1 格残毁小半；第二排残存 10 格，其中 8 整格及东端 1 格被切去一角、西端 1 格残毁一角；第三排残存 12 格，其中 10 整格及东端 1 格被切去一角、西端 1 格残毁一角；第四排残存 14 格，其中 12 整格及东端一格被切去小半、西端 1 格残毁一角；第五排 16 格，其中 14 整格及东端一格被切割剩半格、西端 1 格残毁一角（图 72；图版 II：122-2）。南披上下棋格 5 排，第一排 10 格，其中 7 整格及东端 1 格被切去大半、西端 2 格残毁过半；第二排残存 12 格，其中 10 整格及东端 1 格被切去大半、西端 1 格残毁一角；第三排残存 14 格，其中 12 整格及东端 1 格被切去大半、西端 1 格残毁一角；第四排残存 15 格，其中 11 整格及东端 1 格切割剩一角、西段 3 格下部残毁；第五排残存 14 格，其中 10 整格及东端 1 格切割剩一角、西段 3 格部分残毁（图 73；图版 II：123-2）。

纵、横支条于绿色边线内白色地上绘半花纹。复瓣花半花纹样，瓣分二重：纵向支条的左花、横向支条的上花，内重绿色三圆瓣、外重三枚绿色芯白色（浅红色）三裂瓣；纵向支条的右花、横向支条的下花，内重白色（粉青色）三圆瓣、外重三枚红色芯黑色三裂瓣；纹样外留白色地。纵、横支条相交之处，形成支条宽度为边长的绿色线框小方格，格内敷泥施以沥粉堆金，7～10 厘米见方，大都剥落，金箔或被刮去，留下土色痕迹。

棋格内绘团花图案，两种不同的施色上下左右交错，四方连续。团花纹样圆形，直径略小于方格边长，土红色线勾形，绘复瓣莲花，

图 74　第 256 窟主室窟顶西披

圆形莲芯沥粉堆金剥落后多呈土色，瓣分四重，由内而外第一、二重皆为四瓣，第三、四重皆为六瓣。其施色分为二式。I 式，第一重白色（粉青色）瓣，第二重白色（粉青色）基部、红黑色瓣，相隔一周留白，第三重沥粉堆金剥落后呈土色芯、红黑色基部、白色（粉青色）瓣，第四重白色基部、绿色瓣。II 式，第一重绿色瓣，第二重白色（绿色）基部、红黑色瓣，相隔一周留白，第三重沥粉堆金剥落后呈土色芯、白色（粉青色）基部、绿色瓣，第四重红黑色基部、白色（粉青色）瓣。

　　方格内四角，各绘角花，为半花之半，瓣分二重，施色随团花分式。I 式团花格内角花内重绿色芯、白色瓣，外重白色芯、绿色瓣；II 式团花格内角花内重白色芯、红黑色瓣，外重红黑色芯、白色（粉青色）瓣。格内团花、角花纹样外留白色地，亦有少数以黑色填地，多不完整，疑为某种尝试，北披、东披、南披均有所见。

　　绘于相邻两披之间斜边上两条联珠纹夹持一整二半菱形纹的边饰，上接上段藻井边饰下边，下端至棋格团花下边红黑色横线，纵长 315 ～ 323 厘米、宽 36 ～ 43 厘米，现仅存于东披与北披、南披之间。两条联珠纹均由五条边饰组成，土红色线描勾边，于一整二半菱形纹左右两侧，填色、纹样依次为绿色、粉青色、联珠、绿色、粉青色和粉青色、绿色、联珠、粉青色、绿色，其中联珠在白色地上土红色线描。夹持中的一整二半菱形纹边饰，居中的菱形整花，花芯沥粉堆金脱落后呈土色，四出粉青色花瓣、红黑色基部；贴附左右两边的半花，瓣分两重，内重浅红色三圆瓣，外重三绿色瓣、浅红色基部；纹样外黑色填地（图 70；图版 II：123-2）。

　　（3）帐幔

　　下段壁画纵向长 95 ～ 119 厘米，上接中段棋格团花，以联珠纹和一整二半菱形纹两道边饰连接披面下端的帐幔，影作帐额；西披几乎全部剥落，仅残存少许边饰画迹，北披和南披西部残毁，唯东披保存完好（图 75；图版 II：110-2）。

　　紧接中段下边的红黑色横线，联珠纹边饰的填色和纹样，自上而下依次为绿色、联珠、粉青、绿色四条，合宽 13 ～ 19 厘米。一整二半菱形纹边饰宽 13 ～ 16 厘米，土红色线描勾上下边线，其内菱形整花，花芯沥粉堆金，脱落后呈灰褐色，四出白色（粉青色）花瓣、

图 75　第 256 窟主室窟顶东披边饰、帐幔（部分）

红黑色基部；贴附上下两边的半花，瓣分两重，内重白色（浅红色）三圆瓣，外重三绿色瓣、白色（浅红色）基部；纹样外黑色填地。

悬挂在四壁贤劫千佛变壁画上方的帐幔，纵长 65～83 厘米，由垂角、帷幔、花串、帐带、铃铛等组成。垂角上下两层，相错叠压；上层白色（粉青色），绘半花，花芯沥粉堆金剥落后呈灰褐色，三片红黑色花瓣、基部白色；下层绿色，绘白色花瓣、基部绿色。垂角下帷幔黑色，下缘连弧。帷幔前，上层垂角下垂帐带，白色，饰浅灰色半花纹，绿色线描勾边，下级铃铎沥粉堆金；下层垂角下垂花串，红色萼托，花冠交替施白色、绿色，白色脉纹，每串四朵，下缀红色三珠。帐幔下露白色地。

帐幔之下、披面下边绘斜角平行四边形方胜纹，与壁面顶边矩形方胜纹交接，合成具立体感的莲池边栏，如前述。

三 第三层塑像、彩绘、建筑遗迹

第 256 窟现存第三层遗迹，包括对原塑像重妆、新塑造像和彩绘，以及构筑前室木结构窟檐（图版 II：125）。依次叙述如下。

（一）塑像与彩绘

1. 佛像重修

主尊佛像表面之敷色和佛座的部分彩绘，均属此层。佛像螺发、肉髻之青色，袈裟之红色、衣缘和结带之绿色，僧祇支及下裳之黑色，面、耳、胸、手、足之肉粉色，以及红唇、白毫、眼、鼻等，均经重新敷色妆銮。在横置的两胫前袈裟上，彩绘折枝牡丹花卉图案，由中间向两侧横出主枝，旁出三枝向上，居中一枝盛开牡丹，两侧分枝为花蕾茎叶，苞蕾未开或半开，蓝色花瓣、叶片、枝茎，边缘勾染白色（图 76；图版 II：127-1、3）。

佛座东、北、南向面之下涩，褪色、变色、蒙尘，曾经重绘，呈色暗灰。其中，可见浮塑莲瓣之表面，作"W"形涂绘覆莲瓣。

束腰之东、北、南向面，壶门内外皆重新敷色，壶门外均敷以赭红色，门外周描宽 2～3 厘米橙色边，门沿涂粉绿色。其中东向面二壶门内，分别绘相同花卉纹样，黑灰色地上，中间上部一朵红色半开莲花，二大瓣向两侧展开，未开苞蕾高耸至门顶，左右上方和下部以黑灰、粉绿、黑色叠染绘山石状叶，伴有一枚红色花瓣。北向面、南向面壶门内单敷青灰色（图 76；图版 II：127-2、128）。

上涩之东、北、南向面，均非原来敷色。其中上枭下起第一层下斜面与束腰部同样敷赭红色，立面敷绿色。上枭第二层浮塑莲瓣敷

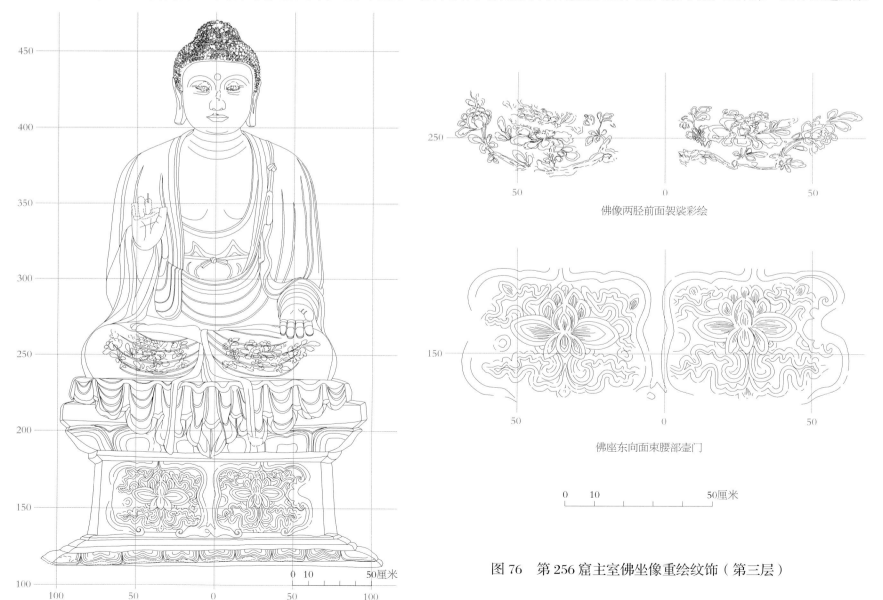

佛像两胫前面袈裟彩绘

佛座东向面束腰部壶门

图 76　第 256 窟主室佛坐像重绘纹饰（第三层）

色简化为黑色基部、绿色瓣（其中东向面以薄粉勾染瓣檐），橙色勾边。第三层（上枋）下斜面和立面、上面均单敷青灰色。

方形坐垫（蒲团）南、西、北三面均敷青灰色，其中南向面、北向面东端塑绘坐佛袈裟垂覆坐垫的一角，以西，南向面横长 109 厘米、北向面横长 105 厘米绘仰莲五瓣，深红色基部、粉绿色瓣，橙色勾边（图版 II：128）。

2. 塑像、彩绘

中心佛坛上层坛上面，主尊佛坐像之外，其余 6 身塑像也都经过晚期的重修，当为新作。佛坐像前方的南北两侧，对称列置二弟子立像、二菩萨坐像、二菩萨立像，分别叙述如下。

（1）北侧迦叶立像

北侧弟子迦叶立像，通高 210.8 厘米（包括台座）、身高 178.6 厘米、头高 32.4 厘米、肩宽 46.5 厘米，朝向东南，正面直立。两臂

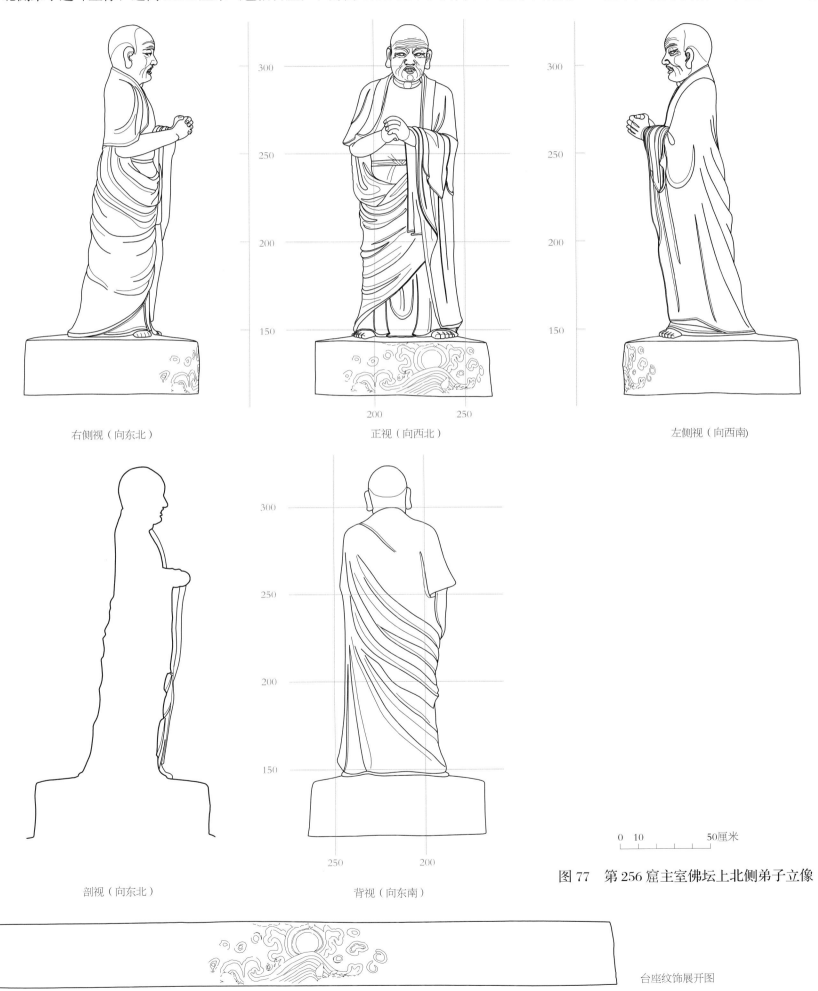

右侧视（向东北）　　　　　　　　　　正视（向西北）　　　　　　　　　　左侧视（向西南）

剖视（向东北）　　　　　　　　　背视（向东南）

图 77　第 256 窟主室佛坛上北侧弟子立像

0　10　　　　50厘米

台座纹饰展开图

屈起，双手于胸前抱拳，左手在前，双腿分开，跣足外撇，踏于圆台之上。髡头，额前横纹六道，白眉紧锁，两眼残损，颧骨微凸，面颊略陷。嘴半启，红唇，面颊皱褶，颈前喉结凸起。披暗紫色袈裟敷搭左肩、臂，垂至左踝，半披右肩，后幅于胯下裹右腿经腹前斜上，敷搭左前臂，翻出绿色里面，袒露前胸。红色长裙束在腰际。肌肤经肉色晕染（图77；图版Ⅱ：128）。

圆形台座高30厘米、横径96.2～97.6厘米，底边西距上层坛西沿54.2厘米、北距上层坛北沿55.4厘米、西南距佛座北面底边37.9厘米。台面平，浅灰色。台身前面黑灰色地上绘海浪，黑色、白色、灰色叠晕，红色、白色浪花；波峰一轮红日升起，橙色、黑色边缘，两侧珊瑚兀立（图77；图版Ⅱ：134-1）。

右侧视（向西北）　　　　　　正视（向西南）　　　　　　左侧视（向东南）

图78　第256窟主室佛坛上南侧弟子立像

背视（向东北）　　　　　　剖视（向东南）

台座纹饰展开图

（2）南侧阿难立像

南侧弟子阿难立像，通高 210.7 厘米（包括台座）、身高 175.7 厘米、头高 34 厘米、肩宽 49.3 厘米，朝向东北，正面直立。两臂屈起，双手于胸前合掌，双腿分开，踏于圆台之上。髡头，黑眉，眼、鼻残损，红唇闭合，脑后涂青灰色，肤色白。着交领大袖黑灰色右衽长袍，里面橙色，黑色领缘、袖口；外披红色袈裟敷搭左肩、左臂，长垂及于跗下，后幅自身后绕右胯经腹胸斜上，衣角以钩纽固定于左肩前。足蹬黑面白底方头履（图 78；图版 II：129）。

圆形台座高 30.7 厘米、横径 96.8 ～ 99.5 厘米，底边西距上层坛西沿 57.5 厘米、南距上层坛南沿 86.3 厘米、西北距佛座南面底边 34.3 厘米。南、北二弟子像台底边相距 280 厘米。台座形制、彩绘、纹饰与北侧弟子迦叶台座基本相同，波涛黑白二色。台座前面上边部分缺损（图 78；图版 II：134-2）。

（3）北侧菩萨坐像

北侧菩萨坐像，通高 229.9 厘米（包括台座）、坐高 153.4 厘米、头高 48 厘米、肩宽 52.5 厘米，朝向南，正面，结跏趺坐，两膝间距 115.6 厘米，不露足。双手持物，左前臂平抬，左手在右胸前握持，右手在左胫上承托下端，掌心向上，屈拇指、中指、无名指，余指伸直。青色弯眉，红色白毫，二目前视，鼻梁高直，红唇闭合，肤色白。青色长发垂肩，于额顶中分，下端卷曲，顶束鞍形髻。着黑灰色宽袖大衣，橙色里面。前胸袒露，内着红色僧祇支，白色领缘。外披红色袈裟敷搭左肩、左臂，垂至股上，半披右肩，绿色里面。下着橙色长裙，裙裾呈垂弧状铺覆座垫上，绿色裙缘。所持器物截面呈椭圆形，横径 0.5 ～ 0.8 厘米，残毁，仅存两手中上下两端青色残件，木质骨架，外裹芦苇，扎以细麻绳，最外敷泥造型（图 79；图版 II：130）。

方形台座高 75 ～ 76.3 厘米，由座基、座身两部分构成。东、南、西向面皆施彩绘[56]，唯北向面作粗泥面。

座基长方形，高 16 厘米、东西宽 147.9 ～ 150.3 厘米、南北进深 116.4 ～ 116.8 厘米，北面底边距上层坛北沿 21.2 ～ 23.8 厘米，西面底边距北侧弟子像台 35.2 厘米。仿旋子彩画形式，南向面中间枋心灰色地上绘黑色折枝叶，东向面枋心绘四出红色旋瓣花、灰白色浮云，西向面枋心绘卷云丛集；三面两侧藻头、箍头对称画云纹岔口、箍头栀花等，黑白灰色叠染，红色花瓣白粉晕染（图 79；图版 II：135）。

座身高 59.5 厘米，居座基中间偏北靠后，前距座基南沿 14.4 ～ 15.3 厘米，上部（约高 30 厘米以上）向外扩出形成斜披，底部东西宽 111.7 厘米、南北进深 100.7 ～ 101 厘米，顶部宽 134.2 厘米、进深 116 厘米。南、东、西向面上端边饰，分别宽 11.5 ～ 12 厘米、12 ～ 13 厘米、10.5 ～ 11.2 厘米，勾上下边线，仿旋子彩画形式。南向面灰色地上绘枋心旋瓣团花、连弧白色岔口，藻头绘莲花、红色瓣檐部白色、绿灰色叶，箍头红色栀花；东西两面灰色地上绘枋心卷云丛集、箍头栀花，其中西向面栀花染红色。座身三面边饰下灰地色上墨笔画动物。南向面画一卧狮[57]，头西尾东，抬头翘尾，头侧向南，二目圆睁注视前方，鬃鬣披垂，尾毛高扬。画面四角分别绘白色云纹角花，黑色双勾边线（图 79；图版 II：135-1）。东向面画奔牛望月，头南尾北，前蹄奋力蹬踏，后腿腾空，奔驰中回首仰望天空新月。画面四角与南向面、东向面相同，白色云纹与南向面相同（图 79；图版 II：135-2）。西向面画松鹤图。松树主干斜上，上部横出一枝，向北延伸，针叶茂盛，中部栖息一鹤，头北身南，低身俯首，长喙下探，下方枝叶繁密。画面四角与南向面、东向面相同，云纹与地色俱为灰色，边缘留白（图 79；图版 II：135-3）。

座身上铺设方形坐垫，高 13 ～ 16 厘米，居座身偏北靠后，南面及东西两面前部被塑像衣裙覆盖，东、西面北部露出横长 50 ～ 60 厘米，灰色地上绘连续灰色云头纹，其中东向面北起第一朵白色云头、第三朵红色云头（图 79）。

（4）南侧菩萨坐像

南侧菩萨坐像，通高 231 厘米（包括台座）、坐高 152 厘米、头高 48 厘米、肩宽 57 厘米，朝向北，正面，结跏趺坐，两膝间距 93 厘米，双足外露，脚掌向上。双手持物，右前臂平抬，右手在左胸前握持，左手在左胫上承托下端，掌心向上，屈后三指，余指伸直。额上红色白毫，弯眉，二目残损，鼻梁高直，红唇闭合，肤色白。青色长发垂肩，于额顶中分，下端卷曲，顶束鞍形髻。发型与北侧菩萨坐像基本相同。着灰绿色宽袖大衣，橙色里面。前胸袒露，内着红色僧祇支，白色领缘。外披黑灰色袈裟敷搭左肩、左腹、左臂，垂至股上，半披右肩，绿色里面。下着红色长裙，裙裾呈垂弧状铺覆座垫上，绿色裙缘。所持器物截面椭圆形，可见通长 56.5 厘米、横径 6 厘米；右手所持上端残长 17.7 厘米，敷白粉，墨绘云气纹；两手之间露出木质骨架，截面长方，可见长 26.5 厘米、横径 3.5 厘米，外裹芦苇，扎以细麻绳，最外敷泥造型（图 80；图版 II：131）。

---

[56] 南、北坐像之台座，所绘装饰图案，尤其边饰图案，似仿清代木构建筑檩枋横向分段彩画装饰——箍头、藻头、枋心、盒子——的作法，但题材内容和用色多有不同，如造像台座座基和座身上端边饰。其绘画元素中可见使用枋心线、岔口线、皮条线、盒子线、箍头线，以及旋子花、岔角云纹等，以及敷色由浓而淡或由深渐浅分层退晕法，主要用色为黑、白、红色。

[57] 狮子为文殊菩萨坐骑。推测该塑像残毁之后，后世重修补塑时保留原作某些因素于其中，据台座正面狮子画像，学者怀疑此菩萨坐像原塑为文殊菩萨像。

右侧视（向东） 　　　　　　　　正视（向北） 　　　　　　　　左侧视（向西）

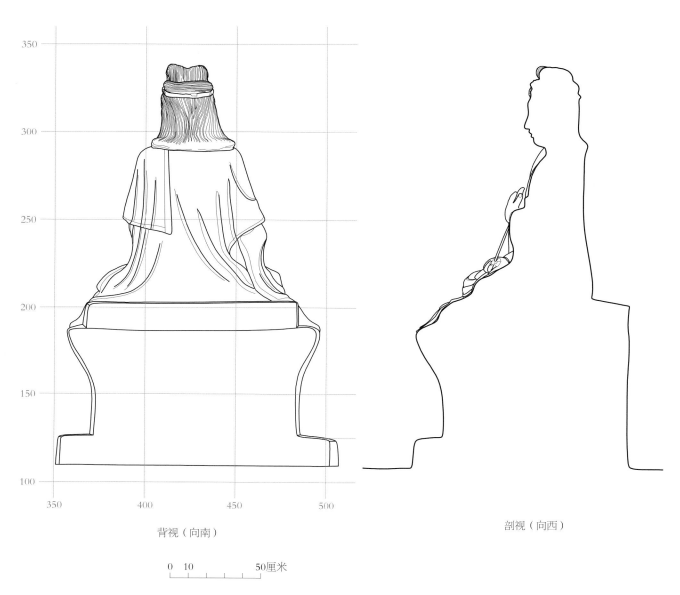

背视（向南） 　　　　　　　剖视（向西）

0　10　　　　50厘米

图 79　第 256 窟主室佛坛上北侧菩萨坐像

右侧视（向西）　　　　　　　　　　　正视（向南）　　　　　　　　　　　左侧视（向东）

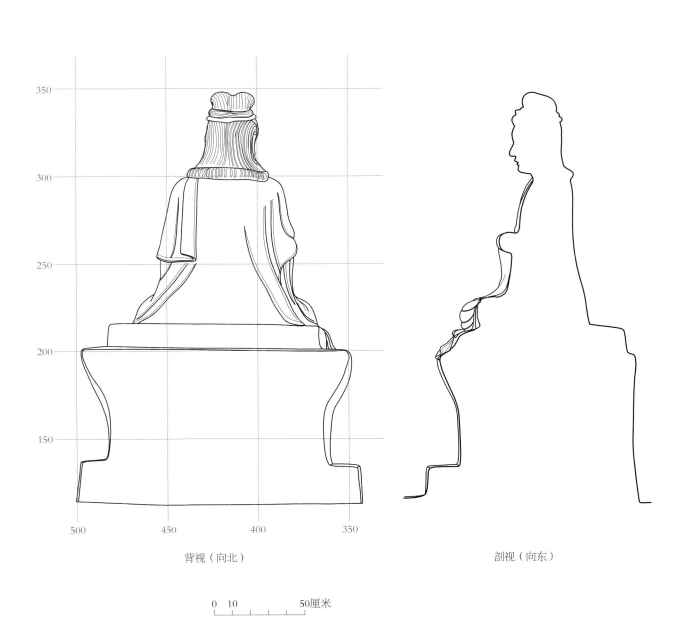

背视（向北）　　　　　　　　　　　　剖视（向东）

0　10　　　　　　50厘米

图80　第256窟主室佛坛上南侧菩萨坐像

方形台座高 79.5 厘米，由座基、座身两部分构成。西、北、东向面皆施彩绘，唯南向面作粗泥面（图 80；图版 II：136）。

座基长方形，高 15 ～ 16 厘米、东西宽 147.9 ～ 150.3 厘米，南北进深 116.4 ～ 116.8 厘米，南面底边距上层坛南沿 28.9 ～ 31.8 厘米，西面底边距南侧弟子像台 48.4 厘米。南、北二菩萨坐像台座底边相距 322.8 ～ 331.7 厘米。仿旋子彩画形式，北向面中间枋心灰色地上绘山石竹叶，东向面枋心绘四出红色旋瓣花，灰白色浮云，西向面枋心绘卷云丛集；三面两侧藻头、箍头对称画云纹岔口、箍头栀花等，黑白灰色叠染，其中东向面红色花瓣、檐部橙色（图 80；图版 II：136）。

座身高 62 厘米，居座基中间偏南靠后，前距座基北沿 14.6 ～ 16.8 厘米，上部（约高 25 厘米以上）向外扩出形成斜披，底部东西宽 123 厘米、南北进深 98 ～ 99.8 厘米，顶部 143.4 厘米、进深 106.8 ～ 109.2 厘米。北、西、东向面上端边饰，分别宽 12 ～ 12.6 厘米、12.5 ～ 13.5 厘米、13 ～ 13.7 厘米，勾上下边线，仿旋子彩画形式。北向面枋心白色地上绘旋瓣半花，弧形岔口，藻头绘莲花、红色瓣檐部白色、绿灰色叶，箍头红色栀花；东西两面灰色地上绘枋心卷云丛集、箍头绘栀花，其中东向面部分卷云红色、栀花红色瓣。座身三面边饰下灰地色上墨笔画动物。北向面画一象蹲坐[58]，头西尾东，前腿撑起，后腿臀部着地，低头回首，面朝向东，垂耳立目，长鼻内卷，尖牙锐利，形貌凶恶。画面四角分别绘白色云纹角花，黑色双勾边线（图 80；图版 II：136-1）。西向面画松鹿图。南侧松树向北横出枝干，树冠如荫，一鹿伫立树下，头北尾南，回眸顾盼，双角分叉，身被花斑，右前腿轻提，丛草遍地。画面四角与北向面相同，云纹与地色俱为灰色（图 80；图版 II：136-2）。东向面画龙马负图。一匹奔马，四蹄腾跃，背负太极图，自南而北疾驰而来，鬃毛奋飞，仰天嘶鸣。画面四角白色云纹与北向面相同（图 80；图版 II：136-3）。

座身上面方形坐垫高 13 ～ 14.3 厘米，居座身偏南靠后，南面及东西两面前部被塑像衣裙覆盖，东、西面南部露出横长 53 ～ 66 厘米，灰色地上绘连续灰色云头纹，其中东向面北起第一朵白色云头，第三、第五朵红色云头。

（5）北侧菩萨立像

北侧菩萨立像，通高 212 厘米（包括台座）、身高 178 厘米、头高 41 厘米、肩宽 42.5 厘米，朝向南，正面直立。双手持物，右臂屈起，右手在胸前持拂尘，左手在腹下握拂尾，双腿分开，跣足，踏于圆台之上。鬓宽颊窄，青色弯眉，红色白毫，黑眼珠，左眼残损，鼻梁高，鼻翼窄，红唇闭合，肤色白。青色长发分绺垂至肩前，头顶束髻，戴云纹花冠。袒上身，青色帔巾敷搭双肩而下，绕前臂长垂于两侧台面上，其中绕左前臂三圈，翻出橙色里面。下着红色长裙，白色裙腰外翻垂至胯下，绘灰色写意云纹、土黄色边缘、橙色里面，束黑色腰带。手中拂尘紫黑色（图 81；图版 II：132）。

圆形台座高 30 ～ 31.7 厘米、横径 90 厘米，底边北距上层坛北沿 19.2 厘米，东距上层坛东沿 123.6 厘米，西距北侧菩萨坐像台座东面底边 27.4 厘米。台面平，浅灰色。台身前面黑灰色地上绘如意，灰色如意云纹头缀四粒小红珠，曲颈，红色柄稍弧，尾端白色圭形缀三粒灰色珠，飘带于横置如意柄中系蝴蝶结，两端上下婉转飘出。东侧面画一葫芦，橙色葫芦斜置，上口塞白色珠，身布密集红点，腰系灰色蝴蝶结飘带，两端向外婉转飘舞。图形周围点缀圆珠形纹（图 81；图版 II：134-3、4）。

（6）南侧菩萨立像

南侧菩萨立像，通高 212.4 厘米（包括台座）、身高 179.7 厘米、头高 41.2 厘米、肩宽 43.2 厘米，朝向北，正面直立。姿态、面容、肤色、发型、冠饰、衣着、持物均与北侧菩萨立像基本相同。左手在胸前持拂尘，右手在右腹间捻拂尾，分腿跣足踏于圆台上。双目残损，眼珠俱失。袒上身，红色帔巾敷搭双肩而下，绕前臂垂至台面，翻出土黄色里面。其中绕左前臂三圈，翻出橙色里面。下着橙红色长裙，粉绿色裙腰外翻垂至胯下，橙色里面，束黑色腰带。手中拂尘紫黑色（图 82；图版 II：133）。

圆形台座高 30 厘米、横径 88.6 厘米，底边南距上层坛南沿 22.9 厘米，东距上层坛东沿 97.3 厘米，西距南侧菩萨坐像台座东面底边 31 厘米。南、北二菩萨立像台座底边相距 389.5 厘米。台面平，黑色。台身前面黑灰色地上绘珊瑚，红色珊瑚横置，中有白色晕染，灰色飘带于其中腰系蝴蝶结，两端向外婉转飘出。东侧面画芭蕉扇（蒲扇、葵扇、蒲葵扇），红色柄，橙黄色扇面黑色、红色勾染脉纹，中腰灰色飘带系蝴蝶结，两端飘向外侧。图形周围点缀圆珠形纹（图 82；图版 II：134-5、6）

（二）木构窟檐

在第 256 窟前室，近代增筑木构窟檐一座，之后又几经变迁，现存木构窟檐是敦煌研究院加固维修改造之后的现状。根据此前相关历史记录，将木构窟檐情况简述如下。

20 世纪初，在伯希和、奥登堡调查记录中，从拍摄照片和测绘图看，此窟木构窟檐为封闭式建筑物，面阔三间，似斜坡顶，西接崖体，

---

[58] 象为普贤菩萨坐骑。推测该塑像残毁之后，后世重修补塑时保留原作某些因素于其中，与北侧菩萨坐像相同，据台座上所画之象，学者怀疑此菩萨坐像原塑为普贤菩萨像，与文殊菩萨像相对。类似题材的塑像组合，可参见莫高窟第152、233等窟中心佛坛上经过清代重修的普贤菩萨塑像。

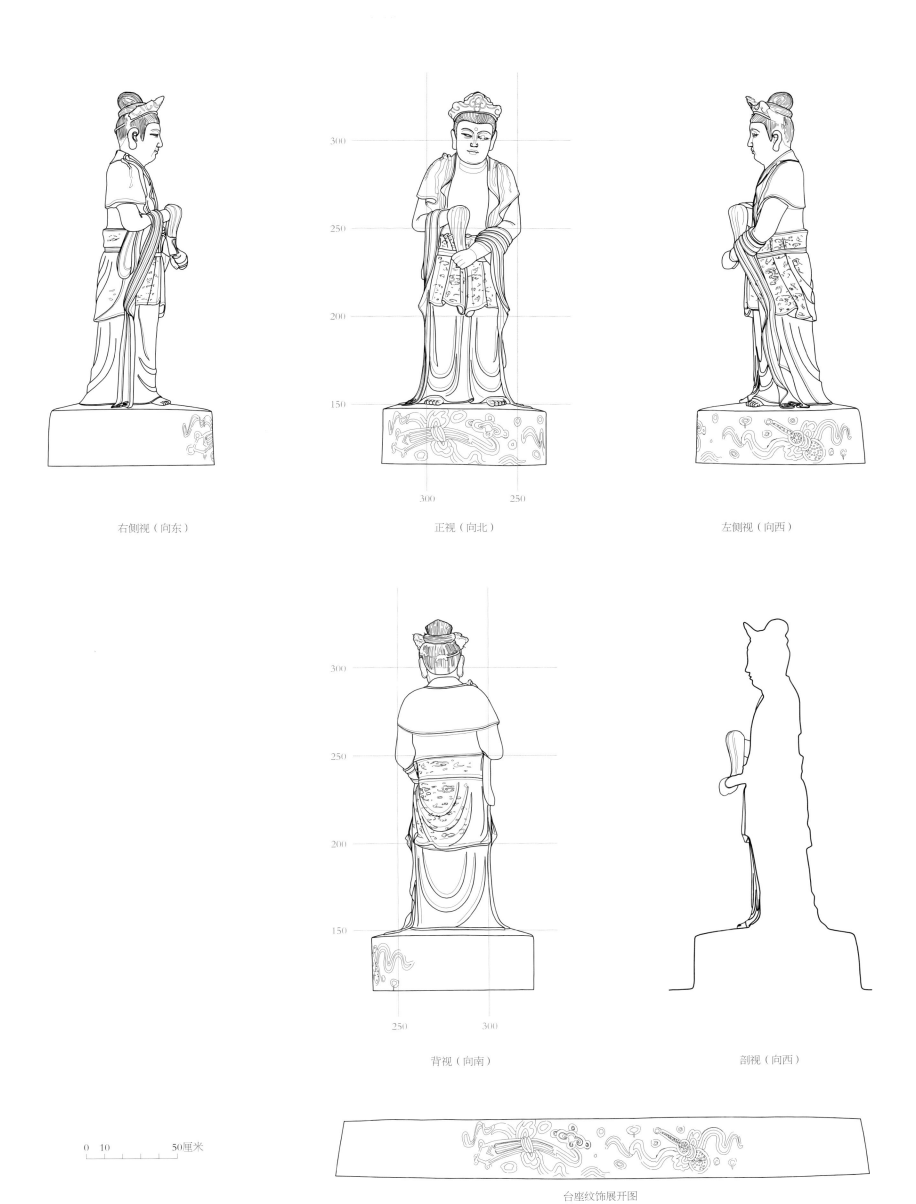

右侧视（向东）　　　　　　　　　　　　正视（向北）　　　　　　　　　　　　左侧视（向西）

背视（向南）　　　　　　　　　　　　剖视（向西）

0　10　　　50厘米

台座纹饰展开图

图81　第256窟主室佛坛上北侧菩萨立像

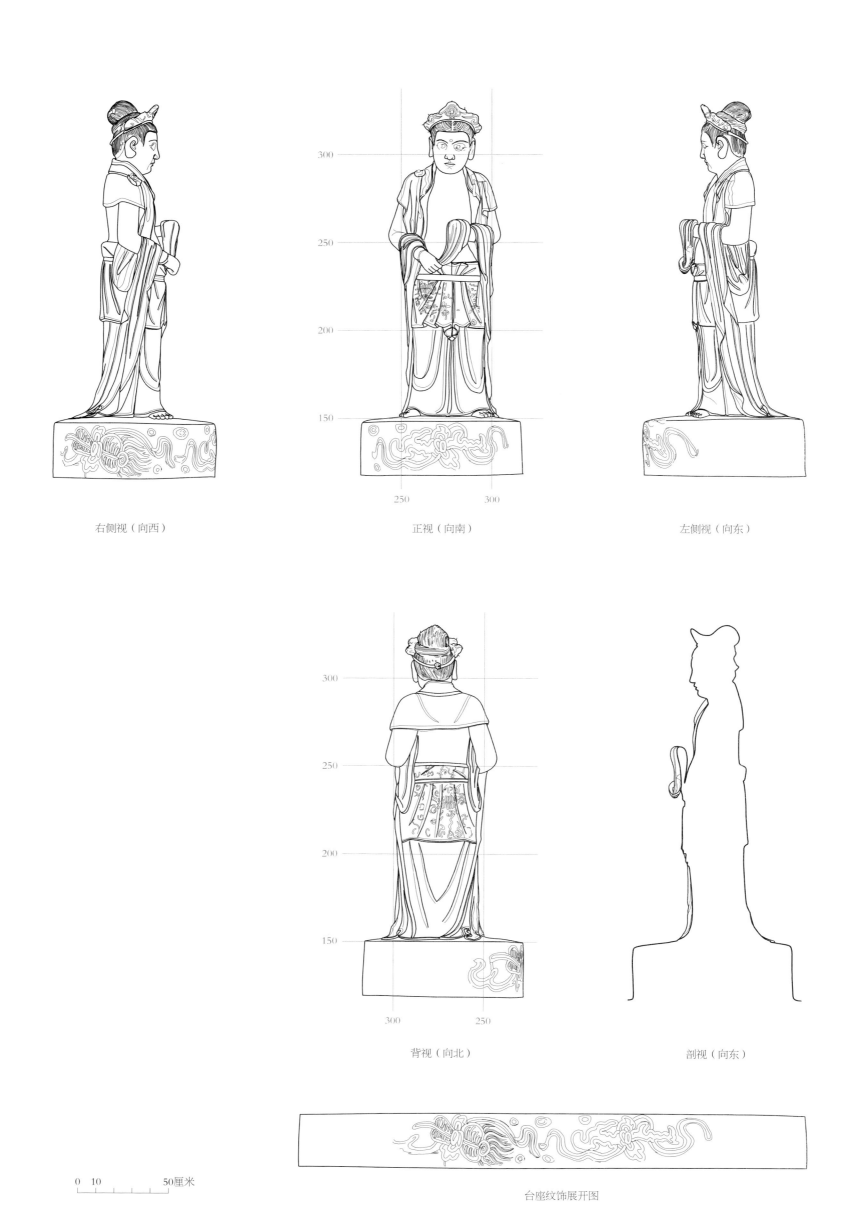

右侧视（向西）　　　　　　　　　　正视（向南）　　　　　　　　　　左侧视（向东）

背视（向北）　　　　　　　　　　剖视（向东）

0　10　　　　50厘米

台座纹饰展开图

图 82　第 256 窟主室佛坛上南侧菩萨立像

南、北倚原壁面构筑北山墙和南山墙，东面砌筑檐墙。檐墙内置四檐柱，安设门窗。窟门位于檐墙中间靠下，正对明间（当心间），方形棂窗居窟门两侧偏上，分别相对北次间、南次间[59]。

20世纪50年代，敦煌文物研究所对第256窟木构窟檐部分进行修葺，将原有檐墙拆除，窟室内景暴露在外，从历史照片等资料可以大致了解原来窟檐之屋顶、柱梁檩桁架构，以及椽子铺设等情况。

此窟木构窟檐是连接前室西壁，砌筑南、北山墙而建在崖体之上的。北山墙和南山墙皆以土坯垒砌，墙面抹泥。木构窟檐为卷棚顶，面阔三间，四梁六柱。其中四梁东端分别连接四根檐柱，内侧二梁西端插入西壁窟门两侧上方近顶处打凿的梁孔之中，外侧二梁分别嵌入南、北山墙，西端皆与西壁南北两边角柱相接。梁上置檐檩、桁条，再上依次布排椽子，铺压柳条、芦苇，抹墁草泥。窟檐屋顶低于原来前室顶，并未将原室顶覆盖于窟檐之内。在窟檐建成之后，将暴露于外的原顶面上部再做封堵补修，使其避免日晒雨淋、风沙侵蚀之患[60]。

（三）游人题记

在第256窟前室、甬道、主室第二层（表层）壁画之上，有多处先后不同时期以汉文或少数民族文字墨书、刻写的游人题记。现选择较重要的记录如下。

1. 前室
前室西壁门北侧表层壁画上游人刻写题记4条。
西壁南距门北沿65厘米、下距地表145厘米，刻写回鹘蒙文题记一则，竖书2行，高22厘米、宽4厘米。本题记此前已有著录，翻译并发表，《报告》中译作汉文为："五月二十日／我叩拜了……"[61]（图版Ⅱ：137-1）。

西壁南距门北沿113厘米、下距地表108厘米，刻写回鹘蒙文题记一则，竖刻4行，高43厘米、宽8厘米，保存基本完好，其中右（北）起第一、四行较短、字数少，而第二、三行则较长、字数较多（图版Ⅱ：137-2）。

西壁南距门北沿173厘米、下距地表107厘米，刻写题记一则，横书1行，2字，高14厘米、宽8厘米，难以辨识，似西夏文，存疑（图版Ⅱ：137-3）。

西壁南距门北沿306厘米、下距地表184厘米，刻写汉文题记一则，竖书1行，2字，高13厘米、宽5厘米，录文："龍興"[62]（图版Ⅱ：137-4）。

2. 甬道
甬道北壁、南壁表层壁画上墨书、刻写题记4条。
北壁西起第六身供养菩萨像西侧下方，东距北壁东边200厘米、下距地面花砖120厘米，刻写回鹘蒙文题记一则，竖刻2行，高52厘米、宽10厘米，保存完好[63]，《报告》中译作汉文为："……公古那巴拉来此寺／庙叩拜后返回了"（图版Ⅱ：138-1）。

北壁西起第六身供养菩萨正下方边饰处，东距北壁东边172厘米、下距地面花砖45厘米，刻写回鹘蒙文题记一则，竖刻6行，高36厘米、宽15厘米，保存完好[64]（图版Ⅱ：138-2）。

---

[59]　参见本卷附录一〈本卷洞窟调查记录文献摘录〉之（一）、（二）。

[60]　参见本卷附录二〈本卷洞窟历史照片选辑〉之（九）敦煌研究院藏历史照片。

[61]　敦煌研究院考古研究所、内蒙古师范大学〈敦煌石窟回鹘蒙文题记考察报告〉（此简称《报告》），《敦煌研究》1990年第4期，pp. 5, 13, 15，图版13（后收入敦煌研究院编《敦煌研究文集·敦煌石窟考古篇》，甘肃民族出版社，兰州，2000年9月，pp. 538–540, 558–559, 567–568）。《报告》记录第256窟回鹘蒙文题记三条，并对原文作临摹、蒙语拉丁音标转写、汉文对译和直译。本题记在《报告》中编号18，题为"第256窟前室西壁题记"。但是《报告》记录尺寸有误，原状应为：第256窟前室西壁甬道口北侧，2行，22厘米×4厘米。《报告》附表摘录如下：

编号	题记名称	位　置	尺寸（厘米）	行数	书写者	书写方式	书写年代	保存状况	附注
17	公古那巴拉题记	莫高窟第256窟甬道北壁西起第三身供养菩萨像左下	52×14	2	公古那巴拉	刻书	无	完好	
18	第256窟前室西壁题记	莫高窟第256窟前室西壁北侧	52×10	2	无	刻书	不详	完好	⑯
21-5	六字真言蒙文题记	莫高窟第256窟甬道南壁西侧		6	无	刻书	无	完好	

[62]　"龙兴"二字，字迹规整，是指历史年号，抑或敦煌佛寺名称，不得而知，待考。

[63]　参见注[61]，本题记在《报告》中编号17，题为"公古那巴拉题记"。《报告》记录位置有误，应更正为："甬道北壁西起第六身供养菩萨西侧下方"。

[64]　此条刻划文字题记，《报告》文中未录，或遗漏。

北壁西起第五、六身供养菩萨之间，东距北壁东边 220 厘米、下距地面花砖 138～153 厘米，竖书 5 行，高 40 厘米、宽 22 厘米，墨书自右至左："無燈常借月 / 有戶不留風 / 爐裡塵時起 / 盞中油每空 / 道光二季四月初六日鳴沙一拜□"（图版 II：138-3）。

南壁西起第一、二身供养菩萨之间下部，西距南壁西边 79 厘米、下距地面花砖 115 厘米，刻写回鹘蒙文题记一则，横书 1 行，6 字，《报告》中译作汉文为："唵嘛呢叭咪吽"；其东侧上方，另刻写竖书 2 行 3 字，未作对译 [65]。题刻高 13 厘米、宽 8 厘米，保存完好（图版 II：138-4）。

3. 主室

主室东壁门南侧、门北侧表层壁画上墨书、刻写题记 5 条。

主室东壁南距门北沿 117 厘米、下距地面花砖 179 厘米，竖书 3 行，高 20 厘米、宽 8 厘米，墨书自右至左："大清乾隆五十四年 / 大清國陝西凉州府在城 / 生意人王伯賢叩"（图版 II：139-1）。

东壁南距门北沿 140 厘米、地面花砖向上 179 厘米，竖书 3 行，高 12 厘米、宽 6 厘米，墨书自右至左："即是 / 大宋國 / 至正十三年六月" [66]（图版 II：139-2）。

东壁门南侧北起第一身男供养人榜题上方南侧，北距门南沿 30 厘米、下距地面花砖 158 厘米，刻写西夏文题记 1 行 1 字，高 12 厘米、宽 5 厘米 [67]（图版 II：139-3）。

东壁北距门南沿 73 厘米、下距地面花砖 175 厘米，竖书 2 行，高 23 厘米、宽 5 厘米，墨书自左至右："大元國西夏寺住僧人十五人 / 此舊歲補寫"（图版 II：139-4）。

东壁北距门南沿 97 厘米、下距地面花砖 173 厘米，竖书 3 行，高 36 厘米、宽 13 厘米，墨书自右至左："大清國陝西凉州府武威人 / 信士弟王維曾叩一心出家爲僧 / 大清乾隆伍拾四年八月十五日題"（图版 II：139-4）。

第四节　现代遗迹

敦煌研究院自 20 世纪 40 年代起，先后多次对第 256 窟采取了各种不同的维修保护措施 [68]，进行了塑像壁画调查记录，现略述如下。

一　木构窟檐

20 世纪 40 年代，国立敦煌艺术研究所曾经在第 256 窟前做过部分修缮，采取保护措施，新筑护墙、安装窟门、修建阶梯等。

50 年代，敦煌文物研究所对第 256 窟木构窟檐进行的部分拆除和维修，从当时拍摄的照片上，可以了解之前和加固之后不同变化的大致情况。

修缮之前的第 256 窟木构窟檐，系封闭式建筑物，但与此前伯氏、奥氏等图文记录和摄影照片进行对比，显然已有所变化。就木构窟檐檐墙（东墙）而言，似略向里缩进，屋檐因而在檐墙顶端上方伸出。就檐墙中央木质窟门，倚墙向外增建门楼，以土坯砌筑门楼之南墙和北墙，上覆前低后高的单面斜坡顶。在门楼前方砌筑土坯梯道，通向下层洞窟窟前地面。台阶约十三级，呈陡立倾斜之状。在阶梯两边垒砌扶手护墙，至下数第四级台阶。扶手护墙涂敷白粉，西（后）端连接门楼南墙和北墙。护墙顶作成卷棚式两坡顶形式，东（前）端各筑一方形立柱（望柱），柱头呈攒尖顶形 [69]。

---

[65]　参见注[61]，本题记在《报告》中编号 21-5，题为"六字真言蒙文题记"。《报告》有关本题记的记述有些零乱，上方竖书 2 行 3 字未作对译外，所记"6行"亦疑似误记。上述甬道北壁西起第六身供养菩萨正下方刻写回鹘蒙文题记竖书 6 行，《报告》失录，行数相合，未知是否与此关联。

[66]　张小刚〈莫高窟第 256 窟至正年间"大宋国"题记考释〉，《敦煌学辑刊》2003 年第 2 期，pp. 93-95。

[67]　史金波、白滨〈莫高窟榆林窟西夏文题记翻译〉云："第256洞门南东壁供养人题名上划字：？（西夏文一字）/……"。另参见史金波、白滨〈莫高窟榆林窟西夏文题记研究〉附表 1"莫高窟西夏文题记分布一览表"：第 256 窟"门南东壁供养人榜题上，一行一字，划文。"（敦煌研究院编《榆林窟研究论文集》下册，上海辞书出版社，上海，2011 年 9 月，pp. 842、875。）但是，以上二文所述与现存壁面上刻划文字情况似有不符，暂存疑。

[68]　譬如，在国立敦煌艺术研究所时期（1944～1950年），维修窟檐，安装窟门，砌筑护墙，构建梯道等。在敦煌文物研究所时期（1950～1984年）和敦煌研究院时期（1984 年至今），先后进行洞窟维修加固工程，修缮木构窟檐，构筑崖顶防沙墙，架设栈道，更换木板走廊护栏，修补铺衬窟内外地面，修复加固塑像壁画，安装玻璃屏风，等等。详情参见《敦煌莫高窟石窟档案》（敦煌研究院保护所藏）。另见附录二〈本卷洞窟历史照片选辑〉之（九）敦煌研究院藏历史照片。

[69]　据敦煌研究院办公室档案和莫高窟石窟档案记录，1944 年，国立敦煌艺术研究所曾在本卷洞窟之前，改修毗邻洞窟之间上下交通梯道，垒筑防护土坯墙，安装窟门等。推测本窟窟檐前墙、门窗、阶梯、护墙等的改造新筑封堵，当系此时所为。请参见敦煌研究院保护研究所存《敦煌莫高窟石窟档案》。又，附录二〈本卷洞窟历史照片选辑〉之（九）敦煌研究院藏历史照片。

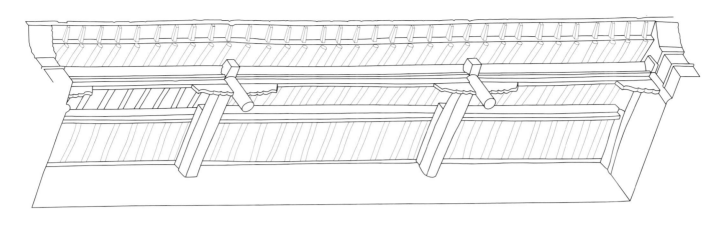

图 83　第 256 窟前室木构窟檐仰视

檐墙上原来两个方形木窗已被封堵抹泥，又在墙之南北两端下部，分别新开一门，以便交通毗邻洞窟。另接门楼南墙和北墙外侧下部，分别构筑向南、向北延伸之低矮护墙。其中北侧护墙向北延伸，经第 257 窟主室，至第 259 窟主室北壁；南侧护墙向南延伸，南端连接第 255 窟主室南壁。

20 世纪 50 年代末，敦煌文物研究所对第 256 窟窟檐的维修加固，拆除了原来檐墙、门窗、门楼、护墙以及通往下层洞窟前地面的阶梯。窟檐屋顶增加望板、椽条，檐柱上增设额枋。檐柱截面圆形，上有收分，且增饰雀替。南、北山墙加饰墀头和方形砖墩，地面铺衬水泥方砖。南、北次间前面均增设栏杆，分别连接四檐柱。地面上原有通往下层洞窟的第 70、71 窟的穿洞被封堵[70]。

1999 年，敦煌研究院保护研究所再次落架维修加固第 256 窟木构窟檐，为部分坏损腐朽残断而不能再利用的构件更换新材，依原样添配替补。现存木构窟檐卷棚顶，面阔三间，高 454.6 厘米、宽 1076.7 厘米、进深 429.6 ～ 431.7 厘米。南山墙和北山墙以条砖垒砌，表面抹白灰泥。其中南山墙高 391.8 厘米、宽 431.7 厘米、厚 32 厘米；北山墙高 386.9 厘米、宽 429.6 厘米、厚 32 厘米。四檐柱二角柱分布前后，柱上架四梁，梁上置檩，檩上排布椽子，再上依次铺压望板，加用防水建材，抹墁三合土泥面，是为屋顶（图 83、84）。

为保护第 256 窟前室四壁壁画不再受到自然和人为的直接破坏，在前室后部，距离西壁 113.6 ～ 131.9 厘米，增砌一道下起地面，上达屋顶，左右两端连接南、北山墙的砖墙，墙高 388.1 厘米、宽 983.8 厘米、厚 31 厘米。砖墙中央下部开门，安装铝合金双开窟门和防沙网。门高 275.7 厘米、宽 118.2 厘米。前室地面重新铺衬水泥方砖。对于窟檐屋顶上方之西、南、北壁及顶部，未采取进一步的保护措施，残存壁画仍然暴露在外。当时修缮之后的情况，大体保持至今（图 85）。

2005 年初，敦煌研究院保护研究所对包括本卷洞窟在内的第二层洞窟——自第 248 窟起至第 260 窟区段之窟前原于 20 世纪 50 年代末维修加固的木质栈道和护栏，重新更换为钢筋混凝土浇筑的栈道和护栏[71]。

二　甬道

第 256 窟甬道现地面，南北分为三部分。居中为水泥地面，当在 20 世纪 50 年代末铺设[72]，东西长 586 ～ 590 厘米、南北宽 178 ～ 185 厘米。南北两侧各铺设 2 排花砖，北侧长 586.8 厘米、宽 57 ～ 59 厘米，南侧长 586.4 厘米、宽 57 ～ 60 厘米。每排花砖 20 块，对缝铺设。花砖皆八瓣莲花云头纹，属窟内主室地面花砖第一种。莫高窟窟前殿堂遗址中铺设花砖，以第 130 窟窟前殿堂数量最多且规格划一。第 256 窟甬道铺设之花砖，当系古代花砖在现今的再利用（图 86；图版 II：20）。

---

[70]　参见本卷附录一〈本卷洞窟调查记录文献摘录〉之（六）、（八），附录二〈本卷洞窟历史照片选辑〉之（九）敦煌研究院藏历史照片。

[71]　莫高窟南区第248～260窟区段（包括第256、257、259窟在内）窟前栈道，维修加固建成于20世纪50年代末。初建时为木质栈道，其后于1998～1999年进行局部维修加固，更换损坏腐朽构件木材。2005年，拆除木质栈道，以钢筋混凝土栈道替换（参见敦煌研究院保护研究所存《敦煌莫高窟石窟档案》之本卷洞窟档案记录）。

[72]　参见《敦煌莫高窟石窟档案》之第256窟记录（敦煌研究院保护研究所藏）。

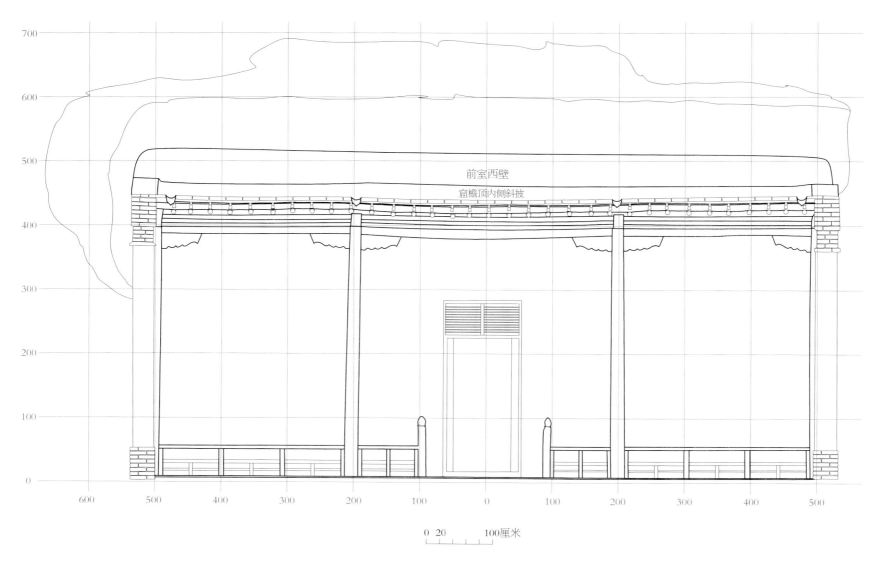

前室西壁
窟檐顶内侧斜披

0 20   100厘米

图 84   第 256 窟前室木构窟檐外立面

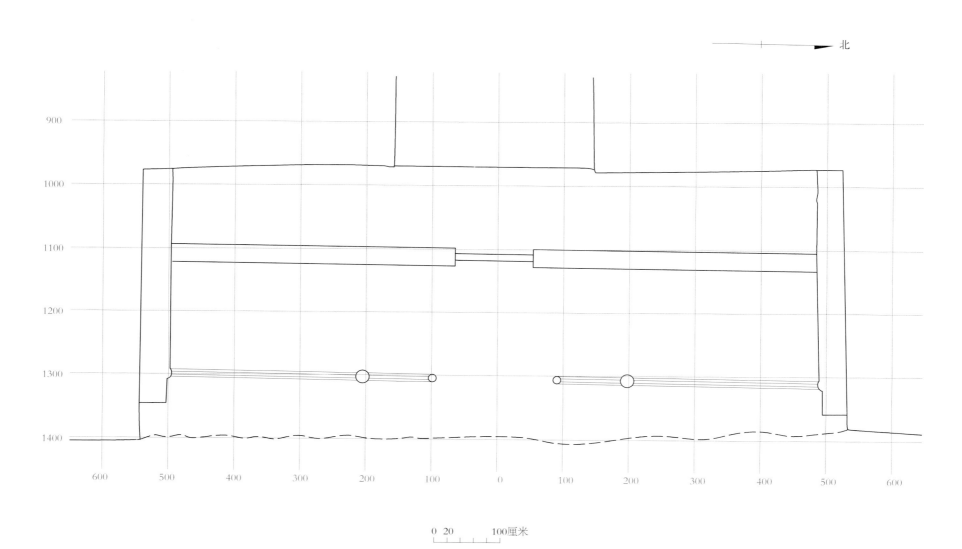

北

0 20   100厘米

图 85   第 256 窟前室平面图

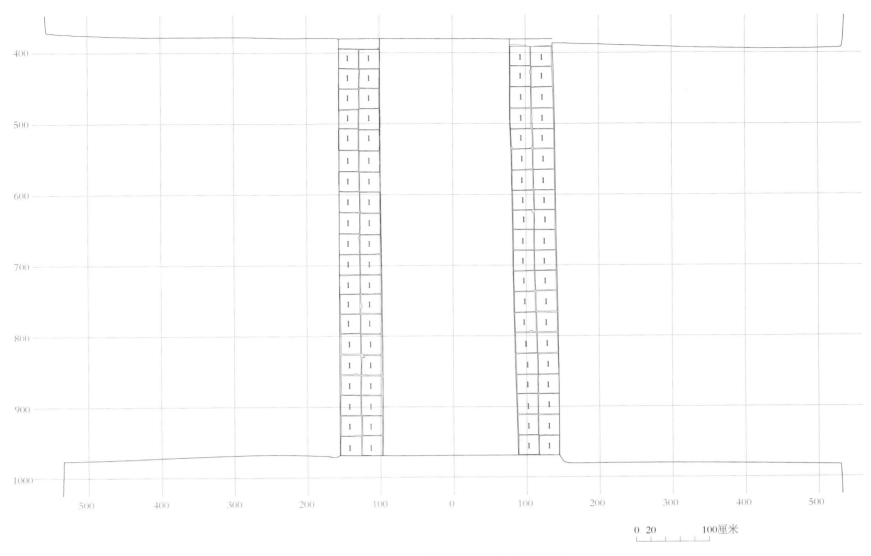

图 86　第 256 窟甬道地面花砖分布图

三　主室

在第 256 窟主室地面东部，从东壁甬道西入口处开始，向西至佛坛东向面中段凹入部分之前，地面铺设的花砖部分被毁，现为水泥地面，南北宽 180 厘米，东西进深 455 厘米，当系敦煌文物研究所于 20 世纪 50 年代末修补所为 [73]（图版 II：38-1）。

四　张大千洞窟编号

在第 256 窟前室西壁甬道口北侧，南距门沿 40.5 ～ 43 厘米、下距地面 91.7 厘米，有张大千于 1943 年书写的洞窟编号；土红色线描纵长方形边框，高 38.5 厘米、宽 19 ～ 20 厘米，框内竖行墨书："二四六"，字迹已被刻划损毁。框内北上角又一墨线小方框，高 7 厘米、宽 4.3 厘米，内墨书"P"字。边框南下角，向下画墨线箭头，长 40 厘米，指向下方的下层洞窟，即今第 70 窟（图 88）。

前室西壁甬道口南侧门沿附近，北距门沿 52.3 ～ 52.8 厘米、下距地面 68.5 厘米，有张大千书写的洞窟编号；土红色线描纵长方形边框，高 39.7 厘米、宽 21.3 ～ 23 厘米，框内竖行墨书："二四七"，字迹已被刻划损毁。框内北上角下 7.3 厘米又一墨线小方框，高 9.5 厘米、宽 4.5 厘米，内墨书"P"字。边框下边中间，向下画白线箭头，长 20.5 厘米，指向下方的下层洞窟，即今第 71 窟（图 87）。

此外，本窟张大千编号为"二四五"，原白地、竖行墨书题写于木构窟檐檐墙中间窟门外北侧墙壁上 [74]。20 世纪 50 年代末石窟加固工程中拆除檐墙，故张氏题写的编号随之被毁无存。加固工程之前于 1957 年拍摄的第 256 窟外景照片上，可以看到窟门外北侧檐墙上的张大千洞窟编号题榜。照片上同时可见门楼南墙前面敦煌文物研究所制作的洞窟编号牌榜，白色地土红色边框，黑色横书窟号"256"（图 89）。

---

[73]　参见《敦煌莫高窟石窟档案》之第256窟记录（敦煌研究院保护研究所藏）。

[74]　参见附录二〈本卷洞窟历史照片选辑〉之（九）敦煌研究院藏历史照片。

图 87　第 256 窟前室西壁南侧张大千下层洞窟编号牌榜　　　　　　图 88　第 256 窟前室西壁北侧张大千下层洞窟编号牌榜

图 89　20 世纪 50 年代莫高窟维修加固工程前的第 256
窟外立面（1957 年，部分）

五　敦煌文物研究所对本窟塑像和壁画编号

1948 年至 1962 年，敦煌文物研究所（原国立敦煌艺术研究所）在调查记录统计洞窟壁画和塑像时，在窟室用阿拉伯数字编号，墨书于每壁或每幅壁画的下边和塑像的下边，各高 2 厘米、宽 3.5 ～ 5 厘米。在第 256 窟题写编号现存 16 处，具体位置如下表。

从上述编号情况看，塑像和壁画分别编号。塑像先编主尊佛像，再依次编北侧弟子、南侧弟子、北侧菩萨坐像、南侧菩萨坐像、北侧菩萨立像、南侧菩萨立像，其中佛和南侧弟子编号现已无存。主室壁画按照东壁、南壁、西壁、北壁顺序，自上而下分段进行编号，而西壁编号皆已无存。窟顶壁画似未予编号。甬道、前室壁画未见编号。

序　号	类　别	位　　　置	题写内容（编号）
1	塑像	北侧弟子像台前面上沿中部	2
2		北侧菩萨坐像台座前面上沿中部	4
3		南侧菩萨坐像台座前面上沿中部	5
4		北侧菩萨立像台前面上沿中部	6
5		南侧菩萨立像台前面上沿中部	7
6	壁画	东壁门南侧千佛下方边饰南端	1—1
7		东壁门北侧千佛下方边饰南端	1—5
8		东壁门上南下部	1—6
9		东壁门南侧供养人南下角	2—1
10		东壁门南侧壶门南端下部	2—2
11		东壁门北侧壶门南端下部	2—5
12		东壁门北侧供养人南下角	2—6
13		南壁千佛下方边饰西端	1—2
14		南壁壶门西端下部	2—3
15		北壁千佛下方边饰东端	1—4
16		北壁壶门东端下部	2—4

第五节　小结

第 256 窟为殿堂式礼拜洞窟，由前室、甬道、主室三部分构成。主室平面方形，地面中央靠后设倒"凹"字形（马蹄形）双层须弥座式佛坛，坛上塑像。窟顶覆斗形，四披转折之下隅各凿一"凹窝"（浅龛）。甬道纵长方形平面，盝形顶。前室平面呈横长方形，平顶。

第 256 窟窟外崖面，较之毗邻洞窟向后大幅缩进。尤其值得注意的是，其南北上下相邻洞窟大多开凿于北魏或隋唐时期，年代均早于本窟，似可说明第 256 窟开凿时，因该处崖面坍塌、前朝洞窟毁坏而填空补缺，系新建之石窟，也可能是将前代洞窟破坏之后扩建的大型石窟。

第 256 窟中心佛坛之形制[75]，是在莫高窟早期石窟形制的基础上，吸收融合中原唐代以后寺院建筑因素而逐渐发展形成的[76]；至晚唐、五代、宋时，在莫高窟大量出现，成为敦煌石窟典型洞窟形制之一，其规模宏大，趋于成熟[77]。窟顶下方四角之"凹窝"（浅龛），

---

[75] 参见张景峰〈敦煌石窟的中心佛坛窟〉，《敦煌研究》2009年第5期，pp. 31-39。

[76] 莫高窟主室地面中心设佛坛，最早见于北魏第487窟，之后有西魏第285窟、隋代第305窟、初唐第205窟等，皆属不同时代的个案，数量相对较少。至晚唐以后，中心佛坛式洞窟大量出现，发展成为敦煌石窟晚期的一种典型洞窟形制。据学者研究，莫高窟唐宋时期的中心佛坛窟，乃是模仿内地寺院木构建筑殿堂中心佛坛之形式。参见萧默〈敦煌莫高窟的洞窟形制〉（《中国石窟·敦煌莫高窟》第二卷，文物出版社、平凡社，北京，1984年10月，p. 197）、孙毅华、孙儒僩《敦煌石窟全集·建筑画卷》（商务印书馆〔香港〕有限公司，香港，2003年10月，pp. 128-129, 143-144）。

[77] 大型中心佛坛窟，敦煌石窟现存二十余座，如晚唐第85、138、196窟，五代第61、98、100、146窟，宋代第55、454窟等。

略似穹窿形，当为绘四大天王 [78] 而设置。这种作法，莫高窟始见于五代曹氏归义军时期 [79]。

关于第 256 窟的开凿与重修时代 [80]，目前尚未发现确切的纪年资料。根据学者对本窟第一层壁画供养人画像题记的研究，认为此窟下层壁画属五代曹氏归义军时期，即可能在曹元深执政时期，具体为"在其自称司空期间，即公元 939 年冬～ 942 年秋" [81]。但是，学术界尚存在不同意见 [82]。

从第 256 窟前室、甬道、主室现存遗迹和层位叠压情况来看，主要有上、下两层壁画、彩绘迹象。

下层（即第一层）壁画为开窟时的原作，均被上层（即第二层）壁画覆盖，主要散见于主室四壁、佛坛四面和窟顶藻井、南披、西披、北披，以及甬道顶和北壁、前室西壁北侧等上层壁画剥落处。其具体题材内容、设色布局、绘画技法、制作工艺等整体情况不明了，现仅见露出的少许花卉图案、边饰、供养人题记等画面局部和残迹。壁画题材或可据有关文献推想 [83]。佛坛上的主尊佛像，应与下层壁画同时，为开窟时的原作。

上层（第二层）壁画遍于全窟，除主室窟顶西披几乎全毁、南北两披部分残毁，西壁大部、南北两壁西端和东壁局部及甬道东端、前室大部残损而外，其余壁画大体保存至今，部分壁画不同程度剥落、漫漶、褪色或被遮挡。

上层壁画主要题材内容，有贤劫千佛变、文殊变、普贤变、七佛、供养菩萨（天人）、化生童子、供养人画像，以及壁面下段的壶门供宝和佛坛上、下层壶门中的供养天、伎乐天、七宝（轮宝、象宝、马宝、珠宝、玉女宝、藏宝、兵宝）、神兽、灵异、珍奇（狮子、摩羯鱼、珊瑚、砗磲）、乐器（古筝、琵琶、海螺、横笛、拍板、腰鼓、铙）、法器、供品（金刚杵、金刚铃、火焰宝珠、香炉、净瓶、花盘）等，内外装饰莲花、莲蕾、彩带和方胜纹、联珠纹、回纹、涡纹、菱形纹、棋格团花、缠枝卷草等各种边饰图案。

上层壁画的绘制，是在白色地上，以土红色线起稿，再细部描绘，根据不同形象填染搭配不同颜色，进而勾线定形。最后在主室四壁千佛、花卉间隙处，以绿色填地。水纹、莲茎等线描覆盖于绿色之下，隐约可见，呈现碧波荡漾之感，属于敦煌石窟"绿色壁画"风格之典型案例之一 [84]。

---

[78] 莫高窟主室窟顶四隅凿造"凹窝"，分别绘画四大天王（佛经所云居须弥山半腰镇守四方的"护世四天王"，即东方持国、南方增长、西方广目、北方多闻四天王），初见于五代洞窟。例如，莫高窟五代第 61、98、100、108、146、261 窟等。参见米德昉〈敦煌曹氏归义军时期石窟四角天王图像研究〉，《敦煌学辑刊》2012 年第 2 期，pp. 83-92。

[79] 曹氏家族自取代张氏归义军政权而代之起，统治瓜沙地区，直至其政权覆灭，通常将这一时期称之为曹氏归义军时期，时值中原的五代至宋初。参见敦煌研究院编《敦煌艺术大辞典》"曹氏归义军"条（郝春文），上海辞书出版社，上海，2019 年 12 月，pp. 267-268。曹氏归义军时期代表性石窟，如莫高窟五代第 61、98、100、108、146、261 窟等。

[80] 参考本书附录四〈本卷洞窟碳十四（14C）年代测定报告〉及报告的"样品说明"。

[81] 据贺世哲研究，认为敦煌文书 P. 3547 号卷子《河西节度使司空建窟功德记》（拟）可能是曹元深修建第 256 窟的功德记。其原文："厥今白藏将末，仁王钦慕于仙岩；玄英欲临，宫人散诞于灵窟。舍珍财于金地，祈恩于大尊之前；焚宝香以虔诚，燃银钉（于）八圣之侧。创镌石室，发愿以济含灵，广命良工，用膂力而鏊凿。才施彩绘，内外毕功。启加愿者，有谁施作？时则有我河西节度使司空，先奉为龙天八部，护莲府却珍灾殃。梵释四王，静拱拟而安社稷。当今帝主，永带（戴）天冠。十道澄清，八方顺化。次为司空已亡，以彭祖而齐年。国母天公主保忡忆而同助治。郎君娘子，受训珪璋。先过后亡，神生净土。枝罗亲族，吉庆长年。合群（郡）人民，同沾少福之加（嘉）会也。伏惟我司空，千年降质云云。加以情企佛日，信珠永捧而冠簪。大展玄宗，惠镜长怀而宝意。是以先陈至悬，想鹫岭而倾心。顿舍珍财，发胜心而开大窟。雕镌越样，似丹路（露）而辉鲜。石洛（落）星流，共林花而竞彩。不延期岁，化成宝宫。装画毕功，如同刀利。其窟乃嵯峨贞石，鏊凿岭峒。透耀星流，声通上界。涂彩□□，光辉映日。释迦四会，了了分明。贤劫顶生盛光自在，四天护世振定遐方。菩萨声闻，证成实相。报恩寻思求禄，法花诱童蒙，金光明劝念甚深，思益通道万里，天请随问开决，花严谈法果之宗，楞伽顿舍高心，药师发十二上愿，降魔伏诸外道，归正舍邪，维磨示病示现，舍利弗宣扬（扬）空教，天龙八部助势加威，四大天王延祥膺福，观音菩萨随累（类）现形，如意宝轮寻求获果，不空羂索济养众生。文殊、普贤会同集圣。云栈架迴，似丹露而相连。梁栋栴檀，约明堂而趣样。雕文刻镂，似鳞凤而争鲜。宝铎永昂，随风声而应响。建之（者）随陕万劫，睹之者灭罪恒沙。"文中自称"河西节度使司空"。据此，"曹元深修建第 256 窟的时间应在其自称司空期间，即公元 939 年冬～ 942 年秋。第 256 窟位于崖面第二层，这也与《功德记》中所说的'其窟乃嵯峨贞石，鏊凿岭峒。透耀星流，声通上界'，'云栈架迴，似丹露而相连'符合"（贺世哲〈从供养人题记看莫高窟部分洞窟的营建年代〉，敦煌研究院编《敦煌研究文集·敦煌石窟考古篇》，甘肃民族出版社，兰州，2000 年 9 月，pp. 421-422）。

[82] 此前，李浴、阎文儒均认为："此窟原为宋初曹元忠一辈所修，证之剥出之供养人题名及窟顶四角之四天王位置，可无疑。"（李浴〈莫高窟各窟内容之调查〉1944 年手稿；阎文儒〈洞窟内容说明〉1961 年），参见本卷附录一〈本卷洞窟调查记录文献摘录〉之（十一）、（十二）。此外，王惠民认为："S. 4245 可能是 256 窟的建窟发愿文""256 窟当开凿在 941 年前后"（王惠民《敦煌佛教与石窟营建》，甘肃教育出版社，兰州，2013 年 11 月，p. 405）。

[83] 窟内壁画内容，参考注 81 所引敦煌文书《河西节度使司空建窟功德记》，推想大约窟顶画贤劫千佛，四大天王。壁面画法华经变、报恩经变、金光明经变、思益梵天问经变、天请问经变、华严经变、楞伽经变、药师经变、劳度叉斗圣变、维摩诘经变、观音经变、如意轮观音变、不空羂索观音变以及文殊变、普贤变等题材。

[84] 此类所谓绿色壁画，在敦煌石窟中遗存数量较多，诸如莫高窟第 16、130、365、366 窟等，曾经大部分被认为是西夏时期洞窟（刘玉权〈敦煌莫高窟、安西榆林窟西夏洞窟分期〉，《敦煌研究文集》，甘肃人民出版社，兰州，1982 年 3 月，pp. 273-296）。经再次调查后认为，这类洞窟中相当部分应属于宋代曹氏归义军晚期石窟，或回鹘时期洞窟（刘玉权〈关于沙州回鹘洞窟的划分〉，《1987 年敦煌石窟研究国际讨论会文集·石窟考古编》，辽宁美术出版社，沈阳，1990 年 10 月，pp. 1-29；霍熙亮〈莫高窟回鹘和西夏窟的新划分〉，《一九九四年敦煌学国际学术研讨会论文提要》（敦煌研究院内刊），1995 年，p. 54；刘玉权〈敦煌西夏洞窟分期再议〉，《敦煌研究》1998 年第 3 期，pp. 1-4；关友惠〈敦煌宋西夏石窟壁画装饰风格及其相关的问题〉，《2004 年石窟研究国际学术会议论文集》下册，上海古籍出版社，上海，2006 年 11 月，pp. 1110-1141；赵晓星〈关于敦煌莫高窟西夏前期洞窟的讨论——西夏石窟考古与艺术研究之五〉，《敦煌研究》2021 年第 6 期，pp. 1-18）。曹氏归义军时期如此大规模地建造石窟，壁画题材和绘制技法亦趋于程式化，这种现象可能与曹氏设立"画行""画院"有关。在画院内实行分工协作，共同承担洞窟开凿、塑像造作和壁画绘制等工序，直至完成（姜伯勤《敦煌艺术宗教与礼乐文明：敦煌心史散论》，中国社会科学

壁画中遍施沥粉堆金，多见于佛装袈裟、菩萨冠着、持物、头光、身光、华盖，供养人的服饰、香炉，以及棋格团花、帐幔、边饰等，是这一时期绘画特点之一。千佛头光、身光，至圆规范，中央均具圆心小点（凹窝），包括细密的联珠纹在内，尺度控制严谨，似借助"绳规"之类画具绘制而成。

主室地面花砖的铺设，疑当重修上层壁画之时。地面铺衬花砖中所使用的五种纹样，可佐证与上层壁画的时代关联[85]。

上层壁画与下层壁画叠压关系清楚。根据学者对第二层壁画供养人题记中慕容氏在敦煌活动时间的考证[86]，上层壁画的重修时代，被认为是宋代曹氏归义军末期，即曹宗寿当权时期（1003～1014）[87]。也有认为是由慕容言长主持，于曹延恭、曹延禄执政时期（974～1002）重修[88]，甚至有可能提前至曹元忠执政后期，上限定在北宋建隆三年（962）[89]。

上层壁画完成之后，近代又对本窟主尊佛坐像重妆，而且新塑彩绘六身立像、坐像及其台座，并于前室增筑木构窟檐，当属第三层遗迹。其重妆绘画之技法与用色，新塑像之造型和彩画，参证莫高窟其它洞窟的类似遗迹，可确定系清末、民国时期所为[90]。但是，新塑似乎揭示了洞窟原创的造像组合，连同原塑为一佛二弟子二胁侍二供养菩萨（天人）一铺七身。坐姿胁侍菩萨座下墨笔卧狮和蹲象似表明原来是骑狮的文殊和乘象的普贤。文殊、普贤两位菩萨胁侍佛陀左右是当时常见的三尊像，两位菩萨相关的经变壁画绘于本窟前室西壁的两侧。

20世纪40年代，国立敦煌艺术研究所改修窟口，构筑土台梯道，砌建土坯护墙。50年代末60年代初，敦煌文物研究所先后进行了窟前崖体加固工程，崖面保护措施，安装木质窟门，整修栈道栏杆，迁移窟檐前墙，拆除窟外土台阶梯，铺衬水泥地面等[91]。

80～90年代以来，敦煌研究院保护研究所对本窟内因起甲、龟裂、酥碱、疱疹、盐霜、空鼓、裂隙、脱落等病害而致残的壁画和塑像，先后采取相对应的文物保护技术，进行了修复加固处理。与此同时，安装铝合金框架玻璃防护屏风，维修窟前木质栈道，采用 PS 材料加固崖体，将木质窟门更换为铝合金窟门，修缮加固木构窟檐。

21世纪初，在第248～260窟（包括本卷第256、257、259窟在内）区段，将窟前原来木质栈道拆除，进行了钢筋混凝土浇筑维修工程，更换为现在的水泥栈道护栏[92]。

出版社，北京，1996年11月，pp. 13-29；段文杰《敦煌石窟艺术研究》，甘肃人民出版社，兰州，2007年8月，pp. 99-112；樊锦诗〈P. 3317号敦煌文书及其与莫高窟第61窟佛传故事画关系之研究〉，《华学》第九、十合辑（三），上海古籍出版社，上海，2008年8月，pp. 981-1004）。本窟的初建与重修，当在五代、宋曹氏归义军统治敦煌时期，可能都是由当时画院先后具体实施的。

[85]　本窟主室地面所铺衬的五种纹样花砖，均与20世纪60～70年代莫高窟窟前殿堂遗址考古发掘所出遗存相一致（潘玉闪、马世长《莫高窟窟前殿堂遗址》，文物出版社，北京，1985年12月，pp. 75-80）。

[86]　慕容氏，源于魏晋时慕容鲜卑。东晋初，以吐谷浑名建国，唐龙朔三年（663）被吐蕃所灭，部众散居于今青海、新疆、甘肃。唐大中二年（848）张义潮起义，瓜、沙吐谷浑诸部响应，参与了归义军政权统治，为归义军节度十部落之一（季羡林主编《敦煌学大辞典》"退浑"条（陈国灿），上海辞书出版社，上海，1998年12月，pp. 459-460；敦煌研究院编《敦煌艺术大辞典》，上海辞书出版社，上海，2019年12月，p. 630；杨富学、张海娟、胡蓉、王东《敦煌民族史》，社会科学文献出版社，北京，2021年12月，pp. 134-178）。近年来，在河西走廊东部的武威，也发现了慕容氏墓葬群（参见甘肃省文物考古研究所、武威市文物考古研究所、天祝藏族自治县博物馆〈甘肃武威市唐代吐谷浑王族墓葬群〉，《考古》2022年第10期，pp. 29-47）。在莫高窟、榆林窟以及敦煌文书中，皆存留有慕容氏家族曾经于瓜、沙二州开窟造像等佛事活动的图文记录，如慕容归盈之于榆林窟第12窟，慕容中盈、慕容贵隆、慕容言长之于莫高窟第256窟，慕容长政之于莫高窟第202窟，等等。其中，慕容归盈曾任瓜州刺史（郭峰〈慕容归盈与瓜沙曹氏〉，《敦煌学辑刊》1989年第1期，pp. 90-106；陈明〈慕容家族与慕容氏出行图〉，《敦煌研究》2006年第4期，pp. 25-31）。

[87]　贺世哲〈从供养人题记看莫高窟部分洞窟的营建年代〉，《敦煌莫高窟供养人题记》，文物出版社，北京，1986年12月，pp. 231-232。

[88]　郭峰〈慕容归盈与瓜沙曹氏〉，《敦煌学辑刊》1989年第1期，pp. 90-106。

[89]　陈菊霞、马兆民〈延肃夫妇供养像辨析〉，《敦煌学辑刊》2021年第3期，pp. 97-107。

[90]　在敦煌石窟中，经清代、民国时期不同程度重修重塑重绘改塑改绘前代洞窟塑像和壁画，不在少数；尤其塑像，损毁者多，重修亦多。参见本书附录一〈本卷洞窟调查记录文献摘录〉之斯坦因、伯希和、奥登堡等的图文照片记录。

[91]　参见本卷附录二〈本卷洞窟历史照片选辑〉之（九）敦煌研究院藏历史照片。

[92]　参见本卷附录二〈本卷洞窟历史照片选辑〉之（九）敦煌研究院藏历史照片。

第三章　第 257 窟

第一节　窟外立面

第 257 窟开凿于鸣沙山东崖莫高窟南区洞窟群中段的第二层崖面上、第 256 窟与第 259 窟之间，坐西向东，方向为东偏南 3.86 度，高程 1337.21 米。

第 256 窟、第 257 窟、第 259 窟，三窟自南而北，基本处于同一水平高度，上方崖体北侧是第三层洞窟第 258、261 窟；下方是第一层崖面的洞窟第 68、69、70 窟。

20 世纪初以来的早期照片和相关著录记述显示，早在 20 世纪初，第 257 窟外立面已全部坍毁，原窟门、窟室东壁、南北两壁东端、窟顶前部人字披顶东披大部，皆已崩毁，窟室暴露于外。据崖面情况、窟形特征和洞窟深度推测，此窟应无前室（图 1、2；图版 I：1、32）。

第 257 窟南壁东端边沿距第 256 窟前室北山墙东边 81 厘米，北壁东端边沿距第 259 窟南壁东端 77 厘米。窟底地面外沿距下方第 69 窟窟外地面 540 厘米。

第 257 窟外立面原貌，可参照 20 世纪 60 年代洞窟维修加固工程之前的文字记录、测绘图和照片资料[1]。据孙儒僩〈莫高窟石窟加固工程的回顾〉（《敦煌研究》1994 年第 2 期，pp. 14-20）："257 ～ 259 窟两个北魏优秀洞窟，两窟的下部盛唐开凿的 68 窟窟顶正位于上两窟之间的墙壁下，由于岩体太薄，造成 257 ～ 259 窟的大坍塌，损失严重。"现第 257 窟窟室东壁和外立面系 50 年代莫高窟抢

图 1　第 257 窟透视图（向西南）

---

[1]　参见本卷附录一〈本卷洞窟调查记录文献摘录〉、附录二〈本卷洞窟历史照片选辑〉。

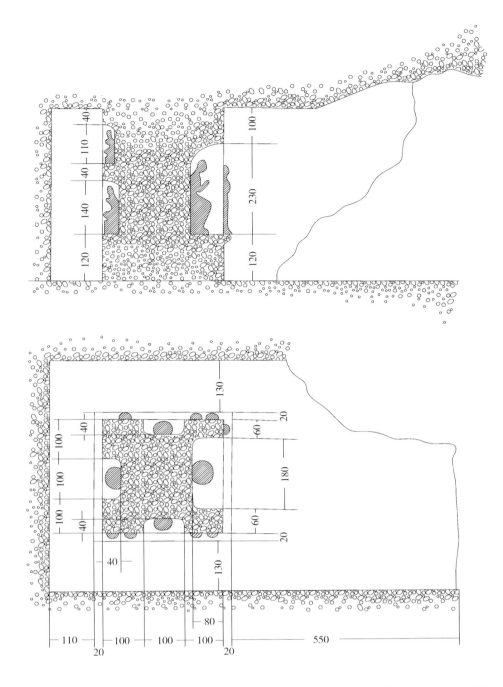

图 2　莫高窟第 257 窟平面及剖面图（20 世纪 50 年代测绘，据敦煌文物研究所石窟档案）

救性试点加固工程中所建（图版 I：2；图版 II：3、4、5-1）。

　　莫高窟在历史上曾有过几次编号。第 257 窟曾经有过的不同窟号，分别为：伯希和编号 P. 110（奥登堡沿用），张大千编号 C. 243，史岩编号 193。

第二节　洞窟结构

　　第 257 窟为中心塔柱窟，窟室平面呈纵长方形，坐西向东。窟室残长 965 厘米、宽 590 厘米、高约 438 ～约 550 厘米。窟室空间由窟顶结构分为前后两个部分，前部（东部）为仿木结构横向人字披顶，平面呈横长方形；后部（西部）平顶，平面略呈方形，中央凿成由地面直通窟顶的方柱，即中心塔柱。

　　窟室地面、壁面和窟顶的东端残毁。前部较为开阔，窟顶人字披塑出横枋、椽子，中脊宽平，影作平棋，两山之下南北两侧壁呈山墙形式。后部平顶影作平棋，平顶下的空间可环绕塔柱回行；中心塔柱分上下两层，下层为塔座，上层塔身四面开龛，龛内、龛外塑像、绘画；壁面（南壁、西壁、北壁各面）呈横长方形，通绘壁画（图版 I：34、35）。

一　地面

　　窟室地面呈纵长方形，东西长、南北短；南边残长 949 厘米、西边长 604 厘米、北边残长 973 厘米、东端宽约 568 厘米。窟室后部环绕塔柱的"回"字形通道（甬道），塔南甬道长（窟室后部地面南边长）579 厘米、宽 129 ～ 135 厘米，塔西甬道长同窟室地面西边长 604 厘米、宽 107～112 厘米；塔北甬道长 617 厘米，其中窟室后部地面北边残长 582 厘米、宽 125～145 厘米（图版 I：32～34；图版 II：140）。

二 中心塔柱

窟室后部中央的中心塔柱，横截面略呈正方形，与窟顶相接，稍有收分，高 438 厘米。

底部东边长 336 厘米、南边长 342 厘米、西边长 339 厘米、北边长 324 厘米。基座底东南角距地面东端、南壁底边分别为 525 厘米、137 厘米，西南角距西壁、南壁底边分别为 111 厘米、129 厘米，西北角距西壁、北壁底边分别为 118 厘米、153 厘米，东北角距地面东端、北壁底边分别为 537 厘米、135 厘米。塔柱顶端东边长 261 厘米、南边长 278 厘米、西边长 266 厘米、北边长 262 厘米，塔柱顶东南角距窟顶东端、南壁顶边分别为 541 厘米、150 厘米，西南角距西壁、南壁顶边分别为 144 厘米、148 厘米，西北角距西壁、北壁顶边分别为 159 厘米、169 厘米，东北角距窟顶东端、北壁顶边分别为 551 厘米、162 厘米。

塔柱分为二层，自下而上分别为塔座和塔身。

塔座作须弥座形式，由座基、座身（束腰）、座沿（上涩）三部分构成。座基有一级或二级鼓凸的混脚（下枭）及其下一级方棱土衬层。束腰部座身立面长方，稍有收分，略呈梯形。束腰之上的座沿（上枋）向外伸出，正面横长垂直，上面大致水平。下面稍窄，为斜面，向内起一级混脚（上枭）与座身相接。

塔座之上塔身，四面开龛，龛内龛外塑像、绘壁画、粘贴影塑。东向面开一大龛，南向、西向、北向面各分上下二层开龛，上层龛较小（图版 I：38～41）。

（一）塔柱东向面

即塔柱正面，通高 437 厘米（图版 I：38；图版 II：141）。

1．塔座

（1）座基

座基共三层。下有土衬层高约 3 厘米、宽 320 厘米。以上二级混脚皆高约 4 厘米，分别残宽 316 厘米和 313 厘米。

（2）座身

座基以上座身（束腰），立面横长方形，北侧高 70 厘米、南侧高 73 厘米，下边长 300 厘米、上边长 292 厘米，塑出 5 根扁平方柱分为四格，由南至北各柱和各格的尺寸列表如下。

各柱尺寸

单位：厘米

位置尺寸	柱 1	柱 2	柱 3	柱 4	柱 5
高·宽·厚	72·11·1.6	72·10·1.6	72·10·1.6	71·10·1.6	70·14·1.6

各格尺寸

单位：厘米

位置尺寸	格 1	格 2	格 3	格 4
高	74	73	71	70
宽	56.5	59.5	59	58.5

（3）座沿

座沿下上枭混脚高 10 厘米、横长 303 厘米、斜面宽 14 厘米。座沿正面高 18 厘米、下边长 314 厘米、上边长 330 厘米。塔座座身、座沿施彩绘。

2．塔身

座沿以上为塔身，塔身高 329 厘米、底部宽 284 厘米、中部最窄处宽 257 厘米。

塔身中间开一圆券形龛，龛口高 242 厘米、龛口底南北宽 181 厘米、南北柱头间宽 175 厘米、底部进深 102 厘米。

龛内依壁塑坐像 1 身，方形台座。

龛外北侧依壁塑立像 1 身，南侧塑像残毁。

龛外两侧壁面原粘贴影塑，大多残毁。

（二）塔柱南向面

即塔柱右侧面，通高 440 厘米（图版 I：39；图版 II：159、160）。

1．塔座
（1）座基

座基可分辨有二级混脚，下级残高 7 厘米、上级残高 7 厘米、残宽 327 厘米。

（2）座身

座基以上座身，立面横长方形，东侧高 74 厘米、西侧高 82 厘米，下边长 302 厘米、上边长 296 厘米。

（3）座沿

座沿下混脚高 8 厘米、横长 313 厘米、斜面宽 16 厘米。座沿正面高 19 厘米、下边残长 330 厘米、上边残长 335 厘米。

塔座座身、座沿施彩绘。

2．塔身

座沿以上塔身高 324 厘米、底部宽 293 厘米、中部最窄处宽 268 厘米，开上、下双层龛。

塔身下层中间开一圆券形龛，龛口高 137 厘米、龛口宽 110 厘米，龛口底高出座沿上面 5 厘米、东西宽 97 厘米，底部进深 42 厘米。

龛内依壁塑坐像 1 身，方形台座。

龛外东西两侧各塑立像 2 身。

塔身上层中间开一方口龛（阙形龛），龛口东侧高 96 厘米、西侧高 97 厘米、东西宽 85 厘米、进深 27 厘米。

龛内依壁塑坐像 1 身、束腰座。

龛外两侧壁面粘贴影塑，大多残毁。

（三）塔柱西向面

即塔柱背面，通高 447 厘米（图版 I：40；图版 II：190、191）。

1．塔座
（1）座基

座基可分辨有二级混脚，下级残高 5 厘米、残宽 342 厘米，上级高 4 厘米、残宽 324 厘米。

（2）座身

座基以上座身，立面横长方形，南侧高 81 厘米、北侧高 76 厘米，下边长 302 厘米、上边长 292 厘米。

（3）座沿

座沿下混脚高 11 厘米、横长 300 厘米、斜面宽 15 厘米。座沿正面高 20 厘米、下边残长 322 厘米、上边残长 325 厘米。

塔座座身、座沿施彩绘。

2．塔身

座沿以上塔身高 322 厘米，底部宽 286 厘米、中部最窄处宽 262 厘米，开上、下双层龛。

塔身下层中间开一圆券形龛，龛口高 142 厘米、龛口底南北宽 99 厘米、上宽 109 厘米、底部进深 43 厘米。

龛内依壁塑坐像 1 身，方形台座。

龛外南北两侧原各有 2 身塑像，已全部毁失。

塔身上层中间开一圆券形龛，龛口高 97 厘米、龛口底南北宽 91 厘米、上宽 68 厘米，底部进深 43 厘米。

龛内依壁塑坐像 1 身，方形台座。

龛外两侧壁面粘贴影塑，大多脱落毁失。

（四）塔柱北向面

即塔柱左侧面，通高 440 厘米（图版 I：41；图版 II：212、213）。

1．塔座

（1）座基

座基可分辨有二级混脚，下级残高 4 厘米、残宽 310 厘米，上级高 4 厘米、残宽 301 厘米。

（2）座身

座基以上座身，立面横长方形，西侧高 79 厘米、东侧高 70 厘米，下边长 292 厘米、上边长 284 厘米。

（3）座沿

座沿下混脚高 8 厘米、长 298 厘米、斜面宽 11 厘米。座沿正面高 19 厘米、下边长 312 厘米、上边长 325 厘米。

塔座座身、座沿施彩绘。

2．塔身

座沿以上塔身高 326 厘米，底部宽 275 厘米，开上、下双层龛。

塔身下层中间开一圆券形龛，龛口高 143 厘米、龛口底高出座沿上面 5～8 厘米、东西宽 112 厘米、底部进深 34 厘米。

龛内依壁塑坐像 1 身、方形台座。

龛外东侧残存浮塑立像 2 身，西侧残存 1 身。

塔身上层中间开一方口龛（阙形龛），龛口东侧高 99 厘米、西侧高 101 厘米、东西宽 87～89 厘米、进深 25 厘米。

龛内依壁塑坐像 1 身、方形台座。

龛外两侧壁面粘贴影塑，大多残毁。

三　壁面

（一）南壁

即窟室右侧壁，东端残毁，残宽 948.6 厘米。顶边由窟室前部人字披顶下南山墙东、西斜边、前部平脊顶南边和后部平顶南边组成。前部东斜边残长 52 厘米、西斜边长 150 厘米、平脊顶南端通宽（包括横枋）104 厘米。南山墙壁面高 533 厘米，东端残高 504 厘米。后部平顶下壁面呈横长方形，顶边长 555 厘米，东端高 432 厘米、西端高 445 厘米。通壁绘画（图版 I：42；图版 II：232、233）。

（二）西壁

即窟室后壁，下部较宽，向上略收窄，呈不规则横长方形，顶边长 579 厘米、北边长 433 厘米、南边长 443 厘米。通壁绘画（图版 I：43；图版 II：260）。

（三）北壁

即窟室左侧壁，东端残毁，残宽 870 厘米。北壁顶边，窟室前部人字披顶下北山墙东斜边几乎全残，现存西斜边、平脊顶北边，以及后部平顶北边。前部西斜边残长 116 厘米，北山墙壁面高 510 厘米，东端残高 471 厘米。后部平顶下壁面呈横长方形，顶边长 600 厘米、东端高 434.7 厘米。通壁绘画（图版 I：44；图版 II：280）。

（四）东壁

原东壁全部塌毁，残存敞口南北宽 570 厘米。

四　窟顶

窟室顶部以前部仿木结构横向人字披顶与后部平顶相衔接。人字披前后斜披之间有较宽的平脊。后部平顶环绕中心塔柱一周（图版 I：43；图版 II：301）。

因窟室东端残毁，窟顶前部人字披东披残损较多，仅存西南角少许，倾斜垂角约 30 度，南边残长 52 厘米、下端残宽 18.2 厘米、上边残长 51 厘米，与平脊东边横枋相接。南边上端距地面高 527 厘米，

平脊残存南部东西宽 66.4 ～ 67.3 厘米、北部残存部分东西宽 63.7 厘米。东西两边各浮起贯通南北塑造的横枋。东边横枋宽约 15.2 厘米、残长 65.3 厘米、浮出约 6.8 厘米。西边横枋宽约 9 ～ 11.4 厘米、长 412.7 厘米、浮出约 5.9 ～ 8.2 厘米。

西披披面残存南北各一部分，南部自南端起残长 458.6 厘米，北部自北端起南北残长 50.5 厘米，倾斜垂角约 32 度，南边长 150 厘米、北边残长 135.9 厘米；上边与平脊西边横枋相接，残长 417.7 厘米；下边与平顶东边横枋相接，残长 250.5 厘米。

窟室后部平顶影作平棋，东边南北长 628 厘米，中心点距塔柱东向面顶边 189 厘米；南边东西长约 622 厘米，中心点距塔柱南向面顶边 173 厘米；西边南北长约 646 厘米，中心点距塔柱西向面顶边 167 厘米；北边东西长约 683 厘米，中心点距塔柱北向面顶边 190 厘米。平棋顶东边浮起贯通南北的横枋，残长 210 厘米、宽约 13.5 厘米、浮出 5.4 ～ 9.4 厘米。

第三节　洞窟内容

本窟遗迹按叠压关系分为上下二层。

窟室内中心塔柱上层（塔身），以及南壁、西壁、北壁、窟顶，佛龛、塑像和壁画均与洞窟开凿同期，是为第一层，未发现叠压关系。

重层现象仅见于中心塔柱的下层（塔座）。塔座四面的座身、座沿经敷白粉施以彩绘。由于画迹残损，多已模糊不清，层次关系呈现复杂的情况。西向面和南向面、北向面的第一层壁画内容大体可辨，但南、北向面的东端和东向面存在明显晚于洞窟开凿时代的壁画。辨识中可见不同的层次，有的画迹明显加绘在原有壁画层之上，也有表面磨蚀、剥落的壁画地仗之下隐约可见早期的画迹。其中晚于本窟第一层的遗迹，在本章节中列为第二层。

本窟自有记述以来窟室前端已经残毁，现有东壁及地面、南壁、北壁、窟顶的东端，均经现代修补。

洞窟内容依次分层叙述如下。

一　第一层塑像和壁画

（一）中心塔柱

中心塔柱建于窟室后部中央，方形柱体明显具有仿木构佛塔造型的意匠。柱体朝向东、北、西、南的四面，自下而上由塔座（自下而上包括座基、座身、座沿）和塔身组成。塔座呈须弥座形式，施以彩绘。塔身开龛（一至二层），塑造龛形，龛内外塑像、施彩绘、绘制壁画，龛外壁面上部粘贴影塑。

1. 塔柱东向面
（1）塔座
1）座基
塔底座基土衬层和二级混脚已不规整，边角已磨成圆弧状，看不出有敷彩痕迹，皆呈泥土本色。敷泥亦大部残毁，局部露出胎体的砾岩。
2）座身

图 3　第 257 窟中心塔柱塔座上涩仰视图

座身立面浮塑扁平方柱分为 4 格，若四间五柱形式。经晚期画迹覆盖，白色地仗层剥落处可见斑驳的第一层土红色。座身下半部地仗大半剥落呈泥土本色，泥层剥落处可见石胎砂砾岩。

3）座沿

座沿下上枭弧凸的混脚饰彩帛纹，纹样呈大体均等斜角平行四边形格的连续组合，施色自南至北依次为：土（灰）、白（灰）、绿、黑、土、白、绿、黑｜土、白、绿、黑、土、白；居中为黑土二色间的土红色垂直隔线，两侧的斜格分别由中间向左右外倾，格内点缀排列整齐的细小圈、点纹，见于黑绿白三色格中，尤以黑色格中较为显著。

混脚之上，座沿下面为斜面，饰大体均等平行的竖道彩条纹，施色白、黑、白、绿，依序往复排列（图 3）。

座沿下面（上枭），以约 2 厘米宽的土红色粗线勾描座沿下斜面的前边、斜面与混脚间隔的下边、混脚彩帛纹各色块之间的边线，以及东向面上枭与相邻两面（北向面、南向面）上枭的边界线。

座沿正面（上枋）颜色剥落严重，现仅见白色地仗上斑驳的绿色、土红色块。两端下角部分残毁，露出草泥。据画迹中红色、绿色服饰，可知为供养人行列，《敦煌莫高窟内容总录》记曰："塔座座沿北魏画供养人（模糊）"[2]。距座沿北端 52.7 厘米一身供养人绿色下裳的形状，显示为女性的曳地长裙，其北侧相邻一身似与此相同（图版 II：142、143）。

（2）塔身

塔身中间开一圆券形龛，龛外有龛柱、龛梁、龛楣构件；龛内塑佛倚坐像 1 身，壁画绘头光、身光、菩萨、飞天等；龛外塑左右胁侍立像，南侧右胁侍立像残毁，几至无存，北侧左胁侍为戎装立像 1 身。龛外壁画、粘贴影塑，多已残毁。

1）佛龛

i 龛内

（i）塑像

龛内依壁塑佛倚坐像 1 身，为窟内主尊，高 186 厘米、头高 90 厘米、肩宽 75 厘米、两膝间距 73 厘米。佛倚坐（善跏趺坐）于方形台座上，两腿下垂，双足稍内收、外撇踏地。双臂屈起，双手于腕部残断佚失。右肘屈起，前臂稍抬高，左前臂平抬稍低垂，似右手向上、左手向下，分别结施无畏印和与愿印，为说法相（图 4、5）。

青（石青）色佛发，阴刻竖向波纹，头顶肉髻高 9 厘米、横径 15 厘米，阴刻横向波纹，敷色大部剥落，露出白粉地色。髻上有不规则刮划痕，或鸟爪所致。佛面相圆润、略长，额较宽，双眉高挑，口略小，抿嘴，唇上黑髭，双耳长垂。肌肤遍染肉红色，墨色染须眉。眼、鼻、口被人为剥毁，露出泥土本色。佛像半披褐色袈裟，右领襟 [3] 半披右肩，绕右肘经胁下横过腹、胸斜上，敷搭左肩，覆盖左侧肩、

[2]　敦煌文物研究所整理《敦煌莫高窟内容总录》，文物出版社，北京，1982年11月，p. 91。

[3]　参见费泳《中国佛教艺术中的佛衣样式研究》第五章第一节表10注①（中华书局，北京，2012年4月，p. 204）。

400

350

300

250

200

150

100

0   10   50厘米

100   50   0   50   100

正视

图 4   第 257 窟中心塔柱东向面龛

350

300

250

200

150

100

塑像侧视（向南）

剖视（向南）

0　10　　　　　　　　50厘米

图 5　第 257 窟中心塔柱东向面龛

臂、胸、腹，垂挂于左前臂，如宽大的袍袖覆于佛座左侧；衣角于左肩侧及左臂外侧翻出绿（石绿）色衣缘。右侧敞开的前胸露出内衣橙色袒右僧祇支，以泥条塑领缘。左臂绿色袖缘作对称的波纹于座侧长垂。贴泥条衣纹向左肩斜上。身前包裹躯干和双腿的衣褶呈层叠的 U 形垂弧，泥条上加刻阴线。泥条聚拢时，合并成"Y"字形褶，交叉处横压短弧数道表现褶襞的凹窝。袈裟里面一色。袈裟下露出土红色内裙，下摆平垂，作波形褶襞。跣足。

　　塑像肩以下及台座均依龛壁塑出，头、颈部与壁面分离，略前倾。左臂肘弯处有一圈裂纹。双腕断裂部位均露出木骨、泥胎和捆裹的芨芨草。双腿踝部有裂纹，裂隙下露出表层下的土红色。右足趾尖端残损，左足小趾残损。

　　佛座呈横长方形，高 54 厘米，正面底边长 86 厘米、南侧面进深 36 厘米、北侧面进深 43 厘米。座正面（东面）和左（北）侧面大部被下垂的衣裙覆盖，悬裳下露出部分白色地上绘绿色纹饰，多为绿色点；因颜色脱落、斑驳，纹样难辨。佛座南、北侧面白色地绘绿色蔓草纹，因褪色模糊不清。南侧面东边残损，露出草泥；北侧面下部东、西角残损。

　　（ii）壁画

i）头光

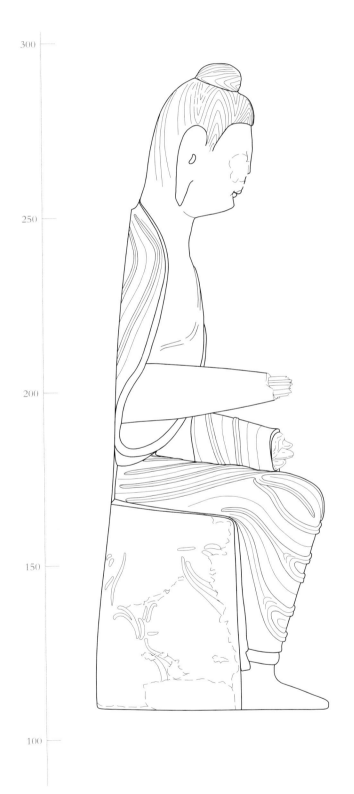

塑像侧视（向北）

　　头光呈宝珠形，起自塑像双肩，及于龛顶。中心（第一圈）圆形，土红色，横径 10 厘米。由此向外共六圈纹饰。

　　第二圈宽出 7.4 厘米，呈倒水滴形，绿色。以外各圈均为宝珠形。

　　第三圈宽出约 7 厘米，淡绿色绘火焰纹，黑色填地。

　　第四圈宽出约 9 厘米，土红色绘火焰纹，黑色、薄粉勾染，白色勾描，青色填地。

　　第五圈宽出约 6.8 ～ 9.5 厘米，黑色地上绘 19 身莲花化生。顶尖部化生，绿色覆莲，白色头光，其南北两侧各 9 身对称排列。化生于五尖瓣覆莲中露出头部，各有圆形头光，面部土色，黑色勾染，白色点染眼、鼻。化生着色，头光按白、土、黑、绿，覆莲按绿、白、绿、黑，依次顺时针排列。绿色头光内心青色外周绿色晕染衔接。黑色头光、覆莲均勾白边。黑色地上点缀绿色圆点。

　　第六圈宽出 8.6 ～ 9.5 厘米，绘四色火焰纹。火焰按绿（青色勾染）、白（焰间留土色）、土（焰间褐色勾染）、褐（薄粉勾染，焰间留土色）次序顺时针排列，计 4 组 16 朵。火焰纹顶尖与身光第五圈相接。

　　ii）身光

　　身光下起塑像背部、佛座与龛壁相接处，上达龛口顶边，高头光二圈，由里而外共六圈纹饰，在龛内壁面南北两侧对称。

　　最里层的第一圈，与头光外圈相交，在塑像肩头露出，略呈三角形，宽 16 厘米，绘土红色火焰纹，青色填地。

　　第二圈宽出 7 ～ 8 厘米，白色地上绘绿色火焰纹、青色勾染，黑色填地。

　　第三圈宽出 5 厘米，左右两边波纹，波峰相对，敷绿色、淡绿、土色，三色交错；相对的波谷呈串联的梭形，敷黑色，白色细线勾焰苗。

　　第四圈宽出 8 厘米，土红色绘火焰纹，青色填地，纹样与头光第四圈相同。南侧上部第三、四圈之间有径 8.8 ～ 12.8 厘米范围的残损。

　　第五圈宽出 7 ～ 8 厘米，黑色地上绘 16 身飞天，南北两侧各 8 身。纹样顶尖处和两侧下端绘有莲蕾，北侧飞天下端 1 朵，南侧飞天下方上下 2 朵，分别为绿色、褐色；顶尖一朵绿色桃形莲蕾，三瓣，青色染冠檐。飞天长 14 ～ 23 厘米，大多 20 厘米左右，均圆形或宝珠形头光，颈有二道，袒上身，灰白色项圈、腕钏，束长裙，跣足。头部、身体、四肢裸露的肌肤均已变色呈灰色，勾染呈黑褐色，面部绘五官，白色点染眼、鼻，呈"小"字形。

　　北侧上起第一身飞天，朝南，俯卧式飞翔，面向莲蕾，稍侧向右，双手于面前合掌。白色头光，黑色长裙。土红色帔巾在头后、肩两侧呈环状，绕双臂飘向后方。第二身飞天，朝南，上身前倾，稍侧向右，双手于胸前合掌。土红色头光，绿色长裙。

图 6　第 257 窟中心塔柱东向面龛内展开图

黑色帔巾白线勾边，在两肩外侧呈环状，绕双臂飘向后方。第三身飞天，朝北，上身回转向南，稍侧向右，躬身昂首合掌于胸前。黑色圆形头光，白色长裙。绿色帔巾勾白线，自头后环绕两臂飘下，于右侧上呈环状。第四身飞天，朝北，上身回转向南，稍侧向右，稍前倾，合掌于胸前。头光略呈宝珠形，内心青色外周绿色晕染衔接，土红色晕染土色长裙。白色帔巾在两肩后呈环状，绕双臂垂下。第五身飞天，朝北，稍后仰，回首向南，稍侧向右，双臂曲肘高举过头合掌。白色圆形头光边缘以土红色勾染，黑褐色长裙勾白线。土红色晕染土色帔巾在背后肩下呈环状，绕双臂垂下。第六身飞天，朝北，上身回转向南俯身，稍侧向右，合掌于胸前。淡土红色圆形头光，绿色裙摆长垂。黑色帔巾白色细线勾勒，在两肩侧呈环状，绕双臂垂下。第七身飞天，朝北，上身回转向南躬身仰首，稍侧向右，双手于胸前合掌。黑色圆形头光上有白点髻饰，白色长裙。绿色帔巾从肩后绕双臂垂下。第八身飞天，朝南，向前俯身，仰首，稍侧向右，双手于胸前合掌。绿色圆形头光，土红色晕染土色长裙。白色帔巾从肩两侧呈环状，绕双臂垂下。头左侧、左肩、胸部残损，露出草泥层。

　　南侧上起第一身飞天，朝北，俯卧式飞翔，抬头面向莲蕾，稍侧向左，双手于胸前合掌。圆形头光内心青色外周绿色晕染，土红色晕染土色长裙。白色帔巾在肩外侧呈环状，绕两臂飘向后方。第二身飞天，朝北，姿势动态同第一身。黑褐色头光，白色长裙。绿色帔巾在颈后肩外侧呈环状，绕两臂飘向后方。第三身飞天，朝南，上身稍后仰，回首向北仰视，右臂屈起，右手置肩前，左手垂下。土色宝珠形头光外周土红色晕染，绿色长裙。黑色帔巾勾白线，环绕头后经双臂垂下。第四身飞天，朝南，上身转向正面，头稍侧向左，面北，双手于胸前合掌。白色圆形头光，黑色长裙。淡土红色帔巾从颈后环绕双肩、双臂垂下。第五身飞天，姿势动态同第四身，面北合掌。宝珠形头光内心青色外周绿色晕染，土红色晕染土色长裙。白色帔巾从颈后环绕双肩、双臂垂下。第六身飞天，朝南，上身侧转向后，稍侧向左，面北额首合掌。黑褐色头光，白色长裙。绿色帔巾从颈后环绕双肩、双臂垂下。第七身飞天，朝南，上身稍后仰，双手于胸肩前合掌，回首，稍侧向左面北。淡土红色圆形头光，绿色长裙。黑褐色帔巾从头后向右肩上、左肩下呈环状，绕双臂垂下。第八身飞天，朝南，上身转向正面，向左俯身，双手于胸前合掌。白色圆形头光，褐色长裙。淡土红色帔巾从肩后环绕双臂垂下。

第六圈（身光最外圈）宽出 12～13.5 厘米，绘四色火焰纹，纹样与头光第五圈基本相同，按土、白、绿、褐次序顺时针排列，计 8 组 32 朵，火焰纹顶尖直抵龛口顶边的中点，下端止于佛座（图 6；图版 II：147、150）。

iii）龛内北侧

龛内塑像台座、身光外围南北两侧对称配置，自下而上分别各绘 10 身供养菩萨（天人）和 2 身飞天（图 6；图版 II：148）。飞天和菩萨裸露的肌肤均已变色呈灰褐色，晕染部分呈黑褐色，面部可见白色"小"字形点染眼、鼻及额上白毫。

a. 供养菩萨

佛像左侧、龛内北壁绘立姿供养菩萨（天人）10 身，分上下三排，下排 4 身，上排、中排各 3 身。

下排由里（西）而外（东）第一身菩萨，高约 73 厘米（包括头光），稍侧向右仰望，高举右臂翻腕扬掌，左臂屈肘，左手于腹前握拳。土色宝珠形头光褐色晕染，白色宝冠上仰月、绿色三珠，鸟首衔坠饰，两侧白色缯带系结，下曲上扬。颈有二道，灰白色缀珠项圈、腕钏，青色袒右袈裟，黑色衣缘，白色长裙，膝以下残毁。第二身菩萨，高约 72 厘米（包括头光），上身后仰，稍侧向右，双手于胸前合掌，拇指上翘。宝珠形头光内心青色外周绿色晕染，白色仰月、三珠宝冠，两侧白色缯带系结，下曲上扬，白色耳环。袒上身，灰白色缀珠项圈、腕钏，土红色勾染土色长裙，膝下残损。黑色帔巾白色细线勾边，从颈后绕臂垂下。第三身菩萨，高约 75 厘米（包括头光），上身前俯，两膝稍屈，稍侧向右，仰首面向主尊。双手自然下垂。白色宝珠形头光，白色宝冠饰绿色珠饰，鸟首衔绿色坠饰，白色耳环。颈有二道，灰白色项圈，披黑缘土色袒右袈裟，淡土红色长裙。右肘、腹前、左腕、胫、足大片残损。第四身菩萨，高约 71 厘米（包括头光），稍侧向右，仰身抬头望向上方，右臂高举，在上翻腕横掌，左臂在身侧垂下，腕以下残毁。土色圆形头光，白色宝冠、宝珠、坠饰、缯带、耳环。颈有二道，袒上身，灰白色项圈、腕钏，胸挂璎珞，绿色长裙，膝下残毁。黑色帔巾勾白色细线，从颈后绕双臂垂下（图版 II：151-3）。

中排第一身菩萨，仰身昂头、稍侧向右，面西南，注视右上主尊，右臂伸直垂于身侧，左臂稍屈手抚于腰胯。白色宝珠形头光，宝冠上仰月，绿色珠饰、坠饰，白色耳环。颈有二道，袒上身，灰白色缀珠项圈、交叉斜挎绿珠璎珞、带状璎珞，黑色长裙。土红色勾染土色帔巾，从颈后沿肩膊绕双臂垂下。第二身菩萨，向左回首面东，平视第三身菩萨，双手于胸前合掌。青色宝珠形头光外周绿色晕染，白色仰月宝冠，青色三珠，绿色坠饰，两侧白色缯带系结下曲上扬。颈有二道，灰白色缀珠项圈、腕钏，半披黑褐色袈裟，绿色领缘、衣缘，土色长裙。第三身菩萨，稍侧向右，屈膝躬身垂首，双手于面前合十行礼。黑色宝珠形头光，白色宝冠饰仰月、绿色宝珠、坠饰，两侧白色缯带系结下曲上扬。颈有二道，袒上身，灰白色缀珠项圈、腕钏，绿珠璎珞，白色长裙。青色帔巾从颈后绕双臂垂下（图版 II：152-3）。

上排第一身菩萨，身体右侧隐在佛像身光之后，头向左侧转，面东，与第二身菩萨对视，左手从袈裟中伸出在左胸前立掌。青色宝珠形头光外周绿色晕染，白色仰月三珠宝冠、缯带、耳环。颈有二道，灰白色缀珠项圈，披黑褐色袒右袈裟，青绿二色领缘、衣缘，土色长裙。第二身菩萨，稍侧向右，面对前者。右臂高举仰掌如托举状，左臂屈起，左手置胸前半握伸指。黑褐色头光，白色仰月三珠宝冠，绿色珠饰、坠饰，两侧白色宝缯系结下曲上扬。颈有二道，袒上身，灰白色项圈、腕钏，胸垂挂带状璎珞、绿珠璎珞，白色长裙。绿色帔巾勾白色细线，从颈后绕双臂垂下（图 7）。第三身菩萨，上身稍前俯，仰头，稍侧向右，右臂屈起，右手于胸前捻一物（似花枝），左臂伸直下垂，左手于身前按向下方。土色宝珠形头光，灰白色耳环、项圈、腕钏，斜披黑褐色袒右袈裟，绿色衣缘，淡绿色长裙（图版 II：153-3）。

b. 飞天

供养菩萨上方、身光外侧至北侧龛沿间，绘飞天 2 身。

下起第一身飞天，位于龛壁与龛顶转折处，朝向龛内，昂首前视，上身端直，下身高扬，整体呈锐角的 V 形，怀抱土色琵琶弹奏，右手在下弹拨，左手在上控弦。白色圆形头光、宝冠，冠上绿色三珠。袒上身，灰白色腕钏，褐色长裙以黑色晕染，白色细线勾勒。青色帔巾以淡绿色晕染，从两肩呈环状上扬，折下绕臂向上、向后飘扬。

第二身飞天，自龛顶而下，回首朝上，稍侧向右，上身端直，下身飘起，整体折成近乎直角 V 形。双臂高举，右臂屈肘，右手举至头上捻花蔓；左手直伸向左上方仰掌。土色圆形头光，其上残留绿色珠饰、白色仰月画痕。颈有二道，袒上身，灰白色耳环、缀珠项圈、腕钏、绿珠璎珞，青色长裙施白粉晕染，裙带向后长曳飘扬。褐色帔巾勾勒白色细线，在两肩上呈环状高扬，折下绕臂向上、向下婉转飘向后方（图版 II：153、154-3）。

c. 莲花

佛座北侧、北侧第一排第一身供养菩萨身前，黑色地上绘 1 朵莲花，高约 43 厘米，大朵覆瓣莲花中心生出一土红色细长而尖锐如剑状的花蕊，两旁各一片绿色忍冬形叶（图版 II：151-1）。

iv）龛内南侧

龛内南侧，与北侧相对称，自下而上绘 10 身供养菩萨（天人）和 2 身飞天（图 6；图版 II：149）。

a. 供养菩萨

佛座、身光南侧（右侧），立姿供养菩萨（天人）10 身分上下三排，下排 4 身，上排、中排各 3 身。

图 7　第 257 窟中心塔柱东向面龛内供养菩萨（天人）晕染

下排由里（西）而外（东）第一身菩萨，高 75 厘米（包括头光），稍侧向右，仰身举头望向主尊，双臂屈起，两手合捧莲花于面前，两足分开外撇。土色圆形头光，白色仰月三珠宝冠，绿色珠，鸟衔坠饰，两侧白色缯带系结下曲上扬，白色耳环。颈有二道，灰白色缀珠项圈、腕钏，半披土色袈裟，黑色领缘、衣缘白线勾边，白色长裙，裙摆及以下残毁。跣足踏绿色莲台。手中盘状莲花丰厚饱满，土色花托、黑褐色覆瓣、绿色莲房。第二身菩萨，高 77 厘米（包括头光），稍提左腿，上身向右扭转，回首向东下视，稍侧向右。右臂抬至肩平屈肘向下，右手抚在第三身菩萨前臂上，左手垂下按在膝上。青色圆形头光，白色仰月三珠宝冠，青色珠，鸟衔坠饰，白色纤细缯带下曲上扬，白色耳环。颈有二道，袒上身，灰白色缀珠项圈、腕钏，绿珠璎珞，绿色长裙。跣足踏莲台。黑色帔巾白色细线勾边，自后背婉转绕双臂垂下。第三身菩萨，高 80 厘米（包括头光），稍侧向左，面对前者，耸右肩，伸直右臂在身侧下方立掌半握伸食指，左臂屈起平抬扬掌。白色宝珠形头光，仰月白色宝冠饰绿色珠饰、坠饰。颈有二道，灰白色缀珠项圈、腕钏，半披粉青色袈裟，黑色领缘、衣缘白线勾边，土色长裙，膝下残毁。绿色莲台。第四身菩萨，高约 78 厘米（包括头光），两膝微屈，稍侧向左，抬头仰望。左臂伸直高举，仰掌捻指，右手下垂抚于股上。土色圆形头光，残存宝冠白色、绿色画迹，白色耳环。颈有二道，袒上身，灰白色缀珠项圈、腕钏，交叉斜挎绿珠璎珞、带状璎珞，淡绿色长裙。胫下残毁。黑色帔巾自肩后绕双臂垂下（图版 II：152-1）。

中排第一身菩萨，上身向右侧倾、俯首，向东，右臂屈起握拳撑持于颏下，作苦思状，左臂直垂于身侧半握。白色宝珠形头光，残存仰月，绿色珠饰、坠饰，左侧缯带上扬，白色耳环。颈有二道，袒上身，灰白色缀珠项圈、腕钏，绿珠璎珞，灰褐色长裙，以白色细线勾勒衣纹和翻出的裙腰。土红色帔巾土色边缘，由肩后环绕双臂垂下。第二身菩萨，回首面东，稍向右侧倾，与第三身对视，右手自然下垂身侧半握，左手由袈裟伸出抚于胸前。宝珠形头光内心青色外周绿色晕染，白色仰月三珠宝冠、坠饰，两侧缯带系结下曲上扬。灰白色缀珠项圈、腕钏，披淡土红色通肩袈裟，绿色领缘、衣缘，土色长裙。第三身菩萨，侧身朝西而立，稍屈膝、躬身、耸肩，面对前者似作交谈。双臂在下，左手垂至膝间，右手于身前伸指作势。灰白色宝珠形头光，白色仰月三珠宝冠，饰绿色珠饰、鸟衔坠饰，缯带系结下曲上扬，白色耳环。袒上身，灰白色腕钏，白色长裙。青色帔巾环挂背后，经双肩绕臂垂下。

上排第一身菩萨，朝东，稍侧向右，向前探身，昂首，右手高举扬掌。身体左侧隐在佛像身光之后，仅露出腹际半握的左手。土色宝珠形头光，白色耳环。颈有二道，灰白色缀珠项圈、腕钏，绿珠璎珞，披褐色右袒袈裟，绿色领缘、衣缘。第二身菩萨，上身稍后仰，稍侧向左，面西下视，与前者相对，右手垂下按帔巾，伸食指；左臂屈起，手捻项上珠饰。褐色宝珠形头光，白色仰月三珠宝冠、绿色珠饰、坠饰，两侧白色宝缯系结下曲上扬，白色耳环。颈有二道，袒上身，灰白色缀珠项圈、腕钏、带状璎珞，白色长裙。绿色帔巾由肩后环绕两臂垂下。第三身菩萨，朝向东垂首下视，稍侧向右，双手于胸前张开相合作捧物状。青色宝珠形头光外周绿色晕染，白色仰月三珠宝冠，缯带下曲上扬。颈有二道，灰白色腕钏，黑褐色通肩袈裟，绿色领缘、衣缘，土色长裙（图版Ⅱ：153-2）。

b. 飞天

供养菩萨上方、身光外侧至南侧龛沿间，绘飞天 2 身。

下起第一身飞天，位于龛壁与龛顶转折处，朝向龛内，上身端直，怀抱土色琵琶弹奏，右手在下弹拨，左手在上控弦，下身上扬，两腿高高飘起，整体略呈锐角的"V"形。白色宝珠形头光，冠上仰月、绿色珠饰，白色耳环。袒上身，灰白色腕钏，褐色长裙以白色细线勾勒。淡绿色晕染青色帔巾，在两肩后环绕双臂，右侧飘向上方，左侧在下婉转飘向后方。

第二身飞天，自龛顶倒飞而下，回首向上，下身在后高高飘起，整体呈接近直角的锐角 V 形。上身端直，右臂高举在侧上方，反手仰掌；左臂平肩屈起，左手在额前握拳。土色圆形头光，残存宝冠绿色、白色画痕。颈有二道，袒上身，灰白色耳环、缀珠项圈、腕钏，绿珠璎珞，青色长裙施白粉晕染，裙带长曳后方。褐色帔巾勾勒白色细线，在两肩高扬后折下绕臂，右侧在下、左侧向上飘扬（图版Ⅱ：153-1、154-1）。

c. 莲花

佛座南侧、南侧供养菩萨第一排第一身身前，黑色地上绘莲花 1 株，高约 45 厘米，大朵黑色覆瓣莲花中心生出一土红色尖而细长如剑状的花蕊，两旁各一片绿色忍冬形莲叶；覆莲下茎蔓两旁另有同样二片绿色莲叶（图版Ⅱ：151-2）。

ii 龛外

（i）龛柱

龛外南北两侧对称浮塑龛柱。龛柱柱础、柱身横截面半圆形，柱头截面矩形。北侧龛柱通高 159 厘米，其中覆钵形柱础高 5.5 厘米、底径 9 厘米、浮出 6 厘米，柱身高 145 厘米、径 5 厘米、浮出 3 厘米、距龛口北沿 3.7 ～ 5 厘米，横长方形柱头高 9 厘米、残宽 16 厘米、浮出 1 厘米。南侧龛柱通高 154 厘米，其中覆钵形柱础高 4 厘米、底径 8.8 厘米、浮出 5 厘米，柱身高 140 厘米、径 5 厘米、浮出 2.5 厘米、距龛口南沿 3 ～ 4 厘米，横长方形柱头高 8.5 ～ 9 厘米、宽 18.5 厘米、浮出 1 厘米。龛柱柱身敷土红色，绘绿色、黑色、白色点状纹，柱头土红色地上各绘一白色绿背长尾鸟面龛而立，柱身、柱头以淡绿色描边。柱头禽鸟，《敦煌莫高窟内容总录》记："柱头上各画一鹦鹉"[4]（图 4；图版Ⅱ：145）。

（ii）龛梁

龛梁略呈弓形，中间最粗处径 8.5 厘米、浮出 6 厘米、弧肩部宽 180 厘米。南北尾端在柱头上塑成一对行龙，均以侧面的姿态，南北对称，龙首分别朝南、朝北，长颈后仰，挺胸鼓腹。一对龙爪，后爪踏立柱头，前爪高抬，作跨越状。二龙着绿色，染青色斑点，卷耳、长喙、足爪着灰色，颔下有三绺白色龙须，口中吐出红色卷曲长舌绘在壁上。北侧龙首残失，南侧龙角和喙上部残毁。两侧龙头残毁处均有一插孔，应为固定龙头安插木骨的残迹。

龛梁主体部分绘四色彩帛纹，顺时针依次反复为黑、土、白、绿四色，各饰鳞纹。其中黑色地绿色芯，白色点线绘鳞纹；绿色地黑色芯，青色晕染，亦有白色点线勾绘；土色中依稀也有黑点的排列；白色中更为难辨。鳞纹犹如花瓣的基、檐，两种瓣檐圆弧前后相叠、上下相错。居中黑土二色间，土红色隔线垂直，两侧的斜格分别倾向中间。浮起的龛梁下边，即龛梁与龛口边沿的间隔，宽约 3 厘米，直至两端行龙的腹下，绘联珠纹边饰：白色圆珠，绿色点染圆心、填地，因褪色、剥蚀露出土红色衬底而大体呈淡红色（图 8；图版Ⅱ：145、157-3、4）。

（iii）龛楣

龛楣尖拱形（莲瓣形），中间高 74 厘米、拱肩宽 225 厘米、浮出 1.5 ～ 2.5 厘米。龛楣彩绘主题为莲池化生。忍冬卷草和繁茂的波曲藤蔓装点生机蓬勃的莲花池，其中画出了 5 身莲花化生。中间的化生是画面的中心。竖直生长的粗大莲茎上莲花盛开，花中一身健壮的化生，正面，两臂张平伸，手握两侧的藤蔓；宝珠形头光，戴宝冠，袒上身，白色缀珠项圈、腕钏，褐色长裙，艳丽夺目的青绿七瓣覆莲犹如翻出里面的裙腰。灰褐色帔巾从两肩呈环状高高升起，折转而下绕双臂低垂（图版Ⅱ：155-1）。两侧各有 2 身身形小巧的伎乐化生南北对称，均露半身。北侧南起第一身，从灰褐色五瓣覆莲中生出，稍侧向右，白色圆形头光，颈有二道，白色项圈、腕钏，斜挎腰鼓，右手在下、左手在上作拍击状；腰鼓圆肚形，横勒三箍，鼓面白色。北侧第二身更小些，从四瓣白色覆莲中生出，稍侧向右，青色圆形头光外周绿色晕染，颈有二道，白色项圈、腕钏，双手执竖笛（箫）作吹奏状（图版Ⅱ：156-2）。南侧北起第一身，从灰褐色

---

[4] 同注[2]。鹦鹉，能作人言，于夜摩天中说法，化导诸天（北魏般若流支译《正法念处经》卷四十二〈观天品之二十一〉夜摩天之七，《大正藏》第 17 册，pp. 251–252）。

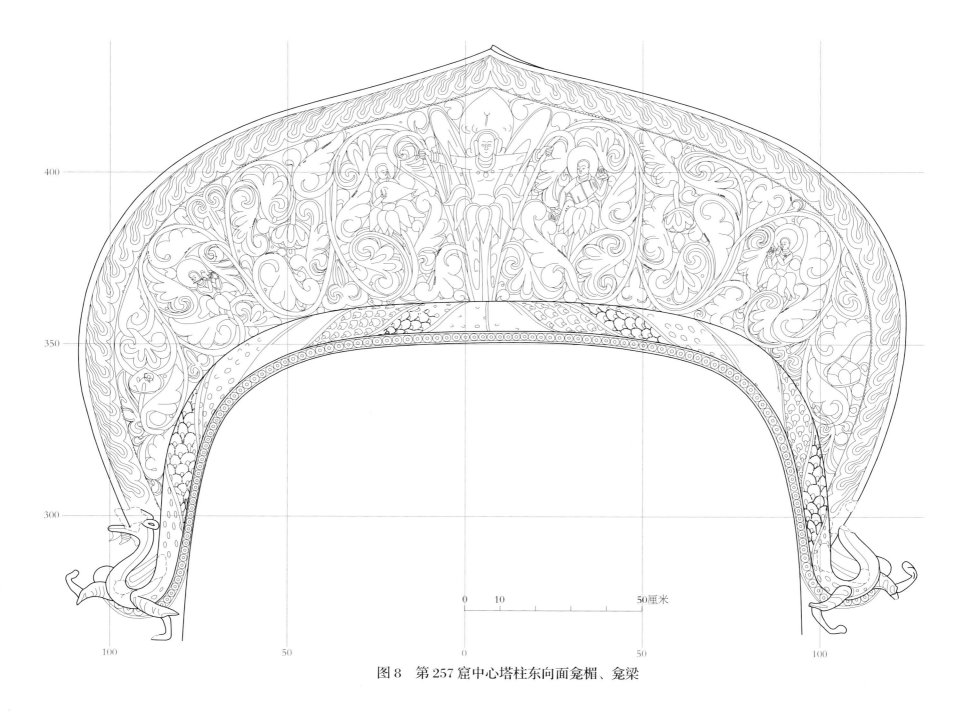

图 8　第 257 窟中心塔柱东向面龛楣、龛梁

五瓣覆莲中生出，稍侧向左，土色圆形头光，白色项圈、腕钏，怀中横抱土色琵琶，左手控弦、右手弹拨。南侧第二身，从白色五瓣覆莲中生出，灰褐色圆形头光，双手于左肩上执横笛作吹奏状。横吹、竖吹管乐器皆作白色线描（图版Ⅱ：154-2、156-1）。忍冬卷草略分四色：青色以绿色或淡绿色晕染，黑褐色以白色晕染，白色以土红色勾染，多为三裂忍冬叶。纹样中点缀绿色、白色、黑色圆形、逗号形苞蕾，如意纹忍冬叶填补三角形的空间，另有大朵莲蕾分瓣作青色基部、绿色瓣檐。

龛楣上缘绘一道火焰纹边饰，宽约 8.5 厘米，土红色火焰纹，褐色勾染，罩白粉，青色填地。火焰纹下缘以白色点线勾边，上沿勾绿色边线，线宽约 2.2 厘米（图 8；图版Ⅱ：155、156）。

2）龛外塑像

龛外南北两侧原各有 1 身胁侍塑像，现仅存北侧 1 身，南侧 1 身残毁（图版Ⅱ：158）。

i　龛外北侧塑像

中心柱东向面龛外北侧，塑左胁侍立像（天王，金刚神，执金刚力士，帝释天）1 身[5]，身体右侧依壁面塑，残高 126 厘米、头高 25.5 厘米、肩宽 36 厘米，头顶残损，稍侧向右。右臂下垂至股上，腕部残断，左上臂以下残失，双腿分开站立，平踏于塔座座沿上面。绘塑于壁面的头光全部剥落，残存泥面残痕。戎装，冠饰毁失，头顶存残损剥落痕，中央有直径 1 厘米的小孔，内残留一小木楔。仅存冠沿下束发带，饰绿黑白三色彩帛纹。冠沿两侧有对称的 2 个小孔，孔径 0.5 厘米，内穿芨芨草，原为安插固定发冠之用的笄饰。

额发中分，梳理规整，发际宽平。前额高阔，双眉上挑，鼻梁高直，唇微启，嘴角翘起。肌肤多呈暗灰色，右侧面部、臂间尚存原敷肉红色，多处磨损露出泥胎土色。肩披立领无袖护胸，领口外敞，左右两片青色椭圆形护胸呈明光铠形式，土色边缘宽棱浮起，中间以环形襻纽系结；内穿黑色贴身半臂，覆掩胸腹，上饰白色点、线菱格纹。下着淡绿色低腰齐膝战裙，下摆缀褐色百褶裙边；内束绿色长裙，

[5]　戎装立像，一说为"天王"，据敦煌文物研究所整理《敦煌莫高窟内容总录》记第 257 窟内容："中心塔柱东向面圆券龛内塑倚坐说法佛一身，龛外北侧存天王一身"（文物出版社，北京，1982 年 11 月，pp. 102–103）。另说如执金刚神、金刚力士、密迹金刚。更合理的推论是与大梵天相对面立的帝释天，可参照永靖炳灵寺石窟第 169 窟 3 号龛、张掖南山金塔寺西窟中心柱东面龛，佛像的左右胁侍，见李静杰〈炳灵寺第 169 窟西秦图像反映的犍陀罗文化因素东传情况〉，《敦煌研究》2017 年第 3 期，pp. 23–26；张宝玺《河西北朝石窟》，上海古籍出版社，上海，2016 年 11 月，p. 55。

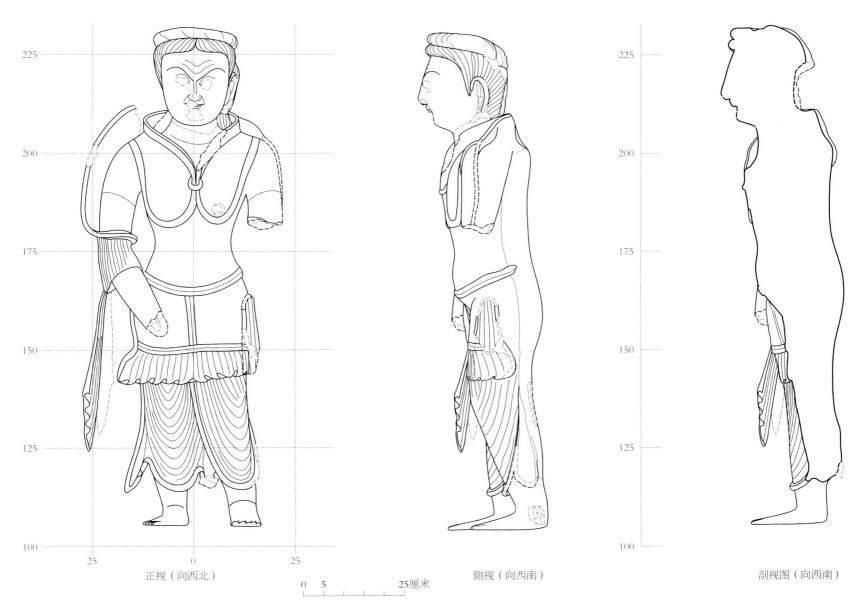

正视（向西北）

0 5   25厘米

侧视（向西南）

剖视图（向西南）

图9　第257窟中心塔柱东向面龛外北侧左胁侍立像

裙长及踝，阴线刻U形褶纹，皆右衽。跣足。绿缘白地黑线横纹帔巾，自肩后绕臂肘垂下，背面黑色；右侧较完整，左侧部分残存于肩侧、左胯。塑像背后敷土红色（图9；图版Ⅱ：158-2～4）。

　　ⅱ　龛外南侧塑像

　　东向面龛外南侧右胁侍塑像已残毁，遗迹显示立像身体左侧依壁而塑，壁面残留头、面部和躯体袒露肌肤的肉红色，以及裙摆、帔巾部分轮廓痕迹。因塑像与壁面粘连，现存与原塑大致等身的剥离痕迹，露出草泥地仗，推测身高约124厘米，包括头光脱落痕迹在内可达147厘米。

　　龛外南侧塑像现残存一根插入塔身壁面支撑塑像的木棍，伸出长16厘米，下距座沿上面92.2厘米、南距塔身南边9.5厘米，约相当于龛外北侧塑像肩部以下的高度。木棍上部分树皮尚存（图版Ⅱ：158-1）。

　　ⅲ　龛外影塑

　　小型泥塑，模制，造型加彩绘，一一完成后按布局粘贴上壁，称之影塑。中心塔柱东向面龛楣南北两侧原粘贴有18身影塑供养菩萨（天人），大部分已脱落毁失（图版Ⅰ：38）。

　　（ⅰ）龛楣北侧影塑

　　从现存粘接痕迹看，原有9身影塑，其中最上横排4身，另外5身沿塔身北侧边沿自上而下竖排。现仅存较完整1身和另一身影塑足部残迹（图版Ⅱ：157-7）。

　　北侧上排北起第二身，影塑供养菩萨胡跪像，高32厘米，正面，稍侧向左，面相圆润，双手托持莲蕾于左肩之上，左腿挂地、跪右膝。绿色圆形头光，头绾高髻，束发巾帕于两侧系结垂于两耳后，呈黑色。披白色袒右袈裟，敷搭左肩，衣角垂至右胁后，两腿间下摆呈尖角状曳地。下着长裙呈黑灰色，原似为青色。跣足（图版Ⅱ：157-5）。

　　北起第三身，大部脱落，仅残存最下端裙下露出踏地的右足，残高4.6厘米。影塑原状应是右腿挂地、跪左膝的供养菩萨胡跪像（图版Ⅱ：157-8）。

　　（ⅱ）龛楣南侧影塑

　　原有9身影塑，其中最上横排4身，第二排2身，其余3身沿塔身南侧边沿竖排而下（图版Ⅱ：157-6）。

南侧上排南起第二身影塑，上身毁失，仅残存供养菩萨下肢部分，蹲跪，残高 14.4 厘米，可见右腿拄地，脚掌平踏莲台，左膝屈起。下身白色长裙，双腿间尚存于股间握拳的左手和腹际的绿色袈裟。

塔身南北两侧除上述 1 身影塑和 2 身残迹之外，其余 15 身影塑全部毁失，残留厚薄不均的草泥和粘贴影塑的轮廓。影塑之间空隙均铺黑褐色地。

3）龛外壁画

龛外两侧塔身壁面铺设塑像背景色，胁侍塑像身前至龛柱外侧，空间点缀莲蕾、草叶、花瓣等图像。塔身顶边与龛楣顶边之间、南北两侧影塑之间，狭窄的夹角处绘莲蕾、化生和供养菩萨，如同图解莲蕾、化生到菩萨（天人）演化的进程，南北对称，赋彩上有所变化。

i 龛外两侧壁画

龛外北侧塔身壁面塑像背景铺黑褐色地，龛柱与塑像之间，塑像头上方、面前、右肘旁、裙摆侧，各绘卵形莲蕾一朵，上方一朵黑灰色，其下三朵绿色、萼托白色；在塑像额际、肩部和右股的南侧，各绘半轮黑色花瓣，四瓣至六瓣，肩部南侧另有绿色草叶画迹。

龛外南侧塔身壁面下部，北侧原塑像身前铺黑褐色地，身后敷土红色，其上部呈淡土红色，相当于原塑像头上方、面前各残存卵形莲蕾一朵，上方一朵白色，其下一朵绿色。莲蕾之间及下方残存四处半轮黑色花瓣，二瓣至四瓣。

南北两侧龛柱与龛口南沿、北沿之间纵长狭窄的壁面黑色地上绘黑绿二色散点花叶纹。

ii 塔身顶端壁画

塔身顶端龛楣之上，北侧南起依次为 2 朵莲蕾、2 身化生、1 身供养菩萨（天人）。南起第一朵莲蕾，卵形，白色。第二朵莲蕾剥落，留有痕迹，下端残存一片绿叶。第一身化生，露头、颈部，稍侧向右，肌肤肉红色，黑褐色勾染眉、眼、鼻、面颊，颈有二道，白色作"小"字形点染；褐色头光，绿色莲花，白色细线勾花瓣脉纹，白色萼托。第二身化生形状同前，土色头光，褐色莲花，白色萼托。供养菩萨（天人），朝南，上身前俯，稍侧向右，面部描绘与化生略同，两臂屈起合掌行礼，双膝跪地；白色头光，袒上身，灰白色项圈、腕钏，褐色长裙；绿色帔巾由肩后向两侧展开呈环状，回绕双臂向左右飘卷，右侧垂下，左侧下曲上扬（图版 II：157-2）。

塔身顶端南侧与北侧相仿，北起第一朵莲蕾大部剥落，画痕下部残存三点绿色。第二朵莲蕾，卵形，绿色中有青色晕染，以示三瓣，白色萼托。第一身化生露头部，稍侧向左，土色圆形头光，褐色莲花，白色萼托。第二身化生形状同前，白色圆形头光，绿色莲花有青色晕染，白色细线勾脉纹，白色萼托。供养菩萨（天人），朝北，上身前俯，稍侧向左，跪右膝，左腿屈起，蹲跪合十行礼；土色圆形头光有黑色炱痕，袒上身，灰白色项圈、腕钏，绿色长裙；褐色帔巾由肩后向两侧呈环状，回绕双臂向左右飘卷，左侧飘向左，右侧下曲上扬。菩萨、化生前上方及莲蕾上方，各有纵向一笔绿色，空间点缀不规则的绿色、黑色点，表现草叶、花瓣（图版 II：157-1）。

2. 塔柱南向面

（1）塔座

1）座基

塔底座基无饰，下级混脚，与现代铺设的水泥方砖大致齐平。上级混脚因遭踩踏，边角大部残缺，靠东侧部分泥层全毁，混脚中部亦残毁，露出砾岩石胎。

2）座身

座身立面白色地，因长年褪色、剥落、磨损、刮蹭，画迹漫漶，所绘内容难以辨识。上部偏西有多段黑色点状笔触组成的波曲线形画迹。座身下部东端绘有土红色卷曲的长舌，与塔柱西向面塔座座身双虎口中吐出的长舌相同。据《敦煌莫高窟内容总录》所记，第 257 窟中心塔柱南向面"塔座座身画青龙（模糊）"[6]。黑点连成的曲线符合运动中龙的形态，表现分节的龙身或背鳍，"青龙"内容的判断具有合理性，大体尾部在西上，吐舌的龙头在东下，龙身横贯座身东西，后部身下依稀可见两处屈曲的龙足及其绿色的趾爪。此外，东侧上部有绿色、黑色相间的云气，以下有绿色、土红色块。

座身上边和西边以土红色粗线描边线，上边线宽约 2～4 厘米，东端漫漶；西边线较细，宽 2 厘米，仅存上端（图版 II：161、165-2、3）。

3）座沿

座沿下斜面及混脚（上枭）通施白粉，以约 2 厘米宽土红色粗线描混脚的上边、下斜面的上边，以及南向面上枭与相邻两面（东向面、西向面）上枭的分界线。

座沿正面（上枋）在白色地上绘供养人，中间部分遭后世燃灯焚香黑色油渍污染。污渍以西残存供养人约 14 身，身高约 11 厘米，皆朝东，稍侧向左，大袖深衣；多为黑缘绿色，亦有绿缘土红色，为男性供养人。身前各有竖长题榜。污渍以东漫漶更甚，多残存题榜

---

[6] 同注[2]。

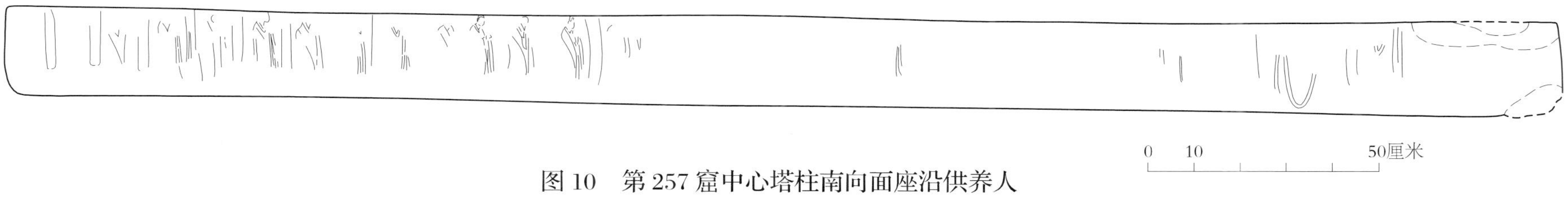

图 10　第 257 窟中心塔柱南向面座沿供养人

痕迹，可分辨者亦有 10 身，全体约不下 35 身（图 10；图版 II：162～165-1）。

（2）塔身

塔身中间分上下层开龛，下层圆券龛内塑 1 身坐像，龛外两侧各塑 2 身立像；上层阙形龛内塑 1 身坐像，龛外两侧绘壁画、粘贴影塑，多已残毁（图版 I：39；图版 II：159）。

1）下层佛龛

塔身下层开一圆券形龛，龛外有形制比较特殊的双树龛楣，龛内塑坐在方座上的苦修像，壁画绘头光、身光、菩萨；龛外两侧塑菩萨立像各 2 身（图 11；图版 II：167）。

i 龛内

（i）塑像

圆券形龛内依壁塑苦修坐像 1 身，头部残失，残高 77 厘米（包括台座）、肩宽 47.5 厘米，结跏趺坐，右足置左踝上，两膝间距 67 厘米，双手于腹前相合。体型清瘦，身披土红色通肩袈裟，纵向阴刻衣纹细密，绿色领缘、衣缘。敷搭两肩，以下双领开敞，左襟遮覆左胸、左臂，右襟仅遮覆右上臂及下臂上部。两襟于腹前聚合，包裹结跏趺坐的双腿，露出的右足叠压在左胫之上。胸部至腹部大半裸露，塑造出嶙峋的排排肋骨、V 形斜上的一对锁骨和棱角突兀的双肩，右胁下中空。伸出的两手在腹前结禅定印，被翻出的衣角所掩盖。

袈裟下摆、衣角悬覆座前，台座上的双膝宽出悬空。横长方形台座高 16 厘米、宽 52 厘米、进深 23.5 厘米，敷白粉。

坐像颈项、头部残断脱落处，创面约 14.6 厘米 ×7.5 厘米，可知原头部是另行塑造完成后安插于此（图 11；图版 II：166、168、169）。

（ii）壁画

i）头光

宝珠形头光起自塑像双肩，及于龛顶。中心呈倒水滴形，敷土红色，横径 21 厘米，白色线勾边。由此向外共四圈纹饰（图 12）。

第二圈，宽出 6～7 厘米，随内圈呈倒水滴形，土色地上黑色勾描填地绘复莲瓣，外廓亦白线勾边，其中土红色起稿线尚存。

第三圈，宽出 7～8 厘米，宝珠形，土红色地上罩白粉，以黑色勾绘火焰纹，外廓白线勾边。

第四圈，宽出 6.5～7.8 厘米，宝珠形，敷绿色。

ii）身光

身光下起塑像背部、佛座与龛壁相接处，上与头光外圈相交，稍低于头光，由里而外共四圈纹饰，在龛内壁面南北两侧对称。

最里层的第一圈，在塑像肩头外侧露出，与头光最外圈相交，略呈三角形，宽约 51.6～7.8 厘米，淡土红色，黑色勾染边缘。

第二圈，宽出 5.5～8 厘米，绿色，外廓白线勾边。

第三圈，宽出 5～6.1 厘米，黑色勾绘火焰纹，敷色同头光第三圈，外廓白色边线。

第四圈，宽出 5.7～7.2 厘米，绿色粗线绘火焰纹，白色填地（图 12；图版 II：166）。

iii）供养菩萨

龛内身光、头光外侧、上方，在土红色地上作壁画。东西两侧龛壁各绘 2 身立姿供养菩萨（天人），上下排列，裸露的肌肤均已变色呈黑灰色，晕染部分呈黑色，面部可见白色"小"字形点染眼、鼻，唇涂朱。

东侧下起第一身供养菩萨，高约 73 厘米（包括头光），朝北，稍侧向右，上身前躬，抬头仰视，双手于胸前合掌握一花枝，稍提右腿而立。黑灰色宝珠形头光，白色宝冠上黑色线描仰月、宝珠及绿色珠饰，白色缯带上扬。袒上身，土色缀珠项圈、腕钏，绿色长裙。黑色帔巾自颈后向前环绕双肘飘垂。长裙、帔巾以白色细线勾褶纹。手中花枝，白色细茎、萼托，绿色、灰色圆点状花瓣。第二身菩萨，朝北，稍侧向右，腹部稍前挺，上身稍仰，平视，双手于胸前合掌握一花枝。白色宝珠形头光，白色宝冠，两侧白色缯带打结，右侧上扬、左侧飘降。袒上身，灰色缀珠项圈白边细线勾绘，土色腕钏，灰色右衽长裙以黑色勾染、白色线描绘衣褶。绿色帔巾自颈后向前环绕双肘飘垂，白色细线勾褶纹。手中花枝与前者略同，黑色、绿色圆点状花瓣。

西侧下起第一身供养菩萨，高约 74 厘米，朝北，稍侧向左，上身前躬，双手于胸前合掌握花枝，稍提左腿而立。土色宝珠形头光，

正视

0 5   25厘米

图 11　第 257 窟中心塔柱南向面下层龛

白色宝冠上有白色仰月、坠饰、绿色珠饰，白色缯带上扬。袒上身，土色勾白边缀珠项圈、腕钏，绿色长裙。黑灰色帔巾自颈后向前环绕双肘飘垂。长裙、帔巾以白色细线勾勒褶纹。手中花枝与东侧略同，绿色、黑色圆点状花瓣。第二身供养菩萨，朝北，稍侧向左，躬身于胸前合掌握花枝，膝稍屈。白色宝珠形头光，白色宝冠，缯带左侧上扬、右侧绕向头光后。袒上身，土色勾白边、土红色点染缀珠项圈、腕钏，黑色长裙，绿色帔巾自颈后向前环绕双肘飘垂。长裙、帔巾以白色细线勾褶纹。手中花枝与前略同，黑色、绿色圆点状花瓣（图 12；图版 II：167、170、171）。

iv）莲蕾

供养菩萨上方，龛顶画花卉。土红色地上 9 束小花，白色细茎、萼托，绿色、黑色圆点状花瓣、叶片，白色点状花蕊；中间 3 束，左右（东、西）两端各 3 束。小花束围绕左右各一朵大莲蕾。大莲蕾纵长、筒状、六瓣，罩白粉，黑色粗笔勾染而成，短柄，内、外染土红色瓣檐，白色蕊丝（图 12；图版 II：171-1）。

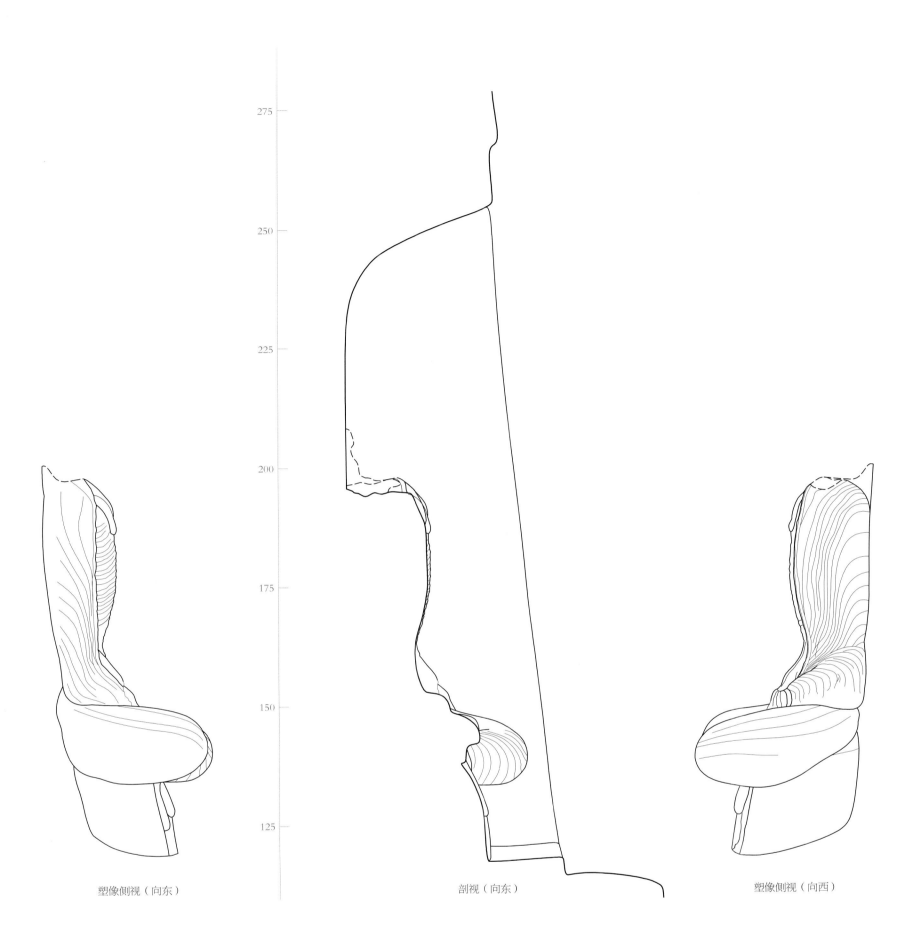

塑像侧视（向东）　　　　　　　　　　　　剖视（向东）　　　　　　　　　塑像侧视（向西）

ii 龛外

（i）双树龛楣

龛口东西两侧及上方浮塑双树龛楣。龛楣高 35 厘米、宽 145 厘米、浮出 1.5 厘米，龛楣顶端距龛口底高 180 厘米。双树形，包括树干和树冠，左右（东、西）对称；替代龛柱的树干起自龛外菩萨塑像的肩部，两棵树的树冠相向倾倒并在龛口上方的中间（略微偏右）靠拢，形成龛楣。树干保留土色，树冠中染土红色为树枝、染绿色为树叶，波曲的枝桠和忍冬卷草形状的叶片，组成丰茂浓密的图案。以双树作为龛外装饰，寓意悉达多太子出家在菩提树下苦修的场景。

树形龛楣（包括树干、树冠）与龛口左、右、顶边沿间隔 4 ～ 11.5 厘米，于土红色地上绘花朵、莲蕾和小花束，如由树上飘飞而降。中间的花朵有排列呈环状的花蕊。两侧树干至树冠转折处各有两朵纵长、筒状大莲蕾，黑色瓣、白色蕊。点缀空间的小花束数量众多，白色的纤细枝茎、萼托，圆点状绿色、灰色、黑色花瓣和叶片（图 11；图版 II：167、172-1）。

（ii）龛外塑像

下层龛外东西两侧各依壁塑 2 身菩萨立像（图版 II：173-2）。

图 12　第 257 窟中心塔柱南向面下层龛内展开图

i）龛外东侧塑像

龛外东侧西起第一身菩萨像，身体右侧依壁，头、颈离开壁面，残高 116 厘米、头残高 25 厘米、肩宽 34 厘米，正面，稍侧向右。左臂自然下垂，手指伸直，掌心向前；右臂屈起，右手于胸前残失，折断处露内胎草泥。两腿分开站立，双足残。面型浑圆，黑线描细眉，双目微鼓，鼻残，嘴角微翘，双耳垂肩。发髻、冠饰残毁，仅残存草泥，束发带饰绿黑二色彩帛纹，额际黑发中分至耳后披垂肩后。祖上身，项圈上下边棱浮起，内以竖棱分格，交替填黑绿二色。绿色长裙，黑色边缘，右衽，阴刻细线褶纹，裙腰于右侧翻出，里面土红色，裙摆略呈尖角状垂于踝际。跣足。帔巾绿白二色纵向条纹，自肩后环绕双臂下垂，垂下部分白色，直接绘于壁上。全身肌肤表面白色，变色部分呈灰黑色，面部、颈项、肩臂、身躯残存肉红底色（图 13；图版 II：173、175-1、3）。

第二身菩萨像，肩部以下依壁而塑，残高 84 厘米、肩宽 31 厘米，正面。头部残失，颈部现为凹坑，中有下插空洞。两肩残存垂肩发绺。左臂垂下，手抚于左股上；右臂屈起，右手抬至胸前残失。两腿分开站立，双足平踏于座沿上面，重心在右，左腿松弛。土红色项圈以竖棱分格，上下边棱浮起，泥条塑臂钏、腕钏。自左肩斜披绿色络腋，黑色边缘。土红色长裙，绿色边缘，右衽，裙摆略呈尖角状垂于胫中。络腋、长裙阴刻细线衣纹。跣足。全身肌肤白色，足背剥落。帔巾饰黑白二色纵向条纹，自肩后绕双肘下垂，垂下部分直接绘于壁上（图 14；图版 II：173-2、4）。

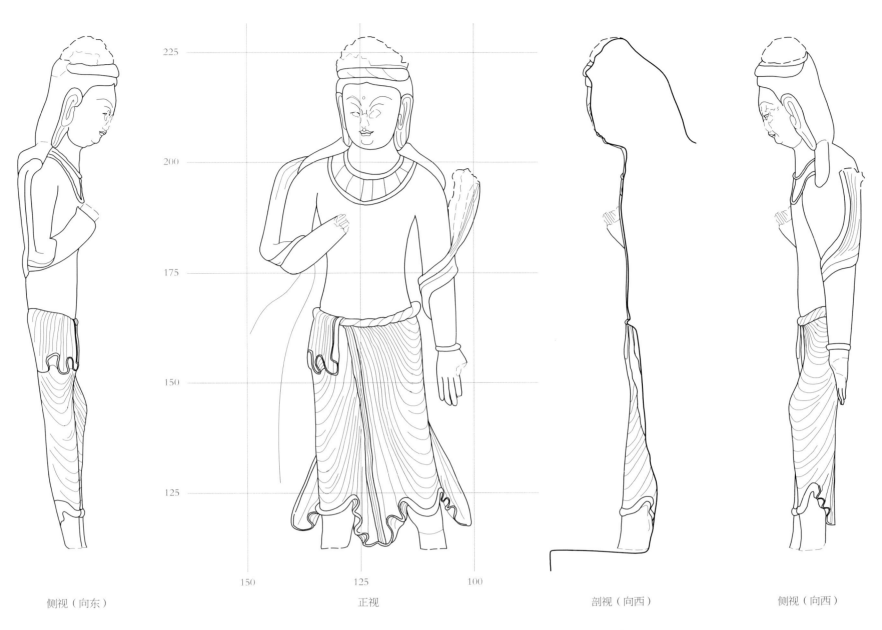

225

200

175

150

125

侧视（向东）　　　　　　　　　　　正视　　　　　　　　150　　125　　100　　　剖视（向西）　　　　　　　　　侧视（向西）

图 13　第 257 窟中心塔柱南向面下层龛外菩萨立像（东侧西起第一身）

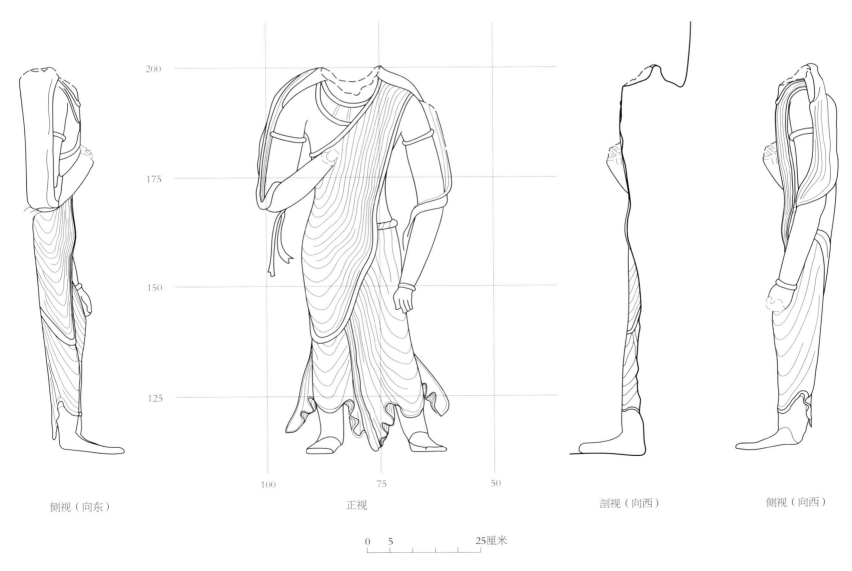

200

175

150

125

侧视（向东）　　　　　　　　　　　正视　　　　　　　　100　　75　　50　　　　剖视（向西）　　　　　　　　　侧视（向西）

0　5　　　　　25厘米

图 14　第 257 窟中心塔柱南向面下层龛外菩萨立像（东侧西起第二身）

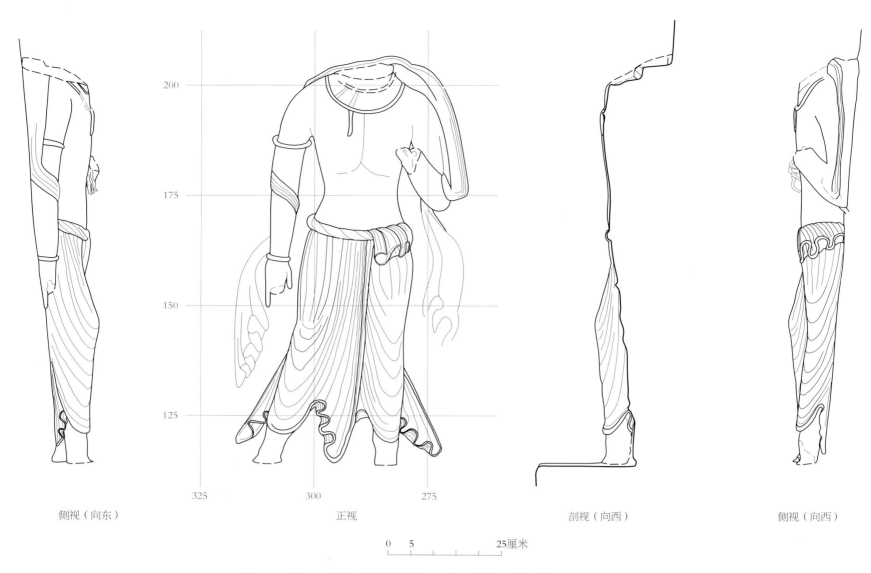

侧视（向东）　　　　　正视　　　　　剖视（向西）　　　　　侧视（向西）

0　5　　　　　25厘米

图15　第257窟中心塔柱南向面下层龛外菩萨立像（西侧东起第一身）

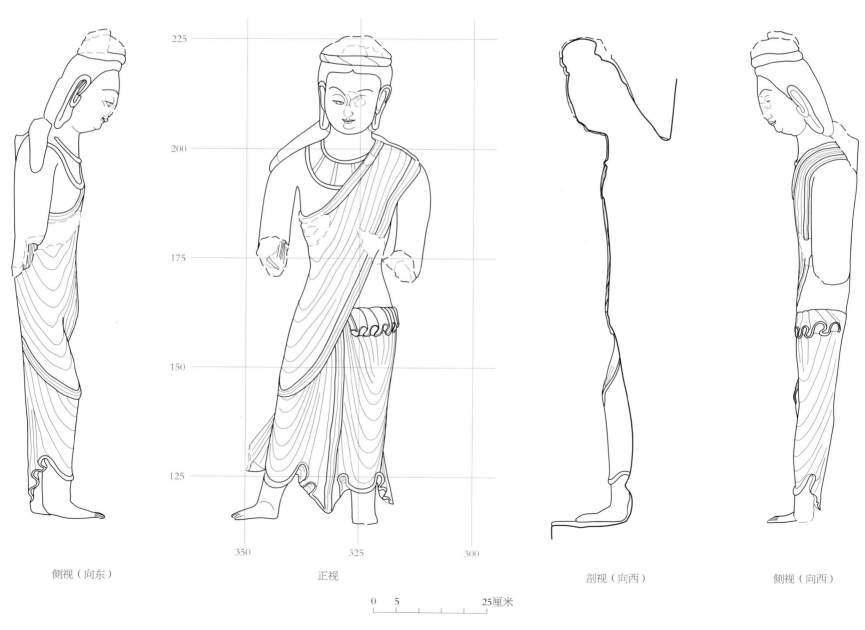

侧视（向东）　　　　　正视　　　　　剖视（向西）　　　　　侧视（向西）

0　5　　　　　25厘米

图16　第257窟中心塔柱南向面下层龛外菩萨立像（西侧东起第二身）

ii）龛外西侧塑像

龛外西侧东起第一身菩萨像，肩部以下依壁而塑，残高 92 厘米、肩宽 32 厘米，正面。头部残失，颈部现为凹坑。左肩残存发缯。右臂自然垂下，右手手背朝前，仅存拇指、小指；左臂屈起，腕部于胸前左侧残断。两腿分开站立，双足均残，重心在左，右腿松弛。袒上身，土红色项圈上下边棱浮起，右臂贴泥条塑臂钏、腕钏。黑色长裙，绿色边缘，左衽，自右向左缠裹，左侧绿色裙腰翻出里面淡红色，裙摆尖角垂于踝上，阴线刻衣纹。跣足。全身肌肤白色。绿色帔巾残存于左肩、左臂及右肘，两侧垂下部分绘于壁上，白色细线勾褶纹（图 15；图版 II：174-1、2）。

第二身菩萨像，肩部以下依壁而塑，残高 110 厘米、头残高 23 厘米、肩宽 34 厘米，正面。双臂在肘上残断。两腿分开站立，左足残，重心在左，右腿松弛。面型浑圆，面相略同东侧第一身，左眼残、鼻残。发髻、冠饰残毁，束发带饰绿黑二色彩帛纹，黑发于额际中分，披垂双肩。项圈上下边棱浮起，竖棱分格填黑绿二色，自左肩斜披黑色络腋，绿色边缘，薄粉勾染褶纹。黑色长裙，土红色边缘，左衽，左侧裙腰翻出土色里面，裙摆尖角垂于踝上。跣足。络腋、长裙阴刻线衣纹。全身肌肤变色呈灰黑色。左侧胁下露出土红色（图 16；图版 II：174-1、3、4、175-2、4）。

第二身菩萨像右胯西侧壁面绘 1 朵莲蕾，桃形，绿色，白色尊托，下方菩萨右膝西侧绘一小花枝，白茎，绿色圆点状叶。

2）上层佛龛

塔身上层，于下层龛双树龛楣之上开一方口龛，龛外塑成阙形。龛内依壁塑半跏坐像 1 身，壁画绘头光、身光、供养菩萨（天人）、莲花化生、莲蕾等。龛外上方绘莲花化生，两侧粘贴影塑（图 17；图版 I：39；图版 II：176）。

i 龛内

（i）塑像

阙形龛龛口方形，龛内中间塑半跏坐菩萨思惟像 1 身，高 90 厘米、头高 25 厘米、肩宽 32 厘米。后背中、上部及台座依壁而塑，头、颈及后背上部与壁面分离。上身稍前倾，低头俯视，半跏坐于束腰座上。左膝稍外撇，胫下垂，左足着地；右腿平抬屈起，胫横置，右踝搭在左膝上。右臂屈起，右肘立于右膝上，右手伸指支颐作沉思状。左臂自然垂下稍屈，仰掌握拳搁置右踝上。头上宝冠中部残损，残存左右黑褐色饰白色联珠纹圆饼形二珠，冠后两侧绿色巾帕垂叠，灰白色里面。冠沿下束发带饰黑绿二色彩帛纹。黑灰色额发中分至耳后垂肩。额际较宽，黑色线描眉，眉间白毫，双目微鼓，鼻梁高直，嘴角微陷，双耳垂肩。袒上身，项圈以竖棱分格，交替填黑绿二色，上下边棱浮起；贴泥条腕钏；绿色长裙，线刻衣纹，裙摆尖角状于两腿中间悬垂座前。跣足。白色肌肤变色呈灰色、黑褐色。绿色帔巾沿双肩垂下绕臂、肘，下垂部分残失（图 17；图版 II：177 ～ 180、185-2）。

束腰座高 29 厘米，敷绿色。

（ii）壁画

i）头光

塑像头后绘宝珠形头光，尖端及于龛顶，内外二圈。中心宝珠形，横径 31 厘米，黑色，白线勾边。

第二圈，宽出 5 ～ 8 厘米，绘火焰纹罩以绿色。

ii）身光

身光下起塑像背部与龛壁相接处、台座，与头光相交上达龛顶，由里而外共四圈。第一圈，于塑像肩头呈尖角状，宽约 3 厘米，红褐色。

第二圈，东侧宽出 3.4 ～ 4.6 厘米、西侧宽出 5.8 厘米，绿色，外廓以白线勾边。

第三圈，宽出 4.7 ～ 6.7 厘米，红褐色地上施薄粉绘火焰纹，外廓以白线勾边。

第四圈，宽出 5.4 ～ 6.9 厘米，绿色粗线描火焰纹，白色填地（图 18；图版 II：177 ～ 180）。

iii）供养菩萨

龛内东壁和西壁土红地色上各绘 1 身立姿供养菩萨（天人），腹稍前挺，上身略后仰，颔首，双手于胸前合掌执花枝。黑色宝珠形头光，袒上身，灰白色项圈、腕钏，绿色长裙，尖角状裙摆及以下残毁。黑灰色帔巾自肩后环绕双臂垂下。长裙、帔巾白色细线勾褶纹。肌肤呈黑灰色，勾染呈黑色，白色点染"小"字脸。手中花枝白色细茎弧曲向上，连接其上方莲花化生。

龛内东壁供养菩萨，高约 53 厘米（包括头光），朝北，稍侧向右。

龛内西壁供养菩萨，高约 58 厘米（包括头光），朝北，稍侧向左，裙左衽，帔巾左侧下端延至北壁。手中花茎白分枝延至北壁，出绿色圆点状莲瓣（叶）（图 18；图版 II：179 ～ 181-1、2）。

iv）莲花化生

龛内北壁下部塑像台座东西两侧和东西两壁上端，土红色地上各绘 1 身莲花化生，共 4 身。

正视

0 5 25厘米

图17 第257窟中心塔柱南向面上层龛

台座以东莲花化生，扁圆形莲花，灰褐色，露出头部，稍侧向右，黑色宝珠形头光。

台座以西莲花化生，灰褐色扁圆形莲花（模糊），露出头部，稍侧向左，黑色宝珠形头光。

东壁上端莲花化生，连接供养菩萨手中花枝，卵形莲花，黑色，露出头部，稍侧向右，绿色宝珠形头光，白色萼托。莲花上有细笔花蕊，两侧、下方白色弧曲细茎蔓生，绿色圆点状花瓣（叶）。

西壁上端莲花化生，连接供养菩萨手中花枝，卵形莲花，灰色，露出头部，稍侧向左，绿色宝珠形头光，白色萼托，莲花上有二片绿色椭圆形叶，南侧有白色弧曲细茎、绿色圆点状花瓣或叶片（图18；图版Ⅱ：178、181-3、4）。

v）莲蕾

龛内北壁塑像身光东西两侧、莲花化生上方，土红色地上各绘2朵莲蕾，桃形，白色萼托，椭圆形叶片，分列上下，下方绿色，上方黑色。

东侧绿色莲蕾上有白色细线勾三片椭圆形黑色叶，绿色叶脉；西侧绿色莲蕾上有一片叶、细笔花蕊。东侧黑色莲蕾上有白色细线勾二片绿色叶，西侧黑色莲蕾上有三片绿色叶、白色蕊丝。莲蕾下皆有白色弧曲细茎蔓生三枝，绿黑二色圆点状花瓣（叶）。

龛内壁面土红色地上点缀小花，白色细茎、萼托，绿黑二色圆点状花瓣。北壁东侧二莲蕾之间和西上方3朵，东壁龛口内沿3朵、化生上方1朵，西壁龛口内沿1朵（图18；图版Ⅱ：178、182、183-1、2）。

vi）龛顶

龛内顶部呈外高内低的斜披面，头光两侧白色地上绘土红色纵向平行粗线影作椽子、望板。龛顶外沿塑出垂幔（图18；图版Ⅱ：182）。

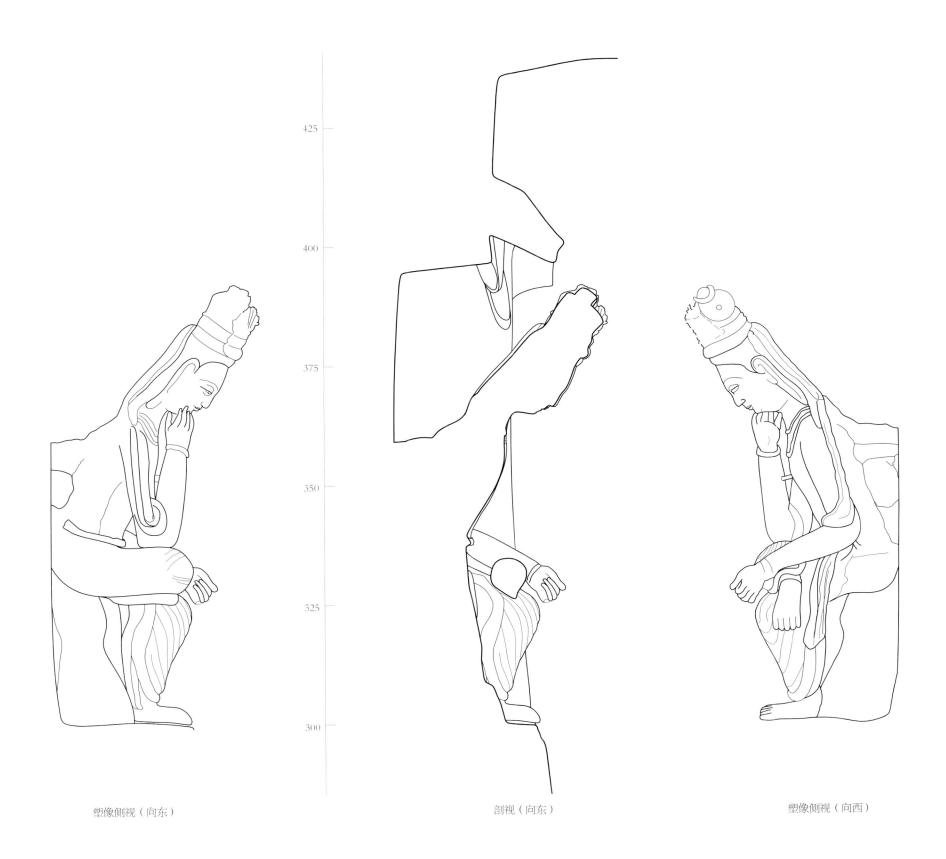

塑像侧视（向东）　　　　　　　　　　　剖视（向东）　　　　　　　　　　塑像侧视（向西）

ii 龛外

（i）阙形龛

龛外东西两侧依壁浮塑子母双阙，中间浮塑屋顶。东侧母阙高 135 厘米、阙身宽 11.9 厘米、顶檐宽 22 厘米，子阙高 108 厘米、阙身宽 10 厘米，顶檐宽 18 厘米，其下基座高 7.3～8.5 厘米。西侧母阙阙身以上残毁，残高 101 厘米、阙身宽 11.2 厘米，子阙高 109 厘米、阙身宽 9.5 厘米，顶檐宽 17 厘米，其下基座高 8.6 厘米。双阙阙身凸出壁面 2～3 厘米。双阙均塑出单檐庑殿顶，有瓦垄、垂脊、正脊、鸱尾，檐下阙楼白色地上土红色线描绘仿木构檐椽、梁枋、斗栱、窗棂。底层基座为白色，与阙身同宽，高约 7 厘米。双阙基座敷白粉。阙身留土色边线分上下四段或三段绘装饰图案，母阙下起第一段高 20～24 厘米，白地褐色斜格纹；第二段高 21～24 厘米，呈灰色；第三段高 19～23 厘米，白地褐色双线菱格纹；第四段高 20 厘米，绿色。东侧子阙下起第一段高 18 厘米，呈灰色；第二段高 18.5 厘米，黑色地绘双线菱格纹；第三段高 19 厘米，绿色；第四段高 20 厘米，白地褐色斜格纹。西侧子阙下起第一段高 23 厘米，呈黑褐色；第二段高 27 厘米，绿色；第三段高 20 厘米，白地褐色斜格纹（图版 II：183-3、4，184，185-1、2、4）。

双阙之间以塑出的单檐庑殿顶相连接，为双阙之间的门屋或殿宇，顶檐宽 98 厘米、向前伸出壁面 9 厘米，屋面纵长 15 厘米。泥塑正脊、鸱尾、垂脊、瓦垄、椽头。原约 14 道瓦垄，现残存 12 道。檐下相隔龛顶外沿帷幔，外低内高的斜披面，与龛顶同样白色地上以土红色粗线影作椽子、望板，与龛顶合为人字披。帷幔厚约 3.5～4 厘米，系绿色帐带，两头束成斜角，中间两段垂弧，其位置相当于人字披的中脊部（图版 II：184）。

屋顶正脊上方、塔柱南向面塔身顶端中间，土红色地上绘 1 身莲花化生与 2 朵莲花。居中莲花化生露出头部，肌肤肉红色，黑色莲

图 18　第 257 窟中心塔柱南向面上层龛内展开图

花，左右二片灰色叶，白色萼托，绿色圆形头光。左右各一朵椭圆形莲花，绿色环形花冠，黑色莲房，上有细笔花蕊、三片黑色叶（图版Ⅱ：184）。

（ii）龛外影塑

从现残留痕迹观察，龛外东西两侧各粘贴影塑 6 排，每排四至六身，塔柱南向面原有影塑供养菩萨（天人）共 49 身，大部分已脱落毁失。菩萨形体姿态大致相同，均作蹲跪姿，残失处留有粘贴痕迹（图版Ⅰ：40）。

东侧上起第一排粘贴影塑 6 身，皆蹲跪，第二至六排各 5 身，原有影塑 21 身（图版Ⅱ：186-2）。

第一排东起第三身大体完整，高 33 厘米，左腿挂地，右膝屈起，右手于胸前持绿色莲，左手高抬至头外侧托黑色莲。绿色圆形头光周缘土色，黑发束高髻，两侧缯带系结，黑褐色束发巾帕垂于耳后。披红黑色袒右袈裟，衣角垂至左胁后，下摆尖角状垂于两腿间。黑色长裙。跣足。肌肤敷白粉脱落，残存于面部、左上臂（图版Ⅱ：188-2）。

第五排第三身，残存蹲跪菩萨挂地左足，踝部以上残毁，残高 8.5 厘米。

第六排第一身，头部残失，残高 21 厘米，肩宽 12 厘米，右腿挂地，左膝屈起，双手于胸前合十。披土红色通肩袈裟，下摆尖角状垂于两腿间。黑色长裙。跣足残。第六排第五身，上身残毁，残高 16 厘米，右腿挂地，左膝屈起，敷彩剥落。

西侧上起第一排至四排粘贴影塑各 5 身，第五、六排各 4 身，原有影塑 28 身（图版Ⅱ：187）。

第一排西起第五身大体完整，高 38 厘米，右腿挂地，左膝屈起，左臂下垂置股间，右臂高举过头，在头光之上扬掌。圆形头光绿白二色晕染，束高髻，两侧缯带系结，红黑色束发巾帕垂于耳后。红褐色袒右袈裟敷搭左肩，衣角垂至右胁后。黑色长裙。跣足。肌肤敷白粉脱落，残存于面部、左肩膊（图版Ⅱ：188-1）。

第三排第二身，头部残失，残高 26 厘米，姿态与前者相同，原上举右臂残失，股间左手残失。披绿色袒右袈裟，衣角垂至右胁后，下摆垂于两腿间。白色长裙。跣足。肌肤白色（图版Ⅱ：188-3）。

第六排第二身残存头部隆起的泥胎。第四身残存部分下肢泥胎，显示挂地右腿和斜收向后的左胫。

3. 塔柱西向面

（1）塔座

1）座身

因位于洞窟后部，图案保存相对其它三面较为清晰。据《敦煌莫高窟内容总录》所记，第257窟中心塔柱西向面塔座"座身画双虎"[7]。座身立面白色地上中间绘莲花摩尼宝珠，残高46厘米，下有绿色莲瓣残迹，柱形之上桃形火焰宝珠，漫漶不清。南北两侧，绘一对猛虎（白虎）面朝宝珠相向奋足而行。北侧虎头大口阔，目光如炬，气势威猛；南侧虎昂首挺胸，头较小，体态修长，身形矫健。头上都有如火焰般弯曲飞扬的绿色鬃毛，口中吐出土红色卷曲的长舌，身后长尾抑扬舒卷。北侧虎头上下被熏黑。虎身并非白色，褪色后呈红褐色，上有黑色线描和晕染。从形象上看，参见北壁故事画中的表现，双虎，或可考虑为狮、虎（图版 I：41；图版 II：192、193、195-2）。

2）座沿

座沿下斜面及混脚（上枭）通施白粉，以约2厘米宽土红色粗线描座身的上边、混脚的上边、上枭西向面与相邻两面（南向面、北向面）上枭的分界线（图版 II：193）。

座沿正面（上枋）在白色地上绘供养人，中间部分遭后世燃灯焚香黑色油渍污染。污渍以南残存供养人约7身，仅见题榜轮廓和部分人物头部及胸前合掌双手残迹。污渍以北漫漶更甚，但其中距座沿北端9.5～40厘米间残存着黑缘绿色深衣大袖袍服的男供养人画迹，可分辨者亦有16身。上枋整体绘有供养人约不下38身。大部分画面因褪色、剥落残损、漫漶严重，辨识困难（图版 II：194、195-1）。

（2）塔身

塔身中间分上下层各开一圆券形龛、塑1身坐像。下层龛外两侧原各塑2身立像，均已无存；上层龛外粘贴影塑，多已残毁。龛内外绘壁画（图版 I：40；图版 II：190）。

1）下层佛龛

塔身下层中间开一圆券形龛，龛内塑方座上佛坐像，壁画绘头光、身光、菩萨、莲蕾。龛外塑龛柱、龛梁、龛楣，两侧原塑菩萨立像2身均已残毁（图19；图版 II：197）。

i 龛内

（i）塑像

圆券形龛内依壁塑禅定佛坐像1身，残高116厘米（包括台座）、头残高28厘米、肩宽46厘米、两膝间距69.5厘米。佛像在方形台座上结跏趺坐，双手在腹际前后相叠，右手在前，结禅定印。头微前倾呈俯视状。肩部以下和台座均依壁而塑，颈项以上为圆雕，与壁面分离。头顶肉髻残失，形成浅凹坑。纵向波状发纹，为连续W形的阴刻线。面型略长，额际较宽，阴刻长眉，双目微鼓而残，鼻梁高直，嘴小，抿唇。披土红色通肩袈裟，绿色领缘、衣缘，右襟向左缠裹敷搭左肩，衣角垂于左侧肩膊之后。阴刻线衣纹，在胸、腹前面呈U形向左肩聚集。下摆左衽覆盖双足，左右垂弧作"人"字形覆于座前。肌肤、头发敷肉红色，面部变色呈灰黑色。

坐下方座高19厘米、宽65厘米、进深23厘米，敷白粉（图19；图版 II：196～199）。

（ii）壁画

i）头光

宝珠形头光起自塑像颈后、双肩，上及龛顶，由此向外共四圈纹饰。中心略呈倒水滴形，横径17.3厘米，土红色，白色线勾边。

第二圈，宽出7.3～8.5厘米，略呈宝珠形，黑色地上施薄粉绘火焰纹，外廓勾白线。

第三圈，宽出7.1厘米，宝珠形，白色地上黑色绘火焰纹罩以淡红色。

第四圈，宽出82厘米，宝珠形，白色地上黑色绘火焰纹罩以绿色。

ii）身光

身光下起塑像背部与龛壁相接处和佛座，上与头光外圈相交，由里而外共四圈纹饰，在龛内壁面南北两侧对称。最里层第一圈，在塑像肩头露出略呈三角形，宽8～10.2厘米，施土红色，墨色勾染焰心、边缘。

第二圈，宽出7.1厘米，绿色，外廓勾白线。

第三圈，宽出6.8～7.5厘米，同头光第三圈白色地上黑色绘火焰纹罩以淡红色。

---

[7]　同注[2]。

正视

0 5   25厘米

图19　第257窟中心塔柱西向面下层龛

第四圈，宽出 8 ～ 10 厘米，绿色粗线绘火焰纹，白色填地（图20；图版 II：196）。

iii）供养菩萨

龛内两侧左右（南、北）对称，土红色地上各绘 2 身立姿供养菩萨（天人），上下排列，裸露的肌肤均已变色呈灰褐色，晕染部分呈黑褐色，白色"小"字形点染眼、鼻，唇涂朱（图20）。

南侧下起第一身菩萨，高约 78 厘米（包括头光），朝北，稍侧向右，腹部稍前挺，上身稍后仰，低头下视，双手在胸前合掌，两足分开外撇踏莲台。黑色宝珠形头光，薄粉绘宝冠，有绿色珠饰，两侧白色缯带系结，左侧下曲上扬，右侧绕向头光后。袒上身，红褐色缀珠项圈、腕钏均以白线勾边，绿色长裙。跣足。黑色帔巾自颈后向前绕双肘垂下。长裙、帔巾以白线勾勒。足下莲台白色，椭圆形。

第二身菩萨，朝北，稍侧向右，膝稍屈，向前躬身，昂首，双手于胸前合掌握花枝。土红色宝珠形头光外圈经白色晕染，头上束白色桃

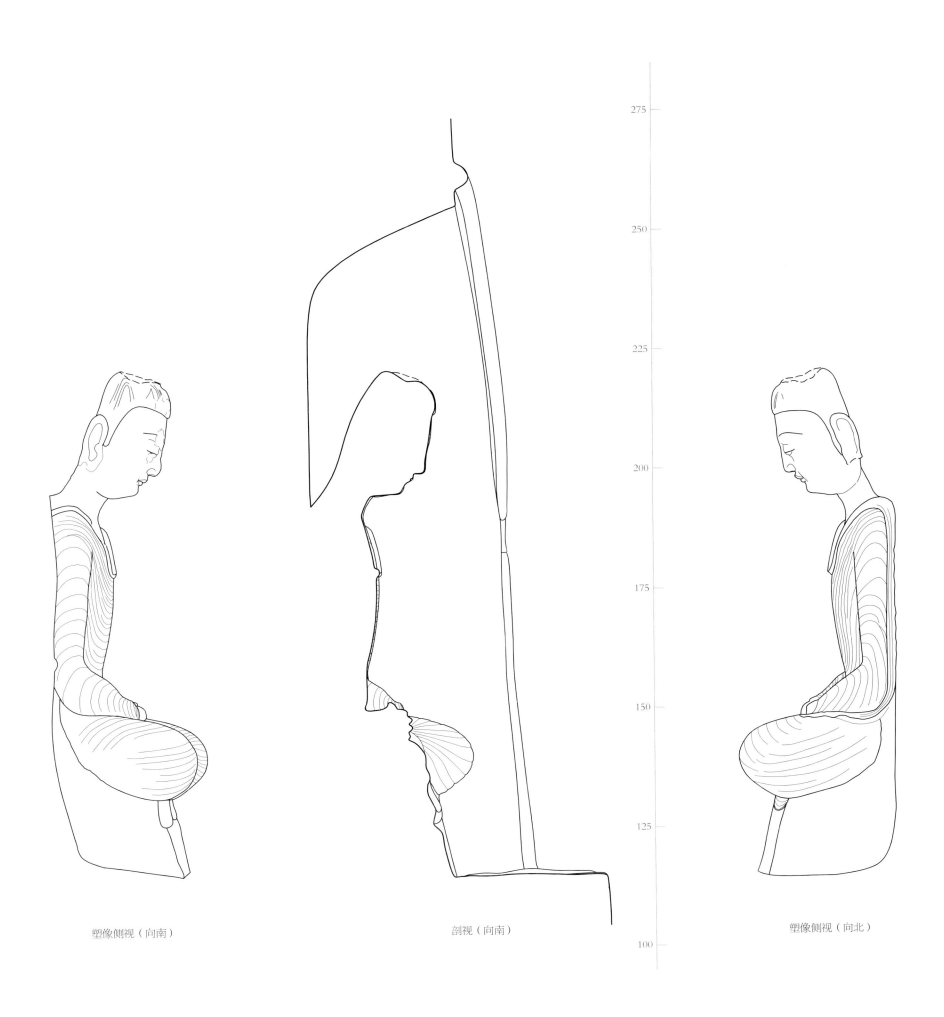

塑像侧视（向南）　　　　　　　　　　剖视（向南）　　　　　　　　　　塑像侧视（向北）

形高髻。袒上身，红褐色缀珠项圈、腕钏均以白线勾边，土红色长裙经黑色晕染褶纹。绿色帔巾自颈后环绕双肘垂下。长裙、帔巾以白线勾褶纹。手中花枝白色细线长茎在头光前弧曲向上，密集侧枝出绿色圆点状花蕾（叶），顶端分枝（图版 II：200-2）。

　　北侧下起第一身菩萨，高约 76 厘米（包括头光），朝南，稍侧向左，上身稍后仰，抬头望向主尊，双手在胸前合掌，两足分开外撇踏莲台。黑色头光，薄粉绘宝冠，有绿色珠饰，白色缯带左侧下曲上扬、右侧飘垂而下。袒上身，红褐色缀珠项圈、腕钏，绿色长裙。长裙、帔巾以白线勾褶纹。跣足。黑色帔巾自颈后环绕双肘垂下。长裙、帔巾以白线勾褶纹。足下莲台白色，椭圆形。第二身菩萨，朝南，稍侧向左，膝稍屈，向前躬身，昂首，双手于胸前合掌握花枝。土红色宝珠形头光外圈经白色晕染，头上白发束桃形高髻。袒上身，黑褐色缀珠项圈、腕钏均以白线勾边，黑褐色裙。绿色帔巾自颈后环绕双肘垂下。跣足。长裙、帔巾以白线勾褶纹。手中花枝白色细线长茎在头光前弧曲向上，长短侧枝出绿色圆点状花蕾（叶），分枝黑色花蕾围绕白色花蕊（图版 II：200-1）。

图 20　第 257 窟中心塔柱西向面下层龛内展开图

画面空隙间点缀小花，白色细茎、萼托，绿黑二色圆点状花瓣，约 7 朵。

iv）莲蕾

两侧供养菩萨上方，龛顶画花卉。龛顶中间，头光尖端左右各一组曲蔓细枝，出绿色圆点状花蕾（叶）。两侧各一朵纵长、筒状六瓣大莲蕾，黑色瓣、白色蕊。周围空间点缀数朵小花，白色细茎、萼托，绿黑二色圆点状花瓣（图 20；图版 II：201-2）。

ii 龛外

（i）龛柱

南北两侧龛柱的形状、敷色、塑法相同，均无柱础。南侧龛柱高 74 厘米、北侧龛柱高 73 厘米。柱身细长，呈不规则的圆柱形，自下而上略稍有收分，横径 3.8～4 厘米，表面有刮棱，敷土红色。柱头横长方形，高 6 厘米、宽 11～11.5 厘米、浮出 0.5 厘米，白色细笔绘交叉对角线，形成二组顶角相对的三角形，上下对角敷绿色，左右对角红黑色。

两侧龛柱距龛口侧沿 5.8～8.9 厘米，土红色地绘波状曲蔓花枝纹，白色细线曲蔓上下波状连绵，枝端回卷，端头、分枝生绿黑二色圆点状花蕾（叶）、黑绿二色椭圆形叶片（图版 II：202）。

（ii）龛梁

浮塑弓形龛梁环绕龛外上沿，顶部中间最粗处径 5 厘米、浮出 2.8 厘米，拱肩宽 120 厘米，两侧向下渐细，尾端径 2 厘米、浮出 1.8 厘米，至柱头外卷上翘成弯勾，形如蛇尾。"蛇身"龛梁绘四色彩帛纹，顺时针依次为黑、白、绿、黑褐往复排列。其中，黑褐色或为土色受烟熏后的变色。白色外各色中排列白色圆点，或为白色芯的鳞纹图案（图版 II：201-2、202-2）。

龛梁下距龛口上边 2～4.3 厘米，绘连续涡卷纹，土色，圆形，黑色线勾形，绿色圆心。

（iii）龛楣

龛梁之上浮塑尖拱形龛楣，中间高 29 厘米、拱肩宽 131 厘米、浮出 1.8 厘米。拱尖及于上层龛口下边，两侧下端接近龛梁尾端。龛楣边缘浮起较高，以内渐低：上沿绘宽约 1～2 厘米的绿色边线，其内白色地绘藤蔓分枝双叶忍冬纹，波曲茎蔓呈深、浅褐色，忍冬叶交错施绿黑二色（图版 II：201-1）。

2）龛外两侧

下层龛外南北两侧壁面上，原各有 2 身依壁塑造的菩萨立像，已全部毁失，仅残留塑像与壁面的粘接痕迹，同时各有一凿洞并残存支撑塑像的木骨（图版 II：202-1、3）。

龛外南侧北起第一身菩萨像，残毁脱落后露出的草泥内胎显示塑像肩部以下的身形轮廓，残高约 93 厘米，包括头部脱落痕迹在内可达 115 厘米。下距塔柱座沿上面高 63 厘米、北距龛口南沿 26 厘米、约当塑像胸部位置，有一直径约 11 厘米的孔洞，露出木棍和木楔，伸出壁面约 9 厘米，为原固定塑像的骨架残留物。残迹可辨，原塑像的右肘似高抬齐肩，身形左侧臂肘相对低位。身形两侧塔身壁画土红地色上残存帔巾的左右两端，右端绕肘飘垂而下，左下方壁画残存低垂的下端。帔巾黑褐色，白色细线勾勒褶纹和边缘。

南侧第二身菩萨像与之相仿，残存右足以及塑像肩部以下的身形轮廓，高约 84.5 厘米，包括头部脱落痕迹在内可达 107 厘米。下距座沿上面高 60 厘米、南距塔身南边 19.5 厘米，有一直径约 6 厘米、深逾 10 厘米的孔洞，可见洞内的砾岩石胎。塑像身形两侧的壁面上，残存壁画飘垂的帔巾下端，绿色帔巾以白色线描勾勒褶纹和边缘；其中右侧帔巾与第一身塑像帔巾在同一高度相并，其间有竖线分界，疑为两身塑像分别制作时的某种默契。另外残存塑像裙摆右下角画迹，可见土红色线描和绿色敷染。

龛外北侧情况基本相同。南起第一身菩萨像遗迹，残存肩部以下的身形轮廓，高约 81.3 厘米，包括头部脱落痕迹在内可达 112 厘米。下距座沿上面高 58 厘米、南距下层龛口北沿 24.5 厘米，有一直径约 11 厘米的孔洞，露出木楔和一根木棍，伸出壁面约 9 厘米。塑像身形两侧的壁面上，残存帔巾低垂的下端，漫漶，呈黑灰色。

北侧第二身菩萨像，残存肩部以下的身形轮廓，约高 73.8 厘米，包括头部脱落痕迹在内可达 112.6 厘米。下距座沿上面 56.9 厘米、北距塔身北边 10.7 厘米，有一直径约 4.5 厘米的孔洞，内插木楔，露出壁面约 4.5 厘米。塑像身形右侧壁面上残存帔巾画迹，与北侧情况类似，二身塑像帔巾下端相并。帔巾均呈灰褐色，经白色细线勾勒。

3）上层佛龛

西向面上层圆券形佛龛，形制与下层龛基本相同，尺度较小（图 21；图版 I：40；图版 II：203）。

i 龛内

（i）塑像

圆券形龛内塑禅定佛坐像 1 身，高 85 厘米（包括台座）、头高 22.5 厘米、肩宽 36 厘米、两膝间距 49 厘米。肩部以下依壁而塑，头、颈部与壁面分离。佛像在方形台座上结跏趺坐，上身前倾，俯视，双手在腹际前后相叠，右手在前，二拇指翘起相交，结禅定印。高肉髻，阴刻连续 W 形波状发纹，额上发际平直，面型方圆略长，五官较完整。披土红色通肩袈裟，绿色领缘、衣缘，右襟敷搭左肩，衣角披垂左侧肩后。U 形阴刻线衣纹，下摆左衽覆盖双足，左右垂弧作"人"字形覆于座前。肌肤及上身衣着被熏黑，面部斑驳处露出原敷淡肉红色（图 21；图版 II：203、204）。

坐下方座高 13 厘米、宽 43 厘米、进深 17 厘米，敷白粉。

（ii）壁画

西向面上部受烟炱污染较严重，彩绘、壁画因熏黑而变色。

塑像身后龛壁绘头光、身光，两侧土红色地上对称各绘供养菩萨 1 身、莲花化生 1 身，土红地色上点缀绿白二色或红绿二色小花（图

图 21　第 257 窟中心塔柱西向面上层龛

22；图版 II：205-1、2）。

　　i）头光

宝珠形头光起自塑像双肩，及于龛顶，由内而外共三圈纹饰。中心椭圆形，横径 16.6 厘米，呈红褐色，白色线勾边。

第二圈，宽出 5.4～5.9 厘米，宝珠形，黑色地上施薄粉绘火焰纹，熏黑。

第三圈，宽出 5.4～6.8 厘米，宝珠形，白色地上火焰纹呈青色，模糊。

　　ii）身光

身光下起塑像肩、背部与龛壁相接处和佛座，上与头光外圈相交，由里而外共三圈纹饰，在龛内壁面南北两侧对称。

第一圈，在塑像肩头露出三角形的一段，宽 8.2～9.5 厘米，呈红褐色。

第二圈，宽出 5.2～7.3 厘米，黑色地上施薄粉绘火焰纹。

第三圈，宽出 6.8～7.4 厘米，土红色地上纹样熏黑难以辨认。

　　iii）供养菩萨

龛内南侧下部供养菩萨（天人），立姿，高约 72.5 厘米（包括头光），腹稍前挺，两腿分开，上身略后仰，领首，稍侧向右，双手于胸前合掌握花枝。宝珠形头光被熏黑、变色，呈灰色，白线勾边，头束高髻。袒上身，饰项圈、腕钏，黑褐色长裙，右衽，下部残损。头发、肌肤敷白粉，黑色勾染。绿色帔巾，自颈后向前环绕双肘飘下。长裙、帔巾以白线勾褶纹。手中花枝白色线描细长曲茎，连

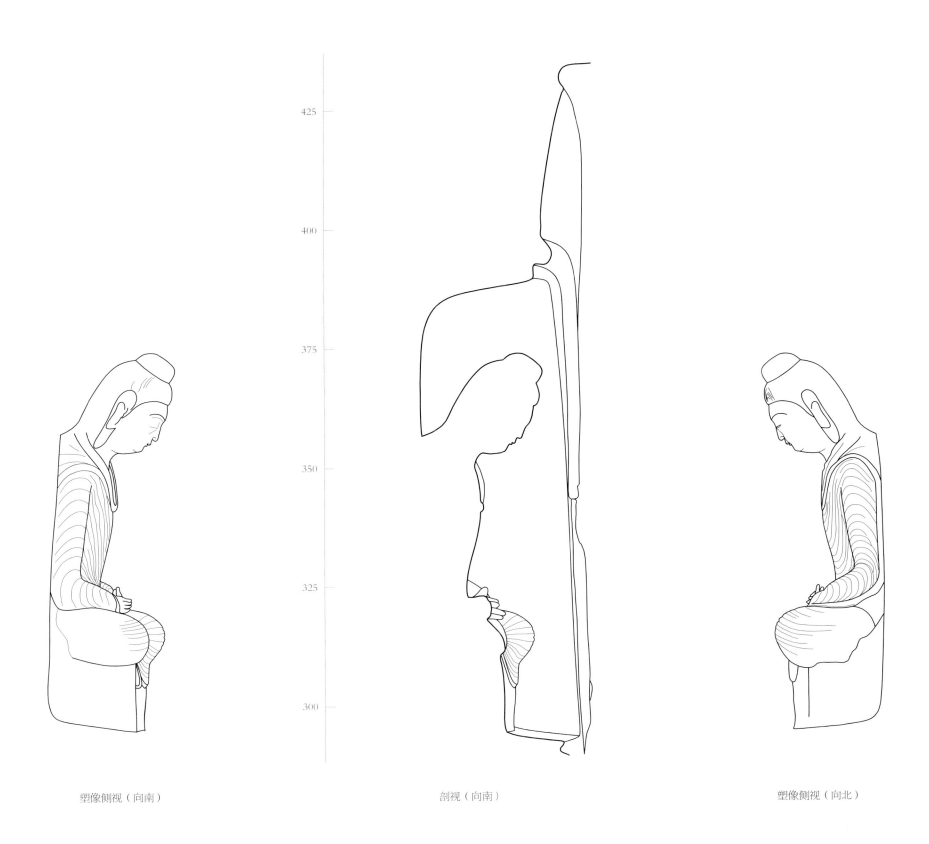

塑像侧视（向南）　　　　　　　　　　　　剖视（向南）　　　　　　　　　　　　塑像侧视（向北）

接上方莲花化生。

　　龛内北侧下部供养菩萨（天人），立姿，高约 70 厘米（包括头光），姿态、服饰、色彩与南侧供养菩萨略同，稍侧向左，双手于胸前合掌握花枝。宝珠形头光呈黑色，黑发。袒上身，黑色项圈、腕钏染红色，变黑。面部熏黑，肢体肌肤敷白粉。绿色帔巾自颈后在两侧呈环状，绕双肘飘下，右端又反卷向上。手中花枝白色线描细长曲茎，连接上方莲花化生。

　　iv）莲花化生

　　龛内南侧上部至龛顶，莲花化生在绿色五瓣覆莲中生出童子头部，黑色宝珠形头光以白线勾边。童子面部和莲瓣经薄粉晕染，白色点染"小"字脸，覆莲瓣先端尖锐。

　　龛内北侧上部至龛顶，莲花化生形态与南侧基本相同，稍侧向左，童子面部、宝珠形头光熏黑，"小"字脸尚可辨认；头光原状似有内外两圈，外圈施土红色，内圈黑色。化生莲花之下，蔓生白色细茎与菩萨手中花枝相连。

　　内壁面点缀小花，白色细茎、萼托，绿黑二色圆点状花瓣。龛内南侧供养菩萨两侧 2 朵、化生头光周围 3 朵；龛内北侧龛沿内 3 朵、化生头光周围 4 朵。

　　ii 龛外

　　上层圆券龛外浮塑龛柱、龛梁和龛楣，形制与下层龛基本相同，两侧塔身上部壁面粘贴影塑供养菩萨（图 21；图版 II：203）。

　　（i）龛柱

图22　第257窟中心塔柱西向面上层龛内展开图

龛口外两侧浮塑龛柱，南侧龛柱通高51.4厘米，其中扁铲形柱础高7厘米、宽9厘米，半圆形截面柱身高41.6厘米、径约2.4～3厘米、浮出1厘米，横长方形柱头高6.5厘米、宽11.5厘米、浮出1厘米。北侧龛柱通高53厘米，其中扁铲形柱础高7厘米、宽9.2厘米，半圆形截面柱身高40.5厘米、径约3～3.4厘米、浮出1厘米，横长方形柱头高6.4厘米、宽12厘米、浮出1厘米。柱础呈鲜红色。柱身不甚规则，粗细不匀亦不平直，呈黑灰色。柱头横长方形，绘白色交叉对角线，上下对角敷黑色，左右对角绿色。

两侧龛柱与龛口侧沿间隔5.5～7.5厘米，土红色地上点缀七八朵小花，白色细茎、萼托，绿色圆点状花瓣。

（ii）龛梁

浮塑龛梁中间最粗处径6厘米、浮出3.5厘米，拱肩宽144厘米，两侧渐细，尾端径2厘米、浮出1.5厘米，至柱头外卷上翘成弯勾，形如蛇尾。龛梁绘四色彩帛纹，敷色受烟熏污染变色，除白色外其余被熏黑，色相难辨，疑为白、绿、黑、土四色。

龛梁下距龛口上边2～3.4厘米，受烟熏污染，画迹、敷色不明，疑为涡卷纹。

（iii）龛楣

浮塑尖拱形龛楣，中间高34厘米、拱肩宽122厘米、浮出0.7厘米。拱尖及于塔柱顶边。龛楣上沿绘宽约2厘米的绿色边线，南侧部分脱落呈白色。其内于白色地上绘藤蔓分枝双叶忍冬纹，类同下层龛龛楣装饰图案，受烟熏污染大部呈黑灰色。残存部分绿色忍冬叶，约半数忍冬叶呈灰白色，画面残损，露出斑驳泥面（图版Ⅱ：205-3、206）。

（iv）龛外影塑

龛外南北两侧各粘贴影塑六排，每排4身至6身，塔柱西向面原有影塑供养菩萨（天人）共60身，大部分已脱落毁失，残失处留有粘贴痕迹（图版Ⅰ：40）。

南侧上起第一至三排和第六排粘贴影塑各 5 身，第四、五排各 6 身。计 32 身。影塑供养菩萨蹲跪或胡跪，皆圆形头光，束高髻，巾帕垂于耳后，披袒右或通肩袈裟，着长裙，跣足（图版 II：207）。

第一排保存较完整，熏黑，南起第一身，高 30 厘米（包括头光，下同），蹲跪，右腿挂地，左膝屈起，左手自然下垂置股间，右臂向外侧平抬屈起，右手举至头右侧托绿色莲，披绿色袒右袈裟，衣角垂至右胁后。第二身，高 32 厘米，蹲跪，形态与前者略同，黑褐色袈裟，绿色裙，右手托莲呈黑色。第三身，高 36 厘米，蹲跪，形态与前者略同，右臂伸直高举至头侧托莲。第四身，高 32 厘米，蹲跪，左腿挂地，右膝屈起，右手于胸前持绿色莲，左臂向外侧平抬屈起，左手举至头左侧托莲，白色头光外圈土色边缘，披袒右袈裟，衣角垂至左胁后，下摆弧形垂于两腿间，肌肤斑驳中露出肉红色。第五身，高 32 厘米，胡跪，右腿挂地，跪左膝，双手于胸前合十，头光、头发、巾帕、通肩袈裟、长裙均呈黑色，肌肤白色斑驳中露肉红色。

第二排第一身，高 31 厘米，胡跪，左腿挂地，跪右膝，双手持莲托举至左肩上，绿色头光，袒右袈裟，衣角垂至右胁后，下摆垂于两腿间。肌肤淡肉红色（图版 II：209-1）。

第三排第三身，下身残失，残高 21 厘米，双手于胸前合十，头光呈褐色，绿色通肩袈裟，肌肤白色，腹部以下残毁（图版 II：210-1）。

北侧上起第一、三、四、五排各 5 身，第二、六排各 4 身，计 28 身。形制、样式与南侧略同（图版 II：208）。

第一排保存较完整，熏黑。北起第一身，高 30 厘米，蹲跪，右腿挂地，左膝屈起，左手自然下垂置股间，右臂向外侧平抬屈起，右手举至头右侧托绿色莲，披绿色袒右袈裟，衣角垂至右胁后，下摆垂于两腿间，肌肤白色。第二身，高 33 厘米，胡跪，右腿挂地，跪左膝，双手于胸前合十，通肩袈裟，绿色裙，肌肤肉红色。第三身，高 36 厘米，蹲跪，右腿挂地，左膝屈起，左手自然下垂置股间，右臂伸直高举至头侧托绿色莲，绿色巾帕垂于耳后，袒右袈裟。第四身，高 33 厘米，胡跪，右腿挂地，跪左膝，双手于胸前合十，绿色头光，形态、肤色同第二身。第五身，高 36 厘米，蹲跪，形态同第三身，右臂伸直高举至头侧托莲，绿色袒右袈裟，衣角垂至右胁后（图版 II：209-2）。

第二排第二身，披袒右袈裟，残存左侧绿色衣角残迹，残迹高 8.3 厘米（图版 II：210-3）。

第三排第一身，蹲跪，残存挂地右足、屈起左膝残迹，高 10 厘米。第三身，残迹高 13 厘米，可见影塑右腿挂地，左膝屈起，绿色袈裟衣角垂于两腿间。

第四排第一身，仅存挂地右足残迹，高 4 厘米。第二身，胡跪，残存挂地右腿、跪地左膝及腿间衣角残迹，高 13 厘米（图版 II：210-2）。

4. 塔柱北向面

（1）塔座

1）座身

座身立面因长期褪色、剥落、磨损、刮蹭，画迹漫漶，所绘内容难以辨识。所见白色地上有与塔柱南向面座身类似的绿色、黑色圆点及绿色色块等画迹，特别是同样以黑色点状笔触组成的波曲线形，可知所绘应与南向面座身一致，褪色、漫漶较南向面更甚，也是有关"青龙"的内容。龙身横贯座身，大体尾部在西上，龙头在东下，未见吐出的红舌，仍依稀可见身下的足爪和看似头部须鬐的绿色。

座身上边以土红色宽约 2 厘米的粗线描边线（图版 I：41；图版 II：214-1、215-2）。

2）座沿

座沿下斜面及混脚（上枭）通施白粉，以约 2 厘米宽土红色粗线描混脚的上边、下斜面的上边，以及北向面上枭与相邻两面（东向面、西向面）上枭的分界线。

座沿正面（上枋）在白色地上绘供养人，中间部分遭后世燃灯焚香黑色油渍污染。污渍以东残存供养人约 7 身，仅见题榜轮廓和部分人物头部及胸前合掌双手残迹。污渍以西剥落漫漶更甚，但其中距座沿北端 9.5 ～ 40 厘米间残存着黑缘绿色深衣大袖袍服的男供养人画迹，可分辨者亦有 16 身，其中全体约不下 38 身。大部分画面因褪色、剥落残损、漫漶严重，难以辨识（图版 II：215-3、216）。

（2）塔身

1）下层佛龛

i 龛内

(i) 塑像

圆券形龛内依壁塑禅定佛坐像 1 身，头部残失，残高 80 厘米（包括台座）、肩宽 48 厘米，结跏趺坐于横长方形台座上，右腿残毁，

275

250

225

200

175

150

125

正视

0　5　　　　25厘米

图23　第257窟中心塔柱北向面下层龛

双手于腹前相叠，结禅定印，右手在前，残损。披土红色通肩袈裟，绿色领缘、衣缘，阴刻线衣纹向左肩聚集，右襟向左缠裹敷搭左肩，衣角垂于左侧肩膊之后，下摆左右垂弧作"人"字形覆于座前。台座上双膝宽出悬空。肌肤肉红色。颈、胸部因头毁形成凹坑，露出内胎。

台座高20厘米、宽47厘米、进深23厘米，敷白色（图23；图版II：212、217～219）。

（ii）壁画

i）头光

宝珠形头光起自塑像双肩，及于龛顶，由内而外共四圈纹饰。中心略呈倒水滴形，横径21厘米，土红色，白色线勾边。

第二圈，宽出6.1～7.3厘米，略呈倒水滴形，土色地上黑色填地绘火焰纹，内外土红色线描边，外廓勾白线。

第三圈，宽出6.8～7.3厘米，宝珠形，土红色地黑色勾染火焰纹，罩薄粉，外廓勾白线。

第四圈，宽出7.5～10厘米，宝珠形，深、浅绿色绘火焰纹。

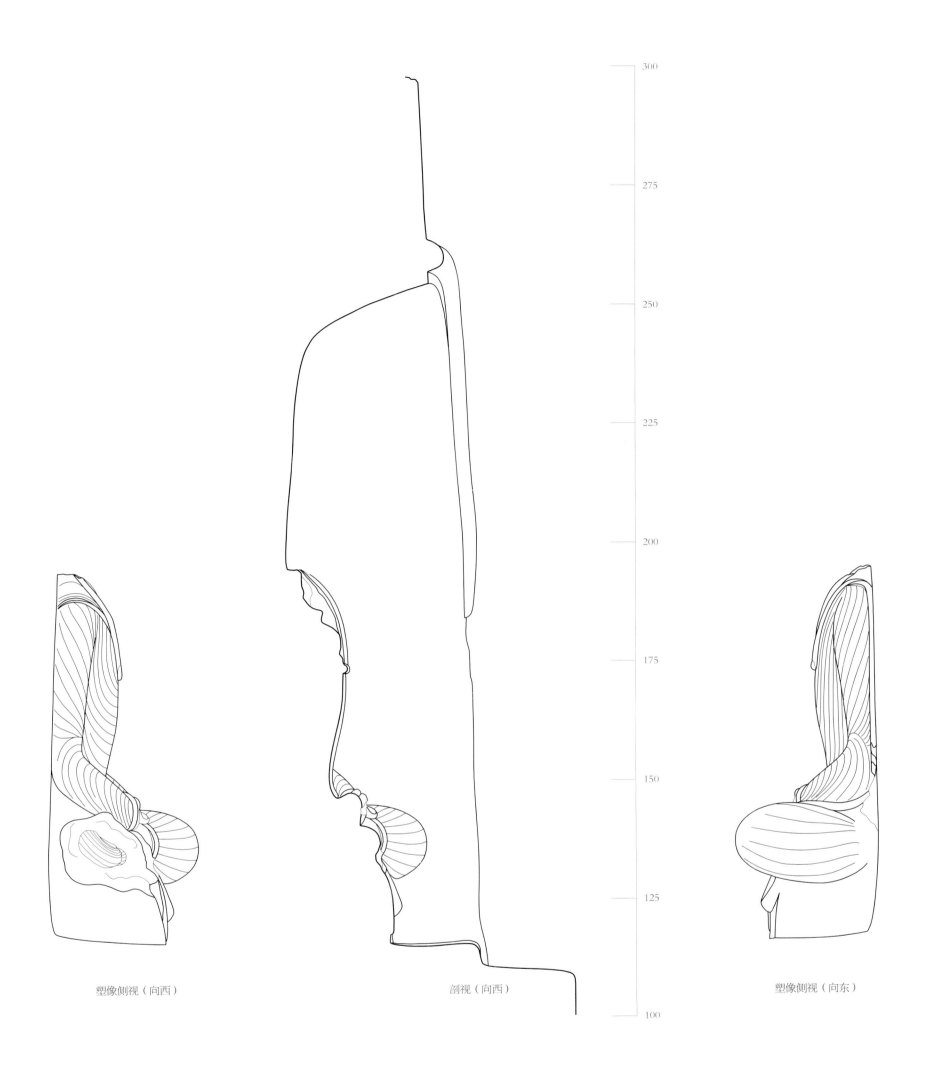

塑像侧视（向西）　　　　　　　　　　剖视（向西）　　　　　　　　　　塑像侧视（向东）

ii）身光

身光下起佛座与龛壁相接处，上与头光外圈相交，由内而外共四圈纹饰，在龛内壁面南北两侧对称。

第一圈，与头光最外圈相连，在塑像肩头露出三角形的一段，宽约 7～9 厘米，淡红色地，有黑色、白色画迹。凡此最里圈红色三角形的身光，疑为神变火焰。

第二圈，宽出 7.8～8.5 厘米，深、浅绿色绘火焰纹，外廓勾白线。

第三圈，宽出 6.5～7 厘米，黑色地上淡土红色绘火焰纹，外廓勾白线。

第四圈，宽出 9.3 厘米，绿色粗线绘火焰纹，白色填地（图 24；图版 II：218）。

iii）供养菩萨

龛内塑像左右两侧，东西对称，土红色地上各绘 2 身供养菩萨（天人），均立姿，上下排列，裸露的肌肤均已变色呈灰褐色，晕染

图 24　第 257 窟中心塔柱北向面下层龛内展开图

呈黑褐色，面部可见白色"小"字形点染眼、鼻（图 24；图版 II：220-2、3）。

　　龛内西侧下起第一身菩萨，高 82 厘米（包括头光），面东，稍侧向右，胯右出，上身稍后仰，颔首低眉，双手于胸前合掌握花枝，两腿分开外撇踏莲台。黑色圆形头光，白色宝冠、仰月，绿色珠饰、坠饰，两侧白色缯带打结左侧下曲上扬、右侧绕至头光后。袒上身，橙色项圈、腕钏勾白边，白色长裙，尖角状裙摆，跣足。绿色帔巾自颈后向前环绕双肘垂下，白色细线勾褶纹。手中花枝白色细茎、萼托，二黑一绿圆点形花瓣。足下绿色椭圆形莲台，白色萼托。第二身菩萨，稍侧向右，胯右出，上身稍后仰，双手于胸前合掌握花枝。绿色宝珠形头光，发髻两侧白色缯带系结下曲上扬。袒上身。橙色缀珠项圈、腕钏勾白边，土色长裙、白色裙腰。白色帔巾自颈后向前环绕双肘垂下。手中花枝白色细茎、萼托，二黑一绿圆点形花瓣。

　　龛内东侧下起第一身菩萨，高 77 厘米（包括头光），面西，稍侧向左，上身稍后仰，抬头望向主尊，双手在胸前合掌，两腿分开外撇踏莲台。黑色圆形头光，白色仰月宝冠、绿色珠饰、坠饰，两侧白色缯带系结，左侧下曲上扬、右侧绕至头光后。袒上身，橙色缀珠项圈、腕钏勾白边，白色长裙，跣足。绿色帔巾自颈后向前环绕双肘垂下，白色细线勾褶纹。绿色莲台，椭圆形，白色萼托。第二身菩萨，稍侧向左，稍前俯，平视，双手于胸前合掌。绿色宝珠形头光，发髻两侧白色缯带系结，左侧下曲上扬、右侧绕向头光后。袒上身，橙色项圈、腕钏勾白边，土色长裙、白色裙腰。白色帔巾自颈后向前环绕双肘垂下。

龛壁土红色地上绘小花点缀空间，白色茎、萼，黑绿二色圆点形瓣。西侧第二身菩萨身后近龛口沿处 2 朵，东侧第一身菩萨背后和西下各有 1 朵。

iv）莲蕾

供养菩萨和头光、身光上方，龛顶画花卉。土红地色上左右（东、西）各一朵纵长、筒状、作透明效果的大莲蕾，五瓣待放，基部灰白色，花瓣红色、里面黑色，白色蕊。空间点缀小花，白色茎、萼，二绿一黑或二黑一绿圆点形花瓣；大莲蕾上、下和龛顶中间头光尖端之上各一朵，共 5 朵（图 24；图版Ⅱ：220-1）。

ⅱ 龛外

（i）龛柱

龛外左右两侧对称浮塑龛柱，紧贴龛口东、西外沿。龛柱无柱础，柱身细长，截面为半圆形，土色。西侧龛柱高 74 厘米，柱身高 68 厘米、径 3 ～ 4.5 厘米、浮出 1 ～ 2.5 厘米，柱头横长方形，高 6 厘米、宽 9.2 厘米、浮出 0.5 厘米。东侧龛柱高 67 厘米，柱身高 61 厘米、径 2 ～ 3.5 厘米、浮出 1 ～ 2.5 厘米，柱头高 6.2 厘米、残宽 7 厘米、浮出 0.5 厘米，纹样与塔身西向面下层龛龛柱柱头同式，绘白色交叉对角线和黑色、绿色的上下、左右对角；其中，西侧柱头上下黑色对角、左右绿色对角，东侧柱头上下绿色对角、左右黑色对角。柱头内侧边缘均与柱身内侧及龛口边沿齐平（图版Ⅱ：221）。

（ii）龛梁

浮塑弓形龛梁，中间最粗处径 7 厘米、浮出 3 厘米、拱肩宽 119 厘米。龛梁绘四色彩帛纹，顺时针依次为土、白、绿、黑往复排列，绿色和黑色色块上可见整齐排列的白色小圈。形体向两侧渐细，尾端至柱头外卷回勾，弯勾较细小。龛梁下距龛口上沿 2.2 ～ 2.7 厘米、其间绘连续涡卷纹，土色，黑色线勾形，绿色圆心，仅中间残存少许，漫漶，大部已不可见（图版Ⅱ：220）。

（iii）龛楣

浮塑尖拱形龛楣，中间高 34 厘米、拱肩宽 149 厘米、浮出 3.2 厘米。龛楣上端拱尖圆缓，及于上层龛龛口下边，上沿描宽约 2 厘米的绿色边线。其内土色地上绘四色火焰纹，按绿、白、土、黑次序顺时针排列，计 14 朵火焰。居中黑色焰尖、绿色焰心。黑色、绿色火焰经白色细线勾勒（图版Ⅱ：217）。

（iv）龛外塑像

下层龛外东西两侧原各依壁塑 2 身菩萨立像，共 4 身，现残存 3 身，肩部以下依壁而塑（图 25 ～ 27）。

i）龛外西侧塑像

东起第一身菩萨立像，残高 114 厘米、头残高 25.5 厘米、肩宽 30 厘米。头微前倾。右臂自然下垂，五指伸直，掌心向内；左臂屈肘，前臂残失，肘弯破损处露草泥，左手原抬至胸前，左胸残留手腕粘贴痕迹。右腿直立，左膝稍提，两足分开。束髻，头冠残存绿色一角，束发带饰绿黑二色彩帛纹。额际较宽，面相饱满。袒上身，项圈分格以黑绿二色交替敷染，格线土色，上下边棱浮起。绿色长裙，黑色裙缘、裙腰、右衽，阴刻细线褶纹。跣足。全身肌肤敷白粉变色呈黑灰色，面部、身躯露出肉红色地。黑色帔巾白色边缘，自肩后绕双臂下垂，垂下部分直接绘于壁上，白色细线勾褶纹。头发土色（图 25；图版Ⅱ：221、223-1、3）。

第二身菩萨立像毁失，壁上残迹显示塑像肩部以下的身形轮廓，约高 88 厘米，包括头光脱落痕迹在内可达 114 厘米；大约在立像胸腹高度有一直径约 7.5 厘米、深 9 厘米为固定塑像的孔洞，下距座沿上面 62 厘米、西距塔身西边 13.2 厘米。塑像身形下部两侧残存壁画绿色帔巾的下端，白色细线勾褶纹，右侧帔巾与第一身塑像左侧帔巾下端在同一高度相并。

ii）龛外东侧塑像

西起第一身菩萨立像，残高 89 厘米、肩宽 35 厘米。头部、右手、左前臂毁失，右肩残损。右臂自然下垂，左臂屈起。左腿直立，舒右腿，两足分开，左足稍外撇。袒上身，项圈上下边棱浮起，黑褐色长裙，绿色裙缘、裙腰、左衽，阴刻细线褶纹。跣足。肌肤白色。左侧绿色帔巾绕臂，下端绘于壁面土红地色上，白色细线勾褶纹（图 26；图版Ⅱ：222、223-4）。

第二身菩萨立像，残高 112 厘米、头残高 20 厘米、肩宽 33 厘米。顶髻、右手、左前臂、双脚残失。稍侧向左，右臂自然下垂，左臂屈肘，可见左前臂、左手斜置胸前残迹。束发带饰绿黑二色彩帛纹。额际较宽，面相饱满。袒右肩，项圈下边棱浮起，分格交替敷染绿黑二色。斜披黑褐色络腋，敷搭左肩，绿色边缘浮起。长裙呈土色，阴刻衣纹、黑色勾染，黑色裙缘、裙腰隆起，右衽。肢体肌肤呈灰褐色，面部敷白色，面颊中部、左侧胁、腰部肤色肉红。黑褐色帔巾绿色边缘，绕双臂，左侧壁画帔巾下端，白色细线勾褶纹（图 27；图版Ⅱ：222、223-2）。

2）上层佛龛

塔身上层，于下层圆券龛龛楣之上开一阙形龛，塑成子母双阙建筑形象。龛内依壁塑菩萨交脚像 1 身，壁画绘头光、身光、供养菩萨、

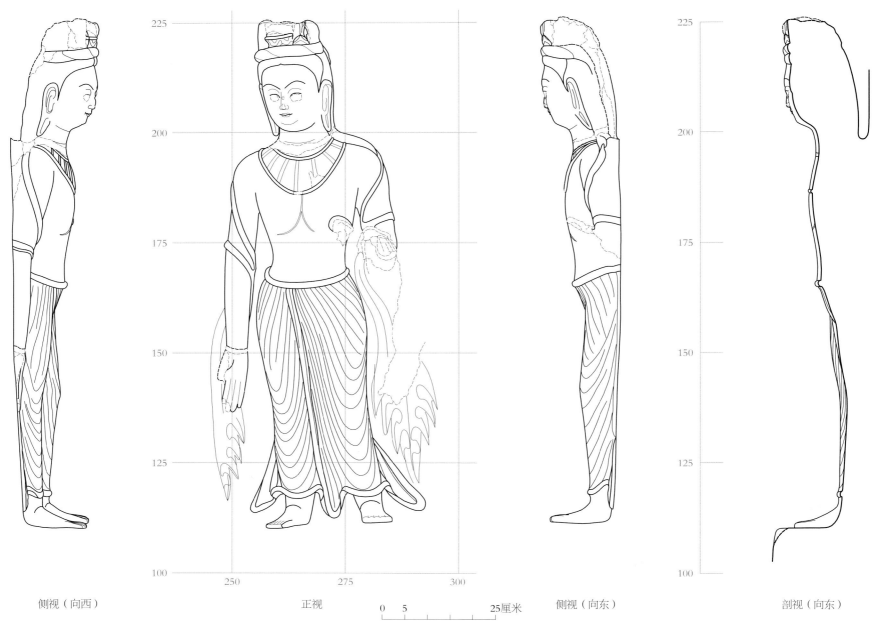

側視（向西）　　　　　　　　　　正視　　　0　5　　　25厘米　　　側視（向東）　　　　　　剖視（向東）

图 25　第 257 窟中心塔柱北向面下层龛外菩萨立像（西侧东起第一身）

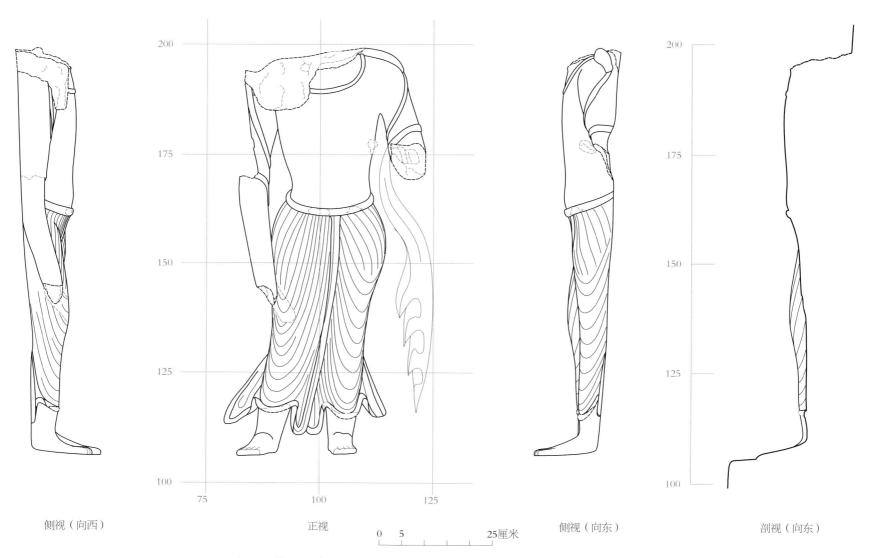

側視（向西）　　　　　　　　　　正視　　　0　5　　　25厘米　　　側視（向東）　　　　　　剖視（向東）

图 26　第 257 窟中心塔柱北向面下层龛外菩萨立像（东侧西起第一身）

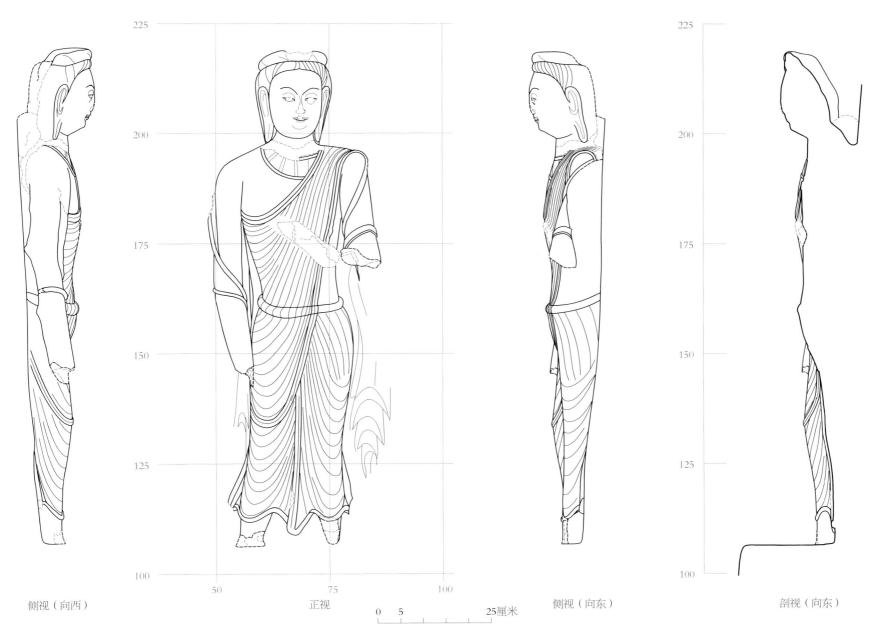

侧视（向西）　　　　　　　　正视　　　　　　　　　侧视（向东）　　　　　　　　剖视（向东）

0   5   25厘米

图 27　第 257 窟中心塔柱北向面下层龛外菩萨立像（东侧西起第二身）

莲花化生、莲蕾等。龛外上方绘莲花化生，两侧粘贴影塑（图 28；图版 II：224、225）。

ⅰ 龛内

（ⅰ）塑像

阙形龛方形龛口内，中间塑交脚坐菩萨说法像 1 身，高 91 厘米、头高 27 厘米、肩宽 36 厘米，两膝间距 48 厘米。后背、台座依壁而塑，肩部以上与壁面分离，头稍前倾，额首，俯视。腰侧右肘屈起，前臂毁失，残断处露出草泥内胎；左臂自然下垂，左手在左膝上仰掌，前臂下部及手掌残损；似右手结施无畏印，左手结与愿印。双膝外张，两胫内收斜垂，在踝部交叉，左踝在前，左右足趾相对捺地，左足残。束髻，宝冠三面圆饼形珠，正面黑褐色，左右绿色，冠沿分段敷黑绿二色，左侧插入簪笄。冠后两侧绿色巾帕垂叠，黑褐色里面。束发带饰绿黑二色彩帛纹。土色额发中分，至耳后分披双肩。额际较宽，鼻梁端直，嘴角稍上翘，双耳垂肩。袒上身，项圈以土色线分格，交替填绿黑二色，上下边棱浮起。泥条塑带状璎珞垂挂胸前，璎珞垂弧之上绘一宝珠。长裙绿色边缘、裙腰，阴刻线褶纹，勾染黑、褐二色相间条纹，裙裾下摆褶纹垂覆座前，里面绿色。跣足。全身肌肤敷白粉，面部剥落较剧。绿色帔巾，黑色边缘，自颈后沿肩膊而下绕肘，以下残失（图 28；图版 II：226、228-1、229-2）。

坐下方形座。高 20 厘米、底宽 44 厘米、进深 16 厘米，敷白色。

（ⅱ）壁画

ⅰ）头光

塑像头后绘宝珠形头光，尖端及于龛顶，共三圈纹饰。由内而外第一圈，横径 24.5 厘米，宝珠形，土红色，白线勾边。

第二圈，宽出 5.9 ～ 6.8 厘米，宝珠形，黑色，白线勾边。

第三圈，宽出 5.6 ～ 6.5 厘米，宝珠形，绿色。

ⅱ）身光

身光共四圈纹饰，下起塑像身后、台座与龛壁相接处，上与头光外圈相交，在龛内壁面南北两侧对称（图 29）。由内而外第一圈，在塑像上臂外侧露出一角，略呈三角形，宽约 5.5 ～ 6.4 厘米，呈黑灰色。

图 28　第 257 窟中心塔柱北向面上层龛

第二圈，宽出 4.5～5.7 厘米，绿色，外廓勾白线。

第三圈，宽出 5.5～6 厘米，土红色地上黑色绘火焰纹罩白粉，外廓勾白线。

第四圈，宽出 6.5～7.3 厘米，黑色地上薄粉勾染绘火焰纹（图 29；图版 II：226）。

iii）供养菩萨

龛内东西两壁，土红地色上各绘 1 身立姿供养菩萨（天人），腹稍前挺，上身略后仰，颔首，上手于胸前合掌，两腿分开立于莲台上，双足外撇。黑色宝珠形头光，袒上身，绿色长裙，尖角状裙摆，跣足。帔巾自颈后环绕双肘垂下（图 29；图版 II：227-2、3）。

龛内西壁供养菩萨，高约 80 厘米（包括头光），稍侧向右，束高髻，白色项圈、腕钏、裙右衽。肌肤灰黑色，勾染呈黑褐色，头顶、额面上部敷白粉，白色点染"小"字脸。帔巾白色，右侧下端绘至南壁西侧。足部、莲台模糊。

龛内东壁供养菩萨，高 73 厘米（包括头光），稍侧向左，项圈、腕钏呈灰色。裙左衽。肌肤白色，勾染呈黑褐色。黑色帔巾，左侧下端部分绘至南壁东侧。长裙、帔巾白色细线勾褶纹。莲台椭圆形，呈黑色，绿色仰莲瓣，双足踏于两端外沿。

iv）莲花化生

龛内南壁下部，塑像台座东西两侧，土红色地上各绘 1 身莲花化生。

台座以西莲花化生，下部残，莲花褪色，原似为绿色。化生露出头部，稍侧向右，下部残。黑色宝珠形头光。白色点染"小"字脸。

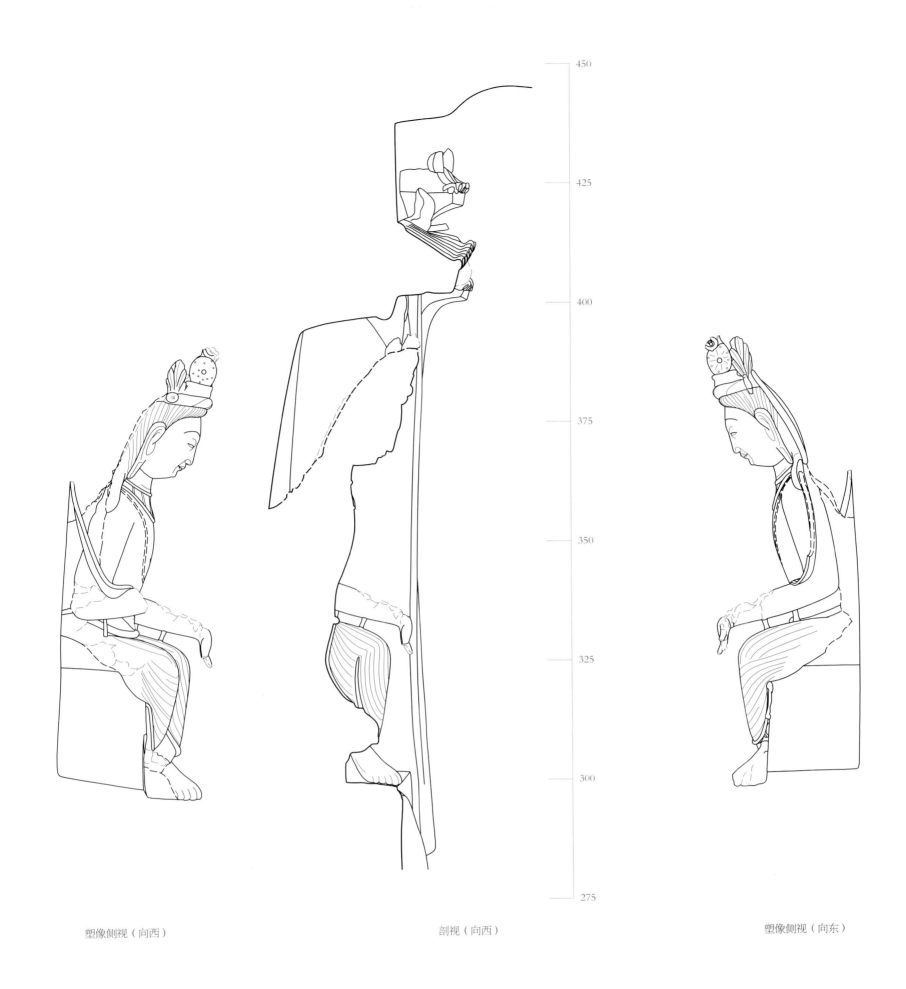

塑像侧视（向西）　　　　　　　　　　剖视（向西）　　　　　　　　　　塑像侧视（向东）

台座以东莲花化生，莲花黑色，白色萼托。化生露出头部，稍侧向左。绿色宝珠形头光，白色细线勾边。面部肌肤白色，白色点染"小"字脸（图 29）。

v）莲蕾

龛内南壁塑像身光东西两侧、莲花化生上方，土红色地上各绘 2 朵莲蕾，桃形，白色萼托，椭圆形叶片分列上下，下方绿色，上方黑色。

西侧绿色莲蕾上有细笔花蕊、三片黑色叶；东侧绿色莲蕾上有一蕊头、二片黑色叶。西侧黑色莲蕾上有细笔花蕊、二片绿色叶；东侧黑色莲蕾上有细笔花蕊、三片绿色叶。皆白色萼托，绿黑二色蕊头，白色细笔勾勒椭圆形叶片，下有白色弧曲细茎蔓生三枝、绿黑二色圆点状花瓣（叶）。

龛内壁面土红色地上点缀小花，白色细茎、萼托，绿黑二色圆点状花瓣。南壁西侧化生、莲蕾间 1 朵，南壁东侧化生西侧 1 朵，西壁供养菩萨头光周围 6 朵，东壁供养菩萨头光周围 5 朵（图 29）。

vi）龛顶

龛内顶部呈外高内低的斜披面，头光两侧白色地上绘土红色纵向平行粗线影作椽子、望板。龛顶外沿塑出垂幔（图 29；图版 II：227-1）。

ii 龛外

图29 第257窟中心塔柱北向面上层龛内展开图

(i) 阙形龛

龛外东西两侧依壁浮塑子母双阙，中间浮塑屋顶。西侧母阙高147厘米、阙身宽14.3厘米、顶檐宽22厘米，子阙高126厘米、阙身宽8厘米、顶檐宽17厘米，其下基座高16厘米。东侧母阙阙顶残，高147厘米、阙身宽13厘米，子阙高126厘米、阙身宽8厘米、顶檐宽17厘米，其下基座高18.5厘米。双阙阙身浮出壁面2～3厘米。双阙均塑出单檐庑殿顶，有瓦垄、垂脊、正脊、鸱尾，檐下阙楼白色地上土红色线绘仿木构檐橼、梁枋、斗栱。西侧母阙为一斗三升人字栱（东侧子母阙均同此），子阙为一斗三升下承蜀柱。双阙基座留土色。阙身留土色边线分上下四段绘装饰图案，母阙下起第一段高23～26厘米，绿色；第二段高22～23.5厘米，白地褐色斜格纹；第三段高20.5～25厘米，黑色；第四段高20～22厘米，白地褐色双线菱格纹。子阙下起第一段高20.5～20.8厘米，双线菱格纹，呈深浅灰色，第二段高20厘米，土色地上黑色双线菱格纹；第三段19.7～20厘米，白地褐色斜格纹；第四段高17.7～20厘米，绿色。

双阙之间以塑出的单檐庑殿顶相连接，为双阙之间的门屋或殿宇，顶檐宽94厘米，向前伸出壁面12～16厘米，屋面高17厘米。泥塑正脊、鸱尾，瓦垄、橼头。原约14道瓦垄，残存11道。檐下相隔龛顶外沿帷幔，外低内高的斜披面，与龛顶同样白色地上以土红色粗线影作橼子、望板，与龛顶合为人字披。帷幔厚约3～8厘米，系绿色帐带，两头束成斜角，中间两段垂弧，其位置相当于人字披的中脊处。

屋顶正脊上方、塔柱北向面顶端中间，土红色地绘三朵椭圆形莲花。居中莲花黑色，三片绿色莲叶；左右两朵绿色花冠，黑色莲房，三片黑色莲叶；皆莲房上缘白色，白色细笔花蕊，绿色蕊头。西侧子母阙顶之间、东侧子阙东檐下壁面分别绘大小白色卵形莲蕾各一朵，上有白色花蕊、绿色蕊头、绿色叶片，下有白色弧曲细茎蔓生三枝、绿黑二色圆点状花蕾。双阙底下与下层龛龛楣之间各绘一朵绿色卵形莲蕾，上有白色花蕊、绿黑二色蕊头、黑色叶片，下有白色弧曲细茎、黑绿二色圆点状蕾，东侧一朵残缺、漫漶（图28；图版II：228-2～4、229-1）。

(ii) 龛外影塑

从现残留痕迹观看，龛外东西两侧各粘贴影塑六排，每排4身至5身，塔柱北向面原有影塑供养菩萨（天人）共50身，大部分已脱落毁失。菩萨体形姿态大致相同，残失处留有粘贴痕迹（图版 I：41）。

西侧六排各粘贴影塑 4 身，计 24 身。第一排基本保持完整，圆形头光，绾高髻，束发巾帕垂于两耳后，披袒右或通肩袈裟，袈裟下摆垂于两腿间，袒右袈裟敷搭左肩后衣角垂至右胁后，着长裙，跣足。西起第一身，高 33 厘米，蹲跪，右腿拄地，左膝屈起，左手自然下垂置股间，右手举至头光侧持黑色莲。绿色头光，土红条纹白色袒右袈裟，黑色裙，肌肤灰白色。第二身高 37.4 厘米，蹲跪，右腿拄地，左膝屈起，左手自然下垂置股间，右手高举过头托绿色莲；白色头光，束发巾帕绿色，黑色袒右袈裟，土色裙，肌肤呈黑灰色。第三身，高 35 厘米，胡跪，右腿拄地，跪左膝，双手于胸前合十；黑色头光，束发巾帕呈黑色，黑色通肩袈裟，绿色裙，肌肤灰白色。第四身，高 33 厘米、胡跪，左腿拄地，跪右膝，双手于左肩上托绿色莲；黑色头光，束发巾帕，绿色袒右袈裟，土红条纹白色裙，肌肤白色（图版 II：229-3）。

第二排第四身，残存拄地右足，白色衣角，肤色白，残高 6.8 厘米（图版 II：229-3、230-5）。

第三排第一身，残存右足，绿色莲台，肤色白，残高 5.7 厘米（图版 II：230-5）。

第四排第二身，残存下肢，残高 17 厘米，右腿拄地，左膝屈起，白色衣角，黑色裙，肤色白。

东侧上起第一、三排各 5 身，第二、四、五、六排各 4 身，计 26 身。第一排东起第五身，高 32.9 厘米，胡跪，右腿拄地，跪左膝，双手合十于胸前。黑色头光，束发巾帕，黑色通肩袈裟，绿色裙，肌肤呈黑灰色，面部露红色（图版 II：229-1）。

第二排第二身，高 34 厘米，胡跪，右腿拄地，跪左膝，双手于胸前合十，黑色头光，束发巾帕，通肩袈裟呈黑褐色，绿色裙，肌肤灰白色，面部、手臂露红色。第三身，头光、头部残，右臂残毁，残高 33.3 厘米，蹲跪，右腿拄地，左膝屈起，左手自然下垂置股间，白色头光，袒右袈裟，衣角垂至右胁后。全身呈黑灰色（图版 II：230-1、2）。

第三排第一身残存下肢，残高 14 厘米，胡跪，右腿拄地，跪左膝，呈黑褐色，衣角呈灰色。第二身头光、头部、右臂残毁，残高 28.2 厘米，蹲跪，右腿拄地，左膝屈起，右臂举起，左手自然下垂置股间，绿色袒右袈裟，衣角垂至右胁后，白色裙，肌肤白色（图版 II：230-1、2）。

第四排第二身，残高 9.4 厘米，胡跪，与上排第一身类似，左腿拄地，跪右膝。

第五排第一身头光、头部、右足毁失，残高 18 厘米，胡跪，右腿拄地，跪左膝，双手于胸前合十，白色通肩袈裟，黑色裙。第二身，头光、头部毁失，残高 24.4 厘米，蹲跪，右腿拄地，左膝屈起、残，双手合抱右膝，黑白二色条纹通肩袈裟，红色裙，肌肤肉红色（图版 II：230-4）。

第六排第二身残存下肢，残高 15 厘米，蹲跪，左腿拄地，右腿屈起，白色袈裟，绿色长裙、莲台，足肉红色。

（二）壁面

除东壁（前壁）毁失外，第 257 窟窟室的南壁、西壁和北壁壁画，依内容统一规划，布局严整。各壁下段绘药叉、上段绘天宫伎乐。中段，在南北两壁前部人字披顶下绘大幅说法图，窟室后部各壁平顶下绘故事画和千佛图，分别占中段约四分之一和四分之三的面积。药叉、故事画、千佛图、天宫伎乐均三壁贯通。故事画按内容情节走向，南壁、西壁、北壁顺序构图。每壁千佛图下部中间各有一小幅说法图。

1．南壁
南壁壁画内容自下而上依次记述如下（图版 I：42；图版 II：232、233）。
（1）下段
1）药叉
窟室南壁、西壁、北壁下段壁画，地面以上高约 85 厘米，以土红色为地，连续绘制形态各异的药叉，共七十余身，残存 62 身。药叉与头顶上方图案边饰带底边相接，形成横贯三壁的坛基。因处于壁面底部，损毁严重，墙角地仗层酥碱剥落，南北两壁东端均残毁。

南壁药叉图高 82 ～ 88 厘米；最西端宽 43 厘米熏黑莫辨，东端甚残，东起宽约 182 厘米仅存边饰下高约 10 ～ 15 厘米的一段壁画残迹，从痕迹可辨残存的药叉头光，如将之包括在内，南壁下段药叉共 29 身，残存 28 身，前景为连绵的峰峦。几乎每身药叉的面部都被人为破坏而残损。以下自东向西逐一记述（图版 II：234 ～ 237）。

第一身药叉，残存头光顶部一角，呈灰白色。

第二身药叉，被现代泥灰修补，画迹难辨。

第三身药叉，残存头光顶部，土色地上隐现绿色。

第四身药叉，残存头光顶部弧形边缘，绿色。

第五身药叉，残存白色头光痕迹，半圆形。

第六身药叉，残存斑驳的绿色头光和肉红色面部。

第七身药叉，残存头光、头部和双臂。头光白色地施绿色，斑驳。面部已漫漶，双臂向上伸展，呈肉红色（图30）。

第八身药叉，残存上半身，贴近第七身，头转向右侧，右侧仅存上臂，左臂内屈下垂。头光呈白色。肌肤土色，未赋彩，仅以土红色线勾勒轮廓。

第九身药叉，正面，手姿不清。唇下灰白色物似排箫，似吹奏排箫的药叉。土色头光，绿色长发，肉红色面部漫漶，黑色五官画痕斑驳，袒上身。

第十身药叉，土色头光，绿色头发，头、身肌肤白色，袒上身，白色项圈。从轮廓看左肩上似有斜向左上的柱状器物，疑为吹笙的药叉。头光与第九身头光之间绘一小朵绿色莲蕾，模糊。

第十一身药叉，正面，左手抬起至肩上，右手沉至胯下，双手拍击身前腰鼓。黑色圆形头光斑驳，露白色地。袒上身，肌肤肉红色。腰鼓土色、纵长、束腰，鼓面白色，左高右低斜挂身前（图版Ⅱ：234-2）。

第十二身药叉，侧身面朝东，低头，双手抬至身前，一上一下执管状乐器，作竖向吹奏状。土色头光，袒上身，肌肤绿色。下身残存零星白色斑点（图30）。

第十三身药叉，向西仰首，双手在颌下执管状乐器作横吹状。白色头光，袒上身，肌肤肉红色，残存黑褐色晕染斑点，白色项圈、腕钏，下身有白色斑块。绿色帔巾在两肩竖直扬起，绕左肘垂下（图版Ⅱ：235）。

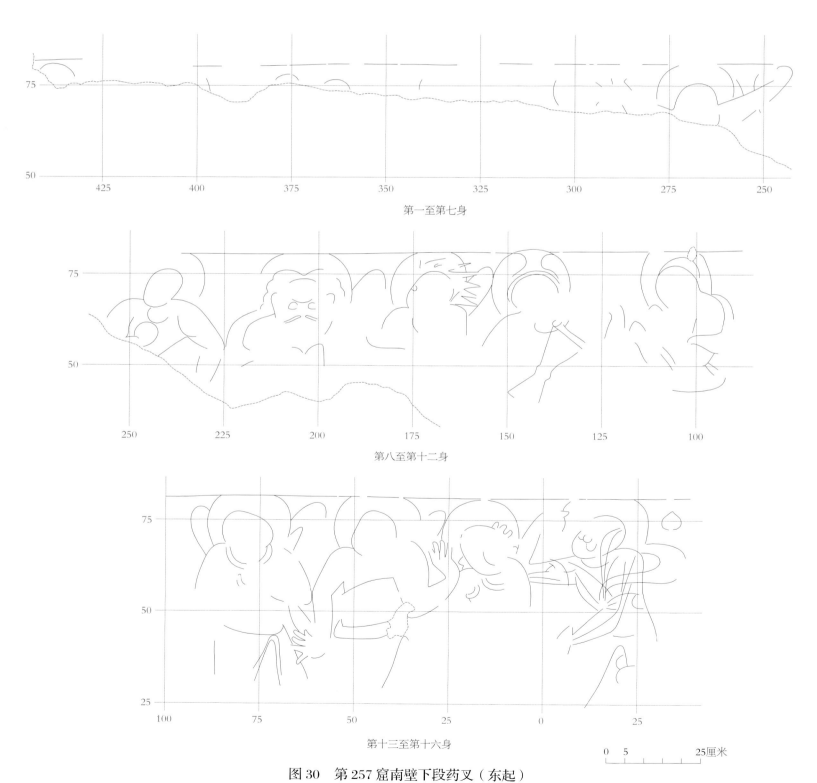

第一至第七身

第八至第十二身

第十三至第十六身

0　5　　　25厘米

图30　第257窟南壁下段药叉（东起）

第十四身药叉，稍侧向右，微仰，耸肩，双手向两侧伸开，左手在上，右手在下，十指箕张，作拍击腹前腰鼓状。绿色头光，袒上身，肌肤肉红色，较浅。下裳土色。腹前红色圆肚腰鼓。

第十五身药叉，头向右偏侧，白色圆形头光，黑色波状卷发，袒上身，肌肤深肉红色，胸腹以下模糊，残存下裳绿色斑块。

第十六身药叉，上身向右侧转，昂首朝东，前俯，弓腰，右臂向前平抬屈起，右手举至头前握拳，左手垂下于腹前握拳。绿色头光，红发，头、身肌肤土色，仅以土红色线起稿。下裳有白色残迹（图30；图版II：236-1）。

第十七身药叉，稍侧向右，白色圆形头光残存黑褐色画迹，黑色波状卷发，袒上身，肌肤深肉红色。下身有白色斑块。头光与第十六身头光之间绘一小朵绿色桃形莲蕾。

第十八身药叉，仰头，转向西，面对左上，两侧双肘向外，双手回至两胯间。土色头光，绿色头发，袒上身，肌肤白色，下裳绿色。白色帔巾在两肩上扬，下绕双臂。

第十九身药叉，向西仰首，上身稍右倾，双手在头右侧持横笛吹奏，双腿屈膝蹲踞。白色头光，袒上身，肌肤肉红色、残存黑色勾染斑块。左右双肩处可见绿色帔巾绕臂画迹。横笛线描勾勒，白色。

第二十身药叉，头往右倾倒，耸左肩，怀中横抱琵琶，左手弹拨，右手控弦。土色头光，袒上身，肌肤绿色，青色项圈、腕钏，下裳土红色。左右双肩扬起黑白横向条纹帔巾呈环状。曲项琵琶深红色。身下模糊白色画迹，疑为峰峦（图31）。

第二十一身药叉，头侧向右仰首朝天，稍前俯，耸肩，弓腰，屈右臂，右手置于胸前。白色圆形头光上有黑褐色画痕，黑色波状卷发，

第十七至第二十身

第二十一至第二十四身

第二十五至第二十九身

0　5　25厘米

图31　第257窟南壁下段药叉（东起）

绿色八字髭须，白色露齿，袒上身，肌肤深肉红色。下有白色峰峦画迹（图版Ⅱ：236-2）。

第二十二身药叉，向右低头，俯视，提左肩，双臂屈肘，左手置胸前，右手抬起在右侧前方执物。绿色头光，土红色头发，袒上身，肌肤浅肉红色。下裳土色。两肩上白色帔巾扬起呈环状。右手持物竖长，模糊不清。下裳前有红色峰峦画迹。

第二十三身药叉，侧身向西，双手拄地倒立，面朝下，立眉瞋目，双腿后翻折屈，双脚垂至头上。光头、全裸，肌肤深肉红色、黑色勾染。系腰带，踝戴钏环。下有红色峰峦。

第二十四身药叉，上身前俯，探头向前，屈肘，双手在面前作持物（管乐器）吹奏状。绿色头光，肌肤土色，未施彩，仅以土红色线勾勒，袒上身，下裳白色。黑色帔巾在左肩上呈环状，绕臂飘下。下方残存绿色、白色峰峦（图31；图版Ⅱ：237-1）。

第二十五身药叉，头转向左侧仰首朝天，双手抱于胸前。白色头光，绿色立发贲张，袒上身，肌肤深肉红色、轮廓黑色勾染。下裳灰白色。绿色帔巾环绕双肩、两臂垂下。下有红色峰峦。

第二十六身药叉，转向右仰昂首，屈肘，右手置胸前，左臂外侧平抬，左手高举过头翻腕仰掌向上，托举上方边饰。土色头光，袒上身，黑色项圈、腕钏，下裳绿色。肌肤白色、黑色勾染。黑色帔巾自颈后绕肩膊垂下，边缘灰白色。下有峰峦画迹，模糊。

第二十七身药叉，转向左侧仰首，就地而坐，右腿屈起拄地，右手按在右膝上；左腿盘屈，左胫斜下，左肘置于左膝上，左手置于腹际。黑灰色头光，黑发贲张，瞋目张口，八字髭须。袒上身，黑色双勾项圈、腕钏，下裳绿色。肌肤深肉红色、黑色勾染，白色点染眼、鼻、露齿，下有白色峰峦（图版Ⅱ：237-2）。

第二十八身药叉，侧身向左，面朝西，袒上身，肌肤绿色，右肩上和西侧身前有帔巾画迹。画面被黑色烟炱遮盖、污染，大部模糊。

第二十九身药叉，被熏黑，画迹全部被覆盖（图31）。

2）边饰

壁面下段药叉图像上边，与中段壁画（前部说法图和后部故事画）之间绘边饰，横贯东西，高约14厘米、残长920厘米，以大致等分的段落配置不同的敷色和纹饰，既是彩绘装饰，又是下段与中段的分隔，与药叉图像共同组成壁面下部的坛基。同样位置的边饰，宽窄一致，由南壁连贯西壁、北壁，长达二三十米。

南壁边饰东端褪色剥落严重，西端受烟熏污染。彩绘纹饰每段约宽34～49厘米，共23段，现残存22段。自东向西，各段颜色、图案情况如下（图32；图版Ⅰ：42；图版Ⅱ：238）。

第一段，残宽26厘米，东半部被现代泥灰修补，残存西半部，灰白色地上绿色圆点，按斜格布局排列。疑为黑地褪色后的黑地绿点纹。

第二段，残宽45厘米，斑驳土红色、绿色、白色画迹。

第三段，宽40厘米，土红色。

第四段，宽41.8厘米，土色地上残存斑驳白色竖线画迹。

第五段，宽40.8厘米，淡土红色。

第六段，宽44.2厘米，深土红色。

第七段，宽49.5厘米，疑为星云纹。土红色，斑驳。

第八段，宽40.5厘米，白绿黑三色方点斜线纹。斑驳残损，露出土色地。

第九段，宽41.2厘米，斜格绿点纹。白色地上黑色斜格中各布一绿色点。绿色点在斜格（菱格）纵轴下角作相似四边形。

第十段，宽43.5厘米，绿色。

第十一段，宽41.6厘米，星云纹。色彩剥落，残存土红色地上排列白色、土色圆点。

第十二段，宽40.8厘米，勾连忍冬花叶纹。白色地绘黑色、绿色双叶忍冬，曲茎呈桃形横向勾连，变向组合花叶。

第十三段，宽40.8厘米，土色、浅红色地上黑色、绿色画痕，疑原为黑地绿点纹，模糊。

第十四段，宽41.2厘米，双线菱格纹。白色、浅灰色绘双线菱格，效果隐现。

第十五段，宽43.7厘米，星云纹。色彩剥落，残存土红色地上白色圆点，较第十一段有更多白色画迹。

第十六段，宽41.4厘米，白绿黑三色方点斜线纹。斑驳残损，纹样同第八段。

第十七段，宽41.2厘米，斜格绿点纹。白色地上黑色斜格、相似形绿色点，纹样同第九段。

第十二段

第十七段

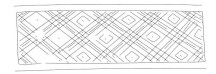

第十八段

第二十段

图32　第257窟南壁下段边饰图案（东起）

第十八段，宽 40.5 厘米，双线菱格纹。深浅绿色及白色细线、小点绘双线菱格。

第十九段，宽 44.4 厘米，星云纹。土红色地上，以黑色、薄粉描波曲云气，排列白色圆点为星辰。第七、十一、十五段似同此例。

第二十段，宽 38.8 厘米，双叶波状忍冬纹。白色地上，波曲形茎蔓两侧忍冬叶，黑绿二色正倒交错，波谷亦以二色忍冬叶正倒交替填补。

第二十一段，宽 42 厘米，熏黑，其中露出土红色、白色画迹提示，疑为星云纹。

第二十二段，宽 33.9 厘米，黑灰，画迹全被掩盖。

（2）中段

1）说法图

人字披顶下的窟室前部，南壁下段边饰之上、上段天宫伎乐之下绘大幅说法图，图的上端因人字披和平脊的空间构造而呈盝形（梯形），图高 360 厘米，东侧残损，现存残宽 361 厘米。平脊下的图顶边（上底）横长 79 厘米，东侧斜边（腰）残长 28 厘米、西侧斜边（腰）长 155 厘米，西侧斜边下端至图西边 10.3 厘米，西边纵长 267.5 厘米、下边残存横长 342 厘米（图 33；图版 II：239～242）。

图 33　第 257 窟南壁前部说法图

图 34　第 257 窟南壁前部说法图主尊

i 主尊

图居中主尊为佛立像 1 身，正面，高 247.5 厘米、头高 47 厘米、肩宽 74 厘米。面部高 31.5 厘米、宽 25 厘米，画迹褪色脱落严重，约略可辨面庞、五官轮廓，土色地上有肉红色的勾染和线描。发际线规整，绿色佛发、肉髻，肉髻高且圆。细线勾勒五官，弯眉，眼睑低垂，直鼻，小口，抿唇。大耳外曲长垂，颈有二道。通过鼻梁有一条贯穿上下的土红色弹线，系全图的中轴经线，至肉髻顶有二道横向弹线。佛陀右臂屈起，右手在右肩前扬掌，五指伸开，掌心朝前，结施无畏印，显示缦网相（图 35）；左肘稍屈，左手在腰下伸拇指、食指，屈后三指执衣角。双腿分开，跣足外撇，立于覆莲台上。身披田相纹通肩袈裟，土色为地线描白色矩形竖格图案；领口宽松略呈 U 形，领缘袖口翻出白色里面；右侧衣裾提起，左侧一角握在手中，被牵拉袈裟下缘呈 U 形。以下露出内着百褶长裙齐踝上的下摆，土色，白色晕染。自左手下，白色腰带于裙侧长垂（图 34；图版 II：240～242）。

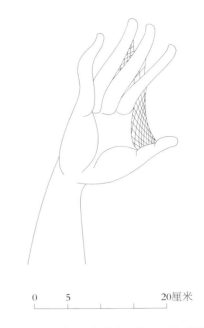

图 35　第 257 窟南壁前部说法图主尊缦网相

佛足之下莲台，台面土色，呈椭圆形，较扁，土红色线勾边；前沿十一瓣白色覆莲，经黑色勾边、晕染。花瓣先端尖锐，上方花蕊作数道"〈"形生起。

佛身后绘头光、身光，均为宝珠形。

头光横径 82.7 厘米，四圈。中心（第一圈）土色，略呈圆形，横径 28.3 厘米。土红色线描轮廓，外围三圈。

第二圈，宽出 6.8 厘米，宝珠形（以下三圈皆同），黑色画迹，漫漶不清，疑为火焰纹。

第三圈，宽出 9.5～11.5 厘米，土色地上，以土红色线描绘火焰纹，黑色勾染、白色、青色填地。

第四圈，宽出 9.5～10.9 厘米，土红色勾线，绘绿色火焰纹勒白边。头光外廓描白色点线，与身光界隔。

身光横径 173 厘米，六圈。由里而外第一圈在佛肩上露出一尖角，宽约 11.9 厘米，淡红色，为神变火焰。

第二圈，宽约 8.6 厘米，纹样漫漶不清，所见土色地上黑褐色、白色、红色画迹。

第三圈，宽处约 8 厘米，漫漶，所见土色地上绿色、白色画迹。

第四圈，宽出约 8.8 厘米，漫漶，所见土色地上土红色轮廓线，黑褐色、白色绘火焰纹，与头光第二圈约略相同；两侧边描白色点线。

第五圈，宽出约 9.2 厘米，绿色火焰纹，与头光第四圈（外圈）相同，并相连接，合成宝珠形。

第六圈，宽出约 11.7 厘米，白色地上以深、浅土红色晕染绘火焰纹，白（粉青）色填地。焰尖高及华盖前缘。

佛上方绘穹顶华盖，略呈圆形伞状，宽（最大横径）111 厘米。盖顶作缓坡圆丘状，高 14.4 厘米，正视角度顶面一分为三，土色三角居中，左右敷石绿色。伞口边沿平直，宽（横径）100 厘米，土红色罩白粉呈浅红色，挂帷幔一周。帷幔高（纵长）13.5 厘米，饰垂角纹，土色倒三角形（垂角）与绿色正三角形相间连续排列，垂角尖端缀土红色珠，正三角底边缀白色珠，多数土色垂角留存起稿的土红色线描。帷幔东端个别垂角和帷幔下口边缘部分或因烟熏而呈黑色。以仰视角度绘伞盖下口，圆周后段隐在身光之后。伞盖帷幔里面土色，未赋彩。伞盖原地仗土色上，显示土红色弹线；其中盖顶一段竖线，系中轴线的延长；帷幔内横向弹线五条，上下平行，均为壁画起稿工序的遗迹，或属于壁画未能完成的部分。

华盖上方，中间一颗白色梭形珠，犹如伞盖顶端的帽纽，两侧土红色地上绘 5 朵莲蕾、2 身莲花化生。盖纽左右各二朵卵形莲蕾，东侧绿色、土色，西侧土色、绿色。土色莲蕾上三片黑色椭圆形叶。绿色莲蕾上黑绿二色叶片，蕊头丛生。两侧莲花化生，露出头部，东侧绿色莲花、白色头光，西侧白色莲花、土色头光，肌肤肉红色，面部模糊不清。西侧化生以西又一朵较大绿色莲蕾，桃形，上有黑绿二色叶三片，蕊头丛生。再以西下方、华盖帷幔西侧又一身莲花化生，露出头部，黑色莲花，土色头光，周围丛生绿色、黑色圆点状蕊头。

ii 主尊两侧

南壁说法图主尊两侧，下部绘二胁侍，一戎装、一僧形，均立姿，其身后上下各三排立姿人物，多为供养菩萨（天人），上方各三排飞天。西侧（左侧）基本完整，东侧（右侧）因窟室东端坍塌，毁损严重，仅上部、下部部分壁画尚可辨识。

（i）主尊西侧

i）左胁侍

主尊西侧下部，戎装左胁侍，通高 145 厘米（包括莲台、头光）、头高 34 厘米（包括冠饰）、肩宽 33.3 厘米，姿态英武，左腿挂地，右腿侧跨，跣足分开，立于覆莲台上；上身向右侧倾，稍侧向东，昂首仰视主尊；右手在腹前仰掌，托绿色独钴金刚杵，左臂屈起，左

图 36　第 257 窟南壁前部说法图左胁侍及西侧供养菩萨（天人）

手抬至肩头向杵上端转腕回勾，掌心向下。宝珠形头光，中心绿色、中圈黑灰色、外圈淡红色。宝冠饰白色仰月、宝珠，立鸟振翅，钩喙，衔黑色坠饰。面部彩绘斑驳，面目不清，肌肤淡肉红色。上身饰灰白色项圈、腕钏，内着黑色紧身半臂衫，两肩上翻出立领，淡红缘白色明光铠甲护胸。腰系灰褐色及膝战裙，外围橙色缘绿色护甲。下着绿缘土红色长裙，两胫前下摆各作垂弧形，两侧裙边、中间腰带，绿色褶叠长垂。黑灰色帔巾自两肩环绕双肘翻卷垂下（图 36；图版 II：240、243、244）。

　　足下莲台，土色台面横长、扁平，复瓣莲花外瓣绿色、内瓣黑色，各十三瓣。

　　ii）供养菩萨

　　主尊西侧三排立姿供养菩萨（天人），自下而上第一、二两排在左胁侍以西（图 36；图版 II：244）。其中第一排 2 身菩萨，稍侧向右，双腿分开，跣足外撇立于扁平莲台上。东起第一身菩萨，高 84 厘米（包括头光），双手于胸前合掌。白色宝珠形头光，白色宝冠饰绿色三珠、坠饰。灰白色项圈、腕钏，披土色通肩袈裟，黑色领缘、袖缘，上存土红色起稿线。灰褐色长裙，两胫前下摆各作垂弧形，腰间腰带长垂。莲台土色台面、绿色边沿。第二身菩萨，高84.5厘米（包括头光），昂首，上身稍后仰，右臂自然下垂，左手垂下按于股侧。土色宝珠形头光，残存宝冠绿色珠饰。袒上身，灰白色项圈、腕钏、绿色长裙，裙带于腿间长垂。黑灰色帔巾以白色细线勾褶纹，从肩后绕双臂垂下。莲台土色台面、白色边沿。

第二排3身菩萨。东起第一身菩萨，稍侧向右，仰身平视，胯右出，被遮挡于左胁侍身后，右臂屈起，右手置胸前，左手在下按于股侧。绿色宝珠形头光，袒上身，灰白色缀珠项圈、腕钏，两肩斜挂带状璎珞在腹前交叉、垂于两股外侧。土色长裙经土红色晕染。肩后黑灰色帔巾绕双臂垂下。第二身菩萨，稍侧向右，肃立，昂首朝向前上方，双手并于胸前回握持物品。黑灰色圆形头光，白色宝冠上绿色三珠、坠饰、白色仰月，绿色巾帕垂于耳后。戴项圈、腕钏，半披土色袈裟，黑色领缘、袖缘，土红色勾染数笔；白色长裙。第三身菩萨，正面，头回向左，双手并置胸前。土色宝珠形头光，残存白色宝冠、绿色珠饰。袒上身，灰白色缀珠项圈、腕钏，右肩斜挂带状璎珞，白色长裙。黑灰色帔巾顺肩膊绕双肘垂下。

第三排4身菩萨。东起第一身菩萨，位于主尊身光外圈西侧，出右胯，提右肩，身向左倾，稍侧向右，低头，右臂屈起，右手在肩前翻腕仰掌，左手垂下按于股侧。绿色宝珠形头光，存白色宝冠仰月、珠饰残迹。袒上身，灰白色缀珠项圈、腕钏，带状璎珞斜挂左肩，土色长裙。黑灰色帔巾从肩后绕双臂垂下。第二身菩萨，直立，稍侧向右，昂首，右臂屈起，右手在胸前仰掌，左臂自然下垂。黑灰色圆形头光，仰月宝冠绿色珠饰、坠饰。灰白色项圈、腕钏，半披土红色袈裟，绿色领缘、袖缘。第三身菩萨，侧身向左，朝西，低身弓腰，双手托莲花于面前。土色头光，上有白色、绿色宝冠画迹。袒上身，灰白色缀珠项圈、腕钏，绿色长裙。黑色帔巾勾白色细线，由肩后绕双肘垂下。手中盘状莲花，黑色萼托，绿色花瓣。土色头光中有纵向土红色弹线一条。第四身菩萨，稍侧向右，双臂自然下垂。白色圆形头光，白色宝冠绿色珠饰、坠饰。灰白色缀珠项圈、腕钏，土色通肩袈裟，存土红色起稿线，黑色领缘、袖缘。

iii）飞天

供养菩萨上方绘三排飞天，每排2身，朝东飞行（图37；图版II：245）。自下而上第一排，东起第一身飞天，上身前俯，侧身昂首面东，左臂伸直向前上方扬掌，右臂屈左肘小臂提起前伸半握，双手几近触及主尊身光外缘；画迹还显示有另一右臂自然下垂，手按在提起的左股之上，看似初稿绘画的姿态；屈左膝，左胫上收与股相并，右腿舒张在身后飘起。绿色圆形头光，头上显示冠顶仰月，袒上身，白色腕钏，土色长裙包裹双腿。白色帔巾环绕肩、臂飘曳在身下、身后。第二身飞天，稍侧向右，面东，仰首，上身前倾，下身扬起，整体呈锐角的V形。右臂伸向前上方，扬掌朝前；屈左肘，左手在后屈起，在头后方翻腕仰掌。白色圆形头光、仰月宝冠，绿色珠饰、坠饰。袒上身，灰白色项圈、腕钏，带状璎珞垂挂胸前，黑色长裙白色细线勾褶纹。绿色帔巾在两肩上扬起呈尖角形环状，绕臂向后飘飞。二身飞天的额部和头光上可见横向土红色弹线三条。

第二排东起第一身飞天，飞翔中回首呼应后随的第二身飞天，下身扬起，整体呈V形，约90度折角；右臂自然下垂于身侧，左臂高抬在头上招手。黑色圆形头光，残存宝冠白色仰月，绿色珠饰、坠饰。袒上身，灰白色缀珠项圈、腕钏，白色长裙。绿色帔巾在两肩上呈尖角形环状扬起，绕臂飘向后方。第二身飞天，面东仰首，平展双臂跟随向前，右手垂掌、左手扬掌；下身扬起，整体呈V形。绿色圆形头光，灰白色缀珠项圈、腕钏，土色长裙，白色裙腰，腿间腰带长曳，两胫上裙摆染白色。黑色帔巾在两肩上呈尖角形环状绕双臂婉转飘向后方。土色裙上可见土红色纵、横弹线及起稿线描。

第三排东起第一身飞天，侧身，昂首，俯身向前，贴近主尊身光外缘飞升，双手合掌高举过头向上合掌，几乎触及华盖帷幔的口沿；下身顺势飘向后方，整体折曲呈钝角。土色圆形头光，袒上身，灰白色腕钏、右肩斜挂带状璎珞，绿色长裙。黑色帔巾呈环状在背后飘垂，回绕肩膊飘向身后。第二身飞天，飞行中回头反顾，稍侧向左，双臂平抬屈起，双手在头两侧高举仰掌。下身飘起与上身折屈呈钝角。白色宝珠形头光，白色宝冠有绿色珠饰、坠饰，白色缯带上扬。袒上身，灰白色缀珠项圈、腕钏，黑色长裙。土色帔巾勾土红色线，在两肩上呈尖角形环状，回下绕臂飘向后方。二飞天头光、头部、帔巾上残存横向土红色弹线。

胁侍、菩萨、飞天面部、身躯、两臂、跣足，肌肤淡肉红色，斑驳脱落，变色多呈灰黑色。

（ii）主尊东侧

i）右胁侍

主尊东侧下部，僧形右胁侍，通高134厘米（包括莲台、头光），与西侧左胁侍位置大体对称，立姿，朝西，稍抬左肩，左臂屈起于胸前执拂尘，有绿色巾帛垂下；沉右肩，右臂在下动态不明。画面上半部褪色严重，十分模糊。圆形头光轮廓可辨，内圈呈土色，外圈在泥面上呈色较深。以下画迹依稀可见右侧的肩膊和半披或袒右的袈裟，袈裟以土红色线起稿，敷彩剥落大部存地仗土色，下部尚存白色晕染，领缘画迹见于肩上、肩前、胁下，于泥面上呈色较深，下缘部分存绿色施彩。袈裟长及膝下，下摆平直，露出下裙。跣足分开踏莲台（图38；图版II：246）。

足下莲台，土色台面扁平，粉绿色边沿。

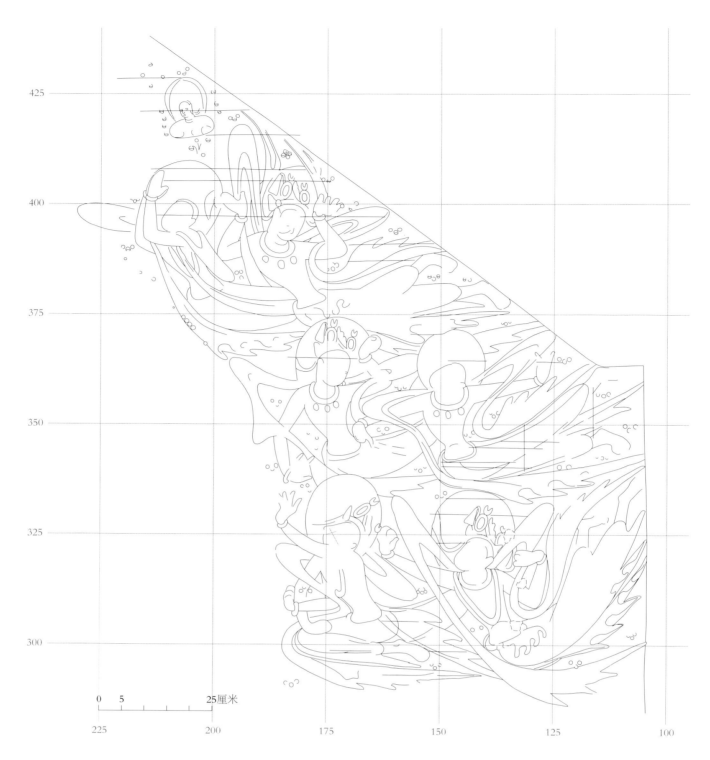

0 5 25厘米

图37 第257窟南壁前部说法图西侧飞天

ii）立姿人物（外道、供养菩萨）

右胁侍以东，绘立姿人物上下三排（图38；图版Ⅱ：246）。下起第一排残存4身，西起第一身，高88.4厘米（包括头光），似外道皈依的形象。稍侧向左，朝西，提右肩、沉左肩，上身前俯，略显佝偻；右臂在后提起，左臂屈起，左手抬至肩前；右腿拄地，弓左腿前踏，跣足。泥面上有深色头光和头部极浅的痕迹，其下残存躯体白色肌肤。袒上身，绿缘褐色短裙（腰布）未及膝，裙摆腿间作尖角下垂，中有土红色起稿线。土红色帔巾遮覆右侧肩膊，左侧绕肘垂下。其余立姿人物均为供养菩萨（天人）。

第一排西起第二身菩萨，与第一身相隔壁面裂隙，高88厘米（包括头光），左侧被裂隙破坏。头扭向右俯视。屈右肘，右手抬至肩侧。土色头光上残存绿色宝冠珠饰。白色项圈、腕钏，披土色袒右袈裟，黑色领缘，白色长裙。足下扁平莲台，土色台面，绿色边沿。第三身菩萨，高85厘米（包括头光），稍侧向右，双手于胸前合掌。土色头光，袒上身，绿色项圈、腕钏，带状璎珞在腹前交叉，绿色长裙，两腿间腰带垂下。双肘下黑色帔巾低垂。足下莲台，白色边沿。第四身菩萨，仅残存白色头光部分。

右胁侍以东上排人物，画迹难辨，数量不明，仅见很少数白色、红色、绿色、黑灰色画迹、部分纵向细笔线描。对应西侧主尊身光西侧下起第二排，东端残存菩萨宝冠新月、珠饰白色画迹；第三排依稀可见身光东侧西起第一至三身头光轮廓。第三排应排列菩萨约4身。

iii）飞天

立姿人物之上绘飞天四排，朝向西飞行（图39；图版Ⅱ：247）。下起第一排画迹可见2身。西起第一身飞天，头光上残存宝冠小点白色画迹和绿色珠饰，上身残存白色缀珠项圈画迹。泥面上可见深色飘向后方的帔巾痕迹。第二身飞天有土红色线描头光轮廓和宝冠点状白色、绿色画迹，以东有扬起的长裙裙裾零星白色画迹。

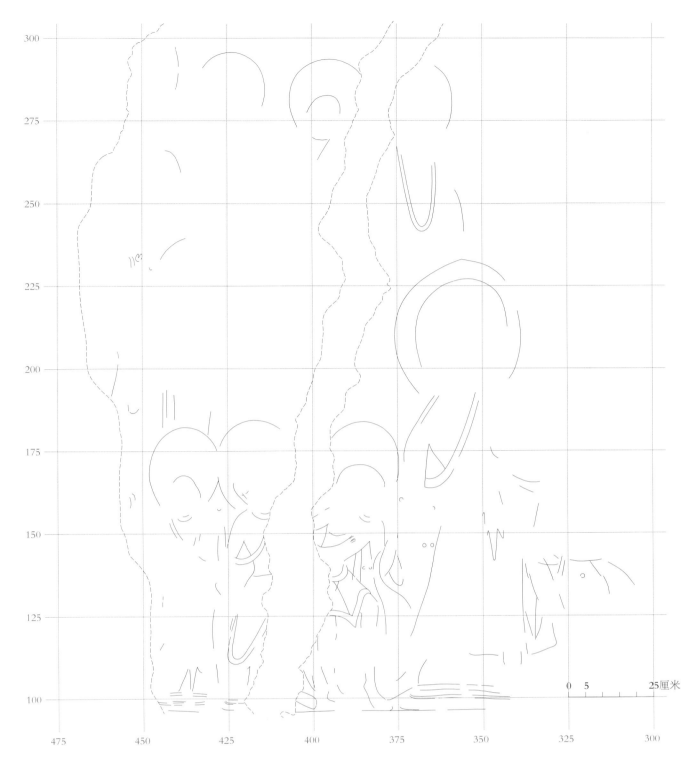

图38　第257窟南壁前部说法图右胁侍及东侧人物

第二排可见 2 身。西起第一身飞天，回身向后（东），较端直，颔首。左手抬起于胸前，下身在后飘起，头光上残存宝冠小点白色画迹和绿色珠饰。袒上身，残存白色缀珠项圈和垂挂胸前的带状璎珞，白色长裙飘拂在后，有土红色勾染画迹。第二身飞天，稍侧向右，下身飘起，整体呈 V 形。残存头光、宝冠、珠饰、坠饰白色、绿色画迹。袒上身，有白色项圈、倒梯形胸饰，腰带，裙腰、裙裾有绿色画迹。泥面上显示帔巾飘起在两肩呈环状，绕臂飘向后方，画痕呈红色。二身头光土色泥面上均可见横向土红色弹线，由主尊肉髻上连贯而来。

第三排可见 3 身。西起第一身飞天，靠近华盖东沿，昂首，稍侧向右，上身前倾，右臂抬起，右手举至右后方翻腕仰掌；左臂在前平抬，肘部抵近主尊身光边缘，前臂回勾，左手置胸前；下身飘起，整体呈钝角 V 形。绿色头光西上角被华盖帷幔遮挡，仰月、三珠、坠饰宝冠。袒上身，白色缀珠项圈、腕钏、裙腰，土色长裙土红色勾轮廓线。黑色帔巾在两肩扬起，绕臂飘向后方。第二身飞天，仰首，稍侧向右，双手于胸前合掌。土色圆形头光经土红色勾边。袒上身，白色项圈、腕钏，土色长裙。绿色帔巾在肩下两侧呈环状，绕双肘下垂。第三身飞天，上身转体面朝东，低头倒行向西；右臂直伸向东，左臂屈起，左手置胸前；下身飘起，整体呈钝角 V 形。土色圆形头光。袒上身，白色缀珠项圈、带状璎珞斜挎两肩在腹前交叉，绿色长裙。帔巾在两肩上呈环状，绕臂飘后。以东壁面崩毁无存。三身飞天土色头光、裙裾上可见横向土红色横向弹线。

第四排飞天已及图顶部东侧斜边，仅 1 身。飞天上身转体面东，低头；双臂向两侧上方张开伸直，双手触及上段天宫建筑下边的帷幔；下身飘起，两腿分开，整体呈钝角 V 形。头光呈土色，边缘晕染橙色。袒上身，白色缀珠项圈，绿色长裙。黑色帔巾自身后向两肩上呈环状，绕臂婉转飘下。

南壁前部大型说法图，据《敦煌莫高窟内容总录》：南壁前部"中画毗卢舍那佛一铺（大部模糊）"[8]，识说法图主尊立佛为毗

---

[8]　同注[2]。

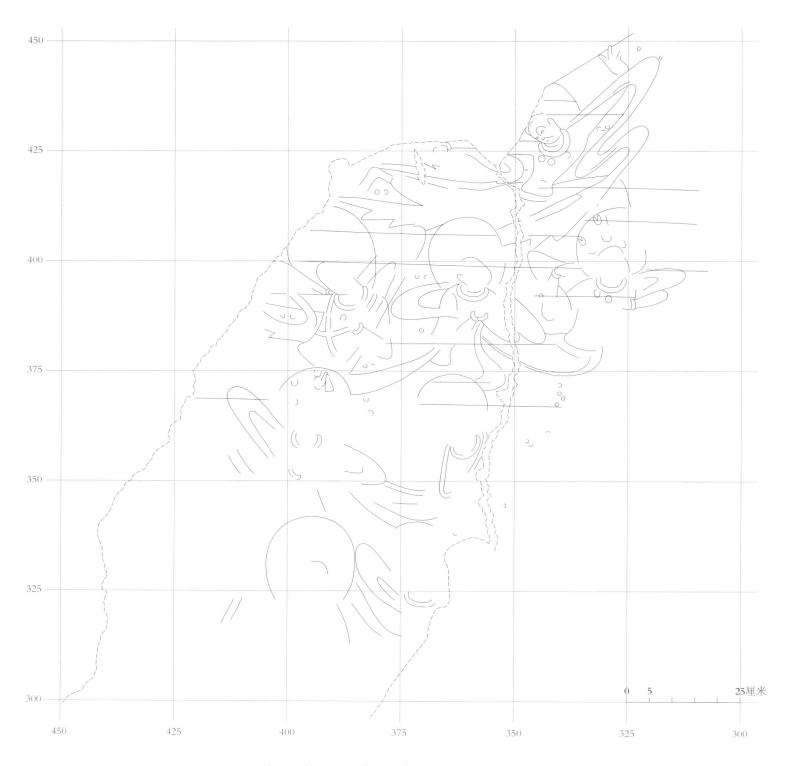

图 39 第257窟南壁前部说法图东侧飞天

卢舍那（即卢舍那）佛，此外未见直接与之相关的论述。

说法图中人物，外道除外，佛、胁侍、菩萨、飞天肌肤施色皆染肉红色，经变色、褪色、剥落，多呈黑色、黑褐色、黑灰色。

2）金柱

说法图西边是以绘代塑影作的立柱（金柱），承托人字披顶西披之下的横枋，并成为南壁前部说法图与后部平棋顶下中段故事画、千佛图之间的分界；其上端壁画天宫伎乐图中有安装木质斗栱的凿洞，是对现实中木构建筑形象化的模仿。

立柱下起壁面下段上边与中段分隔的边饰带，上达南壁顶端、窟顶人字披与平顶交界的横枋下，通高334厘米（包括斗栱）。柱身高约306厘米、底端宽15.6厘米、顶端宽11.6厘米，以土红色为地，为纵长条状装饰带形式；绿色描左右边廓，上下分为数段，组合不同纹饰。自下而上，第一段高66.3厘米，勾连忍冬花叶纹，土红色地绘黑色、绿色双叶忍冬，曲茎呈桃形纵向勾连，变向组合花叶。第二段高65厘米，星云纹，土红色地上忽隐忽现中薄粉描弧曲云气，排列白色圆点为星辰。第三段高49厘米，绿黑二色圆点斜线纹，土红色地上以绿色圆点与较小的黑色圆点交替作斜向排列。第四段高62厘米，星云纹，土红色地上黑色勾染云气，如蔓草波状勾连，白色点染星辰。第五段高约58厘米，褪色漫漶，纹样不清，疑为星云纹的变体纹样（图40）。

3）故事画

西侧中段的下部绘横卷式故事画，东起金柱，西至南壁西端，与西壁中段故事画相衔接；东端高60厘米、西端高58厘米，上边长567厘米、下边长564厘米；所绘因缘故事画、本生故事画各一幅（沙弥守戒自杀因缘、九色鹿本生序分），均绘于土红地色上。依次叙述如下。

第一段　　　　　第二段　　　　　第三段　　　　　第四段　　　　　第五段

0　5　　　　25厘米

图40　第257窟南壁金柱装饰图案（下起）

i 东起第一幅故事画（沙弥守戒自杀因缘）

横卷式故事画，画面宽约452厘米，共八段画面。以故事发展时间为序，由东向西连续绘出主要情节。不同画面之间没有明确分界，各情节之间大致以山脉、建筑分隔。画面周边环绕锯齿状山峰，山形较规整单一，分别以黑、土、白、绿、橙五色相间敷彩（图41～45）。

（i）沙弥剃度

画面绘4身不同身份的人物，东起为高僧（安陀国乞食比丘）、持刀剃发的比丘，接受剃度的沙弥和长者（沙弥之父）。

高僧侧身向西，倚坐于穹顶石窟前，通高46厘米（包括头光），下视前方剃度的沙弥；右臂屈肘，右手前伸扬掌，五指张开。白色圆形头光，披绿色袒右袈裟，黑色领缘、衣缘，黑色巾带于左股侧系花结垂下。跣足并齐踏地。坐下四足方凳。身前一方高21厘米、宽4厘米长方形题榜，未见题记。

剃度比丘立于高僧前，面西，弓腰，高38厘米；左臂高抬，屈肘向下，手抚沙弥头顶，右手持剃刀为沙弥落发。披黑色袒右袈裟，绿色领缘、衣缘，土色长裙，右肩膊长垂而下的衣裾呈尖角形。跣足并立，左足趾尖翘起。剃刀绿色，呈月牙形。

150

125

100

75　　　　　50　　　　　25　　　　　0

沙弥剃度

0　5　　　　25厘米

图41　第257窟南壁故事画沙弥守戒自杀因缘之一

图 42　第 257 窟南壁故事画沙弥守戒自杀因缘之二

沙弥双膝跪于比丘身前接受剃度，高 25 厘米，面东俯首，双手从袖中伸出于胸前合掌，作虔心静思状。披立领绿色右衽宽袖长袍，黑色领缘、衣缘，系白色腰带，长袍后摆曳地，里面白色。

沙弥之父（长者）立于沙弥身后，高 37.5 厘米，朝向东，双手于胸前合掌，全神关注剃度场面。戴白色冠帽，着立领黑色右衽宽袖曳地长袍，白色领缘、袖缘，下摆敷绿色，白色腰带分两股下垂，着高头履。

长者与沙弥之间有一方高 24.5 厘米、宽 3.5 厘米长方形题榜，未见题记。二方题榜勾白边，上半部为土色，下部土红色（图 41；图版 II：248-1）。

（ii）高僧说法

画面中群山间写顶石窟，与上图略同。高僧倚坐于窟外，向跪在面前的沙弥说法。高僧通高 44.5 厘米（包括头光），侧身向西，于四足方凳上姿态同前；屈右肘，右手前伸扬掌，五指张开，结施无畏印；左手置膝上掌心向前，五指向下，结与愿印；跣足并齐踏地。因褪色或经涂抹遮盖，圆形头光模糊不显。披黑色袒右袈裟，绿色领缘、衣缘。前上方高 25 厘米、宽 7 厘米长方形题榜，土色，勾白边，未见题记。

沙弥，面东，踞坐于高僧足下，高 20.5 厘米，双手胸前合掌，俯首聆听。披绿色右袒袈裟，黑色领缘、袖缘，跣足。脑后上方长方形题榜高 25 厘米、宽 9 厘米，土色，勾白边，内有后人涂画白色，字迹不明（图 42；图版 II：248-2）。

（iii）沙弥取食

场景为优婆塞宅舍前，悬山顶双层门楼通高 63 厘米，屋檐宽 24 厘米，外墙白色，屋顶敷绿色，以青色绘瓦垄、勾染鸱尾。檐下隐约可见土红色椽头等，被白粉遮盖。

楼下一层高 43 厘米，土红色门户。画中沙弥与优婆塞女二人，在门口相遇。

沙弥东来，行至楼前取食，左腿在前，右腿在后，稍前俯，高 31.5 厘米，右手在下前伸，左手在上托持食钵于面前。披绿缘土红色袒右袈裟，衣襟敷搭左肩长垂。白色裙，裙摆土色。

优婆塞女立于门下，躬身来迎，通高 30 厘米，左手握拳置胸前，右手前伸触及沙弥衣缘。白色头冠华丽，上绿色珠饰、坠饰与白描花朵，绿色冠巾从脑后披下，包裹后绕至腹下系花结垂及于踵。着黑色半臂内衣，外罩绿色圆领齐胸裲裆衫，下着黑色曳地大裙（图 43；图版 II：248-2）。

（iv）沙弥刎颈

场景为宅门之后优婆塞大宅内。悬山顶大屋，通高 54 厘米，檐宽 48 厘米，绿色屋顶、青色瓦垄、白色外墙。门顶绿缘橙色帷幔，白色帐带束起，两头束成斜角，中间一段垂弧。屋内土红地色上绘一略呈"开"字形的土色框架，为挂衣架。

沙弥在房内西侧地上结跏趺坐，高 19 厘米，头偏向东低垂，双手于腹前相叠，结禅定印，静坐思惟，决意为持戒舍命。袒上身，

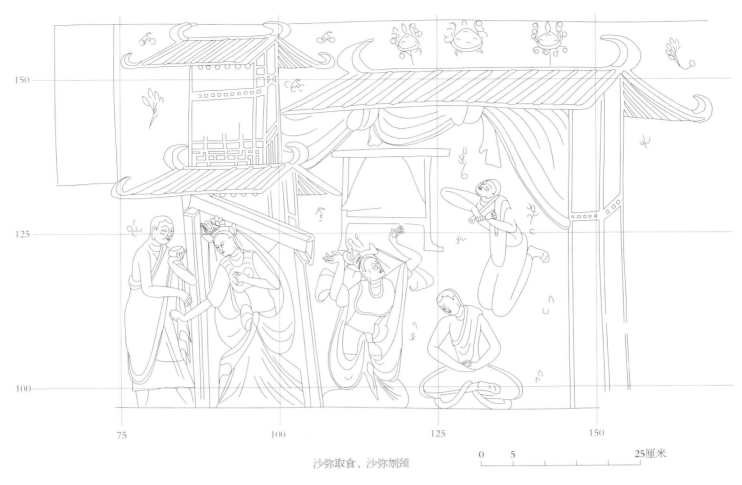

150

125

100

75　　　　　　　100　　　　　　　125　　　　　　　150

沙弥取食、沙弥刎颈

0　　5　　　　　　　25厘米

图43　第257窟南壁故事画沙弥守戒自杀因缘之三

左肩斜披黑色络腋，束土色裙，裙摆黑色边缘。

其西上，沙弥踞坐于地，高23厘米，侧向东，抬头引颈，双手持刀自刎，意态决绝。袒上身，斜披绿色络腋，束黑色裙。短刀，约尺余，环首，绿色。

左侧绘优婆塞女，跪地弓身，仰首，通高28厘米，面向西，见沙弥身亡，面露惊恐，高举双手在头上作拍打状，悲恸欲绝。华丽衣饰略显凌乱。白色、土红、绿色绘头冠、珠饰，红褐色半臂，绿色齐胸裲裆，绿色长裙，翻出土色裙腰。黑色冠巾遮覆肩背，绕至腹前系结（图43；图版Ⅱ：249）。

（v）以实相告

在宅舍的墙外，少女向西双膝跪地，通高31厘米（包括头光），仰头面对归来的父亲优婆塞，左手掩面，伸右臂指向后方屋内，作号啕哭诉状。绿色圆形头光，白色冠饰绿珠，着黑色半臂，绿色裲裆衫，绿缘黑色长裙，灰白色腰带，土色冠巾自身后绕至腹下系结。

优婆塞坐一方形座上，向前俯身，下视女儿作凝神倾听状，通高38.5厘米（包括头光）。右肘置膝上垂手，掌心朝外；左肘屈起，向前伸展五指。左足前伸着地，右腿内收，右足靠台座竖立，脚趾捺地。土色宝珠形头光，残存白色冠、绿色珠饰，白色缯带在两侧高扬，白色耳环，袒上身，浅红色缀珠项圈、腕钏。绿色长裙，裙裾飘于腿侧，裙带垂于地，跣足。黑色帔巾自肩后向两侧呈环状，绕双肘向两侧飘下。台座上面有白色敷物。

优婆塞头前上方土色长方形题榜高29厘米、宽6厘米，有后人白色字迹"大有諸佛子見"；脑后另一方土色题榜高25.5厘米、宽6厘米，有后人涂白色短竖道一笔（图44；图版Ⅱ：249-2）。

（vi）具陈上缘

场景为王宫。一座宫阙，通高60厘米，悬山顶宫殿屋檐宽52厘米，两侧双阙通高48厘米（包括阙楼、阙身、台基），绿色绘屋顶，青色勾染瓦垄、鸱尾。白色外墙。门顶白色帐带束起绿缘橙色帷幔，两头束成斜角，中间两段垂弧。

殿门东边台基上，优婆塞双膝跪地，上身稍前倾，高30厘米（包括头光），双手将铜盘盛金钱捧在面前，仰首面对座上的国王。优婆塞向国王"具陈上缘"，为女儿奉上罚金，并赞美沙弥持戒功德。黑色圆形头光，袒上身，浅红色项圈、腕钏，白色长裙，跣足。绿色帔巾自身后向两侧呈环状，绕双肘向两侧飘卷。

大殿内，国王受到感动，通高47厘米（包括头光、台座），在方形台座上两腿盘起，左胫在前露出跣足；转首下视优婆塞，左手搁置腹前，屈右肘，前臂平抬向右，右手伸开五指垂下，掌心朝向下方禀报者。白色圆形头光，白色冠，绿色珠饰、坠饰，两条缯带向上、向左飘扬，白色耳环。袒上身，灰白色项圈、腕钏，带状璎珞垂挂胸前，红褐色长裙，裙带经左胫垂下。土色帔巾从两肩环绕双肘，在臂上敷白色。台座土色，座面铺白色敷物，倒三角形靠背露出于国王身后，两侧土色铺覆物折下一角，绿色边缘。

以实相告、具陈上缘

0　　5　　　　　　25厘米

图 44　第 257 窟南壁故事画沙弥守戒自杀因缘之四

国王左侧侍者，立姿，高 39 厘米（包括头光），稍侧向右，双手合掌于胸前，分腿站立，重心落于右腿。土色宝珠形头光，袒上身，浅红色项圈、腕钏，绿色长裙，跣足。黑色帔巾沿肩膊而下绕双肘垂下。

宫墙之后（西侧）一方高 26 厘米、宽 5 厘米的长方形题榜，就土红地上勾白线为边框，未见文字（图 44；图版 II：250-1）。

（vii）香木荼毗

土红色地上以橙色绘出火焰。熊熊烈火中，沙弥结跏趺坐，头侧向右，俯首低眉，面露微笑，宁静安详。披黑色通肩袈裟，领口、袖口翻出绿色里面。故事情节据经文所述，国王亲自供养沙弥，"击金鼓宣令国人，前后导从，往至其家。王自入内，见沙弥身赤如栴檀，前为作礼，赞其功德。以种种宝，庄严高车，载死沙弥至平坦地。积众香木，荼毗供养。"图中表现火化沙弥遗体的情景（图 45；图版 II：250-2）。

（viii）起塔供养

图中绘二层佛塔，通高 58 厘米。塔下台基高 4 厘米、宽 29 厘米。其上须弥座式塔座，高 9.2 厘米、束腰宽 21 厘米、上枋宽 24.5 厘米。塔身下层方整屋形，高 22 厘米、宽 19.5 厘米，屋面高 3.8 厘米，屋檐宽 36 厘米，屋顶瓦垄、正脊、鸱尾、檐角起翘俱全。正面开一圆券形龛，龛通高 16.2 厘米（包括龛楣），龛口宽 7.5 厘米。上层是覆钵形塔身、刹座和圆锥形塔刹相轮，通高 22.4 厘米，刹顶伞盖上三颗宝珠，左右各一幡旗作 S 形飘卷而下。由地面上登塔身一层的阶道呈梯形、绿色。台基、塔座、塔身、覆钵、刹座敷白色。屋顶同前述宅舍、宫阙屋顶以青、绿施色。上层土色刹竿、刹柱，刹顶宝珠、幡头、幡尾皆绿色，幡身饰黑、白、黑三色纵向条纹。

下层塔身正面龛内沙弥趺坐禅定像，头稍转向右侧，黑色圆形头光、黑色通肩袈裟。龛壁土色，橙色龛楣围绕龛口大部，两侧楣尾至龛口下部外卷呈钩状，龛柱低矮。以沙弥持戒的无上功德，将其火化的遗骸舍利起塔供养，是为故事的结尾（图 45；图版 II：250-2）。

此图描绘的沙弥守戒自杀因缘故事，见录于汉译佛籍，如北魏慧觉等译《贤愚经》卷五〈沙弥守戒自杀品〉（《大正藏》第 4 册，第 380 ～ 381 页）[9]。

---

[9]　经云："……佛涅槃后，安陀国土尔时有一乞食比丘，乐独静处，威仪具足。乞食比丘，佛所赞叹，非住众者。何以故？乞食比丘，少欲知足，不储畜积聚。次第乞食，随敷露坐，一食三衣，如是等事可尊可尚。在僧比丘，多欲无厌。贮聚储畜。贪求畜惜，嫉妒爱着，以故不能得大名闻。彼乞食比丘，德行淳备，具沙门果，六通三明，住八解脱，威仪庠序，名闻流布。尔时安陀国有优婆塞，敬信三宝，受持五戒，不杀不盗不邪淫不妄语不饮酒，布施修德名遍国邑。即请是乞食比丘终身供养，供养之福随因受报。若请众僧就舍供养，则妨废行道。道路寒暑劳苦，后受报时，要劳思虑，出行求逐，乃能得之。若就往奉供养，后受福报时，便坐受自然。是优婆塞信心淳厚，办具种种香美食，遣人往送，日日如是。沙门四种好恶难明，如庵罗果生熟难知。或有比丘威仪庠序，徐行谛视，而内具足贪欲恚痴破戒非法，如庵罗果外熟内生。或有比丘外行粗疏，不顺仪式，而内具足沙门德行禅定智慧，如庵罗果内熟外生。或有比丘威仪粗

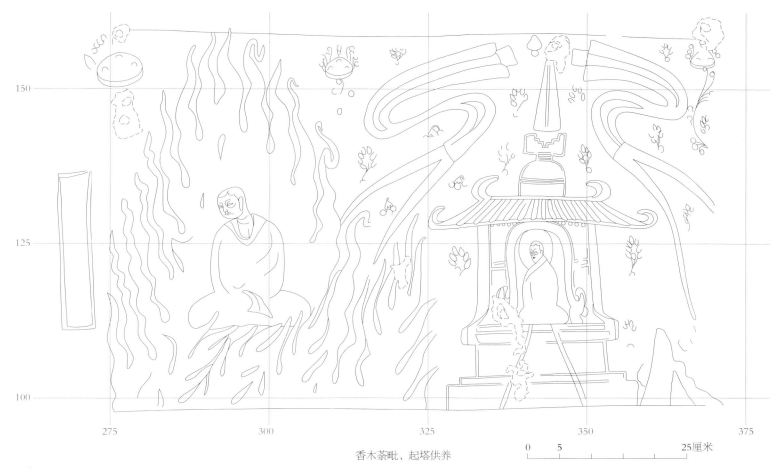

150

125

100

275　　　300　　　325　　　350　　　375

香木荼毗、起塔供养

0　　5　　　25厘米

图 45　第 257 窟南壁故事画沙弥守戒自杀因缘之五

ii 东起第二幅故事画（九色鹿本生序分）

续接前图，横卷式故事画宽约 148 厘米，二段画面。此图内容解读，多年来有"佛传图""沙弥均提品""弊狗因缘"等说，近又

犷，破戒造恶，内亦具有贪欲恚痴悭贪嫉妒，如庵罗果内外俱生。或有比丘威仪庠审，持戒自守，而内具足沙门德行戒定慧解，如庵罗果内外俱熟。彼乞食比丘内外具足，亦复如是，德行满故，人所宗敬。尔时国中有一长者信敬三宝，有一男儿，心自思惟欲令出家，当求善师而付托之。所以尔者，近善知识则增善法，近恶知识便起恶法。譬如风性虽空，由栴檀林若瞻卜林吹香而来，风有妙香；若经粪秽臭尸而来，其风便臭。又如净衣置之香箧，出衣衣香；若置臭处，衣亦随臭。亲近善友则善日隆，亲附恶友则恶增长。是故我今当以此儿与此尊者令其出家。念已即往，白比丘言：我此一子，今使出家，唯愿大德哀纳济度，若不能受当将还客。尔时比丘以道眼观，此人出家能持净戒，增长佛法。即便受之，度为沙弥。时优婆塞有一亲善居士，请优婆塞及其妻子合家奴婢。明日客会，时优婆塞晨朝念言：今当就会，谁后守舍？我若强力课留一人，所应得分，我则负他。若有自能开意住者，我于会还当别投报。优婆塞女即白父言：唯愿父母从诸僮使但行应请，我堪后守。其父喜曰：甚善甚善！今汝住守，与我汝母正等无异，于家损益心无疑虑。于是合家悉往受请，女便牢闭门户，独住家内。时优婆塞是日匆匆忘不送食。尔时尊者心自念言：日时向晚，俗人多事，或能忘不送食，我今宁可遣人迎不。即告沙弥：汝往取食，善摄威仪。如佛所说，入村乞食莫生贪着。如蜂采华，但取其味不损色香，汝今亦尔。至家取食，收摄根门，莫贪色声香味触也。若持禁戒，必能取道。如提婆达多，虽多诵经，以造恶毁戒堕阿鼻狱。如瞿迦利，诽谤破戒亦入地狱。周利槃特，虽诵一偈，以持戒故得阿罗汉。又，戒即为入涅槃门、受快乐因。……汝今如是，莫贪小事破坏戒印，失人天中五欲美味及诸无漏三十七品涅槃安乐无量法宝。汝莫毁破三世净戒、污染三宝父母师长。沙弥受教，礼足而去。往到其家，打门作声。女问是谁？答言沙弥，为师迎食。女心欢喜，我愿遂免，即与开门。是女端正，容貌殊妙；年始十六，淫欲火烧，于沙弥前作诸妖媚，摇肩顾影，深现欲相。沙弥见已念言，此女为有风病癫狂病羊癫病耶？是女将无欲结所使娆毁我清净行耶？坚摄威仪，颜色不变。时女即便五体投地，白沙弥言：我常愿者，今已时至。我恒于汝，欲有所陈未得静便。想汝于我亦常有心，当与我愿。我此舍中多有珍宝金银仓库，如毗沙门天宫宝藏而无有主。汝可屈意向此舍主。我为汝妇，供给使令，必莫见违，满我所愿。沙弥心念：我有何罪，遇此恶缘？我今宁可舍此身命，不可毁破三世诸佛所制禁戒。昔日比丘至淫女家，宁投火坑，不犯于淫。又诸比丘，贼所劫夺，以草系缚，风吹日曝，诸虫唼食，以护戒故不绝草去，有鹅吞珠，比丘虽见，以持戒故，极苦不说，如海船师。下座比丘，以守戒故，授板上座，没海而死。如是诸人，独佛弟子能持禁戒。我非弟子，不能持耶？如来世尊独为彼师，非我师耶？如瞻卜华并胡麻压油，瞻卜香，若合臭花，油亦随臭。我今已得遇善知识，云何今日当造恶法？宁舍身命，终不破戒污佛法僧父母师长。又复思惟：我若逃突，女欲心盛，舍于惭愧走外牵捉，及诽谤我，街陌人见，不离污辱，我今定当于此舍命。方便语言：牢闭门户，我入一房作所作已，尔乃相就。女便闭门。沙弥入房，关掩门户，得一剃刀，心甚欢喜。脱身衣服，罩于架上，合掌跪向拘尸那城佛涅槃处。自立誓愿：我今不舍佛法众僧，不舍和上阿阇梨，亦不舍戒。正为持戒，舍此身命，愿所往生，出家学道，净修梵行，尽漏成道。即刎颈死，血流滂沛，污染身体。时女怪迟，趣向看之。见户不开，唤无应声，方便开户。见其已死，失本容色。欲心寻息，惭结懊恼。自摝头发。爪裂面目，宛转灰土之中，悲唔泣泪，迷闷断绝。其父会还，打门唤女。女默不应，父怪其静。使人逾入，开门视之。见女如是，即问女言：汝何以尔？有人侵汝污辱汝耶？女默不答，心自思惟：我今若实对，甚可惭愧。若言沙弥毁辱我者，则谤良善，当堕地狱受罪无极。不应欺诳，即以实答。我此独处，沙弥来至，为师索食。我欲心盛，求娆沙弥，冀从我心。而彼守戒，心不改易，方便入房，自舍身命。以我秽形，欲坏净器，罪衅若斯，故我不乐。父闻女言，心无惊惧。何以故？知结使法尔故。即告女言：一切诸法。皆悉无常。汝莫忧恼。即入房内，见沙弥身，血皆污秽，如栴檀杌。即前作礼，赞言：善哉，护持佛法，能舍身命。时彼国法，若有沙门白衣舍死。当罚金钱一千入官。时优婆塞以一千金钱置铜盘上，载至王宫，白言大王：我有罚谪，应入于王，愿当受之。王答之言：汝于我国敬信三宝，忠正守道，言行无违。唯汝一人，当有何过而输罚耶？时优婆塞具陈上缘，自毁其女，赞叹沙弥持戒功德。王闻情事，心惊悚栗，笃信增隆，而告之言：沙弥护戒，自舍身命。汝无辜咎，那得有罚？但持还舍。吾今躬欲自至汝家供养沙弥。即击金鼓宣令国人，前后导从，往至其家。王自入内，见沙弥身赤如栴檀，前为作礼，赞其功德。以种种宝，庄严高车，载死沙弥至平坦地。积众香木，荼毗供养。严饰是女，极世之殊，置高显处，普使一切时会皆见。语众人言：是女殊妙，容晖乃尔。未离欲者，谁无染心。而此沙弥，既未得道，以生死身，奉戒舍命，甚奇希有。王即遣人，命请其师，广为大众说微妙法。时会一切，见闻是事，有求出家持净戒者，有发无上菩提心者，莫不欢喜，顶戴奉行。"

比丘卧床、比丘坐地

0　　5　　　　　　　　25厘米

图 46　第 257 窟南壁西端故事画（九色鹿本生序分）

见关于"提婆达多图像"的论述，归纳既有成果，作进一步考察，更新了对壁画内容的判断。

（i）比丘卧床

山峰环抱中的穹顶石窟前，四足床榻之上比丘侧身向右横卧，头东足西，长 31.5 厘米。右手支颐，左手自然放置股侧掌心向上，神态安适。身披黑色袒右袈裟，绿色领缘、衣缘，跣足伸出下摆外相叠。肌肤灰黑色，白色线描眼、鼻，头上发际线以上敷绿色。黑色床榻，窟门敷土红色，石窟内外土色上施黑色晕染。白、绿、赭、黑色锯齿状山峦环境描绘与前图风格一致。西侧上部一方高 30 厘米、宽 4 厘米长方形题榜，熏黑，难辨字迹（图 46；图版 II：251-1）。

（ii）比丘坐地

两棵扇形阔叶的大树之下，一比丘跌坐于地，高 12.6 厘米，仰身，面朝东，双腿屈起，左手支撑地面，右手抚于右膝上，神情黯然。散开的整幅绿缘白色袈裟披搭在肩上，胸腹袒露，下束黑色腰布，跣足。足端地上立一拱形器物，内分六格，应是从马背卸下的驮架。一匹矮小的瘦马在身后四蹄站立，低头，马嘴靠近地上比丘的手背，马背上有置放驮架的鞍袱。比丘上方有一朵纵长、筒状大莲蕾，绿色瓣。大树西侧、山峰之上一方高 16.5 厘米、宽 3 厘米长方形题榜，熏黑，难辨字迹。南壁西端烟熏严重，此图大部受烟炱污染，画面被熏黑，线描和敷色均难以辨别（图 46；图版 II：251-1）。

图西端已达壁面尽头，但画面与西壁故事画并无分界，过度熏黑的部分有可能接续西壁图中河边的环境描写。鉴于典籍明确九色鹿中溺人为佛弟子调达（提婆达多）的前生，此图中主要的两个场景比丘卧床和比丘坐地，有关研究探讨其与佛弟子调达的关联，并举出与提婆达多"破僧事"故事中如佛而卧、自投于地与壁画相符的描写[10]。依此说可进一步确认此图为西壁九色鹿本生的序分。所存疑者，在于图中驮架、立马形象。其马瘦小如狗，但细腿四蹄、背覆鞍袱、驮架在旁，似表明为驮运之畜；头上的长耳有别于马，则驴骡（驱骡）之说亦可取信。或可设想，图中比丘调达，行至途中被河水所困，卸下畜背的驮架，在树下歇息。俟后下水泅渡，险些溺亡，（于西壁图中）为鹿王所救，即为"溺人"。因此本记录拟名故事为"九色鹿本生序分"。

对于提婆达多的讽喻贯穿不同故事画的内容，即如上述沙弥守戒自杀品，经文中所云"若持禁戒，必能取道。如提婆达多，虽多诵经，以造恶毁戒堕阿鼻狱。如瞿迦利，诽谤破戒亦入地狱。周利槃特，虽诵一偈，以持戒故得阿罗汉。又，戒即为入涅槃门、受快乐因。"故事之意蕴同样旨在对提婆达多造恶毁戒的批判，以佛弟子周利槃特和沙弥的形象与之对照，壁画内容与九色鹿本生紧密关联，值得进一步关注[11]。

敦煌文物研究所整理《敦煌莫高窟内容总录》曾著录此图内容为"沙弥均提品"一铺[12]。敦煌研究院编《敦煌石窟内容总录》著

[10]　樊雪崧〈莫高窟第257窟提婆达多图像试论——敦煌"弊狗因缘"献疑〉，《敦煌研究》2020年第6期，pp. 46-56。
[11]　李茹〈敦煌莫高窟第257窟南壁卧式罗汉为周利槃特考〉，《敦煌学研究弘扬的世界意义论文集》，敦煌研究院，敦煌，2023年9月，pp. 122-131。
[12]　同注[2]。

图 47 第 257 窟南壁千佛图（部分）

录此图内容为"弊狗因缘"一铺，研究将四足动物和坐地比丘的形象识读为弊狗（啮人狗）舐比丘，而卧床比丘则为弊狗转生后求为沙门的情景[13]。该故事见录于汉译佛典南朝梁宝唱等集《经律异相》卷四十七〈弊狗因一比丘得生善心〉（《大正藏》第 53 册，第 249 页）[14]。

4）千佛

i 千佛图

南壁中段立柱以西，故事画在下，千佛在上，千佛图下部中间绘一铺说法图。千佛图在南壁壁画中所占面积最大，布局规整，整体呈横长方形，顶边长 566 厘米、底边长 570 厘米、东边长 205 厘米、西边长 206 厘米。千佛左右成排、上下成列，排列有序，自上而下共八排。第一至四排每排千佛 37 身。以下因中间说法图占用空间，第五排千佛 35 身，其中东侧 18 身、西侧 17 身；第六至八排每排千佛 33 身，其中东侧 17 身、西侧 16 身。南壁千佛合计 282 身（图版Ⅰ：47）。

每身千佛的大小基本相同，起稿前以土红色弹线统一间距，规划布局；有通过千佛鼻尖的经线，也有数条区划形体各部位的纬线，界定华盖、头部、双手、莲座的位置（图 47；图版Ⅱ：251-2、252、253）。

南壁千佛图以黑色铺地，上下排之间以白线间隔，间距约 24.5 ～ 27 厘米。相邻的千佛身光相接或有重叠，千佛身光之间有白色条形题榜，不甚规整，高约 6 ～ 8 厘米、宽约 1 ～ 1.4 厘米，未见题写字迹，题榜间距约 13.6 ～ 15.5 厘米；东部千佛题榜绘制有所遗漏或多已脱落。千佛通高 21 ～ 22.5 厘米（包括莲座、头光）、膝宽 12 ～ 12.9 厘米，造型、姿态相同，均为正面，结跏趺坐，双手于腹前结禅定印。部分千佛隐约可见圆形肉髻，肉髻底部饰一排白色小点（髻珠），额间有白毫，两耳垂肩，颈有二道。肌肤变色呈灰褐色，勾染呈黑色，双目、鼻梁点染白色，呈"小"字形。相叠结定印双手以三竖道表示。身披通肩袈裟，有圆领、尖领和开襟的双领下垂两种不同穿着方式，后者胸前露出右袒的僧祇支。头光与身光顶端重叠，头光圆形或宝珠形，横径约 8.2 ～ 9.6 厘米，身光横径约 15 ～ 16.5 厘米。

千佛坐下莲座扁平，上边平直，底边微弧，高约 0.7 ～ 1.7 厘米、横径 8 ～ 10 厘米，绿色、黑色交替搭配。

头光上方华盖，高约 1.2 ～ 1.7 厘米、横径约 3.4 ～ 4.4 厘米，分为两层，分别以薄粉或黑色各画一短横，黑色层绘数个白色圆圈（圆珠）成排；两者上下交错，示意盖顶和盖沿。左右两端流苏，以白色小点组成珠链，飘向外侧，末端各缀一红色圆珠，系在黑地色上以土红色点染而成。

千佛图的东部与西部在绘制上有所差异。具体而言，东部包括各排东起第一至十一身千佛，西部包括各排第十二身及其以西的千佛。显然，西部白色题榜较为清晰，横排之间有较清晰的白色间隔线，而东部大都无题榜或被加敷黑色所覆盖，加敷的黑色不甚均匀。绘制工细程度上，东部稍逊于西部。石青颜料的使用亦有不同，东部青色较淡薄，或色相偏绿，西部用色较为纯正。此外东部尚有多身未完

[13] 敦煌研究院编《敦煌石窟内容总录》，文物出版社，北京，1996年12月，p. 103；樊锦诗、马世长：〈莫高窟北朝洞窟本生、因缘故事画补考〉，《敦煌研究》1986年第1期，pp. 27–38。

[14] 经云："有一长者财富无数，有一弊狗常喜啮人，凡人不得妄入其门。有一比丘聪明善慧，圣达难当逮，入其门乞，值狗出卧不觉入。时长者设食狗觉方见，念出卧不觉沙门得入，今既已坐当奈之何？若独食者出必啮杀，嗽其腹中所食美膳，若分我食乃原之耳。沙门知其心念，自食一抟，与狗一抟。善生慈向于沙门，前舐其足。后出门卧，曾被其啮人劈斫其头。其狗即生长者夫人腹中，生后短命寻复终亡，复生彼国余长者家。年十余岁见一沙门，前迎为礼。启其父母请为我师，施设供养寻受经戒，再化家中一切大小诵念道。因报二亲求为沙门，不受具足，供养和尚日夜不懈。和尚灭后乃受戒德。"

成的千佛，省略施色而较多地保存土红色起稿线描。上起第三排西端被烟熏污染的一身千佛，与众不同的画迹仍可辨识；头部稍侧向右，颔首俯视，在正面端坐的千佛群体中意趣顿生（图版 II：252-3）。

敷色所用颜料有白、黑、土红、石绿、石青五种。此外，不施色留出泥面即为土色；少数行列用石青替代石绿。袈裟的颜色除绿、青、黑、土红和土色外，还有一种灰色；是采用混合白粉以减淡黑色，或白地上勾黑色条纹，或在黑色条纹上罩白色，以多种方式取得灰色的视觉效果。

千佛的绘制，统一搭配敷色，头光、身光、袈裟、僧祇支、莲座的颜色作规律性的变化组合，列表如下（自东上起）：

头光	黑	土	白	绿	黑	土	白	绿	黑	土	白	绿	黑	土	白	绿	黑	土	白	绿
身光	土	白	绿	黑	土	白	绿	黑	土	白	绿	黑	土	白	绿	黑	土	白	绿	黑
袈裟	灰	绿	黑	红	灰	绿	黑	土	灰	绿	黑	红	黑	青	灰	土	黑	绿	灰	土
僧祇支	绿		土		绿		土		绿		土		绿		土		绿		土	
莲座	绿	黑	绿	黑	绿	黑	绿	黑	绿	黑	绿	黑	绿	黑	绿	黑	绿	黑	绿	黑

每身千佛的各个部位分别使用不同的颜色，黑、土、白、绿四色头光、身光，灰、绿、红、黑、土、青六色袈裟，绿、土二色僧祇支和绿、黑二色莲座，形成固定的组合，往复排列。下一排颜色组合与上一排向东横移一个位置，同样的颜色在壁面上形成左下至右上的道道斜线，取得条条光辉、五色映照的装饰效果。其中，两种衣式与两种颜色的莲花座形成固定的组合，即圆领、尖领的通肩式袈裟与黑色莲座相组合、开襟双领下垂式袈裟与绿色莲座相组合。

ii 说法图

千佛下部居中位置绘说法图，外廓绘出子母双阙，之间连以佛殿屋顶（门屋），殿中立佛说法，两侧供养菩萨、莲花、莲花化生等，屋顶上方有佛塔，即所谓"阙形塔"[15]，通高 107 厘米、通宽 76 厘米（图 48；图版 II：254）。

图两侧子母双阙。母阙、子阙均为绿色庑殿顶，正脊两端有鸱尾，屋面以青色勾染瓦垄、鸱尾，白色阙楼。西侧阙楼檐下可见土红色圆点椽头及线描梁架斗栱、立柱，东侧屋面、檐下较模糊。阙身自上而下各分三段绘装饰图案。双阙下有长方形基座，略宽于阙身。

西侧基座高 7 厘米、宽 9 厘米，残存黑色横格画迹及绿色圆点，剥落部分可见土红色横、竖线。母阙通高 75 厘米、阙身宽 3.5 厘米，顶檐宽 19 厘米，阙身自下而上分段敷绿色、白色、土色；子阙通高 67 厘米、阙身宽 4 厘米、顶檐可见宽 10 厘米，阙身自下而上分段敷白色、土色、黑色。

东侧基座高 6.8 厘米、宽 10.5 厘米，亦有黑色线描、绿色圆点及土红色横线残迹。母阙通高 76 厘米、阙身宽 3.5 厘米、顶檐宽 19.6 厘米，子阙通高 69 厘米、阙身宽 4 厘米、顶檐可见宽 8.5 厘米，阙身分段敷色均与西侧相同。

佛殿绿色单檐庑殿顶，正脊宽 43.5 厘米，两端有鸱尾，屋面以青色勾染瓦垄、鸱尾，屋檐宽 66.5 厘米，檐下土红色圆点绘椽头。殿内帷幔在门顶束起，两头束成斜角，中间两段垂弧。帷幔施淡红色，黑色勾染褶纹，边缘、束带皆绿色，门顶高 67 厘米，门内铺黑色地。

佛殿内中间，立佛高 56.8 厘米，正面，双手于胸前十指张开相对，结转法轮印；两腿分开，跣足外撇，踏于覆莲台上。头顶白色圆形肉髻，淡红色佛发，眉间白毫，双耳垂肩，颈有二道。披圆领黑灰色通肩袈裟，绿色领缘、袖缘，下摆垂弧呈 M 形；内着黑色长裙及于踝上，宽幅土色下摆，存土红色起稿线，下边齐平。肌肤呈灰色、勾染呈黑色，深色晕染眼窝、鼻翼、口唇部、面庞和下颏，白毫及双眼、鼻梁点染白色呈"小"字形。

佛头光宝珠形，尖端及于殿顶，二圈。内圈圆形白色，外圈绿色。身光二圈，内圈火焰纹，四色相间绘七道平行波曲上升的焰苗，由内而外为黑、淡红、白、绿、白、淡红、黑；外圈为淡红色，顶端隐于头光之后。

覆莲台，台面土色，上有白色细笔蕊丝，绿色、黑色蕊头，边沿莲花白色（粉青色），覆瓣十片。

主佛两侧黑色地上对称绘立姿供养菩萨（天人）各一身，形象、敷色基本相同。西侧菩萨通高 39 厘米、东侧菩萨通高 39.7 厘米（包括莲台、头光），身材修长，微屈膝、弓腰，前俯，分别朝东、朝西，侧身仰视佛陀，双手于胸前合掌。白色头光、耳环，袒上身，灰黑色项圈，黑色长裙，跣足立于莲台上。肌肤灰色，勾染呈黑色，眉间白毫，白色点染"小"字脸。绿色帔巾从肩后环绕双肘垂下。长裙、帔巾经白色细线勾勒。莲台圆形，台面白色、周沿莲瓣绿色。

立佛莲台之后、供养菩萨跟前，点缀小花，细线为茎，白色、绿色花叶。菩萨头光以上各有黑色莲蕾一朵，上有绿色叶片、莲蕊，

---

[15] 敦煌文物研究所整理《敦煌莫高窟内容总录》，文物出版社，北京，1982年11月，p. 91；萧默《敦煌建筑研究》，文物出版社，北京，1989年10月，图一〇三，p. 157。

图48　第257窟南壁千佛中说法图

下边白色萼托，有白色细茎与头光连接。两侧莲蕾之上，帷幔、佛身光之间，各绘莲花化生一身、小花一枝。化生白色头光、绿色莲花，露头，各稍侧向内，白色点染"小"字脸。小花白色茎、萼，绿色圆点状花蕾、叶片。

　　佛殿屋顶上方绘一佛塔。白色覆钵式塔身和刹座，高13.5厘米，塔身中腰土红色绘壁带，塔身与刹座间隔土红色横线。刹座之上的土色圆台形塔刹相轮高15厘米，土色地上经红色、绿色纵向晕染并以白色勾染高光，直似现代立体感的画法。刹顶伞盖上三颗绿色宝珠下缀土色铃铎，左右各悬一绿、白、绿色条纹幡旗，土色幡头，旗下端黑色分叉垂旒，在两侧作S形飘卷而下。周围空间点缀绿色白蕊小花。覆钵式白塔，或应是阙楼殿堂后方空间内的建筑，因高耸，露出于前方屋顶之上。

　　（3）上段（天宫伎乐）

　　南壁上段绘天宫伎乐，包括天宫、栏墙、莲池、椽头、帷幔，天宫门内伎乐天人载歌载舞，演奏乐曲，执花供养，姿态曼妙。

　　1）天宫

　　在连绵的凹凸栏墙上，天宫以屋形或拱形的宫门为单元，门内天人作伎乐供养，宫门高约39～42厘米、宽约33～39厘米。屋形门均为悬山顶仿木构建筑，拱形门为西域式圆券结构。其中南北两壁前部斜披之下的宫门，门顶、栏墙等随斜披调整倾斜角度，门柱保持相对的垂直。悬山顶均黑褐色，正脊两端有鸱尾，屋面多画出瓦垄，两侧檐下白色墙、柱，半腰处可见壁带，门内留土色为地。拱形门上有门券，下有门柱，柱头长方形，均施橙色，拱券上饰圆珠纹，门内敷土红色地。所绘伎乐天歌舞演奏，姿态各异，皆立姿，圆形头光。一些转角处的宫门内绘花卉。各宫门门内空间大多点缀小花。自东起第十二座宫门（第十身伎乐天）往西，壁画受烟熏污染逐渐加重，尤其拱形门所敷橙色，似对黑色的烟炱吸附尤甚。西端部分画面几乎完全被熏黑。

　　栏墙以上下两层长方体叠筑，高约17～19厘米、宽约20～22厘米，凹凸相间。长方体有褐、绿、土、白、黑五种颜色，上下左右交错变化。凸出面正面以褐、绿二色交替，侧面以土、褐二色交替，凹入面以黑、白二色交替，底面为土色。现存以凸面计数共19个。凸面和凹面皆以白色细线绘几何纹样（图49）。

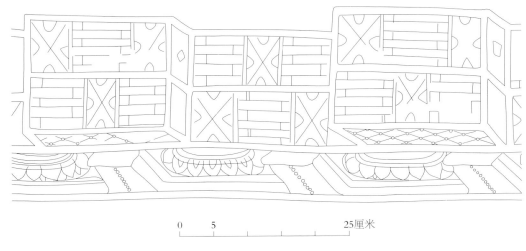

图 49　第 257 窟南壁天宫栏墙

栏墙之下为莲池，间隔相等距离绘一朵莲花，莲花在栏墙下露出下半，土色莲房，围以白边，外周莲瓣着色以白色与黑褐色交替。莲池以下，从东到西约相隔 20 厘米绘出挑墙外的扁方形椽头（牛腿），残存 32 个，以白色、绿色和土红色分别表现椽头的正面、侧面和底面，底面中间一道纵向白色点线。

再下是墙顶的帷幔，是一条横长的装饰带，作为天宫伎乐场景与前部巨幅说法图和后部大面积千佛画面的分隔。横向长条的帷幔，高不及 7 厘米，残存长度达 830 厘米，装饰图案分段绘垂角纹和竖条纹，各段长度大致相同，两种纹饰相间排列。黑色垂角以绿色为地，形成绿黑两色正倒三角形相间的连续排列。竖条纹按白、绿、白、黑次序往复排列。

2）伎乐

南壁上段，人字披顶下残存 9 个宫门、7 身伎乐，平棋顶下 17 个宫门（包括西端跨南西两壁的半个宫门）、16 身伎乐，合计宫门 26 个、伎乐天共 23 身，从东到西记述如下。

南壁东端坍毁，现存东起第一身伎乐天，位于窟顶人字披东披上端之下，宫门东侧残，褐色悬山顶大部残存，可见西侧鸱尾。方形屋门内土色地上绘僧形舞者，稍侧向右，右腿前伸，右臂伸直下探，左臂屈起高抬，左手举至头上方翻掌向上，双手舞动身后白色帔巾。土红色线勾土色头光，白色腕钏，披袒右白色袈裟。

以西橙色拱形门内敷土红色，未见人物形象。门外敷绿色，门内有凿洞，残迹位于窟顶平脊东侧横枋之下，应是原安插木质斗栱的孔洞，约低横枋 13 厘米，孔径纵约 16 厘米、横约 18 厘米。其西侧，屋形门中土色地，第二身伎乐天，正面直立，双臂向两侧平抬，双手上举至头上两侧作舞姿。绿色头光，袒上身，白色项圈、腕钏、臂钏、裙腰，土红色线描土色裙。黑色帔巾经肩膊于身前垂下，土红色起稿线显示帔巾垂在背后呈 V 形。数十身天人的肌肤均染肉红色，于其上敷粉、勾勒，多有残存。因年久、污染而变色，原白粉晕染处呈灰色，轮廓、结构所施勾染呈深灰、黑色、黑褐。粉层剥落处露出原敷肉红色。

第三身伎乐天，与第二身同处平脊下，在橙色圆拱形宫门内，胯向右出，上身稍左倾，头回向右，面东，扭动作舞姿，右臂略屈肘下伸，左臂屈起，手抬至肩外侧回掌。白色头光、宝冠，见绿色珠饰，白色缯带婉转飘扬。袒上身，灰白色项圈、腕钏、臂钏，褐色裙。肌肤肉红色。宫门西侧下部有另一凿洞，残迹位于窟顶平脊西侧横枋之下，应亦为安插木质斗栱而为，约低横枋 14 厘米，孔径纵约 17 厘米、横约 16 厘米（图 50）。

凿洞西侧五个宫门位于窟顶人字披西披下。屋形门内，第四身伎乐天，僧形，稍侧向左，朝西，抬头仰视，双手于胸前合掌。土红色线勾土色头光，披宽大的白色通肩袈裟，肌肤呈黑褐色。

第五身伎乐天，拱形门内，低头凝神，稍侧向右，朝东，两臂屈起，双手于胸前演奏笙篌。褐色头光，束髻，袒上身，白色耳环、项圈、腕钏、白色裙。肌肤呈黑褐色。绿色帔巾在肩两侧呈环状，向前绕双臂飘卷而下。手中乐器笙篌，可见腹前白色横木、其上左侧红色弓形曲木，以及天人面前、胸前白色纵向细线的琴弦。门内西侧天人帔巾上方土红色地上点缀黑色圆点形小花二朵。

第六身伎乐天，屋形门内，稍侧向右，朝东，双手合掌于胸前作捧物状。绿色头光，白色冠饰，两侧白色缯带系花结飘向左后方。白色腕钏，披宽大的白色通肩袈裟，绿色袖缘、衣缘。肌肤呈黑褐色。

第七身伎乐天，拱形门内，稍侧向右，朝东，低头，俯身、弓腰，耸肩屈臂，双手执物于颌下，似小型管乐器，作奋力吹奏状。土红色线勾白色头光、白色宝冠、绿色珠饰，缯带在右侧扬起飘下、左侧飘降左下。袒上身，白色耳环、腕钏、臂钏，浅绿色裙敷白粉。面部敷白粉，肢体呈灰色、黑褐色，部分露出肉红色。黑褐色帔巾在肩后呈环状，向前绕双臂垂下。门内东侧天人右肘下、西侧左肘下点缀黑色、绿色圆点形小花各一朵（图 50）。拱门西侧的屋形门内涂地色上仅见绿色莲蕾残迹，上有二片绿叶，大部毁于凿洞。凿洞位置正当人字披顶西披下端与后部平顶转折部位的横枋之下，应用于安插木质斗栱，下接金柱，残迹低横枋约 11 厘米，孔径纵约 17 厘米、

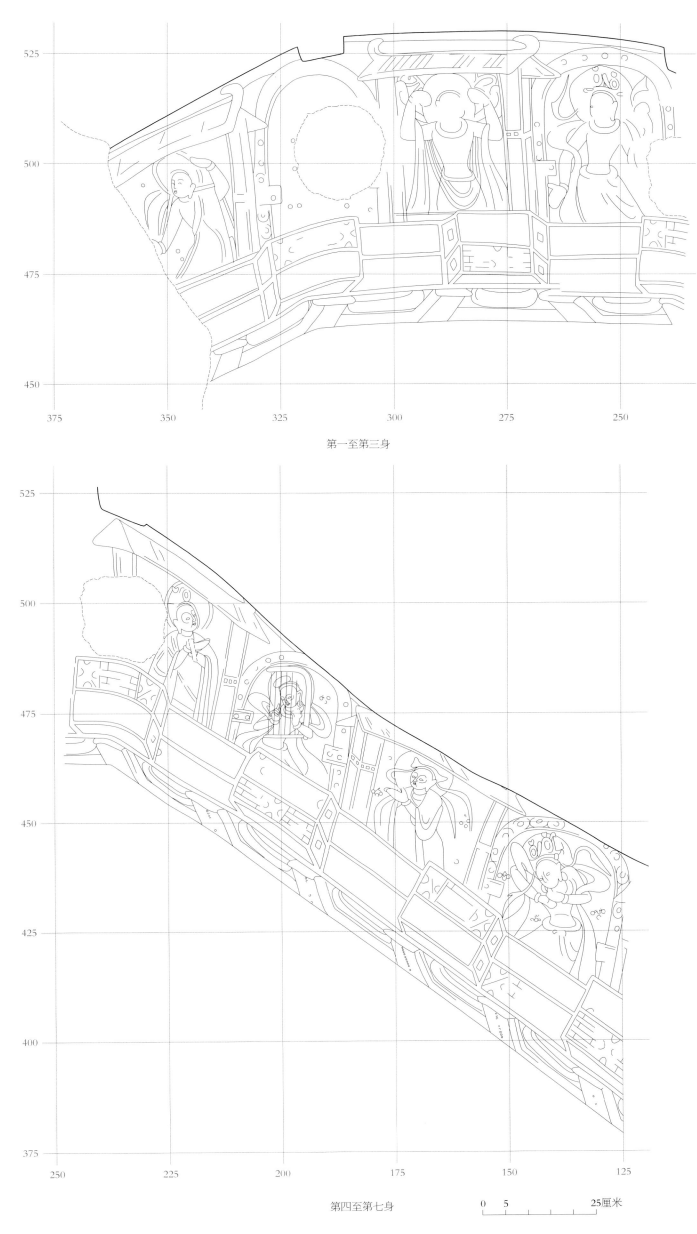

第一至第三身

第四至第七身

0   5   25厘米

图 50   第 257 窟南壁天宫伎乐（东起）

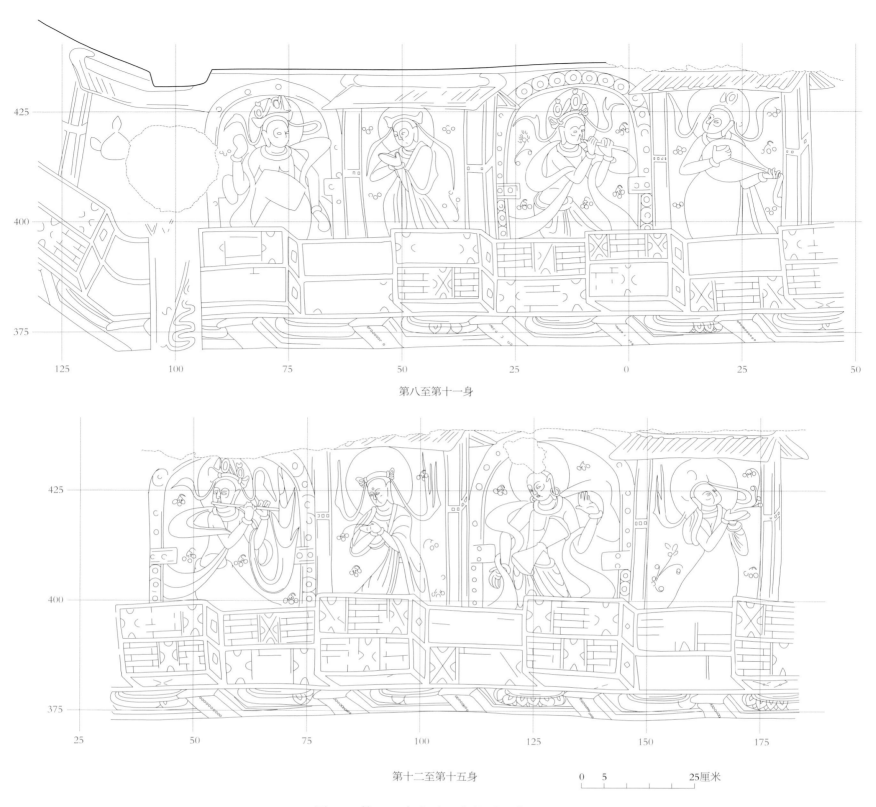

第八至第十一身

第十二至第十五身

0 5   25厘米

图 51 第 257 窟南壁天宫伎乐（东起）

横约 18 厘米。以西为平棋顶下的东起第一座宫门，为拱形门（图版 II：255-1）。

拱形门内，第八身伎乐天，出左胯，耸右肩，头转向左，面西，呈 S 形身姿舞动，左手自然下垂于身侧，右臂屈起扬掌于右肩侧，双手作拍击腰鼓状。土红色线勾土色头光，白色宝冠上绿色珠饰、坠饰，白色缯带右侧扬起、左侧飘向脑后。袒上身，灰白色项圈、腕钏，白色裙。肌肤黑灰色中露出肉红色。绿色帔巾在左肩后呈环状，向前绕双臂垂下。圆肚腰鼓斜挂腹前，以透明技法施色。门内东侧天人右手边点缀圆点形小花一朵。

第九身伎乐天，屋形门内，稍侧向右，朝东，双手在胸前合掌。石绿色头光白色细线勾边，白色宝冠，白色缯带在冠两侧系花结，向两侧飘下。灰白色项圈、腕钏，披褐色袒右袈裟，绿色衣缘。肌肤黑褐色中露出肉红色。门内天人头光两侧及右肘下点缀圆点形小花各一朵，西侧下部点缀细茎蔓生三枝小花。

第十身伎乐天，拱形门内，面朝西弓腰，上身前倾，双手在面前持竖笛吹奏。土红色线勾白色头光，白色宝冠上绿色珠饰、坠饰，红黑色仰月，白色缯带向两侧扬起。袒上身，灰白色项圈、腕钏，褐色裙，白色细线勾裙腰。肌肤呈灰色。黑色帔巾从肩后环绕双肘向两侧飘卷。门内西侧上部、下部和天人腰胯前后点缀圆点形小花各一朵，东侧缯带下点缀细茎蔓生三枝小花（图版 II：255-2）。

第十一身伎乐天，屋形门内，头转向右侧上仰，怀中横抱曲颈琵琶，右手弹拨，左手控弦。黑色头光，白色缯带从左右两侧向上飘起。戴项圈、腕钏，披白色宽大袒右袈裟，黑色衣缘，黑色裙。琵琶黑色，曲颈呈直角折转，琴头长度颇为夸张。肌肤变色呈灰色，深灰色勾染。门内点缀圆点形小花，东侧二朵、西侧三朵（图 51；图版 II：256-1）。

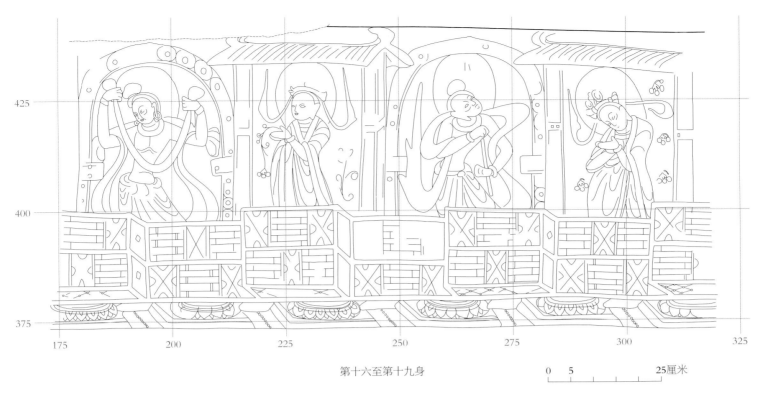

图 52 第 257 窟南壁天宫伎乐（东起）

第十二身伎乐天，拱形门内，向西侧身后坐，回头向右（东），双手举至左肩侧持横笛吹奏。灰褐色头光勾白边，宝冠上绿色珠饰，白色缯带在两侧系结下曲上扬。袒上身，戴项圈、腕钏，白色长裙。肌肤变色呈灰色，深灰色勾染。绿色帔巾从背后呈环状绕双肘飘下翻卷上扬。门内下部帔巾、裙裾间点缀三朵、上部东侧缯带、帔巾间点缀一朵圆点形小花（图版Ⅱ：256-2）。

第十三身伎乐天，屋形门内，稍侧向右，朝东，弓身前倾，双臂屈起于胸前合掌握花枝。绿色头光，白色缯带在冠两侧系花结下曲上扬。饰项圈、腕钏，半披灰色瘦身袈裟，绿色衣缘，黑色裙。肌肤呈灰色，露出少量肉红色。手中花枝白色细茎，前端垂下白萼、红绿二色圆珠形花瓣。门内天人身前、身后和头光、缯带间点缀四朵圆点形小花（图版Ⅱ：256-3）。

第十四身伎乐天，拱形门内，出右胯，耸左肩，回转向右颔首，呈 S 形，身姿舞动，左臂屈起手抬至肩侧扬掌，右手垂下于胯间，双手拍击腰鼓。白色头光，红色耳环。袒上身，褐色项圈、腕钏，灰色条纹淡红色裙。肌肤变色呈灰色，深灰色勾染，露出少量肉红色。黑色帔巾自肩后环绕双臂飘卷而下。腹前斜挎束腰腰鼓，红褐色，绘白色花纹，鼓面白色。门内天人头光两侧各点缀一朵圆点形小花（图版Ⅱ：256-4）。

第十五身伎乐天，屋形门内，向左（西）侧身昂首，稍出左胯，双手于胸前合掌握花枝。黑色头光，宝冠两侧白色缯带系结飘出，右侧下曲上扬，左侧飘向脑后。褐色项圈、腕钏，半披白色袈裟，绿色衣缘。肌肤变色呈灰色，露出肉红色。掌中白色细茎花枝蜿蜒向上，白花和绿叶，吸引舞者的目光。门内西侧下部点缀一朵圆点形小花，东侧下部点缀细茎蔓生三枝小花（图 51；图版Ⅱ：257-1）。

第十六身伎乐天，拱形门内，头转向右（东），下视，两臂平抬，双手分握长带高举至头上两侧。黑色头光，外周薄粉晕染。袒上身，项圈、腕钏呈黑色，白色裙以灰色晕染褶纹。肌肤变色呈灰色，露出肉红色。绿色帔巾敷搭肩膊绕双肘飘下。握持中长带在双手间垂至腰际，呈 U 形，或为带状璎珞，或因两侧端头球形膨起，亦推测为打击乐器碰铃之类（图版Ⅱ：257-2）。

第十七身伎乐天，屋形门内，稍侧向右，朝东，双手于胸前合掌握花枝。绿色头光受烟熏呈青色，有宝冠画迹，白色缯带在两侧高扬。戴项圈、腕钏，披褐色通肩袈裟，黑色领缘、袖缘，双领下垂，经深灰色勾染褶纹。肌肤呈灰色，脸部露出肉红色。手中花枝，白色枝茎纤细长垂，下端白萼、红绿二色圆珠形花瓣。门内西侧下部点缀细茎蔓生三枝小花（图版Ⅱ：257-3）。

第十八身伎乐天，拱形门内，稍出右胯，脸侧向左，朝西，上仰，双臂屈肘，右手在上、左手在下，持竖笛吹奏。白色头光，束髻。袒上身，项圈、腕钏呈黑色，裙上黑灰色勾染竖条纹，有白色细线勾勒打花结腰带。肌肤变色呈深灰色，露出部分肉红色。黑色帔巾从肩后环绕双臂，左侧飘下，右侧下曲上扬。手中长笛呈黑色（图版Ⅱ：257-4）。

第十九身伎乐天，屋形门内，微出右胯，稍侧向右，朝东，低头，双手置胸前合掌。黑色头光，宝冠土色，白色缯带系结，右侧上扬，左侧飘卷脑后。戴项圈、腕钏，半披土红色袈裟，绿色衣缘，黑色裙。肌肤变色呈深灰色，露出肉红色。门内西侧上下点缀三朵、东侧下部点缀一朵圆点形小花（图 52；图版Ⅱ：258-1）。

第二十身伎乐天，与上一身同样处屋形门内。连续两座屋形门，系本窟中特例。上一座屋顶的西端被此门遮挡。天人稍侧向右，朝东，微耸肩，双臂伸直在两侧垂下握拳。头光熏成黑色。袒上身，项圈、腕钏呈黑褐色，白色裙经褐色勾染条纹。肌肤变色呈深灰色，露出肉红色。绿色帔巾从头后呈环状绕双臂垂下。门内天人头光两侧各点缀一朵圆点形小花（图版Ⅱ：258-2）。

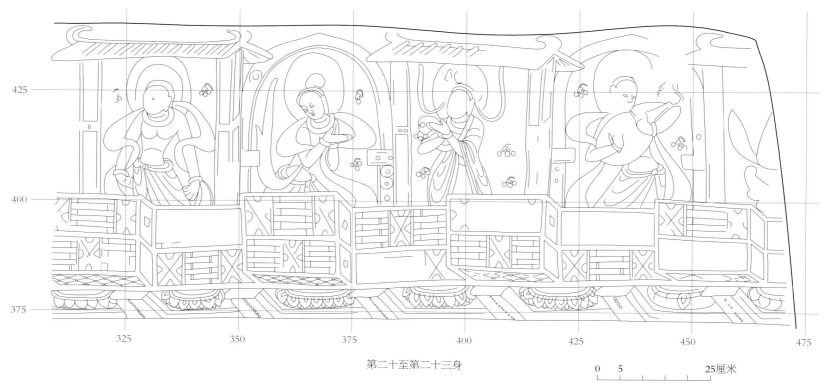

第二十至第二十三身

0 5 25厘米

图53 第257窟南壁天宫伎乐（东起）

第二十一身伎乐天，拱形门内，出右胯，上身往左倾斜，头回向右，下视，形体呈S形，双手在左胸前合掌。头光被熏黑，束髻，白色冠饰模糊。袒上身，项圈、腕钏呈黑色，黑褐色裙。肌肤变色呈黑灰色，露出部分肉红色。黑色帔巾在两肩呈环状绕双臂飘出，右侧下曲上扬，左侧飘向左下方。门内西侧上下各点缀一朵圆点形小花。

第二十二身伎乐天，屋形门内，稍侧向右，朝东，双手于胸前合掌握花枝。头光、冠饰被烟熏污染，缯带在两侧高高上扬。褐色项圈、腕钏，半披袈裟呈黑褐色，勾染褶纹，绿色衣缘，黑色裙。肌肤变色呈黑色，露出部分肉红色。手中花枝在前方白色细茎弯曲下垂，下端白萼、绿色圆珠形花瓣。门内东侧下部点缀一朵、西侧下部点缀二朵 圆点形小花。

第二十三身伎乐天，拱形门内，胯向左出，演奏怀中琵琶，右手弹拨，左手控弦。头光、冠饰、肌肤、帔巾，尽被污染，呈黑色。袒上身，白色裙。绿色帔巾在肩侧呈环状，绕双臂垂下。土红色曲颈琵琶斜抱，左高右低。门内东侧上部、西侧柱头上方各点缀一朵圆点形小花（图53；图版Ⅱ：258-3）。

以西已至南壁西端与西壁南端的转角处，屋形门的右半和左半分处于相互衔接的两个壁面，门内绘大朵的花卉，烟熏污染严重，所绘似大朵的莲蕾。

2. 西壁

西壁壁画接续南壁，分上中下三段，下段绘药叉、中段故事画和千佛、上段天宫伎乐，壁画内容自下而上依次记述如下（图版Ⅰ：43；图版Ⅱ：260-1）。

（1）下段

1）药叉

西壁下段壁画边饰之下药叉图高86～88厘米，以土红色为地，绘现身连绵峰峦之上形态各异的药叉。因处于壁面底部，损毁严重，墙脚地仗层酥碱剥落。西壁下段药叉共17身，接近地面的下半部分，褪色严重，大多仅可辨识上半身，每身药叉面部也都因人为砍挖而损毁。以下自南向北逐一记述（图54、55）。

第一身药叉，被烟炱覆盖，无从辨识。

第二身药叉，稍侧向右，朝南，前俯，双手于胸前合掌。绿色头光，身体土色，土红色线起稿，未赋彩。袒上身，土红色下裳。双肩残存土红色帔巾画迹。腹前有白色峰峦画迹。

第三身药叉，头侧向北，仰面朝天，双臂下垂。白色头光，袒上身，戴项圈，肌肤肉红色、黑色勾染。绿色帔巾从背后顺肩膊绕两臂垂下。下部残存绿色、白色、红色峰峦。

第四身药叉，侧身向右，朝南，右臂向前平抬，手高举过头翻掌向上，似托举上方边饰（坛沿），左臂垂于身后。土红色线勾边土色头光，袒上身，土色项圈、腕钏，绿色下裳。肌肤白色、黑色勾染，绿色八字胡髭。黑褐色帔巾勾白线，从头后飘起在两肩上扬，环绕双臂向两侧飘卷（图版Ⅱ：260-2、263-2）。

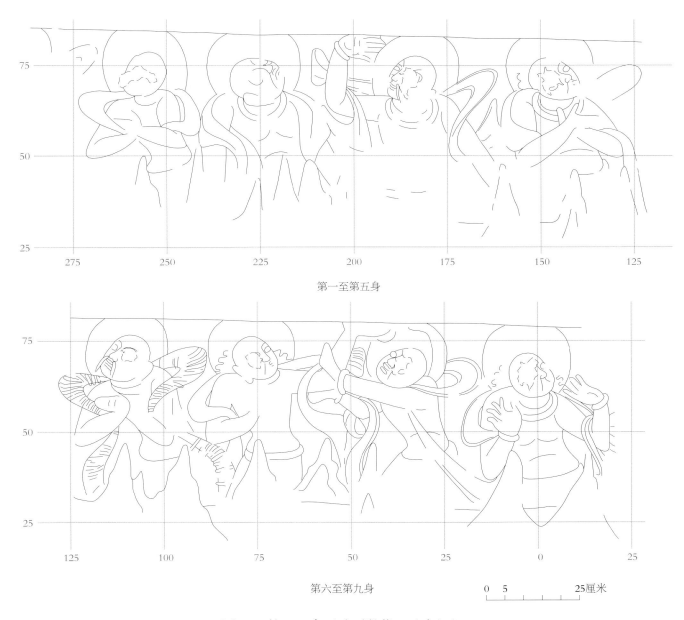

第一至第五身

第六至第九身

0 5   25厘米

图54 第257窟西壁下段药叉（南起）

第五身药叉，头侧向左，面北，昂首，上身稍向右倾，双手于胸前合掌。黑色头光勾白边，袒上身，土红色项圈、腕钏，白色下裳。肌肤深肉红色、黑色勾染。深红色帔巾在左肩扬起，顺右肩膊，绕双肘垂下。下部残存黑、红、绿、白色峰峦（图54）。

第六身药叉，侧身向右，面南，前俯，昂首，双手于胸前合掌。白色头光，袒上身，肌肤绿色，土红色胡髭，白色点染圆眼、鼻、口唇。深红色下裳。帔巾饰黑白二色横向条纹，从肩上环绕双臂而下。下部残存红、黑色峰峦。

第七身药叉，身稍向右倾，回首稍侧向左，面北，昂首。右臂屈起，手抬至胸前扬掌。左臂伸向左方屈肘，左掌紧按上方边饰，作托举状。绿色头光勾白边，袒上身，下裳黑色。肌肤深肉红色。白色帔巾环绕双肩、两臂飘下。下部残存白、黑色峰峦（图版Ⅱ：261-1）。

第八身药叉，侧身向右（南）前俯，昂首面对前者，双臂向右伸出用力扶持右方药叉向上托举的左臂。土色圆形头光，袒上身，白色下裳。肌肤浅肉红色，黑色勾染，白色点染圆眼、鼻、口唇。绿色帔巾在背后飘起呈环，绕双臂飘卷而下（图版Ⅱ：261-2、263-4）。

第九身药叉，稍侧向左、后仰，抬头，双臂屈起，在两肩前张开双手。绿色头光勾白线，白色线描眉、鼻。袒上身，饰项圈、腕钏，红褐色下裳。肌肤深肉红色、黑色勾染。黑色帔巾从背后绕肩膊、双臂垂下。下部残存红褐色峰峦（图54）。

第十身药叉，土红色线起稿头部和上身，仰头向北，双手于右胸前持物，头光被熏黑呈青黑色，白线勾边，袒上身，土色。白色下裳。深红色帔巾在两肩上扬起，模糊。下部残存白色、黑色山峰。

第十一身药叉，侧身向右（南），双手置胸前。白色头光，袒上身，深红色下裳。肌肤深肉红色、黑色勾染，白色点染眼、鼻。依稀可见帔巾在两肩扬起。下部残存红、绿色峰峦。

第十二身药叉，侧身向左（北），俯身下视，双掌向前下方推出，左腿向前下方蹬出。土色圆形头光，袒上身，绿色下裳。肌肤白色、黑色勾染。黑色帔巾经白色线描，从背后环绕两肩、双臂垂下。下部残存峰峦画迹（图版Ⅱ：262-1、263-3）。

第十三身药叉，稍侧向左、后仰，朝北昂首仰望。右臂屈肘，右手握拳举至头侧。抬左肩，左臂垂下。无头光。袒上身，饰项圈、腕钏，白色下裳。肌肤深肉红色、黑色勾染，漫漶。绿色帔巾在右肩扬起，绕臂垂下。下部残存红、黑色峰峦（图55）。

第十四身药叉，向右侧身，抬头向左上仰，双臂平抬高举，仰掌按向上方边饰，作合力托举状。土色头光，袒上身，饰项圈、腕钏，红色下裳。肌肤绿色。黑白二色横条纹帔巾从两肩绕双臂垂下。下部残存峰峦画迹（图版Ⅱ：262-2）。

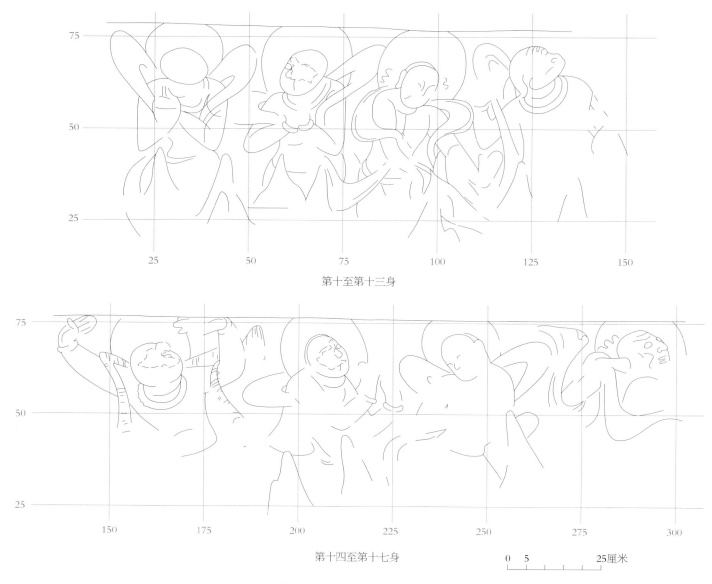

第十至第十三身

第十四至第十七身

0　5　　　25厘米

图 55　第 257 窟西壁下段药叉（南起）

第十五身药叉，侧身向左稍前俯，昂首，双手举至面前似持竖笛吹奏状。白色头光，祖上身，黑灰色项圈、腕钏，黑色下裳。肌肤深肉红色、黑色勾染，漫漶。深红色帔巾在背后飘起呈环，向前绕臂。下部残存峰峦画迹。

第十六身药叉，侧身朝南，向右出胯，上身左倾，低头下视，双手置胸前。绿色头光，祖上身。肌肤浅肉红色。白色帔巾在两肩扬起绕臂垂下。下部北侧残存绿色峰峦。

第十七身药叉，侧身朝北，背影，头稍向右转，露出侧面，左臂屈起，左手抬至右肩上。土色头光，黑色卷发，白色点染眼、鼻、唇，黑色额上横纹。祖上身。肌肤深肉红色、黑色勾染。绿色帔巾挂左肩绕左臂上扬。北侧壁角熏黑严重（图 55；图版 II：263-1）。

2）边饰

西壁下段药叉图像上边、中段故事画之下，边饰高约 14 厘米、横长 614 厘米，规格与南壁相同，与南、北壁边饰相连接，依敷色、图案共分 14 段。南北两端受到烟熏污染。首段与末段略宽，约 47～49 厘米；其余各段大致相等，约宽 41 厘米。自南向北，各段颜色、图案情况如下（图 56；图版 II：264）：

第一段，宽 46.9 厘米，星云纹。土红色地排列白色圆点（星辰），同南壁边饰第十九段，南部被熏黑。

第二段，宽 40.2 厘米，白绿黑三色方点斜线纹。同南壁边饰第八段。

第三段，宽 41.3 厘米，斜格绿点纹。白色地上黑色斜格中，下角布相似四边形绿色点，同南壁边饰第九段。

第四段，宽 42.2 厘米，双线菱格纹。深浅绿色及白色细线、小点绘双线菱格，同南壁边饰第十八段。

第五段，宽 41.4 厘米，星云纹。土红色上星辰白色圆点，上边四个、下边三个，薄粉描云气，同南壁边饰第十九段。

第六段，宽 40.7 厘米，斜格绿点纹。同第三段及南壁边饰第九、第十七段。

第七段，宽 41.6 厘米，红褐色地，图案模糊不清。

第八段，宽 40.9 厘米，土色地上黑渍污染，图案不明。

第九段，宽 44 厘米，星云纹。同第五段及南壁边饰第十九段。

第十段，宽 41.2 厘米，白绿黑三色方点斜线纹。同第二段及南壁边饰第八段。保存较好，三色方点按白、绿、白、黑次序自左上至右下排成道道斜线。

第十一段，宽 42.1 厘米，双线菱格纹。土色地上黑褐色粗线斜向方格中套小方格，小方格白色细线勾边并点白心。

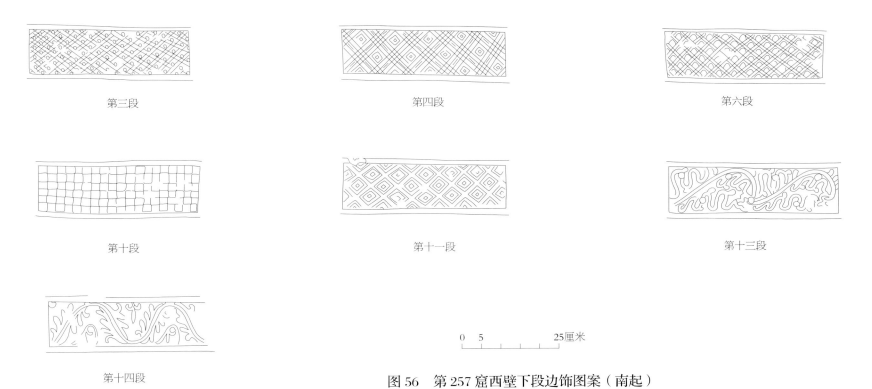

第三段　　　　　　　　第四段　　　　　　　　第六段

第十段　　　　　　　　第十一段　　　　　　　第十三段

第十四段

0　5　　　　25厘米

图 56　　第 257 窟西壁下段边饰图案（南起）

第十二段，宽 41.5 厘米，双线菱格纹。深浅绿色及白色小点、细线绘双线菱格，同第四段及南壁边饰第十八段。

第十三段，宽 42.5 厘米，星云纹。土红色地上白色点染星辰，薄粉描云气，如白花蔓草，同第一、第五、第九段及南壁边饰第十九段。

第十四段，宽 47.6 厘米，双叶波状忍冬纹。白色地黑绿二色忍冬叶沿波曲茎蔓正倒交错，同南壁边饰第二十段。北端被烟熏污染。

（2）中段

1）故事画

中段下部通壁宽横卷式故事画，与南壁、北壁中段故事画相衔接，南端高 58 厘米、北端高 57 厘米，上边长 610 厘米、下边长 612 厘米；所绘本生故事画、因缘故事画各一幅（九色鹿本生、须摩提女因缘），均绘于土红地色上。依次叙述如下。

i 南起第一幅故事画（九色鹿本生）

横卷式故事画，画面宽约 379 厘米，画面构图并不以故事发展时间为序，故事开头的情节（i ～ iii）在画面南端，而且有可能从南壁西端即已开始了故事的序分；接着故事情节（iv ～ vi）继续从画面北端逆向展开，最后的结局回到画卷的中间。

（i）溺水遇救

西壁南端部分被烟渍覆盖，壁画山峡中一条河流自南上角斜下，碧绿的河水湍急汹涌。仔细观察，河流的描绘起于南壁西端故事画的西上角。西壁一段自南端斜下的绿色河水中包含了两个情节：溺水和获救（图 57；图版 II：265-1）。

河的"上游"，南端烟渍污染中可见溺水人的衣裳和手、脚，在水面漂浮。据经典，溺水人是调达（提婆达多）的前生，渡河落水，行将溺亡。绿色的水中以细密线描勾出水波纹和漩涡。两岸锯齿状山岭峰峦敷黑、绿、褐、土、白五色相间。

河的"下游"，九色鹿跋涉水中，背负一人，面北，走向河岸。鹿昂首挺胸，双耳双角竖立，高 29.9 厘米（包括鹿角），短尾上翘，全身雪白，分布绿色斑点。溺水人裸体围黑色腰布，全身黑灰色，"小"字脸，骑鹿背上双手环抱鹿颈。这是鹿王"投危以济"，从水中拯救溺人的生命，背负上岸的情景。

河岸上，一匹四蹄动物，高 24.5 厘米，非驴非马，黑身白腹，绿蹄长耳，如从水中跃出，朝北，跳趮奔走，也许是险中得救的驱驢（驴骡）。经文云"驱驢怀妊死"[16]，用来讽喻调达前途无望。

（ii）叩头拜谢

九色鹿高 31.7 厘米（包括鹿角），四腿修长，挺立在岸边平地上，朝北，面对溺人，洁白毛色上布绿色斑点。溺人跪地跽坐，朝南，高 29.1 厘米，两手于胸前合掌，向鹿王致谢。鹿王道："欲报恩者莫得道我在此间。"溺人信誓承诺；裸体围白色腰布，绿色帔巾在身侧呈环状，绕双臂飘向后方（图 57；图版 II：265-2）。

---

[16]　后秦佛陀耶舍、竺佛念等译《四分律》卷四十六〈遮犍度第十四〉（《大正藏》第22册，p. 910）。经云："目连，乃往过去世，雪山王右面有大池水，有一大象在边止住。时彼大象入池水中洗浴饮水，以鼻拔取藕根洗令净而食之，气力充足，形体光泽。复有一小象常相随逐。彼小象法学大象入池水洗浴，拔取藕根不洗合泥而食。彼食藕根，气力不足，形无光泽，遂便致病。而说偈言：'我曹大无欲，食藕甚清净。小象杂泥食，学我而致病。死尸臭有息，食消噫自止。人行非法者，长夜气不灭。贪欲瞋恚痴，丈夫有恶心。痴人自毁伤，如果繁枝折，芭蕉以实死，竹簹亦复然。停人伤利养，驱驢怀妊死。'佛告目连：时大象者即我身是，小象者提婆达多是。"

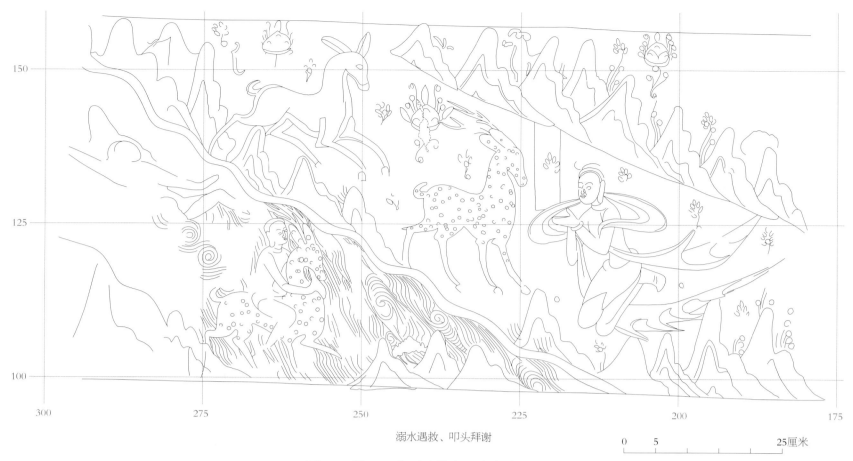

溺水遇救、叩头拜谢

0   5   25厘米

图 57   第 257 窟西壁故事画九色鹿本生之一

（iii）鹿王卧睡

画面上部，峰峦之后，群山之中，水草丰茂，众鹿安居栖息之所，鹿王在此卧睡，头北尾南，高 12.2 厘米。睡姿沉静，颈项内屈，埋头于胸腹间。鹿身斑点除绿色外增加了蓝紫色，毛色加深而显白点。鹿的下方，敷泥色涂出高 13.3 厘米、宽 4.1 厘米长方形题榜一方，泥色淡薄，多有脱落，未见文字（图版 II：265-2、266-1）。

（iv）夜梦，募求，告密

故事情节的发展陡然转向画面的北端，开始了由北向南的推演。场景从山野转换到王宫。

一座二层楼阁连接一处厅堂。重檐悬山顶楼阁，绿瓦白墙朱门，通高 58.5 厘米（含鸱尾），其中一层高 34 厘米、宽 12 厘米，二层宽 10.5 厘米。墙基高 8.1 厘米，宽出墙壁 3.4 厘米。屋顶绿色屋面、屋脊、鸱尾，青色绘瓦垄，鸱尾和屋角起翘均呈弯钩状并以青色晕染。外墙白色。土红色点染檐下椽头，线描上层的椽条、墙角、壁带、栏杆（兼有直棂和花格棂），下层的过梁、地栿、左右立颊（抱框）、双门扇外框等。门扇敷土红色，墨线绘细部。

厅堂建筑宽大，与楼阁一样的绿瓦白墙，线描、设色均同，通高 51 厘米（含鸱尾）、山墙高 46 厘米、屋脊宽 44 厘米、前披檐宽 47 厘米。墙基高 8.2 厘米，宽出墙壁 5.2 厘米。以立体透视技法绘出正面墙与山墙，墙体上部土红线描壁带。厅堂正面敞开，顶部绘束起的帷幔，两头束成斜角，中间一段垂弧。帷幔土色，黑色勾染褶纹，边缘石绿色，白色帐带。

厅堂内并坐国王和王后。国王结跏趺坐，左腿盘于右腿之上，足尖下垂，高 39 厘米（包括台座、头光）。头侧向右，面南，注视门外前来告密者。黑发，发际线卷发呈波浪形，大眼、高鼻、薄唇，神情庄重。右臂屈起，右手抬至面前扬掌，掌心向前；左手在下，置于腹前。白色圆形头光，宝冠上绿色珠饰、坠饰、灰褐色仰月，两侧白色缯带飘起上扬。袒上身，白色耳环、缀珠项圈、腕钏，黑色长裙，跣足。黑灰色肌肤。黑、白二色竖条纹帔巾从肩后绕肘过膝长垂于地。

国王左侧，王后细腰、下肢修长，朝北倚坐，双足触地，高 38.3 厘米（包括台座、头光）；回首向南，稍侧向左，与国王一同注视门外。弯眉、细目、樱唇，肌肤白皙。右肘搭在国王右肩上，手抚国王左臂，一指上翘；因动态而左肩略低，左臂自然下垂，手抚于膝上，亦有一指翘起。红褐色圆形头光，白色宝冠上绿色珠饰、红色仰月，宽展的绿色冠巾披在背后又系结覆于腿上、垂于座前。着黑色半臂内衣，外罩绿色圆领齐胸裲裆衫，胸前白色细线勾螺旋纹。土色喇叭口长裙曳地，裙摆边缘绿色，右足从裙下伸出翘起。

楼阁门外溺人前来告密，双膝跪地跽坐，上身前倾，双手合掌于胸前，抬头仰视国王，高 25.3 厘米。裸身，围绿色腰布，全身肌肤黑灰色，黑色勾染轮廓。黑色帔巾白色线描勾边，从肩后环绕双肘婉转飘出，右侧在身后翻卷，左侧下端隐在墙基之后。溺人上方、楼阁南侧有高 25 厘米、宽 5 厘米长方形褐色题榜一方，白线勾边，未见文字（图 58；图版 II：267-2）。

故事说，王后夜梦九色鹿，"其毛九种色其角白如雪"，欲得其皮、角，以死相逼，求诸国王。国王因之下令募求，许以重赏。溺人贪图富贵，忘恩负义，应募前来告密。

夜梦，募求，告密

0　5　25厘米

图 58　第 257 窟西壁故事画九色鹿本生之二

（v）引路，出行

王宫南边。山间道路上，一匹矫健的白马牵挽双轮马车。马匹高 30.7 厘米，头部残，颈项弯曲，左侧前、后蹄蹬地，右侧前、后蹄腾空，长尾垂地。土红色细线绘辔头和缰绳，绿色四蹄。土红色鞦，车辕细长，薄粉染出车轮的辋、辐；车舆呈半封闭式，两侧石绿色箱板，褐色圆券顶式车盖（车盖高 30 厘米）前后通透，各有白色垂带式门帘，后门帘随风飘起。车舆侧边前后竖立两组四对高过顶盖的撑杆，每组一正一斜，前部斜杆朝前、后部斜杆朝后，撑杆上端还有横梁。前部的斜杆更长，在前上方撑起长幅遮阳挡雨的幡篷（幡篷顶高 37.3 厘米）。幡篷绿色，三角形的前面线描褶襞的条纹。

驭者行走于马匹的右侧，上身挺直，侧向南方，双臂抬起在身前控御缰绳，干练而专注，身着黑色交领左衽衣，绿色领缘、袖口，下半身被马身遮挡。马头之上，有高 22 厘米、宽 3.8 厘米长方形题榜一方，土色，白线勾边，未见文字。

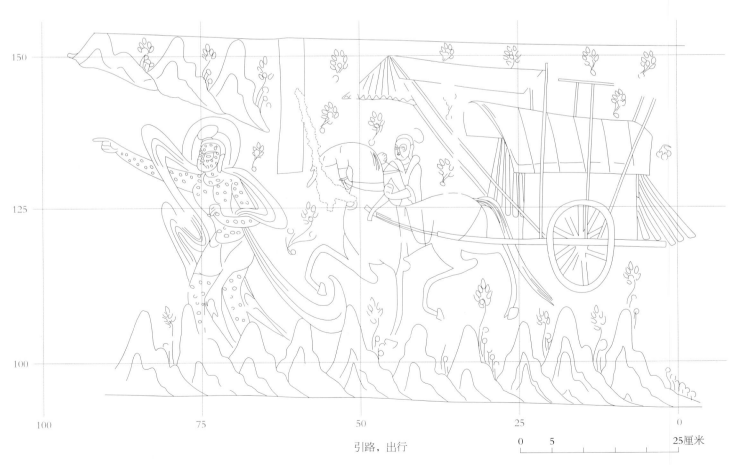

引路，出行

0　5　25厘米

图 59　第 257 窟西壁故事画九色鹿本生之三

鹿王卧睡、王闻鹿言

0 5   25厘米

图60   第257窟西壁故事画九色鹿本生之四

走在马车前面的是引路的溺人（可见高34厘米，包括头光）。行走中伸展右臂，直指前方（南方），左手握拳置胸前，腰、膝略弓表现迈步的姿态。白色圆形头光内圈染土红色，白发绾髻。裸身围深灰色腰布，腰带飘垂在腿间。浑身上下，袒露的灰黑色皮肤上满是白色的斑点。黑色帔巾自肩后环绕两臂飘下。

溺人的满身白点表示因负义而遭到报应，"面上即生癞疮"。国王乘坐车舆出行，率军前往搜寻鹿王。溺人在前引路，乃"车边癞面人"（图59；图版Ⅱ：267-1）。

（ⅵ）王闻鹿言

王军到达山林深处，如场景（ⅲ），睡眠中的鹿王尚"熟卧不觉"。是时，"王军众已绕百匝无复走地"。鹿王惊起，即趋车前，昂首挺胸面对国王，痛陈前情。双耳双角竖立，高35.5厘米，正视前方，颜貌端正，身躯匀称，四腿细且直，短尾上弯如勾状，通身米白色上绿、紫、红、白等色斑点，绿色四蹄踏地。

国王乘骑良驹，面南，朝向鹿王，身体微前倾，表情严肃，注意倾听。左手于膝上握缰绳。马头上露出右手握拳，拇指翘起。跨马双腿自然垂下，高49.5厘米（包括马匹、头光）。红褐色圆形头光白线勾边，白色宝冠上绿色珠饰、坠饰，两侧白色缯带系结向上飘扬。袒上身，灰色缀珠项圈、腕钏，白色长裙，跣足。黑褐色肌肤施黑色、薄粉凹凸法晕染，白色线描鼻、眼、面颊。颈后石绿色帔巾勾白线，在两肩侧呈环状绕双肘飘起，左侧向下回卷，右侧向后上扬。国王坐下黑色骏马，白色点睛，曲颈俯首，体躯高大。左前、后腿直立，右前、后腿屈起，绿色四蹄，长尾垂地。白色细线勾勒辔头、缰络、鞲带，红缘土色鞍鞯。

国王的侍从在身后紧紧跟随，骑在马上双手在前高擎罗伞的长柄，高42.3厘米（包括马匹、头光）。白色圆形头光中心有土红色晕染，头顶绾高髻。袒上身，灰白色缀珠项圈、腕钏，黑色长裙，跣足。灰褐色帔巾绕肩膊飘飞在身后。坐下绿色骏马形象及鞍辔描绘均与国王乘马略同，形体略小。上方撑起土色的罗伞，顶端隆起，伞面边缘三个连续弧形，悉心为国王遮阳避雨。

国王听闻鹿王所述，深感惭愧，责罚受恩图逆的恶行，严令国人保护鹿群，免受侵害。鹿王与国王之间一方高27.2厘米、宽5.7厘米长方形题榜，白线勾边，略施薄粉，未见文字（图60；图版Ⅱ：266-1）。

全图以环境、布景为纲，由南端的河畔、林野，过群山、险道，抵达王城、宫殿。故事情节随机安插在景色之中，突破了连环画按时间顺序的构图格局，获得了独幅画的审美优势。图中多以绿色、黑色的莲蕾和白色的小花枝叶点缀空间，使画面更趋饱满、生动、富有装饰美。

此图描绘的九色鹿本生故事，见录于汉译佛籍，如三国吴支谦译《佛说九色鹿经》（《大正藏》第3册，第452页）[17]。

---

[17] 经云："昔者菩萨，身为九色鹿，其毛九种色，其角白如雪，常在恒水边饮食水草，常与一乌为知识。时水中有一溺人随流来下，或出或没，得着树木仰头呼天：山神树神诸天龙神，何不愍伤于我！鹿闻人声走到水中，语溺人言：汝莫恐怖，汝可骑我背上捉我两角，我当相负出水。既得着岸，鹿大疲极。溺人下地遶鹿三匝，向鹿叩头，乞与大家作奴供给，使令采取水草。鹿言：不用汝也，且各自去，欲报恩者莫道我在此，人贪我皮角必来杀我。于是溺人受教而

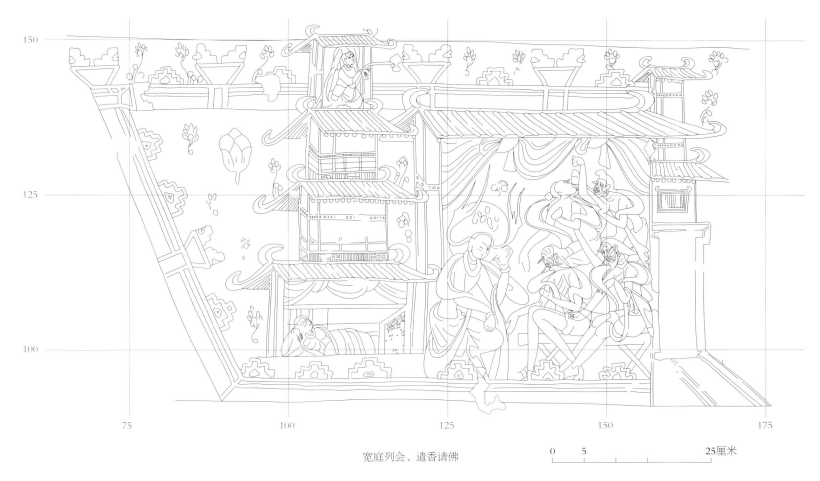

宽庭列会、遣香请佛

图 61　第 257 窟西壁故事画须摩提女因缘之一

ii 南起第二幅故事画（须摩提女因缘）

横卷式故事画，始于西壁中段北部，延至北壁中段。西壁部分画面宽约 231 厘米。故事情节大致以时间为序，从南至北逐渐展开。

（i）须摩提女请佛

画卷的开端先描绘故事发生的环境——满富城中满财长者的宅邸。外围一座方形城郭，三面绘出橙色的城墙，形成与前一故事画的界隔。城墙皆以黑色粗线勾勒。墙上城堞开堞眼，相隔一定距离筑高于城墙的墩台；墩台上部挑出，立面呈倒梯形，其上白色雉堞左右对称，堞眼朝向两侧，具有"马面"的防御功能。

城内绘楼阁、厅堂。两座楼阁在高大厅堂的南北，一前一后。本窟壁画中所见房屋外墙均为白色，屋顶一律是悬山顶形式，造型和描绘技法也都相同，屋面敷绿色，青色勾染瓦垄、鸱尾和屋角起翘（图 61；图版 II：268-1、269-1）。

i）宽庭列会

当中的厅堂通高 47.5 厘米（包括鸱尾），通宽 38 厘米（包括外墙），南侧外墙上部绘有壁带。厅内顶部挂帷幔，白色帐带束起，两头斜角，中间一垂弧，土色、褐色、薄粉晕染褶纹，帐缘绿色。堂上五人，南侧一人为满财长者，对面四位梵志。

长者背倚南墙胡跪，左腿屈起，跪右膝，高 29 厘米（包括头光），身体前倾，面向梵志呈述说状，左手抬至面前立掌，掌心向内；右手握拳拄在膝上。白色圆形头光，冠上绿色珠饰，两侧白色缯带向上飘起。面部斑驳漫漶，袒上身，灰白色项圈、腕钏、肌肤呈青灰色，黑色长裙白线勾褶纹，腰带垂于腿间。石绿色帔巾从肩后环绕双肘垂下。

长者对面，近前的两身梵志并坐于绿色"X"形交足胡床上，分别高 22 厘米、22.8 厘米，均向右侧身朝向长者。南侧梵志上身微前倾，右肘垂置膝上，右手在前垂掌，掌心向前；左手抬起在胸前。双膝合拢，右胫垂直，左足撇后。白发束髻、长眉、须髯，黑色描额上皱

去。是时，国王夫人夜于卧中梦见九色鹿，其毛九种色其角白如雪，即托病不起。王问夫人何故不起，答曰：我昨夜梦见非常之鹿，其毛九种色其角白如雪，我思得其皮作坐褥，欲得其角作拂柄。王当为我觅之，王若不得者我便死矣。王告夫人：汝可且起，我为一国之主何所不得。王即募于国中：若有能得九色鹿者，吾当与其分国而治，即赐金钵盛满银粟，又赐银钵盛满金粟。于是溺人闻王募重，心生恶念：我说此鹿可得富贵，鹿是畜生死活何在。于是溺人即便语募人言，我知九色鹿处。募人即将溺人至大王所，而白王言，此人知九色鹿处。王闻此言即大欢喜，便语溺人：汝若能得九色鹿者，我当与女半国。此言不虚。溺人答王：我能得之。于是溺人面上即生癞疮。溺人白王：此鹿虽是畜生大有威神，王宜多出人众，乃可得耳。王即大出军众往至恒水边。时乌在树头见王军来，疑当杀鹿，即呼鹿曰：知识且起，王来取汝。鹿故不觉。乌便下树踞其头上。啄其耳言：知识且起王军至矣。鹿方惊起，便四向顾视，见王军众，已饶百匝无复走地，即趣王车前。时王军人即便挽弓欲射，鹿语王人：且莫射我。自至王所欲有所说。王便敕诸臣莫射此鹿，此是非常之鹿或是天神。鹿重语大王言：且莫杀我，我有大恩在于王国。王语鹿言：汝有何恩？鹿言：我前活王国中一人。鹿即长跪重问王言：谁道我在此耶。王便指示车边癞面人是。鹿闻王言，眼中泪出不能自止。鹿言：大王，此人前日溺深水中，随流来下或出或没，得着树木仰头呼天，山神树神诸天龙神何不愍伤于我。我于尔时不惜身命，自投水中负此人出。本要不相道，人无反复，不如负水中浮木。王闻鹿言甚大惭愧，责数其民，语言：汝受人重恩，云何反欲杀之？于是大王即下令于国中，自今已往若驱逐此鹿者，吾当诛其五族。于是众鹿数千为群皆来依附，饮食水草不侵禾稼，风雨时节五谷丰熟，人无疾病灾害不生，其世太平运命化去。佛言：尔时九色鹿者我身是也，尔时乌者今阿难是，时国王者今悦头檀是，时王夫人者今先陀利是，时溺人者今调达是。调达与我世世有怨。我虽有善意向之，而故欲害我。阿难有至意，得成无上道。菩萨行屠提波罗蜜，忍辱如是。"

纹。裸身，肌肤淡肉红色，围黑色腰布，身后隐约有土红色帔巾，薄施白粉。北侧梵志亦稍前倾，右臂朝下手置南侧梵志胯上，左手抚胸。双腿双足相并垂下前伸。绿色长发、须眉，额上皱纹，黑褐色晕染额、颊、耳，白色点染眼、鼻、口、颏、耳垂，面相悲苦。裸身，肌肤呈青灰色，围白色腰布。黑色帔巾从肩后绕双臂垂下，白线勾勒褶纹。

后排两身梵志，向右侧身朝向长者，上身微前倾，分别高 14.2 厘米、15.6 厘米。南侧梵志蹋坐，回头面北仰首张口，右手垂下前伸，掌心向前，左手置于右胸侧。白色长发、束髻、须眉，此外全身未着色，以土红色线勾勒；裸身，腰布敷白粉。黑色帔巾从背后环绕双臂垂下，白线勾褶纹。北侧梵志弓身而立，前俯面对前者，右手高举酒杯，在前者头上将酒水倒入其口中，左手置胸前仰掌。绿色长发、高髻、须眉，白色点染眼、鼻、口唇、耳环，黑褐色晕染额、颊、耳轮。裸身，肌肤淡肉红色、黑灰色勾染，围黑色腰布，身后帔巾敷白粉向前绕双臂垂下（图 61；图版 II：268-1、269-1、270-2）。

据经文，舍卫国王舍城中长者阿那邠池有女名须摩提，出嫁满富城中长者满财之子。鉴于满富城中制法，若娶彼国女须受重罚，使犯制者供养六千梵志。壁画场景即为"大请群师宽庭列会"，长者满财在厅堂宴请众梵志。

ii）遣香请佛

南侧后楼四层，是长者满财家的内宅，通高 57 厘米（包括鸱尾），自下而上楼阁面阔、高度逐层递减。其中，楼阁一层高 19 厘米（包括屋脊，下同），内宽 20 厘米，顶挂帷幔，白色帐带束起，两头斜角，中间一垂弧，土色、褐色、薄粉晕染褶纹，帐缘绿色。阁内设床，三面围屏，绿色边缘。围屏外面淡土红色地上绿白二色点状碎花叶，内面土色。床上须摩提女右胁而卧，右手支头，眉目已漫漶，肌肤白色，着绿色圆领褕裆，盖土、黑、青、绿、褐五色彩条纹被衾。二层高 13.7 厘米，白色外墙上土红色线描直棂栏杆、壁带，檐下土红色圆点染椽头。三层高 11.3 厘米，白色外墙土红色线描与二层略同（图版 II：269-2）。

楼阁顶层（四层）高 11 厘米，最为窄小。高阁正面敞开，须摩提女双手持长柄香炉，身前倾，头微仰，跪地祈请。肤色白，褐色细线勾勒眉目和手指，神态虔诚。头戴冠，粉白色冠巾在背后披覆全身，至腹下系花结。内着黑色半臂，外罩绿色圆领齐胸褕裆衫，裙腰绿色。手中长柄香炉土色，桃形（图 61；图版 II：270）。

须摩提女，"受佛高行静心玄室"，拒绝与赴宴外道梵志行礼，发生冲突，"为诸邪道所逼"。为此，"以香油涂身，登高楼头"，遥请大师佛陀现身。"香气如云，往到祇桓精舍"。

iii）须摩提女迎佛

厅堂北侧连接二层的前楼，通高 56.5 厘米（包括台基、鸱尾）。楼下有台基，高 7.5 厘米，呈梯形，设有绿色阶道。一层高 32.3 厘米（包括下檐屋面，下同）、宽 8 厘米，阶道之上土红色绘朱门，高 20 厘米、宽 5.5 厘米，过梁和地栿略宽，门上方开直棂明窗，檐下土红色点染椽头。二层高 14.5 厘米、宽 5.2 厘米，墙面土红色线描上下两条壁带，檐下土红色点染椽头。城楼北侧上部有高 23 厘米、宽 7 厘米的题榜一方，土色，白线勾边（已不明显），未见文字。

在长者满财宅邸楼门之前，画面中上下共五人，均朝向北。

下部北侧在前的第一身是胡跪的长者满财，头微仰观望，双手胸前持香炉，右腿挂地，跪左膝，高 35.8 厘米（包括头光）。白色圆形头光，白色冠上绿色珠饰、坠饰，缯带左侧上扬，右侧飘向脑后。袒上身，灰白色缀珠项圈、腕钏，黑色长裙，跣足。绿色帔巾勾白线，自肩后在两侧呈环状绕臂垂下。身后二位跪姿女子，南侧的一身是须摩提女，与长者同时仰首注视前方，右手托起左臂，左手上举握莲蕾，伸出食指指向空中，高 33.3 厘米（包括头光）。黑色圆形头光白线勾边，白色宝冠上白色、绿色珠饰、坠饰及土色仰月，绿色冠巾从脑后披下，包裹后背绕至腹前系结。内着黑色半臂，外罩绿色圆领齐胸褕裆衫，白色细线勾褶襞、纹饰。下束白色长裙。中间女子，高 34.3 厘米（包括头光），两手伸出食指，右手在肩前，左手伸出指前上方，回头向后面对须摩提女，似在发出询问。土色圆形头光土红色勾边，残存白色宝冠、坠饰，灰色仰月，绿色珠饰。着土红色齐胸半臂、绿色褕裆衫，白线勾螺旋纹，下着土色裙，土红色起稿，敷粉裙腰翻出。黑色冠巾如帔巾从头后绕双臂垂下，白色线描褶纹。此时佛弟子奉师命，依次现身前来满富国，长者满财及众人遥见惊异，问向须摩提女。须摩提女一一作答。

画面上部二人，南侧一身仍是须摩提女，与后楼上请佛者装束相同。端正站立，稍侧向右，面北昂首，面相恬静，略带微笑，赞赏地注视着飞来的佛弟子。双手合掌于胸前，手中夹花枝。白色圆形头光，冠上绿色珠饰、坠饰，灰色仰月，粉白色冠巾披在身后，绕至腹下系结。红褐色头发，黑色半臂，绿色齐胸褕裆，白线勾纹饰。绿色长裙。图中女子均肤色白皙，面容五官经细笔勾勒。北侧一男子立于女前，应是须摩提女新婚的丈夫、长者满财之子，上身后仰，挺腹出左胯，低眉，稍侧向右，双臂夹紧，双手在胸前合掌执长柄香炉，面对眼前神奇的景象，满脸是惊诧的表情。土色圆形头光，白色宝冠大部剥落，残存绿色珠饰、灰色仰月，宽大的白色缯带向两侧上扬。袒上身。白色项圈、腕钏，绿色长裙勾白线。黑褐色帔巾从双肩向两侧呈环状绕肘飘下，勾白线（图 62；图版 II：270-3）。

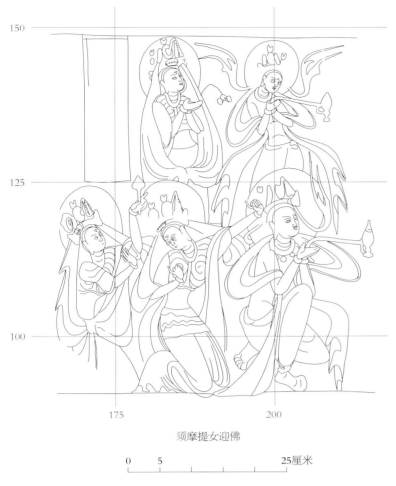

须摩提女迎佛

0　5　　　　　　　　25厘米

图 62　第 257 窟西壁故事画须摩提女因缘之二

（ii）现神变相

满富国长者满财宅前众人面对，佛遣诸弟子各显神通从虚空中飞来。画面下部横列高低错落的锯齿状山峦，以褐、绿、黑、土、白相间敷色。

i）使人乾荼（乾绪）负釜先路

画面上中下三身飞行天人背负炊具，由北向南，在空中飞翔而来。最上一身，背负一绿色三足大釜，俯身向前，右臂向前伸直扬掌，左手在胸前握拳；屈起的右膝在前，裸露的左腿伸展，飘在后上方。行动有力，神情专注。袒上身，白色项圈、腕钏，黑褐色裙，跣足。土色帔巾在右肩膊上扬起，绕臂随身长曳。

其下一身，姿态相似，背负一白色云头足浅腹釜，双腿飘在后方，两胫裸露翘起，足底朝上。左手于胸前抚右臂，右手于肩前执帔巾，目视前方。袒上身，灰白色项圈、腕钏，绿色裙，右衽，裙腰、裙摆黑色勾白线，跣足。黑色帔巾在右肩前呈环状，经右手、绕左肩膊飘扬在身后。

最下一身，俯身，昂首，背负圆筒状大杓，双臂屈肘，右手举至前方头上，左手置胸前握拳。半裸双腿向上飘起，右腿屈膝，足底朝上，左腿舒展伸直。袒上身，白色项圈、腕钏，黑色裙，右衽，裙带宽且长，呈尖角状飘于腿下方。圆筒状大杓大口小底，土色，土红线勾勒，带白色器架。绿色帔巾从背后环绕双臂随身飘曳。飞天南侧上部有高 20.2 厘米、宽 2.6 厘米题榜一方，长方形白色线框，土红色地上略施薄粉，未见文字（图 63；图版 II：271-1）。

ii）均头沙弥化五百华树

画面组合在一个不规则、圆角的四边形园地内，宽约 1.5 厘米淡土红色的线框犹如围墙。其中土色为地，上部薄粉描绘茂密的花树，各种枝叶；扇形叶多姿，披针叶密集，蕉形阔叶亭亭玉立，纤细的花丛点缀在林间和水边；北侧下部一泓绿色泉水清澈，碧绿喜人。由下而上四位沙弥演出浣衣，浇水、晒衣的情节。

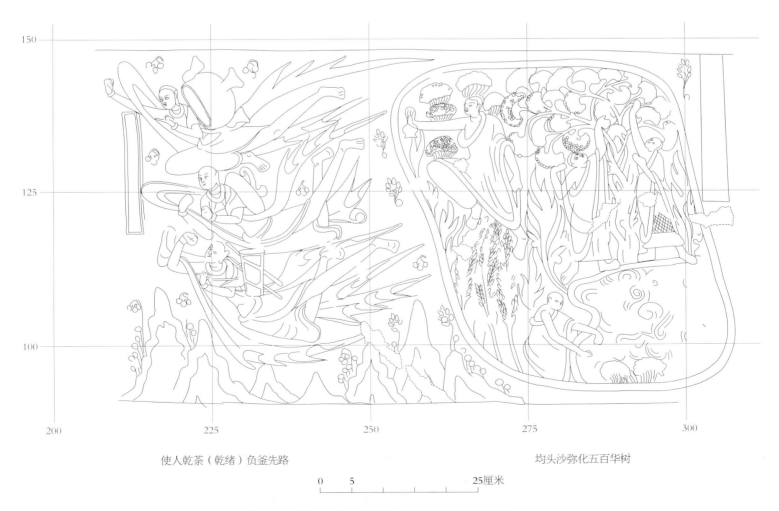

使人乾荼（乾绪）负釜先路　　　　　　　　均头沙弥化五百华树

0　5　　　　　　　25厘米

图 63　第 257 窟西壁故事画须摩提女因缘之三

泉水应即经文中须达长者所述阿耨达池（泉）[18]。水池边，一沙弥蹲地，弓腰俯身，双手浸入水中作浣衣状，身披土红色袒右袈裟，绿色衣缘。池岸上、花树下，两位沙弥相对站立。南侧一身仰首朝天，高举白色的左臂，手执水杯向下浇水，右手抬至肩上翻掌朝上；左足踏地，右足在后踮起用力。披黑色袒右袈裟，绿色衣缘，褐色长裙，跣足。北侧一身亦抬头仰望，左手置胸前，作晒衣状，右臂奋力高举。披土红色袒右袈裟，黑色衣缘，绿色长裙饰网格纹、白色下摆，跣足外撇。

园中左上，一沙弥立于树端（高 27.5 厘米），昂首注视前方，左腿伸直踏于低处；右腿提起踏于较高处。左臂垂下提衣袂，右臂平伸，立掌向前，掌心白色。披绿色袒右袈裟，黑色衣缘，里面白色，跣足。头上肩上萌发密密的蕊丝，伸出的臂上和高抬的腿上蕊丝上满满生长青绿的蕊头。这位勃发生机、气宇轩昂的应即均头沙弥，身后树林即其所化五百华树。此化五百树的构图中引入了须达长者述阿耨达池故事。园地北侧上部高 23.5 厘米、宽 4 厘米题榜一方，已熏黑，未见文字（图 63；图版 II：271-2）。

至此已达西壁北端的尽头，横卷故事画须摩提女请佛因缘后续的内容转入北壁中段。

须摩提女因缘故事，见录于汉译佛籍，如三国吴支谦译《须摩提女经》宋元本（《大正藏》第 2 册，第 835 ～ 837 页）[19]。

---

[18] 三国吴支谦译《须摩提女经》明本（《大正藏》第 2 册，p. 839）。经云："梵志报曰：我昔日诣雪山北人间乞食，得食已，飞来诣阿耨达泉。时彼天龙鬼神遥见我来，皆获持刀剑而来向我，并语我言：修跋仙士，莫来止此泉边，莫污辱此泉。设不随我语者，正尔命根断坏。我闻此语，即离彼泉不远而食。长者当知，此女所事之师，最小弟子名均头沙弥，亦至雪山北乞食飞来诣阿耨达泉，又手泪冢间死人之衣血垢污染。是时阿耨达大神天龙鬼神皆前迎恭敬问讯：善来人师，可就此坐。时均头沙弥往至泉水之处。又复长者，当泉水中央有纯金之案，尔时沙弥以此死人之衣渍着水中，却自坐食。食竟荡钵在金案上结跏趺坐，正身正意系念在前，便入初禅。从初禅起第二禅，从第二禅起第三禅，从第三禅起第四禅，从第四禅起入空处。从空处起入识处，从识处入不用处，从不用处入有想无想处，从有想无想处起入灭尽三昧；从灭尽三昧起入焰光三昧，从焰光三昧起入水气三昧，从水气三昧起入焰光三昧；次复入灭尽三昧，次复入有想无想三昧，次复入不用处三昧，次复入识处三昧，次复入空处三昧；次复入四禅，次复入三禅，次复入二禅，次复入初禅，从初禅起而浣死人之衣。是时天龙鬼神，或与蹋衣者，或以水浇者，或取水而饮者。尔时浣衣已举着空中而曝之。尔时彼沙弥收摄衣已，便飞在空中还归所在。"

[19] 经云："闻如是。一时佛在舍卫国王舍城中，有一长者名阿那邠池，有一女名曰须摩提。此女夙殖妙因，天殊奇特，受佛高行静心玄室。尔时满富城中有满财长者，远涉诸国募求精婇，因人舍卫与邻相见，披释旷永，款叙情至。尔时满财语邪池言：此女是谁家女？邪池言：此女正是我女。满财闻是欣然自叹：我相与少斗，周旋义不容外。我有小儿始欲索婇，未有定处。卿此小女可为婚匹。邪池言：事不宜尔。满财自怨：何以故，事不宜尔？为当门望不齐，为当居生不等。卿亦豪尊富贵，我亦豪尊富贵。何以故，事不宜尔?邪池复言：我女长夜念佛，奉持斋戒；卿家继属外神，杀生血食，是以继属不同，事不宜尔。满财语邪池言：卿家所事别自供养，我家所事别自供养，虽复所事不同，何妨人自私好。尔时邪池心不相与，苦相难却。我索卿黄金万斤、明珠百匹、龙肝为礼，貔凤髓为案具，案能尔者脱可相与。满财闻是惊喜，誓言：我能得备。邪池复言：我为戏耳，非是情实。要当问佛然后相与。邪池于是往问佛：世尊。今须摩提女为满富城中满财长者所求为婚，为当可与，为当不可与？佛言：若须摩提女嫁适彼国，当大度人民不可称计。邪池于是还语满财言：却后十五日备卿家礼法。满财闻是欢喜，匍匐退返。尔时满富城舍卫城相去三千二百里。满财于中引车万乘，龙马侠从憧幰縕云声钟地震，婇女扶轮憧奴侍隔。尔时阿那邪池先与女造十二种宝车，先以赤莲华内摩尼覆外、黄金重布白银罗络，琥珀扬班珊瑚琉璃车碟，合杂马瑙交间水精，鳞晖琉璃彩饰。复以紫磨徘徊悬洒叠起，于是明明相发，光光相照，远瞻者不觉东影西倾，近视者不觉双目俱眩。

尔时满富城中先有制法，若此中有女嫁适彼国，当重刑罚。若彼国索将来入内，亦重刑罚。若犯制者，使供养六千梵志，兼可情意梵志所食，猪肉为羹，三酿为酒。满财自知犯制，大请群师宽庭列会，命须摩提女为诸师作礼。须摩提：我虽女人志刚不可屈。此梵志之徒无异牛犊，丑陋五形，贪嗜美味，无惭无耻，与畜生何别。我宁形毁五兀，不能为是作礼。尔时六千梵志闻即同忿，何处索民小家婢来骂辱我等！于是散坐处处告集，克白卜时欲来诛杀满财并及五族。满财于是自闭高楼，称天变柱。胡为索是损我五族？以此为忧，无方自释。尔时须拔飞来楼上，见满财忧悴，语言：卿为当盗贼所侵，为当死亡不埋，何故忧色乃尔？满财答言：非是死亡盗贼。但自昨日为儿婁妇，毁辱诸师并及五族，以此为忧，无方自释。尔时须拔语满财言：卿何处婁妇？满财答言，舍卫城中阿那邠池女。须拔闻是大惊大惧：卿妇今来此中，我等将大遇也。满财问言：君何以知之？须拔报言：我本共舍利弗最少沙弥，名字均头，年始三四，到雪山北乞食各得一钵。我于是高飞来到阿耨池边。尔时池边有天龙鬼神，遮护池水不听我近。尔时均头沙弥来复飞来，乃更欢喜称言大善，坐以金案奉修精竭，须臾之间上越四空还复本处。此最少沙弥有此神德，何况所事大师。满财问言：彼师可得见？须拔报言：若欲见彼大师，当先求须摩提女。于是满财下楼，敬告白须摩提女言：汝今所事之师可得见不？须摩提言：若长者回心倒意深自归德，我当为长者香粉涂身，登楼远请。尔时须摩提以香油涂身，登高楼头，遥白佛言：世尊。女今在难为众邪所逼，愿世尊大慈大悲救济危厄。于是香气如云，往到祇桓精舍。

阿难见香非常所闻，白佛言：世尊。此香异香从何处来？佛言：此香是佛之香。今须摩提女在满富城中，为诸邪道所逼，今遣香来请我并及卿等。速鸣槌集众普会堂上。语言：今须摩提女在满富城中为众邪道所逼，今遣香来佛并及时众。若有得神通变化者受筹，不得者默然。尔时众中有周利槃特伽、佛子罗云、须菩提、舍利弗、迦叶、目连等未受具戒。众中有一均头沙弥，于先受筹监拔圣路。阿难白佛言：彼国之中必无大器熟食，遣乾绪负釜先路。乾绪虽是使人，五通已备，背负万斛大釜，手提百斛大杓，踊身高飞径向彼国。尔时满财楼上遥见，语须摩提言：我见一人背负千斛大釜，手提百斛大杓，从空中来。是汝师非？须摩提言：此非我师。此是众僧中使人，名曰乾绪。世尊欲来，并使负釜先路。尔时均头沙弥，次后化作五百华树，人在其上结加趺坐，踊身高飞亦向彼国。满财楼上遥见，语须摩提言：我见五百华树，人在其上结加趺坐从虚空中来，是汝师非？须摩提言：此非我师，此是舍利弗最少沙弥，名字均头。周利槃特伽，次后化作五百师子，举声一唤飞落走伏，人在其上结加趺坐，踊身高飞经向彼国。满财楼上遥见，问须摩提言：我见五百师子，举声一唤飞落走伏，人在其上结加趺坐从虚空中来，是汝师非？此非我师，此是如来弟子周利槃特伽。佛子罗云，次后来化作五百金翅鸟王，人在其上结加趺坐，踊身高飞径向彼国。满财楼上遥见，问须摩提言：我见五百金翅鸟王从虚空中来，是汝师非？须摩提言：此非我师，此是如来弟子佛子罗云。须菩提，次后化作五百象王，齐有六牙，被以金鞍，人在其上结加趺坐，踊身腾虚空亦向彼国。满财楼上遥见，问须摩提言：我见五百象王，齐有六牙被以金鞍，人在其上结加趺坐从空中来，是汝师非？此非我师，此是如来弟子须菩提。目连，次后来化作七宝山，人在其上结加趺坐，踊身高飞径向彼国。满财楼上遥见，问须摩提：我见七宝山，人在其上结加趺坐从虚空中来，是汝师非？须摩提女言：此非我师，此是如来弟子神足目连。上座大迦叶，次后来化作五百大龙，齐有七头，白日升天，人在其上结加趺坐，踊身高飞径向彼国。满财楼上遥见，问须摩提言：我见五百大龙，齐有七头，白日升天从虚空中来，是汝师非？须摩提言：此非我师，此是如来弟子上座大迦叶。尔时须摩提女即为长者而说偈言：我师今当来，光明非此比；长者一心念，莫怀余异想。

尔时如来，知众生心至，时运将会，身披僧伽梨，于虚空之中去地七多罗树，身色紫金，艳光腾赫。阿若车邻在如来左，舍利弗在如来右，阿难承佛威神复在如来左，自余比丘或复现神变相百千万种，弥塞虚空，云行到此。阿若车邻作月天子，舍利弗作日天子，自余比丘或复化作提头赖咤，或复化作比楼勒叉，或复化作阿修罗王、乾闼婆王。严敏戒兵，恒沙竞起。阿须轮当东厢将军作征魔侯，转轮圣王当西厢将军作定魔公，乾闼婆王手捉百亿鬼兵当后军却逆，释

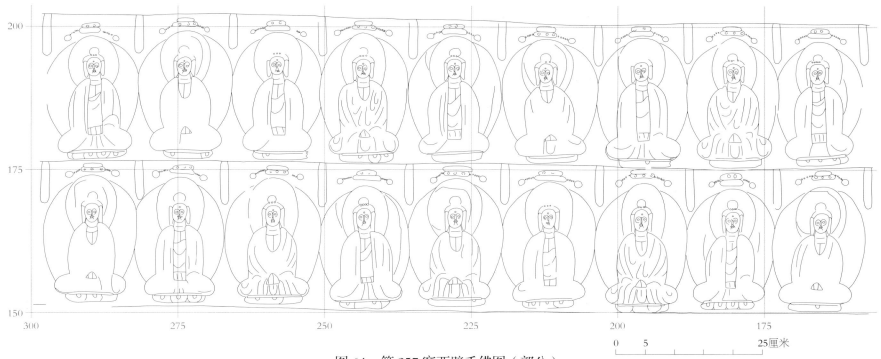

图 64　第 257 窟西壁千佛图（部分）

2）千佛

i 千佛图

西壁中段千佛图通壁宽，与南北两壁中段千佛图相连接，形式、规格相一致，千佛图下部中间绘一铺说法图。千佛图画面顶边长591 厘米、底边长 609 厘米、南边长 206 厘米、北边长 207 厘米。千佛共八排，自上而下第一至四排每排千佛 38 身。第五排在南端多绘一身，为 39 身。以下因中间说法图占用空间，第六、七排每排千佛 35 身，其中南侧 18 身、北侧 17 身；第八排千佛 34 身，其中南北两侧均 17 身。西壁千佛合计 295 身（图 64；图版 I：48；图版 II：272、275）。

壁面南端被熏黑，自下而上愈益严重。第五至七排南起第一身千佛仅有隐约痕迹可寻。第八排南端一身千佛已无法辨识。

个别千佛身上有土红色弹线，可见与南壁千佛的规划格局及尺度相同。

西壁千佛图以土红色铺地，是与南、北壁千佛最大的不同。相邻的千佛身光之间有白色条形题榜，几乎无一缺失，未见题写字迹。

西壁千佛图的绘制，比较两侧壁（南壁、北壁）更为严谨工致，认真完成，少有潦草。千佛头顶肉髻下的髻珠，西壁清晰可见的较多，其中尤以黑色头光中更为明显。千佛头光上方华盖，以灰色（薄粉）、黑色，双色双层，上下相间交错。白色圆圈（圆珠）画在黑色层，居下层时三个圆圈，居上层时二个圆圈；白点珠链较细致工整，末端缀珠以深红色点染。绘制壁画的匠师，在规律性的内容表现中展示了自己的个性；全部正面禅定坐姿的千佛中，上起第三排北起第一身千佛头部稍侧向右、低头俯视，给单一的画面注入了生动的因素（图版 II：275-2）。

除土红地色气氛更为热烈之外，千佛图的绘画技法和衣着、头光、背光、莲座的颜料使用、颜色搭配、变化规律、排列次序，以及在壁面上形成的装饰效果，均与南壁基本相同，其组合情况列表如下（自南上起）：

头光	土	白	绿	黑	土	白	绿	黑	土	白	绿	黑	土	白	绿	黑
身光	白	绿	黑	土	白	绿	黑	土	白	绿	黑	土	白	绿	黑	土
袈裟	绿	黑	红	灰	绿	黑	土	灰	青	黑	红	灰	绿	黑	土	灰
僧祇支		土		绿		土		绿		土		绿		土		绿
莲座	黑	绿	黑	绿	黑	绿	黑	绿	黑	绿	黑	绿	黑	绿	黑	绿

曾经统一搭配的敷色，由于烟熏褪色等原因，与当时的颜色组合效果已有差异。

ii 说法图

千佛下部，即千佛第六至八排中间位置，绘说法图。图纵长方形，高 78 厘米、宽 64.5 厘米，适为 4 身千佛的宽度，勾白色细线为边框。

天王作外军都录，梵天王作中军都录，文殊师利与如来作匡部大臣都统内外，率齐众军，一心同起。密迹力士手捉金刚杵与如来护持左右，天魔波旬手把琉璃琴赞扬大法，毗沙门王手捉七宝大盖最在如来上。自余贤圣皆在虚空之中作唱伎乐。尔时如来亦复现神变相，百千万种声钟地震；当斯之时或复现神变相，或入火王三昧，扬烟走炎或入水王三昧，飞沙腾浪，或复化作雷公焰电，或作飞霜起雹。当斯之时，十方云回，天地倾转，百流西倾，悬光东没。圣能如是，何往不服。尔时六千外道高服神化，令须摩提女得法眼通，朗城中八万四千人民俱时得道。……"

图中一佛、二菩萨、二莲花化生（图65；图版Ⅱ：273、274）。

佛居中结跏趺坐于横长方形台座上，为说法相，通高71.4厘米（包括台座、头光），肩宽22厘米。右手举至肩前仰掌，五指张开，结施无畏印，作缦网相；左手于腰际握袈裟一角，伸三指，中指、无名指内勾。面型圆润，鼻梁挺直，两耳长垂，颈有二道。橙色额发，白色顶发和圆形肉髻。肌肤暗灰色，黑色描眉，勾染头脸、两耳、颈项、双手，白色染眼、鼻、白毫，朱砂涂唇、染眼睑。着土色圆领通肩袈裟，红褐色勾染V形衣褶，绿色领缘、衣缘，勾白色细线。下摆在座前呈三段绿色U形垂弧。垂弧之间又见悬垂裙裾，土色，经黑色勾染V形褶襞。

佛头光宝珠形，内心呈粉红色，外圈绿色，均有白色细线勾边。身光四圈，从内而外分别为敷浅灰色、绿色、红黑色、深灰色，顶端隐于头光之后。

头光之上华盖，穹顶绿色，周沿帷幔黑褐色，白色竖线绘褶纹。下口作仰视角度的立体表现，前部遮去头光尖顶，后部隐在身光之后。

台座正面以黑色粗线勾轮廓。中心长方形，饰斜格绿点纹；土红色铺地，白色点连线绘斜格，相交点为深灰色，格中绿色圆点。其左边、右边、下边梯形，左、右边粉红色，下边绿色中排列小白圈点三排。座上部悬裳覆盖下露出座面白色敷物，上勾红色纵向条纹（图版Ⅱ：274-3）。

佛两侧绘立姿供养菩萨（天人）各一身，左右对称。北侧菩萨通高52.5厘米、南侧菩萨通高53.6厘米（包括莲台、头光），身材修长，分别侧身面向主尊，腹稍挺、仰身，颔首，两腿分开外撇踏莲台，双手于胸前合掌。土色圆形头光，宝冠上绿色珠饰，白色缯带直上高扬。袒上身，灰白色项圈、腕钏，绿色长裙，下摆裙带呈尖角状。跣足。肌肤暗灰色、黑色勾染，白色"小"字脸，朱唇。红黑色帔巾沿肩膊环绕双肘垂下。裙、帔皆以白色细线勾勒。足下莲台较高，白色覆莲长瓣，台面土色（图版Ⅱ：274-1、2）。

供养菩萨上方、华盖两侧，绘莲花化生各一身。绿色圆形头光，童子露出头部，白色覆莲长瓣。里层绿色内瓣。菩萨头光与莲花化生之间连以细茎蔓生三枝小花。莲花化生前和菩萨足前，各点缀白茎绿色小花一枝。

（3）上段（天宫伎乐）

西壁上段绘天宫伎乐。天宫、栏墙、莲池、橼头和帷幔，南、北两端分别与南壁、北壁上段西端相连接，内容组合、设色、高度、间距大致相同，只因烟熏而严重变色。绿色多已褪色、向蓝色转变，或有熏黑的斑点。白色染成灰色，褐色染成深灰色、黑色，中间一段尤甚。拱形门券的橙色尽皆染成黑色。

1）天宫

西壁上段栏墙的凹凸面，以凸面计数共13个。栏墙下的莲池和莲池下的橼头（牛腿），各有21个。

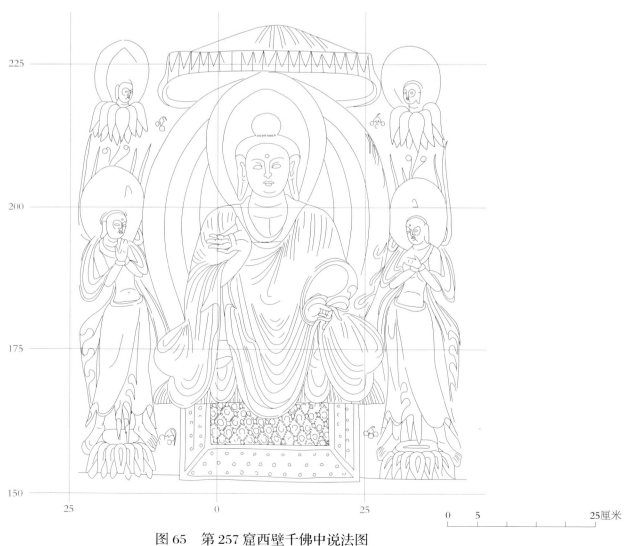

图65　第257窟西壁千佛中说法图

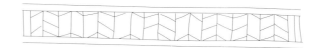

0 5   25厘米

图66　第257窟西壁天宫栏墙下边帷幔图案

西壁栏墙下的帷幔，显示精细的描绘。其中垂角纹，犹如以连续折带的形式展现条纹帛带的正背两面，黑色的正面为垂角，绿色的背面为正角；竖条纹，采用将绿白二色和黑白二色对页以连续折页的形式，上下露出的三角形空隙则大体填以灰色（图66）。该技法在南壁不甚清晰，而北壁仅见少数。

西壁上段天宫，共17个宫门，高约37.4～40厘米、宽约28～34.7厘米，悬山顶屋形宫门和圆券顶拱形宫门相间交替排列，门内绘姿态各异的伎乐天。

2）伎乐

西壁处在洞窟的后部，西南角下是曾经的焚香火源之地，西壁上部是被烟熏污染最严重的地方，壁画颜色受损害，多已变色，人物细部不易辨识。因南壁最西端只容纳半个宫门，另一半画在西壁南端，画面熏黑严重，仍可看出屋形宫门内为大朵的莲蕾，桃形，上有约三片红色椭圆形小叶，下有苗壮的枝茎和忍冬形大叶。西壁靠近中间的南起第八宫门内，亦以莲蕾代替天人。西壁上段绘伎乐天16身，从南到北记述如下。

南起第一身伎乐天，拱形门内，稍出右胯，两腿分开，向左前俯身，头侧向右，双手在左肩前持横笛吹奏。白色头光，头顶束高髻，祖上身，淡红色项圈、腕钏。着黑白两色竖条纹长裙。肌肤呈灰黑色。帔巾呈黑色，从肩后环绕双肘向两侧飘卷。门内头光两侧土红地色上各点缀一朵白茎小花。

第二身伎乐天，屋形门内，稍侧向右，前俯，双手于胸前合掌。圆形头光呈黑色，白色宝冠，宝缯右侧上扬、左侧翻卷向下。披白色双领通肩袈裟，绿色衣缘，黑色裙。肌肤肉红色、变色呈黑灰色。门内北侧上角和天人左右土色地上点缀白茎小花各一朵。

第三身伎乐天，拱形门内，侧身向北，稍挺腹后仰，双手于胸前合掌。黑色头光，祖上身，项圈、腕钏呈黑色，黑色竖条纹白色裙。肌肤肉红色、勾染呈黑色。绿色（变蓝）帔巾在肩后呈环状绕双肘，右侧高高上扬，左侧飘卷而下。门内头光北侧土红地色上点缀一朵白色小花（图版Ⅱ：276-1）。

第四身伎乐天，屋形门内，侧身向南，弓身前俯，双手并置胸前，颔首。黑色圆形头光，祖上身，饰项圈、腕钏，绿色裙。肌肤变色呈黑灰色露出部分肉红色。帔巾呈黑色，有白色勾染、线描，自肩后呈环状绕两臂垂下。门内头光北侧点缀一朵白茎绿色小花（图67）。

第五身伎乐天，拱形门内，严重熏黑，从窟顶流下泥水道道印迹。侧身向北，稍前俯，昂首，双手置于胸前，似横捧一物。隐约可见头光、发髻白色细线轮廓。通体呈黑灰色，祖右肩，斜披络腋，下着竖条纹裙。黑色帔巾在肩后呈环状绕双臂飘卷而下。门内头光两侧各点缀一白茎小花。

第六身伎乐天，屋形门内，熏黑，窟顶流下泥水印迹数道。侧身向南，挺身昂首，双手合掌于胸前。白色头光，头顶黑色圆形高髻。半披红色袈裟（熏黑），绿色（变蓝）衣缘。肌肤熏黑，勾染呈灰白色，露出斑驳肉红色。门内天人左右两侧土色（变黑褐色）地上点缀石绿色小花五朵（图版Ⅱ：276-2）。

第七身伎乐天，拱形门内，出左胯，仰身，侧向左，翘首，双手置胸前执花枝。圆形头光、高髻呈黑色，祖上身，饰项圈、带状璎珞、腕钏，裙黑色稍浅。肌肤变黑，露出肉红色。红色帔巾从肩后环绕双肘飘下，上残存绿色晕染。手中花枝白色细茎，至头光前方弯曲垂下，开白萼红色小花。门内熏黑，头光后点缀三朵变色小花。

第七、第八身天人之间屋形门内土色地被熏黑，绘一大朵桃形莲蕾，呈红黑色，生出白色蕊丝、绿色蕊头，三片椭圆形叶长在上端和两侧，呈淡土红色，下有粗茎。粗茎两侧点缀绿色小花。

第八身伎乐天，拱形门内，熏黑，朝南，稍侧向右，微挺腹后仰，双手于胸前合掌握花枝。圆形头光熏黑，边缘可辨。头绾高髻。祖上身，项圈、腕钏、长裙呈黑色。肌肤呈黑色，勾染呈灰白色，边缘露出肉红色痕迹。帔巾呈黑色，从肩后环绕双肘飘下。手中花枝，细茎向前伸出，弯曲向下开一朵红色小花。门内熏黑地色上，头光两侧各点缀小花一朵（图67；图版Ⅱ：277-1）。

第九身伎乐天，屋形门内，侧身向左，朝北，头后仰，双手在胸前合执一绿色短棒状物，上端至于面前。圆形头光土红色勾边经白色晕染，束高髻。项圈、腕钏呈黑色，披黑褐色祖右肩袈裟，绿色衣缘。肌肤熏黑，勾染呈灰白色，露出斑驳肉红色。门内熏黑地色上，两侧点缀点点绿色小花。

第一至第四身

第五至第八身

0 5   25厘米

图67 第257窟西壁天宫伎乐（南起）

　　第十身伎乐天，拱形门内，稍侧向右，朝南，挺腹仰身，双手于胸前合掌握花枝。头光熏黑，露白色细线勾边。头束高髻，颈有二道，袒上身，项圈、腕钏熏黑，深灰色裙竖笔勾染褶纹。肌肤呈黑色、灰白色勾染，露出斑驳肉红色。帔巾从肩后环绕双肘飘下，左侧下曲高扬，敷色呈红色间绿色。手中花枝细茎向上，至面前弯曲下垂开绿色小花（图版Ⅱ：277-2）。

　　第十一身伎乐天，屋形门内，稍侧向左，朝北，后仰，昂首，腹前挺，双手于胸前作捧物状。圆形头光呈黑色，袒上身，项圈、腕钏呈黑色，绿色裙。肌肤呈灰白色，勾染呈灰色，残存肉红色斑块。黑色帔巾勾白线，从肩后环绕双臂飘下。门内受烟熏污染渐少，土色地上存黑色污渍，天人头光两侧及南侧下部点缀三朵白萼绿色小花。

　　第十二身伎乐天，拱形门内，侧身向右平视，朝南，腹稍挺，双手于胸前合掌握花枝。白色宝珠形头光中心晕染部分变成黑褐色，束高髻。袒上身，项圈、腕钏呈黑色，长裙呈灰色，黑色勾染。肌肤呈灰白色、勾染呈灰色，残存少量肉红色斑块。帔巾呈黑色，从肩后环绕双肘飘下。手中白色细茎弯曲向上至头前下垂开白色小花。门内土红色地上，下部两侧和上部头光北侧点缀细茎小花各一朵（图68）。

　　第十三身伎乐天，屋形门内，侧身向右（南），俯身后坐，回首面北，双手于胸前合掌握花枝。绿色头光，束圆形高髻。袒上身，项圈、腕钏呈黑色，黑色裙。肌肤灰白色、勾染呈灰色，残存肉红色色块。白色帔巾从肩后环绕双肘飘下。手中花枝白色细茎向上至头光南侧弯下开白萼绿瓣小花。门内土色地上头光北侧点缀另一朵白萼绿瓣小花（图版Ⅱ：278-1）。

　　第十四身伎乐天，拱形门内，胯左出，向右转身，仰面朝南，上身倾向右，双手在左肩上持横笛吹奏。圆形头光呈黑灰色，白线勾边，头束高髻。袒上身，项圈、腕钏呈黑色。白色裙，浅灰色褶纹。肌肤呈灰白色、勾染呈灰色。绿色帔巾环绕双肘飘卷而下。横笛呈黑色。门内头光两侧土红色地上各点缀一枝白色细茎小花。

　　第十五身伎乐天，屋形门内，向左侧身，稍前俯，面北，双手在面前持竖笛吹奏。头光呈黑色，宝冠斑驳，白色缯带右侧直上高扬，

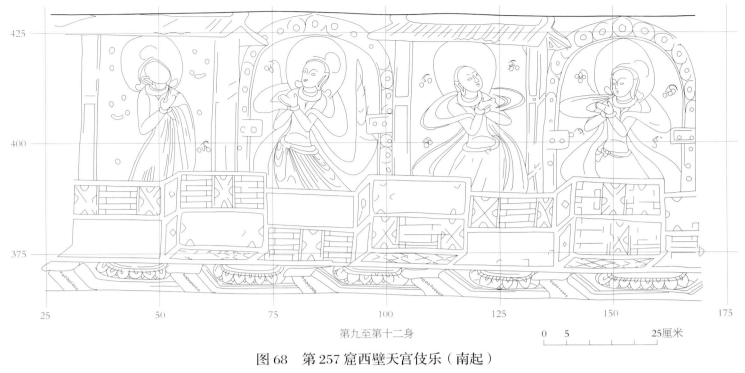

第九至第十二身

图 68　第 257 窟西壁天宫伎乐（南起）

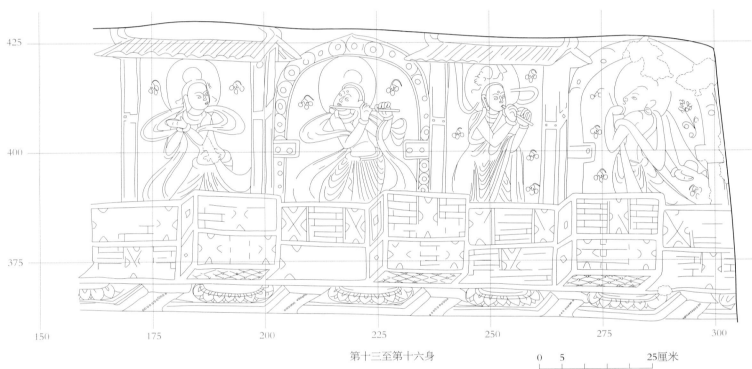

第十三至第十六身

图 69　第 257 窟西壁天宫伎乐（南起）

左侧飘向后方。项圈、腕钏呈黑色，半披褐色袈裟，勾染褶纹，黑色衣缘。绿色裙。肌肤灰色、勾染深灰色。门内土色地上点缀小花、细茎、白萼、绿瓣，北侧上下三朵、南侧一朵。

第十六身伎乐天，拱形门内，侧面，朝南，脸部漫漶，左臂屈起，左手举至肩上握拳，右手垂置身后，掌心向上。白色头光，袒上身，灰褐色裙。肌肤灰白色、勾染深灰色。黑色帔巾垂挂背后呈环状，向前绕肩膊向后飘垂。门内土红地色上点缀大小花枝，白萼绿瓣小花南侧三朵、北侧下部一朵，北侧上部点缀一细茎蔓生三枝小花，北上角门券部分壁画被损，露出泥层（图 69；图版 II：278-2）。

3. 北壁

北壁壁画接续西壁，分上中下三段，上段天宫伎乐、中段千佛图和故事画以及壁面前部的说法图，下段绘药叉，与南壁相对称（图版 I：42；图版 II：280）。

（1）下段

1）药叉

北壁下段边饰之下药叉图高 80～85 厘米，土红地色，绘连绵峰峦之上形态各异的药叉。壁面底部，损毁严重，地仗层酥碱剥落，西端受烟熏污染，东部因窟口崩塌，前部人字披下壁画多已无存，现存药叉共 19 身，仅图像上半部勉强可辨。以下自西向东逐一记述。

第一身药叉，西侧被烟垢覆盖，仅头、左侧肩、胸部分可见。侧身向右（西），昂首。绿色头光，黑色卷发，白色点染眼、鼻。黑色项圈，络腋敷搭左肩。肌肤深肉红色、勾染呈黑色。黑灰色帔巾沿肩膊绕臂。下部残毁。

第二身药叉，侧身向右，朝西，昂首，双手高举至头前上方合十。绿色头光，袒上身，肌肤白色，勾染呈黑色。黑色帔巾从背后环绕两臂垂下。

第三身药叉，侧身向右，朝西，弓腰俯首，耸左肩曲肘，左手撑在腰际；右臂向前平抬折回，右手置胸前。土色圆形头光，绿色卷发浓密、绿色剑眉，大眼阔口，面相凶悍。裸身，肌肤深肉红色、黑色勾染，白色染双眼、口唇。下部残存白色画迹。

第四身药叉，两肩耸起，向右俯首。右臂屈起，手抬至肩侧，左臂自然垂于身侧。土色圆形头光，裸身，肌肤绿色，深绿色项圈。白色帔巾在两侧肩上扬起折回绕臂，上有绿色横纹。下部残存红色峰峦（图70）。

第五身药叉，身稍侧向左，回首向右，面西，右臂横过胸前曲肘向上，手抬至左肩上，左手与之同置肩左侧，双手持横笛吹奏。白色头光，束高髻，袒上身，黑色下裳。肌肤深肉红色、勾染呈黑色。绿色帔巾从两肩后环绕双肘垂下。下部残存黑色峰峦（图版II：281-1）。

第六身药叉，向右、向后仰首，耸左肩，右臂稍屈，垂手至胯前回勾；屈左肘，左手置胸腹间。绿色头光，红发垂肩，袒上身，土色下裳。肌肤肉红色。白色帔巾沿双肩绕臂而下。下部有绿色、白色峰峦。

第七身药叉，上身稍侧向左，耸右肩，向右俯首，怀抱土色琵琶，右臂屈起，手拨琴弦，左手在下控弦。白色头光，黑色卷发蓬松，袒上身，白色下裳。肌肤深肉红色、黑色勾染。下部残存土色峰峦。

第八身药叉，侧身向右，朝西，耸左肩，双手于胸前合掌。绿色头光，土红色头发前端翘起，袒上身，白色下裳勾染黑白斜格网纹。肌肤土色，头、面、身躯仅以土红色线简笔起稿。下部有白色峰峦（图71）。

第九身药叉，耸肩，头侧向右，胸腹间斜挎腰鼓，双手拍击，右手抬至肩前。头光呈灰白色，黑发，袒上身，项圈呈黑色，白色下裳。肌肤肉红色、勾染呈黑色。腰鼓瘦窄，束腰，淡土红色，鼓面白色。右肩和双臂下部残存绿色帔巾画迹。下部残存绿色峰峦（图版II：281-2）。

第十身药叉，残损严重，侧身向右，弓腰，俯首，右臂向西上伸出，左臂垂下，前臂平抬向前。胸前横过一物。绿色头光，裸身。肌肤白色。黑色帔巾从肩上环绕两臂飘卷。胸前器物横长，疑为琴瑟之类，白色，边廓黑色，双手弹奏。下部残存白色、绿色峰峦。

第十一身药叉，侧身向左，朝东，稍俯首，屈双肘，两手抬起并置面前左侧，似持横笛吹奏状。白色头光，袒上身，白色下裳。肌肤深肉红色，残存斑驳黑色勾染。下部有土红色、白色峰峦。

第十二身药叉，侧身向右，朝西，面对前者，昂首，耸肩，弓腰前俯，双手并置胸前，似持竖笛吹奏状。土色头光，青色项圈、腕钏，土红色下裳。肌肤绿色。右肩上、背后、腹前、右胁下残存白地黑色横纹帔巾画迹。下部有白色、土色峰峦（图71）。

第十三身药叉，昂首转向右侧，朝西，右臂向西上高举，右手贴近上方边饰；左肘高抬过肩折回，左手垂至胁下。黑色圆形头光，袒上身，一带状白色饰物环颈项至左肩上系结，绕至右胁下。肌肤肉红色、晕染斑驳呈黑色。绿色帔巾从肩后绕臂垂下。下部残存白色、绿色山峰峦（图版II：282-1）。

第十四身药叉，侧身向左，朝东，低头，弓腰，强壮的左臂伸直推向前方扬掌。裸身。肌肤淡肉红色。白色帔巾在肩后于左侧呈环状。下部残存白色峰峦。

第十五身药叉，侧身向右，朝西，昂首，双手用力向前上方伸出。头光呈灰白色，髡顶，两鬓浓密绿色长发，裸身。肌肤深肉红色，勾染呈黑色。下部有绿色峰峦。

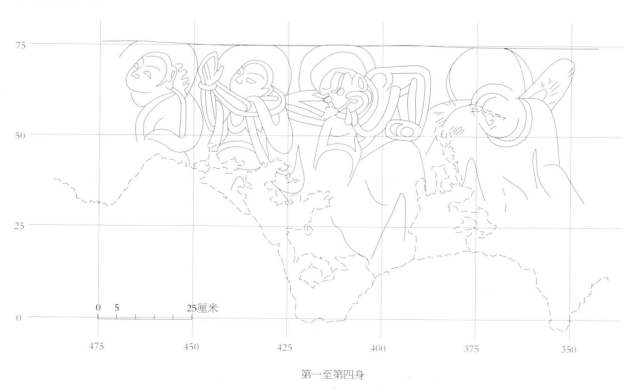

图70　第257窟北壁下段药叉（西起）

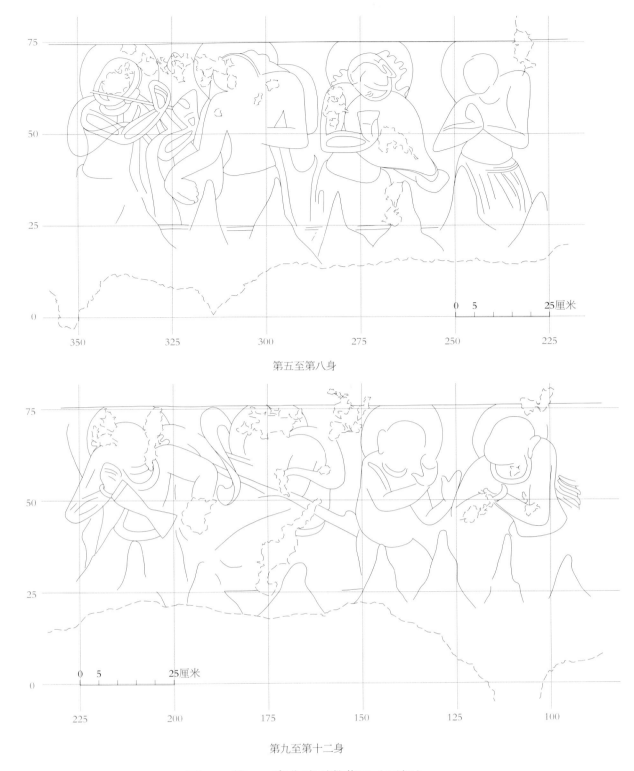

第五至第八身

第九至第十二身

图 71 第 257 窟北壁下段药叉（西起）

第十六身药叉，侧身向右，朝西，昂首，双手伸向前下方。绿色头光，袒上身，土色，未施彩，仅勾土红色起稿线，土红色下裳。身前被烟熏黑，动作或持物不明。

第十七身药叉，头稍侧向左，面东，双臂向两侧平抬屈肘向上，双手高举至头上，仰掌紧贴上方边饰，作托举状。头光呈灰白色，黑发卷曲蓬松，裸身，灰白色项圈、腕钏。肌肤肉红色，晕染斑驳呈黑色。肩上、臂下残存绿色帔巾画迹（图版Ⅱ：282-2）。

第十八身药叉，侧身向右，朝西。怀抱圆形乐器，右手在腹前弹拨。土色头光，绿色短发，袒上身，白色肌肤、勾染呈黑色。帔巾灰褐色。乐器淡红色，音箱圆形，类似阮咸、月琴之类。以东残毁，残存第十九身药叉绿色、白色画迹（图 72；图版Ⅱ：283-1）。

2）边饰

北壁中段之下横贯东西的边饰，与西壁相连接，高约 14 厘米；因窟室东端坍毁，北壁前部说法图下的边饰几乎残失殆尽，现残存 15 段，残长 629 厘米。各段纹饰宽度大致相同，横宽约 40～42 厘米，其中西端部分受烟熏污染，东端的第十五段仅存一半。从西向东，各段颜色、图案情况如下（图 73）：

第一段，宽 37.4 厘米，熏黑，画迹全被掩盖。

第二段，宽 40.8 厘米，土色，未赋彩，可见一道横向土红色弹线。

第三段，宽 41.8 厘米，星云纹。土红色地上排列白色圆点，上边四个、下边三个，薄粉绘云气，同南壁边饰第十九段及西壁边饰第十三段。

第四段，宽 41.3 厘米，白绿黑三色方点斜线纹。保存较完整，三色方点按白、绿、白、黑次序自左上至右下斜线布局排列，同南壁边饰第八段及西壁边饰第十段。

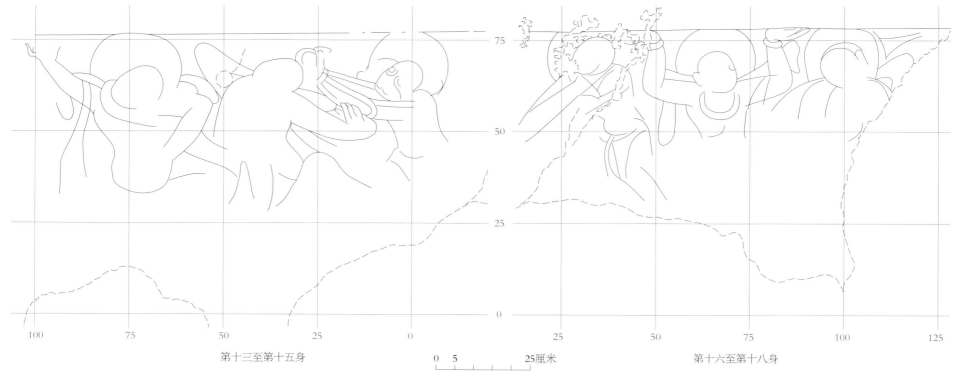

第十三至第十五身   0 5   25厘米   第十六至第十八身

图 72　第 257 窟北壁下段药叉（西起）

第五段，宽 42.2 厘米，黑地绿点纹。黑色地上绿色圆点按斜格布局排列。

第六段，宽 44.7 厘米，绿色。模糊，似无纹饰。

第七段，宽 44.1 厘米，星云纹。土红色地上排列白色圆点，同第三段及南壁边饰第八段、西壁边饰第十三段。

第八段，宽 42.9 厘米，斜格绿点纹。白色地黑色斜格中下角布相似形绿色点，同南壁边饰第十七段及西壁边饰第十三段。

第九段，宽 42 厘米，淡土红色。

第十段，宽 41.7 厘米，土色，可见一道横向土红色弹线，同第二段。

第十一段，宽 45.4 厘米，星云纹。土红色地上排列白色圆点，同第三、第七段及南壁边饰第十九段、西壁边饰第十三段。

第十二段，宽 41.3 厘米，白绿黑三色方点斜线纹。同第四段及南壁边饰第八段、西壁边饰第十段。

第十三段，宽 41.4 厘米，斜格绿点纹。同第八段及南壁边饰第九段、西壁边饰第三段。

第十四段，宽 42 厘米，绿色，纹饰莫辨。

第十五段，宽 26.9 厘米，土红色，疑为星云纹。

（2）中段

1）故事画（须摩提女因缘，续）

北壁中段千佛之下的横卷式故事画，高约 60 厘米，上边长 601 厘米、下边长 602 厘米，北壁西端起，止于平棋顶东北角之下的金柱；连接西壁南起第二幅故事画须摩提女因缘，继而绘制其中"现神变相"的后续内容，占据了全部北壁横卷画面的空间，共分十一组情节。

（iii）现神变相（续）

前十组同西壁现神变相的使人乾荼、均头沙弥相似，十位佛弟子般特、罗云、迦匹那、优毗迦叶、须菩提、迦旃延、离越、阿那律、大迦叶、大目犍连，陆续化现神变凌空飞来满富国城，朝西飞行，形式大致相同，情节则由西向东依次展开。

i）般特化五百青牛

紧随西壁均头沙弥化五百华树之后，北壁西起第一组情节绘佛弟子般特（周利般特、周利槃特伽）化现五百青牛（图 74；图版 II：283-2、284）。

佛弟子般特，结跏趺坐，高 35.5 厘米（包括莲座、头光），左足在前，脚掌垂下，头侧向右（西），俯首。右手于肩侧仰掌，拇指、食指相捻，左手于腹前握衣角。土色圆形头光，土红色线勾边，两肩出尖角状神变火焰。披黑色袒右袈裟，白色衣缘。肌肤黑灰色，黑色勾染发际、眉眼、口鼻和形体轮廓，白色绘双眼、染鼻梁、鼻翼，点染朱唇。

头光之上圆形华盖周沿帷幔呈黑色，平行的竖向白线表现褶纹。其下仰视角度绘伞盖里面，内心青色、外周绿色，以晕染作深度表现。坐下莲花座呈椭圆形，座面土色，绿色莲花。莲座悬浮于牛背之上。

并排五头青牛，象征故事中的五百青牛；强健壮硕，四蹄腾空，头西尾东，呈奔驰状。牛口微张，弯曲的牛角在头上竖立，长尾飘起。绿色、青色晕染出毛色和形体的阴阳明暗，白色描绘牛的犄角、圆眼和口舌。空间点缀白色、绿色小花枝。下部有黑色、绿色、白色峰峦。牛尾东侧上部有高 20 厘米、宽 4 厘米长方形题榜，土色，残存褐色边框、竖向土红色细线三道，未见文字。画面西上角受烟炱污染。

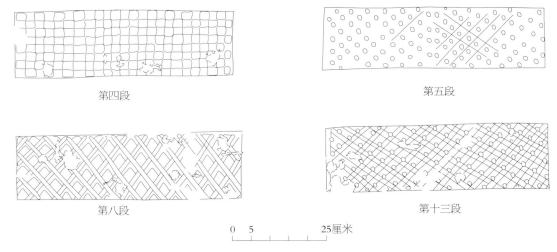

第四段   第五段

第八段   第十三段

0   5   25厘米

图 73   第 257 窟北壁下段边饰图案（西起）

ii）罗云化五百孔雀

第二组绘佛弟子也是佛祖释迦（罗睺罗）化现五百孔雀（图 74；图版 II：283-2）。

佛弟子罗云，结跏趺坐，高 33.7 厘米（包括莲座、头光），头侧向右，俯首。右手在胸前五指伸展，掌心向内，左手于腹前握衣角。白色圆形头光、两肩出尖角状神变火焰，淡红色上以黑褐色勾染。披土红色圆领通肩袈裟，黑色衣缘，勾勒白线。肌肤黑灰色，晕染呈黑色，白色染眼、鼻。

头光之上圆形华盖周沿帷幔呈黑色，平行的竖向白线表现褶纹。其下仰视角度绘伞盖里面，内心青色、外周绿色。坐下莲花座，座面土色上有土红色线，白色莲花。莲座悬浮于孔雀之上。

并排五只孔雀，象征故事中的五百孔雀；曲项昂首，利喙尖细，头西尾东，展翅飞翔。土色翅翼上挑，土色尾翎丰满如桃形长曳高飘，饰白色鳞纹。眼留土色，身体以青绿二色晕染，白色勾染羽身的下沿，足土色，爪尖绿色。头冠如花蕊形，三笔细线蕊丝、水滴形蕊头。居上为首孔雀口衔花枝。下部有土色、黑色、淡红色、白色、绿色峰峦。尾翎东侧上部有土色高 20.7 厘米、宽 4.1 厘米长方形题榜，土色，有土红色起稿边框线，未见文字。

iii）迦匹那化五百金翅鸟

第三组绘佛弟子迦匹那（劫宾那、摩诃匹那）化现五百金翅鸟（图 75；图版 II：283-2）。

佛弟子迦匹那，结跏趺坐，高 29.3 厘米（包括莲座、头光），左足在前，脚掌垂下；头侧向右，俯首；右手在胸前半握，掌心向内，左手于腹前握衣角。圆形头光，内心青色、外周绿色晕染，两肩出淡红色尖角状神变火焰。半披黑色袈裟，衣缘绿色勾白线，胁下里面土色。肌肤灰褐色，勾染呈黑色，白色绘眼、鼻。唇染淡红色。

般特化五百青牛   罗云化五百孔雀

0   5   25厘米

图 74   第 257 窟北壁故事画须摩提女因缘之一

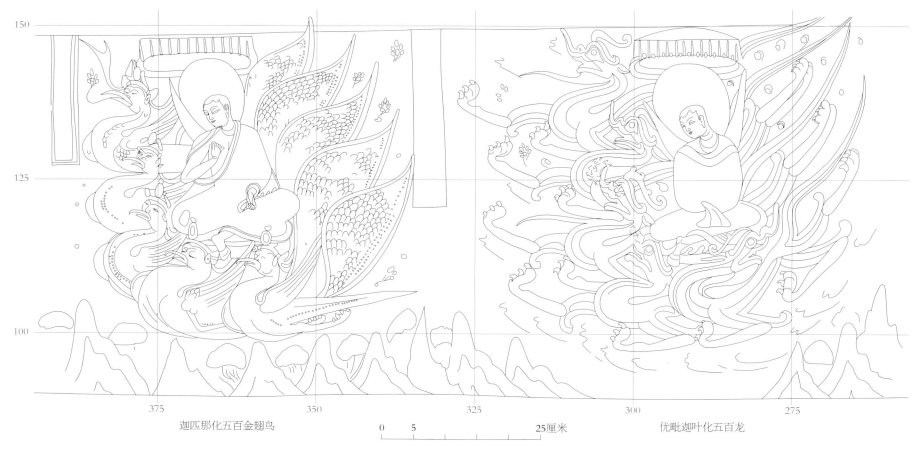

图 75　第 257 窟北壁故事画须摩提女因缘之二

头光之上圆形华盖，石绿色盖顶隆起，周沿帷幔呈黑色，平行的竖向白线表现褶纹。其下仰视角度绘伞盖土色里面。坐下绿色莲花座，座面边缘白色。莲座悬浮于金翅鸟上方。

并排五只金翅鸟，象征故事中的五百金翅鸟，头西尾东，昂首展翅，尾羽上翘。头戴白色宝冠、绿色珠饰，白色缯带向两侧飞扬。绿色钩喙，通体以淡土红色，黑褐色描绘，晕染绘羽翼，胸、尾，尾羽绘鳞纹，大部已褪色，白色勾染翅翼、尾羽下边。下部有黑色、土色、白色、绿色峰峦。尾羽东侧上部有高 28.6 厘米、宽 4.8 厘米长方形题榜，薄粉勾边并敷题榜西半，未见文字。

iv）优毗迦叶化五百龙

第四组绘佛弟子优毗迦叶（优楼频螺迦叶）化现五百龙（图 75；图版 II：285-1）。

佛弟子迦匹那，结跏趺坐，高 32.8 厘米（包括莲座、头光），左足在前，脚掌垂下；头侧向右，俯首；双手置腹前拢于袖中。白色圆形头光，两肩出淡土红色尖角状神变火焰。披土色通肩袈裟，黑色衣缘，领口、袖口黑色里面翻出。肌肤黑灰色，发际、双眉、面颊、耳郭、颈部二道晕染呈黑色。白色点染眼、鼻。

头光之上圆形华盖，土色盖顶隆起，周沿帷幔呈黑色，平行的竖向白线表现褶纹。其下仰视角度绘伞盖里面，内心青色、外周绿色，以晕染作深度表现。坐下莲花座，座面黑色，白色莲花。莲座悬浮于五龙上方。

并排五条龙，象征故事中的五百龙，经文云"龙皆有七头"。龙首高昂，前爪跨跃，后爪腾空，阔步前行，龙尾细长向上飘起。四龙定睛向前，近处排头之龙行进中回首吟啸，最具威严。白色绘头顶虬角、口吻和须髯，龙身自上而下以青、绿、土、白四色叠染，龙的四足淡红色，龙爪绿色。后肢与长尾一同在后方飘起。下部有黑色、绿色、土色、白色峰峦。龙尾东侧上部有高 25.8 厘米、宽 3.7 厘米长方形题榜，土色，未见文字。

v）须菩提化五百琉璃山

第五组绘佛弟子须菩提化现五百琉璃山（图 76；图版 II：285-1）。

佛弟子须菩提，结跏趺坐，高 27 厘米（包括莲台、头光），左足在前，脚掌垂下；头侧向右，俯首；右手张开置于右肩前，掌心向上，左手于腹前握衣角。土色圆形头光与泥地相混，隐约可辨，两肩出淡红色尖角状神变火焰。披黑色袒右袈裟，绿色衣缘勾白线。肌肤灰黑色，眉、颊、耳、颈、肩、臂、胸、胫、足、手晕染呈黑色，白色点染眼、鼻，红色绘口唇。

周遭白色、绿色、黑色、土色等各色峰峦环绕，山形尖峭，象征故事中的五百琉璃山。山中一所大龛，龛口宝珠形尖拱龛楣，淡土红色中白粉描绘纹饰不清，或为火焰纹，楣尾外卷呈钩形。龛内土色。佛弟子须菩提端坐龛中，化现神变携群山从虚空中来。琉璃山东侧上部高 25.5 厘米、宽 4 厘米长方形题榜，土色，未见文字。

vi）迦旃延化五百白鹄

第六组绘佛弟子迦旃延（大迦旃延）化现五百白鹄（图 76；图版 II：285-2）。

佛弟子迦旃延，结跏趺坐，高 33.4 厘米（包括莲座、头光），头侧向右，俯首；双手在腹前立掌相叠，两拇指翘起对扣，结禅定印。

须菩提化五百琉璃山   迦旃延化五百白鹄

图 76　第 257 窟北壁故事画须摩提女因缘之三

白色圆形头光，两肩出淡红色尖角状神变火焰。内着白缘土色袒右僧祇支，披绿色通肩袈裟双领下垂，黑色衣缘。黑色裙。衣缘、裙裾白线勾褶纹。肌肤黑灰色，薄粉染颊，额、发际、眉廓、颐、腮、颈、胸、手晕染呈黑色。白色点染眼、鼻。

头光之上圆形华盖，绿色盖顶隆起攒尖，周沿帷幔呈黑色，平行的竖向白线表现褶纹。其下仰视角度绘伞盖土色里面。坐下白色莲花座，悬浮于白鹄群中。

六只姿态不同的白鹄环绕在周围，象征故事中的五百白鹄。尖喙长颈，尾短且圆翅，通体洁白，西侧二鹄展翅上扬，东侧二鹄朝下俯冲，下方二鹄向前翱翔。华盖以东绘一朵绿色桃形莲蕾，白色萼托，上有细线蕊丝。下部有褐色、白色、土色、黑色峰峦。鹄群东侧上部高 27.6 厘米、宽 5 厘米长方形题榜，土色，未见文字。

vii）离越化五百虎

第七组绘佛弟子离越（离婆多）化现五百虎（图 77；图版 II：285-2）。

佛弟子离越，结跏趺坐（高 29.3 厘米，包括莲座、头光），头侧向右，俯首，双手置腹前拢于袖中。圆形头光，内心青色、外周绿色晕染衔接，两肩出淡红色尖角状神变火焰。披黑色圆领通肩袈裟，绿色衣缘勾白线。肌肤灰色，发际、眉廓、颊、颈、胸晕染呈黑色，白色点染眼、鼻，唇色淡红。

头光之上华盖周沿帷幔呈黑色，平行的竖向白线表现褶纹，其下仰视角度绘伞盖里面，内心青色、外周绿色，以晕染作深度表现。坐下莲花座，座面白色，绿色莲花。莲座悬浮于五虎上方。

并排五头老虎，象征故事中的五百虎。虎颈后收蓄力，张口露出利齿。跨跃的前足扬起如钩的利爪，虎尾在身后飘曳。虎全身淡土红色，眼睛、口舌、须髯、腹下、腿侧和长尾的下沿勾染白色，趾爪绿色。后肢与长尾一同在后方飘起。下部有白色、绿色、褐色、土色、黑色峰峦。虎尾东侧上部高 31.5 厘米、宽 5 厘米长方形题榜，土色，未见文字。

viii）阿那律化五百狮

第八组绘佛弟子阿那律化现五百狮（图 77；图版 II：286-1）。

佛弟子阿那律，结跏趺坐，高 32 厘米（包括莲座、头光），左足在前，脚掌垂下；头侧向右，面西平视；右手抬至肩前五指张开，掌心朝前。左手在腹前握衣角。白色圆形头光，两肩出淡红色尖角状神变火焰。披绿色袒右袈裟，黑色衣缘。肌肤灰色，面颊、耳、颈、胸、臂、手、足晕染呈黑褐色，眼、鼻、口残存白色点染。

头光之上圆形华盖，绿色盖顶隆起，周沿帷幔呈黑色，平行的竖向白线表现褶纹。其下仰视角度绘伞盖土色里面。坐下莲花座，座面黑色，白色莲花。莲座悬浮于五狮上方。

五头狮子，象征故事中的五百狮；三头黑色狮与二头淡红色狮相间排列，头颅硕大，身躯雄伟，气势逼人，强壮的后肢和末端带毛簇长尾，一同飘起在身后上方。四狮勇猛向前，近处排头黑狮回身呼吼，令人怖畏。白色大眼、口齿、须髯，以及耳、胸、腹、尾的下

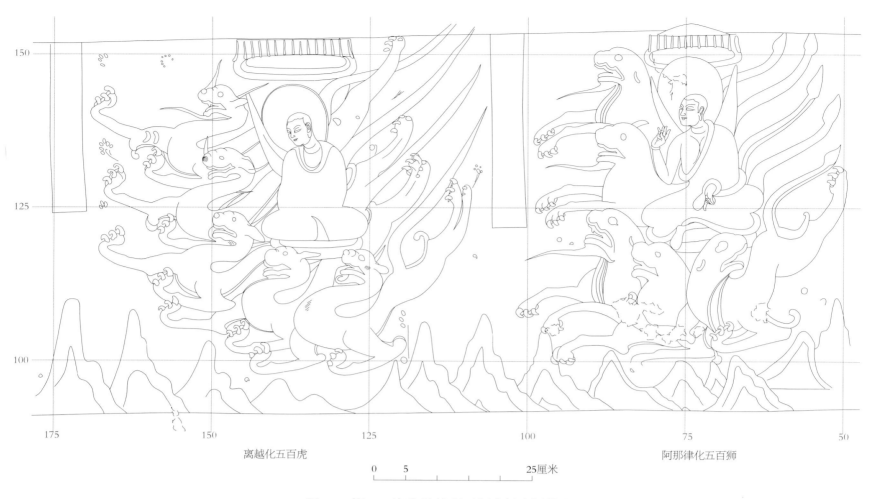

离越化五百虎   阿那律化五百狮

0   5   25厘米

图 77   第 257 窟北壁故事画须摩提女因缘之四

沿。趾爪绿色。下部有白色、土色、黑色、绿色、淡红色峰峦。狮尾东侧上部高 30.8 厘米、宽 4.2 厘米长方形题榜，土色，未见文字。

ix）大迦叶化五百马

第九组绘佛弟子大迦叶化现五百马（图 78；图版 II：286-1）。

佛弟子大迦叶，结跏趺坐，高 29.5 厘米（包括莲座、头光），头侧向右，俯首；双手置腹前拢于袖中。土红色线勾边土色圆形头光，其上有白色、粉绿色斑驳画痕，两肩出淡红色尖角状神变火焰。披黑色圆领通肩袈裟，领口、袖口绿色里面翻出，经白色晕染。肌肤灰色，发际、眉、眼眶、面颊、颈、胸晕染呈黑色，双目白色点染，头部白色勾边。

头光之上圆形华盖，土色盖顶隆起低缓，周沿帷幔呈黑色，平行的竖向白线表现褶纹。其下仰视角度绘伞盖，内心青色、外周绿色，以晕染作深度表现。坐下莲花座，座面白色，莲花绿色。莲座悬浮于五马上方。

并排五匹马，象征故事中的五百马；纯白的骏马，奋蹄疾驰，一往无前，长尾在后顺风飘扬。唯最近处为排头者回首嘶鸣，后蹄蹬踏如飞。遒劲的铁线描勾勒如弓的颈项及胸、腹、腿、胯富有弹性的弧线，绿色点染生风的四蹄。下部有绿色、淡红色、土色、黑色、白色峰峦。马尾东侧上部高 23.9 厘米、宽 4.4 厘米长方形题榜，土色，未见文字。

x）大目犍连化五百象

第十组绘佛弟子大目犍连（目连）化现五百象（图 78；图版 II：286-2）。

佛弟子大目犍连，结跏趺坐，高 30 厘米（包括莲座、头光），右足在前，露双足，足心朝上；头侧向右，俯首；右手举至面前右侧，五指伸开，掌心向左（东），左手于腹前握衣角。灰白色圆形头光，两肩出淡红色尖角状神变火焰。半披土色袈裟，黑色衣缘描白线褶纹。黑色裙。肌肤灰褐色，发际、双眉、眼眶、面颊、颈、胸、臂、手、脚晕染呈黑褐色。

头光之上圆形华盖，绿色盖顶隆起，周沿帷幔呈黑色，平行的竖向白线表现褶纹。其下仰视角度绘伞盖土色里面。坐下莲花座，座面黑色，白色莲花。莲座悬浮于群象上方。

并排五头大象在前，面西�行，三头深红色与二头白色相间；另一白象在东侧殿后，朝向东方；此六头象象征故事中的五百象。造型敦实厚重，稳步向前，白色尖牙前挺，长鼻卷曲成圆环，殿后者卷鼻成两圈朝上。乘骑的配饰如辔头、鞍鞯、鞴带以及腹带、钏环一应俱全，并缀有珠串、铃铎。下部有褐色、土色、白色、绿色、黑色峰峦。东侧上部高 24.4 厘米、宽 3.4 厘米长方形题榜，白色，未见文字。

xi）世尊现身

最后一组情节是佛陀亲临满富国城，诣满财长者家，"使举国人民尽见我身及比丘僧"。经文描述当时的情景：是时舍利弗和阿若憍陈如（阿若拘邻）在如来左右，阿难在如来身后执拂，千二百弟子前后围绕，如来及诸神足弟子在最中央，密迹金刚力士在如来后手执金刚杵，毗沙门天王在虚空中高举七宝华盖。其时"八万四千人民之类皆悉云集在长者家"，"世尊渐与彼长者及八万四千人民之类

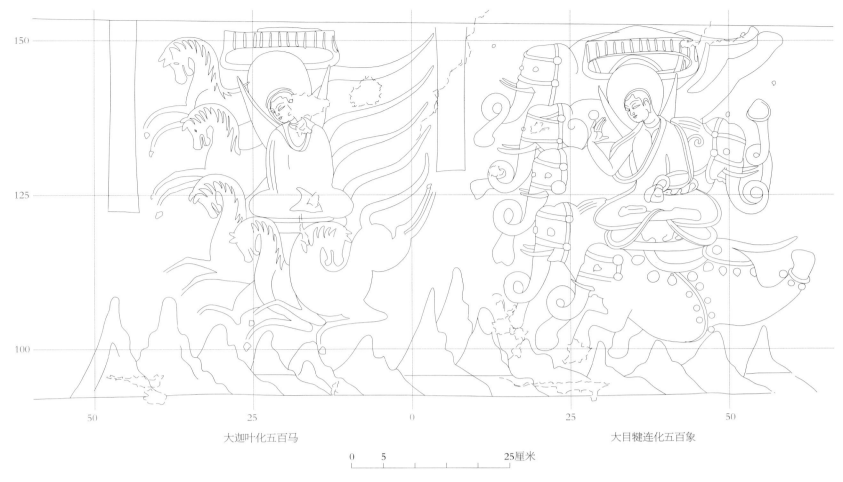

大迦叶化五百马 　　　　　　　　　　　　　　　　　　　　　　　大目犍连化五百象

0　　5　　　　　　25厘米

图 78　第 257 窟北壁故事画须摩提女因缘之五

说于妙论"。壁画描绘了这样的说法图景（图 79；图版 II：286-2、287）。

佛陀形象居画面中央，结跏趺坐，高 38.8 厘米（包括台座、头光），左足在前，脚掌垂下；头侧向右，俯首，下视，额间白毫，长耳；右手举至肩前张开，掌心向左，结施无畏印，缦网相；左手于腹前握衣角。宝珠形头光，二圈，内圈白色，外圈青色，周缘以绿色晕染过渡，外廓白线勾边；两肩出淡红色尖角状神变火焰；背光三圈，由内而外分别施绿色、黑色、淡红色，内二圈细白线勾边。颈有二道，半披黑褐色袈裟，绿色衣缘，内穿白色僧祇支。肌肤灰褐色，发际、眉、眼眶、面颊、颈、胸、臂、手、足晕染、线描呈黑色。白色点染白毫、双眼、嘴唇，晕染鼻、颏（图 80）。

头光之上圆形华盖，土色盖顶隆起低缓，周沿帷幔呈黑色，平行的竖向白线表现褶纹。其下仰视角度绘伞盖青色里面，中有绿色晕染。坐下方形台座，绿色勾轮廓，座身正面土色，座面铺敷物白色。佛座之下，一身壮硕的药叉，叉开双腿作低位胡跪姿，几近坐地（高 17.7 厘米）；右膝屈起，右足踏地；左膝跪地，小腿翘起。两肩耸起，以肩背荷负佛座之重，两臂张开，双手托举佛座左右端。头侧向右仰起，作出奋力的表情。袒上身，戴灰白色缀珠项圈、腕钏，下裳（腰布）黑色。肌肤肉红色，形体轮廓勾线、晕染呈黑色。薄粉绘帔巾绕双肘至腿前披垂至地。

画面东侧，一外道人物依佛座旁，向右侧身，弓腰前倾，靠近世尊左膝，双腿并拢半蹲，屈右膝近 90 度，右足踏地，高 27 厘米；双臂垂下，手置于膝上；抬眼上视，口唇紧抿，动态中显示聆听说法时的专注与恭敬，是外道梵志闻法皈依的形象。绿发披垂，裸身，戴项圈，绿色下裳（腰布），腰带于双腿间下垂呈尖角及地。跣足。肌肤敷白色，全身黑色粗线勾勒，面部白色点染眼、鼻，下肢存土红色起稿线。黑色帔巾环肩、背绕双臂垂下。

佛东侧弟子，头侧向右，侍立世尊左侧，右臂自然垂下，左手于胸前握拳。土色头光，披土红色袒右袈裟，绿色衣缘。肌肤灰褐色，眼眶、面颊、颈、肩、胸、臂、手勾染呈黑色。白色绘眼、鼻、口。

其上华盖以东，二身弟子并立，均侧向右，双手于胸前合掌，灰白色项圈、腕钏；肌肤灰褐色，头、面、眼、耳、颈、胸、臂、手勾染呈黑色，白色绘眼、鼻，呈"小"字形。西起第一身弟子稍俯身，宝珠形头光内青色外晕染过渡为绿色，半披黑色袈裟，绿色衣缘。第二身弟子头微仰，土色宝珠形头光，袒上身，绿色长裙，黑色帔巾由两肩绕双肘垂下，白色线描褶纹。

图西侧，世尊右侧立一身力士（密迹金刚），头侧向右，仰首，双目圆睁，高鼻阔口，颧骨高突，额有皱纹，面相凶悍。体态强健，身形高大，高 40.8 厘米（包括莲台、头光）。双肩高耸，右手于胸前握金刚杵，左臂下垂，手掌张开在身侧下按。一双跣足分开外撇，踏于莲台上。圆形头光二圈，内圈青色，外圈绿色。袒上身，黑色长裙系白色腰带，裙摆呈三瓣垂角状；绿色裙缘，褶襞翻出白色里面。手中金刚杵绿色。绿缘黑褐色帔巾敷搭双肩垂至腹部交叉，下曲上扬绕双肘飘垂。足下覆莲台，台面土色，绿色八瓣莲花，先端尖锐。

其上华盖以西，二身弟子并立，灰白色项圈、腕钏；肌肤设色同华盖以东。东起第一身弟子头侧向左，稍俯身注目于世尊，右手置

図 79　第 257 窟北壁故事画须摩提女因缘之六

于胸前，左臂自然下垂。土红色头光依稀难辨，披黑色袒右袈裟，绿色边缘。第二身弟子与之相背，侧身向右，头稍仰，双手在面前作拱手行礼状。圆形头光二圈，内圈青色，外圈绿色。袒上身，土色长裙，黑色帔巾从肩膊环绕双肘垂下飘卷，白色线描裙纹。

　　金刚力士右侧一身伎乐飞天，朝西，侧身向右，上身微俯，下身飘起作飞翔姿态，双手在面前拱手或执物（疑为吹奏乐器）。白色圆形头光，袒上身，白色项圈、腕钏，黑色裙。肌肤灰色，勾染呈黑色。下身隐在金刚身后。

　　须摩提女因缘故事关于现神变相的情节，三国吴支谦译《须摩提女经》明本（《大正藏》第 2 册，第 835 ～ 837、839 ～ 842 页）所录更详，与画面描绘也更为切合[20]。

---

　　[20]　经云：“尔时阿难白世尊言：唯愿世尊，此是何等香遍满祇洹精舍中？世尊告曰：此香是佛使、满富城中须摩提女所请。汝今呼诸比丘尽集一处而行筹作是告勅。诸有比丘漏尽阿罗汉得神足者便取舍罗，明日当诣满富城中受须摩提请。……尔时世尊告诸神足比丘：大目犍连、大迦叶、阿那律、离越、须菩提、优毗迦叶、摩诃匹那、尊者罗云、均利半持均头沙弥，汝等以神足先往至彼城中。诸比丘对曰：如是世尊。是时众僧使人名曰乾荼，明日清旦躬负大釜飞在空中往至彼城。是时彼长者及诸人民上高楼上欲觐世尊，遥见使人负釜而来。是长者与女。便说此偈：白衣而长发，露身如疾风；又复负大釜，此是汝师耶？是时女复以偈报曰：此非尊弟子，如来之使人，三道具五通，此人名乾荼。尔时乾荼使人绕城三匝往诣长者家。是时均头沙弥化作五百华树，色若干种皆悉敷析。其色甚好优钵莲华，如是之华不可计限往诣彼城。是时长者遥见沙弥来，复以此偈问曰：此华若干种，尽在虚空中，又有神足人，为是汝师乎？是时女复以偈报曰：须跋前所说，泉上沙弥者，师名舍利弗，是彼之弟子。是时均头沙弥绕城三匝往诣长者家。是时尊者般特化作五百头牛，衣毛皆青，在牛上结跏趺坐往诣彼城。是时长者遥见，复以此偈问女曰：此诸大群牛，衣毛皆青色，在上而独坐，此是汝师耶？女复以偈报曰：能化千比丘，在耆城园中，心神极为明，此名为般特。尔时尊者周利般特绕彼城三匝，往诣长者家。尔时罗云复化作五百孔雀，色若干种，在上结跏趺坐往诣彼城。长者见已，复以此偈问女曰：此五百孔雀，其色甚为妙，如彼军大将，此是汝师耶？女复以此偈报曰：如来说禁戒，一切无所犯；于戒能护戒，佛子罗云者。是时罗云绕城三匝往诣长者家。是时尊者迦匹那化作五百金翅鸟极为勇猛，在上结跏趺坐往诣彼城。时长者遥见已，复以此偈问女曰：五百金翅鸟，极为盛勇猛，在上无所畏，此是汝师耶？时女以偈报曰：能行出入息，回转心善行，慧力极勇盛，此名迦匹那。时尊者迦匹那绕城三匝往诣长者家。尔时优毗迦叶化作五百龙，皆有七头，在上结跏趺坐往诣彼城。长者遥见已，复以此偈问女曰：今此七头龙，威颜甚可畏，来者不可计，此是汝师耶？时女报曰：恒有千弟子，神足化毗沙；优毗迦叶者，可谓此人是。时优毗迦叶绕城三匝往诣长者家。是时尊者须菩提化作瑠璃山，入中结跏趺坐往诣彼城。尔时长者遥见已，以偈问曰：此山极为妙，尽作瑠璃色；今在窟中坐，此是汝师耶？时女复以此偈报曰：由本一施报，今获此功德，已成良福田，解空须菩提。尔时须菩提绕城三匝往诣长者家。时尊者大迦旃延复化作五百鹄，色皆纯白往诣彼城。是时长者遥见已，以偈问曰：今此五百鹄，诸色皆纯白，尽满虚空中，此是汝师耶？时女复以此偈报曰：佛经之所说，分别其义句，又缚结使聚，此名迦旃延。是时尊者大迦旃延绕城三匝往诣长者家。是时离越化作五百虎，在上坐而往诣彼城。长者见已，以此偈问曰：今此五百虎，衣毛甚悦怿；又在上坐者，此是汝师耶？时女以偈报曰：昔在祇洹树，六年不移动，坐禅最第一，此名离越者。是时尊者离越绕城三匝往诣长者家。是时尊者阿那律化作五百师子，极为勇猛，在上坐往诣彼城。是时长者见已，以偈问曰：此五百师子，勇猛甚可畏；在上而坐者，此是汝师耶？时女以偈报曰：生时地大动，珍宝出于地；清净眼无垢，佛弟阿那律。是时阿那律绕城三匝往诣长者家。是时尊者大迦叶化作五百匹马，皆朱毛尾，金银交饰，在上坐并雨天华，往诣彼城。长者遥见已，以偈问女曰：金马朱毛尾，其数有五百，为是转轮王，为是汝师耶？女复以偈报曰：头陀行第一，恒愍贫穷者，如来与半坐，最大迦叶是。是时大迦叶绕城三匝往诣长者家。是时尊者大目犍连化作五百象，皆有六牙，七处平整，金银交饰，在上坐而来，放大光明悉满世界。诣城在虚空之中，作倡妓乐不可称计雨种种杂华，又虚空之中悬缯幡盖极为奇妙。尔时长者遥见已，以偈问女曰：白象有六牙，在上如天王；今闻妓乐音，是释迦文耶？时女以偈报曰：在彼大山上，降伏难陀龙，神足第一者，名曰大目连。我师故未来，是弟子众。圣师今当来，光明靡不照。是时尊者大目犍连绕城三匝往诣长者家。

　　是时世尊已知时到，披僧伽梨在虚空中去地七仞。是时尊者阿若拘邻在如来右，舍利弗在如来左。尔时阿难承佛威神，在如来后面执拂。千二百弟子前后围绕，如来最在中央及诸神足弟子。阿若拘邻化作月天子，舍利弗化作日天子，诸余神足比丘或作释提桓因，或化作梵天者，或化作提头赖吒毗留勒形者。毗留

图80　第257窟北壁故事画中的人物晕染

波叉或作毗沙门形者领诸鬼神，或有作转轮圣王形者，或有入火光三昧，或有入水精三昧，或有放光者，或有放烟，作种种神足。是时梵天王在如来右，释提桓因在如来左手执拂。密迹金刚力士在如来后手执金刚杵。毗沙门天王手执七宝之盖，处虚空中在如来上，恐有尘土坌如来身。是时般遮旬手执瑠璃琴，叹如来功德。及诸天神悉虚空之中，作倡妓乐数千万种，雨天杂华散如来上。是时波斯匿王、阿那邠邸长者及舍卫城内人民之类，皆见如来在虚空中去地七仞。见已皆怀欢喜，踊跃不能自胜。……是时满财长者遥见世尊从远而来，诸根憺怕世之希有，净如天金，有三十二相八十种好庄严其身，犹须弥山出众山上，亦如金聚放大光明。……尔时须摩提女前至佛所。头面礼足悲喜交集。……是时长者将已仆从。供给饮食种种甘馔。见世尊食已讫。行清净水更取一小座。在如来前坐。及诸营从及八万四千众各各次第坐。或有自称姓名而坐。尔时世尊渐与彼长者及八万四千人民之类。说于妙论。……满财长者须摩提女。及八万四千人民之类。诸尘垢尽得法眼净。无复狐疑得无所畏。皆归三尊受持五戒。"

2）千佛

i 千佛图

北壁中段千佛图与西壁千佛图相连接、与南壁千佛图相对称，形式、规格一致，下部中间绘一铺说法图。千佛图画面顶边长 592 厘米、底边长 597 厘米、西边长 207 厘米、东边长 204 厘米。千佛共八排，自上而下第一至四排每排千佛 38 身。第五至八排，西起第一身，画迹皆始于西壁，大半延伸至北壁完成，计数为北壁增加 1 身。因中间说法图占用空间，第五排千佛 37 身，其中西侧 18 身、东侧 19 身；第六至八排千佛每排 35 身，其中西侧 17 身、东侧 18 身。北壁千佛合计 294 身（图 81；图版 I：44；图版 II：280、288）。

北壁千佛图的西边，上下受烟熏污染。千佛图的东部有较多的赋彩脱落或磨损。

与南壁相同，千佛图以黑色铺地，在千佛之间土红地上加敷黑色，不同于保持土红地色的西壁千佛图。

千佛图的西部绘制较工整，东部画迹较潦草。具体而言，西部包括上起第一至四排西起第一至二十六身和第五至八排说法图以西，东部包括第一至四排第二十七身以东和第五至八排说法图以东，之间有明显的精粗巧拙之分。例如西部白色题榜较为清晰，横排之间有较清晰的白色间隔线，而东部大都被加敷黑色所覆盖，填敷的黑色不甚均匀；另如东部宝盖绘制明显被简化，甚至省略。此外东部较多地保留绘制初始的弹线和起稿线。此外，第四排第十身千佛头部稍侧向左，在统一正面坐姿的禅定像中出现了变化，是绘制西部千佛形象的匠师作画中个人情趣的流露（图版 II：288-2）。

千佛图绘制的工细程度上，西壁、北壁均优于南壁。

千佛的头光、背光、袈裟、莲座的颜色规律性的搭配组合、排列次序，南、西、北三壁基本相同、大同小异，其组合情况列表如下（自西上起）：

头光	绿	土	黑	白	绿	土	黑	白	绿	土	黑	白	绿	土	黑	白	绿	土	黑	白
身光	土	黑	白	绿	土	黑	白	绿	土	黑	白	绿	土	黑	白	绿	土	黑	白	绿
袈裟	土	灰	青	黑	红	灰	绿	黑	土	灰	青	黑	红	灰	绿	黑	土	灰	青	黑
僧祇支	绿		土		绿		土		绿		土		绿		土		绿		土	
莲座	黑	绿	黑	绿	黑	绿	黑	绿	黑	绿	黑	绿	黑	绿	黑	绿	黑	绿	黑	绿

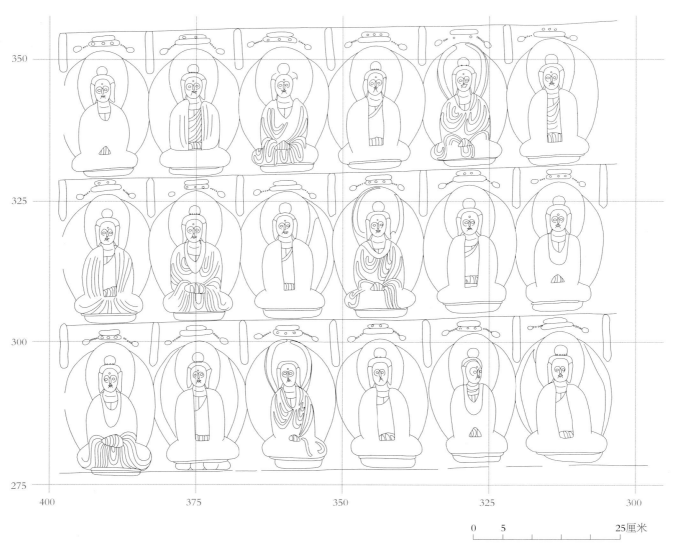

图 81　第 257 窟北壁千佛图（部分）

表中颜色白、黑、灰、土、红、绿、青，七种颜色，除头光、背光、莲座为单色平涂外，在千佛衣着上采用了多样的技法。袈裟的土色，保留泥壁土色，以土红色线（即原有的起稿线）勾轮廓并以白粉染领缘，或土色为地以黑色勾染褶纹。袈裟的红色，以土红单色平涂，或以黑色勾染褶纹再罩土红色，褶纹于红色之下隐现。袈裟的绿色，基本为石绿单色平涂。袈裟的青色，以石青单色平涂，或白地黑色勾染褶纹再罩石青，青色之下隐现褶纹。袈裟的灰色，以黑色勾染褶纹再罩白粉呈浅灰色。袈裟的黑色，以黑色勾染褶纹再罩薄粉呈深灰。僧祇支的土色，留泥壁土色以白粉染领缘，或以白色为地黑色勾染褶纹。僧祇支的绿色，基本为石绿单色平涂。

ii 说法图

千佛下部居中位置绘说法图，与南壁千佛中说法图构图相同，以子母双阙为外廓，上有佛塔，有称"阙形塔"[21]，通高 105 厘米、通宽 79 厘米；双阙之间佛殿内绘立佛及两侧供养菩萨、莲花化生（图 82；图版 II：289）。

图两侧立子母双阙。母阙、子阙均为绿色庑殿顶，正脊两端有鸱尾，屋面以青色勾染瓦垄、鸱尾，白色阙楼。两侧阙楼檐下土红色圆点椽头及梁架斗栱、立柱，画迹漫漶；阙身自上而下各分三段绘装饰图案。双阙下有长方形基座，略宽于阙身。

东侧基座宽 9 厘米、高 6 厘米，土色地绘土红色方格，格内等距离绘黑点和绿点；母阙通高 80 厘米、阙身宽 5 厘米、顶檐宽 19 厘米，阙身自下而上分段敷白色、土色、白色；子阙通高 72.5 厘米、阙身宽 4 厘米、顶檐可见宽 14 厘米，阙身自下而上分段敷黑色、绿色、黑色。

西侧基座宽 11.5 厘米、高 6.5 厘米，残存土色地上土红色横格画迹及绿色圆点；母阙通高 79.5 厘米、阙身宽 5.5 厘米、顶檐宽 21.5 厘米，子阙通高 71.5 厘米、阙身宽 4 厘米、顶檐可见宽 11 厘米，阙身分段敷色均与东侧相同。

佛殿绿色单檐庑殿顶，正脊宽 48.5 厘米，两端有鸱尾，屋面以青色勾染瓦垄、鸱尾；屋檐宽 68 厘米，檐下土红色圆点绘椽头。殿内帷幔在门顶束起，两头束成斜角，中间两段垂弧，淡红色地上黑色勾染褶纹，帷幔边缘、束带绿色，门顶高 67 厘米，门内铺黑色地。

图 82 第 257 窟北壁千佛中说法图

[21] 敦煌文物研究所整理《敦煌莫高窟内容总录》，文物出版社，北京，1982年11月，p. 92。

佛殿内立佛高 55.2 厘米，正面，右手在胸前右侧仰掌，五指伸展，结施无畏印，作缦网相。左臂自然下垂，左手大小拇指和食指伸出，掌心朝内，结触地印；跣足分开外撇，踏于覆莲台上。头顶白色圆形肉髻漫漶，淡红色佛发，眉间白毫，白色点染眼、鼻，左眼残，双耳垂肩，颈有二道。披黑褐色圆领通肩袈裟，绿色衣缘，下摆尖角状下垂；内着黑色长裙，踝上土色下摆较宽，下边齐平，土红色线描褶纹。肌肤呈灰色，勾染呈黑色。

佛头光顶端被檐桁遮掩，二圈，内圈圆形白色，外圈绿色。身光二圈，内圈火焰纹，以四色绘七道平行波曲上升的焰苗，由内而外为淡红、白、绿、黑、淡红、白、绿；外圈敷淡红色，顶端隐于头光之后。佛足之下覆莲台，台面土色，复瓣莲花九瓣，外瓣白色、内瓣淡红色。

两侧黑色地上立姿供养菩萨（天人），左右对称，形象、敷色相同。东侧菩萨通高 29.5 厘米、西侧菩萨通高 30.1 厘米（包括莲台、头光），身材修长，微屈膝、弓腰，稍侧身仰视佛陀，双手于胸前合掌。白色头光，袒上身，黑色长裙，跣足相并立于莲台上。肌肤灰色，勾染呈黑色，白色点染眼、鼻。绿色帔巾从肩后环绕双肘垂下。长裙、帔巾经白色细线勾褶纹。莲台圆形，台面淡红色、周沿莲瓣绿色。

背光两侧、帷幔下，黑色地上各一身莲花化生，露头，白色头光、绿色莲花、白色萼托。

佛殿顶上绘一佛塔。白色覆钵式塔身和刹座，高 14.2 厘米，加粉绘壁带。之上的土色圆（锥）台形塔刹相轮高 15.3 厘米，经土红色勾染。刹顶伞盖上三颗绿色宝珠下缀土色铃铎，左右各悬一绿、白、绿三色幡旗，黑色幡头，旗下部黑色分叉垂旒，在两侧作 S 形飘卷而下。所谓阙形塔，应非楼阙之上建塔；阙与塔，空间上系分前后列置。

3）金柱

北壁后部上段平棋顶下壁画天宫伎乐和中段千佛、故事画的东边，以绘代塑影作的立柱（金柱），承托人字披顶西披之下的横枋，成为与以东前部人字披顶下壁画上段天宫伎乐、中段说法图之间的分界。立柱顶端、上段天宫画面中，有安装木质斗栱的凿洞，以作为对木构建筑形象化的模仿，成为石窟建筑整体的一部分（图版Ⅱ：290）。

与南壁的布局相对称，北壁的金柱下起分隔壁画中段与下段的边饰，上达北壁顶端窟顶人字披与平棋交界的横枋下，通高 337 厘米（包括斗栱）、柱身高约 305 厘米、底端宽 16.9 厘米、顶端宽 11 厘米。全柱以土红色为地，柱身为纵长装饰带形式，石绿色绘左右边廓，上下分段绘不同纹饰。上部纹饰漫漶，残存下起四段，与南壁金柱相同。第一段高 68.8 厘米，勾连忍冬花叶纹，土红色地上以黑绿二色双叶忍冬变化叠垒成桃形组合；第二段高 61.3 厘米，星云纹，在土红地色中薄粉绘弧曲云气，染白色点点星辰；第三段高 53 厘米，绿黑二色圆点斜线纹，土红色地上绿色圆点与较小的黑色圆点交替斜向排列；第四段高 51.4 厘米，星云纹，墨线勾染流云如波曲勾连的蔓草，白色点染星辰如丛中花朵；第五段及以上，纹样、分段均难以分辨；比较而言，纹饰保存状况不如南壁（图83）。

4）说法图

人字披顶下窟室北壁前部上段天宫伎乐之下、下段边饰之上，与南壁前部对称，壁面中段绘大幅说法图，因壁面大部残毁，仅西上角犹存。图高约 337 厘米，残宽 268 厘米。因顶部平脊和斜披形成图的上端呈盝形（梯形）。图顶边（平脊下）横长 69 厘米，东侧斜边（腰）残长 56 厘米、西侧斜边（腰）长 155 厘米，西侧斜边下端至图西边 9 厘米，西边纵长 267 厘米，下边残存横长 10 厘米（图84；图版

第一段　　　　　第三段　　　　　第四段

图 83　第 257 窟北壁金柱装饰图案（下起）

II：290）。

i 主尊

说法图构图推测与南壁一致，主尊为佛立像 1 身，正面，头高 46 厘米，应为立姿。面部高 31 厘米、宽 26 厘米。青色佛发，圆形高肉髻，发际线圆润规整。画迹褪色脱落，面部肉红色上依稀可辨右侧眉、眼和鼻、嘴的黑色描绘。头部以下几乎全毁，仅残存右肩部一角。身披通肩袈裟，领缘白色，袈裟上可见土色地上黑色和白色的晕染。

佛右肩上出尖角状神变火焰，宽约 10 厘米，淡红色；头光和身光西侧大部保存，东侧、下部残毁。

头光宝珠形，横径 84.5 厘米，四圈。中心土色，横径 34 厘米，土红色线描外廓，外围三圈。有纵向土红色弹线自头光内心通过肉髻、鼻梁，为全图的中轴线。

第二圈，宽出 6.8 厘米，黑色地上白色细线勾火焰纹。

第三圈，宽出 8.3 ～ 9.5 厘米，土色地上黑色勾染火焰纹，白色细线勾勒，粉青色填地。

第四圈，宽出 8.9 ～ 9.5 厘米，土色地绘绿色火焰纹，黑色填地。

身光宝珠形，横径残存 140 厘米，绘五圈纹饰。第一圈宽出 6.5 厘米，大部被尖角状神变火焰遮挡，可见宽约 5.3 厘米，黑色。

第二圈，宽出 6.5 ～ 8 厘米。绿色。

第三圈，宽出 8.8 厘米，黑色地上白色细线勾火焰纹，同头光第二圈，两侧边描白色点线。

第四圈，宽出 8.8 ～ 10 厘米，与头光外圈相接，合成宝珠形，纹样相同，绘绿色火焰纹，黑色填地。

第五圈。宽出 10 ～ 13.5 厘米。高出头光之上，焰尖达华盖帷幔前缘。淡红色绘火焰纹，黑色细线勾勒，粉青色填地。头光、身光填地的石青色大部褪色变淡。

佛上方穹顶华盖，圆形，横径 118 厘米；盖顶作缓坡圆丘状，高 11 厘米，顶面正视角度绘圆心角五瓣，敷色东起为绿、黑、绿、黑、土色。顶端中央立一白色梭形珠。橙色伞口边缘平直，东西两端各立一白色梭形珠（东端不存），下挂帷幔一周。帷幔饰垂角纹，黑色倒三角形（垂角）与绿色正三角形相间连续排列，正角中间各绘白色细线流苏垂珠。以仰视角度绘伞盖口沿，口沿内土色里面，中部隐在身光之后。头光第二圈以上至伞盖口沿内，可见横向土红色弹线约七条。

华盖上方黑色地上点缀莲花化生和莲蕾，左右对称，内侧左右各一朵莲蕾，外侧二身莲花化生。莲蕾桃形，绿色。化生露头，东侧淡红色头光、西侧绿色头光，均黑色莲花（图版 II：290 ～ 292）。

主尊东侧已全部残毁。主尊西侧下部绘三排供养菩萨，上部绘三排飞天。

ii 主尊两侧

（i）主尊东侧

主尊东侧壁画仅存主尊头光、身光部分和华盖东侧，以及伞盖帷幔下与身光之间绿色画迹，应是飞天帔巾或长裙残存的部分。

（ii）主尊西侧

主尊西侧下部绘右胁侍、三排供养菩萨（天人），均立姿，上部绘三排飞天（图 85、87）。

i）右胁侍

第二排供养菩萨与身光之间，残存主尊右侧胁侍的头部，仅存头右上部分和头光大部，可大致判断为立姿菩萨。头光二圈，内圈绿色较浅、外圈土色敷色薄粉。内圈中心残存白色、绿色宝冠画迹，与南壁前部说法图中戎装左胁侍头光比较，同样冠沿饰二白色圆珠，冠饰顶端装饰仰月，其下绿色珠饰、白色坠饰，有无鸟形不得而知。外圈下端残存右肩上绿色帔巾画迹。胁侍淡肉红色额发，肌肤呈变色之后的黑灰色、黑色勾染，与图中菩萨、天人一般无二（图版 II：294）。

ii）供养菩萨

主尊西侧三排立姿供养菩萨（天人），自下而上第一、二两排在右胁侍以西，每排 4 身，第三排 5 身（图 85、86；图版 II：293、294）。其中第一排东起第一身菩萨，仅存绿色圆形头光顶端，以下全部残毁。第二身菩萨，仅残存头光和头、肩部分。头侧向左，朝东。白色宝珠形头光，残存宝冠绿色珠饰、坠饰，顶饰仰月，灰白色项圈，袒露的右肩上残存淡红色帔巾画迹。第三身菩萨，回身侧向右，面朝西仰首；双手置胸前合掌，右手在前，拇指与另四指分开。土色圆形头光，白色耳环，颈有二道，灰褐色项圈、腕钏，半披土红色袈裟，绿色衣缘。额上白毫土色，肌肤灰黑色，晕染呈黑色。眼、鼻白色细笔描绘，绘制精湛。第四身菩萨，高 86 厘米（包括莲台、头光），稍侧向左，朝东，平视前者，上身稍后仰，腹稍前挺。右手自然下垂身侧，左手在胸前半握，伸食指、小指，拇指与中指相捻项圈珠饰。宝珠形头光上黑灰、红褐色作多环晕染，残存宝冠白色仰月及绿色珠饰、坠饰。额发淡红，颈有二道，袒上身，灰褐色缀珠项圈、腕钏，绿珠璎珞挂胸前，白色长裙，下摆呈垂角状。跣足外撇踏莲台。肌肤灰黑色，晕染呈黑色，白色双眼、鼻形绘制精细。绿色帔巾从背后

图84　第257窟北壁前部说法图

绕肩膊、双肘垂下。左下裙摆、帔巾及左足残毁。覆莲台土色台面、绿色覆莲瓣。

第二排东起第一身菩萨，出右胯，上身向左倾，回首侧向右，面西向身后菩萨。左臂稍屈垂下，左手向前伸开仰掌；右臂屈起，右手置胸前半握，手背朝外竖小指。褐色宝珠形头光，黑褐色多环晕染，残存宝冠白色仰月及绿色珠饰、坠饰，淡红色发。颈有二道，袒上身，灰白色缀珠项圈、腕钏，绿珠璎珞、带状璎珞挂两肩长垂至腹下，白色长裙。肌肤灰褐色，晕染呈黑色。淡红色帔巾从背后绕肩膊、双肘垂下。第二身菩萨，侧身向左，朝东，面向前者，稍后仰，双手于胸前合掌。土色宝珠形头光，土红色线描边，上部存一道横向弹线，可见白色宝冠残迹。白色耳环，灰白色缀珠项圈、腕钏，绿珠璎珞，披灰褐色袒右袈裟，绿色衣缘，青色长裙。肌肤灰褐色，晕染呈黑色，白色点染白毫、眼、鼻，嘴唇染浅红。第三身菩萨，头向右偏倒，稍侧向右，下视。右手在右侧胸腹之间半握，二指相捻，左手自然下垂。

图 85　第 257 窟北壁前部说法图右胁侍及西侧供养菩萨（天人）

白色圆形头光，残存白色宝冠上绿色珠饰、坠饰及褪色仰月。淡红色发，白色耳环，颈有二道，祖上身，灰白色缀珠项圈、腕钏，绿珠
璎珞挂胸前，黑色长裙，白色细线勾褶纹。肌肤灰褐色，晕染呈黑色，白色染白毫、眼、鼻，双唇绘制精细。青色帔巾从背后绕肩膊、
双肘垂下。第四身菩萨，侧身向东，头仰起。右臂伸直张开手掌按向前下方，左臂屈起，左手抬至肩前翻腕仰掌。绿色圆形头光，残存
宝冠白色珠饰。灰白色项圈、腕钏，半披土红色袈裟，绿色衣缘，土色长裙。肌肤灰褐色，晕染呈黑色，白色点染白毫、双眼、鼻梁。

　　第三排东起第一身菩萨，侧身向东，上身后仰，平视。右手自然下垂，左手置胸前握拳。灰色宝珠形头光，白色冠上绿色珠饰、坠饰，
褪色仰月，两侧白色缯带上扬。颈有二道，祖上身，灰褐色缀珠项圈、腕钏，绿珠璎珞，白色长裙。肌肤灰色，晕染呈黑色。头部剥落
处露出淡肉红色。粉青色帔巾沿肩膊绕双臂垂下。第二身菩萨，侧身向左，朝东，仰身昂首，仰望主尊，双手于胸前合掌。绿色圆形头
光，残存冠饰白色圆珠等。白色耳环，颈有二道，灰褐色项圈、腕钏，半披土红色袈裟，绿色衣缘，淡红色裙。肌肤灰色，勾染呈黑色。
第三身菩萨，侧身向左，朝东，上身后仰、挺腹，低头沉思状。右臂自然下垂，右手于股侧平展，掌心朝上；左肘内屈，于肩前翻腕仰

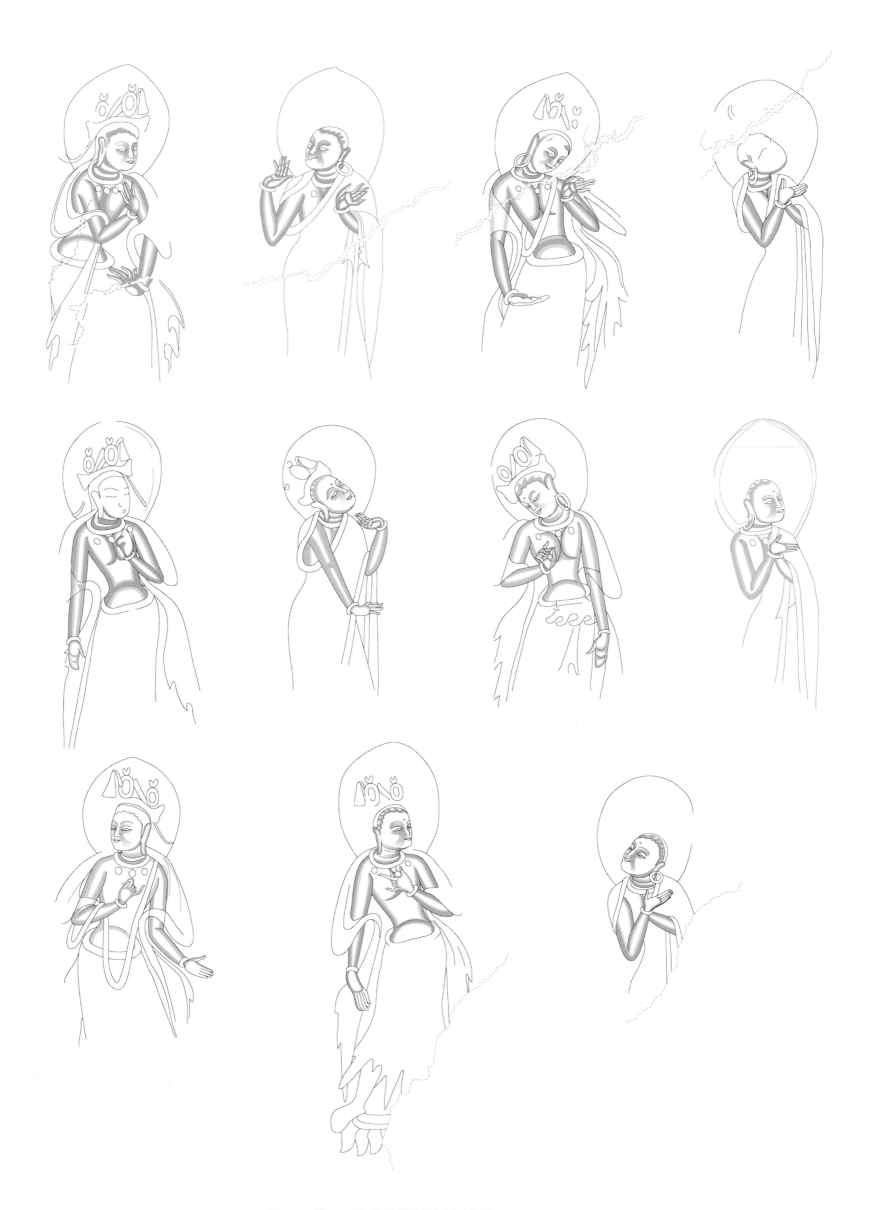

图 86 第 257 窟北壁前部说法图中的人物晕染

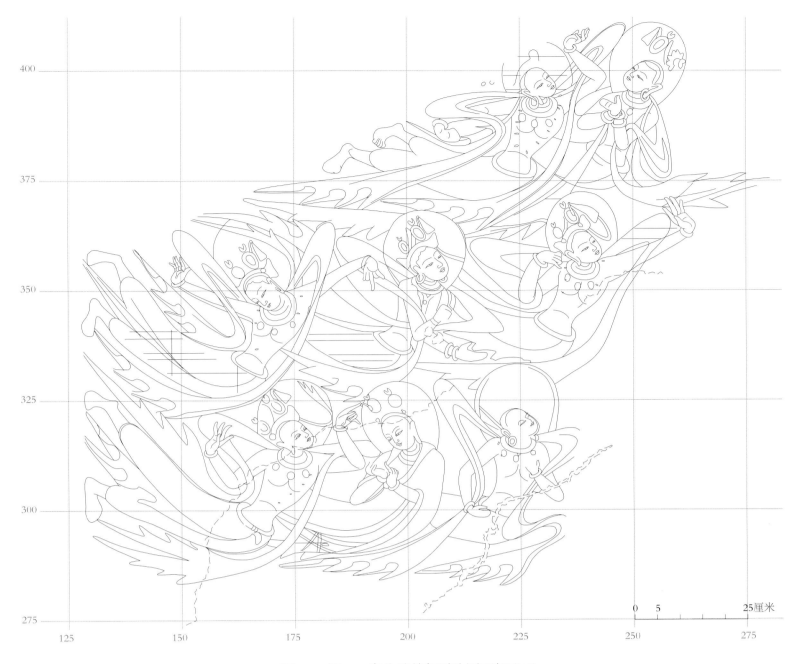

图 87　第 257 窟北壁前部说法图西侧飞天

掌。白色宝珠形头光，残存白色宝冠上绿色珠饰、坠饰，白色耳环。颈有二道，祖上身，灰褐色缀珠项圈、腕钏，绿珠璎珞，带状璎珞斜挎左肩，灰褐色裙。肌肤灰色，晕染呈黑色。土色帔巾从肩后绕臂飘下，土红色描边、晕染褶纹。第四身菩萨，回首向右，面西昂首，面对第五身菩萨，左右手举至两肩前方摊开，掌心向外。土色宝珠形头光，土红色线勾边，残存宝冠白色、绿色、土红色画迹，白色耳环。颈有二道，灰褐色缀珠项圈、腕钏，挂绿珠璎珞，半披灰黑色袈裟，青色衣缘，淡红色里面，绿色长裙。肌肤灰色，晕染呈黑色，白色细笔绘双眼，嘴唇染淡红色。第五身菩萨，侧身向左，朝东，双膝微屈后坐，上身前俯，平视。右手抬至胸前扬掌，掌心朝外；左手垂至左股上回勾下按，掌心向下，指尖朝内。黑色宝珠形头光，白色宝冠上绿色珠饰、坠饰，上端饰白色仰月，白色缯带在冠两侧上扬，淡红色发。祖上身，灰褐色缀珠项圈、腕钏，绿珠璎珞垂于胸腹间，白色长裙。肌肤灰色，白色点染眼、鼻。绿色帔巾从背后绕肩膊、双肘垂下。

iii）飞天

西侧供养菩萨上方，绘三排飞天，均上身前倾，下身扬起，整体呈近似直角的 V 形，向东飞行（图 87；图版 II：295）。自下而上第一、二排每排 3 身，第三排 2 身。其中第一排东起第一身菩萨，面朝主尊，昂首向前。左手置左胸前，右臂屈肘，右手置于腰侧。土色圆形头光，勾土红色边，残存冠饰画迹绿色斑点。祖上身，灰白色缀珠项圈、腕钏，绿色长裙。肌肤灰色，剥落处露出淡红色。黑色帔巾白色线描褶纹，从颈后飘向左右上方又折回绕两臂向后方飘卷。第二身飞天，上身扭转回看身后的第三身飞天，领首，双手合置胸前作捧物状。绿色头光内圈青色、外圈绿色晕染，残存冠饰画迹白色圆珠、仰月等。灰白色项圈、腕钏，半披土色袈裟，绿色衣缘，土色长裙。肌肤灰色，多剥落露出淡红色。第三身飞天，仰面向东飞行，双臂抬起，双手举至头两侧，右手向后扬掌，左手半握指向前方。白色圆形头光，白色宝冠上绿色珠饰、坠饰及白色仰月画迹。祖上身，灰白色缀珠项圈、腕钏，黑褐色长裙，白色细线勾褶纹，腰带飘在两腿间，跣足上下分开。肌肤灰色，露出淡肉红色晕染。头光上有横向土红色弹线二条。绿色帔巾在两肩上呈环状，绕臂向后飘起。

第二排东起第一身飞天，昂首面朝主尊，左臂直伸向前立掌，探向前方的主尊身光，右臂在身后屈起，右腕在肩上回勾，掌心向下。绿色圆形头光，青色晕染内心，上有冠饰白色仰月、珠饰画迹。祖上身，灰白色缀珠项圈、腕钏。土色长裙，土红色勾染。肌肤灰色，勾染呈黑色。白色帔巾，土红色勾染边缘，从肩后飘向两侧折回绕双臂向后飘扬。帔巾上有横向土红色弹线。第二身飞天，面向主尊。两臂自然向前伸出，在前下方合掌。黑褐色圆形头光，白色宝冠，绿色珠饰、坠饰、白色宝珠、仰月、缯带、耳环。颈有二道，祖上身，灰白色项圈、腕钏、白色长裙。肌肤灰色。裙裾上可见横向土红色弹线。绿色帔巾飘向肩两侧折回绕双臂向后飞扬。第三身飞天，头偏倒向右侧，双臂向两侧平伸高抬，如展翅飞翔状，左腕在前回勾下指，右手向后扬掌。头光内心青色与外围绿色晕染过渡，残存冠饰白色珠饰、仰月画迹。祖上身，灰白色缀珠项圈、腕钏、土红色线勾勒土色长裙，腰带飘在两腿间，跣足上下分开。裙裾上可见土红色弹线横向五道、纵向二道。

第三排东起第一身飞天，上身向右侧转后仰，背靠主尊华盖帷幔，面西回望，双手于胸前合掌。白色圆形头光，白色宝冠上绿色珠饰、坠饰、花饰及白色仰月。祖上身，灰白色缀珠项圈、腕钏。褐色长裙，白色细线勾褶纹。肌肤灰色，勾染呈黑色。土红色勾染土色帔巾自颈后环绕双臂飘向下方两侧。第二身飞天，昂首向前。右臂向后伸展，手掌回勾；左臂前伸，前臂屈起，左手举至头前上方掌心朝上，触摸天宫栏墙下的帷幔。土色头光，束高髻，祖上身，灰白色缀珠项圈、腕钏，胸前绿珠璎珞，绿色长裙。跣足上下分开。肌肤灰色。头光上有横向土红色弹线。褐色帔巾白色细线勾褶纹，从肩后飘向两侧折回绕双臂向后飘扬。

（3）上段（天宫伎乐）

北壁上段接续西壁绘天宫伎乐，西端与西壁上段北端相连接，包括天宫、栏墙、莲池、椽头和帷幔，内容组合、设色、高度、间距大致相同。

1）天宫

北壁上段栏墙的凹凸面，以凸面计数残存 21 个。栏墙下的莲池和莲池下的椽头（牛腿），各有 31 个。以下的帷幔，绘装饰图案垂角纹和竖条纹，组成横长的装饰带，主题和敷色与南壁、西壁略同，西部受烟熏污染。

北壁上段天宫，原状约有宫门 30 个，现存平棋顶下 18 个宫门，人字披顶下残存 7 个宫门，合计宫门 25 个。宫门高约 31 ～ 35 厘米、宽约 18.5 ～ 30.5 厘米。

2）伎乐

现残存 25 个宫门中，现存伎乐天 21 身，从西到东记述如下。

北壁上段西端较狭窄的屋形门内，烟熏污染较重。西起第一身伎乐天，稍侧向左，朝东，俯视，双手于胸前合掌。绿色头光，宝冠斑驳、模糊，残存白色、绿色画迹，白色缯带在冠两侧下曲上扬。颈有二道，项圈、腕钏呈黑色，披灰褐色宽大通肩袈裟，绿色衣缘。黑色裙。肌肤黑灰色，勾染呈黑色，面敷薄粉，白色点染眼、鼻，眼睑、鼻梁，面颊露出淡红色。门内土色地烟熏变色呈黑灰色，西侧点缀一枝绿叶白色小花。

第二身伎乐天，拱形门内，朝西，出左胯，舒右腿，稍前俯，回首面东，稍侧向左昂首。右手抬至肩前扬掌，左手在胯间翻腕，双手拍击胸前腰鼓。头光内心黑色，外圈渐淡。颈有二道，祖上身，项圈、腕钏呈黑色。白色裙以黑色勾染褶纹，白色细线勾勒。肌肤灰白色，勾染呈黑色，眼睑、鼻梁染淡红色，鼻翼点白色。绿色帔巾在肩两侧呈环状绕臂飘下。圆肚腰鼓斜挎，鼓身黑色中露出淡红色，中腰勒横箍，鼓面白色。门内头光两侧各点缀一枝小花。

第三身伎乐天，屋形门内，出右胯，舒左腿，上身向左倾斜，头转向右微仰。双手在左肩上持横笛吹奏。黑色头光，宝冠存白色画迹，仰月呈黑色，白色缯带右侧婉转飘下、左侧向上飞扬。颈有二道，项圈、腕钏呈黑色，半披黑褐色袈裟，黑色衣缘，薄粉染褶纹。白色裙。肌肤灰白色，勾染呈黑色，白色描眼、鼻。横笛呈黑色。门内土色地上西侧点缀绿白二色小花三枝、东侧上部一枝，东侧下部点缀一细茎蔓生三枝小花（图版Ⅱ：296-1）。

第四身伎乐天，拱形门内，出右胯，舒左腿，上身稍向左倾，头侧倾向右俯首，怀抱琵琶，右手在胸前弹拨，左手在左侧控弦。头光内心淡褐色，外周白色晕染。束高髻。祖上身，腕钏呈黑褐色。下身裙呈灰白色，黑色勾染褶纹，白色细线勾勒。肌肤灰色，勾染呈黑色，两臂露出淡红色，白色点染眼、鼻。帔巾呈黑色，在两肩外侧呈环状，绕双肘婉转飘下。琵琶呈黑色，边缘露出淡红色。门内上半部土红色地上，头光两侧点缀小花各一枝，下半部烟熏变色呈灰白色（图 88）。

第五身伎乐天，屋形门内，侧身向左，昂首，双手从袖中伸出在胸前作捧物状，物件不明，呈白色。绿色头光，白色三珠宝冠饰仰月、坠饰，两侧白色缯带系结，右侧上扬，左侧飘向头光后。项圈、腕钏呈黑色，披灰白色通肩袈裟，衣缘绿白二色，黑色裙。肌肤灰色，勾染呈黑色，前额、眼睑、鼻梁染淡红色。门内土色地上天人身后点缀一细茎蔓生三枝小花（图版Ⅱ：296-2）。

第六身伎乐天，拱形门内，稍出右胯，舒左腿，侧身向左，扭头朝右昂首，双手在左肩前如捧物状。圆形头光二圈，内圈黑褐色、外圈白色，斑驳。颈有二道，祖上身，项圈、腕钏呈黑褐色，白色裙经浅灰色勾染褶纹。肌肤灰色，勾染呈深灰色，白色描鼻梁，双目、鼻翼、口唇、肩、臂、胸、腹露出淡红色。绿色帔巾经白色晕染，从肩后环绕双肘，右侧向上高扬，左侧婉转垂下。门内土红色地上头

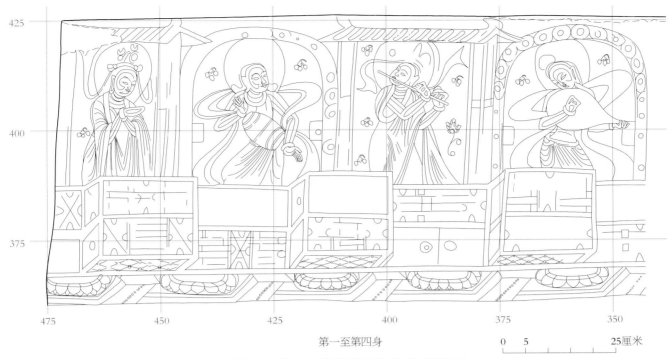

图 88　第 257 窟北壁天宫伎乐（西起）

光东侧点缀小花枝。

第七身伎乐天，屋形门内，稍侧向左颔首，双手合掌于胸前握花枝。黑色头光，戴花鬘冠，饰宝珠、坠饰，两侧缯带系结下曲上扬。灰白色耳环、项圈、腕钏呈褐色，半披红褐色袈裟，黑色衣缘，白色裙粉青色勾染褶纹。肌肤灰色，眼、鼻、耳、颈、肩、臂露淡红色。手中花枝白色细蔓曲折垂下，三片绿叶，开白萼绿瓣小花。门内天人身后土色地上点缀一细茎蔓生三枝小花（图版 II：297-1）。

第八身伎乐天，拱形门内，侧身向右，面西弓腰俯首下视，双手置胸前合掌。白色圆形头光、白色高髻。袒上身，项圈、腕钏呈褐色。土红色裙，黑色竖道勾染褶纹。肌肤灰色，白色描眼、鼻、口、裙褶。黑色帔巾在两肩外侧呈环状，绕双肘婉转垂下。门内土红色地上两侧各点缀上下二枝小花（图 89）。

第九身伎乐天，屋形门内，出左胯，舒右腿，上身稍向右倾，头偏向左，耸右肩，俯首吹奏，双手在颔下捧埙。绿色头光，宝冠斑驳，白色缯带飘向后方西侧。颈有二道，半披白色袈裟，青色衣缘，黑色裙。肌肤灰色，勾染呈深灰色，部分露出淡红色。手中乐器埙，白色（图版 II：297-2）。

第十身伎乐天，拱形门内，侧身向右，朝西，右腿在前，腰微弓前俯，左手置胸际，右侧残损。圆形头光斑驳呈黑褐色，束高髻。颈有二道，袒上身，项圈呈淡红色，白色裙。肌肤灰色，黑褐色勾染，残损处露出淡红色。绿色帔巾从肩后环绕两臂，右侧飘卷向上高扬，左侧飘下。门内土红色地上点缀三枝绿白二色小花。

第十一身伎乐天，屋形门内，稍侧向左，面东，稍右向后仰身，昂首，耸右肩，双手在两肩外侧握一绳带的两端。黑色头光，冠饰斑驳，残存仰月、坠饰画迹，白色缯带在两侧向上高高飘起。戴项圈、腕钏，半披白色袈裟，绿色衣缘，里面黑色。肌肤灰色，勾染呈深灰色，脱色处露出淡红色。所持绳带 U 形垂弧及于胯下，呈黑色，脱色处露出土色地，或为带状璎珞，或因两侧端头较宽，推测或为打击乐器碰铃之类。门内西侧天人身后土色地上点缀二枝小花。

第十二身伎乐天，拱形门内，侧身面东，弓腰前俯，双手持竖笛吹奏。白色圆形头光。颈有二道，袒上身，项圈、腕钏呈黑褐色。灰白色裙，灰褐色竖线勾染褶纹，白色细线勾勒。肌肤灰色，勾染呈黑色，脱色处露出淡红色。黑色帔巾从肩后环绕双肘飘卷高扬至头光两侧（图 89）。

第十三身伎乐天，屋形门内，侧身向左，回首向右，面西，双手高举至头左上方作拍击状。绿色头光，三珠宝冠斑驳，白色缯带在两侧下曲上扬。腕钏呈黑褐色，披黑灰色袒右袈裟，绿色衣缘。肌肤灰色，勾染呈黑色。门内天人身后土色地上点缀小花一枝（图版 II：298-2）。

第十四身伎乐天，拱形门内，出右胯，上身向左侧倾，回首向右，面西，怀抱琵琶，右手在胸前弹拨，左手在左下方控弦。圆形头光呈黑褐色，白线勾边。头上黑色圆形发髻，袒上身，项圈、腕钏呈黑褐色，白色裙。肌肤灰色。曲颈琵琶褐色边廓，面板粉青色斑驳。绿色帔巾从肩背环绕双肘，右端高扬，左端飘下。门内土红地上点缀三枝小花。

第十五身伎乐天，屋形门内，出右胯，头偏向右俯首，左手在肩侧，右手在胯间，双手张开拍击腰鼓。黑色圆形头光，冠饰漫漶，白色缯带在两侧上扬。戴项圈、腕钏，披白色袒右袈裟，黑色衣缘。肌肤灰色，轮廓边缘露出淡红色。细腰鼓（毛员鼓）斜挎胸前，鼓身灰色，鼓面白色（图版 II：299-1）。

第十六身伎乐天，拱形门内，向右侧俯身、低头，双肘内屈于胸前手持乐器吹奏。白色圆形头光脱色近半，露出土色地。袒上身，

第五至第八身

第九至第十二身

0 5 25厘米

图89 第257窟北壁天宫伎乐（西起）

褐色裙勾白色细线。肌肤灰色，轮廓边缘露出淡红色。黑灰色帔巾在两肩侧呈环状绕双肘垂下飘卷。吹奏乐器呈三角形，敷色斑驳，或为排箫。门内土红地上点缀四枝小花，东上角点缀一细茎蔓生三枝小花（图90；图版Ⅱ：299-2）。

第十七身伎乐天，屋形门内，头扭向左微仰，双手举至右肩前持横笛吹奏。绿色头光，残存三珠宝冠，顶饰仰月，两侧白色缯带下曲上扬。残存项圈、腕钏呈黑褐色，披褐色通肩袈裟，绿色衣缘。肌肤灰色，勾染呈深灰色，轮廓边缘露出淡红色。门内西侧土色地上点缀一枝绿色小花（图版Ⅱ：299-3）。

此门以东拱形门即西起第十八宫门，为北壁平棋顶下最后一个宫门。为承托人字披顶西披之下横枋，在此凿洞安装木质斗栱，故不画伎乐而在门内西侧绘上下二朵莲蕾，分别敷绿色和黑褐色，桃形，均有三片叶。门内东部为凿洞残迹，约低横枋19厘米，孔径纵约17厘米、横约16厘米，其下承以北壁的金柱。

人字披顶下西起第一个宫门，即北壁西起第十九宫门，位于窟顶西披下端，屋形门，壁画受损。门内第十八身伎乐天，侧身向左，朝东，腹稍挺，右手在胯下，左手在肩上，张开手掌拍击腰鼓。白色圆形头光部分被熏黑，宝冠画迹模糊，残存白色仰月、绿色珠饰，两侧白色缯带下曲上扬，半披袈裟略敷薄粉，黑色衣缘，全身多为土红色起稿线，尚未赋彩完成。圆肚腰鼓斜挎左胸前，染浅灰色，勒有横箍，鼓面白色。

第十九身伎乐天，拱形门内，舒左腿，向左（东）弓腰俯身、低头，双手在颏下持物（疑为管乐器）作勉力吹奏状。白色圆形头光染土红色边缘。袒上身，残存项圈、腕钏，深褐色裙，白色线描腰带。肌肤淡肉红色，勾染呈灰色。黑褐色帔巾由两肩扬起呈环状，婉

第十三至第十六身

第十七至第十九身

0　5　　　25厘米

图 90　第 257 窟北壁天宫伎乐（西起）

转绕臂垂下。门内土红色地上点缀绿色白叶小花（图 90）。

第二十身伎乐天，屋形门内，侧向左昂首，右手置胸腹间、左手在肩前，共托持一物。绿色头光。束髻，两侧白色缯带系花结飘出，右侧向后飘下、左侧高高上扬。戴项圈、腕钏，披深褐色通肩袈裟，绿色衣缘。肌肤深灰色，勾染呈黑色。

第二十二宫门为拱形门，东上角残毁。门内第二十一身伎乐天，侧身向左，面东，出左胯，稍后仰，双手于胸前合掌。黑灰色头光左上部残。袒上身，灰白色项圈、腕钏，白色裙。肌肤灰色，勾染呈黑褐色，白色点染眼、鼻。绿色帔巾白色细线勾褶纹，从肩后环绕双臂，右侧婉转高扬，左侧飘下。门内西下角点缀小花一枝（图版 II：300-1）。

受窟顶坍塌影响，西起第二十三宫门仅残存下部，两边白墙表明是屋形门；门内内容不明，疑是第二十二身伎乐天的白色袈裟和绿色内裙，东侧露出门内土色地。第二十四宫门仅存西下角，残存拱形门的橙色门柱、门内土红色地和第二十三身伎乐天黑色裙裾，其上方毁于安插木质斗栱的凿洞（图 91）。上方原顶部平脊西侧横枋已毁，凿洞位置、孔径与南北两壁前部横枋下各凿洞大略相同。南北两壁所有凿洞均已在现代维修保护中以泥灰封填抹平。第二十五宫门仅见屋形门内下部第二十四身伎乐天绿色裙裾及黑灰色地残迹（疑为土色地受烟熏所致）。第二十六宫门仅存下边东侧一小片拱形门内土红色地。以东宫门无存，仅残存模糊的栏墙凹凸面，所见薄粉及土红色起稿线似未完成的画迹（图 92；图版 II：300-2）。

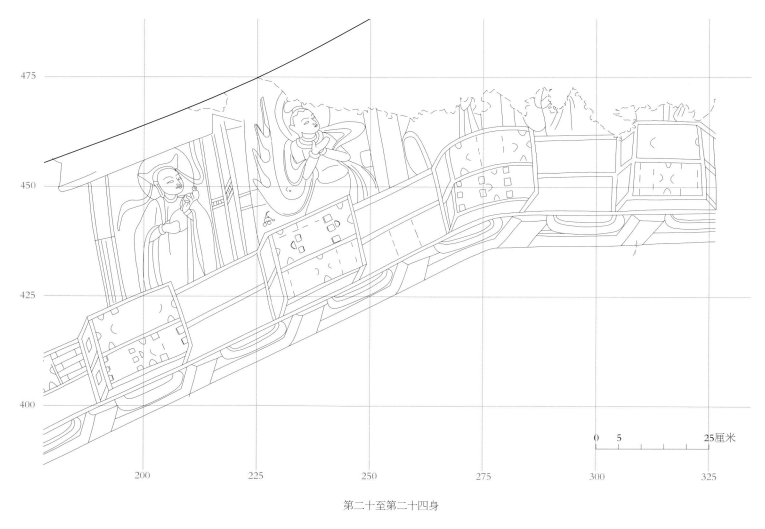

第二十至第二十四身

图91　第257窟北壁天宫伎乐（西起）

（三）窟顶

1. 前部人字披顶

窟顶前部（东部）人字披顶，东披受原东壁坍塌影响，几乎全毁，仅存西南端的一角；西披相对完整，西披下边与后部平棋顶相连接；两披之间的平脊，残存三方平棋图案（图93；图版Ⅰ：45；图版Ⅱ：301、302）。

（1）东披

窟室前部人字披顶的东披，残存的西南角，包括南端第一方望板和第一根椽子的上半部分及第二方望板南侧上端一小角。第一根椽子残长32厘米、横径9厘米、浮出4.3厘米，截面略呈半圆形。第一方望板纵长52.3厘米、宽18.5厘米，白色地上绘曲交叉的枝蔓，一朵桃形莲蕾呈灰褐色，上有"小"字形三片莲叶及点状、Z形花蕊生起。画面左右两边勾土红色边廓。浮塑的椽子敷土红色，有墨线和白粉勾染纹样。第二方望版的上角，纵向残长16.7厘米、宽21厘米，残存白色地上Z形墨线（图版Ⅱ：302-1）。

（2）西披

人字披西披浮塑椽子，上下两端分别与平脊西沿横枋和平棋顶东边横枋正交，长约148～151厘米、横径约7.5～10.9厘米、浮出约3.6～4.6厘米，截面略呈半圆形，原约有15根，现残存13根，其中南起第一至第七根保存完整。椽子边缘不甚规整，犹如木料的自然形态，敷土红色。每根椽子彩绘分上下四段，上段稍短，下三段大致相等。在上、中、下三个分段的位置绘黑、绿、灰（粉青）、白色五道横纹，犹似竹茎之分节。下三段横纹下隔段交错绘垂角纹，纹样略似M形，灰色（粉青，或薄粉），长度逾段长的五分之三，下端尖锐。

椽间望板，原约有16方，现残存15方，其中7方保存完整（图94）。除南北两端望板较窄，仅半宽，一般宽约26～31厘米。望板彩绘皆白色铺地，画面左右两边和底边勾土红色边廓。全幅望板画底部各绘供养天人一身，南起七身皆侧身向左，朝北，双手于胸前合掌，蹲跪，跪地右膝着于莲台上（北起的七八身或侧身向右，朝南，左膝跪地）；圆形头光，袒上身，灰白色项圈、腕钏，下着裙；敷色自南而北，头光依次为白、绿、黑、土；肌肤大体呈灰白色，部分被熏黑；长裙依次为黑、土、白、绿，帔巾依次为土、白、绿、黑，很小的莲台依次为绿、黑、绿、黑。天人掌中各持一枝莲茎波曲向上，其间枝叶蔓生，忍冬多姿，盛开三朵莲花。莲花桃形，分二式：一为绿色莲瓣、土色莲房、青色莲蕊，另一为黑色莲瓣、土色莲房，均有"小"字形三片莲叶。各枝上下莲花交替按绿、黑、绿或黑、绿、黑次序。南北两端的半幅望板画形式相同，宽约11.8～15厘米，绘一株莲茎波曲向上，枝叶间生长四朵莲蕾。莲蕾桃形，自下而上，南端按黑、绿、黑、绿次序、北端按绿、黑、绿、黑次序。莲花、莲蕾之上，均有点状、Z形蕊丝、蕊头生起（图94；图版Ⅱ：301、

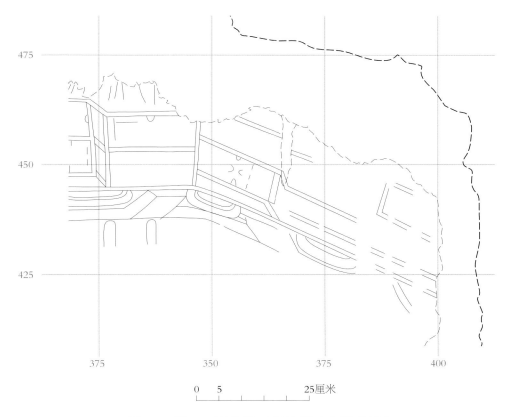

图 92　第 257 窟北壁天宫伎乐（东端残迹）

302、303-1）。

（3）平脊

平脊东西两侧塑成横枋。东侧横枋自南端起，残长 65 厘米，宽约 17.5 厘米，浮出 4 厘米，图案残存 2 段。横枋以绿色描边，不同图案以绿色线间隔，大多剥落。南起第一段，长 38.5 厘米，白色，纹饰不可辨识。相隔敷绿色 6.5 厘米，第二段，残长 18 厘米，白色细线边框，土红色地绘藤蔓分枝波状忍冬纹，绿色单叶。

平脊西侧横枋自南端起，残长 477 厘米，宽约 10 ～ 12 厘米，浮出约 4.6 厘米，图案残存 6 段。南起第一段，长 44 厘米，土红色。第二段，长 71.4 厘米，双线菱格纹。黑色粗线斜向方格中套小方格，白色填地，部分敷色脱落。第三段，长 75.5 厘米，边框绿色，土红色地绘绿色单叶波状忍冬纹，花叶间有逗号形圆点纹（图 97-2）。第四段，长 76.4 厘米，三色斜格纹，变色，略呈青（绿）色、褐（浅红）色、土（白）色、褐色，依序斜向排列，隔行相错一格。第五段，长 79.5 厘米，鳞纹，土红色地上以白色点线分格，内芯由内而外，绿色、白色、黑色三层弧形相叠，犹如花瓣的基、檐。第六段，残长 56 厘米，原为绿色，变色、褪色呈粉青色，纹样漫漶（图 95）。

东、西横枋之间平整的顶面彩绘平棋，共约 8 组，均以三个正方形格错角套叠。其中 6 组为全幅，南北两端的两组为半幅，现残存 3 组。自南而北依次叙述。

第一组，半幅，仅绘出北半部，长方形，南边敷土红色为界。其外框，除借用东、西浮塑横枋外，南边东西向的支条宽 11.8 厘米、长 67.2 厘米，土红色地绘波状忍冬纹（图 97-1）。内心边长 41 厘米，绘绿色水池中并排二朵黑褐色桃形莲蕾，白色萼托。平棋支条与横枋、纵枋相同，概以绿色描边，不同图案以绿色线间隔；仅内心方格留土色边线，为内方格支条的内边，其外边仍描绿色。内方格支条宽 8.3 厘米，土红色地绘有白色圆点，略似星云纹。内方格与外方格错角相套，岔角绘淡红色火焰，绿色线勾三角形焰心。外方格支条宽 8.6 厘米，土红色地绘波状忍冬纹，绿白二色忍冬叶。外方格与外框错角相套，岔角土红色地上绘一朵桃形莲花；东北角为绿色莲瓣、土红色莲房、青色莲蕊、"小"字形莲叶、白色萼托，西北角为黑色莲瓣、土红色莲房、白色萼托。

第二组，东北大部残毁；外框与前者共享。内心边长 32.5 厘米，土色边框，绿色地上一朵同心圆莲花，径 27.3 厘米，内圆土色莲房，中圈白色，外圈土色加敷薄粉为莲瓣，莲花外周土红色线勾边。内方格支条宽 7.2 厘米，土红色地绘白色圆点，略似星云纹，内边长约 44 厘米。内格与外格错角相套，岔角绘淡红色火焰，绿色线勾三角形焰心。外方格支条宽 8.4 厘米，土红色地绘四瓣花散点花叶纹。外格与外框错角相套，岔角白地上各一朵桃形莲花，东南、西北角为黑色莲瓣、土黄色莲房，西南角为白色莲瓣、土黄色莲房、青色莲蕊。

第三组，残存于平脊中段，即原状的第五组，东南角残。外框除东、西横枋外，东西向的支条，南侧的宽 12.3 厘米，双线菱格纹。黑色地上白色粗线斜向方格中套小方格，小方格中留黑心；北侧的宽 12.7 厘米，土红色地绘鳞纹，内心绿色、白色、黑色等弧形相叠；外框内边长约 63.2 厘米。构图格局与第二组大同小异，相异处除土色内心受烟熏污染外，外方格支条土红色地绘波状忍冬纹而非散点花叶，外格与外框间岔角桃形莲花地色土红而非白色。西南、东北角绿色莲瓣、黑褐色莲房、白色萼托，西北角黑色莲瓣、灰黑色莲房、白色萼托，均有"小"字形莲叶。其南北两侧残存原第四、第六组外格与外框间岔角少许，均以白色为地，与第二组相同。推想原平脊彩画全幅平棋有可能以第二组、第五组两种类型相间排列（图版 II：301、302）。

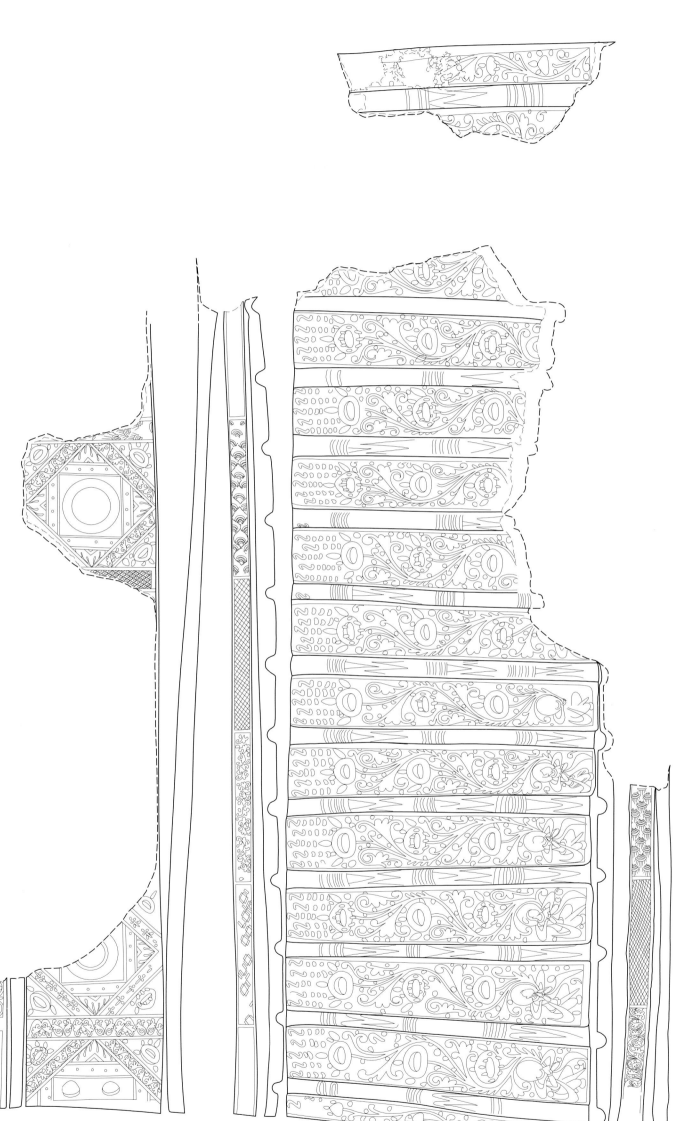

图 93 第 257 窟窟顶人字坡展开图

图 94　第 257 窟窟顶人字披西披（部分）

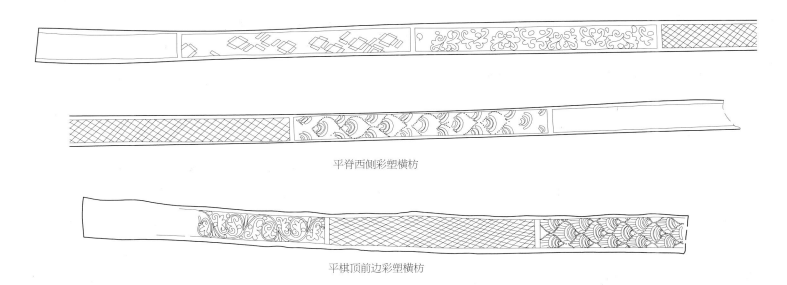

平脊西侧彩塑横枋

平棋顶前边彩塑横枋

图 95　第 257 窟窟顶人字披顶与平顶之间浮塑横枋

2. 后部平棋顶

　　人字披顶与平棋顶之间相隔平棋顶前边浮塑的横枋。横枋架设在金柱之上，现仅有南端的一段残存，残长 209 厘米、宽约 12 ～ 13 厘米，浮出 2.7 ～ 4 厘米，图案残存 4 段。南起第一段，长 40.5 厘米，土红色，不见纹饰。第二段，长 44.5 厘米，土红色地绘藤蔓分枝波状忍冬纹，白绿黑三色忍冬叶。第三段，长 72 厘米，三色斜格纹，变色，略呈褐色、黑褐色、土色，依序斜向排列，隔行相错一格。第四段，长 50 厘米，白色点线绘鳞纹，深红色芯，白色、绿色、白色、黑色等弧形相叠。横枋东西两侧面白色，不绘纹饰（图 95）。

　　横枋以西，中心塔柱四周窟顶即甬道上方共处于同一平面上的平顶，全部绘制平棋图案。因为地仗层残损脱落严重，现残存 9 组平棋，与平脊上的全幅平棋制作方式、组织结构相同，均以壁画形式影作三个正方形格错角套叠。依据现存东南角相对完整的两组推测，在塔顶四周，每面之前原各有 4 组面积大致相同的平棋图案，共 12 组（图 96）。以下从塔柱东向面上方开始，按右绕即顺时针方向，逐一叙述残存的平棋内容。

　　第一组，位于塔柱东向面上方南侧（图 98；图版 II：303-2、305、306）。平棋残存大半，北部损毁。其外框，东边借用平顶与人字披顶之间浮塑的横枋，西边借用塔柱东向面顶前影作横贯南北的横枋，其间距约 140 厘米。影作横枋仅残存南部一段，宽约 18.9 厘米，现存残长 167 厘米，距南壁 129 厘米，图案残存 3 段；南起第一段，残长 34 厘米，土红色地绘鳞纹，纹样同浮塑横枋第四段；第二段，

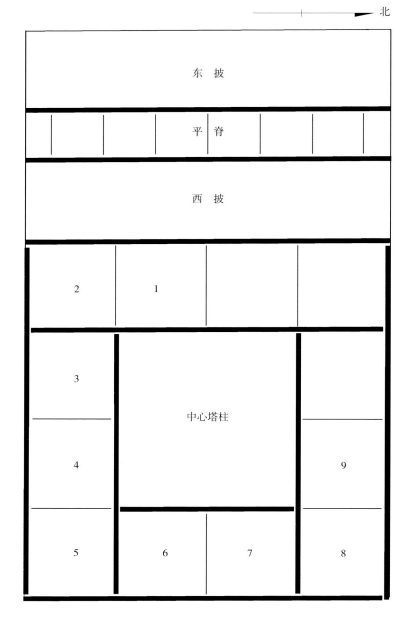

北

东 坡

平 脊

西 坡

| 2 | 1 |
| 3 | 中心塔柱 |

| 4 | | 9 |

| 5 | 6 | 7 | 8 |

图 96　第 257 窟窟顶横枋、纵枋、平棋外框支条及
平棋遗迹分组位置示意图（仰视，黄文昆　绘）

长 69 厘米，白色地绘点线斜格纹，黑绿二色相间的点线斜交成四点边长的斜方格，格中填充灰色圆点（图 97-3）；第三段，残长 66.4 厘米，土红色地绘藤蔓分枝波状忍冬纹，绿黑褐三色忍冬叶。南边支条宽约 19.5 厘米，长 137 厘米，土红色地上白色点线绘鳞纹，纹样与横枋相同，相叠弧形之上平行排列黑色竖线，如籽实上的芒刺（图 97-4）。平棋内心边长 67.4 厘米，绿色地上绘一朵同心圆莲花，径 58 厘米，内圆土色莲房经烟熏呈黑色，中圈白色，外圈土色敷薄粉经烟熏呈灰褐色；四角点缀桃形小莲蕾，东南角莲蕾白色，西南角土色莲蕾呈灰褐色。内方格支条宽约 11.3 厘米，土红色地绘三花二叶散点花叶纹（图 97-5）。内格与外格错角相套，岔角淡红色地绘黑色晕染火焰纹，绿色线勾三角形焰心，东、西角焰心内黑色火焰，南角焰心内白色火焰。外方格支条宽约 13.6 厘米，土红色地绘波状忍冬纹，黑、淡红、绿三色忍冬叶，内边长约 90 厘米（图 97-6）。外格与外框错角相套，岔角土红色地上各绘一身飞天，残存东南、西南二身，均上身端直、下身飘起，整体呈近似直角的 V 形，双手于胸前合掌。圆形头光，袒上身，戴项圈、腕钏，系长裙，跣足，肌肤白色，帔巾环身绕臂飘扬，空间点缀小花枝；东南角飞天绿色头光、黑色裙、白色帔巾，西南角飞天白色头光、灰褐色裙、黑色帔巾。

第二组，北侧与第一组相邻，位于整个平顶的东南角（图 98；图版 II：303-2、304、306）。平棋大部完好，西南角残损。其外框，除借用东边塑作、西边影作的两条横枋外，南边借用通平顶南边影作纵枋，其中一段自东端起残长 102 厘米、宽约 20.7 厘米，绘波状忍冬纹，黑白绿褐四色忍冬叶；北边支条与第一组共享，与平顶南边纵枋间距 128 厘米。平棋内心边长 64.4 厘米，绘水池天人（图 99）。绿色水池中莲株蔓生茎、叶、花蕾，中心一朵椭圆形莲花，土色莲瓣，黑色莲房。四身天人水中环绕游戏，分居四角；均裸身，男性，肌肤白色，黑色勾染身形；挺胸昂首，双臂伸展，姿态各异，不同程度浮出水面。东南一身膝以上浮出，双手高举过头；东北一身胫以下在水中，前俯，双臂平伸向两侧张开；西北一身齐腰没于水中，右臂前伸招手，左臂屈起在头后举手；西南一身头部及左侧上身残毁，膝以上出水，右臂伸直在身后划水。内方格支条宽约 12 厘米，绘星云纹，土红色地绘白点，黑线勾染流云（图 97-7、8）。内格与外格错角相套，岔角黑色晕染淡红色火焰纹，绿色线勾三角形焰心，南、北角焰心内黑色晕染火焰，东角焰心内白色火焰。外方格支条宽约 15 厘米，绘三花二叶双行相错的散点花叶纹，内边长约 91 厘米（图 97-9）。外格与外框间岔角，白色地上各绘一身飞天，残存东南、东北、西北三身；东南角飞天黑色头光、绿色裙、淡红色帔巾，东北角飞天白色头光、褐色裙、黑色帔巾，西北角飞天绿色头光、黑色裙、白色帔巾（图 98）。

第三组，东侧与第二组相邻，位于塔柱南向面上方东侧（图版 II：306）。平棋残毁殆尽，仅见东北岔角的一小角，东边残宽 5 厘米、北边残长 32 厘米，土红色地上画迹不明。其外框，东边借用塔柱东向面顶前影作的横枋；北边借用塔柱南向面顶前分别与塔柱东向面顶前横枋和平顶西边横枋正交的纵枋，其中东端的一段，残长 45.4 厘米，绘白绿灰三色斜格纹，熏黑。

第四组，东侧与第三组相邻，位于塔柱南向面上方西侧（图 100；图版 II：306、307）。平棋大部毁，仅存西南角和西北角部分。其外框，南边借用平顶南边影作的纵枋；北边借用塔柱南向面顶前的纵枋，其间距约 120～125 厘米。南边纵枋西端的一段，宽约 15 厘米、残长 235 厘米，图案残存 3 段；东起第一段，长 78 厘米，藤蔓分枝波状忍冬纹，三色双叶，熏黑；第二段，长 75.3 厘米，三色斜格纹，严重熏黑；第三段，长 71.2 厘米，土红色地绘鳞纹，熏黑。北边纵枋塔柱顶前西侧残存的一段，宽约 17.4 厘米、残长 100 厘米，图案残存 2 段；东起第一段，残长 17 厘米，白色地，纹饰漫漶。第二段，残长 80 厘米，土红色地绘星云纹，熏黑。西边支条分别与南北两边的纵枋正交，残存南端的一段，宽约 15.9 厘米、残长 11.4 厘米，白色地绘绿色圆点，按斜格布局排列，熏黑。平棋外方格支条宽约 15.2 厘米，三花二叶双行相错的散点花叶纹，熏黑。外格与外框间岔角绘飞天，残存西南角、西北角各一身，白色地，空间点缀天花；

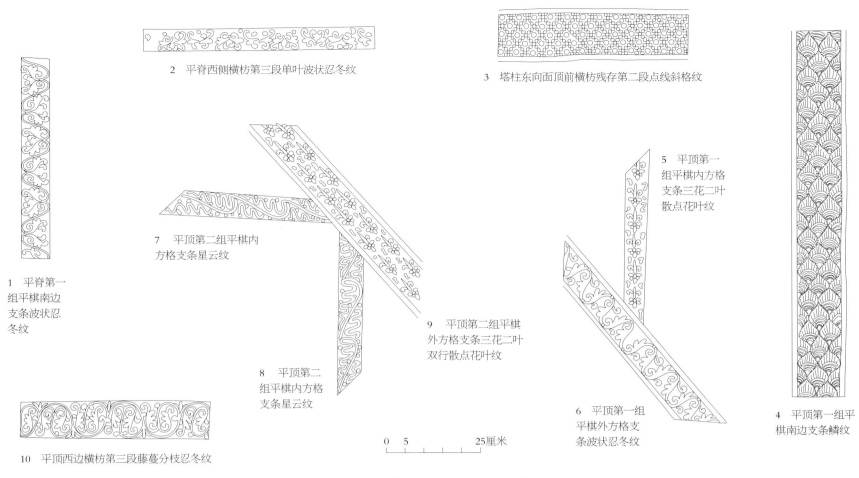

1 平脊第一组平棋南边支条波状忍冬纹

2 平脊西侧横枋第三段单叶波状忍冬纹

3 塔柱东向面顶前横枋残存第二段点线斜格纹

4 平顶第一组平棋南边支条鳞纹

5 平顶第一组平棋内方格支条三花二叶散点花叶纹

6 平顶第一组平棋外方格支条波状忍冬纹

7 平顶第二组平棋内方格支条星云纹

8 平顶第二组平棋内方格支条星云纹

9 平顶第二组平棋外方格支条三花二叶双行散点花叶纹

10 平顶西边横枋第三段藤蔓分枝忍冬纹

图 97　第 257 窟窟顶边饰图案

西南角飞天黑色头光、白色肌肤，白色长裙、绿色帔巾；西北角飞天仅存白色裙裾、双足，绿色帔巾。

　　第五组，东侧与第四组相邻，位于平顶西南角（图 100；图版 II：306、307）。平棋大部毁，仅残存西部和南边少许。其外框，西边和南边分别借用影作的平顶南边纵枋和通平顶西边的横枋。西边横枋南端的一段，宽 18 ～ 20.4 厘米、残长 130 厘米，图案残存 2 段；南起第一段，长 70 厘米，三色斜格纹，严重熏黑；第二段，残长 56.8 厘米，土红色地绘星云纹，流云作双绞式结组，熏黑。平棋内心边长 59 厘米，仅存西南、西北两小角，熏黑，内容不明。内方格支条宽约 11.4 ～ 13.6 厘米，绘散点花叶纹，被熏染变色。内格与外格间西、南岔角，土色火焰纹，黑色填地，绿色线勾三角形焰心，均熏黑。外方格支条宽约 14.3 厘米，绘波状忍冬纹，三色单叶，被熏染变色。外格与外框间岔角绘飞天，与其他各平棋岔角飞天形态相同，土红色地，双手于胸前合掌，白色头光，袒上身，长裙；西南角

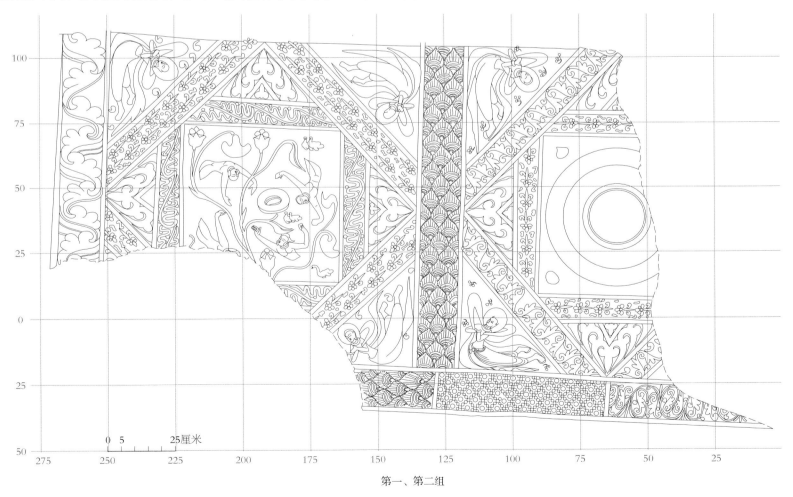

第一、第二组

图 98　第 257 窟窟顶平棋

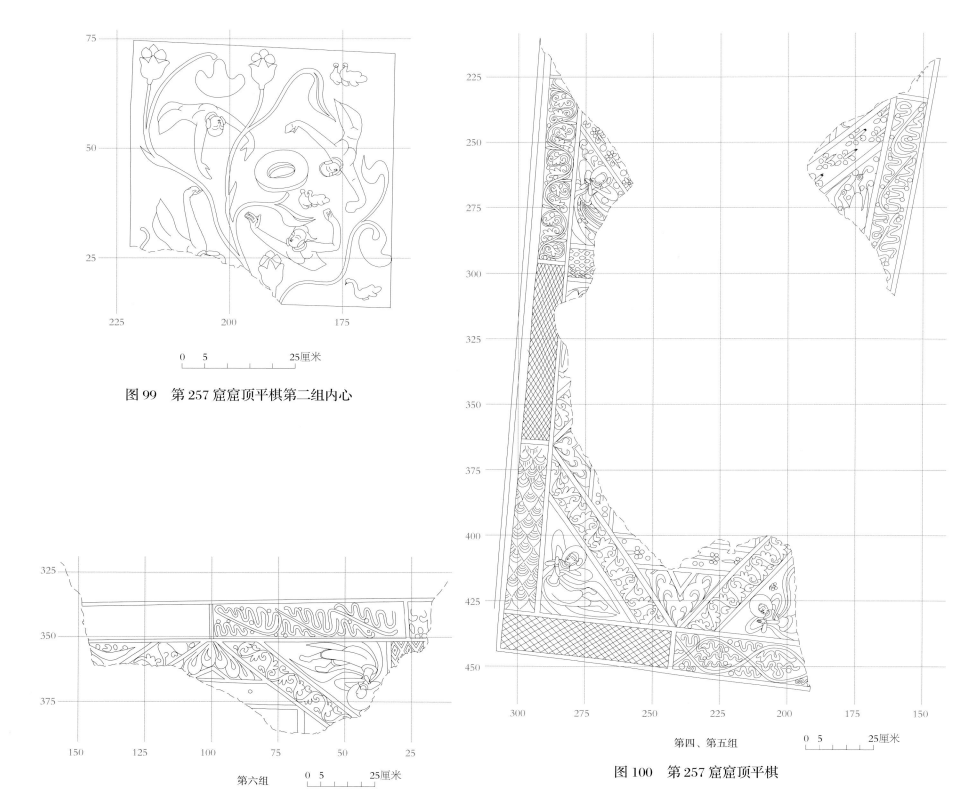

图 99　第 257 窟窟顶平棋第二组内心

第六组

图 101　第 257 窟窟顶平棋

第四、第五组

图 100　第 257 窟窟顶平棋

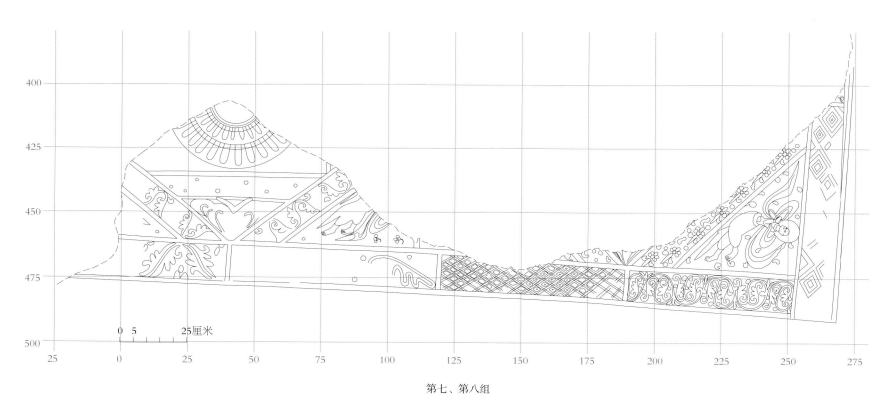

第七、第八组

图 102　第 257 窟窟顶平棋

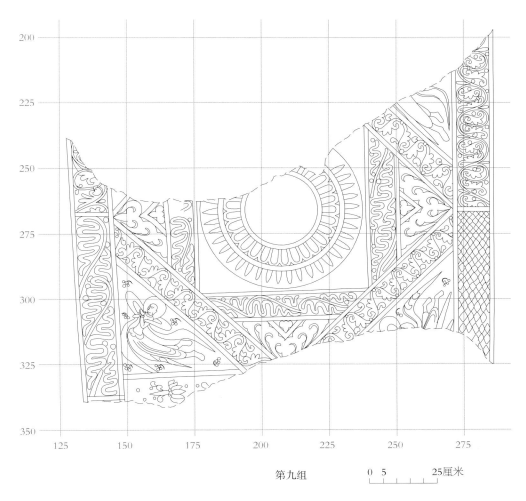

第九组

0 5 25厘米

图 103　第 257 窟窟顶平棋

飞天白色肌肤，长裙，跣足，帔巾呈黑色；西北角飞天和东南角残迹，熏黑更甚、漫漶。

第六组，南侧与第五组相邻，位于塔柱西向面上方南侧（图101；图版Ⅱ：308）。平棋大部毁，仅存东部一角。其外框，东边借用塔柱西向面顶前影作横枋，其与塔柱南向面顶前纵枋和塔柱北向面顶前纵枋分别正交，宽约18.8厘米、残长145厘米，图案残存3段。南起第一段，残长53厘米，呈青灰色，纹样无法识别。第二段，长79.5厘米，熏黑，隐约可辨为土红色地绘星云纹。第三段，残长9厘米，仅存少许，波状忍冬纹，呈白、黑褐二色。北边支条与上述横枋正交，残宽16.7厘米、残长11.3厘米，残存双线菱格纹，黑色粗线斜向方格中套白色小方格，小方格点黑心。平棋内心残存东北一小角，东边残长18.9厘米、北边残长9.8厘米，褪色，呈白色。内方格支条宽约12.1厘米，土红色地绘星云纹，被熏黑。内格与外格间东岔角绘火焰纹，除绿色线勾三角形焰心外均被熏黑。外方格支条宽约12.5厘米，绘波状忍冬纹，绿红黑三色忍冬叶。外格与外框间岔角绘飞天，东北角飞天，黑色头光，袒上身，戴项圈、腕钏，黑色长裙下摆白色，跣足，肌肤白色，白色帔巾环身绕臂飘扬；东南角飞天，残存部分黑色帔巾及空间点缀少数天花。

第七组，南侧与第六组相邻，位于塔柱西向面上方北侧（图102；图版Ⅱ：308）。平棋大部毁，仅存西部一角（图98）。其外框，西边借用平顶西边横枋，横枋北端的一段，宽17.4～18.9厘米、残长298厘米，图案残存4段，受烟熏变色；南起第一段，残长62.9厘米，绘波状忍冬纹，双叶呈黑褐、白色；第二段，长85.6厘米，土红色地绘星云纹；第三段，长75.8厘米，白色地绘双线菱格纹，粗线斜向方格中套小方格，小方格点白心；第四段，长68.3厘米，藤蔓分枝忍冬纹，双叶呈黑褐、白色（图97-10）。北边支条与上述横枋正交，残宽12.7厘米、仅西端残长3厘米，被熏黑。平棋内心边长约75厘米，绿色地上一朵同心圆莲花，径约70厘米，内圆土色被熏黑；中圈内外白色周边，莲瓣留土色，黑色填地；外圈呈黑褐色。内方格支条宽约12.6厘米，土红色地绘星云纹。内格与外格错角相套，岔角火焰纹被熏黑，绿色线勾三角形焰心，焰心内熏黑。外方格支条宽约13.5厘米，波状忍冬纹被熏黑，呈黑褐白三色。外格与外框间岔角绘飞天，残存西北角飞天裙摆、双足、帔巾部分及少数天花，西南角飞天帔巾部分及少数天花，画迹多隐于烟渍中。

第八组，南侧与第七组相邻，位于平顶西北角。平棋大部残毁，仅存西边少许和西北角（图102；图版Ⅱ：308）。其外框，南边支条与第七组共享，同时分别借用平顶西边横枋和平顶北边纵枋。北边纵枋西端的一段，宽约17.4厘米、残长102厘米，图案残存2段，被熏黑；西起第一段，长92.4厘米，绘双线菱格纹，被熏黑；第二段，残宽7厘米、残长8厘米，绘鳞纹。外方格支条宽约15.2厘米，土红色地绘三花二叶双行相错的散点花叶纹。外格与外框间，西北岔角白色地上一身飞天，上身稍前俯，下身飘起，整体呈钝角的V形，双手于胸前合掌，黑色圆形头光，袒上身，戴项圈、腕钏，绿色长裙，跣足。肌肤白色，黑色勾染。帔巾呈灰褐色，环身绕臂飘扬。空间点缀绿色点状天花。西南岔角残存一小角，其西边残长8.3厘米，白色地上黑色画迹。

第九组，西侧与第八组相邻，位于塔柱北向面上方西侧（图103；图版Ⅱ：309）。平棋东部大半和西边部分残毁。其外框，南边借用塔柱北向面顶前影作纵枋，其与塔柱东向面顶前横枋和平顶西边横枋正交，残存的一段宽约16.7厘米、残长112厘米、距西壁171厘米，图案残存2段。西起第一段，长76.5厘米，土红色地绘星云纹；第二段，残长31厘米，白色地绘波状忍冬纹，黑绿二色忍冬叶。北边借用平顶北边纵枋残存的一段，宽约16.7厘米、残长139厘米、距西壁188厘米，图案残存2段；西起第一段，残长64.4厘米，三色斜格纹，呈绿色、灰色、白色、灰色，依序斜向排列，隔行相错一格；第二段，残长72厘米，土红色地绘藤蔓分枝波状忍冬纹，纹样熏黑，可见绿色叶、黑色茎蔓。南北纵枋间距约137～141厘米。分别与南北纵枋正交的西边支条，残宽12.9厘米、残长49.5厘米，绘散点花叶纹，被熏黑。平棋内心边长69厘米，绿色地上一朵同心圆莲花，径66.9厘米，内圆土色被熏黑，中圈白色地黑褐色线描白色莲瓣，外圈土色莲瓣黑褐色填地。内方格支条宽约13.5厘米，土红色地绘星云纹。内格与外格错角相套，岔角土色地绘黑褐色火焰纹，绿色（变蓝色）线勾三角形焰心，焰心内黑色火焰。外方格支条宽约13.8厘米，土红色地绘波状忍冬纹，黑、淡红、绿三色忍冬叶，烟熏变色，内边长约97厘米。外格与外框间，岔角土红色地上各一飞天，残存东北、西北、西南三身，均上身端直，下身飘起，整体呈近似直角的V形，双手于胸前合掌，圆形头光，祖上身，戴项圈、腕钏，系长裙，跣足，肌肤灰白色，帔巾环身绕臂飘扬，空间点缀白瓣小枝天花；西南角飞天完整，白色头光，长裙、帔巾呈黑色；西北角飞天躯体残毁，绿色头光，裙呈黑色，帔巾呈黑褐色；东北角仅存飞天下肢及帔巾下端，白色裙、绿色帔巾。

二　第二层壁画

本窟第二层壁画见于中心塔柱东向面、南向面、北向面的塔座座身（图I：40～42）。

东向面塔座座身，浮塑扁平方柱和柱间方格，表层白灰面为地仗。方柱和柱间方格上均有起自上端的石绿色竖直线段，长度不一，约40厘米以内，宽约3.4厘米，应是书写题记的题榜；方柱上除柱3有二条外，每柱一条，方格中每格二条将格内空间横向等分为三。在南向面和北向面座身的东部，分别距座身东边23.5厘米和29.5厘米有同样的石绿色题榜各一条。以石绿色条形题榜为标识，自南向面座身东部，经东向面座身，至北向面座身东部，表层白色地，为本窟第二层画迹（图版II：161-4，214-1、311、312-1、2）。题榜共16条，所绘内容因粉层剥落及褪色，均难以分辨，推测为公元10世纪以降归义军时期重绘。据敦煌文物研究所整理《敦煌莫高窟内容总录》所记，第257窟中心塔柱东向面塔座"下座身宋画供养人（模糊）"[22]，现存画迹设色颇具"宋画"风，能模糊地看出画有供养人的衣服残迹，据榜题数量，可推知原绘宋供养人像列为12身。据敦煌研究院编《敦煌莫高窟供养人题记》，塔座座身"宋画供养人像列北向第五身题名""黑地，高33、宽3厘米"，题名"社子高……"[23]，惜已无法辨识，但现存题榜均为绿色，未见黑色。

以上东向面塔座座身浮塑方柱、方格下部表层白灰面剥落处，露出底层（第一层）土红色地仗，南向面、北向面东部表层残损处露出底层（第一层）画迹。

三　近现代遗迹

1957年，敦煌文物研究所对第257窟及以南崖体坍塌比较严重区域进行抢救性试点加固工程，将窟室南、北壁东部和窟顶人字披的残毁部分修补整齐，重建东壁（前壁）和窟门。重建的东壁南北宽570厘米，辟门；其中门南宽98厘米、门北宽350厘米。1984～1986年间安装的铝合金门宽122厘米、高201厘米。加固工程为窟内地面铺设水泥方砖。

现窟室东壁为砖混结构墙体，窟内为水泥白灰墙面，窟外是水泥混粘石子以模仿砂砾岩崖面状貌，形成与山崖浑然一体的外观效果。外壁上方与崖体相连，崖体如屋檐状自然凸出，北侧有石条砌成的方柱，南端与第256窟窟檐北侧山墙相连。

1957年加固工程在窟外铺设了栈道。多年来栈道地面经过几次维修加固，表面铺水泥，下有石砌方柱和木梁承托。

1948～1962年，敦煌文物研究所（原国立敦煌艺术研究所）在调查记录统计洞窟壁画和塑像时，在窟室内用印刷体阿拉伯数字编号，漏印于各塑像、壁画的下边，约高2厘米、宽3.5～5厘米。在第257窟题写编号现存30处，具体位置如下表。

从表中编号情况来看，塑像和壁画分别编号。塑像先编主尊像，再编胁侍菩萨像。壁画自上而下，故事画按照南、西、北壁顺序进行编号。部分编号由于残损与维修加固已不存。

---

[22] 同注[2]。

[23] 敦煌研究院编《敦煌莫高窟供养人题记》，文物出版社，北京，1986年12月，p. 110。

序号	类别	位置	题写内容（编号）
1	塑像	中心塔柱东向面龛内像座前北部	1—1
2		中心塔柱东向面龛外北侧戎装像下	1—2
3		中心塔柱南向面下层龛内佛座前	3—1
4		中心塔柱南向面下层龛外西侧菩萨像下部	3—3
5		中心塔柱南向面下层龛外东侧菩萨像下部	3—4
6		中心塔柱南向面下层龛外西侧菩萨像下部	3—5
7		中心塔柱南向面上层龛内像座前	4—2
8		中心塔柱南向面上层龛外东侧	S1—2
9		中心塔柱西向面下层龛内像座前	5—1
10		中心塔柱西向面上层龛内像座前	3—1
11		中心塔柱北向面上层龛内像座前	4—1
12		中心塔柱北向面下层龛内像座前	7—1
13		中心塔柱北向面下层龛外西侧菩萨像下部	7—2
14		中心塔柱北向面下层龛外东侧菩萨像下部	7—3
15		中心塔柱北向面下层龛外东侧菩萨像下部	7—4
16	壁画	南壁前部上段天宫伎乐西端金柱东侧	1—1
17		南壁前部中段说法图西端下方	2—1
18		南壁后部中段千佛图中说法图西端下方	2—2
19		南壁后部中段千佛图西端下方	2—3
20		南壁后部中段故事画沙弥守戒西部下方	3—1
21		西壁上段天宫伎乐北端下部	1—3
22		西壁中段千佛图中说法图北端下方	2—4
23		西壁中段千佛图北端下方	2—5
24		西壁中段故事画九色鹿中部下方	3—2
25		西壁中段故事画须摩提女北端下方	3—3
26		北壁后部上段天宫伎乐东端金柱西侧	1—4
27		北壁前部中段说法图东侧上部	1—5
28		北壁后部中段千佛图中说法图东端下方	2—6
29		北壁后部中段千佛图东端下方	2—7
30		北壁后部中段故事画须摩提女东端下方	3—4

　　窟内南壁东端修复的泥面上，有上、下二方洞窟编号牌榜（图版II: 312-3、4）。上方为敦煌文物研究所绘制，高17厘米、宽40厘米，白色地土红色边框。框内右起墨笔竖书"北魏"、横书"257"、土红色书"-★-"。下边框较粗，墨色横书"Ｃ243Ｐ110"，拉丁字母为空心字，"C"表示张大千编号，"P"表示伯希和编号。下方为20世纪40年代张大千绘制，高43厘米、宽24厘米，白色地土红

图104　第257窟中心塔柱北向面座沿游人画迹

色边框，框内墨笔竖书"二四三"，下边框墨色横书"P.110 魏"。另在中心塔柱东向面座沿正面中间，残存与南壁东端上方同样的洞窟编号牌榜，高13.3厘米、宽约41厘米，应系敦煌文物研究所较早绘制（图版Ⅱ：312-5）。仅存残缺边框、窟号"257"三字及下边框少数文字残迹。推测此牌榜残损后，在南壁东端张大千窟号牌榜上方重新绘制。

窟内中心塔柱北向面塔座座沿立面西部，在残损剥落的第一层壁画供养人画迹之上，座沿西边以东14～27厘米和24.7～49厘米的范围内分别以土红色线白描一人面和土红色线绘一兽（马），二者非同时所为，使用颜料、技法不同并具叠压关系可辨后者晚于前者，似均为近现代遗迹（图104）。

第四节　小结

第257窟与以北相邻的第259、260、263、265等北魏石窟连接早期三窟（第268窟、272窟、275窟），以南相隔第256窟毗邻北魏第254、251窟。这些皆属于崖壁第二层的洞窟，窟外原应有栈道相通。但是，这一段曾经是崖壁坍塌最为严重之地，随着洞窟前壁的塌毁，架设的栈道和窟前建筑的岩孔皆毁失无存。因而这里也是1957年最早进行抢救性崖壁加固工程的试验点。

第257窟平面呈纵长方形，洞窟的建筑形制和绘塑结合仿木结构。前部人字披顶，披面塑出立体的椽子和椽间的望板，两披之间的平脊两边塑出横枋，还塑了承托在西披下边、架设在南、北金柱上的横枋——金枋。此外，窟室的金柱、后部平顶周边的横枋、纵枋，以及其间构筑平棋层次丰富的支条，则都是以彩绘影作。窟顶前部的平脊和后部的平顶上，排列仿木构方格错角套叠的平棋，与早期第268窟窟顶一脉相承。难能可贵者，平脊横枋之下，金枋与金柱之间，还真正制作安插了木质的斗栱，惜已残失，留下凿孔。

窟室前部、高敞的人字披顶下，成为礼佛的殿堂。

窟室后部中央凿刻塑造须弥座上方柱形的佛塔，下从地面起筑，上与窟顶相连。塔柱与南、西、北壁之间形成绕塔礼佛的甬道，与印度的支提和龟兹式券顶右绕甬道异曲同工。

窟室后部塑像和壁画的内容，依循右旋绕塔观想修禅的次序。塔龛内的佛尊，从苦修至成道，俱在跌坐禅定中，可见功德主对禅法的专注。上层小龛，禅定佛之外，天上宫阙中，南、北两尊菩萨，半跏思惟相和交脚说法相有明确的先后。南、西、北三壁上精心绘制横卷故事画，守戒、弘法的因缘故事和布施、舍身的本生故事，令参访的信徒观想受教如闻戒论、施论、生天之论，除尘垢，开法眼。汇集于本窟的九色鹿本生故事画和沙弥守戒、须摩提女请佛两幅因缘故事画，都是广受关注的北魏壁画艺术精品。

这种前堂后塔的石窟形制在北魏具有代表性，显示以云冈石窟二期为标志的云冈模式在敦煌的影响。敦煌莫高窟12座北魏石窟，除第259窟、第487窟两个特例之外，其余10窟均为前堂后塔的中心塔柱窟，或称塔庙；且以泥塑之便，按照佛教传入后中国样式的方塔形制，中心塔一律塑成规整的方柱，形成云冈模式在河西地区践行的规范。

塔柱正面大龛倚坐说法的主尊，多数意见认为是通常礼佛观像的首要对象释迦佛，与塔柱另三向面的苦修相、禅定相合为生身观造像。但不同的意见认为与早期第272窟正壁龛内造型高度一致的主尊佛倚坐像同样为下生说法的弥勒，窟室现存南、西、北三壁上中下三段的壁画布局，天宫伎乐——兜率天宫和大面积的千佛图，表明延续早期三窟，在改制过程中的北魏，弥勒信仰在敦煌地区依然炽盛，且云冈模式中不乏未来佛居中的三世佛组合。

窟室前部塔柱正面尊像和人字披下左右两壁大型说法图中立佛的神格，事关洞窟的主题。《内容总录》称南壁说法图为"毗卢舍那佛一铺"，启发思考与华严信仰的关联。华严教主卢舍那佛的画像北魏时在莫高窟或为孤例，但《华严经》业已流布敦煌。

本窟属于第一层的雕塑和壁画基本沿用早期石窟的技法，内容表现上出现了新的发展和变化。

尊像组合上不限于一佛二胁侍的三尊像，立姿的供养菩萨（天人）布置在主尊的左右，二身、四身、二十身乃至更多。数排供养菩萨列队的群体形象与上方的莲蕾、莲花、莲花化生和飞天构成热烈的气氛。不仅如此,还有贴附上去的影塑供养菩萨(天人)布满了塔柱柱身的上半部。塑像和壁画中,主尊左侧的戎装胁侍——天王、金刚或帝释,连同对侧的胁侍——菩萨、弟子或梵天,因残损形象不明,是个引发探讨的问题:帝释、梵天为二胁侍,曾流行一时。塔柱上层沿用早期第275窟壁面上段的阙形龛,菩萨在龛内思惟与说法。塔柱南面也有同早期相似的双树龛,供奉禅定中的苦修像。

南、西、北三壁上段的天宫伎乐早期见于窟顶四周,随着北魏改制,汉化的推行,西域拱形石构建筑中,间隔加入了汉式木构的悬山顶屋形宫门,栏墙的构筑愈加繁复,天人的冠戴衣饰细致多样。壁画中的天人、供养菩萨,包括千佛的人物造型,向"秀骨清像"趋近,头身比例更显修长。

三壁大面积千佛图,具体程式与早期第272窟几乎完全相同,绘制更为工整细腻。但其中南北两壁的千佛图,以黑色为背景,与本窟西壁乃至早期至北魏所有石窟壁画土红色背景的千佛图有所变化,其意匠及其原因有待研究,不同敷色或许具有不同大劫的属性。黑色背景的千佛图(包括其中的说法图),在北朝壁画中属于孤例。两壁壁画清晰显示,千佛图至少由两位或两组匠师共同完成,明确分工东部和西部的绘制,其间有精粗之分,用色、技法亦有差别。千佛图下部中间的小幅说法图,以阙门佛塔为框架,佛塔显示于屋顶之上,其所谓"阙形塔"的建筑形式,值得再作探究,但子母双阙的形象,表现出与兜率天弥勒世界的联系。

跨越三壁的故事画,同早期一样的横卷形式,但已不是单纯图解式的人物铺排,构图和描绘均大有进步;场面宏大、情节丰富,绘制精湛,虽未超越"人大于山"的格局,但美丽的景色描写极大增强了内容的表现。唯南壁西端、沙弥守戒故事终了起塔供养之后的画面,受烟炱污染过半,其内容尚存歧义,今主要意见或解读为弊狗因缘,新的观点则认为是西壁九色鹿本生的序分;若依后者,似令南壁、西壁画面平添生动自然的联系和转折,也更完整地诠释了经典的内涵。

壁面下段,不再是早期简单的垂角纹,而是出没于连绵山峦中列队成行的药叉。至此,早期第268窟侧壁下段的药叉(力士)题材寻找到了富有表现力的绘画形式。殿宇的坛基,靠了这些强壮有力活泼踊动的生灵,承载壁面丰富而充实的内容。

方柱下部的塔座,四面座沿排列着施舍供养者立姿的群像,不再是早期第275窟所见汉化之前裹巾帻、穿交领窄袖裤褶装、宽腿裤的胡服形象,而是大袖深衣袍服和长裙曳地的汉装男子和女子。其下座身白粉地仗上西向面的双虎和南向面、北向面的龙形,与壁面下段土红地色上孔武有力的药叉们相映成趣。

本窟第一层(底层)遗迹的年代,考古分期排年研究确定为莫高窟"北朝第二期"("公元465年以后至公元500年左右")[24],时间上第二期相当于云冈石窟第二期("公元471年至公元494年之间,或稍后")[25],故上限应晚于公元471年,下限年代可延至北魏宗室元(太)荣出任瓜州刺史之前的孝昌元年(525)[26]之前。

敦煌文物研究所整理《敦煌莫高窟内容总录》记第257窟时代:"北魏(宋重修)"[27]。塔座座身东向面和南、北向面东部经过后世的重修,虽然还难以断定东向面浮起的扁平五柱是否为重修所为,但所见绿色题榜和四格中清淡的画迹颇似五代、北宋归义军画院屏风画的色调。上述第二层遗迹的年代可能在公元10世纪下半叶至11世纪初之间。

窟室南壁前端保存二方洞窟编号牌榜,记录了此窟的三次编号,20世纪初法国人伯希和(Paul Pelliot,1878～1945)编为第110号窟,20世纪40年代张大千(1899～1983)编为第243号窟,此后敦煌文物研究所编定为莫高窟第257窟,使用至今。

---

[24] 樊锦诗、马世长、关友惠〈敦煌莫高窟北朝洞窟的分期〉,《中国石窟·敦煌莫高窟》第一卷,文物出版社、株式会社平凡社,北京,1981年12月出版,pp. 188–191。

[25] 宿白〈平城实力的集聚和"云冈模式"的形成与发展〉,《中国石窟·云冈石窟》第一卷,文物出版社、株式会社平凡社,北京,1991年9月出版,p. 187。

[26] 据宿白考证,"元荣任瓜州刺史当在孝昌元年(525)九月十六日之前。"(〈东阳王与建平公(二稿)〉,宿白《中国石窟寺研究》,文物出版社,北京,1996年8月,pp. 245–246。)

[27] 同注[2]。

第四章　第 259 窟

第一节　窟外立面

第 259 窟坐西向东，方向为东偏北 1.53 度，高程 1337.18 米，其南邻第 257 窟，北接第 260 窟，上方为第 258、261 窟，下方为第 67 窟（图 1；图版 I：1、2；图版 II：3 ～ 5、313）。

根据 20 世纪 50 年代以前的照片、文字记录，结合现存状况，可知第 259 窟外立面的基本情况。第 259 窟早年因崖面崩塌，洞窟前部已损毁，东壁不存，窟口敞开，前部的人字披顶、北壁、南壁及地面的东端均残。第 259 窟外壁与相邻的第 257、260 窟外壁同处于一个大体平整的立面，并基本处于同一水平高度。敞口外沿均为暴露在外的砾石岩体面，无地仗及壁画。第 259 窟与第 260 窟之间隔墙外下部中间存有一个较浅的圆形小岩孔。1957 年莫高窟第 248 窟至第 260 窟危崖加固试点工程时在敞口外修筑了挡墙砌体，敞口现已被砌体及后安装的窟门封闭。

图 1　第 259 窟透视图（向西北）

本窟在莫高窟的编号，20世纪初，伯希和编号为第111窟（P. 111）；40年代，张大千编号为第242窟（C. 242）；50年代，敦煌文物研究所编号为第259窟。

第二节　洞窟结构

第259窟窟室平面纵长方形，窟顶前部作人字披顶，后部为平顶。窟室高372～446厘米，南北前部宽416～461厘米，后部宽452～455厘米，东西进深残存513～525厘米。

西壁中间向外凸出约55厘米，塑造塔柱形，从地面通至平顶。塔柱形下部塔座为须弥座式，自下而上为座基、座身、座沿；上部塔身正面开一圆券形大龛，龛口高193厘米、宽180厘米，龛内塑像。龛外南北两侧及塔柱形南北两侧面塔身均塑像。西壁塔柱形两侧壁面和南壁、北壁均分上下两段，其间以横向凸棱界隔。

南北两壁上段又以另一条横向凸棱分为上下两层开列龛，下层开三个圆券形龛，上层开四个方口龛。北壁下层西起第三龛和上层西起第四龛残损。南壁下层仅西起第一龛基本完整，第二龛残损；上层仅西起第一、第二龛基本完整，第三龛残损；其余数龛残毁无存。南壁上段残毁及半，下段只残存西端（图1、2；图版I：49～54；图版II：313）。

鉴于外立面坍毁，窟室大部保存，兹将地面、壁面、窟顶结构具体情况依次叙述如下。

一　地面

窟室地面纵长方形（图版I：50）。西端通宽463厘米。地面西边南段长51厘米、北段长46.4厘米，中间塔柱形凸出部宽247～366.4厘米，进深71.4～77.3厘米，其地面南边长68.2厘米、东边长347厘米、北边长65厘米。地面北边残长504厘米，南边残长115厘米。东壁全毁，窟室底部东端宽约460厘米。

地面铺设现代（20世纪60年代以后）水泥方砖，至西壁、北壁、南壁前各留有约7厘米的间隙（图版II：313）。四壁底边前，未铺水泥砖的地面露出泥土面痕迹，可知原地面为土地面，系于开凿的砾石面上铺设泥土地坪。1964年以前的老照片可以佐证。

二　壁面

（一）西壁

壁面两侧边略弧，中段稍外侈，通宽478.2厘米，北边长357厘米、南边长371厘米，北端高356.8厘米、南端高370.6厘米，顶端南北通宽448厘米，稍小于底端（图版I：52）。

1. 塔柱形
壁前中间的塔柱形，自地面向上高116.4厘米为塔座，以上为塔身。塔座前凸的座沿（上枋），与壁面的凸棱贯通，将塔柱及整窟西、北、南三个壁面分为上、下两段（图版II：314）。

（1）塔座
须弥座式的塔座，座基和座沿向外凸出，两者之间凹入部分为须弥座的束腰，即座身（图版II：315、316）。

1）座基
塔座形的底部为座基，有凸出的地脚，上面较平，进深18厘米、高21厘米，东面底边长345厘米、顶边长320厘米，外周作弧形转折的混脚。

2）座身
座身正面及两侧面均自下而上略有收分。正面略呈梯形，高76～81厘米、顶边长290厘米、底边长320厘米；两侧为斜边，北边长77.8厘米、南边长82.5厘米。座身北侧面顶边长54厘米、底边长55厘米、西边长71厘米、东边长75厘米。座身南侧面顶边长61厘米、底边长65厘米、西边长76厘米、东边长82厘米（图版II：316）。

3）座沿

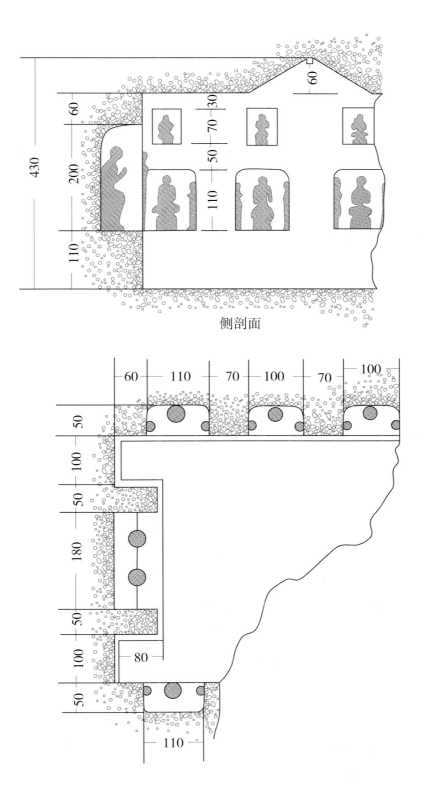

侧剖面

图 2　莫高窟第 259 窟平面及剖面图（据敦煌文物研究所石窟档案，1950 年代绘）

座沿正面及两侧面大体与地面垂直、与壁面平行，上面平，下面略呈斜面、与下方座身成钝角，东西进深约 14 厘米。座沿正面高 16 厘米、宽 314 厘米。塔柱形北侧面的座沿，正面高 14.5 厘米、宽 56 厘米、上面南北进深 18.9 厘米。塔柱形南侧面的座沿，正面高 16 厘米、宽约 60 厘米（因西壁南侧凸棱残毁，现状测量长 74.5 厘米）、上面南北进深 20 厘米（图版 II：317）。

（2）塔身

座沿之上为塔身，正面及两侧面自下而上稍前倾，高 251 ～ 261 厘米、顶端宽 298 厘米、正面顶边长 299 厘米，底端宽 286 厘米（图版 II：319）。

塔身正面中间开一圆券形敞口大龛，龛口高 193 厘米、中宽 180 厘米、底宽 178.5 厘米、进深 66.7 厘米。龛底表面抹泥。依龛壁塑坐像 2 身。龛外北侧、南侧各依壁塑立像 1 身。

塔身北侧面底部东西进深 55 厘米、顶部东西进深 53.4 厘米。塔身南侧面底部东西进深 65 厘米、顶部东西进深 61 厘米。北侧面、南侧面各依壁塑立像 1 身，北侧面上部粘贴影塑（图版 I：57；图版 II：341 ～ 346）。

2．塔柱形两侧壁面

西壁塔柱形南北两侧壁面塑造横向凸棱与塔柱形座沿相连，壁面以凸棱为界分上下两段（图版 I：53）。北侧壁面宽 78 ～ 100 厘米、下段高 98 厘米、上段高 290 厘米，凸棱高 13.6 厘米、横长 61 厘米、上面进深 11 厘米。南侧壁面宽 81 ～ 98 厘米、下段高 99 厘米、上段高 287 厘米，凸棱残毁，壁面上留下痕迹高 23 厘米、横长 70 厘米，据塔柱南侧面座沿痕迹上面进深约 15 厘米（图版 II：347、350）。

（二）北壁

壁面东部（前部）人字披顶下山墙，略呈圭形（图版 I：54，图版 II：353），高 443 厘米。人字披东披北端斜边残长 147 厘米、倾角约 22 度，人字披西披北端斜边长 175 厘米、倾角约 23 度，人字披下北壁前部残宽约 322 厘米。窟室西部（后部）平顶下壁面略呈矩形，东高 374.5 厘米，顶边长 188 厘米。北壁顶端、人字披顶脊枋下方 6.8 厘米处凿有 1 个方形孔洞，高 15 厘米、宽 13.6 厘米、深 15 厘米。此处原应安装有承托脊枋的象征性木质斗栱，惜已残失（图版 II：400）。

在地面向上高约 100 厘米处，塑造一条横贯全壁凸出壁面 14.6 厘米的凸棱，东西残长 516.2 厘米、高 15.7 厘米，上面平、与壁面垂直，正面大体与壁面平行，下面略呈斜面，与下段壁面成钝角。壁面上段，在地面向上高 272.3 厘米处，塑造第二条横贯全壁凸出壁面 6.4 厘米、截面为半圆形的凸棱，东西残长 399.2 厘米，高 11.3 厘米。凸棱上面稍向外坡下，下面与壁面成钝角。第一条凸棱将壁面分成上下两段，第二条凸棱将上段壁面分成上、下两层，分别开龛塑像。

1. 下段

第一条凸棱之下为下段，高 96～102.5 厘米，横长 504～510 厘米，连接地面（图版 II：354、355）。

2. 上段
（1）上段下层

第一条凸棱之上、第二条凸棱之下为下层，横列分布 3 个圆券形龛。

西起第一龛，圆拱形龛口，高 110.8 厘米、中宽 108 厘米、底宽 120 厘米、进深 31.8 厘米（图版 II：360）。龛口西沿下角距西壁 57.4 厘米、距地面 119.2 厘米。龛顶、龛壁圆券形，圆转无折角，中间依壁塑坐像 1 身。东西两侧依壁塑立像各 1 身。龛底平，表面抹泥。

第二龛，圆拱形龛口，高 107.8 厘米、中宽 104.5 厘米、底宽 103.5 厘米、进深 37.6 厘米（图版 II：367）。龛口西沿下角距西壁 238.6 厘米、距第一龛龛口东沿 72.9 厘米、距地面 120.7 厘米。龛顶、龛壁圆券形，圆转无折角，中间依壁塑坐像 1 身。东西两侧依壁塑立像各 1 身。龛底平，表面抹泥。

第三龛，圆拱形龛口，高 107.1 厘米、中残宽 102 厘米、底残宽 104 厘米、进深 15.8 厘米（图版 II：374）。龛口西沿下角距西壁 409.8 厘米、距第二龛龛口东沿 67.9 厘米、距地面 115.9 厘米。形制与第一、第二龛基本相同，中间依壁塑坐像 1 身，西侧依壁塑立像 1 身。龛顶及东侧壁面、龛口残。龛底平，表面抹泥。

（2）上段上层

第二条凸棱以上为上层，横列分布 4 个阙形龛。

西起第一龛，方形龛口，东高 60.2 厘米、西高 60.7 厘米、下宽 56.7 厘米、上宽 51.6 厘米。龛口西沿下角距西壁 64.8 厘米、距地面 278 厘米，龛口上沿距北壁顶边 26.1～30.8 厘米。龛顶平，前高后低略呈披形。龛底平面略呈梯形，后高前低坡下，进深 19.7 厘米（图版 II：382）。龛内依壁塑坐像 1 身。龛内北壁上部两侧同一高度上各有 1 处长方形孔洞，东侧一处高 5.6 厘米、宽 3.2 厘米、深 13 厘米，西侧一处高 4.7 厘米、宽 6.8 厘米、深 13～15 厘米。

第二龛，形制与第一龛大致相同，纵长方形龛口，东高 69.5 厘米、西高 70.3 厘米、下宽 58 厘米、上宽 52.9 厘米。龛口西沿下角距西壁 209.7 厘米、距第一龛龛口东沿 65.9 厘米、距地面 277.9 厘米，龛口上沿距北壁顶边 34.9～58.7 厘米。龛底进深 22.4 厘米（图版 II：385）。龛内依壁塑坐像 1 身。龛顶披面两侧同一高度上各有 1 处长方形孔洞，东侧一处纵长 11.8 厘米、宽 1.6～3.3 厘米、深 13 厘米，西侧一处纵长 11 厘米、宽 4 厘米、深 12.5～21 厘米。

第三龛，形制与第一龛基本相同，方形龛口，东高 82.2 厘米、西高 82.2 厘米、下宽 71.7 厘米、上宽 69.2 厘米。龛口西沿下角距西壁 335.4 厘米，距第二龛龛口东沿 67.7 厘米，距地面 275 厘米，龛口上沿距北壁顶边 79～87 厘米。龛底进深 23 厘米（图版 II：389）。龛内依壁塑坐像 1 身。龛内北壁上部近龛顶处各有 1 方形孔洞，东侧一处高 5.2 厘米、宽 5.1 厘米、深 12 厘米，西侧一处高 6.4 厘米、宽 5.6 厘米、深 11 厘米。

第四龛，形制与前面三龛基本相同，东部残毁（图版 II：393）。龛口西高 83.4 厘米、上残宽 17.4 厘米、下残宽 51.5 厘米，龛口西沿下角距西壁 468.5 厘米，据第三龛龛口东沿 60.4 厘米，距地面 277 厘米，龛口上沿距北壁顶边 38.3～46.7 厘米。龛底进深 16.5 厘米。

龛内北壁壁面西侧上部有 1 处长方形孔洞，高 7.2 厘米、宽 5 厘米、深 10 厘米。龛顶前（南）高后（北）低，为约仰角 22 度的斜披形，西边残长 16.3 厘米、北边残长 29.5 厘米、南边残长 17.7 厘米。

（三）南壁

壁面东部（前部）人字披顶下山墙，高 443.2 厘米，人字披东披南端斜边残长 57.7 厘米、倾角约 23 度，人字披西披南端斜边残长 172 厘米、倾角约 18 度。窟室西部（后部）平顶下，壁面略呈矩形，东高 382.7 厘米、顶边长 191 厘米。壁面布局与北壁相仿，同样分成上中下三个部分，即下段、上段下层和上段上层，现状残毁过半；下段大半残毁，上段下层残存西部，上段上层东部残毁近半（图版 I：59；图版 II：402）。南壁顶端、人字披顶脊枋下方 8 厘米处有 1 个安装木质斗栱的方形孔洞，高 15.9 厘米、宽 9～11.4 厘米，已被封堵（图版 II：428）。

参照北壁，下段与上段之间的凸棱残毁无存。在地面向上高 272.6 厘米处，塑第二条横贯全壁凸出壁面 6.7 厘米的凸棱，东西残长 121.1 厘米、高 13.2 厘米，分隔壁面上段上、下层。凸棱截面半圆形，上面平，稍向外坡下，正面向下弧转，下面略呈斜面，与壁面成钝角，残破处可见凸棱内部成束的芦苇骨架、泥胎和表面泥皮外壳情况（图版 II：403）。

1. 下段
下段西端残存，高约 70.5 厘米、残宽 115.5～145.5 厘米，连接地面。原壁面和第一条凸棱无存，现均为现代重修抹墁的泥面。

2. 上段
（1）上段下层
凸棱下方横列分布圆券形龛，残存 2 个。

西起第一龛保存较完整，仅底部东侧残。圆拱形龛口，高 121.3 厘米、中宽 105.2 厘米，龛底已残，进深 30.4 厘米。龛口西沿下角距西壁 70.3 厘米、距地面 119.2 厘米（图版 II：403）。形制与北壁上段下层第一、三龛基本相同，龛顶、龛壁圆券形，中间依壁塑坐像 1 身，西侧依壁塑立像 1 身，东侧塑像已毁。龛底平，表面抹泥。

第二龛，龛内毁损殆尽，仅残存龛口西沿内上部一角，约纵 31 厘米、横 8 厘米。龛口西沿距西壁 246.8 厘米、距西起第一龛龛口东沿 69.5 厘米（图版 II：408）。

（2）上段上层
横列分布阙形龛，残存 3 个。

西起第一龛，方形龛口，西高 61.7 厘米、东高 66.3 厘米、下宽 63.1 厘米、上宽 52.6 厘米。龛口西沿下角距西壁 82.3 厘米、距地面 284.5 厘米，龛口上沿距南壁顶边 27～33 厘米（图版 II：411）。龛顶平，前高后低略呈披形。龛底平面略呈梯形，后高前低坡下，进深 17 厘米。龛内依壁塑坐像 1 身。龛内南壁上部两侧同一高度上各凿 1 个长方形孔洞，经现代灰泥修补。

第二龛，形制与第一龛基本相同，龛口西高 68.9 厘米、东高 68.2 厘米、下宽 61.8 厘米、上宽 58.5 厘米。龛口西沿下角距西壁 209.2 厘米、距第一龛龛口东沿 63.6 厘米、距地面 286.2 厘米，龛口上沿距南壁顶边 31.1～51.4 厘米（图版 II：416）。龛底进深 17.9 厘米。龛内依壁塑坐像 1 身。龛内南壁上部两侧同一高度上各有 1 处长方形孔洞，西侧一处高 9 厘米、宽 6 厘米、深 15 厘米；东侧一处高 9 厘米、宽 6.8 厘米、深 13 厘米。

第三龛，形制与第一、二龛基本相同，大部崩毁，残存西上角（图版 II：421）。龛口西残高 65.8 厘米、上残宽 61.2 厘米。龛口西沿下角距西壁 340 厘米、距第二龛龛口东沿 68.8 厘米、距地面 305.8 厘米，龛口上沿距南壁顶边 57.5～71.5 厘米。龛顶进深 10.6 厘米。龛内依壁塑坐像已毁失。龛内南壁上部西侧存 1 个方形孔洞，已封填，残迹约高 10 厘米、宽 10 厘米。

三　窟顶

窟顶由前部的人字披顶和后部的平顶两部分构成（图版 I：60，图版 II：432、433）。

（一）人字披顶

前部人字披顶两披斜面均呈横长方形。东披大部残毁，仅残存北部、西部，残高 53 厘米，倾斜垂角 18 度，北边残长 150 厘米、南边残长 48 厘米、上边（西边）长 414 厘米。

人字披顶端塑一条横向脊枋，南北长 414 厘米，宽约 15 厘米、浮出 5～7 厘米。由南北两壁高处凿成的孔洞可知，脊枋南北两端之下原有木质斗栱承托。

西披西边大部残毁，高 70 厘米，倾斜垂角 22 度，南边残长 182 厘米、北边长 169 厘米、上边（东边）长 415 厘米、下边（西边）残长 90 厘米。

（二）平顶

后部平顶东边塑成一条横枋连接人字披顶西披下边。顶面北边、南边连接北壁、南壁后部的顶边，西边连接西壁和塔柱形北、西、南三面的顶边，整体呈"凹"字形，南北宽约 453 厘米，东西进深约 190 厘米。平顶中部、南部损毁严重。

平顶与人字披西披连接处的横枋，残长 90.8 厘米，宽 13 厘米，浮出 3～9 厘米。

第三节　洞窟内容

窟室西壁塔柱形及两侧龛像、壁画基本完好，北壁龛像、壁画大部完好，南壁和窟顶大部残损。各壁及塑像遗迹显示，窟内的建造和重修经过不同的时期，其叠压关系明显，层位大致清楚，可以分为两个层次，分别叙述如下。

一　第一层塑像和壁画

（一）西壁

窟室西壁中间塔柱形，塔座壁画内容模糊，塔身正面开一龛，龛内塑二佛并坐像，龛外浮塑龛梁、龛楣，龛外两侧及塔柱形两侧面塑菩萨立像，龛内外绘壁画、贴影塑。塔柱形两侧壁面下段绘药叉，上段绘千佛（图版 I：56；图版 II：313、314）。

1. 塔柱形

（1）塔座

塔座整体于泥面上敷白粉为地仗，画迹大都褪色、剥落、漫漶，内容难辨（图版 II：315）。座基北端下部地仗层脱落露出岩层，破损处可见混合植物茎秆和棉麻纤维的泥层[1]。座基整体被后代罩白粉层遮盖。

座身上边土红色线描边，粗细不匀。以下画面褪色或被后代罩白粉遮盖，画迹模糊难辨，疑原为药叉画迹。座身南下角泥层整片脱落，现代经泥灰修补（图版 II：316）。

座沿正面（上枋）上下沿可见土红色细线描边，上沿距南端 31 厘米处露出一段 4 厘米长鲜明的土红色。正面白色地上绘供养人，中间部分遭后世燃灯焚香黑色油渍污染。污渍以南残存供养人约 7 身，仅见题榜轮廓和部分人物头部及胸前合掌双手残迹。污渍以北漫漶更甚，但其中距座沿北端 9.5～40 厘米间残存着黑缘绿色深衣大袖袍服的男供养人画迹，可分辨者亦有约 16 身，全体约不下 38 身。大部分画面因褪色、剥落残损、漫漶严重，难以辨识（图 3；图版 II：317、318）。

（2）塔身

1）佛龛

i 龛内

塔身正面圆券形大龛内塑 2 身半跏趺坐佛像，壁面绘头光、身光、华盖、菩萨、

图 3　第 259 窟西壁塔柱形正面座沿供养人

---

[1] 据分析研究，莫高窟地仗为人工加筋土。土料就地取材选自窟前河沟内的洪积亚黏土和亚砂土，加筋材料为植物秸秆、麻纤维和棉纤维等（张明泉、张虎元、曾正中、李最雄、王旭东〈莫高窟地仗层物质成分及微结构特征〉，《敦煌研究》1995 年第 3 期，pp. 23–28）。

飞天（图版 II：319）。

（i）塑像

龛内塑主尊佛像 2 身，并坐于同一方座上，半跏趺坐姿态左右对称（图 4；图版 II：320）。

北侧佛像高 143.9 厘米、头高 39.3 厘米、肩宽 53 厘米、两膝间距 76 厘米。除右前臂断损脱落之外，其余基本保存完好（图 5；图版 II：321、322）。头顶敷粉绿色，佛发阴刻竖向波纹；肉髻较低矮，刻横向波纹。面相方圆，丰颐，颔稍短，颈部粗短光滑。黑色描眉，双目微凸，眼半睁，呈柳叶形，鼻梁挺直，鼻头残，嘴小，耳垂较长。肩部宽平圆润，腰腹微收。右前臂残缺，肘弯前残断面露出内胎，木骨残失露出空洞，可见芦苇草杆外裹泥胎。左臂自然屈肘下垂，左手抚于左膝上，掌心向下，手指细长，小指和无名指完整。右腿盘置座面，脚掌抵在左腿弯内侧；左胫斜垂座前，左足踏地，脚趾纤细。土红色袈裟半披右肩，敷搭左肩，覆盖左臂、左胸、腹部及双腿；领口宽松，右臂从领口伸出，敞露胸前黑色缘橙色袒右僧祇支及右胁下袈裟里面，踝间露出内裙。跣足。衣裙下摆在两胫间下垂，悬裳覆于座前。袈裟衣纹贴泥条浮塑泥条间和泥条上加刻阴线，腹前、臂肘间、两胫前泥条形成层叠的 U 形弧线，泥条聚拢时合并成 Y 形夹角，表现褶襞相交形成的凹窝。

南侧佛像高 140.8 厘米、头高 38.5 厘米、肩宽 52.3 厘米、两膝间距 81 厘米，造型与北侧佛像略同（图 6；图版 II：323、324）。粉绿色发，头顶竖向波纹，肉髻横向波纹。眼半睁，眼角线较长，嘴角内凹微含笑意。肩部宽平，右臂屈起，右手抬至胸前扬掌，结施无畏印，手指残；左臂垂下屈肘，小臂置左股上，腕部残断，断面露出内胎和残失木骨的空洞。左腿盘置座面，脚掌抵在胫内侧；右胫斜垂座前，右足踏地。与北侧佛像相同，半披土红色袈裟，内着橙色僧祇支、长裙，下摆垂覆台座。跣足。二身佛像肌肤肉红色，残存金箔，变色的金箔呈褐色，见于北侧佛像上臂内侧和两尊佛像的足部。

龛底后部依壁设横贯南北的长方形台座，座正面高 27 厘米、上边宽 168.6 厘米、下边宽 170 厘米、进深 48.5 厘米，座底前距塔座上沿 36.3 厘米。

塔柱形券龛内塑像二佛并坐，确认为多宝塔题材，敦煌北魏石窟中仅此一例，塔柱形象征多宝塔，多宝佛（北侧）和释迦佛（南侧）并坐其中。典出《法华经》，如后秦鸠摩罗什译《妙法莲华经》卷四〈见宝塔品〉[2]（《大正藏》第 9 册，第 32 ～ 33 页）。

（ii）壁画

龛内壁面两尊佛像身后各绘有头光、身光，上方各有华盖。二佛之间和两侧龛壁绘 14 身立姿供养菩萨（天人），上方和龛顶绘 10

---

[2] 经曰："尔时佛前有七宝塔，高五百由旬，纵广二百五十由旬，从地踊出，住在空中，种种宝物而庄校之。五千栏楯，龛室千万，无数幢幡以为严饰，垂宝璎珞宝铃万亿而悬其上。四面皆出多摩罗跋栴檀之香，充遍世界。其诸幡盖，以金、银、琉璃、砗磲、马脑、真珠、玫瑰、七宝合成，高至四天王宫。三十三天雨天曼陀罗华，供养宝塔。余诸天、龙、夜叉、乾闼婆、阿修罗、迦楼罗、紧那罗、摩睺罗伽、人非人等，千万亿众，以一切华、香、璎珞、幡盖、伎乐，供养宝塔，恭敬、尊重、赞叹。尔时宝塔中出大音声，叹言：'善哉，善哉！释迦牟尼世尊！能以平等大慧，教菩萨法，佛所护念，妙法华经，为大众说。如是，如是！释迦牟尼世尊！如所说者，皆是真实。'

尔时四众，见大宝塔住在空中，又闻塔中所出音声，皆得法喜，怪未曾有，从座而起，恭敬合掌，却住一面。尔时有菩萨摩诃萨，名大乐说，知一切世间天、人、阿修罗、等心之所疑，而白佛言：'世尊！以何因缘，有此宝塔从地踊出，又于其中发是音声？'尔时佛告大乐说菩萨：'此宝塔中有如来全身，乃往过去东方无量千万亿阿僧祇世界，国名宝净，彼中有佛，号曰多宝。其佛行菩萨道时，作大誓愿：若我成佛、灭度之后，于十方国土有说法华经处，我之塔庙，为听是经故，踊现其前，为作证明，赞言善哉。彼佛成道已，临灭度时，于天人大众中告诸比丘：我灭度后，欲供养我全身者，应起一大塔。其佛以神通愿力，十方世界，在在处处，若有说法华经者，彼之宝塔皆踊出其前，全身在于塔中，赞言：善哉，善哉！大乐说，今多宝如来塔，闻说法华经故，从地踊出，赞言：善哉，善哉！

是时大乐说菩萨，以如来神力故，白佛言：'世尊！我等愿欲见此佛身。'佛告大乐说菩萨摩诃萨：'是多宝佛，有深重愿：若我宝塔，为听法华经故，出于诸佛前时，其有欲以我身示四众者，彼佛分身诸佛——在于十方世界说法，尽还集一处，然后我身乃出现耳。大乐说，我分身诸佛——在于十方世界说法者，今应当集。'大乐说白佛言：'世尊，我等亦愿欲见世尊分身诸佛，礼拜供养。'尔时佛放白毫一光，即见东方五百万亿那由他恒河沙等国土诸佛，彼诸国土，皆以颇梨为地，宝树、宝衣以为庄严，无数千万亿菩萨充满其中，遍张宝幔，宝网罗上。彼国诸佛，以大妙音而说诸法，及见无量千万亿菩萨，遍满诸国，为众说法。南西北方、四维上下，白毫相光所照之处，亦复如是。尔时十方诸佛，各告众菩萨言：'善男子！我今应往娑婆世界，释迦牟尼佛所，并供养多宝如来宝塔。'

时娑婆世界即变清净，琉璃为地，宝树庄严，黄金为绳以界八道，无诸聚落、村营、城邑、大海、江河、山川、林薮。烧大宝香，曼陀罗华遍布其地，以宝网幔，罗覆其上，悬诸宝铃。唯留此会众，移诸天人置于他土。

是时，诸佛各将一大菩萨以为侍者，至娑婆世界，各到宝树下。一一宝树高五百由旬，枝、叶、华、果次第庄严。诸宝树下皆有师子之座，高五由旬，亦以大宝而校饰之。尔时诸佛，各于此座结加趺坐。如是展转遍满三千大千世界，而于释迦牟尼佛一方所分之身犹故未尽。……尔时东方释迦牟尼佛所分之身，百千万亿那由他恒河沙等国土中诸佛，各各说法，来集于此；如是次第十方诸佛皆悉来集，坐于八方。尔时一一方，四百万亿那由他国土诸如来遍满其中。是时，诸佛各在宝树下，坐师子座，皆遣侍者问讯释迦牟尼佛，各赍宝华满掬而告之言：'善男子，汝往诣耆阇崛山释迦牟尼佛所，如我辞曰：少病、少恼，气力安乐，及菩萨、声闻众悉安隐不？以此宝华散佛供养，而作是言：彼某甲佛，与欲开此宝塔。'诸佛遣使，亦复如是。

尔时释迦牟尼佛，见所分身佛悉已来集，各各坐于师子之座，皆闻诸佛与欲同开宝塔，即从座起，住虚空中。一切四众，起立合掌，一心观佛。于是释迦牟尼佛，以右指开七宝塔户，出大音声，如却关钥开大城门。实时一切众会，皆见多宝如来于宝塔中坐师子座，全身不散，如入禅定。又闻其言：'善哉，善哉！释迦牟尼佛，快说是法华经！我为听是经故而来至此。'尔时四众等，见过去无量千万亿劫灭度佛说如是言，叹未曾有，以天宝华聚，散多宝佛及释迦牟尼佛上。

尔时多宝佛，于宝塔中分半座与释迦牟尼佛，而作是言：'释迦牟尼佛！可就此座。'实时释迦牟尼佛入其塔中，坐其半座，结加趺坐。尔时，大众见二如来在七宝塔中师子座上、结加趺坐，各作是念：'佛座高远，唯愿如来以神通力，令我等辈俱处虚空。'实时释迦牟尼佛，以神通力，接诸大众皆在虚空，以大音声普告四众：'谁能于此娑婆国土广说妙法华经，今正是时。如来不久当入涅槃，佛欲以此妙法华经付嘱有在。'"

正视

图 4　第 259 窟西壁佛龛

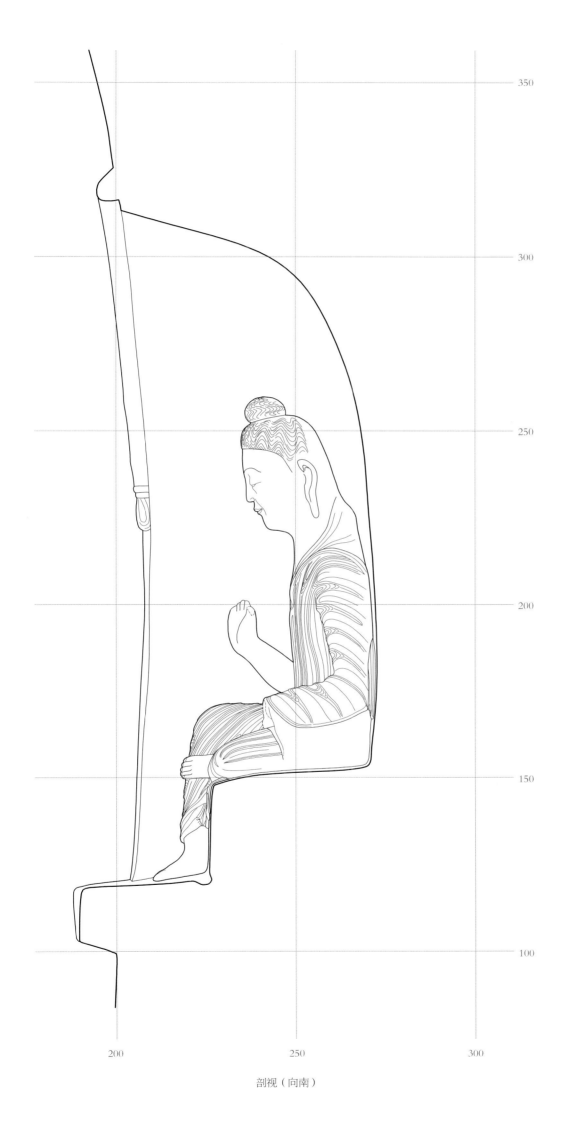

剖视（向南）

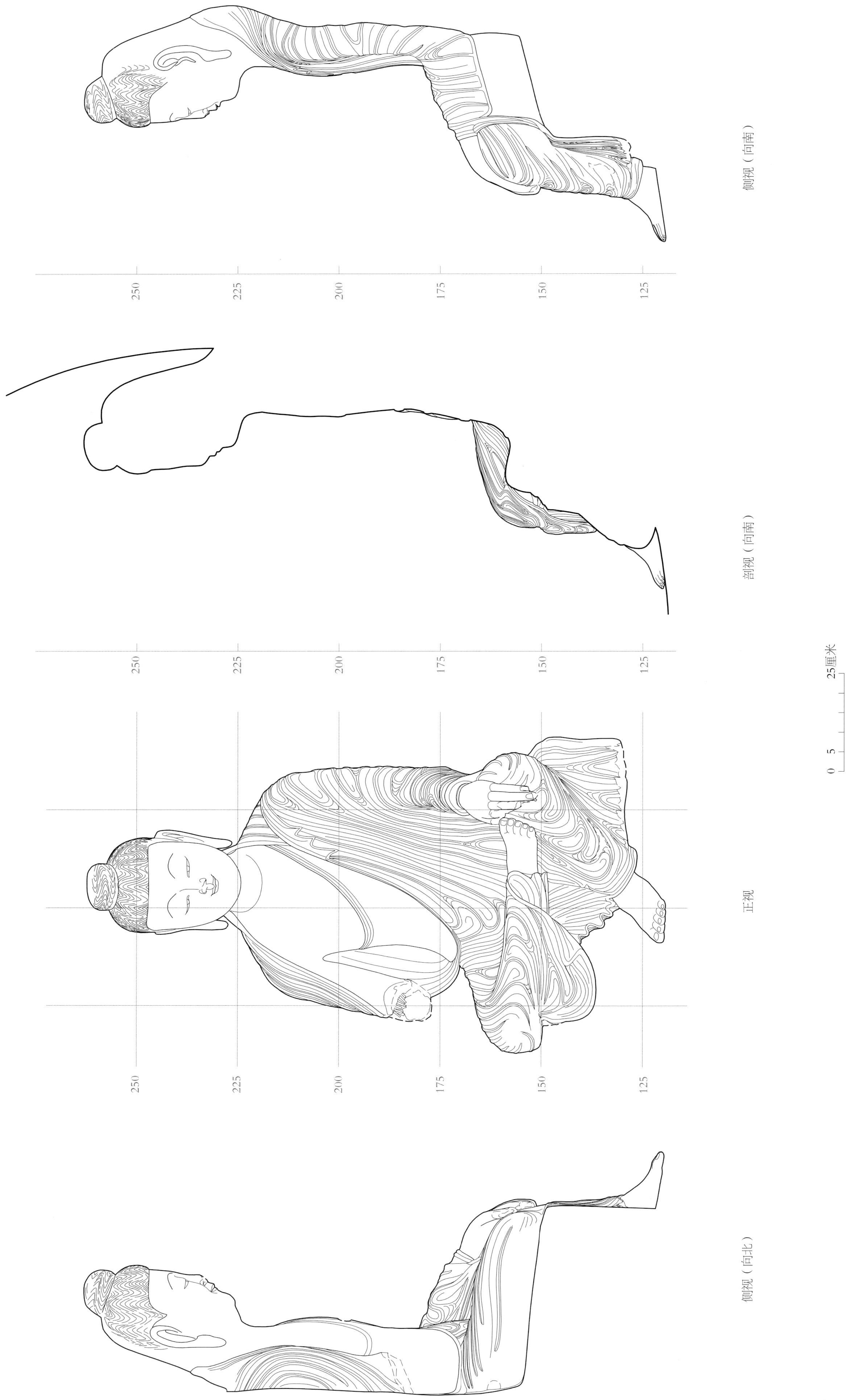

側視（向南）

剖視（向南）

正視

側視（向北）

250　225　200　175　150　125

250　225　200　175　150　125

250　225　200　175　150　125

0　5　25厘米

图 5　第 259 窟西壁龛内北侧佛坐像

侧视（向南）

正视

剖视（向北）

侧视（向北）

25厘米

0　5

图 6　第 259 窟西壁龛内南侧佛坐像

250

225

200

175

150

125

250

225

200

175

150

125

250

225

200

175

150

125

图 7　第 259 窟西壁佛龛龛内展开图

身飞天（图 7）。

　　i）头光

　　北侧佛像头光横径 61.4 厘米，四圈，均为宝珠形（图 8；图版 II：321、323）。由内而外第一圈（中心），横径 16 厘米，红褐色。

　　第二圈宽出 6.8 厘米，白色，无纹饰。

　　第三圈宽出 4.5 ～ 7.7 厘米，青色地上黑褐色绘火焰纹，勾黑、白色细线，外周以白色点线勾边。

　　第四圈宽出 5.5 ～ 10.2 厘米，按土、白、青、黑次序顺时针排列，绘四色火焰纹，计 4 组共 15 朵，土白二色加红色线描、青黑二色加白色线描，焰尖在华盖内被遮挡。

　　南侧佛像头光横径 61 厘米，与北侧佛像头光基本相同，第一圈（中心）横径 14.7 厘米。第二圈宽出 7 厘米。第三圈宽出 9.1 厘米。第四圈宽出 7.1 ～ 9 厘米。

　　ii）身光

　　北侧佛像身光横径 100.7 厘米，上端于华盖之下与头光外圈相交，五圈，各圈间以白色点线勾边为间隔（图 8；图版 II：321、323）。由内而外第一圈，于塑像肩头呈尖角状，宽 4.5 ～ 7.3 厘米，土色，黑色勾染，再以土红色勾染外缘，为神变火焰。

　　第二圈宽出 2.5 ～ 4.7 厘米，土色。

　　第三圈宽出 4.4 厘米，染黑灰色，似有薄粉绘纹饰，模糊。

　　第四圈宽出 6.7 厘米，青色绘火焰纹，黑色、土红色填地。

　　第五圈宽出 7.4 厘米，与头光第四圈相仿，绘四色火焰纹；顺时针，左侧为绿、黑、土、白、绿、黑、土、白、绿计 9 朵，右侧为白、土、黑、绿、白、土、黑计 7 朵，共 16 朵，土白二色加红色线描、绿黑二色加白色线描。

　　南侧佛像身光横径 103.2 厘米，与北侧佛像身光基本相同。第一圈宽 8.6 厘米，为神变火焰。第二圈宽出 4.3 厘米。第三圈宽出 4.6 厘米。

第四圈宽出 7.1 厘米。第五圈宽出 7.6 厘米，四色火焰纹，顺时针，左侧为白、绿、黑、土、白、绿、黑计 7 朵，右侧同样次序 7 朵，共 14 朵。

iii) 华盖

佛像上方各有一顶华盖。华盖圆形伞状，穹形盖顶隆起作缓坡圆丘状，正视角度，顶面土色地绘土红色双线菱格纹；盖沿平直，白色，左右两端各立一白色宝珠形蕉叶，沿下挂帷幔一周。帷幔饰垂角纹，以黑灰色倒三角形（垂角）与绿色正三角形相间连续排列，垂角下挂垂珠，每垂角间（正角顶端）各一白色垂带至帷幔下沿。帷幔下沿以仰视角度作椭圆形，黑灰色勾边，里面土色，后部被头光遮挡。北侧佛像华盖横径 70.5 厘米、南侧佛像华盖横径 69 厘米（图 7；图版 II：320、332-1）。

iv) 供养菩萨

并坐二佛身侧各绘立姿供养菩萨（天人）7 身，其中内侧 1 身、外侧 6 身，分述于下（图 7）。

北侧佛像右侧（内侧）菩萨 1 身，稍侧向左后仰，面稍长，朝北，双手于胸前合掌。黑色宝珠形头光，白色细线勾边；粉绿色仰月三珠宝冠，两侧缯带系结垂肩上扬。袒上身，白色项圈、腕钏，土色裙，绿色帔巾从背后环绕肩膊、双肘垂下。肌肤呈灰色，露出深肉红色，勾染呈黑色（图版 II：325）。

北侧佛像左侧（外侧）菩萨 6 身，位于龛内北壁，上下三排，每排 2 身，下排土红色地，上二排黑色地。自下而上、由里（西）而外（东）依次叙述如下（图版 II：326）。

下排第一身菩萨，稍侧向右，朝西，双手合掌于胸前。白色圆形头光，冠饰仰月、绿色宝珠、鸟首衔绿色坠饰，两侧缯带系结下曲上扬。袒上身，灰色项圈、腕钏，白色长裙。肌肤灰色，勾染呈黑色，白色点染双眼、鼻梁。第二身菩萨，高 64.5 厘米（包括头光），头侧向左，朝东，右臂下垂，左臂屈起，左手于胸前拇指与中指相捻。绿色宝珠形头光内心青色外周绿色晕染衔接；红褐色三珠宝冠，鸟首衔红色坠饰，两侧白色缯带系结下曲上扬。袒上身，灰色项圈、腕钏，土红色勾染土色长裙、裙摆略呈尖角状。肌肤黑灰色，勾染呈黑色，白色点染眼、鼻。黑灰色帔巾环肩膊绕双肘垂下，白色细线勾褶纹（图版 II：328-1）。

中排第一身菩萨，身体右侧隐在佛像身光后，上身稍向左倾，头稍侧向左，朝东。左臂自然下垂，左手伸直抚于膝上，右手于胸前捻指。土色圆形头光土红色勾边，头冠画迹脱落，左侧缯带下曲上扬。颈有二道，袒上身，灰白色项圈、腕钏，青色长裙。肌肤灰色稍偏绿，黑色线描发际线、五官，勾染躯体，白色点染眼睑。白色帔巾绕左肩、肘垂下（图 9）。第二身菩萨，侧身向西面对前者，稍后仰，双手于胸前合掌。白色宝珠形头光，三珠仰月宝冠饰红色宝珠，鸟首衔青色坠饰，两侧缯带系结下曲上扬。灰白色项圈、腕钏，披土色通肩袈裟，黑色领缘、袖缘，土红色勾染。肌肤灰色，白色点染眼睑（图版 II：327、328-2）。

图 8　第 259 窟西壁龛内佛坐像头光、身光

上排第一身菩萨，侧身向右，朝西，双手于面前合十。黑褐色宝珠形头光白线勾边，白色仰月三珠宝冠，青色宝珠、坠饰，两侧缯带系结下曲上扬。祖上身，灰白色项圈、腕钏，白色长裙。肌肤灰色，露出深肉红色、黑色线描、勾染。绿色帔巾从肩后环绕双臂垂下，白色细线勾褶纹。第二身菩萨，侧身向右，朝西，微躬身，双手于胸前合十。土色宝珠形头光土红色勾边；仰月鸟形饰宝冠土红色坠饰仅存残迹。颈有二道，祖上身，灰白色项圈、腕钏，绿色长裙，黑灰色帔巾从肩后环绕双肘垂下，白色细线勾褶纹。肌肤灰白色，露出肉红色，黑色线描、白色晕染五官（图版 II：327、328-3）。

南侧佛像左侧（内侧）菩萨 1 身，与北侧佛像右侧菩萨背向而立，共处于龛内中间二佛像身光、华盖之间略呈倒三角形的空间，黑色地，各有 1 朵卵形莲蕾点缀菩萨身前，北侧莲蕾灰色，南侧莲蕾绿色。菩萨稍侧向右，朝南。右臂屈起，右手抬至右肩前翻掌向上；左臂下垂，左手在腹前翻腕，掌心向右下。土色宝珠形头光，土红色勾边，宝冠漫漶，缯带在两侧系结下曲上扬。白色项圈、腕钏，披黑褐色圆领通肩袈裟，绿色领缘、袖缘，袖中青色里面。肌肤肉红色，勾染呈黑褐色（图版 II：325）。

南侧佛像右侧（外侧）菩萨 6 身，位于龛内南壁，上下三排，每排 2 身，下排土红色地，上二排黑色地。自下而上、由里（西）而外（东）依次叙述如下（图 7；图版 II：329、330-1）。

图 9　第 259 窟西壁龛内北侧供养菩萨（天人）中排第一身晕染

下排第一身菩萨，稍侧向左，朝西，双手合掌于胸前。宝珠形头光内心青色外周绿色晕染衔接，残存黑色宝珠、鸟首衔红色坠饰及红色、白色冠饰。面型长。祖上身，颈有二道，灰白色项圈、腕钏，肌肤黑灰色，黑色描绘五官，白色点染眼、鼻。黑色帔巾绕肩膊，白色线描褶纹。下半身被佛像遮挡。第二身菩萨，高 67.3 厘米（包括头光），头转向右并稍向右俯身，朝东，右臂垂下，手抚于股上；左臂屈起，左手在胸前扬掌。双腿分开，右足伸出外撇。圆形头光敷白色。白色宝珠饰仰月、土色和绿色宝珠、鸟首衔绿色坠饰，两侧缯带系结下曲上扬。颈有二道，祖上身，灰色项圈、腕钏，黑色长裙，尖角形下摆。跣足。肌肤灰色，黑色勾染面部、肢体，白色染眼睑。绿色帔巾从肩后环绕双臂飘下（图版 II：330-2）。

中排第一身菩萨，身体左侧隐在佛像身光后，稍侧向右，朝东，稍前俯、颔首，下视。右臂垂下，手抚于股上。黑褐色圆形头光，白色宝冠饰仰月、绿色宝珠、鸟首衔红色坠饰，两侧白色缯带系结下曲上扬。颈有二道，祖上身，灰白色项圈、腕钏，带状璎珞挂胸前，白色长裙。肌肤灰白色，黑色线描面部、肢体，白色点染眼睑、口鼻。绿色帔巾从肩后绕臂。第二身菩萨，稍侧向左，朝西，双手合掌于胸前，手指前伸。宝珠形头光内心青色外周绿色晕染衔接，仰月三珠宝冠。颈有二道，灰白色项圈、腕钏，半披黑色袈裟，白色领缘、袖缘。土色头发，肌肤灰白色，黑色线描、勾染面部、肢体，部分露出深肉红色（图版 II：330-3、331）。

上排第一身菩萨，侧身向左，朝西，双手于胸前合十。土色宝珠形头光，宝冠漫漶，饰仰月三珠宝冠，鸟首衔红色坠饰，两侧白色缯带下曲上扬。颈有二道，灰白色项圈、腕钏，披红褐色通肩袈裟，绿色领缘、袖缘，薄粉晕染褶纹，内着青色裙。土色头发，肌肤粉层剥落，露出深肉红色。第二身菩萨，头转向右，朝东，右臂垂下，手抚于股上；左手在左胸前半握，掌心向内。黑褐色宝珠形头光，白色宝冠饰仰月、绿色三珠、鸟首衔青色坠饰，两侧白色缯带系结下曲上扬。颈有二道，祖上身，灰白色项圈、腕钏，带状璎珞，白色长裙。土色头发，肌肤灰白色、部分露出肉红色。黑色线描五官，薄粉晕染。绿色帔巾从背后绕肩膊、双肘垂下（图版 II：330-4、331）。

v）飞天

华盖以上龛顶绘 8 身飞天，南北各 4 身相向飞行，作上下两排，于两顶华盖之间会合。又在华盖南北、两侧龛壁供养菩萨上方，各绘 1 身飞天随其后。自内而外、由前而后、由下而上顺次叙述如下（图 10；图版 II：332）。

北侧飞天自北向南，下排二身飞在华盖顶上。南起第一身飞天，上身前倾，下身扬起，整体呈略大于直角的 V 形，回首顾盼。右臂屈起，于胸前向外扬掌；左臂向后方伸出，左手翻腕向后扬掌。黑灰色宝珠形头光勾白边，黑发，束高髻。颈有二道，祖上身，白色项圈、腕钏，白色长裙。肌肤深肉红色，勾染呈黑色。绿色帔巾从颈后环肩膊、绕双臂婉转飘向后方。第二身飞天，俯身于空中，双腿在后扬起，整体作浅弧形折屈；目视前方，双手于面前合十。白色圆形头光。冠饰红色、青色三珠、鸟首衔青色坠饰。两侧缯带系结，右侧下曲上扬、左侧飘向后方。颈有二道，灰白色项圈、腕钏，披灰色祖右袈裟，黑色领缘、袖缘，土红色线绘田相纹方格，黑灰色长裙，白色细线勾衣纹。跣足。肌肤白粉脱落，部分露出深肉红色。

图 10　第 259 窟西壁龛内飞天

北侧上排二身飞在龛顶沿下。第一身飞天，上身端直，双肩左扭，头、胸转为正面，双手于胸前合掌。双腿向上高扬，整体 V 形呈锐角。白色圆形头光，冠饰漫漶，右侧缯带下曲上扬。灰白色项圈、腕钏，披灰色袈裟，黑色领缘、袖缘，细线勾白边，土红色粗线绘田相纹方格。肌肤白粉脱落，露出深肉红色。第二身飞天，上身前俯，双腿高扬舒展，整体作 V 形，略呈锐角。回头向左俯视。右臂向右侧高抬伸向前方，翻腕仰掌；左臂外张屈肘，左手回至左肩前立掌。灰色圆形头光，冠饰漫漶，白色缯带右侧向外飘，左侧飘往头光之后。袒上身，灰白色缀珠项圈、腕钏，青色长裙。跣足。肌肤肉红色，敷白粉。黑灰色帔巾从肩后呈环状，绕右臂波状回卷而下，绕左臂婉转飘向后上方。白色细线勾勒长裙、帔巾褶纹（图版 II：332-1）。

北侧佛像华盖北侧、供养菩萨上方飞天，上身几近俯卧，抬头回首注视东方，下身高扬直上，整体 V 形呈直角。双臂屈肘向前平伸，右手垂掌。黑灰色圆形头光勾白边。白色宝冠饰仰月、青色、红色三珠，鸟首衔青色坠饰，两侧缯带系结，左侧上扬、右侧向下飘向头光之后。颈有二道，袒上身，白色项圈、腕钏，白色长裙，跣足。肌肤肉红色，敷薄粉。绿色帔巾在左肩上呈环状，绕肩、臂向后飘扬（图版 II：332-3）。

南侧飞天自南向北，下排二身飞在华盖顶上。第一身飞天，上身前倾，目视前方。下身左腿在前屈膝高抬，左胫上提内吸，右腿舒展在后扬起，整体 V 形呈钝角。右臂在后伸直抚于右膝上，左臂张开屈肘，左手按突前的左膝。宝珠形头光内心青色外周绿色晕染衔接，冠饰仰月、黑色宝珠、鸟首衔红色坠饰。颈有二道，灰白色项圈、腕钏，披黑灰色袒右袈裟，绿色领缘、袖缘，土色长裙，尖角状下摆。肌肤肉红色，勾染呈黑色。第二身飞天，上身前俯，头转向右回看，双手于胸前合掌，双腿舒展飘浮在后上方，整体呈弧形的折屈。白色圆形头光，冠饰可辨红色宝珠、青色坠饰，缯带在冠两侧系结，飘在背后。袒上身，灰白色项圈、腕钏，褐色长裙，白色细线勾褶纹。跣足。肌肤敷白粉，黑灰色勾染，部分露出深肉红色。灰白色帔巾。

南侧上排二身飞在龛顶沿下。北起第一身飞天，上身前倾，目视下方，两臂屈起，双手于胸前合掌。双腿向上扬起，整体呈近似直角的 V 形。黑灰色头光勾白边，白色单面冠，青色宝珠，鸟首衔青色坠饰，两侧缯带系结下曲上扬。袒上身，灰白色项圈、腕钏，白色长裙。肌肤深肉红色，黑色勾染。绿色帔巾在背后呈环状，右侧绕右肩膊长曳于背后，左侧绕肩、臂从身体下方飘过。第二身飞天，上身前倾，头后仰朝天，右臂伸直向后方推掌，五指朝下，左手置于胸前，双腿伸展漂浮于后，整体呈钝角 V 形。头光内心青色外周绿色晕染衔接，束高髻，灰白色项圈、腕钏，披黑灰色通肩袈裟，绿色领缘、衣缘，里面薄粉晕染褶纹。灰色长裙。跣足。肌肤深肉红色，黑色勾染（图版 II：332-1）。

南侧佛像华盖南侧、供养菩萨上方飞天，上身前倾，仰头，两臂伸向前下方，双手并拢如捧物状。腿部竖直向上扬起，双脚远高过头顶，整体折成锐角 V 形。土色宝珠形头光，冠饰模糊，仰月、宝珠、鸟首衔坠饰呈黑色，两侧白色缯带系结，右侧垂至肩下舒卷上扬。颈有二道，袒上身，白色项圈、腕钏，青色长裙。跣足。肌肤深肉红色，勾染呈黑色。灰褐色帔巾从肩后绕至双臂之下向两侧飘卷，白色细线勾褶纹（图版 II：332-2）。

龛顶中间南北两侧飞天会合处、南侧华盖北侧、南北两侧上排第一身供养菩萨前方，各绘 1 朵莲蕾，共 4 朵，灰色，卵形，白色细线勾勒花瓣，三瓣或五瓣，白色萼托。此外，在两身佛像身光下段之间，绘有 1 朵花蕾（图版 II：328-4）。

ii 龛外

龛口上沿于壁面上塑造龛梁、龛楣。未设龛柱（图 11）。

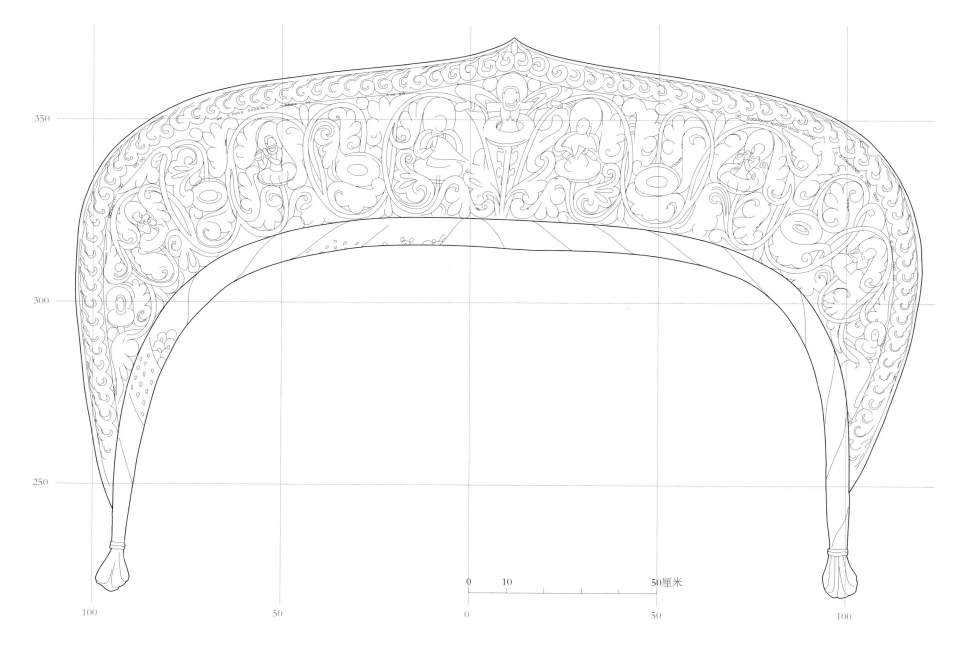

图 11　第 259 窟西壁龛龛梁、龛楣

（i）龛梁

龛梁距龛口边沿 2.2～3.2 厘米，截面半圆形，径 3.5～7.7 厘米，浮出 6.3 厘米。龛梁绘四色彩帛纹，从中间分界，顺时针南段土、白、绿、黑、土、白、绿、黑色，北段白、绿、黑、土、白、绿、黑、土色，依次敷色；其中，土色、绿色中排列黑色点，白色、黑色中排列绿色点。仔细辨认，如上色点实为鳞片的基部，周围有白色点线描绘鳞片的轮廓，彩帛图案原来是装饰各色的鳞纹。龛梁南北两端均塑作束帛形，黑色帛裹束梁头，白色褶纹（图版 II：334-2）。龛梁与龛口边沿之间土红地色上绘连续涡纹的饰带。涡纹圆形、白色，中心交替为绿色、黑色的圆点，大都漫漶（图 11；图版 II：331、332-1、333）。

（ii）龛楣

龛楣作尖拱形，龛梁中间上沿至龛楣尖高 49.6 厘米，楣尖上达窟顶，楣宽 229.6 厘米，浮出塔身约 4 厘米（图 11；图版 II：333-1）。龛楣内土色地上彩绘莲花化生、莲花和波状忍冬纹；中间一黑褐色竖直株茎上盛开圆形环状绿色莲花，花芯出一化生，露出腰腹以上半身，双臂外张平肩伸直，双手展开。黑色宝珠形头光，祖上身，白色项圈、腕钏，黑褐色帔巾在两肩上呈环状绕臂垂下（图版 II：333-2）。

主干两侧展开左右对称的藤蔓分枝双叶波状忍冬纹，黑褐色藤蔓，波峰、波谷中分别描绘化生和莲花。波谷中莲花，均为绿色环状花冠、黑褐色莲芯、白色、绿色、黑色叶。波峰下化生由两端向中间逐渐增大，莲花以黑褐色与白色相间。两端的童子较小，仅露头部，余六身皆露出上半身，头光黑、绿、土三色变化，肌肤皆为肉红色。连同中间直立者，莲花化生共 9 身以伎乐为主题，其中可辨者分别演奏琵琶、腰鼓、横笛及竖吹的某种管乐；莲叶以绿、白、黑、土五色轮换组合，加以白色细线勾勒，均为忍冬叶形，其中绿色叶以青色染叶脉、绿色染叶缘（图版 II：334-1、335-1）。

龛楣外缘绘火焰纹，宽 6.8 厘米，色彩脱落，残存青、红、黑色画迹。最外周描约 1.5 厘米宽绿色边缘。

2）龛外塑像

i 胁侍菩萨像

龛外两侧座沿上面依壁塑立姿左、右胁侍菩萨像各 1 身。

（i）左胁侍

北侧胁侍菩萨立像（左胁侍），高 130 厘米（包括冠饰），头部通高 31.8 厘米，肩宽 29.4 厘米（图 12；图版 II：336 ～ 338）。菩萨面容清秀。眉骨突出，眼半睁下视，鼻梁挺直，鼻尖突出，人中微凹，上唇较厚且突出，下颏中缝。右眼珠毁。左臂垂下，左手半握，右臂于上臂下端残断。两腿分开，立于座沿，踝部以下残毁。

头顶三珠冠残高 12.2 厘米，戴在束起的发髻上，正面有一土红色圆饼形宝珠，两侧各一片竖立的绿色忍冬叶。冠沿下白、黑、绿等色彩帛纹束发带。绿色巾帕覆于耳侧，边缘波褶，里面黑色。额发中分，长发披于两肩上，发绺隆起，阴刻发丝。长耳贴发，穿缀圆环，环呈黑色。袒上身，饰项圈、臂钏。项圈较宽，以竖棱分格，交替填绿黑二色，上下边棱浮起，下缘呈桃尖形，格线之下缀浮塑的花形珠饰。泥条塑臂钏。呈双股细带形。胸前垂挂带状璎珞，细泥条塑出双股长带，下端由一对绿色三角形革袢固定较大的花形珠饰。下身绿色长裙，右衽，黑色边缘，白色扁宽腰带系结，裙腰翻出波褶，下摆如尖角状，稍外撇，阴线刻褶纹。跣足。肌肤白色，头、面褪色。绿色缘黑褐色帔巾，从颈后绕肩膊、臂肘垂下，浮塑于塔身壁面上。壁面施土红色。

（ii）右胁侍

南侧胁侍菩萨立像（右胁侍），高 124.5 厘米（包括冠饰），头部通高 30.5 厘米，肩宽 33.7 厘米（图 13；图版 II：339、340）。面相、眉、眼、鼻与北侧菩萨相似，面颊稍丰，嘴角内凹，微含笑意。左臂屈起，左手抬至左胸前，掌心朝内，手指残；右臂下垂，小臂贴于右胯，腕部残断。两腿分立，以左腿为重心，右腿松弛，右足残毁。

头冠、发型、胸饰、裙装、肤色与北侧菩萨大体相同。宝冠残高 8.6 厘米，两侧残存忍冬叶，南侧有圆饼形宝珠。冠沿下绿、黑等色彩帛纹束发带。耳饰特殊，耳垂从圆形耳环中间的孔中穿出。分格项圈下缘边棱桃尖形下的珠饰为绳系吊坠。臂饰腕钏、臂钏。腕钏细带形，单环。臂钏扁宽，分格彩绘施黑、褐、深绿、浅绿、土、白等色如彩带，上下边棱浮起。胸前璎珞一条右肩向左肋斜挎，为环形圆珠与梭形长珠相间的珠串；又一条双股细绳带状，由左肩向右肋斜挂。绿色长裙，左衽，裙腰翻出波褶状一角，里面呈灰黑色，裙带白色，双股细带形。跣足。

北侧菩萨右臂肘弯破损处露出泥胎内的芦苇杆，南侧菩萨右手腕部残断处露出泥胎内的麦草杆，可据此探求彩塑制作的方法。

北侧菩萨宝冠与头发之间存在间隙，系各自分体制作之后再组合而成的迹象。

北侧菩萨眼部、脸部、颈部残存褐色的金箔。胸前花形珠饰表面、两腿间长裙的衣缘，以及南侧菩萨头发上，皆残存原来所贴金箔脱落后变色所呈现的褐色。

ii 龛楣外影塑

塔身上部龛楣两侧原粘贴影塑供养菩萨（天人）或化生，上下四排，大小不一，共 26 身，现大都残失，留有粘贴的泥痕（图版 I：56）。

龛楣北侧上起第一排影塑 5 身，第二至四排各 2 身，共 11 身（图版 II：335-3）。其中第一排影塑泥痕高 11.2 ～ 28.6 厘米。

龛楣南侧上起第一排影塑 8 身，第二排 3 身，第三、四排各 2 身，共 15 身（图版 II：335-2）。其中第一排南起第一身，大约残损后被后世改造，抹成泥面绘制壁画，属于第二层遗迹。以北的 7 身影塑泥痕高 12.3 ～ 34 厘米。龛楣之上壁面空间由两侧向中间逐渐狭小，南北两侧第一排影塑的体量随之出现由大到小的渐变。

3）龛外壁画

龛楣楣尖南北、塔身顶沿下、两侧第一排影塑之间，狭窄的空间点缀彩画莲蕾。土红色地上，楣尖北侧约 6 朵，楣尖南侧 4 朵，画面斑驳、模糊。莲蕾卵形，较圆，多敷绿色。

（3）塔柱形北侧面

西壁塔柱形北侧面塔座绘药叉，座沿上塔身依壁塑 1 身立姿菩萨像，其上方壁面粘贴影塑（图版 I：57）。

1）塔座

座身绘药叉 1 身，剥落残损严重，下部及座基经现代灰泥修补。上部残存白色地上绿色画迹似药叉头光残痕。西上角残存药叉的左手，翻腕仰掌托举上方座沿，丰厚壮硕，腕饰钏，肌肤肉红色。座身上边、西边描土红色粗线（图版 II：341-2）。

座沿正面白色地仗斑驳，残存波状忍冬纹绿色画迹（图版 II：341-1）。

2）塔身

i 菩萨像

塔柱形北侧面塔身座沿上依壁塑立姿菩萨像，高 126 厘米（包括冠饰），头部通高 28.6 厘米，肩宽 32.4 厘米（图 14；图版 II：342、343-1、2）。菩萨面相方圆，弓眉细长，右眼残损，鼻高挺，双唇饱满，嘴角微凹，含笑意，下颌丰厚，耳垂长且有纵长凹槽。

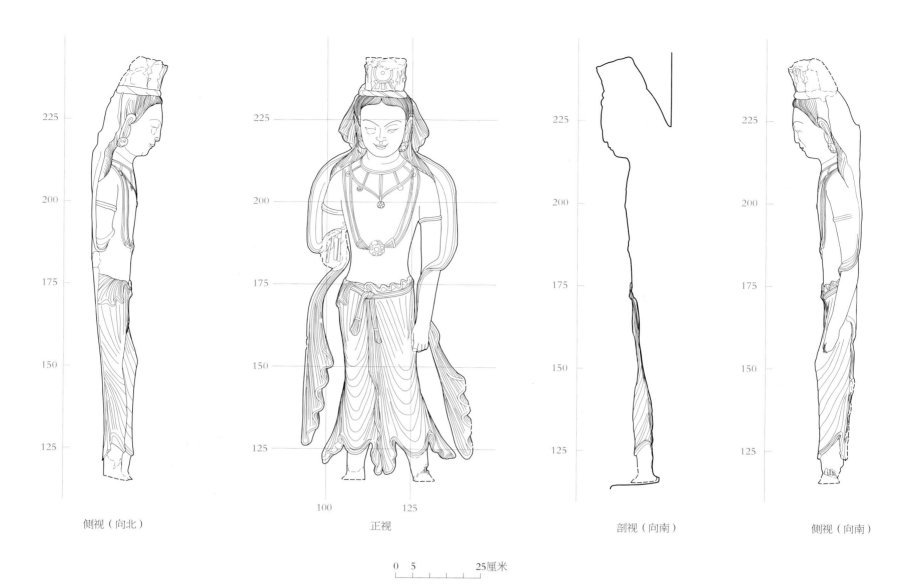

側視（向北）　　　　　　　　正視　　　　　　　　剖視（向南）　　　　　　側視（向南）

0　5　　　　25厘米

图 12　第 259 窟西壁龛外北侧左胁侍立像

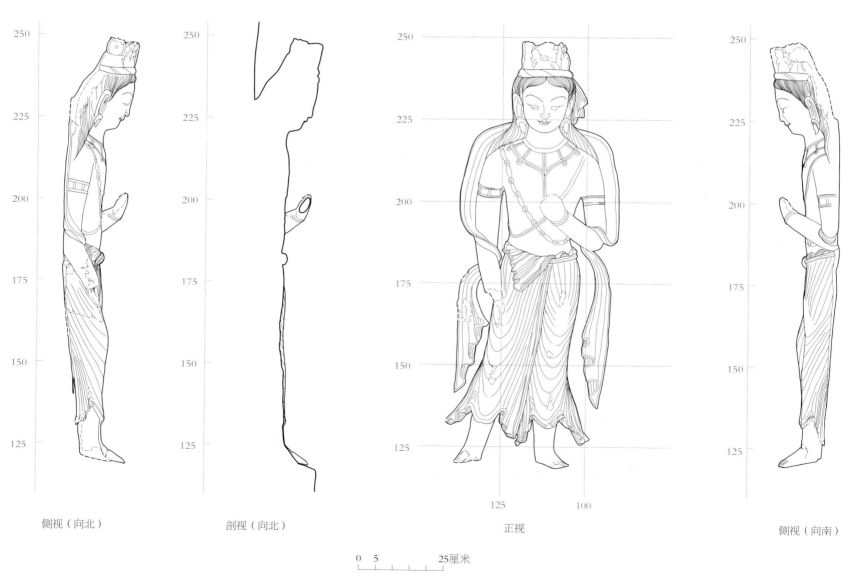

側視（向北）　　　　剖視（向北）　　　　　　　正視　　　　　　　　側視（向南）

0　5　　　　25厘米

图 13　第 259 窟西壁龛外南侧右胁侍立像

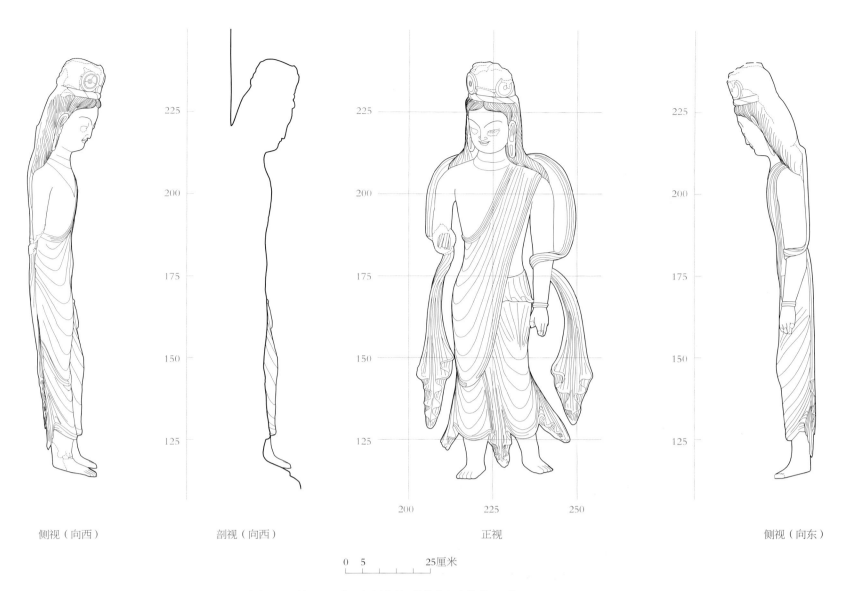

侧视（向西）　　　　　剖视（向西）　　　　　　正视　　　　　　　　侧视（向东）

0　5　　　25厘米

图 14　第 259 窟西壁塔柱形北侧面菩萨立像

左臂自然下垂，手指半残，右上臂下端残断。两腿分开立座沿上，以直立的右腿为重心，左腿稍松弛。

　　头顶三珠宝冠，残高 10 厘米，戴在束起的发髻上，冠正面珠饰残，左右各一绿色圆饼形珠。冠沿下绿、黑等色彩帛纹束发带。额上发际中分，长发披于两肩，发缯上阴刻发丝。袒右肩，绘绿色项圈，项圈下缘桃尖形，贴泥条塑腕钏。斜披绿色缘土红色络腋，覆盖左肩、胸、腹，下摆尖角过右膝。白色长裙，右衽，绿色边缘，裙腰翻出里面土色，下摆在腿两侧呈尖角外撇，阴线刻衣纹。跣足。肌肤敷粉变灰色，露出肉红色，面部残存变为褐色的金箔。土色帔巾边缘黑褐色，从背后绕两臂，下段波状褶纹浮塑于壁面上。壁面施土红色为地。

　　菩萨右上臂残断处露出泥胎内成束的芦苇杆，另可见有小木条从左侧胯部伸出插入左手腕部，用以加固左手的塑造。

　　ii 影塑

　　塔柱形北侧面塔身上部粘贴影塑供养菩萨（天人），大部已脱落，壁面土红色地上残存粘贴塑的泥痕，共四排，上起第一至第三排各 3 身，第四排 2 身，共 11 身，现仅残存 2 身。

　　其中，第一排东起第二身，残高 23.6 厘米，粘贴泥痕高 29.6 厘米，肩以上残毁，胡跪，左腿挂地，跪右膝，右足露出于左股后；右手垂下于股间握绿色物。披黑褐色袒右袈裟，下摆衣角垂于两腿间。肌肤肉红色，上敷白粉。第三排第三身，残高 13 厘米，粘贴泥痕高 26 厘米，上身残毁，仅存下肢和右手，姿态、衣着、敷色、执物全同于前者（图 15；图版 II：343-3、4）。

　　（4）塔柱形南侧面

　　塔柱形南侧面形制、格局、内容与北侧面相同（图版 I：57）。

　　1）塔座

　　塔座剥落残损严重，座基和座身下部、东部经现代泥灰修补。上部残存药叉头部、头光轮廓，隐约可见右肩及右侧帔巾等画迹和敷染的绿色。座身上边、西边描土红色粗线（图版 II：344-2）。

　　座沿正面白色地仗斑驳、东西两端残损，仅残存中间横宽 41 厘米波状忍冬纹样，模糊（图 16；图版 II：344-1）。

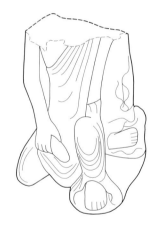

图 15　第 259 窟西壁塔柱形
北侧面影塑菩萨正面

2）塔身

i 菩萨像

塔柱形南侧面塔身座沿上依壁塑立姿菩萨像，头部残失，残高98厘米，肩宽30.2厘米。双臂屈起，腕部相并于胸前，似作合掌状，双手均已残失。两腿分开立座沿上，以直立的左腿为重心，右腿稍松弛。左足残毁。其余形体、服饰、赋色、雕塑技法与塔柱形北侧面菩萨像基本相同，塑腕钏，斜披绿色缘土红色络腋，白色长裙，左衽，绿色边缘。跣足。灰色肌肤，帔巾从背后绕两臂垂下浮塑于壁面上，阴线刻衣纹。壁面施土红色（图17；图版Ⅱ：345、346）。

ii 影塑

塔柱形南侧面塔身上部粘贴影塑供养菩萨（天人）或化生，已全部脱落，壁面土红地色上残存粘贴影塑的泥痕，与塔柱形北侧面略同，共四排，上起第一至第三排各3身，第四排2身，共11身（图版Ⅱ：346-1）。

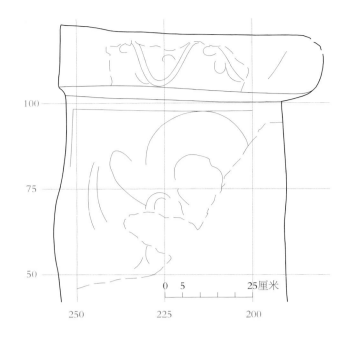

图16　第259窟西壁塔柱形南侧面塔座

2．西壁塔柱形北侧

西壁，在塔柱形南北两侧的壁面，均以一条横向的凸棱分为上下两段。在同样的高度，西壁的凸棱与中间塔柱形的塔座座沿以及南北两壁的凸棱，相互衔接、通连。西壁凸棱和塔柱形座沿、北壁凸棱绘供养人和装饰图案。凸棱之下，西壁下段和塔柱形座身、北壁下段绘药叉。西壁北侧壁面凸棱之上，上段绘千佛图（图版Ⅰ：56；图版Ⅱ：347）。

（1）下段

在塔柱形北侧，西壁下段敷白色为地，绘1身药叉，画面褪色、斑驳、漫漶，上部残存红色圆形头光、淡肉红色头部、躯体和石绿色帔巾画迹。药叉两臂向外张开高举，双手仰掌托举坛沿（凸棱）。上边描土红色粗线。下部距地面约47厘米壁面残毁，泥层剥落，经现代泥灰修补（图18；图版Ⅱ：348-2）。

凸棱下面敷白粉，正面白色为地，绘波状忍冬纹。纹样与塔柱形北侧面、南侧面座沿正面图案相同，残存部分波状忍冬纹绿色画迹（图版Ⅱ：348-1）。

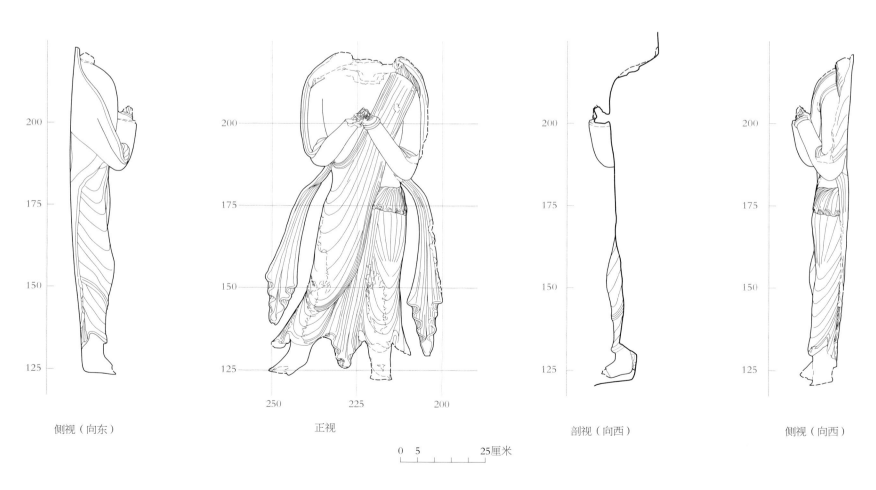

侧视（向东）　　　　　　正视　　　　　　剖视（向西）　　　　　侧视（向西）

图17　第259窟西壁塔柱形南侧面菩萨立像

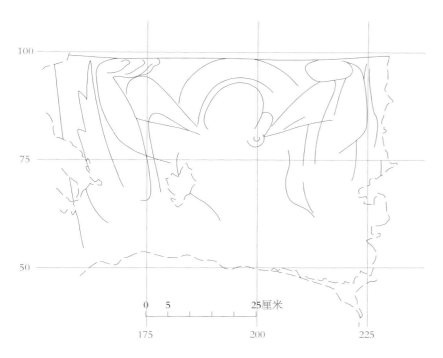

图 18　第 259 窟西壁塔柱形北侧下段药叉

（2）上段

壁面上段千佛图，以土红色为地，千佛（化佛）[3] 左右成排、上下成列，自上而下共十排；上起第一排 5 身，第二至第四排各 6 身，第五至第十排各 7 身，共计千佛 65 身（图版 II：349）。

千佛通高 18.9 ～ 23.9 厘米（包括莲座、华盖）、两膝间距 11 ～ 13.9 厘米，第七至第九排间可见上下排以白色横线分隔，间距 22.7 ～ 25.8 厘米。相邻的千佛身光相接，有间隔或有重叠。

千佛造型姿态相同，均为正面，结跏趺坐，不露足，双手于腹前相叠，结禅定印。头顶有圆形肉髻，肉髻底部一圈白色小点珠饰。额前有白毫，两耳垂肩，颈有二道。披通肩袈裟，交替为圆领或双领下垂，后者内着僧祇支。

千佛头光圆形，横径 7.7 ～ 9.5 厘米，身光横径 13.1 ～ 15 厘米，头光与身光两圆顶端相切，或身光略高出身光。

千佛坐下为扁平的莲座，高约 2 厘米、横径约 12 厘米，上边以平直的白线为座面，底边微弧，莲花交替为黑、绿二色。

千佛头顶上方绘华盖，以黑色和薄粉二色粗横线上下交替，表现盖顶和帷幔，高约 1.8 厘米、横径 4.4 ～ 4.7 厘米，帷幔两端白色点线表现流苏，飘向左右外侧。

千佛身光左上方有高约 5 厘米、宽 1 厘米的白色条形题榜，未见字迹。题榜间距约 13 厘米（图 19）。

千佛以土红色线起稿，肉色勾染头部轮廓、面颊、眼圈、鼻、双耳和颈部、胸廓、双手，肌肤加敷白粉，变色后分别呈黑色和灰色。细部勾勒之后以白色点染眼睑、鼻梁和白毫，即所谓"小字脸"（图 20）。部分未着色的土色头光、袈裟、僧祇支上保存有起

图 19　第 259 窟西壁塔柱形北侧千佛（化佛）　　　　　　图 20　第 259 窟西壁千佛（化佛）晕染

---

[3]　第259窟西壁南北两侧和南北两壁西端壁画千佛图，不同于三劫三世千佛，而应是释迦的十方分身化佛，形态与千佛无异，本章暂按千佛作客观记述。作为多宝塔主题的组成部分，表现内容如经文描述："尔时东方释迦牟尼佛所分之身，百千万亿那由他恒河沙等国土中诸佛，各各说法，来集于此；如是次第十方诸佛皆悉来集，坐于八方"（鸠摩罗什译《妙法莲华经》卷四〈见宝塔品〉，《大正藏》第9册，p. 33）。

稿前用于定位的土红色弹线。例如上起第七排南起第四身、第八排第三和第七身，可见横向线段；第五排第三身，第六排第六身，第七排第六身，第八排第四、五身，第九排第三身，可见竖向线段。分隔各排的白色横线，系在千佛绘制完成后用界尺所画，同时涂刷题榜。

千佛图的赋彩，按头光、身光、袈裟、僧祇支、莲座的不同颜色搭配，有规律地组合排列。颜色搭配情况列表示意如下：

头光	白	土	黑	绿	白	土	黑	绿
身光	土	白	绿	黑	土	白	绿	黑
袈裟	黑	青	黑	红	黑	绿	黑	红
僧祇支	绿		土		绿		土	
莲座	绿	黑	绿	黑	绿	黑	绿	黑

绘制中，一排按颜色次序搭配的千佛，相对其上一排同样颜色次序搭配的千佛向左横移一个位置，在壁面上形成颜色变化的道道斜线。

使用颜料有黑色、白色、绿色、青色，并利用泥壁原有的土色，其中黑色并无重度的纯黑，黑灰而已，有深浅浓淡之分；用水稀释，或与白粉调和，或添加线描条纹、晕染而取得灰色的效果。为了色彩的丰富，在袈裟配色轮次中增加了石青和土红，以青色与绿色、红色与土色，实行轮次上的交替。此外由于烟炱的污染，高处的几排中，土色被熏黑，有的甚至达到纯黑的程度，如第一排第一身、第二排第一身等。下方的几排所处位置较低，似遭到一定程度的磨损。此外第四排第四身白色头光，按序列应为黑色，似属绘制上的失误。

千佛图的土红地色，第一至第六排颜色较浅，第七排至第十排颜色较深。千佛绘制和颜料使用亦有不同，上部六排千佛肌肤呈肉红色，不似下部的灰色，表明绘制有先后，或出自不同手笔。

壁面北边，千佛上起第二、第三排以北，土红地色上点缀桃形莲蕾各1朵，分别染黑色、深灰色，白色萼托；后者白色细线勾勒莲瓣、莲叶。

3. 西壁塔柱形南侧

（1）下段

西壁凸棱残毁，下段壁面大部残毁，仅存北上角高约47厘米、宽约30厘米一片和南上一小角，可知白色地上绘1身药叉。画迹显示药叉伸向北侧的左前臂和立掌朝北推出的左手，土红色晕染表现出形体的凹凸。下段南边、上边和北边，均残存描边的土红色粗线。

残毁的凸棱及以上壁面约高23厘米、宽77厘米，包括下段残毁部分，均经现代泥灰修补（图版I：54；图版II：350、351-2）。

（2）上段

壁面上段千佛图，与塔柱北侧西壁略同，以土红色为地，千佛（化佛）左右成排、上下成列，自上而下共十排；上起第一排5身，第二至第十排各6身，共计千佛59身（图版II：350、351-1、352）。

千佛通高19.2～24厘米（包括莲座、华盖），两膝间距11.4～14.8厘米，造型姿态相同，正面，结跏趺坐，双手于腹前结禅定印。披通肩袈裟，圆领或双领下垂，双领内可见僧祇支。千佛头光圆形，横径7.9～8.3厘米，身光横径13.8～15.4厘米。莲座高约2厘米、横径约10厘米。华盖高约2厘米、横径约4厘米（图版II：352-1）。

千佛头光、身光、袈裟、僧祇支、莲座的不同颜色搭配情况，列表示意如下：

头光	土	黑	绿	白	土	黑	绿	白
身光	白	绿	黑	土	白	绿	黑	土
袈裟	青	黑	土	黑	绿	黑	红	黑
僧祇支		土		绿		土		绿
莲座	黑	绿	黑	绿	黑	绿	黑	绿

按颜色次序搭配的千佛，相对其上一排同样颜色次序搭配的千佛向右横移一个位置。

相比塔柱形北侧壁面，千佛形象较为模糊，勾染、点染、肉髻、题榜多已不见，华盖仅存部分黑色横线，肌肤部分多呈肉红色。因绘画完成度稍差，土红色定位弹线却有更多残迹保存（图版Ⅱ：351-1）。例如上起第五排南起第五身，第六排第一、二身，第七排第一至三身，第八排第二至四身，第九排第一身，可见横向线段。第八排第一、五身，第九排第二、三身，第十排第三、四身，可见竖向线段。此外，千佛图下部四排与上部六排土红地色的深浅之分，以及千佛肌肤灰色与肉红色的不同效果，均与塔柱形北侧壁面相同。

壁面两边，土红地色上点缀莲蕾6朵。其中，上起第五排千佛以北1朵，桃形，灰色、白色萼托；第六排千佛以南1朵，桃形，浅灰色；第七排千佛以南1朵，花苞形，黑色花瓣、红色萼托；第八排千佛以南1朵，花苞形，红色花瓣、黑色萼托；第九排千佛以南1朵，形式与第七排千佛以南相同；第十排千佛以南1朵，花苞形，黑色花瓣（图版Ⅱ：352-2）。

（二）北壁

北壁两条横贯壁面的凸棱，将壁面分为上、下两段，又将上段分为上、下二层（图版Ⅰ：58；图版Ⅱ：353）。壁面下段绘药叉，上段开龛造像，下层圆券龛内塑佛像，上层阙形方口龛内塑菩萨像，龛内外彩绘壁画。两层列龛之上，人字披顶下，绘有一铺三角形构图的说法图。

1. 下段

（1）药叉

北壁下段上边，以土红色粗线描边，地面以上高25.5～29.5厘米描另一条横贯全壁的土红色粗线，线宽约2.2厘米。上方红线至下方红线高约62.7～68.6厘米，其间白色地上绘制药叉约12身，画面漫漶不清，有画迹残存者11身（图21、22，图版Ⅱ：354、355-1）。自西向东如下。

第一身药叉，画迹残高36厘米，褪色、斑驳严重，仅可辨白色头光，袒上身，淡肉红色头部和胸前土红色项圈、腕钏。头光残存横径21.9厘米。

第二身药叉，画迹残高43.3厘米，稍侧向左，仰面，右臂高举，仰掌托举坛沿（凸棱），袒上身，肌肤绿色。

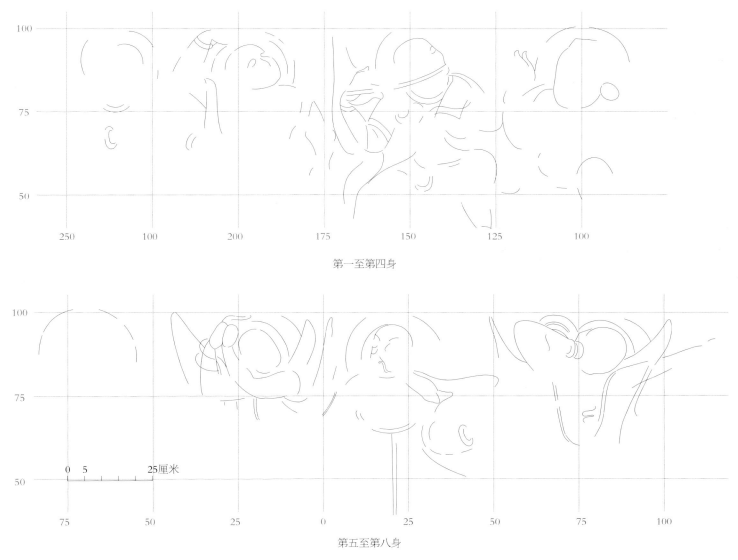

第一至第四身

第五至第八身

图21　第259窟北壁下段药叉（部分）

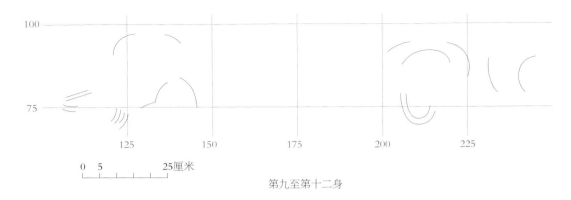

第九至第十二身

图 22   第 259 窟北壁下段药叉（部分）

第三身药叉，高 59.7 厘米，稍侧向左，头后仰，两臂屈起，双手抬至右肩前，嘴前红色横线，似持一横向管乐器作吹奏状。绿色头光，祖上身，土红色项圈、腕钏、臂钏，肌肤淡肉红色（图版 II：355-2）。

第四身药叉，高 52.4 厘米，隐约可见头光边线及深肉红色肌肤画迹（图 21；图版 II：354-1）。

第五身药叉，上部残存土红色头光画迹，头部仅存上半，模糊，头以下地仗剥落。

第六身药叉，画迹残高 38 厘米，身稍侧向右，头回向左，双臂向右平抬，双手举上头顶右侧并拢，模糊。土红色帔巾在两肩上耸起呈尖角状（图版 II：356-1）。

第七身药叉，高 60 厘米，稍侧向右，绿色头光，绿色双眉，肉红色肌肤，画面漫漶（图版 II：354-2）。

第八身药叉，高 38.7 厘米，右肘屈起高抬过头，右手折回至面前，左臂平伸向左上方。黑色头光，祖上身，饰腕钏，带状璎珞挂胸前。肌肤白色。绿色帔巾在两肩上耸起呈尖角状（图 21；图版 II：356-2）。

第九身药叉，高 29.2 厘米，画面斑驳、模糊，可见土红色头光。

第十身药叉，漫漶不清。

第十一身药叉，高 24.9 厘米，仅见黑色头光、肉红色肌肤。余模糊（图版 II：355-1）。

第十二身药叉，较残，隐约可辨白色头光，残径 21.4 厘米，肌肤肉红色。余模糊，东侧泥层剥落（图 22）。

（2）凸棱

北壁底边以上约 102 厘米，下段与中段之间，横贯东西通壁长的方形凸棱，高 15.7 厘米，西端与西壁凸棱北端连接，上面与上段下层各龛底面相接。

凸棱正面分六段彩绘。西起第一段宽 48 厘米，接续西壁北侧凸棱绘波状忍冬纹，残存白色、绿色画迹（图 23；图版 II：357-1）。

以西五段，即第二至第六段，交替敷白色或土红色。白色段落均位于佛龛龛口前方。其中第二段宽 97.7 厘米，白色地上，褪色、漫漶画迹中隐约可见所绘为立姿供养人，西半段 4 身稍侧向左，朝向东，着大袖深衣，袖缘绿色。中段受道道油渍流淌污染，其中隐约可见 1 身供养人灰色袍服下摆和前足。以东未见画迹。原状应绘供养人 8 身（图 24；图版 II：357-2）。

第四段宽 97.7 厘米，白色地上，中段受油渍污染，其中可见中间 2 身相对而立的供养人，为半披绿缘黑灰色袈裟的僧人。以东可见东半段供养人的第二、第四身，皆大袖深衣，朝向西，画迹模糊（图 24；图版 II：357-3）。

第六段残宽 105.7 厘米，残损严重，白色地仗上未见可辨识的画迹。

第三段宽 83.5 厘米、第五段宽 72.3 厘米，皆敷土红色，未见可辨纹饰，但于上边缺损处可见叠压在下着有土红色的泥层（图版 II：357-3、358-1、2）。

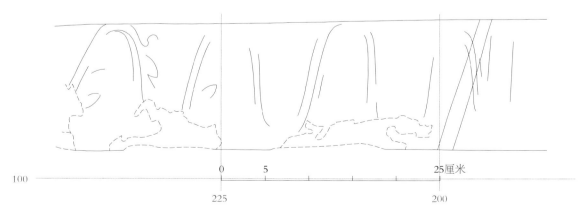

图 23   第 259 窟北壁下段凸棱忍冬纹

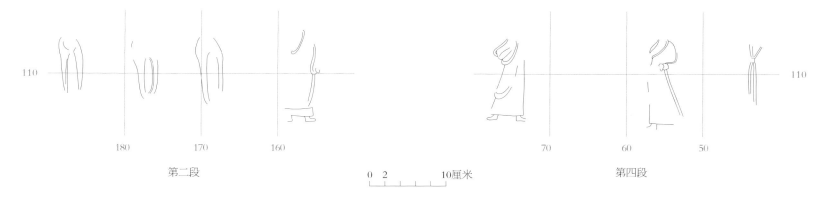

0　2　　　10厘米

图 24　第 259 窟北壁下段凸棱供养人

2. 上段下层

北壁凸棱以上，上段下层高约 170 厘米，东端残毁，残宽 512.5 厘米。其间 3 个圆券形龛，龛内塑像、彩绘，龛外壁画，自西向东分别叙述如下（图版Ⅱ：359）。

（1）下层第一龛

圆券形龛，龛内塑像、绘画，龛外塑龛柱、龛梁、龛楣（图 25；图版Ⅱ：360）。

1）龛内

i 塑像

龛内中间依壁塑佛坐像 1 身，两侧依壁塑胁侍菩萨立像各 1 身。

（i）佛坐像

佛结跏趺坐于方座上，通高 85 厘米（包括台座）、头高 25 厘米、肩宽 31.9 厘米、两膝间距 55.9 厘米（图 25；图版Ⅱ：361～363）。右臂在胁下于肘间残断，左臂垂下屈肘，下臂在股上稍抬向前，前部残失。两股分开，双腿屈膝盘起，右踝叠于左踝上，左足露出于胫股间，脚掌朝内。

佛发刻纵向波纹，头顶圆形肉髻表面刻横向波纹，发际线平直。额间泥塑白毫已脱落，弯眉，眼半睁，上眼睑微鼓，眼角稍向上挑，鼻梁挺直，鼻翼精致小巧，嘴角上翘呈微笑状，下颌圆润，双耳长垂，耳垂有纵长凹槽。面部表层刷过一层极薄的泥浆，露出泥浆下肉红色。颈有二道。肩部宽平，腰细，挺胸收腹。半披土红色袈裟，绿色领缘、衣缘；衣角半披右肩后，顺右上臂经胁下向前，斜上敷搭左肩，覆盖左侧肩、臂、胸、腹部及双腿，衣端顺左肩膊垂下；右臂从宽松的领口伸出，右侧胸前大半袒露，内着白色领缘土色僧祇支；袈裟以阴刻细线表现衣纹，三勾一线，分布均匀，有薄衣贴体之感。袈裟下摆波状褶襞，踝间露出白色裙摆，悬裳覆于座前。左下臂残断处露出芦苇捆扎的木质骨架。

坐下方座高 12.5 厘米、宽 45.4 厘米、进深 20 厘米，敷白色。

（ii）胁侍菩萨

i）左胁侍

龛内东壁胁侍菩萨立像，头部残失，残高 55 厘米，肩宽 17.6 厘米。双臂屈起，双手于胸前合十，手指残失。两腿分开立于龛底。披土红色通肩袈裟，绿色领缘、衣缘，阴刻线衣纹，下摆尖角状垂至膝下两腿间；里面土色，淡黑勾染褶纹。白色长裙及踝，裙摆尖角状外撇。跣足。肌肤白色（图 26；图版Ⅱ：361、364-1）。

ii）右胁侍

龛内西壁胁侍菩萨立像，高 72 厘米（包括髻饰）、头高 14.6 厘米，头微低，双臂屈起，双手于胸前合十，两腿分开立于龛底，右足残失。面相方圆，头束高髻，髻下黑、绿等色彩帛纹束发带。左侧存簪饰，巾帕覆于耳侧，塑出波状褶皱。衣饰与东侧左胁侍菩萨相同，披土红色通肩袈裟，白色长裙。跣足。肌肤白色（图 27；图版Ⅱ：363、364-2、3、4）。

ii 壁画

龛内壁面中间绘佛坐像头光、身光，两侧绘胁侍菩萨像头光，上下空间绘莲花、莲花化身（图 28；图版Ⅱ：361）。

（i）佛像头光、身光

佛头光宝珠形，横径 47 厘米，四圈。由内而外第一圈，横径 12 厘米，土红色，白色线描勾边。

第二圈宽出 5 厘米，土色地上薄粉绘火焰纹。中间一道土红色竖线连接第一、二圈顶尖，分隔东西。

第三圈宽出 5.8 厘米，土色地上淡黑色绘火焰纹，白色勾染。

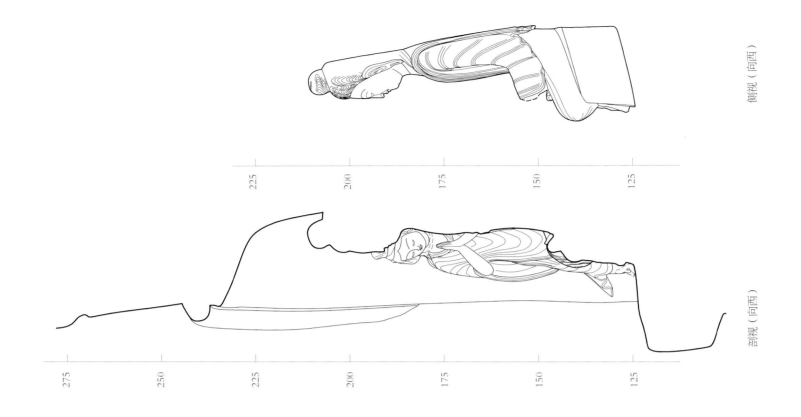

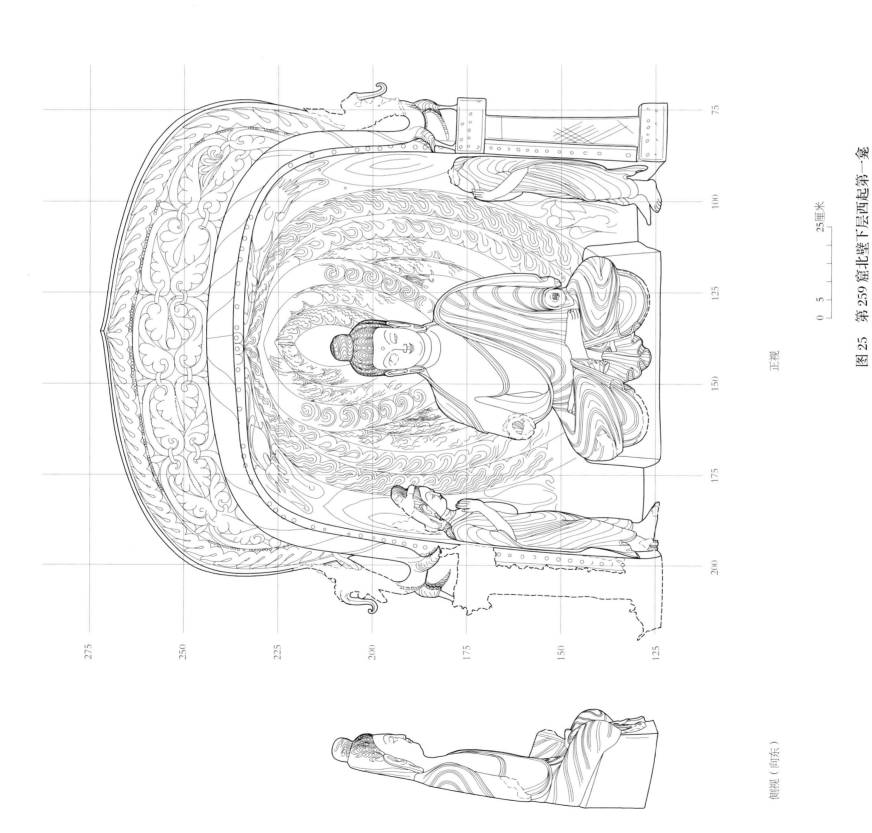

侧视（向东）

正视

侧视（向西）

剖视（向西）

侧视（向西）

0　5　25厘米

图 25　第 259 窟北壁下层西起第一龛

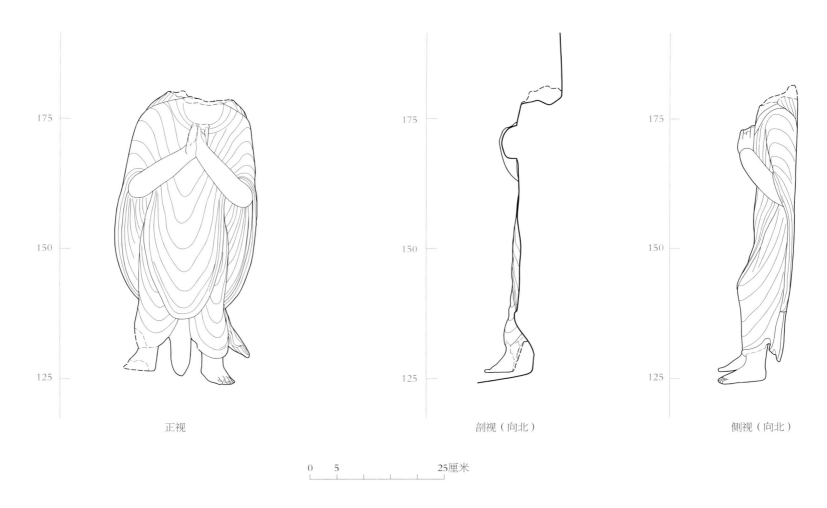

正视　　　　　　　　　　剖视（向北）　　　　　　　　　侧视（向北）

0　5　　　　　　25厘米

图 26　第 259 窟北壁下层西起第一龛内左胁侍立像

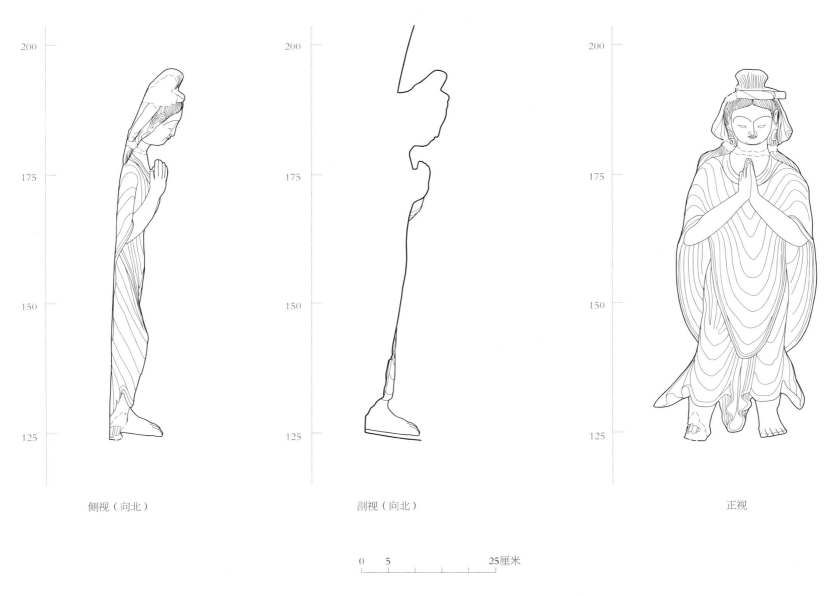

侧视（向北）　　　　　　　剖视（向北）　　　　　　　　　正视

0　5　　　　　　25厘米

图 27　第 259 窟北壁下层西起第一龛内右胁侍立像

图 28　第 259 窟北壁下层西起第一龛龛内展开图

第四圈宽出 7.2 厘米，绿色地上薄粉绘火焰纹。

身光宝珠形，横径 86 厘米，五圈。第一圈于佛像两肩与头光外圈之间露出，略呈三角形，宽 4.5 ～ 5 厘米，土红色地上黑色、白色绘火焰纹，为神变火焰。

第二圈宽出 4.1 厘米，土色地上可见薄粉绘火焰纹浅淡画迹，土红色描外边。

第三圈宽出 4.3 厘米，土红色地上淡黑色绘火焰纹，白色勾染。

第四圈宽出 6.2 厘米，绿色地上薄粉绘火焰纹。

第五圈宽出 7.1 厘米，土红色绘火焰纹，白色勾染，黑色填地。

（ii）菩萨像头光

龛内东壁胁侍菩萨（左胁侍）头光，横径 26 厘米，三圈。由内而外第一圈横径 7.3 厘米，土红色，白色线描勾边。

第二圈宽出 3.8 ～ 5 厘米，土色地上淡黑色绘火焰纹，白色勾染。

第三圈宽出 4.7 ～ 7.4 厘米，绿色地上薄粉绘火焰纹。

龛内西壁胁侍菩萨（右胁侍）头光，横径可见 24 厘米，北部被佛像身光遮挡，三圈。由内而外第一圈横径 9 厘米，第二圈宽出 3.8 ～ 4.8 厘米，第三圈宽出 5.6 厘米，纹饰设色与东壁左胁侍菩萨相同（图版 II：364-2）。

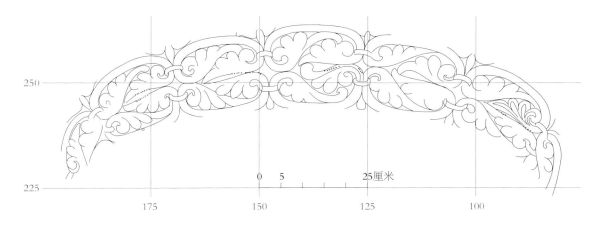

图 29　第 259 窟北壁下层西起第一龛龛楣忍冬纹

（iii）莲花、莲花化生

龛内北壁下部佛座、身光东西两侧各绘 1 株莲花。东侧莲花高 42 厘米、西侧莲花高 44 厘米，土红色地上绘黑灰色大朵覆瓣莲花，中心生出土色柱头上剑状花蕊，两旁绿色或黑灰色忍冬形莲叶，花下茎蔓左右分枝生忍冬形莲叶回勾向上（图版 II：365）。

龛顶身光两侧各绘 1 身莲花化生。东侧化生高 53.1 厘米、西侧化生高 50.1 厘米，土红色地上绘绿色大朵覆瓣莲花，童子露头部，灰色宝珠形头光，花上生出二片忍冬形莲叶，花下左右二茎生忍冬形莲叶回勾向上（图版 II：366-1）。

2）龛外

i 龛柱

龛口宽约 108 厘米，两侧龛柱为"工"字形方柱，西侧残损，东侧较完整，高 55.6 厘米。下端矩形柱础高 7 厘米、宽 16 厘米、凸出壁面 7 厘米。柱身高 40.2 厘米、宽 5.9～7.3 厘米，由柱础前沿内收 3 厘米。矩形柱头高 7.3 厘米、宽 15 厘米、凸出壁面 4 厘米。龛柱敷白色，其中柱础、柱头绘圆点纹各三排，黑色、绿色交替。柱身地色较暗，可见绿色点状纹样。

ii 龛梁

柱头上架设龛梁。龛梁截面半圆形，径 3.6～6.8 厘米，浮出 4 厘米，以黑绿白土四色相间绘彩帛纹，两侧尾端塑龙身，外侧站立，颈项回勾，龙首向上，朝龛楣尾端张口吐舌；头顶独角弯曲向后，两翼在下张开，两前爪分开立于柱头上。龙身绿色，肢体内侧白色饰横向黑色条纹（图版 II：366）。

龛口外沿边饰，宽 2.3～5.4 厘米，白色地上单列交替绘黑色、绿色圆点，与龛柱、龛梁间隔狭窄的土红色壁面。

iii 龛楣

尖拱形龛楣宽 130.8 厘米，楣尖向上伸展至上段凸棱，距龛梁中间上沿高 28.3 厘米，纹样主题为交茎套联忍冬纹，绿白二色和黑土二色双叶忍冬呈环，以十环双叶忍冬套联交茎横向相叠。纹样上边线以土红色为地绘白色点线。龛楣外缘宽约 5 厘米绘火焰纹，土色为地，红色勾染，黑色填地，之外为白色、土色二重边线。

龛楣上方两侧各点缀卵形莲蕾 2 朵，外侧二朵绿色稍大，内侧二朵黑灰色较小，均以白色线描三瓣，上有黑色叶三片（图 29；图版 II：366-2）。

（2）下层第二龛

圆券形龛，龛内塑像、绘画，龛外塑龛柱、龛梁、龛楣（图 30；图版 II：367）。

1）龛内

i 塑像

龛内中间依壁塑佛倚坐像 1 身，两侧依壁塑胁侍菩萨立像各 1 身。

（i）佛坐像

佛倚坐（善跏趺坐）于方座上，高 97.2 厘米、头高 24.7 厘米、肩宽 33.6 厘米、两膝间距 45.4 厘米（图 30；图版 II：368～370）。右臂屈起，右手抬至肩前扬掌，结施无畏印，五指残。左上臂下垂，下臂平抬，左手置膝上，掌心向前，结与愿印，指残。两股分开，两腿屈膝，双足自然下垂着地，足掌平踏。

佛发刻纵向波纹，头顶圆形肉髻表面刻横向波纹，发际线平直。面相与第一龛佛像雷同。颈有二道。肩部宽平圆润，腰细，挺胸收腹。半披绿色缘土红色袈裟，与第一龛佛像同式；绿色领缘自颈后顺肩膊、上臂经胁下向前，斜上敷搭左肩，覆盖左侧肩、臂、胸、腹部及双腿，衣端顺左肩膊垂下；右臂从宽松的领口伸出，右胸袒露，内着白色领缘黑色僧祇支。袈裟下摆在踝上平齐，塑波状小褶，其下露

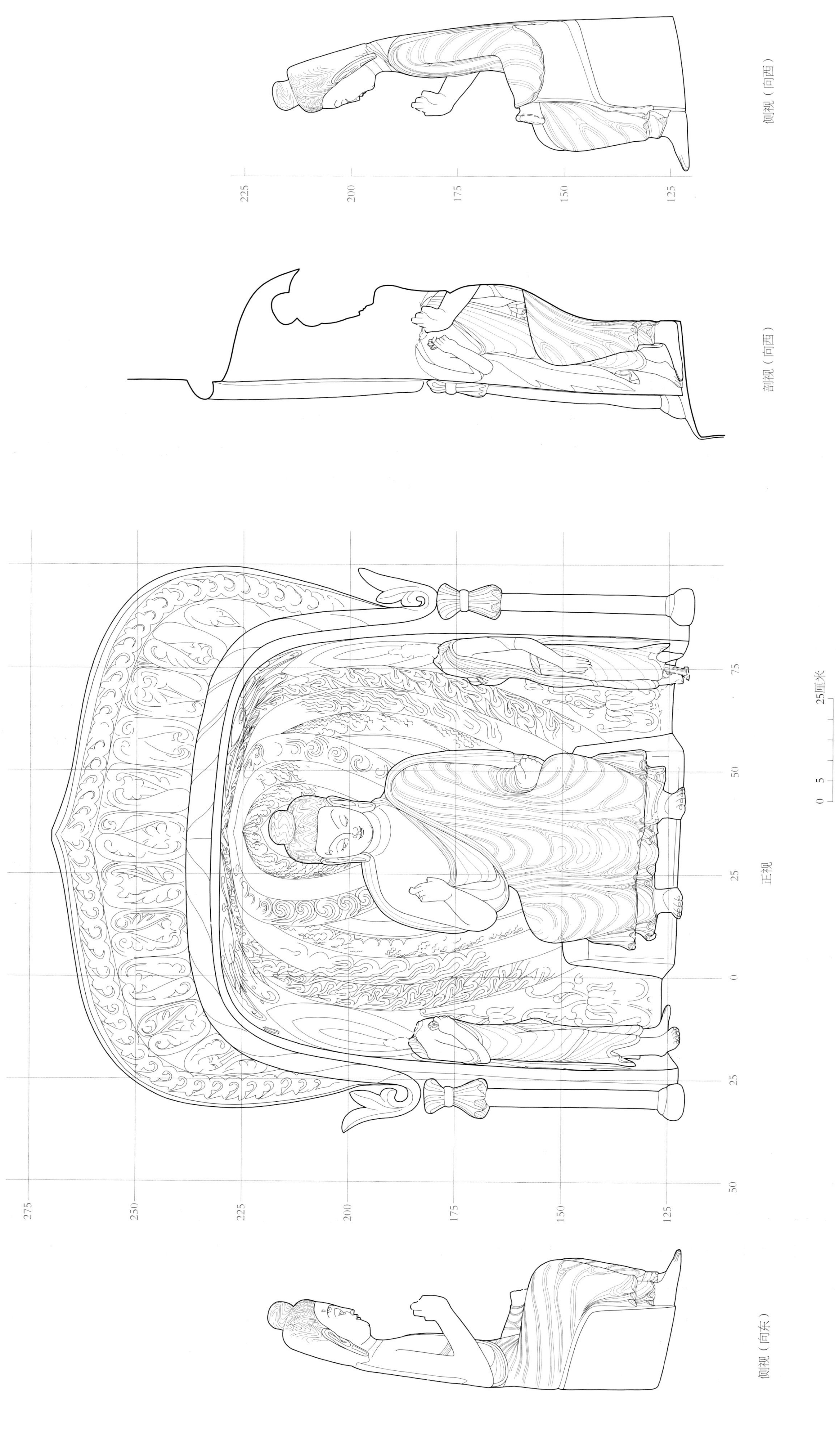

側視（向西）

剖視（向西）

75

50

25

0

25

50

正視

0 5　25厘米

275

250

225

200

175

150

125

側視（向東）

图 30　第 259 窟北壁下层西起第二龛

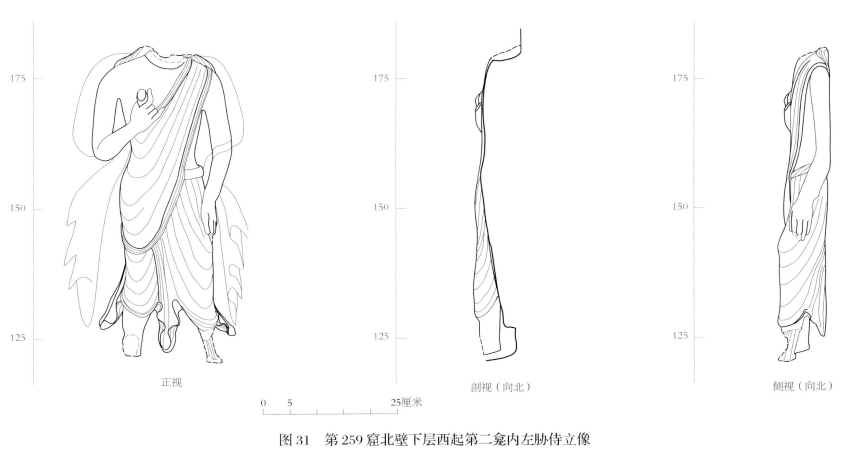

正视　　　　　　　　　　　　　　剖视（向北）　　　　　　　　　　　　侧视（向北）

0　　5　　　　　　　25厘米

图 31　第 259 窟北壁下层西起第二龛内左胁侍立像

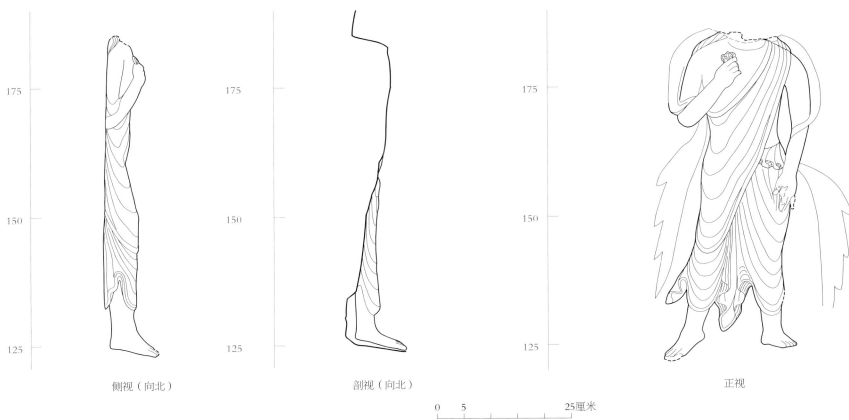

侧视（向北）　　　　　　　　　　剖视（向北）　　　　　　　　　　　　　正视

0　　5　　　　　　　25厘米

图 32　第 259 窟北壁下层西起第二龛内右胁侍立像

出土色裙摆。裙摆平齐，亦作小褶。跣足踏地。袈裟阴刻线衣纹仿泥条浮塑形式，以线形刻画 U 形、Y 形褶襞的重叠和凹窝，相似西壁塔柱形龛内二佛并坐像袈裟所见。

坐下方座高 14.5 厘米、宽 46 厘米、进深 20.5 厘米，敷白色，两侧描土红色边线。

（ii）胁侍菩萨

i）左胁侍

龛内东壁胁侍菩萨立像，头部残失，残高 60.7 厘米、肩宽 21.1 厘米。右臂屈起，右手于胸前握绿色花蕾，左臂自然下垂，左手抚于左胯下，两腿分开，立于龛底。袒上身，左肩斜披绿色缘黑色络腋，下缘及于右膝。黑色缘灰色长裙，右衽，裙摆尖角状外撇。跣足，残毁。络腋、长裙阴刻线衣纹。壁上彩绘绿色帔巾环绕肩膊双肘垂下（图 31；图版 II：370、371-2）。

ii）右胁侍

龛内西壁胁侍菩萨立像，头部残失，残高 64.1 厘米、肩宽 21.1 厘米。姿势、动态、衣着与东壁左胁侍相同。右手于胸前握绿色花蕾，左手抚于左胯下。袒上身，斜披黑色络腋，灰色长裙，与左胁侍同式。跣足。绿色帔巾绘于壁上（图 32；图版 II：369、371-1）。

图 33　第 259 窟北壁下层西起第二龛龛内展开图

ii　壁画

（i）佛像头光、身光

佛头光宝珠形，横径 46.5 厘米，四圈（图 33）。由内而外第一圈，横径 12.8 厘米，土红色，白色线描勾边。

第二圈宽出 5.3 厘米，土色火焰纹，绿色勾染，黑色填地，土红色描中线、边线。

第三圈宽出 5.1 厘米，土色地上绘白色火焰纹，黑色填地、外周黑色描边。

第四圈宽出 6.5 厘米。绿色地上薄粉绘火焰纹。

身光宝珠形，横径 89 厘米，五圈（图 33）。第一圈于佛像两肩与头光外圈之间露出，略呈三角形，宽 4.5 厘米，淡土红色地上黑色、白色画迹。

第二圈宽出 3.8 厘米，白色，部分剥落，土红色描边。

第三圈宽出 4.8 厘米，土色地上白色、黑灰色绘火焰纹，大部剥落。

第四圈宽出 6.7 厘米，黑色地上白色绘火焰纹。

第五圈宽出 6.2 厘米，白色地上绿色绘火焰纹。

（ii）菩萨像头光

龛内东壁胁侍菩萨（左胁侍）头光，横径可见 28 厘米，北部被佛像身光遮挡，三圈。由内而外第一圈横径 9 厘米，土红色。

第二圈宽出 5.2 ～ 5.7 厘米，绿色地上薄粉绘火焰纹，罩薄粉。

第三圈宽出 5.1 厘米，黑灰色地上薄粉绘火焰纹。

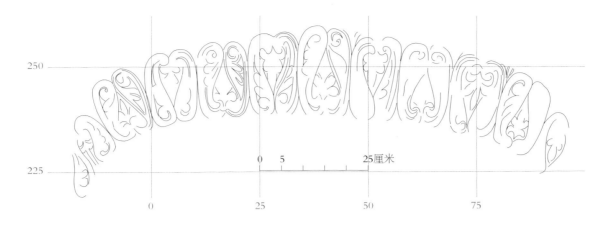

图 34　第 259 窟北壁下层西起第二龛龛楣忍冬纹

　　龛内西壁胁侍菩萨（右胁侍）头光，横径 28.2 厘米，三圈。由内而外第一圈横径 8.5 厘米，第二圈宽出 5.1 厘米，第三圈宽出 4.6 厘米，纹饰设色与东壁左胁侍菩萨相同。

　　（iii）莲花、莲花化生

　　龛内北壁下部佛座、身光东西两侧各绘 1 株莲花。东侧莲花高 28 厘米，西侧莲花高 29.9 厘米，土红色地上绘黑灰色大朵覆瓣莲花，中心生出绿色、黑色忍冬形莲叶，花下茎蔓左右分枝生黑色、绿色忍冬形莲叶回勾向上。两侧大花上方各有 1 朵灰色覆瓣莲花，较小，西侧花上出一黑一绿两片忍冬形莲叶（图 33；图版 II：372-3、4）。

　　龛顶身光两侧各绘 1 身莲花化生。东侧化生高 42 厘米、西侧化生高 39 厘米，土红色地上绘灰色大朵覆瓣莲花，童子露头部，绿色宝珠形头光，花上方内侧贴近佛像身光生一片灰色忍冬形莲叶，花下左右二茎各生忍冬形莲叶回勾向上。西侧大花南下绘 1 朵较小灰色莲花，白粉晕染三仰瓣（图 33；图版 II：372-1、2，373-1）。

　　2）龛外

　　i　龛柱

　　龛口宽约 104 厘米，两侧束帛龛柱，高 60 厘米。圆形柱础高 5.9 厘米、横径 9 厘米，顶面起二级弧形线脚，凸出壁面 5 厘米，敷白粉。柱身截面圆形，东侧高 38.6 厘米、西侧高 40 厘米，横径 4.5 厘米，敷土红色，凸出壁面 4 厘米。柱头束帛形，高 15.5 厘米、上、下端横径约 9 厘米、束腰处横径 5.5 厘米，敷白色，塑作褶襞凹部染黑色，下端翻出绿色里面，中腰束带宽 1.8 厘米，留土色。

　　ii　龛梁

　　龛梁截面半圆形，径 3.9 ～ 6.1 厘米、浮出 6 厘米，以黑绿白土四色相间绘彩帛纹。两侧尾端向外卷曲上扬，塑忍冬形莲叶，施绿色，曲茎与下方束帛柱头相接。

　　龛口外沿与龛梁之间绘边饰，宽约 2.3 厘米，白色为地，绘连续的涡纹，间有绿色、黑色圆点，大都褪色、漫漶。龛梁之下，龛沿边饰与龛柱相隔狭窄的土红地色。

　　iii　龛楣

　　尖拱形龛楣宽 130.8 厘米，楣尖向上伸展至上段凸棱，高龛梁中间上沿 32 厘米，纹样主题为交茎套联忍冬纹，忍冬叶土黑二色、绿黑二色交替纵向结组排列，白色勾染，土红色线描。龛楣外缘宽约 6.8 厘米，土色为地，青、红、白色绘火焰纹，之外为土红色、土色二重边线（图 34；图版 II：373-2）。

　　（2）下层第三龛

　　圆券形龛，龛内塑像、绘画，龛楣及东侧龛壁已毁，龛外残存西侧龛柱（图 35；图版 II：374）。

　　1）龛内

　　i　塑像

　　龛内中间依壁塑佛坐像 1 身，西侧依壁塑胁侍菩萨立像 1 身，东侧残毁。

　　（i）佛坐像

　　佛结跏趺坐于方座上，通高 93.8 厘米（包括台座）、头高 24.7 厘米、肩宽 35.9 厘米、两膝间距残存 55.5 厘米（图 35；图版 II：375、376）。上臂自然垂下、屈肘，两手于腹前相叠，右手在前，手指伸直，掌心向内，结禅定印。两股分开，两腿屈膝盘起，不露足。

　　佛发刻纵向波形，头顶圆形肉髻表面横向波纹不显，发际线平直。面相与第一、二龛佛像类同，额上白毫稍见痕迹，眼半睁，左眼残损，嘴角笑意更浓。颈部弧线可见一道，肩部宽平圆润，腰细，挺胸收腹。披土红色圆领通肩袈裟，绿色领缘、衣缘，领缘以下除双手外包覆全身。两侧袖缘、中间下摆，并排三 U 形垂弧，悬裳遮覆台座上部。袈裟阴刻细线衣纹，分布均匀，薄衣贴体。

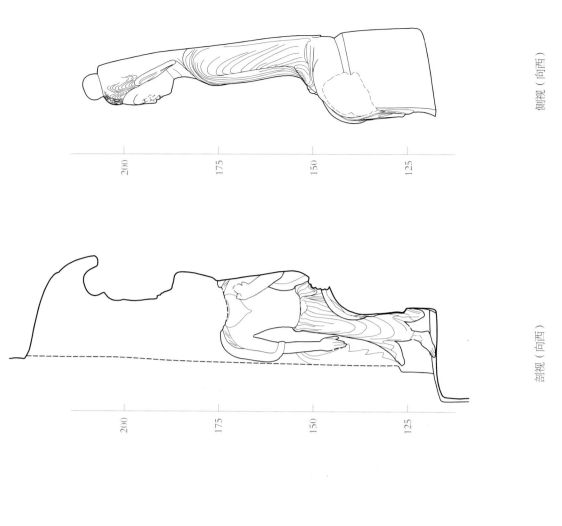

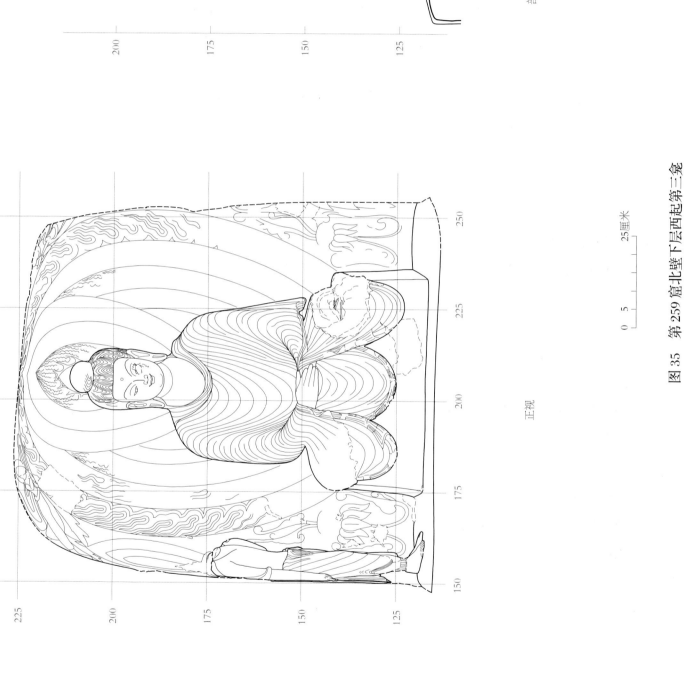

侧视（向西）

剖视（向西）

正视

侧视（向东）

0　5　　　　　25厘米

图 35　第 259 窟北壁下层丙起第三龛

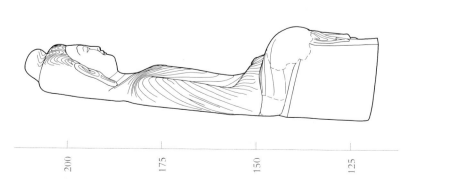

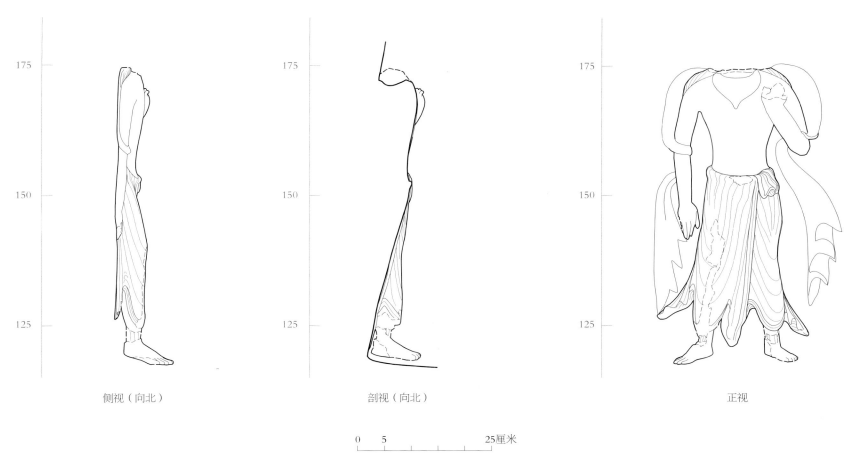

侧视（向北）　　　　　　　　　剖视（向北）　　　　　　　　　正视

0　　5　　　　　　　25厘米

图 36　第 259 窟北壁下层西起第三龛内右胁侍立像

坐下方座高 14.5 厘米、宽 46.1 厘米、进深 20.5 厘米，敷白色。

（ii）胁侍菩萨

东侧胁侍菩萨像无存，仅见西侧右胁侍立像，头部残失，残高 57 厘米、肩宽 18.3 厘米，右臂伸直，右手自然垂于体侧（图 36；图版 II：375、377）。左臂屈起，左手抚于肩前，手背向前。两腿分开立于龛底。袒上身，项圈下缘桃尖形，黑色缘绿色长裙及于踝上，左衽，裙腰翻出褶襞，裙摆尖角状，阴刻线衣纹。跣足。肌肤白色，大部脱落。黑灰色帔巾自颈后顺肩膊而下绕双臂，下端绘于壁上，白色细笔勾勒褶襞。

ii　壁画

（i）佛像头光、身光

佛像头光宝珠形，横径 42 厘米，四圈（图 37）。由内而外第一圈，横径 7.5 厘米，土红色，白色线描勾边。

第二圈宽出 5.2 厘米，土色火焰纹，黑色填地，土红色描中线、边线。

第三圈宽出 4.6 厘米，黑色描绘、勾边，罩白粉，纹样模糊。

第四圈宽出 6.3 厘米，绿色，纹样模糊。

身光宝珠形，横径 89.5 厘米，五圈。第一圈佛像两肩与头光外圈之间露出略呈三角形，宽 5.9 厘米，淡土红色地上黑色画迹。

第二圈宽出 5.4 厘米，白色，大部剥落。

第三圈宽出 5.9 厘米，绿色，纹样模糊。

第四圈宽出 7.3 厘米，黑色描绘、勾边，罩白粉，纹样模糊。

第五圈宽出 7.9 厘米，白色绘火焰纹，红色勾染，黑色填地。

（ii）菩萨像头光，

龛内西壁胁侍菩萨（右胁侍）头光，横径 27 厘米，三圈。由内而外第一圈横径 9.9 厘米，土红色。

第二圈宽出 3.5 厘米，黑色描绘、勾边，罩白粉，纹样模糊。

第三圈宽出 4.6 厘米，绿色。

（iii）莲花、飞天

龛内北壁下部佛座、身光东西两侧各绘 1 株莲花，东侧莲花高 45.4 厘米、西侧莲花高 45.6 厘米，土红色地上绘黑灰色大朵覆瓣莲花，中心蕊头生出黑色、绿色忍冬形莲叶，花下茎蔓左右分枝生一黑一绿忍冬形莲叶回勾向上（图 37；图版 II：378-3、4）。

龛顶身光两侧土红色地上各绘 1 身飞天。东侧飞天，头部、腿部残损，上身前俯，向西飞行，两臂屈肘，双手合掌于胸前，腿部扬起，整体呈钝角的 V 形。袒上身，灰白色项圈、腕钏，黑灰色长裙。肌肤肉红色，土红色勾染。绿色帔巾在背后呈环状，绕双肘飘向后方。

图 37　第 259 窟北壁下层西起第三龛龛内展开图

西侧飞天，面朝东，姿态、衣饰与东侧飞天基本相同，双手合掌于胸前，腿部扬起，灰白色头光，长裙及于踝上，裙带长曳，跣足，肌肤肉红色；左膝稍屈起，左足抬至右足上。绿色帔巾在双肩两侧呈环状，绕肘飘扬（图 37；图版 II：378-1、2）。

2）龛外

龛楣、龛梁及东侧龛柱均已不存。

西侧龛柱为"工"字形，高 51.4 厘米，上部残。下端柱础高 9 厘米、宽 18.6 厘米、凸出壁面 8 厘米。柱身高 33.6 厘米、宽 7.7 ～ 9 厘米。柱头高 8.3 厘米、残宽 9.4 厘米，凸出壁面 6 厘米。柱础敷白色，排列黑色、绿色圆点纹。柱身正面敷黑灰色，左右留土色边线。柱头未见装饰。

龛口外沿边饰，与龛柱间相隔狭窄的土红色壁面，宽约 3 厘米，敷白色。

（4）龛外壁画

1）下层第一龛西侧壁画

龛外西侧绘制千佛（化佛），与西壁上段千佛图衔接；以土红色为地，左右成排、上下成列，上下六排，上起第一排 5 身、第二至第六排各 3 身，共计 20 身（图版 II：379）。千佛尺度、造型姿态、衣着服饰、组合排列和绘制方法、颜色搭配，均与西壁千佛基本相同。

千佛均为正面。结跏趺坐，不露足，双手于腹前相叠，结禅定印，通高 21.4 ～ 22.9 厘米（包括莲座、华盖），两膝间距 13.2 ～ 15.2 厘米。头光圆形，横径 8.7 厘米，身光横径约 15.8 厘米。披通肩袈裟，交替为圆领或双领下垂，后者内着僧祇支。

千佛坐下莲座，高 1.2 厘米、横径 11.7 厘米。头光上方华盖，高约 2.2 厘米、横径约 4.7 厘米，两端流苏飘向左右。千佛左上方白色条形题榜高约 6.7 厘米，宽约 1.3 厘米，未见字迹。

受壁面空间的影响，千佛第一排西起第四身左下部和第五身大半，均被龛楣所遮挡，后者仅露出头部；壁面留给第六排的空间，只够画出千佛的腹部以上。部分千佛的头光和身光，绘成不同颜色的内外两圈，丰富了色彩的对比，但并不影响整体的统一、和谐。这一部分壁画千佛与西壁同一高度壁面的千佛行列浑然一体，西壁北侧千佛图第五至十排最北端的千佛身光、左膝画迹，都超越壁面的转折延伸到了北壁的西端。这部分千佛的颜色搭配亦与西壁大体一致，情况列表示意如下：

头光	绿	白	土	黑	绿	白	土	黑
身光	黑	土	白	绿	黑	土	白	绿
袈裟	土	黑	青	黑	红	黑	绿	黑
僧祇支		土		土		绿		土
莲座	黑	绿	黑	绿	黑	绿	黑	绿

按颜色次序搭配的一排千佛，相对其上一排同样颜色次序搭配的千佛向左横移一个位置。

2）下层第一、第二龛之间壁画

第一龛与第二龛之间，绘供养菩萨（天人），上下三排，自下而上第一、第二排各2身，第三排3身，共计7身（图38；图版II：380）。

下起第一排西起第一身菩萨，高74.5厘米（包括头光），朝西，稍侧向右，额首，上身稍后仰。右臂屈起，右手在颏下翻腕仰掌；左臂直垂，左手在胯前捻花结。右胯稍出，分腿而立，右腿拄地，左腿舒展。土色圆形头光罩薄粉，白色仰月三珠宝冠，鸟首衔绿色坠饰，两侧缯带系结下曲上扬。祖上身，灰白色项圈、腕钏、带状璎珞。黑色长裙，白色勾染褶纹，裙摆尖角状。跣足。肌肤肉红色。绿色帔巾环肩膊绕双臂垂下。第二身菩萨，高73.5厘米（包括头光），朝东，稍侧向左，额首，上身后仰，腹前挺，双手于面前对掌相合，似持乐器吹奏状，分腿而立，右腿稍撤后。土色头光，上有土红色起稿线，两侧白色缯带上扬。祖上身，灰白色项圈、腕钏、绿色长裙，裙摆尖角状。跣足。肌肤灰白色，头部、腹部露出肉红色。灰褐色帔巾顺肩膊绕双臂垂下，白色细线勾勒。

第二排第一身菩萨，朝西，稍侧向右，仰首，面部线描眉、眼、鼻，樱唇涂朱。双臂屈肘，右手抬至肩前仰掌半握，左手在右肘旁垂掌朝前半握。稍后坐。土色圆形头光，上有土红色起稿线，两侧白色缯带上扬。颈有二道，祖上身，灰色项圈、腕钏、绿色裙。肌肤灰色，腹际露出肉红色。白色帔巾在肩两侧呈环状，绕双臂垂下。第二身菩萨，朝东，稍侧向左，额首，双手在面前合十。疑为跪姿。白色圆形头光，宝冠顶饰白色仰月，宝珠红色，鸟首衔绿色坠饰，两侧缯带系结下曲上扬。颈有二道，灰色项圈、腕钏，半披黑色袈裟，绿色领缘、衣缘，右臂从领口伸出，内着橙色僧祇支。肌肤灰色，脑后露出肉红色。

第三排第一身菩萨，侧身向西，顺第一龛龛楣东侧弧形的上缘倾斜前俯，双臂相并伸向前方合掌，回首面东，稍侧向左，黑色勾染面部五官，白色点睛。双腿屈膝而跪。土色宝珠形头光，外圈薄粉与土红底色叠晕，冠饰漫漶，可辨仰月、鸟首衔饰。祖上身，灰白色项圈、腕钏、白色裙，腰带系结。肌肤灰色，露出肉红色。黑灰色帔巾在背后呈环状，绕肩垂下，白色细线勾勒。第二身菩萨，稍侧向右，朝西。右臂屈起，右手抬至肩前翻腕仰掌，左下臂平抬，在腹前垂手半握。白色头光，外圈与土红地色叠晕，白色宝冠饰红色宝珠、鸟首衔坠饰，两侧巾帕系结、缯带扬起。颈有二道，白色项圈、腕钏，披黑色圆领通肩袈裟，绿色领缘、衣缘，薄粉勾染衣纹。肌肤肉红色，黑色勾染。第三身菩萨，侧身向东，上身向左扭转，头侧向左，面东，黑色线描发际线、耳廓、双眼、脸庞。右臂屈起，右手置右胸前，左臂高举在左侧上方，双手均伸食指、小指，一同指向东方。腿偏向西若坐姿，左侧胯、股被第二龛龛楣遮挡。绿色圆形头光，宝冠饰仰月、红黑色三珠、鸟首衔坠饰，两侧巾帕系结、缯带扬起。颈有二道，祖上身，灰白色项圈、腕钏、白色长裙。肌肤肉红色、灰色。灰色帔巾自肩膊后绕双臂。三身菩萨下部被遮挡，似飘浮空中，或为飞天。

3）下层第二、第三龛之间壁画

第二龛与第三龛之间，绘供养菩萨（天人），上下三排，自下而上第一、第二排各2身，第三排3身，共计7身（图39；图版II：381）。

下起第一排西起第一身菩萨，高71厘米（包括头光），侧身向西，回首稍侧向左。面东。右臂屈起，右手抚于胸前，左臂于身侧自然下垂，双腿分开，站立于莲台上，胯稍右出，右腿为重心，左腿舒展。土色宝珠形头光，上有土红色弹线、起稿线，残存宝冠仰月、宝珠、鸟首白色画迹。头部、上身仅土红色线起稿轮廓。祖上身，灰色项圈、腕钏、带状璎珞。黑灰色长裙，裙摆尖角状外撇。跣足。肌肤未施色。绿色帔巾环绕肩膊、双臂垂下。足下莲台扁平，绿色。第二身菩萨，高69.5厘米（包括头光），稍侧向东，双臂屈起，于胸前拱手，双足相并而立、外撇。土色宝珠形头光，外圈敷粉与土红地色叠晕。头部、上身仅土红色线起稿轮廓，祖上身，灰色项圈、

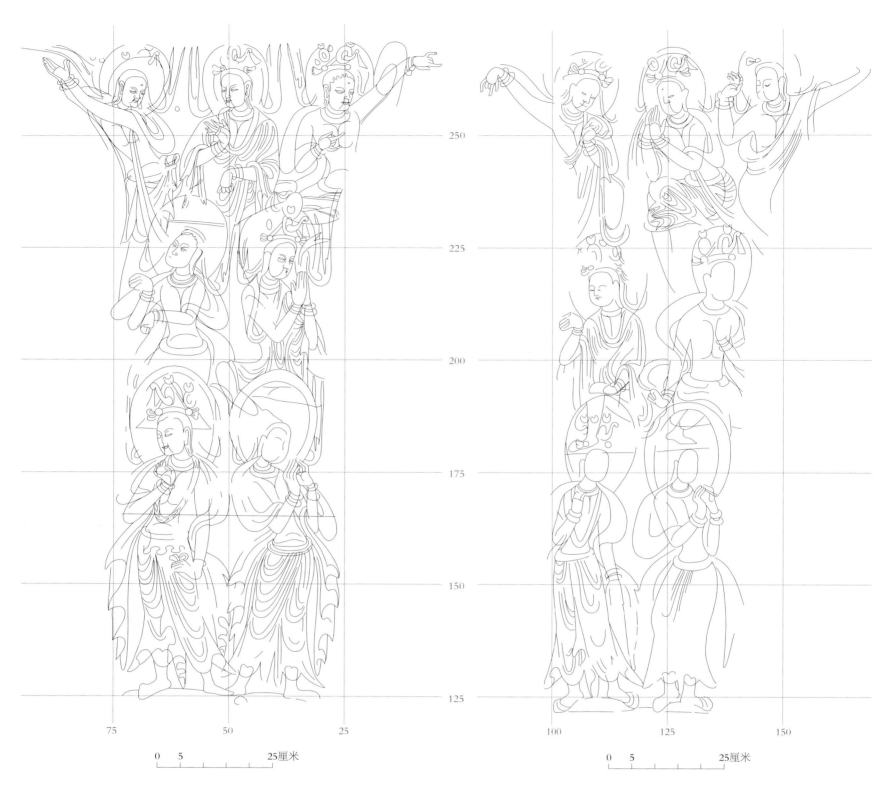

图38　第259窟北壁下层西起第一龛与第二龛之间　　　　　　图39　第259窟北壁下层西起第二龛与第三龛之间

腕钏，绿色长裙，裙摆尖角状。跣足。肌肤未施色。帔巾略施薄粉起稿。

　　第二排第一身菩萨，头稍侧向右，朝西，右臂屈起，右手于肩前翻腕仰掌半握，左腿屈起挂地起稿线隐现于下方菩萨头光中，左手垂至腹前似按于膝上。绿色圆形头光，宝冠残存仰月、宝珠，两侧缯带上扬。头部残存土红色发际线、面部黑色勾染。白色项圈、腕钏，披黑灰色圆领通肩袈裟，绿色领缘、衣缘，薄粉勾染衣褶。肌肤肉红色。第二身菩萨，头朝东，稍侧向左。右臂伸直，在右胯侧下按；左臂屈起，左手抚于胸前。左腿平抬屈起，胫、足的起稿线隐现于下方菩萨头光上，下裳向东铺展若坐姿。土色圆形头光敷薄粉，白色宝冠斑驳，残存仰月、宝珠、鸟首画迹。袒上身，灰白色项圈、腕钏，黑灰色裙。肌肤肉红色，勾染呈黑色。薄粉绘帔巾自肩后环绕双肘。

　　第三排第一身菩萨，身姿向西斜依第二龛龛楣东侧上缘，面东，低头下视。右臂伸向右上方垂腕，拇指、食指、小指下指；左臂屈起，左手翻腕仰掌半握，伸小指。黑色圆形头光，白色宝冠饰仰月、宝珠，两侧缯带系结下曲上扬、耳侧巾帕。颈有二道，灰白色项圈、腕钏，披绿色袒右袈裟，黑色领缘、衣缘。第二身菩萨，朝西，稍前俯，领首，双臂屈起，双手举至面前合十。屈右膝跪地，左膝屈起后收，左足踏地。绿色头光，残存宝冠仰月、红黑色宝珠、鸟首衔饰，两侧缯带系结。颈有二道，袒上身，灰白色项圈、腕钏，土色长裙敷薄粉。肌肤肉红色，晕染呈黑色。黑色帔巾顺肩膊绕双肘垂下。第三身菩萨，腿偏向东坐姿，头侧向右，面西。右臂屈起，右手举至面前向西扬掌，左臂伸直向东侧上方扬掌。土色头光罩薄粉，右侧见缯带画迹，头部可见黑色发际。颈有二道，白色项圈、腕钏，披黑色袒右袈裟，绿色领缘。肌肤肉红色，五官、身躯经黑色晕染。

3．上段上层

（1）凸棱

北壁底边以上约 269 厘米，在上段下层与上层之间，以一道横贯东西的凸棱分隔，残存横长 349 厘米，以东残毁。凸棱截面半圆形，径 8.2 ～ 10.5 厘米，绘彩帛纹，白土黑绿四色依序轮替，如彩色丝帛连续缠绕。四色间以土红色边线，其中绿色西边加一道约 2 厘米宽白边（图版 I：56；图版 II：359）。

凸棱上面连接壁面上层诸龛的底面，并成为龛外壁画的底边。

上段上层后低前高，后部平顶下壁面高仅 77.3 厘米，前部人字披顶下则可高至 165.5 厘米。上层与下层格局相仿，开 4 个阙形龛，龛内塑像、彩绘，龛外壁画千佛、供养菩萨。列龛之上，人字披顶下，状若山墙顶端的山花结构，绘有一幅三角形构图的说法图。

（2）上层第一龛

与下层不同，上层四龛均为阙形龛；龛口方形，龛内塑菩萨像，龛外两侧浮塑子母双阙，之间连以屋顶（图 40；图版 II：382）。

1）龛内

i 塑像

龛内中间依壁塑菩萨交脚坐像 1 身，高 56 厘米（包括宝冠）、头高 16.4 厘米、冠高 6.5 厘米、肩宽 21.6 厘米、两膝间距 27.9 厘米（图版 II：383、384-1）。双臂屈起，肘稍外张，双手于胸前合掌相叠，左手在前，掌心向里，结转法轮印。双股外张屈膝，两胫内收，两踝交于座前，右踝在前，足趾着地，左足残失。

菩萨额宽，颏稍短，眉梢上挑，眼细长、半睁、下视，鼻梁高直，嘴角微上翘。发际中分，缩髻，垂发经耳后披至肩上。头戴三珠宝冠，圆饼形珠塑弦纹，刻左旋轮辐纹，若有法轮寓意，径 5.6 厘米，正面绿色、圆心黑色莲花、两侧红色、圆心绿色。冠沿下黑绿白三色彩帛纹束发带，宝笄由右侧横向插入。右侧耳后残存绿色起褶巾帕，背面黑色，左侧巾帕残损。颈部有裂隙一道。袒上身，项圈上下浮起环状凸棱，贴泥条塑腕钏、臂钏。长裙呈青灰色，裙腰、裙缘绿色，阴线刻褶纹，分布均匀，裙摆垂于左胫下方、贴附于座前，边缘作波状皱褶。跣足。肌肤白色。绿色黑缘帔巾顺肩膊而下绕肘，右侧垂至右股后，下端残；左侧垂于左股后覆盖方座东端至龛底。

坐下方座高 8.3 厘米、宽 32 厘米、进深 5.5 厘米，平面略呈梯形，前低后高，敷白色。

ii 壁画

（i）菩萨像头光、身光

菩萨头光圆形，横径 28.3 厘米，三圈（图 41）。由内而外第一圈，横径约 19 厘米，青色。

第二圈宽出 4.1 厘米，红褐色。

第三圈宽出 4.5 厘米，绿色。第二、第三圈的上段从北壁延伸至龛顶。

身光与头光外圈相接，略低于头光，横径 45 厘米，三圈。第一圈菩萨像两侧肩膊与头光外圈之间露出略呈三角形，宽 4.2 ～ 5 厘米，青色。

第二圈宽出 3.4 ～ 4 厘米，模糊，红褐色，隐约有薄粉绘火焰纹画迹，白色描边。

第三圈宽出 3.6 ～ 4.2 厘米，黑色地，残存土色火焰纹。

（ii）供养菩萨

菩萨像左右两侧，土红地色上，东壁、西壁各绘 1 身立姿供养菩萨（天人）（图 40）。

东壁菩萨，高 46 厘米（包括头光），朝北，稍侧向右，两臂屈起，双手于胸前合掌，两腿分开，双足外撇。黑色宝珠形头光，外圈斑驳。袒上身，灰白色项圈、腕钏，绿色长裙，裙摆尖角状，跣足。肌肤深肉红色，勾染呈黑色。黑灰色帔巾自肩后环绕双臂垂下，白色线描勾勒（图 41；图版 II：384-3）。

西壁菩萨，高 50.3 厘米（包括头光），朝北，稍后仰、侧向左，两臂屈起，双手于胸前合掌，两腿分开，双足外撇，立于莲台上。右腿稍后撤。宝珠形头光斑驳，宝冠模糊，残存仰月、宝珠、鸟首、缯带画痕。袒上身，灰白色项圈、腕钏，绿色长裙，裙摆尖角状，跣足。肌肤深肉红色。黑灰色帔巾自肩后环绕双臂垂下，白色细线勾勒。莲台扁平，黑色，白线勾莲瓣（图 41；图版 II：384-4）。

（iii）莲蕾

东壁菩萨面前 1 朵莲蕾，绘于头光与北壁身光之间，位置在北壁与东壁转折处。西壁菩萨头后 1 朵，绘于头光与龛口边沿之间。莲蕾卵形，绿色，白色蕾托。

龛顶身光东西两侧各绘 1 朵桃形莲蕾，东侧莲蕾黑色、西侧莲蕾绿色，白色蕾托，上有三片绿色小叶，下有细长白色茎蔓。

龛内北壁塑像东西两侧近龛顶同一高度，各有一处矩形孔洞，其中原有建筑构件均已毁失（图 41）。

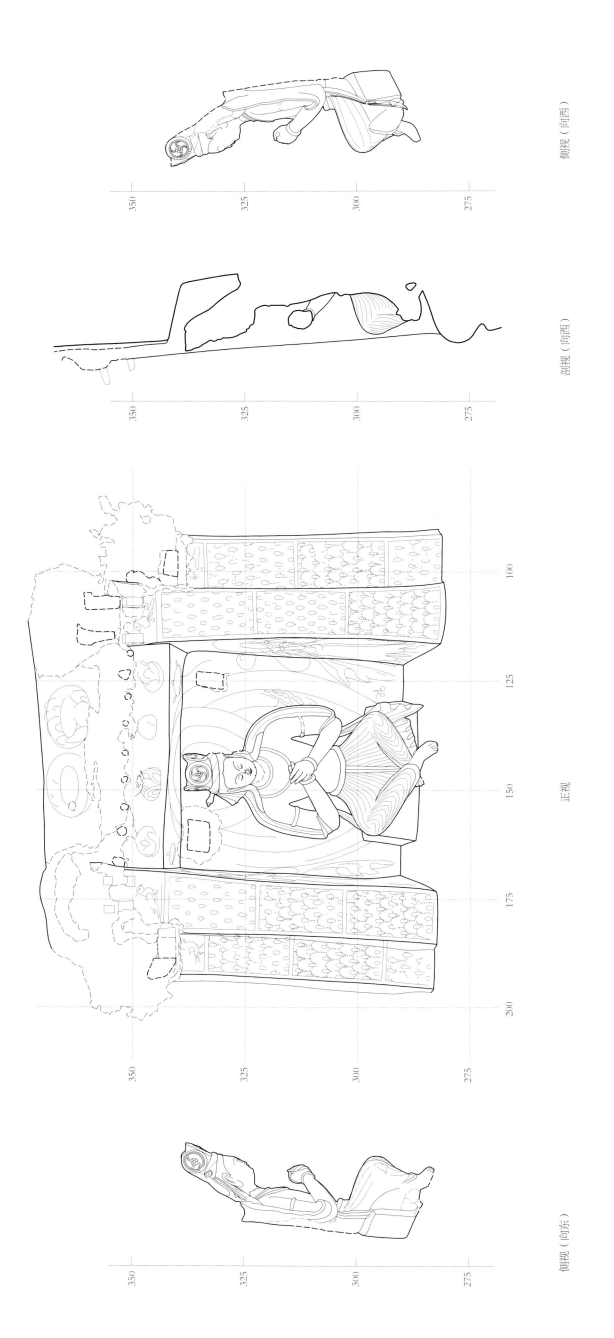

侧视（向西）

剖视（向西）

正视

侧视（向东）

0   5   25厘米

图 40 第 259 窟 北壁上层西起第一龛

图 41　第 259 窟 北壁上层西起第一龛龛内展开图

2）龛外

　　作为阙形龛，龛外东西两侧依壁浮塑子母双阙，原状中间浮塑屋顶。现状阙身以上及屋顶大部残毁，东侧母阙残高 82 厘米（包括上端孔洞遗迹，下同）、阙身宽 11.4 ～ 13.5 厘米、子阙残高 70.2 厘米、阙身宽 11.4 厘米；西侧母阙残高 75 厘米、阙身宽 11.8 厘米、子阙残高 63.6 厘米、阙身宽 9.5 ～ 10.4 厘米。双阙阙身凸出壁面 4 ～ 6 厘米（图 40；图版 II：384-2）。

　　双阙的顶、檐及檐下建筑已毁，仅下部残存部分（包括两侧母阙和子阙）均可见白壁上绘画的禽鸟。以上则只残存为塑造双阙顶、檐而预设木质构件的孔洞以及楔于其中的木质构件，木质构件不同长度伸出壁面。两侧母阙上，各上下二排，每排 2 个，各 4 个孔洞；两侧子阙上仅一排，各 2 个孔洞。为叙述方便，先母阙后子阙、自下而上、自西而东，为上述孔洞编号，两侧分别编为东 1 ～东 6、西 1 ～西 6，测量尺寸如下（单位：厘米）。

编号	高	宽	深	木构伸出长	编号	高	宽	深	木构伸出长
东 1	3.9	1.9		5	西 1	3.3	2.2		7
东 2	3.5	1.8		4	西 2	2.5	2.3		8
东 3	8.5	2.2	5		西 3	4.5	1.8		5
东 4	7.6	2.7	6		西 4	3.6	2		5
东 5	4.1	2.1	10		西 5	4	2.2	4	
东 6	3.1	1.8	9		西 6	4	2		2

　　阙身留土色边线分上下三段绘装饰图案。母阙下起第一段高 19.5 ～ 20.5 厘米，黑色地绿色芯，白色点线绘鳞纹（图 41）；第二段高 18.4 ～ 19.6 厘米，绿色地黑色芯，白色点线绘鳞纹（绿色地上白色点线多漫漶）；第三段高 19.5 ～ 20.5 厘米，白色地绿色芯鳞纹。子阙下起第一段高 10.8 ～ 11.7 厘米，土色地黑色芯鳞纹；第二段高 19.5 ～ 20 厘米，黑色地绿色芯，白色点线绘鳞纹；第三段高 18.2 ～ 19.1 厘米，绿色地黑色芯鳞纹（图 42；图版 II：384-2）。

　　两侧母阙之间泥塑屋顶建筑结构脱落，露出龛口上沿的龛楣和屋顶脊部的椽孔。龛楣横长方形，高 8.6 厘米、宽 50.9 厘米，大体垂直，土红色地上绘横排 4 朵桃形莲蕾，敷色依次为绿、黑、绿、黑，白色细线勾莲瓣。椽孔安插屋顶木质椽条，横排 9 孔，孔径约 1.3 厘米，深 1.5～2 厘米（图 40）。屋顶残毁之前，椽条支撑屋面，应有塑造的正脊、瓦垄之类，里面形成斜披，与龛楣组合成单坡顶的构造。

（3）上层第二龛

阙形龛；龛口方形，龛内塑菩萨像，龛外两侧浮塑子母双阙，之间连以屋顶（图 43；图版 II：385）。

图 42 第 259 窟北壁上层第一龛龛外阙身鳞纹

1）龛内

i 塑像

龛内中间依壁塑菩萨交脚坐像 1 身，高 68.9 厘米（包括宝冠）、头高 21.1 厘米、冠高 8.5 厘米、肩宽 25 厘米、两膝间距 29.8 厘米（图 43；图版 II：386、387-1、2）。右臂垂下屈起，平抬下臂于肘间残断，创面露出木骨脱落后的孔洞；垂下的左上臂在下端残断，向下的创面露出木骨架、芦苇秆、泥层。双股外张屈膝，两胫内收，两踝交于座前，右踝在前，足外侧着地。

菩萨形貌、衣饰与第一龛交脚菩萨相似。菩萨左眼珠涂黑色，右眼珠镶嵌物脱落。发际中分，垂发披肩。头戴三珠宝冠，正面宝珠刻弦纹、左旋轮辐纹，敷色剥落，圆心绿色莲花，右侧宝珠绿色、圆心褐色莲花，径 6.2 厘米，左侧宝珠脱落。冠下黑绿白三色彩帛纹束发带，耳后绿色起褶巾帕，背面黑色。袒上身，项圈上下浮起环状边棱，贴泥条塑臂钏。胸前挂带状璎珞。绿色长裙、黑色裙缘，阴线刻褶纹，分布均匀，裙摆波状皱褶垂于两胫下方，贴附于佛座。跣足。肌肤白色。黑色绿缘帔巾顺肩膊而下。

坐下方座高 9 厘米、宽 34～37.7 厘米、进深 8.6～10.4 厘米，平面略呈梯形，前低后高，敷白色。菩萨背后倒三角形背靠，齐塑像肩高、通龛内北壁宽；铺敷物黑灰色、塑绿色边棱。上边东西两端翻折下里面一角，同为黑灰色、绿色边棱。

ii 壁画

（i）菩萨像头光

菩萨头光宝珠形，横径 34.5 厘米，三圈（图 44）。由内而外第一圈横径 29 厘米，土红色。

第二圈宽出 5 厘米，绿色。

第三圈宽出 5～5.3 厘米，黑色。龛内北壁上部空间有限，彩绘头光第二、第三圈上端转折延伸至龛顶，再转折延伸至龛楣上部，背靠以上展开高度达 42.1 厘米。

（ii）供养菩萨

龛内东西两壁土红色地上，各绘上下 2 身供养菩萨（天人）。

东壁下起第一身菩萨，蹲跪，高 36.7 厘米（包括头光），上身前俯，昂首，稍侧向右，朝北，双臂屈起，双手于胸前合掌。跪左膝，右腿屈起。黑色圆形头光，颈部二道，袒上身，墨线勾项圈，灰色耳环、腕钏、绿色长裙。肌肤肉红色。黑色勾染土色帔巾自肩后环绕双臂飘下。第二身菩萨，上身前俯，稍侧向右，平视，双臂屈起，双手于胸前合掌。宝珠形头光，二圈，内圈呈灰褐色，外圈土色，头饰模糊。颈部二道，袒上身，白色耳环、项圈、腕钏、白色裙。绿色帔巾自肩后环绕双臂垂下（图 44；图版 II：387-3）。

西壁下起第一身菩萨，蹲跪，高 34.2 厘米（包括头光），稍侧向左，朝北，平视，双臂屈起，双手于胸前合掌。跪右膝，左腿屈起。黑色圆形头光，黑发高髻。袒上身，灰白色项圈、腕钏、绿色长裙。肌肤肉红色。土色帔巾自肩后环绕双臂飘下。第二身菩萨，上身前俯，颔首，稍侧向左，双手于胸前合掌。土色头光，黑发高髻。颈部二道，袒上身，灰白色耳环、缀珠项圈、腕钏、白色长裙。肌肤肉红色，勾染呈黑色。绿色帔巾大部剥落（图 44；图版 II：387-4）。

（iii）莲蕾

龛内北壁土红色地上，下部菩萨台座、背靠外侧，各绘桃形莲蕾 1 朵；上部背靠上方、头光两侧，各绘桃形莲蕾 1 朵；上下共 4 朵。莲蕾横径约 5.6～6.4 厘米，黑灰色，白色细线勾莲瓣，残存绿色小叶。北壁与东西两壁空间另点缀少许绿色、黑色圆点状小花。

龛顶东西、菩萨头光两侧，各有一处矩形孔洞，其中原有建筑构件毁失（图 44；图版 II：388-2）。

2）龛外

龛外与第一龛结构相同，依壁浮塑子母双阙及屋顶，现状阙身以上及屋顶皆大部残毁。双阙下有长方形基座。东侧基座高 8.8 厘米、宽 19.4～22.7 厘米，母阙残高 97.7 厘米（包括上端遗迹，下同）、阙身宽 10.5 厘米，子阙残高 78.6 厘米、阙身宽 9.5 厘米；西侧基座高 9 厘米、宽 24～26 厘米，母阙残高 90 厘米、阙身宽 9.2～11.4 厘米，子阙残高 74 厘米、阙身宽 9.5 厘米。双阙阙身凸出壁面 4.7～10.4 厘米。

双阙的顶、檐及檐下建筑残毁，仅下部残存部分（包括两侧母阙和子阙）可见部分阙楼白壁，其上东侧母阙可见绘画走兽，以上残

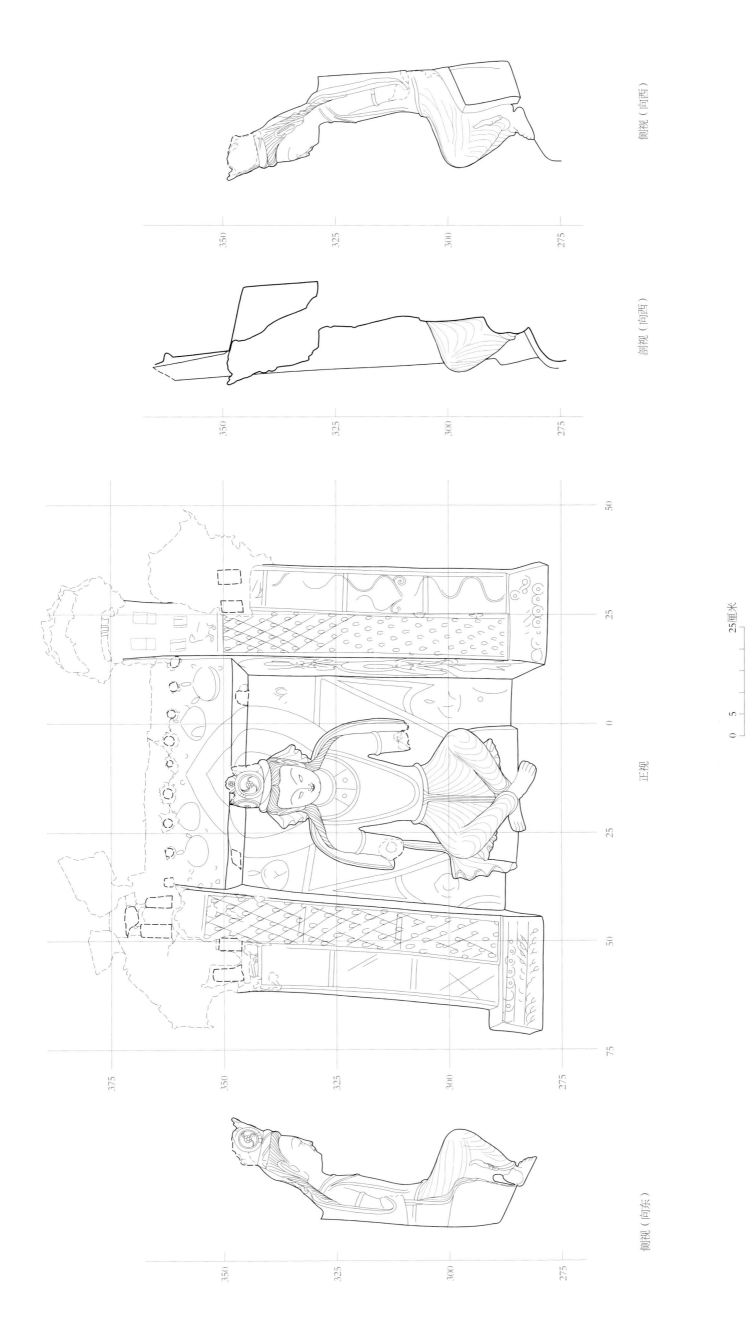

侧视（向西）

剖视（向西）

正视

侧视（向东）

25厘米

图 43　第 259 窟北壁上层西起第二龛

图 44　第 259 窟北壁上层西起第二龛龛内展开图

存为塑造双阙顶、檐而预设木质构件的孔洞以及楔于其中的木质构件，木质构件不同长度伸出壁面（图版 II：388-1）。两侧母阙上，各上下二排，每排 2 个，每阙各 4 个孔洞；两侧子阙上仅一排，各 2 个孔洞。为叙述方便，按照第一龛同类孔洞编号规则编号，记录测量尺寸如下（单位：厘米）。

编号	高	宽	深	木构伸出长	编号	高	宽	深	木构伸出长
东 1	3.6	2.7		2	西 1	6.7	2.3		10
东 2	2.5	2.5		2	西 2	6	2.5		10
东 3	5.4	2.6		4	西 3	3.6	2.3		11
东 4	5.1	2.3		5	西 4	2.3	2.7		12
东 5	4.7	2.6	6		西 5	6.4	2.8		5
东 6	5.1	3.4	4.5		西 6	5.9	3		8

　　此外东侧母阙孔洞之上，残存部分阙楼檐下结构，高 1.4 厘米、宽 8.8 厘米，疑似斗栱铺作的塑造残迹。

　　双阙基座在白色地上绘三排圆涡纹，每排约 10 个圆涡纹样。母阙阙身土色边线内黑色地绿色芯鳞纹为单一纹样，不分段，起稿以黑色细线打菱格，绿色芯上沿勾白边。西侧母阙阙身可见被覆盖的两道分段线痕。子阙阙身东侧有两道分段线痕，实际彩绘不分段，东侧阙身敷绿色，下露白色，疑似有蔓草纹样，模糊；西侧阙身敷白色、东边涂绿色边线。

　　两侧母阙之间泥塑屋顶脱落后露出龛楣和屋顶脊部的椽孔。龛楣横长方形，高 11.5 厘米、宽 52.3 厘米，土红地色上，中间有菩萨宝珠形头光、身光的尖拱，两侧上部各绘 2 朵莲蕾；外侧二朵绿色、内侧二朵土色，残存黑色小片莲叶及圆点状小花。椽孔横排 9 孔，孔径约 1.8 厘米，深 2.5～4 厘米。垂直的龛楣及其上沿的椽孔，表明屋顶原状为单坡顶构造（图 43；图版 II：385）。

（4）上层第三龛

阙形龛；龛口方形，龛内塑菩萨像，龛外两侧浮塑子母双阙，连以屋顶（图45；图版 II：389）。

1）龛内

i 塑像

龛内中间依壁塑菩萨半跏趺坐像1身，高71.8厘米（包括宝冠）、头高20.2厘米、冠高9.1厘米、肩宽26.3厘米、两膝间距33厘米（图45；图版 II：390）。右臂屈起，右手上抬至颌下伸中指，作支颐状，余四指残断；左臂屈肘，小臂稍抬，左手置于右足上，小指微翘，余四指残。左腿屈膝下垂，胫稍内收，踮踵，足趾落于龛底；右腿盘起平抬，胫内收横于前，右足置于左股上。

头微前倾，颔首，颈前部有裂隙，后部与壁面分离，可知系塑成后与身躯合成。形貌、衣饰与第一、第二龛菩萨相似，眉棱弯曲，鼻直口小，嘴角微翘，下颌略尖，肩膊壮硕。发际中分，垂发披肩。头顶束髻，戴三珠宝冠，宝珠径6.2厘米，上饰仰月，正面宝珠绿色、圆心褐色莲花，右侧呈褐色、圆心绿色莲花，左侧宝珠脱落。冠下白绿黑三色彩帛纹束发带，耳后黑色起褶巾帕，背面绿色。袒上身，项圈上下浮起环状边棱，贴泥条塑腕钏，粉青色带状璎珞。土红色长裙、绿色裙缘，阴线刻褶纹，分布均匀，裙摆在两股间覆于座前，翻出绿色里面、褶皱呈波状连弧。跣足。肌肤敷粉脱落，露出肉红色，径烟熏呈黑色。黑灰色帔巾自肩后绕两臂下垂，下端波状褶皱垂覆于台座东西两端，及于龛底。

坐下方座高10厘米、宽37.2厘米、进深9.1厘米，台面敷白色。

半跏坐菩萨像右胫前面高7.4厘米、宽13.3厘米残损，表面剥落，露出骨架内胎芦苇秆和粗泥层。

ii 壁画

（i）菩萨像头光、身光

菩萨头光宝珠形，横径36厘米，四圈（图46；图版 II：390）。由内而外第一圈，横径约21厘米，土红色。

第二圈宽出4.5厘米，黑色。

第三圈宽出5.7厘米，呈红褐色。

第四圈宽出5.3厘米，绿色。头光彩绘延伸至龛顶，其中第四圈再转折延伸至龛楣下部，菩萨像肩部以上展开高度达41厘米。

身光略低于头光，及于龛顶外沿与头光外圈相接，横径61厘米，四圈。第一圈菩萨像两肩与头光外圈之间露出略呈三角形，宽3～5.2厘米，淡土红色、黑色绘火焰纹，白色线描勾边。

第二圈宽出4厘米，呈褐色，斑驳。残存黑色画迹。

第三圈宽出4.3～5.1厘米，绿色，内边与第二圈褐色叠晕。

第四圈宽出4.8～5.7厘米，黑色地上白色绘火焰纹，大部斑驳。

（ii）供养菩萨、飞天

龛内土红色地上，北壁下部菩萨台座、身光东西两侧，各绘1身胡跪供养菩萨（天人）。东侧菩萨，高27厘米（包括头光），稍侧向右，朝西，双臂屈起，双手于胸前合掌；跪左膝，右腿屈起。头光二圈，内圈宝珠形黑色，外圈颜色脱落呈土色。袒上身，白色项圈、腕钏，绿色长裙。肌肤深肉红色，黑色勾染。帔巾自肩后环绕两臂垂下，颜色脱落呈土色。西侧菩萨，高25厘米（包括头光），稍侧向左，朝东，姿态、头光、衣饰与东侧菩萨基本相同（图46；图版 II：391-3、4）。

龛内东西两壁，下部各绘1身立姿供养菩萨（天人）、上部各绘1身飞天（图版 II：391-1、2）。

东壁菩萨，高51厘米（包括头光），稍后仰、侧向右，朝北，平视，双臂屈起，双手于胸前合掌，两腿分开，足外撇。白色宝珠形头光，宝冠绿色宝珠、鸟首衔红色坠饰，两侧缯带系结下曲上扬。白色耳环，颈有二道，袒上身，灰白色腕钏。灰褐色长裙，右衽，裙摆尖角状。跣足。肌肤深肉红色，黑色勾染面庞、五官、肢体。土色帔巾自肩后环绕两臂垂下。西壁菩萨，高51.8厘米（包括头光），稍侧向左，面北，姿态、衣饰、敷色与东侧菩萨基本相同。头光两圈，内圈白色、外圈白色与土红地色叠晕，灰白色项圈、腕钏。黑色长裙，左衽。帔巾颜色脱落呈土色。足下扁平莲台。

东壁飞天，稍侧向右，朝北，上身前倾，双臂屈起，双手于胸前合掌。双腿向上高高扬起，整体折成锐角，呈 V 形。黑色圆形头光延伸至龛顶，袒上身，黑色项圈、腕钏，绿色长裙。跣足。肌肤白粉脱落呈深肉红色。帔巾颜色脱落呈土色，自肩后环绕双臂在后向上飘扬。西壁飞天，朝北，回首面南，稍侧向右，双手于胸前合掌。双腿向上高高扬起，与上身折成更小角度的锐角。衣饰、敷色与东壁飞天基本相同。黑色宝珠形头光，袒上身，灰白色项圈、腕钏，绿色长裙。

（iii）莲花、莲蕾

龛内北壁东西两侧下部胡跪供养菩萨上方，各有1朵莲蕾，黑褐色，卵形，白色细线勾莲瓣，位置适当东西两壁立姿供养菩萨身前。

側視（向西）

側視（向東）

剖視（向西）

正视

图 45 第 259 窟北壁上层西起第三龛

图 46　第 259 窟北壁上层西起第三龛龛内展开图

东侧莲蕾仅存东侧边缘残迹。

龛顶菩萨身光东西两侧各绘 1 枝莲花，土红地色上，椭圆形环状花冠，东侧土色、西侧绿色，左右有绿色卵形莲叶、圆点形苞蕾，下有曲茎起自东西两壁（图 46）。

龛内北壁塑像东西两侧近龛顶位置，各有一处矩形孔洞，均开在壁画身光上（图版 II：392-1）。

2）龛外

龛外与第一、第二龛结构相同，现状子母双阙阙身以上及屋顶大部残毁（图 45；图版 II：392-2、3）。东侧阙身下基座高 11.4 厘米、宽 19.3 ～ 22 厘米，母阙残高 88 厘米（包括上端遗迹，下同）、阙身宽 12 厘米、子阙残高 72.3 厘米、阙身宽 7.7 ～ 9 厘米。西侧基座高 10 厘米、宽 22 ～ 24.8 厘米，母阙残高 95.7 厘米、阙身宽 11.8 ～ 13 厘米，子阙残高 80 厘米、阙身宽 8.2 ～ 10 厘米。双阙阙身凸出壁面 3.7 ～ 9.1 厘米。

双阙的顶、檐及檐下建筑残毁，下部残存部分阙楼白壁，两侧子阙均可见其上绘画禽鸟，以上残存为塑造双阙顶、檐而预设木质构件的孔洞以及楔于其中的木质构件，木质构件不同长度伸出壁面。母阙上下二排、子阙一排，每排 2 个，东西两侧双阙共 12 个孔洞，按第一龛孔洞编号规则编号，记录测量尺寸如下（单位：厘米）。

编号	高	宽	深	木构伸出长	编号	高	宽	深	木构伸出长
东 1	3.7	2.4		4	西 1	3.8	3.3		3
东 2	4.4	2.5		4	西 2	3.4	2.9		3
东 3	2.8	2.5		2	西 3	4.3	2.2		4
东 4	2.7	2.2		2	西 4	4.2	2.3		5
东 5	3.8	2.3		3	西 5	3.8	2.4	12	
东 6	3.8	2.6		3.5	西 6	4.5	2.5	7	

西侧子阙孔洞之上，残存部分泥塑阙楼檐下结构，高 2.2 厘米、宽 8 厘米，与第二龛外东侧母阙表现相同，有一排类似椽孔的残迹。

双阙基座黑色铺地白色绘菱格纹，四周描白色边线。阙身留土色边线分上下四段绘装饰图案。母阙下起第一段高 19 厘米，黑色地绿色芯，白色点线绘鳞纹；第二段高 18.2～20 厘米，绿色地白色点、线绘双线菱格纹；第三段高 18.6～21.4 厘米，白色地绿色芯鳞纹；第四段高 15.5 厘米，黑色地双线菱格纹，模糊。子阙下起第一段高 5.3～7.7 厘米，白色地绿色芯鳞纹；第二段高 16.4 厘米，绿色地白色点、线绘双线菱格纹；第三段高 16.1 厘米，黑色地绿色芯，白色点线绘鳞纹；第四段高 12.7～16.8 厘米，黑色地菱格纹，褪色、模糊，呈黑灰色。

两侧母阙之间露出龛楣和屋顶脊部的椽孔。龛楣横长方形，高 7.2～8.5 厘米、宽 69 厘米，土红地色上，下部中间有菩萨宝珠形头光的尖拱，两侧各绘 1 朵莲花，模糊，似环状花冠，颜色脱落呈土色，莲房残迹呈黑色。椽孔横排 9 孔，孔径 1.9～3 厘米，深 1.5～3 厘米。孔间泥面敷白色。龛楣并不垂直，约有近 10 度的倾斜，或可与檐内披面组合而成人字披顶的形式（图版 II：392-1）。

（5）上层第四龛

第四龛东半部残毁，龛内塑像不存，仅存西半部壁画，龛外残存西侧子母阙及屋顶、龛楣西半部残迹（图 47；图版 II：393）。

1）龛内

i 塑像头光、身光

龛内北壁残存塑像痕迹，高约 64 厘米。头光残宽约 26 厘米，三圈（图 48）。由内而外第一圈，横径 12.2 厘米，敷白粉，白色线描勾边。

第二圈宽出 5 厘米，黑色，有白色火焰纹画迹。

第三圈宽出 4.5 厘米，绿色。

身光及于龛顶内沿与头光外圈相接，四圈。第一圈塑像肩膊与头光外圈之间露出略呈三角形，宽 2.5 厘米，淡土红色、黑色画迹，模糊，似神变焰肩。

第二圈宽出 3.4 厘米，黑色，似有白色火焰纹画迹。

第三圈宽出 4.5 厘米，绿色。

第四圈宽出 4.8 厘米，黑色地白色绘火焰纹，模糊。

ii 供养菩萨、莲蕾

龛内土红色地上，北壁西侧下部身光外侧绘 1 身跪姿供养菩萨（天人），高 30 厘米（包括头光），稍侧向左，朝东，勾染面部五官。双臂屈起，双手于胸前合掌，屈膝跪地。黑色头光，束髻。袒上身，白色项圈、腕钏，白色长裙。肌肤肉红色，勾染呈黑色。白色帔巾自肩后环绕双臂分垂两侧，颜色脱落呈土色（图 48；图版 II：394-2）。

龛内西壁绘上下 3 身跪姿供养菩萨（天人）。下起第一身菩萨，高 29.4 厘米（包括头光），稍侧向左，朝北，勾染面部。双臂屈起，双手于胸前合掌；跪右膝，左腿屈起。土色头光，袒上身，白色项圈、腕钏，绿色长裙。肌肤肉红色，勾染呈黑色。帔巾自肩后环绕双臂垂下，颜色脱落呈土色。第二身菩萨，与第一身菩萨跪姿、衣饰、肤色略同，回首朝南，头稍侧向右，勾染面部，合掌于胸前。白色头光，黑色长裙。绿色帔巾颜色大部脱落。第三身菩萨，稍侧向左，上身稍前俯，下视，双手于胸前合掌，双腿并拢向前，疑似跪坐。白色头光延伸至龛顶，袒上身，白色项圈、腕钏，土色长裙，黑色帔巾自肩后环绕双臂垂下（图 48；图版 II：394-1）。

北壁西侧上部身光外侧绘上下 3 朵莲蕾，卵形，自而上敷色为黑色、绿色、黑色，白色细线勾莲瓣，上有小叶。空间点缀若干黑色圆点状小花（图 48；图版 II：394-2）。

北壁西侧上部身光与头光外圈交接处，保存一处矩形孔洞。

龛顶于土色泥面上以南北纵长土红色双线绘椽条（残存三根），椽条之间排列土红色横向短线，为蕊丝、蕊头或云气纹样，全披面敷白粉地，如此影作屋内人字披顶北披的椽桁结构和椽间望板的形象（图 48）。

2）龛外

龛外泥塑彩绘的子母双阙及屋顶大部残毁，仅存西侧基座、部分阙身和屋顶脱落后露出脊部的椽孔（图 48；图版 II：393）。

西侧阙身下基座高 9 厘米、宽 18.9～21 厘米，母阙残高 74 厘米、宽 10.4～11 厘米，子阙残高 57.7 厘米、宽 8.6～9.5 厘米。阙身凸出壁面 3.5～7.2 厘米。

双阙檐下残存阙楼下部白壁可见绘画禽鸟。

双阙基座白色地上绘黑色圆点上下三排，四周描黑色边线。阙身留土色边线分上下三段绘装饰图案。母阙下起第一段高 18.2 厘米，土色地黑色芯鳞纹；第二段 19.5 厘米，黑色地绿色芯，白色点线绘鳞纹；第三段高 18.6 厘米，绿色地黑色芯鳞纹。子阙下起第一段高 15 厘米，黑色地绿色芯，白色点线绘鳞纹；第二段 18 厘米，绿色地黑色芯，白色点线绘鳞纹；第三段高 15.6 厘米，白色地绿色

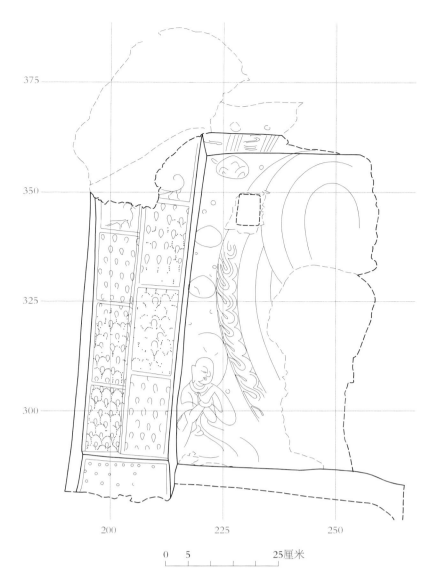

图 47　第 259 窟北壁上层西起第四龛　　　　　　　图 48　第 259 窟北壁上层西起第四龛龛内展开图

芯绘鳞纹。

　　龛口上方屋顶脊部的椽孔，残存 2 孔，即西起第二、第三孔，横径 1.2 ～ 2 厘米，深 2.5 厘米。

　　（6）龛外壁画

　　与下层龛外壁画同样以土红色为地，除西端千佛图外，四龛之间绘供养菩萨（图版 I：58）。

　　1）上层第一龛西侧壁画

　　上层第一龛龛外西侧，绘千佛图，与西壁上段千佛图衔接，上下三排，每排 4 身，共计 12 身（图版 II：394-3、395）。千佛（化佛）尺度、造型姿态、衣着服饰、组合排列和绘制方法、颜色搭配，均与西壁千佛（化佛）基本相同。

　　千佛均为正面，结跏趺坐，结禅定印，通高 19.6 ～ 21.7 厘米（包括莲座、华盖），两膝间距 12.2 ～ 13.3 厘米。头光圆形，横径 7.9 ～ 8.6 厘米，身光横径 14 ～ 14.9 厘米。身披通肩袈裟，交替为圆领或双领下垂，后者内着僧祇支。

　　千佛坐下莲座，高 1.5 厘米、横径 10.9 厘米。上方华盖，高约 1.8 厘米、横径约 5 厘米。白色条形题榜高约 8.7 厘米、宽约 1.5 厘米，未见字迹。

　　千佛的颜色搭配情况亦与西壁及本壁下层大同小异，惟头光、身光、僧祇支以青色取代土色，列表示意如下。

头光	黑	绿	白	青	黑	绿
身光	绿	黑	青	白	绿	黑
袈裟	黑	红	黑	绿	黑	红
僧祇支	青		绿		青	
莲座	绿	黑	绿	黑	绿	黑

　　同样颜色次序搭配的千佛，下一排相对上一排向左横移一个位置。

　　千佛图下方与上段凸棱之间，以黑色圆点状小花点缀空间，横列 8 枝，伴有白色细茎和绿色小叶。

2）上层第一、第二龛之间壁画

上层第一至第四龛，龛与龛之间，均绘跪姿供养菩萨，大都半蹲半跪作胡跪姿势，双臂屈起，双手于胸前合掌。头束高髻，袒上身，下着长裙。肌肤染肉红色，黑色勾染面部、肢体。其中第一龛与第二龛之间绘胡跪供养菩萨（天人），上下三排，下起第一、第三排各1身，第二排2身，共计4身（图49；图版Ⅱ：396）。

第一排菩萨高31厘米（包括头光），上身前俯，稍侧向右，朝西，双手于胸前合掌；跪左膝，右腿屈起。黑色圆形头光，束高髻，袒上身，灰白色耳环、项圈、腕钏、绿色长裙。白色帔巾从背后环绕两臂垂下飘卷，颜色大部脱落呈土色。

第二排西起第一身菩萨，稍前俯、侧向右，朝西，双手于胸前合掌，跪姿与第一排菩萨略同。白色圆形头光，束高髻，袒上身，灰白色耳环、项圈、腕钏、褐色长裙。绿色帔巾从背后环绕两臂垂下，颜色大部脱落。第二身菩萨，稍侧向左，朝东，双手于胸前合掌；跪右膝，左腿屈起。宝珠形头光呈灰褐色，黑发高髻，袒上身，灰白色项圈、腕钏、白色长裙，裙摆呈尖角下垂。黑灰色帔巾从背后顺肩膊绕两臂垂下。

第三排菩萨，稍前俯、低头、侧向左，朝东下视，双手于胸前合掌，跪右膝，左腿屈起。绿色圆形头光，袒上身，灰白色项圈、腕钏、黑色长裙。土色帔巾自肩后环绕两臂飘向两侧。

3）上层第二、第三龛之间壁画

第二龛与第三龛之间绘供养菩萨（天人），上下三排，下起第一、第二排各2身。第三排1身，共计5身（图50；图版Ⅱ：397）。

第一排西起第一身菩萨，高31厘米（包括头光），上身前俯，稍侧向右，朝西，双手于胸前合掌；跪左膝，右腿屈起。白色圆形头光，周边与土红地色相叠成褐色外圈。袒上身，灰白色项圈、腕钏、黑色长裙。绿色帔巾自肩后环绕两臂飘下。第二身菩萨，高32厘米（包括头光），稍侧向左，朝东，双手于胸前合掌，跪右膝，左腿屈起。土色圆形头光，黑发，束髻，袒上身，白色项圈、腕钏、绿色长裙。白色帔巾自肩后环绕两臂飘下。

第二排第一身菩萨，稍前俯、侧向右，朝西，双手于胸前合掌，跪左膝，右腿屈起。土色圆形头光，黑发高髻，白色冠饰。袒上身，白色项圈、腕钏、白色长裙。黑色帔巾顺肩膊绕臂垂下。第二身菩萨，稍侧向左，朝东，双手于胸前合掌，跪右膝，左腿屈起。白色圆形头光，土色高髻。袒上身，白色项圈、腕钏、黑白条纹长裙。绿色帔巾绕肩膊、双臂垂下。

第三排菩萨，上身前俯，稍侧向左，朝东，双手于胸前合掌。似坐姿，双股并拢，两胫交叠，左胫在前。绿色圆形头光，高髻，袒上身，灰白色项圈、腕钏、黑色裙。肌肤肉红色，黑色勾染。帔巾似白色，颜色脱落，露出泥层土色。

4）上层第三、第四龛之间壁画

第三龛与第四龛之间绘供养菩萨（天人），上下三排，每排1身，共计3身（图51；图版Ⅱ：398）。

第一排菩萨，高29.2厘米（包括头光），稍侧向右，朝西。双手于胸前合掌。跪左膝。黑色圆形头光。袒上身，白色项圈、腕钏、绿色长裙。肌肤肉红色。土色帔巾从两肩环绕两臂垂下。

第二排菩萨，稍前俯、侧向右，朝西。双手于胸前合掌，屈右腿。白色圆形头光，外圈与土红地色相叠，颜色脱落呈土色，戴宝冠。袒上身，白色项圈、腕钏、黑色长裙。绿色帔巾顺肩膊绕臂垂下。

第三排菩萨，稍前俯、侧向右，朝西。双手于胸前合掌，屈右腿。绿色头光，颈有二道，袒上身，白色项圈、腕钏。黑色长裙。黑色帔巾从背后绕两臂长曳，右侧下端垂至第二排菩萨肩下。

5）说法图

三角形构图的说法图绘于北壁上段的上部、上层列龛之上，以土红色为地，纵向范围高88.6厘米，大约从东端起，西至上层第一龛上，横跨将近整个壁面。构图的重心在上层第三龛之上、窟顶人字披下，高68厘米，绘主尊坐佛和左右二胁侍。其左右两侧众飞天均自东向西飞行，东侧残存4身、西侧5身。最西端（第一龛上方）点缀莲花2朵（图52；图版Ⅱ：399）。

i 主尊

图居中主尊坐佛1身，正面，高49厘米（包括台座）、头高12.7厘米、肩宽16厘米、两膝间距32.7厘米。右肘稍外张、屈起，右手于胸前扬掌，结施无畏印；左手于腰际伸出手掌，掌心向右前方，结与愿印。双腿盘起，结跏趺坐于方形座上，右腿在前，左脚叠于右胫之上，脚心均向上。黑发，高肉髻，线描勾勒面庞、五官，颈有二道，半披黑褐色袈裟，绿色领缘、衣缘，衣角半披右肩膊后，经胁下向前斜上敷搭左肩，覆盖左侧肩、臂、胸、腹及双腿。右臂从宽松的领口伸出，右胸袒露，内着黑色僧祇支。下摆悬裳呈弧形、尖角覆于座前（图52；图版Ⅱ：400-1）。

坐佛头光宝珠形，顶尖及华盖下缘，横径18.9厘米，二圈。内圈横径12.5厘米，黑色。

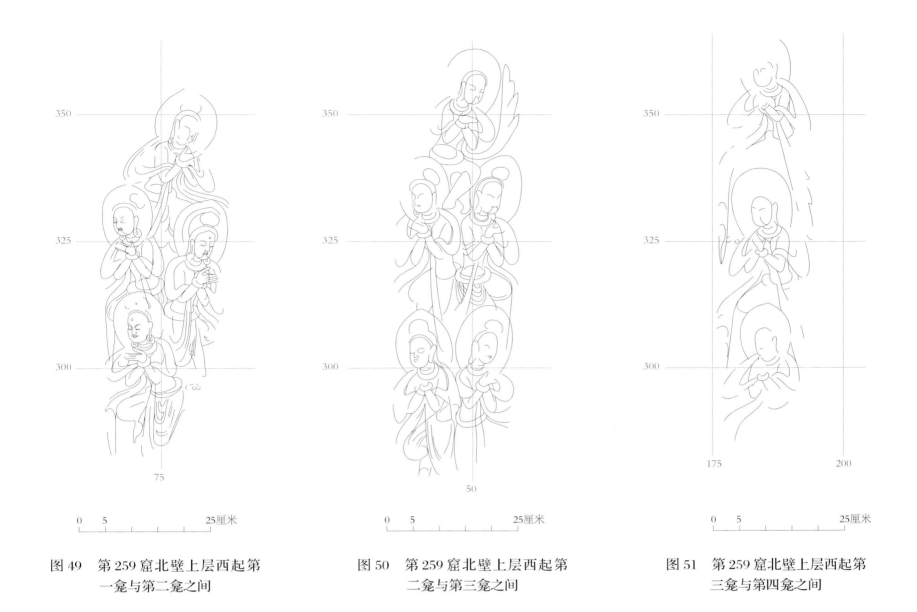

图 49　第 259 窟北壁上层西起第
一龛与第二龛之间

图 50　第 259 窟北壁上层西起第
二龛与第三龛之间

图 51　第 259 窟北壁上层西起第
三龛与第四龛之间

外圈宽出 3.3 厘米，绿色。

身光略低于头光，横径 38.5 厘米，四圈。由内而外第一圈于佛肩与头光外圈之间露出略呈三角形，宽 1.6 厘米，黑色。

第二圈宽出 3 厘米，呈墨绿色。

第三圈宽出 3.4 厘米，呈褐色。

第四圈宽出 3.6 厘米，黑色。

佛坐下方座，高约 11 厘米、宽 29 厘米，黑色线勾轮廓；中心方形，土红色；左边、右边、下边各为梯形，左右两边施黑色，下边为白色。

佛上方绘华盖，伞状，高 5.5 厘米，残存东半部，横径残存 16 厘米，呈黑色，两侧有外张的流苏。

ii 胁侍菩萨

主尊左右两侧各绘 1 身立姿胁侍菩萨（图版 II：400-1）。

（i）左胁侍

东侧胁侍菩萨，高 56.8 厘米（包括头光），稍侧向右，朝西，面向坐佛，颔首。右臂垂于身侧，左臂屈起，左手置左胸前。两腿分开，立于莲台上。绿色宝珠形头光，宝冠饰仰月、宝珠、鸟首衔坠饰，耳后巾帕，两侧缯带系结下曲上扬。袒上身，戴耳环、项圈、腕钏，均已模糊。黑色长裙下摆尖角状。跣足。肌肤敷薄粉，呈淡肉红色。薄粉绘帔巾剥落褪色，自两肩环绕臂垂下。足下莲台敷薄粉，扁平，呈椭圆形。

（ii）右胁侍

西侧胁侍菩萨，高约 57 厘米（包括头光），稍侧向左，朝东，面向坐佛，稍后仰，平视。左臂垂于身侧，右臂屈起，右手置右胸前。两腿分开，立于莲台上。绿色宝珠形头光，宝冠饰仰月、宝珠、鸟首衔坠饰，耳后巾帕，两侧缯带系结下曲上扬。颈有二道，袒上身，戴耳环，黑色项圈、腕钏，黑色长裙下摆尖角状。跣足。肌肤敷薄粉，呈淡肉红色，勾染呈黑色。薄粉绘帔巾环肩膊绕两臂垂下。足下莲台敷薄粉，扁平。

说法图中间上部，坐佛头顶西侧有一处破损，中有一凿洞，位于人字披顶中间塑形脊枋之下，破坏壁画坐佛头光、身光的西上部分。孔洞约低脊枋 10 厘米，孔径纵约 13 厘米、横约 11 厘米，系为安插木质斗栱之用，其底部有木构残件留存。

iii 飞天

图 52　第 259 窟北壁人字披下说法图主尊、胁侍

　　图中主尊坐佛三尊东西两侧绘飞天。东侧第三龛以东至第四龛的上方，残存 4 身飞天，以东残毁无存；西侧第二龛至第三龛西侧阙楼上方，绘 4 身飞天，第一、第二龛之间上方绘 1 身飞天。以上合计 9 身飞天。参考西侧的现状，东侧残毁部分第四龛以东可能还绘有 1 身飞天，则原状应共有 10 身飞天。所有的飞天都向西飞行，朝向窟室正壁塔柱形塑造的主尊龛像（图版 II：400-2、401）。

　　（i）东侧飞天

　　东侧西起第一身飞天，上身前俯，稍侧向右。右臂向前上方高举，右手回腕半握；左臂屈起，左手置于胸前。双腿舒展向后稍上扬，与上身形成钝角。黑色头光，白色冠饰仰月、宝珠等模糊，两侧耳后巾帕，缯带系结上扬，戴耳环。袒上身，黑色项圈、腕钏、白色长裙。肌肤敷薄粉，淡肉红色。绿色帔巾绕臂飘向后方。

　　第二身飞天，紧随第一身飞在下方，俯身，昂首，稍侧向右。双臂屈起，双手于胸前合掌。双腿舒展，向上扬起，与上身形成钝角。灰褐色宝珠形头光，束髻、冠饰模糊，戴耳环。袒上身，赤色项圈、腕钏，灰褐色长裙白色线描勾勒。肌肤淡肉红色。黑色帔巾环绕两肩绕臂飘向后方。

　　第三身飞天，飞在第二身后上方，上身前倾，稍侧向右，平视。双臂屈起，双手于胸前合掌。双腿舒展，平浮在后，与上身形成钝角。黑色圆形头光，颈有二道。袒上身，戴耳环，黑色项圈、腕钏，绿色长裙。肌肤肉红色。红黑色帔巾在肩两侧呈环状，绕双臂飘向后方。

　　第四身飞天，飞在第四龛上方，俯身，回首面东，稍侧向左。残存上半身。两臂张开，右臂屈肘，右手在身下立掌；左臂伸向后方。绿色头光褪色、剥落，颈有二道。袒上身，灰白色项圈、腕钏。肌肤肉红色，黑色勾染。帔巾环绕两臂飘出（图 53；图版 II：400-2）。

　　（ii）西侧飞天

　　西侧东起第一身飞天，俯身，稍侧向右。两臂张开上扬，双手伸向外侧上方回腕仰掌；左腿舒展在后方高扬，右腿上提屈膝，右足收至腹前，整体呈高空飞降之势。土色头光，束高髻，袒上身，戴项圈、腕钏，黑褐色长裙，跣足。肌肤淡肉红色，红、黑色勾染五官、面颊、颈项、肩膊、胸肌。黑色帔巾在两肩上呈环状绕双臂随身飘扬。

　　第二身飞天，飞在第一身前下方，俯身，昂首，稍侧向右。双臂屈起，双手于胸前合掌。双腿在后高扬，亦作飞降

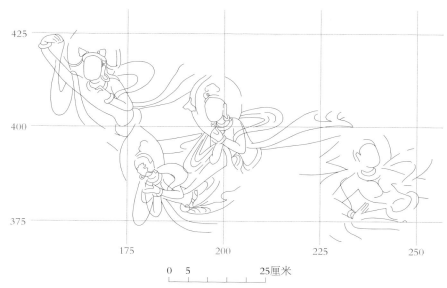

图 53　第 259 窟北壁人字披下说法图东侧飞天

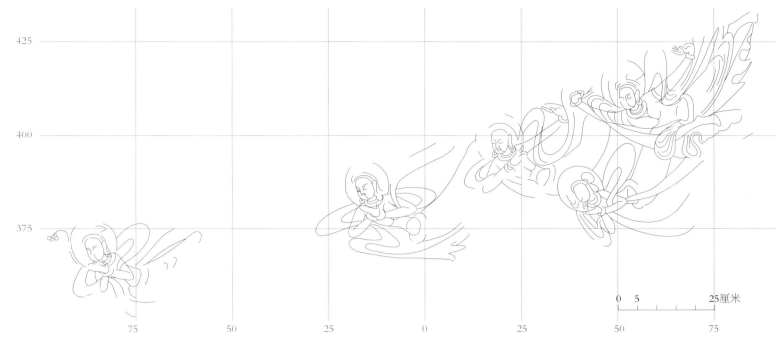

图 54　第 259 窟北壁人字披下说法图西侧飞天

之势，整体折成钝角的 V 形。黑褐色圆形头光，袒上身，黑色项圈、腕钏，白色长裙。肌肤淡肉红色，黑色勾染。帔巾在背后呈环状，绕双臂飘在下方。

第三身飞天，飞在第二身前上方，前俯，昂首，稍侧向右。向前抬起右臂屈肘，右手回至左肩前半握，伸食指指向后方；左臂直伸向后方扬掌。双腿高高扬起，与上身折成钝角的 V 形。黑色头光，戴耳环，袒上身，黑色项圈、腕钏，绿色长裙。肌肤肉红色敷薄粉，黑色勾染。黑色帔巾披绕略同第一身。

第四身飞天，飞在第二龛上方，俯身，稍侧向右。双臂屈起，双手于胸前合掌。双腿高高扬起，与上身折成钝角的 V 形。黑褐色头光，袒上身，灰白色项圈、腕钏，灰褐色长裙。肌肤敷色勾染略同第一身。绿色帔巾在肩膊两侧呈环状，绕臂婉转飘向后方。

第五身飞天，飞在第一、第二龛之间上方，前俯，稍侧向右，下视。双臂屈起，双手于胸前合掌。下身在后扬起，与上身折成钝角的 V 形。绿色头光，束高髻，袒上身，灰白色项圈、腕钏，青灰色长裙。肌肤敷色勾染略同第一身。白色帔巾在肩膊两侧呈环状，绕臂飘向后方，敷色剥落大部呈土色（图 54；图版 II：401）。

iv　莲花

第一龛外屋顶上方土红地色上，绘 2 朵莲花，椭圆环状花冠，线描莲瓣，东侧横径 14.7 厘米，呈黑色；西侧横径 15 厘米，绿色；青黑色莲房。

（三）南壁

南壁布局应大体与北壁相似、对称，以横贯壁面的凸棱为界，分隔下段、上段。现状下段及凸棱俱已残毁，仅存上段西上部分，高 325 厘米、宽 448.6 厘米（图版 I：59；图版 II：402）。其中又以上段的凸棱分为下层和上层。

1．上段下层

南壁上段下层高 156 厘米、残宽 272 厘米，以东崩毁，残存 2 个圆券形龛，龛内塑像、彩绘，龛外塑龛柱、龛梁、龛楣，绘壁画。佛龛、壁画自西向东分别叙述如下。

（1）下层第一龛

圆券形龛，龛内依壁塑佛坐像 1 身、胁侍菩萨立像 2 身，绘头光、身光、莲花，龛外塑龛柱、双龙龛梁、尖拱形龛楣（图 55；图版 II：403、404）。

1）龛内

i　塑像

（i）佛坐像

佛结跏趺坐于方座上，通高 89.6 厘米（包括台座）、头高 23.8 厘米、肩宽 32.8 厘米、两膝间距 56.9 厘米（图 55；图版 II：404、405-1、2，406）。右上臂下端残断。左臂垂下自然屈肘，左手抚于左膝上，五指伸展，掌心向下，结降魔印。两股分开，双腿屈膝盘起，

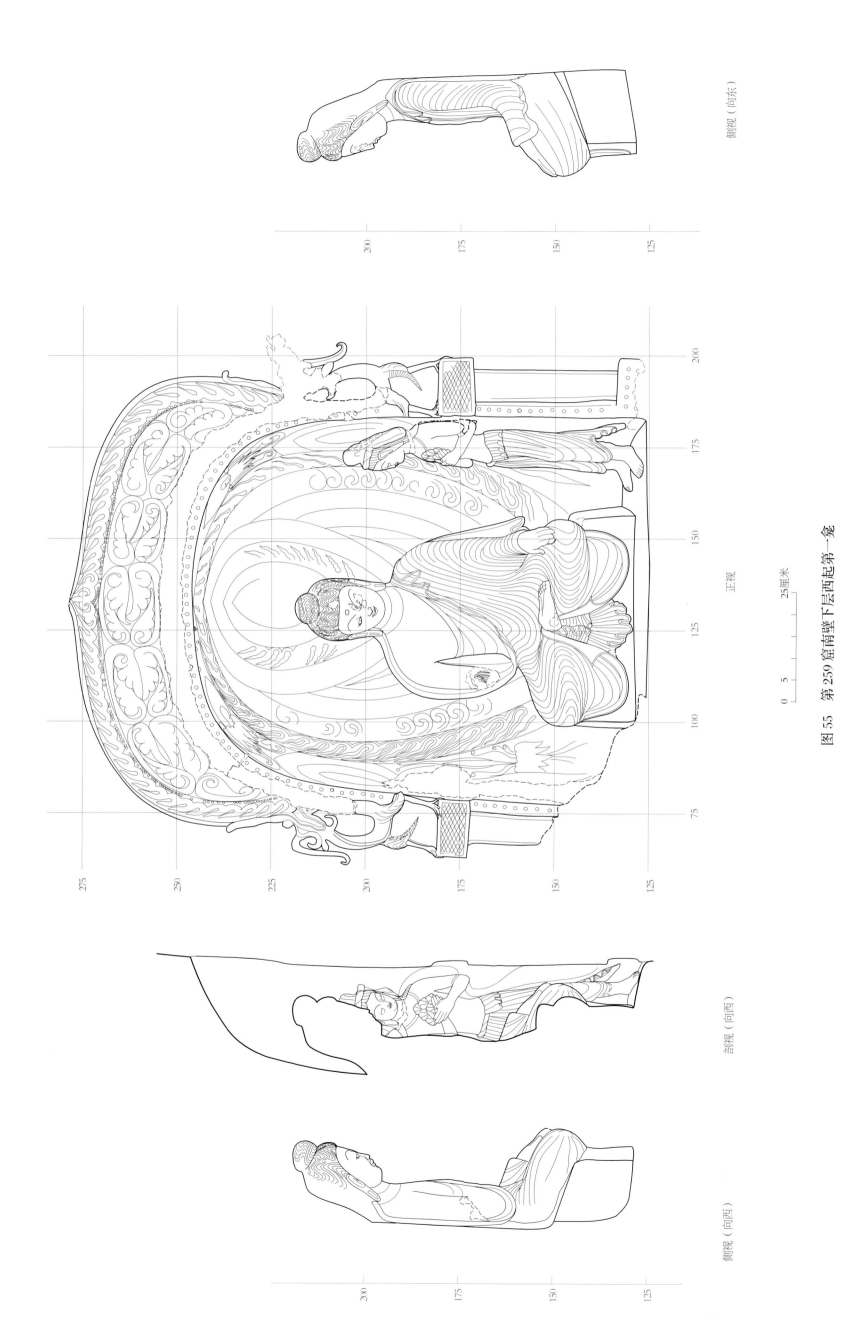

侧视（向东）

200

175

150

125

正视

25厘米

0 5

图 55 第 259 窟南壁下层西起第一龛

275 250 225 200 175 150 125

75 100 125 150 175 200

剖视（向西）

侧视（向西）

200 175 150 125

右踝叠于左踝上，脚掌朝上。

头顶圆形肉髻，表面刻横向波纹；额上佛发刻纵向波纹，发际线平直。额间白毫脱落，眉弯细长，眼半睁，眼角稍向上挑，鼻梁挺直，鼻翼精致，唇稍厚，嘴角上翘呈微笑状，下颌圆润，双耳长垂，耳垂有纵长凹槽。面部表层刷过一层极薄的泥浆，露出泥浆下肉红色。颈有二道。肩部宽平，腰细，挺胸收腹。佛像半披土红色袈裟，绿色领缘、衣缘；右侧衣领绿色边缘自颈后顺肩膊、上臂至胁下向前斜上，敷搭左肩，覆盖左侧肩、臂、胸、腹部及双腿，衣端顺左肩膊垂下；右臂从宽松的领口伸出，右胸袒露，内着黑色缘橙色僧祇支。袈裟以阴刻细线表现衣纹，薄衣贴体。下摆呈三段垂弧覆于座前，中间足踝部露出粉色裙摆边缘绿色波状小褶。

坐下方座高 14.3 厘米、宽 55.9 ～ 60.5 厘米、进深 18.6 ～ 20.7 厘米，敷白色。

（ii）胁侍菩萨像

i）左胁侍

龛内西壁胁侍菩萨立像，高 79.6 厘米、头高 15.7 厘米、肩宽 19.6 厘米。颔首，两臂屈肘，双掌相叠于胸前捧莲花，左手在前，两腿分开立于龛底。黑发，束高髻，髻下黑绿二色彩帛纹束发带，两侧露出簪饰，耳后黑色巾帕起褶，背面绿色，垂发披肩。面方圆，袒上身，下着黑色长裙，绿色缘，右衽，阴刻线衣纹，裙腰翻出，裙摆尖角状。跣足。肌肤白色。土色帔巾画在壁上，环肩膊绕臂垂下。手中持花，扇形花六朵作三角形叠垒，花各三瓣，下三朵白色、中二朵绿色，上一朵黑色（图 56；图版 II：404、407-3）。

ii）右胁侍

龛内东壁胁侍菩萨立像残毁，仅见泥塑脱落后壁上留存的泥痕，高 65 厘米，大概是足底到颈项的高度，上部顺延肩膊、下部长裙两侧保存着壁面彩绘绿色帔巾画迹（图版 II：407-2）。

ii 壁画

龛内中间绘佛坐像头光、身光，两侧绘胁侍菩萨头光，上下空间点缀莲花、莲花化生（图 57）。

（i）佛像头光、身光

佛头光宝珠形，横径 47.7 厘米，四圈。由内而外第一圈，横径 13.3 厘米，土红色。

第二圈宽出 4.7 ～ 5.5 厘米，敷白色，斑驳。

第三圈宽出 5.7 厘米，绿色，薄粉绘火焰纹。

第四圈宽出 5.9 厘米，敷黑灰色，薄粉绘火焰纹，白色线勾边。

身光宝珠形，横径 94.8 厘米，五圈。第一圈佛像两肩与头光外圈之间露出略呈三角形，宽 8.6 ～ 9.8 厘米，淡土红色地上白色绘火焰纹，

正视　　　　　0　　5　　　　　25厘米　　　　剖视（向南）　　　　　　侧视（向南）

图 56　第 259 窟南壁下层西起第一龛内左胁侍立像

图 57　第 259 窟南壁下层西起第一龛展开图

黑色焰心。

第二圈宽出 4.5～5 厘米，土色，土红色线勾边

第三圈宽出 5.4～6 厘米，敷黑灰色，薄粉绘火焰纹，白色线勾边。

第四圈宽出 6.6～7 厘米，绿色，薄粉绘火焰纹，白色线勾边。

第五圈宽出 6.1～7.7 厘米，土红色绘火焰纹，白色勾染，黑色填地，白色线勾边。

（ii）菩萨像头光，

龛内西壁胁侍菩萨像（左胁侍）头光，右侧部分被佛像身光遮挡，可见横径 20.7 厘米，三圈。由内而外第一圈横径 7.8 厘米，土红色。

第二圈宽出 5.7 厘米，绿色。

第三圈宽出 5 厘米，黑灰色。

龛内东壁胁侍菩萨像（右胁侍）头光，左侧部分被佛像身光遮挡，右侧部分逸出壁面，可见横径 23 厘米，三圈，敷色与西壁菩萨头光相同。由内而外第一圈横径 10 厘米，第二圈宽出 4.5 厘米，第三圈宽出 6.2 厘米。

（iii）莲花、莲花化生

龛内南壁下部佛座、身光东侧绘 1 株莲花，高 36 厘米，土红色地上绘大朵花，白色覆莲瓣，中心生出土色如剑状花蕊，伴生多条细线蕊丝，花下分枝生一黑色忍冬形莲叶及多条细茎（图版 II：405-3）。身光西侧点缀 2 朵白茎圆点状小花，绿色、褐色各一。

龛顶身光两侧各绘 1 身莲花化生，西侧化生高 34.8 厘米、东侧化生高 32.5 厘米，土红色地上绘绿色大朵覆瓣莲花，童子露头部，

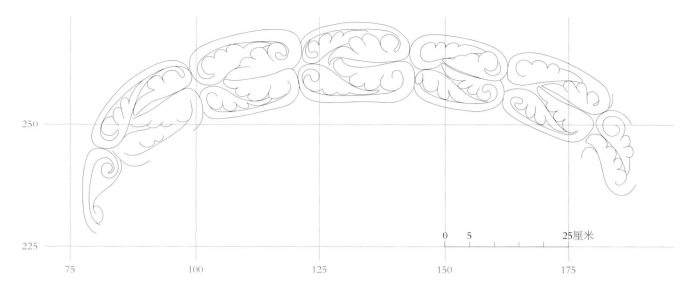

图 58　第 259 窟南壁下层西起第一龛龛楣忍冬纹

均朝向内侧，红发，白色点染小字形脸，灰色宝珠形头光，花下二茎回勾向上生一黑一红二片忍冬形莲叶（图 57；图版 II：407-1）。

　　2）龛外

　　i 龛柱

　　龛口宽约 120 厘米，两侧龛柱为"工"字形，东侧残损，西侧完整，高 55 厘米。下端柱础高 8.6 厘米、宽 16.2 厘米、凸出壁面 6 厘米。柱身高 38 厘米、宽 9 厘米，由柱础前沿内收 3 厘米。柱头高 9.4 厘米、宽 16 厘米、凸出壁面 5 厘米。柱础白色地上交替绘黑色、绿色圆点两排。柱身敷黑灰色，两侧描绿色边线。柱头绘绿土黑三色斜格纹，四周描绿色边线。

　　ii 龛梁

　　龛梁泥塑大部残毁，仅存两侧尾端伫立龙形；前后爪分开踏柱头两端，分别朝向外侧；长颈高耸，回首向上，张口露齿衔龛楣尾端，前吻长而尖锐。龙身绿色，须髯、脊鳍黑白条纹，头顶白色独角弯曲向后，尖端回卷。东侧龙高 41 厘米，西侧龙头部残毁（图版 II：405-4）。

　　龛口外沿与龛梁、龛柱之间宽约 2.9 厘米绘边饰，白色为地，单列连续圆点纹，绿色、黑色圆点交替排列，原状应为涡纹。

　　iii 龛楣

　　尖拱形龛楣宽 124 厘米，楣尖向上伸展至上段凸棱，高龛梁中间 24.1 厘米，绘交茎套联忍冬纹，以绿白二色和黑土二色双叶忍冬交茎横向相叠套联。纹样上边线为白色点线。龛楣外缘宽约 5 厘米绘火焰纹，土红绘火焰，黑色勾边，青色填地。之外为白色、土色二重边线（图 58；图版 II：404）。

　　龛楣上方两侧各点缀莲蕾 1 朵，卵形，黑灰色，白色线描花瓣。

　　（2）下层第二龛

　　第二龛大部残毁，龛内仅存龛口西沿内一角，残存画迹为西壁菩萨的头光。土红地色上头光三圈，内圈土红色、第二圈黑灰色、第三圈绿色。

　　龛外残存西侧方形柱头一角，其上龛梁泥塑脱落，残存尾端绿色二裂忍冬叶回卷；龛楣楣尖向上伸展至上段凸棱，残存西侧部分，绘交茎套联忍冬纹，高约 16 厘米。纵向忍冬叶土黑二色、绿黑二色交替结组排列，白色、土红色线描。龛楣外缘宽约 6.6 厘米，土红色绘火焰纹，白色勾染，青色填地，之外有土红色、绿色二条边线（图 59；图版 II：408）。

　　龛口外沿与龛梁之间宽约 1.4 厘米绘边饰，白色为地，可辨黑、红、绿色圆点纹。

　　（3）龛外壁画

　　1）下层第一龛西侧壁画

　　龛外西侧与西壁上段千佛图衔接，绘制千佛（化佛），以土红色为地，左右成排、上下成列，上下六排，上起第一排 5 身、第二至

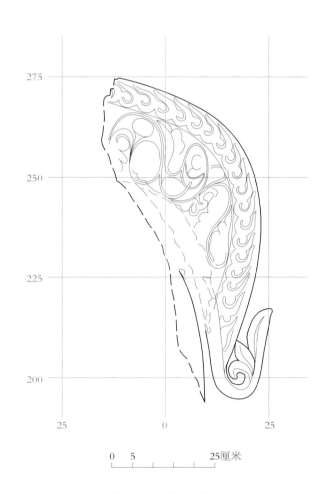

图 59　第 259 窟南壁下层西起第二龛

第六排各 4 身，共计 25 身。千佛尺度、造型、衣着、组合排列和颜色搭配，均与西壁千佛基本相同（图 60；图版 II：409）。

千佛结跏趺坐，结禅定印，通高 18.8 ～ 20.6 厘米（包括莲座、华盖）、两膝间距 11.9 ～ 13.4 厘米。头光圆形，横径 8.3 ～ 9.6 厘米，身光横径约 11 ～ 15.5 厘米。身披通肩袈裟，交替为圆领或双领下垂，后者内着僧祇支。

千佛坐下莲座，高 1.3 厘米、横径 12 厘米。头光上方华盖，高约 1.8 厘米、横径约 4.3 厘米，两端流苏飘向左右。千佛右上方（唯第三排在左上方）白色条形题榜高约 6.6 厘米、宽约 1.5 厘米，未见字迹。

千佛六排西起第一至第四身上下成列，第一排第五身右下部分被龛楣遮挡。千佛土色头光、身光或红色袈裟上多见土红色起稿线，第二至第六排千佛皆可见横向土红色弹线，定位头部、领口和结禅定印的双手。千佛的颜色搭配亦与西壁大体一致，情况列表示意如下：

头光	白	土	黑	绿	白	土	黑	绿
身光	土	白	绿	黑	土	白	绿	黑
袈裟	黑	青	黑	土	黑	绿	黑	红
僧祇支	绿		土		绿		土	
莲座	绿	黑	绿	黑	绿	黑	绿	黑

按颜色次序搭配的一排千佛，相对其上一排同样颜色次序搭配的千佛向右横移一个位置。

2）下层第一、第二龛之间壁画

第一龛与第二龛之间，绘供养菩萨（天人），上下三排，自下而上第一、第二排各 2 身，第三排 4 身，共计 8 身（图 61；图版 II：410）。

下起第一排西起第一身菩萨，立姿，稍侧向左，朝西，两臂屈起，双掌于胸前相合作捧物状，右侧下部残毁。白色宝珠形头光，宝冠饰仰月、绿色宝珠、鸟首衔坠饰，两侧缯带系结下曲上扬。颈有二道，袒上身，灰色项圈、腕钏，黑灰色长裙。肌肤呈灰白色，部分露出肉红色。绿色帔巾环两肩绕臂垂下。第二身菩萨，稍侧向右，朝东，肩、胸以下残毁，似双手合于胸前，立姿。土色圆形头光，隐约见冠饰仰月、鸟首衔坠饰，一条白色缯带在左肩上扬，面部斑驳。袒上身，项圈、肌肤均呈灰白色，环肩帔巾呈灰褐色。

第二排第一身菩萨，稍侧向左，朝西，右手垂下置于腹前，左臂屈起，左手于肩前托莲花，腰以下被下方第一排菩萨头光遮挡。绿色头光上部与上方第三排菩萨下肢重叠，仍可见冠饰仰月、宝珠、鸟首衔坠饰，缯带系结，白色缯带在头光两侧上扬。袒上身，灰白色项圈、腕钏，下着裙。肌肤呈灰白色，露出肉红色。黑灰色帔巾环绕肩臂向下长垂于下排菩萨肩上，或为立姿。第二身菩萨，稍侧向右，朝东，颔首，两臂屈起，双手于面前合十，两股分开，盘腿而坐。黑灰色宝珠形头光，白色宝冠饰红色宝珠、鸟首衔坠饰，两侧白色缯带系结下曲上扬。灰白色项圈、腕钏，半披绿色袈裟，黑色领缘、衣缘。肌肤呈灰白色。

第三排第一身菩萨，稍侧向左，朝西，两臂屈起，双手于面前合十。身体左侧被第一龛龛楣遮挡，右腿屈膝盘起，似盘腿坐姿。身体前部被第一龛龛楣遮挡。绿色头光，残存冠饰画迹，戴耳环，袒上身，白色项圈、腕钏，敷白粉土色裙。肌肤肉红色，部分呈灰色，模糊。头光前、龛楣上方绘一朵黑灰色卵形莲蕾。第二身菩萨，头稍侧向右，面东。左臂屈起，左手抬至肩前仰掌；右臂屈肘，右手半握置于腰际；双腿摆向右侧屈膝垂足而坐，左胫稍提起内收。土色宝珠形头光，白色冠饰存鸟首衔坠饰，两侧缯带系结。戴耳环，白色项圈、腕钏，半披黑色袈裟，绿色领缘、衣缘，土红色长裙。肌肤肉红色。第三身菩萨，结跏趺坐，头稍侧向左，朝西，两臂屈

图 60　第 259 窟南壁下层西起第一龛西侧千佛（化佛）

起，双手于胸前合掌。土色宝珠形头光呈灰色，外圈与土红地色相叠，隐约可见发髻冠饰画迹，缯带在两侧下曲上扬。袒上身，白色项圈、腕钏，粉绿色长裙。肌肤肉红色。黑色帔巾绕肩臂垂下。第四身菩萨，大部被第二龛龛楣遮挡，在龛楣后探出头部、两肩和双臂。稍侧向左，朝西，右手在龛楣上方直伸向东翻腕扬掌，左臂屈起，左手在肩前扬掌。黑色头光，灰白色宝冠饰仰月、青色宝珠、鸟首衔绿色坠饰，两侧缯带系结下曲。白色项圈、腕钏。披灰褐色袒右袈裟，绿色领缘、衣缘。肌肤肉红色。

2. 上段上层

（1）凸棱

南壁底边以上约 276 厘米，在上段下层与上层之间，以一条凸棱分隔，截面半圆形，径约 13.2 厘米，饰彩帛纹，黑土白绿四色依序轮替，与北壁上段相对称。惜大部残毁，仅残存西端，残长 127 厘米（图版 II：402、427）。

与北壁相仿，上段凸棱之上的上层前高后低，凸棱距窟顶 90～158 厘米，开阙形龛，残存 3 个，龛外绘千佛、供养菩萨；列龛之上、人字披顶下，绘三角形构图的说法图。自西向东叙述如下。

（2）上层第一龛

阙形龛，龛口方形，龛内塑菩萨像、彩绘，龛外两侧浮塑子母双阙，之间连以屋顶（图 62；图版 II：411）。

1）龛内

i 塑像

龛内中间依壁塑菩萨交脚坐像 1 身，高 54.1 厘米（包括宝冠）、头高 15.6 厘米、冠高 5.8 厘米、肩宽 19.8 厘米、两膝间距 29.8 厘米。两臂屈起，肘稍外张，双手于胸前合十。双股外张屈膝，两胫内收，两踝交于座前，右踝在前，足趾着地（图 62）。

菩萨颔首，额宽，颏短，眉梢上挑，眼下视，鼻梁挺直，嘴较小。发际中分，束髻，鬂发浓密，经两耳长垂，披在两肩、背后。头上三珠宝冠残损，三面圆饼形珠仅存泥胎，冠沿下黑绿二色彩帛纹束发带，耳后黑色起褶巾帕，北面呈土色。袒上身，项圈上下浮起环状边棱，贴泥条塑腕钏、臂钏，挂带状璎珞。黑色长裙，绿色裙腰、裙缘，阴线刻褶纹，分布均匀；裙摆垂于两胫下、贴附于座前，边缘作波状皱褶。跣足。肌肤敷白色，剥落处露出肉红色。黑灰色帔巾顺肩膊绕双肘，下端浮塑于壁面作波状皱褶（图版 II：412～414-1、2）。

坐下方座高 10 厘米、宽 25.5～29.5 厘米、进深 7.5～9 厘米，平面略呈梯形，前低后高，敷白色。

ii 壁画

（i）菩萨像头光、身光

菩萨头光圆形，横径 29.5 厘米，二圈（图 63；图版 II：412）。由内而外第一圈，横径 20.4 厘米，黑色。

第二圈宽出 4.8 厘米，绿色。

头光、身光画迹转折延伸至龛顶，身光顶端与头光外圈在龛顶外沿相切。身光横径 50 厘米，四圈。第一圈宽 3～3.9 厘米，可见淡土红色、黑色画迹，剥落，部分被修补上方孔洞灰泥覆盖。

第二圈宽出 3.5 厘米，黑色。

第三圈宽出 3.6 厘米，绿色。

第四圈宽出 3.4～5 厘米，红黑色，存火焰纹画迹。

（ii）供养菩萨

龛内东西两壁土红色地上，各绘 1 身立姿供养菩萨（天人）。

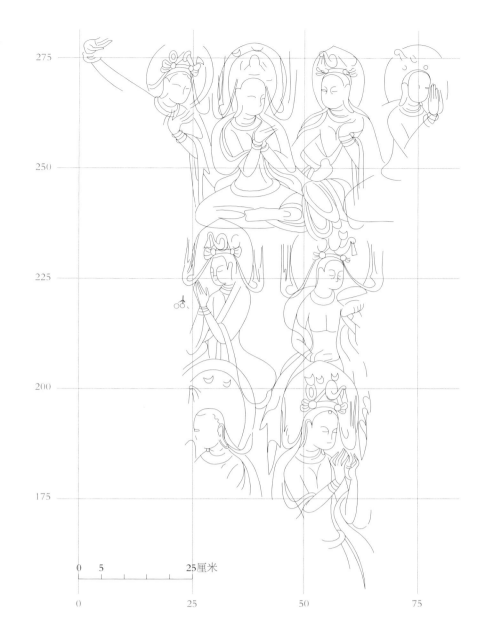

图 61　第 259 窟南壁下层西起第一龛与第二龛之间

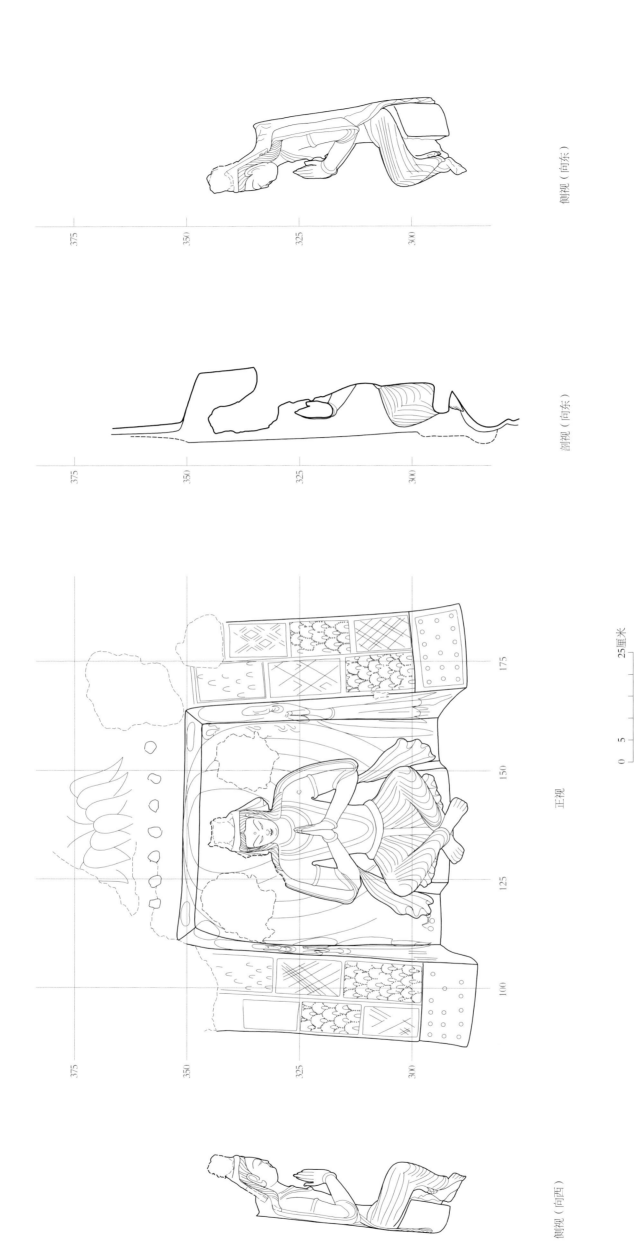

侧视（向东）

剖视（向东）

正视

侧视（向西）

0   5   25厘米

图 62 第 259 窟南壁上层西起第一龛

图 63 第 259 窟南壁上层西起第一龛龛内展开图

西壁菩萨，高 54.8 厘米（包括头光），稍侧向右，朝南，稍后仰，双臂屈起，双手于胸前合掌。两腿分开，双足外撤，立于莲台上。黑灰色圆形头光，髻饰模糊。袒上身，白色项圈、腕钏部分被熏黑，绿色长裙，裙摆尖角状。跣足。肌肤肉红色。帔巾灰白色。

东壁菩萨，高 53 厘米（包括头光），稍侧向左，朝南，姿态、服饰与西壁菩萨基本相同，双手于胸前合掌。两腿分开立于莲台上。黑色圆形头光，束髻。袒上身，白色项圈、腕钏，绿色长裙。跣足。肌肤肉红色，勾染呈黑色。灰白色帔巾。莲台扁平，勾勒花瓣（图 63；图版 II：414-3、4）。

（iii）莲蕾

龛壁顶端西南角和东南角各有一朵黑色莲蕾，龛顶西端和东端各有一朵绿色莲蕾。

龛内南壁塑像东西两侧近龛顶位置，各有一处孔洞，已被灰泥修补抹平，西侧残迹约高 14.2 厘米、宽 12.5 厘米，东侧残迹约高 16.6 厘米、宽 15.3 厘米（图版 II：415-1）。

2）龛外

龛外东西两侧贴壁浮塑子母双阙及屋顶，现状阙身以上及屋顶大部残毁，双阙下有长方形基座。西侧基座高 12.3 厘米、宽 18.6 厘米，母阙残高 54.5 厘米、阙身宽 10 厘米，子阙残高 57.3 厘米（包括上端遗迹），阙身宽 9.1 厘米；东侧基座高 10.9～12 厘米、宽 18.2～19.4 厘米，母阙残高 50 厘米、阙身宽 10 厘米，子阙残高 45.9 厘米、阙身宽 8.8 厘米。双阙阙身凸出壁面 2.5 厘米。

双阙阙身以上残毁的顶、檐及檐下建筑包括孔洞、木骨等皆已经现代灰泥填补抹平，仅西侧子母阙和东侧子阙尚存与阙身连接的阙楼下端少部分白壁，画迹模糊。惟西侧子阙上部残存部分遗迹，范围高 5 厘米、宽 20 厘米，其中有原安设木质构架（如椽子）的孔眼。

双阙基座白色地上排列黑色、绿色相间的圆点，西侧基座二排、东侧基座四排，四周描黑色边线。阙身留土色边线分上下三段绘装饰图案。母阙下起第一段高 15.5～17.3 厘米，黑色地绿色芯，白色点线绘鳞纹；第二段高 14.4～15.9 厘米，绿色地白色点、线绘双线菱格纹；第三段高 15.4 厘米，土色地绘绿色芯鳞纹。子阙下起第一段高 12.3 厘米，绿色地白色点、线绘双线菱格纹；第二段高 13.2 厘米，黑色地绿色芯，白色点线绘鳞纹；第三段高 12.7 厘米，黑色地绿色双线菱格纹。

两侧母阙之间露出龛楣和屋顶脊部的椽孔。龛楣横长方形，高 4.5 厘米、残宽 48.4 厘米，敷白色，大部剥落。椽孔残存横排 7 孔，孔径约 2 厘米、深 2～2.5 厘米（图版 II：415）。龛楣倾斜不足 5 度，接近垂直，与屋顶前檐大致形成单坡顶构造。

（3）上层第二龛

阙形龛，龛口方形，龛内塑菩萨像、彩绘，龛外两侧浮塑子母双阙，之间连以屋顶（图 64；图版 II：416）。

侧视（向东）

剖视（向东）

正视

侧视（向西）

0　5　　　25厘米

图 64　第 259 窟 南壁上层西起第二龛

1）龛内

i 塑像

龛内中间依壁塑菩萨交脚坐像 1 身，高 65 厘米（包括宝冠）、头高 21.4 厘米、冠高 8 厘米、肩宽 23.7 厘米、两膝间距 31.9 厘米。两臂屈肘，右下臂平抬，右手在前扬掌，似结施无畏印；左下臂稍低下，残断，创面向前，露出木骨孔洞、草泥。双股外张屈膝，两胫内收，踝部相交于座前，右腿在前，足外侧着地。

额宽，眉长，目细，嘴角上翘，面相较第一龛菩萨浑圆，双颊、下颌丰满。发际中分，长发披肩，头顶束髻，三珠宝冠残损，大部仅存泥胎，正面绿色圆饼形宝珠有少许残存。冠沿下黑、绿等色彩帛纹束发带，耳后黑色起褶巾帕，背面绿色。袒上身，项圈上下浮起环状边棱，贴泥条塑臂钏，挂带状璎珞。绿色长裙，黑色裙腰、裙缘，阴线刻褶纹，两胫下方裙摆波状皱褶悬垂于座前。跣足。肌肤敷白色，剥落处露出肉红色。黑色帔巾边缘绿色，顺肩膊绕双肘，下端浮塑于壁面作波状皱褶，垂至龛底（图版 II：417、418、420-3）。

坐下方座高 10 厘米、宽 25.9 ～ 31.3 厘米、进深 8 ～ 9 厘米，敷白色。

ii 壁画

（i）菩萨像头光、身光

菩萨头光圆形，画迹转折延伸至龛顶，达龛顶外沿，横径 30 厘米，三圈（图 65；图版 II：418）。由内而外第一圈，横径约 20 厘米，青黑色。

第二圈宽出 5 厘米，呈黑褐色。

第三圈宽出 4 ～ 4.9 厘米，绿色。

身光与头光外圈相接，延伸至龛顶，略低于头光，横径 54.3 厘米，四圈。第一圈菩萨像两肩与头光外圈之间露出略呈三角形，宽 5 厘米，黑灰色。

第二圈宽出 3.6 厘米，绿色。

第三圈宽出 3.1 ～ 3.7 厘米，呈黑褐色。

第四圈宽出 4.4 ～ 5.1 厘米，黑色地上火焰纹剥落呈土色。

（ii）供养菩萨

龛内东西两壁土红色地上，各绘上下 2 身胡跪供养菩萨（天人）。

图 65　第 259 窟南壁上层西起第二龛龛内展开图

西壁下起第一身菩萨，高 30.1 厘米（包括头光），稍侧向右，朝南，双臂屈起，双手于胸前合掌。跪左膝，右腿屈起。深红色圆形头光，束高髻。袒上身，灰白色项圈、腕钏，绿色长裙。肌肤淡肉红色。黑色帔巾自肩后环绕双臂飘下，白色细线勾褶纹。第二身菩萨，稍侧向右，朝南，双臂屈起，双手于胸前合掌。黑灰色宝珠形头光，束高髻。袒上身，灰白色项圈、腕钏，长裙呈土色。肌肤肉红色。绿色帔巾。

东壁下起第一身菩萨，高 31.8 厘米（包括头光），稍侧向左，朝南，双臂屈起，双手于胸前合掌。跪右膝，左腿屈起。黑色宝珠形头光，束高髻。袒上身，项圈、腕钏呈灰色，绿色长裙。肌肤肉红色，勾染呈黑色。黑灰色帔巾自肩后环绕双臂飘下，白色细线勾褶纹。第二身菩萨，稍侧向左，朝南，双臂屈起，双手于胸前合掌。青黑色宝珠形头光，束高髻。袒上身，项圈、腕钏呈灰色，灰色长裙。肌肤肉红色，勾染呈黑色。绿色帔巾（图 65；图版 II：419-2、3）。

（iii）莲花、莲蕾

龛内壁面土红地色上与空间点缀莲花、莲蕾。南壁下部台座、身光东西两侧绘卵形莲蕾。西侧上下 2 朵，黑褐色一朵居上，白色细线勾花瓣；绿色一朵居下，模糊；另近底部点缀 2 朵圆点形小花。台座东侧 1 朵黑褐色卵形莲蕾，与西侧一朵同式。

龛顶身光两侧各绘 1 朵绿色莲花，西侧一朵花冠状，内心绘黑灰色莲房，东侧一朵圆形，有绿叶一片。东侧顶东南角，绘 1 朵侧视效果的立式莲花，黑色仰莲瓣、绿叶，下有白色萼托、细茎。

东壁顶东北端，第二身菩萨头光之上，点缀 1 朵黑褐色圆形莲蕾（图 65；图版 II：419-1、420-1、2）。

龛内南壁近龛顶位置塑像头光东西两侧，各有一处方形孔洞。

2）龛外

龛外东西两侧浮塑子母双阙的上部及双阙之间的屋顶均已残毁，现存双阙基座、阙身及阙楼的下端（图 64；图版 II：416）。西侧基座高 11.6 厘米、宽 20.6 厘米，母阙残高 53.8 厘米、阙身宽 11.5 厘米，子阙残高 47.3 厘米、阙身宽 9.1 厘米；东侧基座高 10.7 厘米、宽 20.6 厘米，母阙残高 56.4 厘米、阙身宽 10.4 厘米，子阙残高 67 厘米、阙身宽 9.5 厘米。双阙阙身凸出壁面 6 厘米。

西侧子阙上部残存阙楼下端白壁上走兽画迹。东侧子阙阙身之上残存阙楼建筑遗迹预设木质构件的孔洞 2 个，自东而西编号为东 1、东 2，测量尺寸如下（单位：厘米）。

编号	高	宽	深	木构伸出长
东 1	3.6	2.7	5	
东 2	4.5	2.2	7	

双阙基座白色地上三排黑色、绿色相间的圆点。母阙阙身高 50.6 ～ 52.3 厘米，不分段，绘黑色地绿色芯鳞纹，两侧留土色边线。子阙阙身高 37.7 ～ 40.1 厘米，绿色地上土红色线描波状忍冬纹。

两侧母阙之间露出龛楣和屋顶脊部的椽孔。龛楣横长方形，高 2.7 厘米、残宽 52.3 厘米，敷白色。椽孔残存横排 7 孔，孔径 1.8 ～ 2 厘米、深 2 ～ 3 厘米（图版 II：419-1）。

（4）上层第三龛

因窟室前部南侧的崩塌，阙形龛大部毁失，仅残存西上一角（图 66；图版 II：421-1）。

1）龛内

龛内塑像已毁无痕，残余壁面土红地色上，尚存部分壁画，包括南壁西上角、西壁上段和龛顶西段。

龛内南壁残存三角形背靠，残高 35.9 厘米、残宽 42.3 厘米、西侧斜边残长 38.6 厘米，西端约 68 度角。背靠土色地上排列密集的白色圆点，绿色边缘宽 1.5 ～ 2 厘米。

背靠之上高 14.2 ～ 16.3 厘米、残宽 55.3 厘米的壁面上绘 2 身供养菩萨（天人），相向立于背靠之后，露出上身。东侧菩萨上身正面，稍侧向右，朝东，两臂屈起，双手置胸前，持物不明。黑色圆形头光，袒上身，白色项圈，肌肤肉红色。西侧菩萨稍侧向左，朝西，双手置于身前，黑色圆形头光，袒上身，白色项圈，肌肤肉红色（图版 II：421-2）。

龛顶西段残存进深 20 ～ 21.3 厘米、残宽 54.8 ～ 61.6 厘米，绘 2 身飞天，适当南壁二菩萨上方。飞天上身前俯，张开手臂，相向飞行，两腿在后飘起，整体折成钝角。飞天皆黑色头光，袒上身，黑色项圈，绿色长裙，跣足。肌肤肉红色。黑色帔巾环绕手臂飘向后方。二飞天之间下方，供养一圆形白色宝珠。宝珠位于南壁处在龛顶二飞天和背靠后二身菩萨的中心，在上方供养原背靠中间彩塑的坐像（图版 II：422、423-1）。

背靠西侧南壁下部绘一株莲花，大朵绿色花，覆莲瓣，先端尖锐，上方生出黑色剑状花蕊。

西壁绘 1 身立姿供养菩萨（天人），高 60.2 厘米（包括头光），稍侧向右，左臂屈起，左手抬至肩前。绿色宝珠形头光，高髻，冠饰、

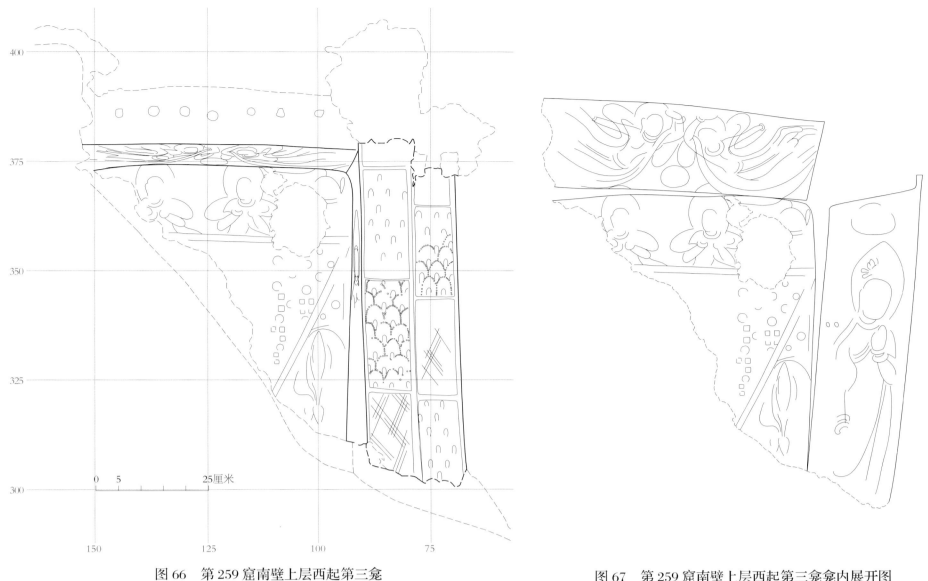

图 66　第 259 窟南壁上层西起第三龛　　　　　　　　　　　图 67　第 259 窟南壁上层西起第三龛龛内展开图

巾帕画迹模糊。袒上身，白色项圈、腕钏，半披土色袈裟（图 67；图版 II：423-2）。

龛内南壁西上角背靠之上有一处孔洞残迹，其中遗存木骨、草泥，可想坍毁的南壁东侧原亦有相似的结构。

2）龛外

龛外阙形残存西侧母阙、子阙的阙身、阙楼下端和原浮塑双阙阙楼及屋顶脱落之后的遗迹（图版 II：421-1、423-3）。母阙残高 104.5 厘米（包括上端孔洞遗迹，下同）、阙身宽 11.4 厘米，子阙残高 81 厘米、阙身宽 9.8 厘米。阙身凸出壁面 2 厘米。

双阙上层残毁的顶、檐遗迹大部在洞窟维修中被灰泥填平，阙身之上仅存阙楼下端部分白壁，斑驳中已难寻鸟兽形象的画迹。白壁之上残存预设木质构件的孔洞，母阙上孔洞受到损坏，遗迹范围约高 8.2 厘米、宽 13 厘米。子阙上残存孔洞 2 个，自东而西编号为西 1、西 2，测量尺寸如下（单位：厘米）。

编号	高	宽	深	木构伸出长
西 1	5	2.4	11	
西 2	5.1	3.2	5.5	

双阙阙身留土色边线分上下三段绘装饰图案。母阙下起第一段残高 18.6 厘米，绿色地绘白色双线菱格纹；第二段高 25 厘米，土色地绿色芯，白色点线绘鳞纹；第三段高 24.9 厘米，黑色地土色芯鳞纹。子阙下起第一段残高 19.5 厘米，土色地绿色芯，黑色点线绘鳞纹；第二段高 21.8 厘米，绿色地绘白色双线菱格纹；第三段高 20 厘米，黑色地绿色芯，白色点线绘鳞纹。

双阙间龛楣高 5.5 厘米、残宽 59 厘米，敷白粉，部分剥落。屋顶脊部椽孔残存横排 7 孔，孔径约 1.6 ～ 2.3 厘米、深 1.5 ～ 2 厘米。

（5）龛外壁画

1）上层第一龛西侧壁画

第一龛外西侧绘制千佛（化佛），与西壁上段千佛图衔接。土红地色上，千佛左右成排、上下成列，上下四排，每排 4 身、共计 16 身（图 68；图版 II：424）。千佛尺度、造型、衣着、组合排列和颜色搭配，均与西壁千佛基本相同。

千佛结跏趺坐，结禅定印，通高 15.3 ～ 19.8 厘米（包括莲座、华盖）、两膝间距 10.5 ～ 11.8 厘米。头光圆形，横径 7 ～ 8.4 厘米，身光横径 13.5 ～ 15 厘米。身披通肩袈裟，交替为圆领或双领下垂，后者内着僧祇支。

千佛坐下莲座，高 1.5 厘米、横径约 10 厘米。上方华盖，高约 1.8 厘米、横径约 4.4 厘米。白色条形题榜高约 7 厘米、宽约 1.3 厘米，未见字迹。

上段凸棱占据空间，给南壁千佛布局造成影响，壁面西端千佛下层最上排和上层最下排都受到挤压（图版Ⅱ：427）。比较而言，此方千佛赋色偶见特例，如上起第一排东起第四身，本应白色头光、土色身光、黑色袈裟、绿色僧祇支、绿色莲座，绘成黑色头光、白色身光、青色袈裟、黑色莲座，却顺应了西壁上段千佛图的配色序列。窟室西南角曾受烟熏污染，千佛中采用的土色多被熏黑，可见裸露的泥层有利于烟炱的吸附。第二排第一至第四身千佛身上可见横向的定位起稿弹线。千佛的颜色搭配，情况列表示意如下：

头光	土	黑	绿	白	土	黑	绿	白
身光	白	绿	黑	土	白	绿	黑	土
袈裟	绿	黑	红	黑	青	黑	土	黑
僧祇支		土		绿		土		绿
莲座	黑	绿	黑	绿	黑	绿	黑	绿

同样颜色次序搭配的千佛，下一排相对上一排向右横移一个位置。

第一龛西侧子阙与千佛图之间，点缀上下2朵桃形莲蕾，均黑褐色，白色细线勾花瓣，下有白色细茎和圆点形绿叶。

2）上层第一、第二龛之间壁画

第一龛与第二龛之间，绘胡跪供养菩萨（天人），上下二排，每排2身，共计4身，其上绘1朵莲花（图69；图版Ⅱ：425）。

下起第一排西起第一身菩萨，高33.2厘米（包括头光），稍侧向左，朝西，两臂屈起，双手于胸前合掌。跪右膝，左腿屈起。绿色宝珠形头光，白色冠饰画迹。袒上身，灰白色项圈、腕钏，黑色长裙。肌肤肉红色，勾染呈黑色。黑褐色帔巾环绕肩臂垂下，白色细线勾褶纹。第二身菩萨，高25.5厘米（包括头光），稍侧向右，朝东，前俯，两臂屈起，双手于胸前合掌。跪左膝，右腿屈起。土色圆形头光，袒上身，灰白色项圈、腕钏，黑色长裙。肌肤肉红色，勾染呈黑色。绿色帔巾环绕肩臂垂下。

第二排第一身菩萨，稍侧向左，朝西，两臂屈起，双手于胸前合掌。黑色宝珠形头光，束高髻。袒上身，灰白色项圈、腕钏，土色裙。肌肤肉红色。黑色勾白边帔巾环绕肩臂垂下。第二身菩萨，前俯，稍侧向右，朝东，颔首下视，两臂屈起，双手于胸前合掌。跪左膝，右腿屈起。绿色宝珠形头光，白色绘头饰，袒上身，灰白色项圈、腕钏，黑色长裙。肌肤肉红色，勾染呈黑色。黑褐色帔巾环绕肩臂而下，垂至第一排第一身菩萨肩上。

第二排菩萨之上居中，绘一朵莲花，椭圆形，横径10.5厘米，灰色环状花冠，黑色莲房。

3）上层第二、第三龛之间壁画

第二龛与第三龛之间，绘供养菩萨（天人），上下三排，每排2身，共计6身，其上绘1朵莲蕾（图70；图版Ⅱ：426）。

下起第一排西起第一身菩萨，高36.4厘米（包括头光），稍侧向左，朝西，两臂屈起，双手于胸前合掌。跪右膝，左腿屈起。圆形头光二圈，内圈敷白粉、外圈与土红地色相叠呈土色，束高髻。袒上身，白色项圈、腕钏，绿色长裙。肌肤肉红色。帔巾环绕肩臂呈土色。第二身菩萨，高33.5厘米（包括头光），稍侧向右，朝东，两臂屈起，双手于胸前合掌。绿色宝珠形头光敷白粉，袒上身，灰白色项圈、腕钏，黑灰色长裙。肌肤淡肉红色。黑褐色帔巾环绕肩臂垂下，颜色脱落，白色线描褶纹。

第二排第一身菩萨，稍侧向左，朝西，两臂屈起，双手于胸前合掌。似两腿转向右而坐。绿色头光敷白粉与土红地色相叠。袒上身，灰白色项圈、腕钏，黑灰色长裙。肌肤肉红色。灰褐色帔巾环绕肩臂垂下。第二身菩萨，稍侧向右，朝东，下视，

图68　第259窟南壁上层西起第一龛西侧千佛（化佛）

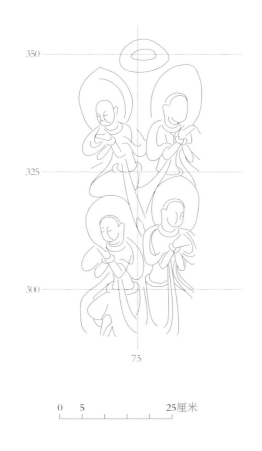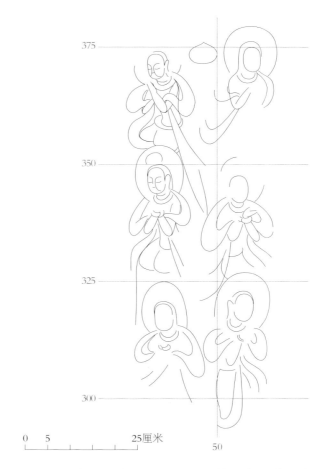

图 69　第 259 窟南壁上层西起第一龛与第二龛之间　　　　图 70　第 259 窟南壁上层西起第二龛与第三龛之间

面部勾染五官，两臂屈起，双手于胸前合掌。似双膝跪地踞坐。黑灰色圆形头光，束高髻。袒上身，白色项圈、腕钏、土色长裙。肌肤肉红色，勾染呈黑色。绿色帔巾从肩后环绕两臂，右侧下端长垂至第一排第二身菩萨肩上。

第三排第一身菩萨，稍侧向左，朝西，两臂屈起，双手于胸前合掌。跪姿模糊。灰褐色头光，束高髻。袒上身，项圈、腕钏呈黑色，斜披黑色络腋。肌肤肉红色。绿色帔巾绕肩臂飘向两侧。第二身菩萨，稍侧向右，朝东，面部勾染五官，两臂屈起，双手于胸前合掌。跪左膝，右腿屈起。灰色圆形头光，袒上身，项圈呈黑色，黑灰色长裙。肌肤肉红色，勾染呈黑色。帔巾从肩后环绕两臂，呈土色，左侧下端斜垂至第二排第一身菩萨肩后。

第三排二身菩萨头光之间，点缀 1 朵卵形莲蕾，黑褐色，大部剥落。

4）说法图

南壁上段上层列龛之上，处于壁面最高位置的说法图，以土红色为地，纵向范围高 81.8 厘米、残宽 250 厘米。上层第三龛上、窟顶人字披下的构图重心，高 52.3 厘米，绘主尊坐佛和左右二胁侍三尊，其左右两侧众飞天均自东向西飞行，东侧残存 1 身，西侧残存 4 身，最西端（第一龛上方）点缀莲花 1 朵（图版 I：59；图版 II：428 ～ 430）。

ⅰ 主尊

图居中主尊坐佛 1 身，正面，高 42.7 厘米、头高 11.4 厘米、两膝间距 33.3 厘米。右肘稍外张、屈起，右手于胸前扬掌，结施无畏印；左手于腰际伸出，掌心向右前方，结与愿印。双腿盘起，结跏趺坐，右腿在前。肉髻、头部、五官、颈项、右肩均破损、模糊。半披黑褐色袈裟，白色领缘、衣缘。袈裟由身后经胁下向前，向上敷搭左肩，覆盖左侧肩、臂、胸及腹部、双腿。右臂、右胸袒露，内着黑色僧祇支。肌肤淡肉红色（图 71；图版 II：429-1）。

坐佛头光宝珠形，尖顶及华盖下缘，二圈。内圈土色。

外圈宽出 3.6 厘米，白色。

身光略低于头光，横径 37.7 厘米，三圈。由内而外第一圈于佛肩膊与头光外圈之间露出略呈三角形，宽 5.5 厘米，黑色。

第二圈宽出 2.7 厘米，土色上敷薄粉。

第三圈宽出 3.5 厘米，黑色地上土色火焰纹。

ⅱ 胁侍菩萨

（ⅰ）左胁侍

西侧胁侍菩萨，高 39 厘米（包括头光），朝东，稍侧向右，两臂屈起，双手于胸前合掌捧物。两腿分开，屈膝跪地。土色头光，冠饰模糊，戴耳环，袒上身，黑色项圈、腕钏、带状璎珞，灰色长裙。肌肤淡肉红色。黑色帔巾从肩后环绕双臂垂下。

（ⅱ）右胁侍

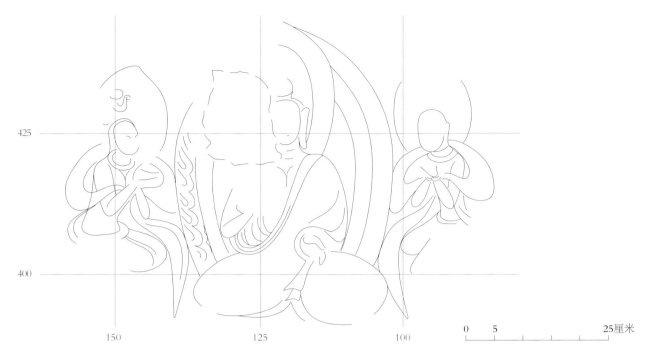

图 71　第 259 窟南壁人字披下说法图主尊、胁侍

东侧胁侍菩萨，高 37.3 厘米（包括头光），朝西，稍侧向左，两臂屈起，双手于胸前合掌捧物。双膝并拢跪地，跽坐。土色头光，黑发，冠饰鸟首衔坠饰等，袒上身，黑色项圈、腕钏、带状璎珞，灰色长裙。肌肤淡肉红色，勾染呈黑色。黑色帔巾从肩后环绕双臂垂下（图 71；图版 II：429-1、3）。

说法图中间上部，坐佛头部东侧有一凿洞，位于人字披顶中间塑形脊枋之下，破坏壁画坐佛右肩以上头光、身光的西上部分，约低脊枋 8.5 厘米，孔径纵约 16 厘米、横约 12 厘米，系为安插木质斗栱之用，其内有草泥和木质构件留存。

iii　飞天

说法图中东西两侧绘飞天，南壁东部残毁严重，主尊东侧仅残存 1 身，西侧第二、第三龛之间上方和第二龛的上方连续有 4 身，合计 5 身飞天，全部向西飞行，朝向窟室的正壁。

（i）东侧飞天

东侧一身飞天，位于上层第三龛上方，仅存上半身，朝西，俯身向前，稍侧向左。两臂张开，右手伸向后方，左手在前高举扬掌，下身残失。头光两圈，内圈绿色已褪色泛白，外圈与土红地色相叠，冠饰模糊，袒上身，黑色项圈、腕钏。肌肤淡肉红色，勾染呈黑色（图版 II：429）。

（ii）西侧飞天

西侧东起第一身飞天，朝西，上身前倾，回首面东，稍侧向右。右臂向后高举，左臂屈肘，左手在肩前扬掌。双腿在后高高扬起，两脚高过头顶，右脚在上，整体折屈呈 V 形。黑色头光，束高髻。袒上身，黑色项圈、腕钏，土红色晕染白色长裙。跣足。黑色帔巾环绕两臂飘向后上方。

第二身飞天，朝西，上身前倾，稍侧向左，下身在后扬起，整体折屈呈 V 形。黑灰色头光，袒上身，白色长裙。肌肤淡土红色。帔巾土色施薄粉。

第三身飞天，朝西，上身前倾，稍侧向左。右臂伸向后上方，左臂屈起，左手抬至颌下，下身在后扬起，整体折屈呈 V 形。绿色头光，束髻。袒上身，黑色长裙。肌肤淡土红色，勾染呈黑色。土色帔巾绕臂飘向后上方。

第四身飞天，朝西，上身前倾，稍侧向左，昂首。两臂屈起，双手置于胸前，下身在后扬起，整体折屈呈 V 形。土色头光，袒上身，黑色长裙，白色细线勾褶纹。肌肤淡肉红色。帔巾呈土色，于肩后呈环状，绕臂飘向后上方（图 72；图版 II：428-1、430）。

iv　莲花

第一龛外屋顶上方绘 1 朵莲花，覆莲约八瓣（残存七瓣），横径残存 29 厘米，白色，黑色勾染，黑色蕊柱从花芯生起（图版 II：415-2）。

（四）窟顶

1. 前部人字披顶

前部人字披顶，东西两披各塑 8 根截面半圆形的椽子，上端与脊枋正交，分隔 9 方望板（图 73；图版 I：60；图版 II：

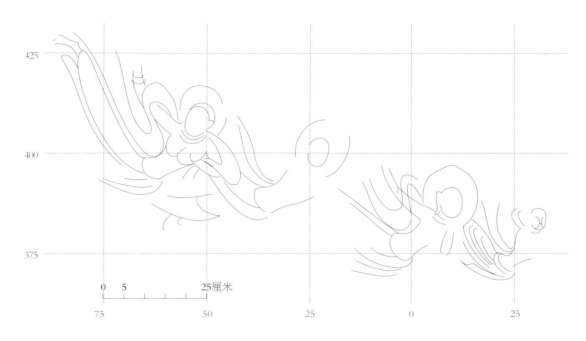

图 72　第 259 窟南壁人字披下说法图西侧飞天

431～434）。

(1) 东披

东披大部分损毁，残存北起第一至第七计 7 根椽子，分别残长 124 厘米、97.7 厘米、65 厘米、32.7 厘米、28.厘米、24 厘米、15 厘米，宽 7.3～10.7 厘米，浮出 2.7～4.5 厘米。椽子敷土红色，上下绘横纹分段，如竹茎之分节，居中段落绘云气纹。

椽间望板绘画，皆白色地，画面左右两边勾土红色边廓；一枝莲茎波曲向上，其间枝叶蔓生，忍冬多姿，盛开三朵莲花。下二朵，环状花冠，一为白色莲瓣、黑褐色莲房，另一为黑褐色莲瓣、白色莲房，于相邻望板上下交错配置；莲房点染莲蕊，上下生小片莲叶；枝茎顶端，最上一朵莲花，仰莲瓣，莲房上跪、坐 1 身供养天人（菩萨、化生），空间点缀波曲形和逗号形云气，画面褪色、漫漶。

北起第一方残长 124～150 厘米、宽 26.3～36.3 厘米，三朵莲花下起为黑褐色、白色、黑褐色，天人上身前倾，朝南，稍侧向左，两臂屈起，双手于胸前合掌，跪左膝，右腿屈起，头光褪色，袒上身，黑色项圈、腕钏，青黑色长裙，跣足，肌肤白色。

第二方残长 99～118 厘米、宽 29.3～33.5 厘米，莲花下起第二朵，黑灰色莲瓣、白黑二色莲房，第三朵绿色莲瓣、黑灰色莲房；天人姿势、动态同第一方，胡跪；头光褪色，袒上身，黑色项圈、腕钏，黑褐色长裙，跣足，肌肤白色。黑灰色帔巾环绕肩臂垂下（图 74）。

第三方残长 66.3～95.6 厘米、宽 38.6 厘米，莲花第二朵白色莲瓣、黑褐色莲房，第三朵灰褐色莲瓣、黑灰色莲房、黑褐色莲蕊；天人姿势、动态同第二方，胡跪；黑灰色头光，冠饰模糊，袒上身，黑色项圈、腕钏，白色长裙，跣足，肌肤白色，褐色帔巾环绕肩臂垂下。

第四方残长 34～72.3 厘米、宽 38 厘米，莲花第三朵白色莲瓣、黑色莲房；天人姿势、动态同前，胡跪；灰色头光，袒上身，黑色项圈、腕钏，灰色长裙，跣足，肌肤白色，白色帔巾绕两臂后，在身体两侧向上扬起。

第五方残长 29～35 厘米、宽 39.3～40 厘米，残存天人（菩萨）上半身，正面，胸以下损毁，姿态疑为坐姿，双手置于胸前。白色宝珠形头光，身光低于头光，四圈，由内而外第一圈于两肩上呈三角形，疑为神变火焰；第二、第三圈各为白色、灰褐色，第四圈黑色。冠饰宝珠，黑色项圈，身披通肩袈裟，肌肤呈灰褐色。

第六方残长 25 厘米、宽 37.3 厘米，仅存天人头部，稍侧向右，朝北。头光褪色，肌肤白色，颈以下残毁。黑色帔巾在左肩上呈环状扬起，在下绕臂后又扬起在左肩之上。

第七方残长 22.7 厘米、宽 42.4～44.8 厘米，仅存天人头部，额首，稍侧向右，朝北。头光呈白色，以下残毁，左侧帔巾、Z 形云气等画迹模糊。

第八方残长 20 厘米、残宽 37.7～44.8 厘米，残存天人头部、头光、右侧 Z 形云气等画迹模糊。

第九方残长 8.2～43 厘米、残宽 17.7～42.3 厘米，残存天人头部和左侧胸、肩膊，稍侧向右，朝北，双手于胸前合掌；黑色头光，袒上身，黑色项圈，白色长裙，肌肤白色，褐色帔巾在左侧扬起。两侧存 Z 形云气画迹（图 73，图版 II：434-2、435）。

(2) 脊枋

人字披顶的脊部，处于窟室内最高的位置上，浮塑一条横贯南北的脊枋，截面方形，东西二斜披于此交会。脊枋下面与地面平行，长 414 厘米、宽 13～16 厘米，南北分七段施彩绘，北起第一段（北端）长 31.5 厘米、第七段（南端）长 29.7厘米，无纹饰，敷白粉，剥落后露出泥面土色和东西两边土红色边线。第二至第六段白色地仗上以绿色勾边，褪色后泛白，第二段长 65.9 厘米，绘三色斜格纹。

图 73　第 259 窟窟顶展开图

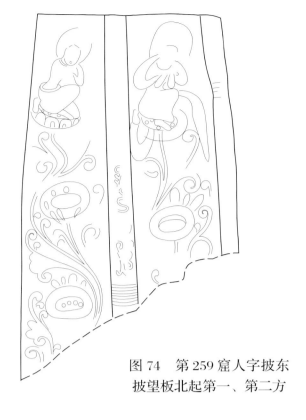

图 75　第 259 窟人字披西披望板北起第一、第二方

图 74　第 259 窟人字披东
披望板北起第一、第二方

第三段长 63.2 厘米，土红色地上绘双行粉青黑绿三色波状忍冬纹。第四段长 89.8 厘米，绘青黑二色单叶波状勾连忍冬纹。第五段长 67.1 厘米，土红色地上绘白色、绿色圆点纹。第六段长 57.7 厘米，绘黑白二色方点斜线纹（图 73，图版 II：434-1）。

（3）西披

西披相对保存完整，8 根椽子和 9 方望板保存程度不同，形制与东披基本相同，惟椽间望板绘画内容不同。椽子北起第一、第二根椽子形体完整，分别长 170.5 厘米、174.4 厘米，其余第三至第八根椽子分别残长 164.5 厘米、94.3 厘米、110.6 厘米、122.7 厘米、103 厘米、107.3 厘米，宽 8.2 ～ 10.6 厘米，浮出 4.6 ～ 5.4 厘米。土红色椽子较清晰显示上下以三处横纹分为四段，段间饰垂角纹。

望板白色地上绘飞天，每方 3 身，共 27 身，向下（向西）飞行；北起第一至第五方画面下北上南，第六至第九方画面下南上北。飞天大多上身前俯，两腿在后扬起，整体折屈呈 V 形；圆形或宝珠形头光，袒上身，下着长裙，跣足；肌肤白色，部分露出肉红色晕染、勾染呈黑褐色；帔巾环绕肩臂飘向后方。空间点缀波曲形、逗号形云气和各色幡旗，多集中于第一、第二身飞天之间。画面褪色、漫漶（图 73，图版 II：436、437）。

望板北起第一方长 168.6 厘米、宽 26.8 ～ 29 厘米，三身飞天稍侧向右，朝西。下起（西起）第一身飞天，右臂屈起，右手在肩前扬掌，左臂伸向后上方扬掌，二掌均朝向后方。褐色长裙，绿色帔巾。第二身飞天，右臂屈起，右手在面前执花枝，左手伸向后方半握。颈有二道，戴项圈、腕钏，白色长裙，青色帔巾。第三身飞天，两臂屈肘，右手向前平抬扬掌，左手在肩前掌心向里，五指张开。颈有二道，戴项圈、腕钏，青色长裙，白色帔巾。

第二方长 170 ～ 172.3 厘米、宽 29 ～ 36.3 厘米。第一身飞天，回首仰望，稍侧向左，右臂在前高举，向后挥手，左臂屈至胸前扬掌，双脚扬至高处前后分开外撇。白色长裙，青色帔巾。第二身飞天，稍侧向右，平视，右臂平伸，探向前方；左臂屈起，左手置于胸前。绿色头光，颈有二道，戴项圈，青色长裙，白色帔巾。第三身飞天，头部、肩部转向正面，两臂屈起，双手于胸前持物。褐色长裙，绿色帔巾（图 75）。

第三方残长 166 ～ 173.2 厘米、宽 28.6 ～ 32.6 厘米。第一身飞天，上半身模糊，右臂屈起，右手置胸前。绿色头光，青色长裙，白色帔巾。第二身飞天，稍侧向右，两臂屈起，双手置胸前。褐色长裙，绿色帔巾。第三身飞天，稍侧向右，昂首，两臂屈起，双手于左肩前，似持横吹管乐作吹奏状。青色头光，白色长裙，褐色帔巾。

第四方残长 148.6 ～ 168.8 厘米、残宽 36 ～ 37.6 厘米。第一身飞天，头部损毁，右臂屈置胸前。褐色长裙，绿色帔巾。第二身飞天，侧身向右，两臂直伸向前，右臂举向前上方，左手在下立掌推出；左腿屈起前提，胫股相叠，右腿在后扬起。黑色头光，绿色长裙，褐色帔巾。第三身飞天，模糊，稍侧向右，左臂屈起，左手于胸前扬掌。白色长裙，青色帔巾。

第五方残长 96 ～ 111.3 厘米、宽 42 ～ 47.7 厘米。第一身飞天残失。第二身飞天，稍侧向右，昂首，模糊，两臂张开，右手伸向前下方，左臂屈起，左手在肩外侧翻腕折回。戴项圈、腕钏，白色长裙，青色帔巾。第三身飞天，模糊，左臂向外侧平抬屈肘，左手折回胸前。绿色头光，黑色长裙，肌肤白色，白色帔巾。

第六方残长 111.4 ～ 120.4 厘米、宽 35.5 ～ 43.5 厘米。第一身飞天残失。第二身飞天，模糊，稍侧向左，朝西。宝珠形头光，青色长裙。第三身飞天，模糊，似双手在胸前持物。褐色长裙，绿色帔巾。

第七方残长 105 ～ 124 厘米、宽 38.6 厘米。第一身飞天残失。第二身飞天，稍侧向左，左臂前伸持花束，左腿屈膝，左胫上吸，左足提至腹前。戴腕钏，褐色长裙，绿色帔巾。第三身飞天，稍后仰，头部、肩部转向正面，头部向右侧倾，耸右肩，两臂屈肘，双手似于颌下持物；下身向后高扬，整体略作回曲状，呈锐角 V 形。黑色头光，绿色长裙，褐色帔巾。

第八方残长 104.5 ～ 111.3 厘米、宽 43.6 ～ 46.7 厘米。第一身飞天残失。第二身飞天，回首下视，两臂张开，右手向侧下方翻掌下按，左手扬掌推向前方。黑色头光斑驳，绿色长裙，褐色帔巾。第三身飞天，两臂屈肘，右手抚于腰际，左手抬至胸前，似作上下拍击状。褐色头光，黑色帔巾。

第九方残长 109.7 ～ 181.8 厘米、宽 38.6 ～ 48.3 厘米。残存第一身飞天绿色长裙，褐色帔巾。第二身飞天，昂首，稍侧向左，左臂伸直向前方扬掌，右臂在身后平抬屈肘。褐色头光，白色长裙，青黑色帔巾。第三身飞天，稍侧向左，两臂屈起，双手在面前执竖笛作吹奏状。绿色头光，黑色长裙，白色帔巾（图版 II：436-2）。

2．后部平顶

后部平顶绘平棋。平顶之前与人字披顶相隔浮塑的横枋，仅存南端，残长 92 厘米、宽 13.5 厘米、浮出平顶 3.2 ～ 4.5 厘米；图案残存二段；北起第一段长 85 厘米，绘黑褐绿白四色双叶波状忍冬纹；第二段残长 5 厘米，纹饰漫漶，呈土色（图 76，图版 II：438、439）。

以西平顶南北两边各影作纵枋。北边纵枋，长 159 厘米、宽 13.2 ～ 15.6 厘米，图案二段；东起第一段，长 103.6 厘米，白色地上绘黑色斜格纹；第二段，长 120 厘米，土红色地上绘粉青色、绿色、黑色双叶波状忍冬纹。南边纵枋，残长 27.7 厘米、宽 14.5 厘米，土红色地上绘红绿青黑四色波状忍冬纹。

南北边纵枋之间，与平顶东边浮塑横枋相隔约 102 厘米，于西壁塔柱形前影作横枋，残长 332 厘米、宽约 14 厘米，图案残存四段；北起第一段长 96 厘米，绘三色斜格纹；第二段长 102 厘米，绘绿褐黑白四色双叶交茎套联忍冬纹；第三段，长 109.4 厘米，白色地上绘黑色圆点绿色方点网格纹；第四段，残长 20.4 厘米，绿色地上绘圆莲纹，外圈花冠交替为白色、褐色莲瓣，内圈黑色莲房勾白边，纹样外框描黑边。

上述东西二横枋间，自北向南绘 4 组平棋；影作横枋与塔柱形南北两侧西壁之间，各绘 1 组平棋；窟内平顶绘平棋共 6 组，现残存 4 组。横枋、纵枋和平棋支条大体以绿色描边，不同装饰图案也以绿色边线间隔，仅平棋内心方格留土色边线（图 73）。

平棋第一组，即东西二横枋间北起第一组。平棋大部完好，东南角残损。其外框东边、西边和北边，分别借用浮塑横枋、塔柱形前影作横枋和北边影纵枋；南边支条残长 29 厘米、宽 14.9 厘米，绘黑色龟背纹叠加粉红色对波纹。平棋内心边长 45 ～ 46.4 厘米，绘水池莲花；绿色地上一朵同心圆莲花，径 43 厘米，内圆莲房黑褐色，中圈橙色，外圈莲瓣红褐色，其间细部纹样不明；四角池水中点缀花叶，黑灰色、白色交错。内方格支条宽 9 厘米，土红色地绘三花二叶三行相错的散点花叶纹。内格与外格错角相套，岔角粉青色晕染红色火焰纹，黑色填地，绿色线勾三角形焰心。外方格支条宽约 11 厘米，土红色地绘绿白粉青三色波状忍冬纹，内边长 62.7 ～ 69.5 厘米。外格与外框错角相套，岔角土红色地上各一身飞天，均上身端直，下身飘起，整体折屈呈 V 形，双手于胸前合掌；圆形或宝珠形头光，祖上身，系长裙，跣足，肌肤肉红色，勾染呈黑色，帔巾环绕肩臂飘扬。东北角飞天白色裙，绿色帔巾。西北角飞天可见黑色勾染项圈、腕钏，绿色裙，黑色帔巾。西南角飞天白色头光，黑色勾染项圈、腕钏。褐色裙，黑色帔巾。东南角飞天残存双足及帔巾末端（图 77，图版 II：438、440）。

第二组，与第一组南侧相邻，位于塔柱形前上方北侧。其外框，北边支条与第一组共享，并借用西边的影作横枋。平棋仅存西北角，外框内北边残长 23.2 厘米、西边残长 62.3 厘米，包括内格、外格相套西岔角中部分火焰纹，部分外方格支条，外格、外框相套西北岔角中部分飞天画迹。外方格西南支条残长 25.2 厘米、西北支条残长 8.2 厘米、宽 11.8 厘米，土红色地绘三花二叶三行相错的散点花叶纹。外框内岔角白色地上飞天褐色长裙，跣足，白色肌肤，绿色帔巾（图 77）。

第三组，与第一组西侧相邻，位于西壁塔柱形北侧与北壁之间，平棋保存完整。其外框，借用东边影作横枋、北边影作纵枋和南边、西边两根支条。南边支条位于塔柱形北侧面前上方，分别与影作横枋和平顶西边正交，长 54.7 厘米、宽 13.6 厘米，土红色地上绘双行粉青绿黑三色波状忍冬纹。西边支条位于西壁顶前，分别与南边支条和平顶北边正交，长 57.7 厘米、宽 13.6 厘米，青黑色地上绘褐绿白三色波状忍冬纹。平棋内心边长 21.4 厘米，绘水池莲花；绿色地上一朵同心圆莲花，径 20.5 厘米，内圆莲房呈黑色勾白边、外圈莲瓣呈红褐色。内方格支条宽 5.4 厘米，绘三花二叶散点花叶纹。内格与外格错角相套，岔角绘火焰纹，绿色线勾三角形焰心。外方格支条宽约 6.8 厘米，土红色地上绘粉青黑绿三色波状忍冬纹，内边长 30.9 厘米。外格与外框错角相套，岔角白色地上各绘一朵莲蕾，卵形，红、青等色晕染，两侧茎蔓及上方各莲叶一片（图 77，图版 II：438、440）。

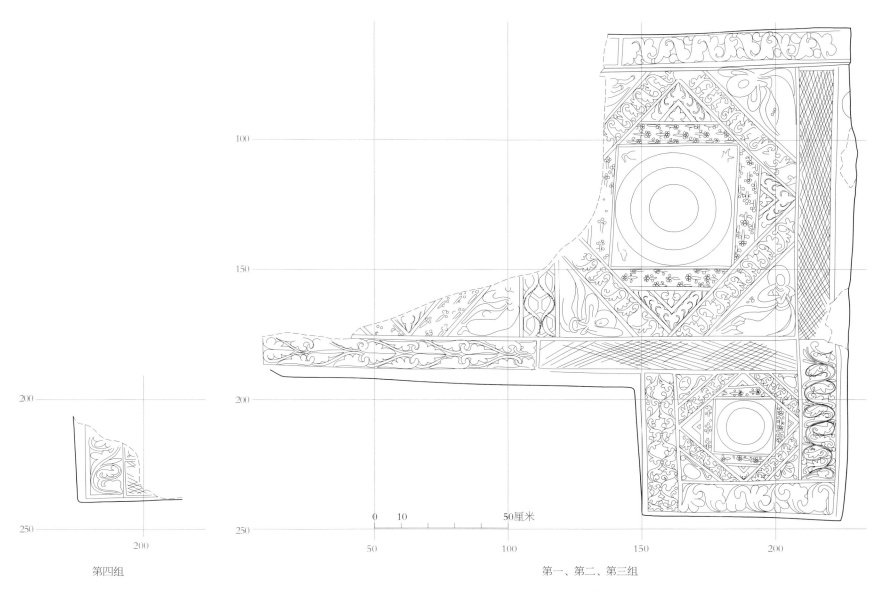

图 76　第 259 窟窟顶平棋　　　　　　　　　　　　　　　图 77　第 259 窟窟顶平棋

第四组，与第三组南北对称，位于西壁塔柱形南侧面与南壁之间。其外框，南边借用平顶南边影作纵枋，西边支条残长 12 厘米、宽 13 厘米，土色地上绘白绿二色斜格纹。平棋仅残存西南角少许，为外格与外框相套西南岔角的一角，西边和南边均残长仅 4.7 厘米，土红色地上有莲蕾上端绿色莲叶一片（图 76；图版 II：439）。

二　第二层壁画

西壁塔柱形正面（东向面）下部塔座座身部分遗迹呈色较深，上沿以下中间上部横向、竖向线段较粗，似一横向界面的边栏，高 14.5 厘米、宽约 90 厘米，似为题榜，漫漶，字迹无法辨识。座身北边一处竖直条状呈色较深，高约 38 厘米，亦疑为榜题。

西壁塔柱形正面（东向面）上部第一层龛楣南侧影塑，第一排南起第一身，被填充抹平绘制壁画，画面范围高 37.3 厘米、宽 25 厘米，白色地仗上绘莲花，上下 2 朵；皆红色五瓣，周围绿叶四片或六片。花朵上方，黑褐色祥云一朵飘飞而至，云头作如意状，云气长曳（图版 II：442）。第二层壁画集中于其上方的平顶。

塔柱形前面平顶第一层影作横枋以东，距平顶南边 59 厘米，残存第二层壁画，画面范围纵 73 厘米、横 204.5 厘米，与上述塔柱形正面南上角画迹连接，绘坐佛一排，残存 6 身（图 78、79，图版 II：441）。其中南起第四身较为完整，通高 49.5 厘米（包括莲座、头光）、两膝间距 22.5 厘米。坐佛正面，双手于腹前结禅定印，于莲花座上结跏趺坐，右胫在前，右足叠于左胫上，足心向上。头上圆形肉髻，眼、鼻、唇施晕染，颈有二道，半披土红色袈裟，衣角翻出白色里面，内着僧祇支。头光圆形，径 20.6 厘米，由内而外白、红、土、绿四圈；身光横径 31 厘米，绿、红、白、土四圈；与之相邻的坐佛，头光绿、红、土、白四圈，身光白、红、土、绿四圈；二式反复交替。莲座横径 36.4 厘米，白色，黑褐色点染莲瓣，其下围以莲叶。第二身千佛有所不同，双手在胸前结说法印（转法轮印）。

坐佛之间上部绘有题榜，第一、第二身之间一方题榜，残长 15.5 厘米，呈灰白色；第三、第四身之间和第五、第六身之间各有一方题榜，分别残长 20.2 厘米和 10.6 厘米，橙色；题榜宽约 4.5 厘米，均未见可识读字迹。

各坐佛之间下部、莲座之侧，各绘有 1 朵莲花，红色或黑褐色五瓣，周围绿叶，与西壁塔柱形正面南上角同层壁画形式一致。其中第二、第三身坐佛间花朵无存，为画迹褪色、漫漶或漏画。

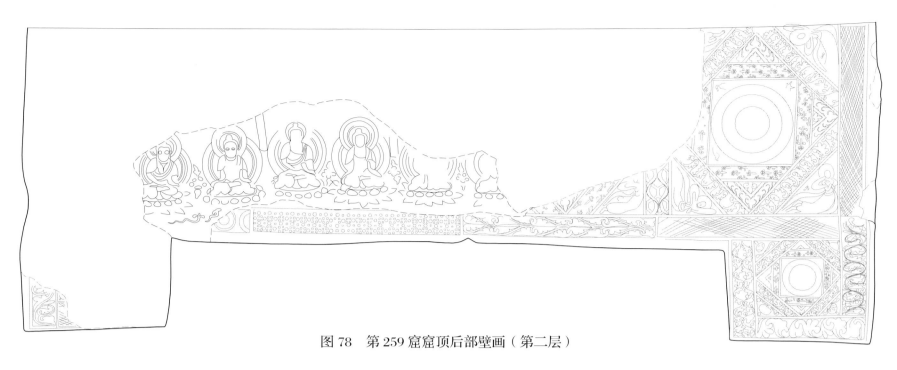

图 78　第 259 窟窟顶后部壁画（第二层）

图 79　第 259 窟窟顶第二层壁画

　　画面的南侧下部，第一、第二身坐佛之间下方，绘有 2 朵与西壁塔柱形正面南上角同样的祥云，且相连接。云头作如意状，尾端飘曳，其中南侧一朵画迹浅淡。

三　近现代遗迹

　　对比早年奥登堡拍摄的照片，1915 年以后，西壁塔柱形正面龛内两身主尊塑像面部和胸部肌肤，重新经过一次肉红色涂敷。涂层较薄，填平了面部的一些破损，叠压了一些描绘，如南侧佛像须眉被完全覆盖，两侧佛像额际均有颜料涂到了头发上。

　　20 世纪 40 年代初，张大千对莫高窟部分洞窟进行编号，窟内北壁上段下层西起第三龛外龛柱上方抹平涂敷白粉作成题榜一方，高39 厘米、宽 15 厘米，白色地上竖行墨书编号"二四二"，数年之后，敦煌艺术研究所于题榜上方和左右描土红色窄边，并在下方土红色宽边墨笔横书"P.111 魏"（图 80）。

　　1946 年，敦煌艺术研究所在窟前因陋就简地修建了走廊，以树木破成檩条和椽子搭建栈道，20 世纪 50 年代进行了翻建。

　　1954 年，对此窟空鼓破损壁画边沿进行加固，只用草泥修补，墁抹比较粗糙。

　　1957 年莫高窟危崖加固试点工程时，对第 259 窟南壁和北壁东端、窟顶人字披东披部分进行加固和补砌，在敞口外修筑了挡墙砌体，砌筑东壁，安装窟门，并在地面上铺设水泥方砖[4]。

　　1948 ～ 1962 年，敦煌文物研究所（原国立敦煌艺术研究所）在调查记录统计洞窟壁画和塑像时，在窟室各壁面用印刷体阿拉伯数字编号，漏印于每壁或每幅壁画和塑像的下边，各高 2 厘米、宽 3.5 ～ 5 厘米。在本窟共有 30 处，具体位置如下表。

图 80　第 259 窟北壁张大千编号牌榜

---

　　[4]　孙儒僩《我经历的敦煌石窟保护——上世纪 40 至 60 年代》，《敦煌研究》2006 年第 6 期，pp. 205、208、211。

序 号	类 别	位 置	题写内容（编号）
1	塑像	西壁塔柱形正面龛内北侧佛像座前北侧下部	4—1
2		西壁塔柱形正面龛内南侧佛像座前南侧中部	4—2
3		西壁塔柱形正面龛外北侧菩萨像下方	4—3
4		西壁塔柱形正面龛外南侧菩萨像下方	4—4
5		西壁塔柱形南侧面菩萨像下方	4—5
6		西壁塔柱形北侧面菩萨像下方	4—6
7		南壁上段上层西起第一龛像座前西侧下部	2—1
8		南壁上段上层西起第二龛像座前西侧下部	1—1
9		南壁上段下层西起第一龛佛像座前西侧下部	3—1
10		南壁上段下层西起第一龛西壁菩萨像下部	3—2
11		南壁上段下层西起第一龛佛像座像东侧	3—3
12		北壁上段西起第二龛像座前东侧下部	6—1
13		北壁上段西起第三龛像座前东侧下部	7—1
14	壁画	西壁塔柱形正面龛内北侧壁下部	1—7
15		西壁塔柱形南侧上段千佛下部	1—6
16		西壁塔柱形北侧上段千佛下部	1—8
17		南壁上段上层西起第一龛龛内西壁下部	1—4
18		南壁上段上层西起第二龛龛内西壁下部	1—2
19		南壁上段上层西起第二龛龛楣西部	1—1
20		南壁上段下层西端千佛下部	2—2
21		南壁上段下层西起第一、二龛之间下部	2—1
22		北壁上段上层西端千佛下部	1—9
23		北壁上段上层西起第一、二龛之间下部	1—11
24		北壁上段上层西起第二龛龛内东壁下部	1—12
25		北壁上段上层西起第二、三龛之间下部	1—13
26		北壁上段上层西起第三龛龛内东壁下部	1—14
27		北壁上段上层西起第三、四龛之间	1—15
28		北壁上段上层西起第四龛龛楣上方	1—16
29		北壁上段下层西起第一、二龛之间下部	2—4
30		北壁上段下层西起第二、三龛之间下部	2—5

　　从表中编号情况来看，塑像和壁画分别编号。塑像先编主尊像，再编胁侍菩萨像。壁画按照西、南、北壁，自上而下分段进行编号。部分编号由于壁画维修加固已不存。

　　20 世纪 60 年代，敦煌文物研究所于窟内西壁塔柱形龛内佛座前面中间，绘制一方洞窟编号牌榜，高约 10.5 厘米、宽 25 厘米，白色地土红色边框。框内右起竖行墨书"北□（魏）"、黑体横书"259"、土红色书"- -"。下边框大部残失，仅残存南端部分，长 4 厘米，字迹全无。

第四节 小结

第 259 窟，南边毗邻第 257 窟，属于礼拜窟，平面纵长方形，窟室仿木结构，前部作成人字披顶，后部平顶影作平棊；西壁凿出塔柱形——"半个中心塔柱"，是莫高窟北魏石窟中独有的特征。窟室的前端坍毁，东壁无存，残存的南北两壁以横贯的凸棱与西壁塔柱形的座沿通连，分壁面为上下两段。图像中的佛国世界由下段孔武有力的药叉群体承载着，上段开凿上下两层列龛。

第 259 窟形制、内容特殊，且属于莫高窟较早开凿的洞窟，一直受到学者们的关注，就其建筑结构、题材、风格和年代等各方面进行了讨论。早在 1958 年，Alexander C. Soper 著文 Northern Liang and Northern Wei in Kansu[5]，在甘肃地区北凉、北魏的大历史背景下讨论了第 259 窟形制、题材和风格，并认为第 259 窟具有 480 年前后云冈石窟的因素。1980 年，樊锦诗、马世长、关友惠《敦煌莫高窟北朝洞窟的分期》[6] 中使用考古类型学的方法，将第 259 窟分在北朝第二期，其开凿年代约在北魏中期，并认为第 259 窟的"半中心柱"是中心柱一种不成熟不完备的形式。李玉珉《敦煌莫高窟二五九窟之研究》[7]，将第 259 窟的年代判定为北魏孝文帝时，认为其是莫高窟中最早的北魏洞窟，也是敦煌最早的法华窟，整窟图像安排以长安教团的法华思想为义学基础。2007 年，于向东《五世纪二佛并坐像在敦煌与云冈石窟的表现》[8]，认为第 259 窟法华思想的出现具有偶然性，法华义学、禅法并没有产生很大影响，直到北周时期，法华思想才在莫高窟中产生较大影响。

第 259 窟的半个中心塔柱，对其成因讨论较多。在考古报告编写过程中，通过对此窟及相邻洞窟的调查与测绘，表明第 259 窟"半个中心塔柱"的出现，可能具有偶然性。莫高窟北魏诸窟几乎一律是前堂后塔的塔庙形制。若第 259 窟照例依循第 257 窟的方向向西开凿，进程中会发现其纵深受限于北邻第 260 窟先行占据的崖体空间，被迫更改在窟室后部凿建完整中心塔柱的计划，进而产生了新的构思。

多宝塔在莫高窟的塑造却并非偶然。尽管法华思想未至盛期，毕竟早在 3 世纪，"敦煌菩萨"竺法护已经译出了《正法华经》。5 世纪初，鸠摩罗什重译名《妙法莲华经》。炳灵寺石窟西秦建弘年间（420～428）壁画中，塔龛内二佛相对倚坐的形象，题名："释迦牟尼佛"、"多宝佛"。云冈石窟第二期，太和年间（477～499）的大窟无不雕凿释迦多宝对坐的龛像和多宝塔。北魏延昌年间（512～515），二佛并坐龛像成为炳灵寺等地北魏石窟流行的题材[9]，显示云冈模式的西渐。这个过程可以作为第 259 窟断代的参考。虽与相邻的第 257、260 窟同属北魏石窟，但从崖间开凿施工的情况看，第 259 窟具体年代相对较晚，可能已到 6 世纪初。

洞窟形制特殊，内容布局也发生了改变。"半个中心塔柱"巧妙地变化为塔柱形的多宝塔，方柱四面的内容转移到了南北两壁，列龛仍分上下两层。下层圆券龛内三世佛，依云冈之例弥勒佛居中，以倚坐或交脚为特征。东西两侧龛内，跌坐说法和禅定的释迦佛，释迦多宝则可能是过去佛。上层阙形龛内弥勒菩萨，半跏思惟或交脚说法。周围壁画描绘天人供养，以及必不可少的说法图和千佛图，借三世千佛形象表现释迦十方分身的化佛。主旨依然是禅观，三世佛与释迦多宝相连缀，正是当时流行修持的"法华三昧观"[10]。

具有鲜明本地特征的阙形龛，早期第 275 窟已经出现，盛行于敦煌北魏窟中。第 259 窟的阙形龛于其中保存最差，却又十分重要。子母双阙的阙楼和中间的屋顶悉数塌落损毁，残存部分楔入壁面的木条及其孔洞，是塑造时用以承重的骨架。从木条的数量和长度可知凸出壁面草泥构件之巨。双阙中间的屋顶，除留下一排椽孔外，各龛壁面还有一对矩形的孔洞，用来加固的木质栱形构件已经脱落，使人遐想泥塑屋顶的体量以及溃坠的原因，壁面上的遗迹提供龛形制作情况的信息。

上述窟内第一层遗迹，是开窟时的初创。明确可辨的第二层遗迹仅存塔柱形上方平顶少许壁画，原作应不止残存的六身坐佛，其内容有待考证。与之近似的坐佛图像，可参照五代时期莫高窟第 98 窟和第 108 窟顶部以及第 256 窟壁面的千佛图，但本窟所绘坐佛欠缺千佛图中的一些要件，如坐佛头顶的华盖和整齐的格律，尚难以断言为千佛图的局部，但可以推定其属于曹氏归义军统治敦煌时期，即五代、宋时期的画作。

第 259 窟洞窟前部塌毁，包括东壁、南北两壁前部及窟顶前部。20 世纪 40 年代，张大千来到莫高窟并对洞窟进行编号，在第 259 窟北壁中层西起第三龛龛柱上方留下"二四二"墨书题记。20 世纪 60 年代，敦煌文物研究所对窟内积沙进行清理，对洞窟进行重新编号，此窟编为第 259 窟。90 年代，敦煌研究院加砌东壁，修补并加固两侧壁前半部分和窟顶，安装窟门，重新构建封闭的窟室，可以视为第三次重修。

---

[5]　Alexander C. Soper, *Northern Liang and Northern Wei in Kansu*, Artbus Asiae, Vol. 21, No. 2 (1958), p. 154.

[6]　樊锦诗、马世长、关友惠〈敦煌莫高窟北朝洞窟的分期〉，敦煌文物研究所编《中国石窟·敦煌莫高窟》第一卷，文物出版社、平凡社，北京，1981 年 12 月，pp. 188, 191。

[7]　李玉珉〈敦煌莫高窟二五九窟之研究〉，台湾大学《美术史研究集刊》总第 2 期，1995 年 5 月，pp. 1–16。

[8]　于向东〈五世纪二佛并坐像在敦煌与云冈石窟的表现〉，《圆光佛学学报》2007 年第 11 期，pp. 1–23。

[9]　例如永靖炳灵寺第 125～132 窟中的释迦多宝二佛并坐龛像，其中第 126 窟内刻北魏延昌二年（513 年）铭记。

[10]　宿白〈云冈石窟分期试论〉，《考古学报》1978 年第 1 期，p. 31。

第五章　结语

第一节　洞窟结构

一　窟外立面

本卷三个洞窟开凿在莫高窟南区中部崖壁上，与北侧邻近的第一卷第 268、272、275 早期三窟同样的高程，处于第 246 至 275 窟间一系列北朝洞窟的中间偏北。本卷第 256 窟上方崖体无洞窟遗迹，可能是自然地质岩体坍毁而形成的崖壁内凹。第 257、259 窟上方有中唐第 258 窟，下方南起为初唐第 71、70 窟、中唐第 69 窟、初唐第 68、67 窟。

第 256、257、259 窟左右相邻，都是独立的洞窟。三窟地面基本在同一高度。第 256 窟北侧早期开凿建造的第 257、259 窟，不仅窟外立面均已塌毁，窟室前端也有不同程度的损毁，20 世纪 50 年代之前洞窟前部向东敞开。大约建造于 10 世纪末曹氏归义军统治时期的第 256 窟，外立面有晚近时期在前室修建的木构窟檐，其平面纵深明显比南北两侧各约十个北朝、隋代洞窟大幅度凹进。从上述迹象推测，此窟所在位置原来曾经开凿过不晚于隋代，甚至更早的洞窟，可能发生了洞窟损坏或岩体坍塌，晚期在此向深处凿进，再次建造了面积更大的第 256 窟。

二　窟室结构

本卷三个洞窟中，第 256 窟形制基本完整，第 257、259 窟虽前端残毁，基本形制和功用仍依然保存。

第 256 窟内，甬道连接前室和主室。前室平面横长方形，无东壁（前壁），敞口，近现代建木构窟檐，西壁中央凿出纵长、盝形顶的甬道，通向主室（后室）。主室平面近方形，在中间偏后处建方形中心佛坛，平面作倒"凹"字形，坛上塑像 7 身；窟顶覆斗形，四角凿有凹窝。此窟形制属殿堂式的礼拜窟。

第 257 窟东壁（前壁）已全部残毁，南北两侧壁面前部受到程度不同的损坏。窟室形制基本得以保存，平面纵长方形。前部横长方形，人字披顶；后部平顶，中央凿成截面方形、连地接顶的中心塔柱，象征佛塔。中心塔柱上部塔身四面开龛，东向面（正面）开圆券形大龛，其余三面各开上下两层龛；下层均为圆券形龛，上层南向、北向两面开阙形方龛，西向面开圆券形龛。这种适应旋绕佛塔礼拜的形制是印度石窟寺塔庙（"支提窟"）的中国化。窟室前部空间高敞，适合聚集听法，礼拜供养，后部则供修行者入塔观像，右绕修禅。

第 259 窟东壁也全部残毁，南壁东部大部残毁。窟室的形制尚得以保存，平面略呈方形，纵深略长于横宽。前部横长方形，人字披顶；后部平顶，纵深短浅，中心塔柱因未成形而于西壁居中作塔柱形，仅正面塔身开圆券形大龛。南北两侧壁对称开上下两层列龛，北壁较完整，下层列龛开三个圆券形龛，上层列龛开四个阙形方龛。作为塔庙的特殊案例，洞窟形制与第 257 窟有异而性质相同，虽不能绕柱回行，面对三壁龛像，一样的礼拜供养，观想修禅，修持法华三昧观。

第二节　洞窟内容

本卷报告三个洞窟，由于建造和重修于不同时期，形成了最初的彩塑、壁画与后代重修的彩塑、重绘的壁画的叠压打破关系。

第 256 窟主室中心佛坛的上下两层须弥座的四面，均有第二层壁画覆盖下面原创的第一层壁画；主室四壁和窟顶、主室之前的甬道、前室西壁，也都有壁画上、下层叠压的现象。主室中心佛坛上原有 7 身彩塑，现存主尊佛坐像是初创时的彩塑原作，其表面为近代重施彩绘；主尊像两侧二弟子立像、二菩萨坐像、二菩萨立像，皆为近代重新塑造，包括前室晚清建木构窟檐，为此窟第三层遗迹。

第 257 窟中心塔柱下部塔座的东向面（即正面）以及与南向面、北向面东端，均有第二层壁画叠压于原绘第一层壁画之上。

第 259 窟西壁塔柱形下部塔座，后代白粉层遮盖第一层座沿供养人画像、座身药叉画迹，并覆盖座基整体，有可能是第二层修缮中所为。明显的第二层画迹，是窟顶后部原绘平棋破损处补绘的数身坐佛。第三层发生于晚近，曾在塔柱形正面大龛内，对第一层原塑二佛并坐像脸部和胸部重施彩绘。

根据上述叠压关系，可将本卷三个洞窟的内容分为四期。第257、259窟第一层的绘塑遗迹属于同一时代，为本卷洞窟的第一期。第256窟第一层和第259窟第二层，应属本卷洞窟的第二期。第256窟第二层和第257窟第二层视为本卷洞窟第三期。第256窟的第三层及木构窟檐，可能还包括第259窟的第三层，为本卷洞窟第四期。

一　第一期

第一期是第257、259窟的原创期。两个洞窟中第一层的塑像、壁画内容属于本卷洞窟的第一期。

（一）塑像

佛像，共残存11身，分述如下。

倚坐（善跏趺坐）佛像，2身，分别位于第257窟中心塔柱柱身东向面（正面）圆券形龛内和第259窟北壁上段下层三龛之居中的圆券形龛（西起第二龛）内的主尊，学者大都论证为释迦牟尼佛[1]。后秦鸠摩罗什译《思惟略要法》曰："法身观者，已于空中见佛生身"[2]，也说明生身佛释迦是禅修观像者入窟首先礼敬的对象。但鉴于早期弥勒信仰和三世佛题材流行的情况，二身佛像与早期第272窟主尊弥勒佛倚坐说法有诸多相似，另据统计，以佛名题记为证，见存倚坐佛像实例大多被识为弥勒，故亦有可能是未来世下生成道说法的弥勒佛。

半跏趺坐佛像，2身，位于第259窟西壁（正壁）塔柱形上段塔身正面圆券形大龛内，为释迦牟尼佛和多宝佛，并坐于多宝塔中[3]，为第259窟内的主尊。

结跏趺坐佛像，7身。第257窟的4身位于中心塔柱南向面、西向面、北向面塔身下层和西向面上层的四个圆券形龛内，其中南向面双树圆券形龛内为瘦骨嶙峋结跏趺坐结禅定印的苦修像[4]，余三龛内均为披通肩袈裟结禅定印的佛坐像，是释迦牟尼佛成佛前后的禅定像。太子悉达多出家之后，修菩萨行，曾在摩揭陀国尼连禅河畔苦修六年，之后在菩提树下静坐思惟，经禅修而成道。按右绕的次序，先见南向面的苦修像，然后是西向面上下层龛和北向面下层的禅定像。4身跏趺坐禅定像象征释迦牟尼成佛的行迹。

第259窟南北两壁作对称布局，上段下层各开三个圆券形龛，现存3身结跏趺坐佛像。北壁的2身分居上述倚坐说法像的东西两侧，西侧跏趺坐半披说法像、东侧跏趺坐通肩禅定像。南壁则只有西侧的1身跏趺坐半披说法像。三尊佛像的身份，除一概定义为释迦牟尼佛之外，或须考虑十六国以来三世佛的造像主题传承和弥勒信仰的隆盛，云冈模式东来的影响不容忽视[5]，云冈二期造窟宗旨在莫高窟得到体现。"三世佛当中的是弥勒"[6]属常见的组合形式，其两侧结跏趺坐像，可能东侧禅定像为现在佛释迦，两壁西侧的说法像均为过去佛。

菩萨像，共残存24身，有立姿、交脚坐、半跏坐等不同姿态。

立姿菩萨像，原约有28身，残存17身，分龛外四身和龛内二身两种组合。四身像分立第257窟中心塔柱南向面、西向面、北向面塔身下层圆券形龛外和第259窟西壁塔柱形正面龛外的两侧，原16身，残存11身。贴近龛口的左右二胁侍，袒上身，胸饰项圈或璎珞，

---

[1]　经云："佛告阿难：佛灭度后，现前无佛，当观佛像。观佛像者，若比丘、比丘尼、优婆塞、优婆夷、天龙八部、一切众生欲观像者，先入佛塔，以好香泥及诸瓦土涂地令净，随其力能烧香散花供养佛像。说已过恶礼佛忏悔。如是伏心经一七日。复至众中涂扫僧地除诸粪秽。向僧忏悔礼众僧足……礼释迦文……"（东晋佛陀跋陀罗译《佛说观佛三昧海经》卷九〈观像品〉，《大正藏》第15册，p. 690）。又，李玉珉〈敦煌莫高窟第二五九之窟研究〉，台湾大学《美术史研究集刊》第二期，台北，1995年，pp. 11–13。

[2]　《大正藏》第15册，p. 299。

[3]　经云："乃往过去东方无量千万亿阿僧祇世界，国名宝净，彼中有佛，号曰多宝。……今多宝如来塔，闻说法华经故，从地踊出，……尔时释迦牟尼佛，见所分身佛悉已来集，各各坐于师子之座，皆闻诸佛与欲同开宝塔。即从座起，住虚空中。……尔时多宝佛，于宝塔中分半座与释迦牟尼佛，而作是言：'释迦牟尼佛！可就此座。'实时释迦牟尼佛入其塔中，坐其半座，结加趺坐。尔时，大众见二如来在七宝塔中师子座上、结加趺坐……"（后秦鸠摩罗什译《妙法莲华经》卷四〈见宝塔品〉，《大正藏》第9册，pp. 32–33）。

[4]　同样的禅定像还见于莫高窟北朝第260、437、435、248、288、432等中心塔柱窟中，以及炳灵寺第169窟南壁北魏第19号塑像等。其基本特征，与拉合尔博物馆藏公元3世纪犍陀罗雕像"苦行释迦"十分相似，是释迦成道之前的苦修像。

[5]　宿白〈云冈石窟分期试论〉："如果说云冈第一期造像作为僧人禅观的对象还不甚明确的话，第二期窟龛的形像就十分清楚了。特别是在面积较小的范围内，把主要佛像集中起来的小龛的形象，表明禅观的这个宗教目的尤其明显。这时窟龛不仅继续雕造禅观的主要佛像，如三世佛、释迦、弥勒和千佛，并且雕出更多的禅观时所需要的辅助形像，如本生、佛传、七佛和普贤菩萨以及供养天人等，甚至还按禅观要求，把有关形像联缀起来，如上龛弥勒，下龛释迦。这种联缀的形像，反映在释迦多宝弥勒三像组合和流行释迦多宝对坐与多宝塔上，极为明显。这样安排，正是当时流行的修持'法华三昧观'时所必要的"（《考古学报》1978年第1期，p. 31）。

[6]　宿白〈云冈石窟分期试论〉，《考古学报》1978年第1期，pp. 29–30。

下着长裙；外侧二菩萨饰项圈，斜披络腋，下着长裙。第257窟四身肤色交替为黑白二色。第259窟外侧二菩萨分塑塔柱形北侧面和南侧面。二身像位于第259窟南北两壁上段下层圆券形龛内，为主尊佛像两侧胁侍菩萨，原约12身，残存6身，袒上身、斜披络腋或披通肩袈裟，下着长裙。

交脚坐菩萨像，残存5身；第257窟中心塔柱北向面上层龛内1身，第259窟北壁上层西起第一、第二龛和南壁上层西起第一、第二龛各1身，均塑于阙形方口龛内，为上生兜率天待机的弥勒菩萨像[7]。

半跏坐菩萨像，残存2身，分别位于第257窟中心塔柱南向面上层龛和第259窟北壁上层西起第三龛，均塑于阙形方龛内，皆为弥勒菩萨龙华树下思惟像[8]。

立姿戎装像，1身，位于第257窟中心塔柱东向面圆券形龛外北侧，半侧身面向东南，为龛内主尊的左胁侍。戎装胁侍彩塑像是莫高窟塑像中的孤例，但见于莫高窟北魏第251、254、257、263窟中的壁画说法图，此外著名的案例如炳灵寺第169窟3号龛彩塑，河西所见有天梯山、金塔寺等处多例。

立姿残毁像，1身，位于第257窟中心塔柱东向面圆券形龛外南侧，半侧身面向对面戎装像，为龛内主尊的右胁侍。像已残毁，仅在壁面留下残痕。残痕窄长，显示残像左肩、左臂依壁塑造，约略于肩部或

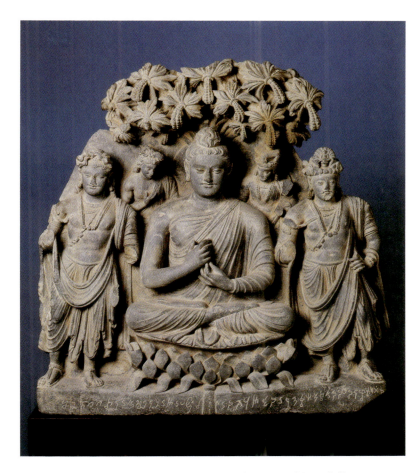

头部位置壁面露出支撑泥塑的木骨，壁面上没有绘画帔巾的痕迹，说明此残像既非菩萨亦非武士，略似僧形。

武士形的戎装胁侍立像，戴宝冠，身着铠甲，手持金刚杵，《总录》中记为"天王一身"[9]。莫高窟说法图中与戎装胁侍相对的右胁侍，皆为僧形，身披袈裟，有的手举拂尘，今识为大梵天，而戎装像为帝释天[10]，应该是合理的。

印度古代神话中，作为《吠陀》《奥义书》中婆罗门教的神，婆罗贺摩（梵天）和因陀罗（帝释天），其美术形象首先出现在佛教美术中。大梵天、帝释天作为佛陀的一对胁侍，早在印度贵霜朝（约公元1～3世纪）的犍陀罗佛教美术中已经出现。两者的图像各具特征，帝释天头戴宝冠，服饰华丽，手握金刚杵，呈现威武有力的战士形象并具有帝王的气概；梵天头上绾髻，身无饰物，手提水瓶或执拂尘，为婆罗门行者的样貌[11]。笈多朝前期（3～4世纪）萨尔纳特雕刻"从忉利天降下"的佛传图中，梵天身上的特征是一条帛带从左肩斜挂至右侧腰际，服装和持物强调了梵天修行者的形象[12]（图1）。莫高窟北魏龛像和说法图中梵天、帝释二胁侍形象的出现，显然受到犍陀罗佛教美术的影响，而一些不同的形象特征，无疑是在传播发展过程中逐渐演化而形成的。

小型影塑像，共222身、残存46身，其中第257窟174身、残存44身，第259窟48身、残存2身，壁面犹存残毁影塑粘贴的泥痕。位于塔柱的上端，菩萨形，胡跪或蹲跪，手持莲蕾，是在天上供养佛陀的天人，习称"供养菩萨"。

（二）壁画

第257、259窟内第一期壁画，分为尊像画、经变画、故事画、供养人画像、装饰图案等五类。

1. 尊像画

壁画坐佛，分为千佛、化佛，共1068身，形态与早期第272窟千佛基本相同；左右成排、上下成行，排列整齐，造型、姿态相同，均为正面，结跏趺坐，双手置腹前结禅定印，背有头光、身光，下有莲座，上有华盖，身披袈裟分圆领通肩或双领下垂两种，后者内穿

[7]　贺世哲《敦煌图像研究——十六国北朝卷》，甘肃教育出版社，兰州，2006年6月，p. 17。

[8]　同注[6]，p. 24。

[9]　敦煌文物研究所整理《敦煌莫高窟内容总录》，文物出版社，北京，1982年11月，p. 91。

[10]　张宝玺〈河西石窟以大梵天帝释天为胁侍的造像〉，《敦煌研究》2016年第4期，pp. 19-25。

[11]　宫治昭著，李萍、张清涛译《涅槃和弥勒的图像学》，文物出版社，北京，2009年8月，pp. 175-198。

[12]　同注[10]，图96，p. 182。

僧祇支。壁画以红、黑、白、绿、青、土六种颜色规律性的间隔搭配，产生变化丰富、五色映照的艺术效果。千佛与化佛形态无异，泛称"千佛"，此试作区分如下。

千佛，共871身，位于第257窟南壁、西壁、北壁的中段，分别为282身、295身和294身。窟内倚坐佛、交脚菩萨、思惟菩萨、阙形方龛和天宫伎乐，与兜率天、弥勒上生、弥勒下生、未来世和弥勒信仰关系密切。佛经告诉大众，凡禅观、系念、顶礼、供养弥勒者，命终之后，可往生兜率天上，值遇弥勒，并可随弥勒下生，于未来世值遇贤劫千佛，更于星宿劫值遇诸佛，于诸佛前受菩提记[13]。第257窟的壁画贤劫千佛、星宿劫千佛分布于三个壁面。西壁千佛图以土红色铺地，南、北壁千佛图特殊，以黑色铺地。不同地色的千佛，可能意味着贤劫与星宿劫的差异。三壁千佛中都有一幅小型说法图，南、北壁以黑色为地的说法图、外框为阙形，标识与兜率天宫的直接关联，因而周围黑色地上的千佛可能是随弥勒下生"于未来世值遇"的贤劫千佛，而西壁土红色地上的则是星宿劫千佛。

化佛，共197身，分布于第259窟塔柱形南北两侧西壁壁面的上段，并从两端延伸至南壁和北壁西端的上段，截止于两侧壁西起第一龛的西沿，形态及排列组合与第257窟千佛基本相同，但窟内主尊释迦多宝并坐像定义了塔柱形的多宝塔属性，也定义了周围"千佛"为释迦牟尼十方分身化佛的神格。据《法华经·见宝塔品》："是多宝佛，有深重愿：'若我宝塔，为听法华经故，出于诸佛前时，其有欲以我身示四众者，彼佛分身诸佛在于十方世界说法，尽还集一处，然后我身乃出现耳。……我分身诸佛——在于十方世界说法者，今应当集。'……尔时东方释迦牟尼佛所分之身，百千万亿那由他恒河沙等国土中诸佛，各各说法，来集于此；如是次第十方诸佛皆悉来集，坐于八方。尔时一一方，四百万亿那由他国土诸佛如来遍满其中"[14]。释迦佛说《法华经》，多宝塔涌现之时，分身于十方世界各各说法。壁画表现的正是十方分身化佛"来集于此"的情景。

供养菩萨（天人），共119身。其中第257窟40身，38身立姿绘于中心塔柱四面龛内，2身跪姿绘于东向面塔身顶端。第259窟残存79身，分布于西壁龛内和北壁、南壁上、下层列龛龛内及龛与龛之间。其中立姿42身、跪姿29身、坐姿8身，形态丰富，生动自然。

飞天，共37身，其中第257窟20身，第259窟17身，大都绘于龛内壁面的上部和龛顶。第257窟中有16身飞天，作为图案纹样，绘于中心塔柱东向面大龛内主尊身光第五圈，左右对称排列，为壁画装饰艺术的杰作。

天宫伎乐（伎乐天），在第257窟分布在南壁、西壁、北壁的上段，即窟室壁面最高处，连续绘制，南北两壁东端毁损，残存伎乐天共60身，各居栏墙之上的宫门内，歌舞奏乐、持花供养[15]，被视为兜率天宫一派胜景的写照。相比早期第272窟顶部天宫伎乐，描绘更加细致，增加了屋形宫门与西域圆券结构的拱形宫门交替排列，也是石窟寺进一步汉化的表现。

莲花化生，共49身。其中第257窟34身、第259窟15身。第257窟化生绘于中心塔柱东向面龛内佛头光、龛楣及龛楣上方，南向面、西向面、北向面上层龛内及龛楣上方。第259窟化生绘于西壁龛楣和北壁、南壁龛内。

药叉（力士），残存78身。其中第257窟残存63身，分布于南壁、西壁、北壁下段。第259窟，分布于西壁塔柱形座身正面和北侧面、南侧面，西壁南北两侧壁面下段和北壁下段，残存15身。药叉是孔武强壮的群体，聚集力量支撑窟室下端的坛基，又是全窟最活泼的元素，与上段曼妙的乐舞相映成趣。

神兽，龙虎形象装饰第257窟中心塔柱的座身，南向面、北向面座身绘"青龙"，西向面座身绘二虎，或狮虎。

2. 经变画

说法图，共7铺，幅面大小、形状有所不同。

大型说法图，2铺，绘于第257窟南壁和北壁前部。在人字披顶和上段天宫伎乐壁画之下，绘大幅说法图各一铺，南北对称，图的东侧都有不同程度残损。南壁说法图，高360厘米、残宽361厘米，保存状况好于北壁。主尊为高大的立佛。南壁立佛右手结施无畏印，左手握袈裟一角，双足分开踏莲台；身披田相纹通肩袈裟。立佛左胁侍为一身立姿戎装武士，双手于胸前执金刚杵，头戴宝冠，身穿铠甲，腰围战裙，肩挂帔巾。与武士相对位置的右胁侍，据壁画残迹可分辨为僧形立姿人物，披袒右袈裟，且手持拂尘。二胁侍外形参照中心塔柱东向面主尊龛外胁侍立像，可知身份亦为帝释天和大梵天。立佛两侧、二胁侍身后画立姿供养菩萨和飞天，其中西侧供养菩萨（天人）三排9身，飞天三排6身。东侧残损，大致与西侧对称，右胁侍身后一立姿人物袒上身，围腰布（犊鼻裤），似外道皈依形象。

同窟北壁大型说法图，高约337厘米、残宽268厘米，残毁过半。图中主尊立佛保存头部及右肩一角，以及头光、身光、上方华盖，

[13] "若有众生观像坐者，除五百亿劫生死之罪，未来值遇贤劫千佛，过贤劫已星宿劫中值遇诸佛数满十万。……一一世尊现前授记，过算数劫得成为佛。"（东晋佛陀跋陀罗译《佛说观佛三昧海经》卷九〈观像品〉，《大正藏》第十五册，p. 691）；"此处名兜率陀天，今此天主名曰弥勒，汝当归依，应声即礼。礼已，谛观眉间白毫相光，即得超越九十亿劫生死之罪。是时菩萨随其宿缘为说妙法，令其坚固不退转于无上道心。如是等众生若净诸业行六事法，必定无疑当得生于兜率天上，值遇弥勒亦随弥勒下阎浮提第一闻法，于未来世值遇贤劫一切诸佛，于星宿劫亦得值遇诸佛世尊，于诸佛前受菩提记"（南朝宋沮渠京声译《佛说观弥勒菩萨上生兜率天经》，《大正藏》第14册，p. 419）。

[14] 后秦鸠摩罗什译《妙法莲华经》卷四〈见宝塔品〉，《大正藏》第9册，pp. 32–33。

[15] 沮渠京声译《佛说观弥勒菩萨上生兜率天经》，《大正藏》第14册，p. 419。

图 2　北魏敦煌壁画起稿中预设图像位置的弹线（第 257 窟南壁前部壁画部分，吕文旭绘图）

西侧（右侧）立姿供养菩萨（天人）三排残存 12 身、飞天三排 8 身，彩绘保存甚至比南壁更为清晰。右胁侍仅存头部和头光，头戴宝冠，与南壁僧形右胁侍不同。但是，考虑到南壁说法图与塔柱正面大龛相同，均以帝释、梵天胁侍尊像两侧，而北壁说法图右胁侍的冠饰与南壁左胁侍近似，并同处画面的西侧，则窟室前部三铺主像，或塑或绘，都是以帝释梵天为二胁侍，亦不无可能。

　　第 257 窟南壁大型说法图曾获称"毗卢舍那佛一铺"[16]，此说有待考证。在大乘佛教典籍《华严经》中，卢舍那或称毗卢舍那，佛陀崇拜由修行成道的释迦上升为超越时空的法身如来卢舍那，在洞窟中同样作为礼拜和禅观的对象[17]。

　　作为北朝的中心塔柱洞窟，塔柱正面龛内主尊塑像与前部人字披下南北两侧壁画大型说法图构成的内容组合，事关整窟塑绘的主题[18]，更是值得深入研究的问题。是否以未来世居中的三世佛，需要对两铺大型说法图的内容给予合理的解释，两身立佛的称名至关重要。

　　早期壁画的鸿篇巨制如千佛图、说法图等，表面敷色剥落或未完成的部分，显示出绘画初始阶段的起稿线，尤其是纵向、横向设定位置的弹线，均以土红色颜料直接沁润附着于潮湿的泥面，历经千年依然醒目（图 2）。

　　中型（三角形）说法图，2 铺，分别位于第 259 窟南北两壁列龛之上，利用前部人字披下山墙上端的三角形壁面，绘制成形制独特的说法图。二图皆有残损。北壁图通高 89 厘米、残宽 355 厘米，南壁图通高残存 78 厘米、残宽 267 厘米。三角形的构图令主次分明。主像一佛二菩萨。佛结跏趺坐，说法相。两侧胁侍菩萨，北壁图中作立姿，南壁为跪姿。约八至十身飞天分列两侧，均由东向西飞行，朝向正壁主尊。北壁飞天残存 8 身，南壁残存 4 身。

　　小型（千佛图中）说法图，3 铺，分别位于第 257 窟北壁、西壁、南壁中段千佛图下部中间，均绘一佛二菩萨二莲花化身。西壁千佛图中说法图，纵长方形，高 78 厘米、宽 64.5 厘米，占据千佛下部中间 12 身千佛的位置，佛坐姿，二菩萨立姿。南北两壁千佛图中说法图，以子母双阙、屋顶和佛塔为框架。南壁图通高 107 厘米、通宽 76 厘米，北壁图通高 105 厘米、通宽 79 厘米，各占千佛下部中间 14 身千佛的位置，图中绘立佛三尊。这种构图形式略同于阙形弥勒菩萨像龛。因其屋顶上矗立佛塔，曾被称为"阙形塔"[19]，未能具体解释建筑结构。在空间结构上，阙与塔不可能上下相叠，只能是前后的关系。无论如何，阙形的出现与兜率天宫弥勒净土的

　　[16]　敦煌文物研究所整理《敦煌莫高窟内容总录》，文物出版社，北京，1982年11月，p. 91。

　　[17]　殷光明《初说法图与法身信仰——初说法从释迦到卢舍那的转变》，《敦煌研究》2009年第1期，pp. 5-15。

　　[18]　"或谓中心塔柱东向龛内的主尊塑像属于中心塔柱本身的造像组成部分，岂可与主室前部南北壁人字坡下说法图中的主尊塑像混为一谈呢？诚然，中心塔柱东向龛内的主尊塑像属于中心塔柱本身的造像组成部分之一，但是，除此之外，我认为它还与南北壁人字坡下所画说法图中的主尊佛构成另外一组造像组合，而且这一组造像组合还是整窟塑像壁画的主题。"（贺世哲《敦煌图像研究——十六国北朝卷》，甘肃教育出版社，兰州，2006年6月，p. 152）。

　　[19]　敦煌文物研究所整理《敦煌莫高窟内容总录》，文物出版社，北京，1982年11月，pp. 91-92；萧默《敦煌建筑研究》，文物出版社，北京，1989年10月，p. 157。

关联毋庸置疑。

3．故事画

故事画，共 4 幅，绘于第 257 窟南壁、西壁、北壁中段千佛图之下，横卷式构图，分本生故事、因缘故事两类。按右绕顺次为沙弥守戒自杀因缘[20]、九色鹿本生[21]、须摩提女因缘[22]。其中沙弥守戒自杀因缘与九色鹿本生之间，即前者结尾之后至南壁西端宽约 148 厘米一段画面被熏黑，内容难以辨识，曾名谓沙弥均提品[23]、弊狗因缘[24]，本报告拟名九色鹿本生序分。

鹿王本生故事，佛因提婆达多而宣说。支谦译本有云："时溺人者今调达是"[25]。义净译本于叙事之先明言："佛告诸苾刍，提婆达多非为今时无恩无报，从昔已来亦无恩无报。汝等善听，我当为说"[26]。南壁西端壁画包含对提婆达多恶行的谴责，如右胁卧床形象符合"法像世尊"情节的描写[27]，而黯然坐地的人物与提婆达多"迷闷堕床"情节相合[28]，图中瘦小的驮畜和西壁鹿王本生图中长耳奇蹄的黑色走兽，犹如如来讽喻提婆达多的"驱驉"（驴骡）[29]。

4．供养人画像

供养人，排列在第 257 窟中心塔柱四面座沿（上枋）、第 259 窟塔柱形正面座沿，以及北壁上段、下段之间的凸棱，受磨蚀和烟炱污染，残损严重，不易辨识，难以计数；供养人均立姿，着汉装，大袖袍襦，长裙曳地，身前各有题榜。

由遗迹检视供养人的数量，第 257 窟座沿四面多者可达三四十身，隐约可见东向面 2 身，南向面 24 身，西向面 23 身，北向面 23 身，其中僧人着红色袈裟，世俗之人着交领大袖长袍。

第 259 窟西壁塔柱形正面座沿隐约可见供养人 23 身，北壁凸棱彩绘西起第二段和第四段（位于北壁上段下层西起第一、第二龛下方）隐约可见供养人 9 身，其中第二段供养人约 8 身。

5．装饰图案

第 257、259 窟装饰图案画约有三类。

第一类作为分隔壁画内容的边饰，在第 257 窟用以分隔壁面的下段与中段，可视为窟室下部坛基的坛沿。在第 259 窟则用来装饰分隔壁面下段与上段、下层与上层的凸棱，包括塔柱形分隔塔座与塔身的座沿。

第二类是装饰建筑构件的纹样，如第 257、259 窟前部人字披顶和后部平顶浮塑的脊枋、横枋、椽子、望板和影作的横枋、纵枋和平棋，以及第 257 窟南北两壁的金柱，还有天宫伎乐中的宫门和栏墙，两窟各圆券形龛的龛楣、龛梁、龛柱和方口龛外子母双阙的阙身、基座，中心塔柱的塔座上枭，等等。

第三类是第 257、259 窟各龛内外佛、菩萨塑像的头光、背光的图案装饰，也可包括壁画说法图中的同类装饰。

图案纹样中有与早期三窟所见相同的波状忍冬纹、火焰纹、垂角纹、鳞纹等，而新出现的纹样种类繁多，最多见的星云纹、各种忍冬纹（单叶波状忍冬纹、双叶波状忍冬纹、藤蔓分枝忍冬纹、勾连忍冬花叶纹）、散点花叶纹（四瓣花散点花叶纹、三花二叶散点花叶纹）、斜格斜线几何纹（三色方点斜线纹、斜格绿点纹、双线菱格纹）、田相纹，其中鳞纹更为丰富细致并融入了彩帛纹。此外，莲花的花朵、花蕾和莲花化生，变化多样的形象填补、点缀，装饰窟内、龛内壁面空白处。

---

[20]　北魏慧觉等译《贤愚经》卷五〈沙弥守戒自杀品〉，《大正藏》第4册，pp. 380–381；蔡伟堂〈莫高窟壁画中的沙弥守戒自杀图研究〉，《敦煌研究》1997年第4期，pp. 12–19。

[21]　三国吴支谦译《佛说九色鹿经》，《大正藏》第3册，p. 452；段文杰〈九色鹿连环画的艺术特色——敦煌读画记之一〉，《敦煌研究》1991年第3期，pp. 116–119；李永宁《敦煌石窟全集·3·本生因缘故事画卷》，商务印书馆（香港）有限公司，香港，2000年12月，pp. 73–83；贺世哲《敦煌图像研究——十六国北朝卷》，甘肃教育出版社，兰州，2006年6月，p. 178。

[22]　支谦译《须摩提女经》，《大正藏》第2册，pp. 835–837，839–842；李其琼、施萍婷〈奇思驰骋为"皈依"——敦煌、新疆所见"须摩提女因缘"故事画介绍〉，《兰州大学学报·敦煌学辑刊》第一集，1980年，pp. 74–77。

[23]　同注[8]，pp. 91–92。

[24]　敦煌研究院编《敦煌石窟内容总录》，文物出版社，北京，1996年12月，p. 103；樊锦诗，马世长〈莫高窟北朝洞窟本生、因缘故事画补考〉，《敦煌研究》1986年第1期，pp. 27–38。

[25]　同第三章注[17]。

[26]　唐义净译《根本说一切有部毗奈耶破僧事》卷十五，《大正藏》第24册，p. 175。

[27]　"破僧捷度第十五：……时提婆达多法像世尊，自襞叠僧伽梨为四重，以右胁着地，犹如师子。不觉左胁着地，犹如野干，偃卧鼾眠"（后秦佛陀耶舍等译《四分律》卷四十六，《大正藏》第22册，p. 909）。

[28]　"杂诵中调达事之二：……舍利弗目连夺汝众去，调达觉已见讲堂空，迷闷堕床。时四伴以冷水洒，还得醒悟"（后秦弗若多罗译《十诵律》卷三十七，《大正藏》第23册，p. 270）。

[29]　"驱驉怀妊死"（佛陀耶舍等译《四分律》卷四十六，《大正藏》第22册，p. 910）。

二　第二期

第二期是第 259 窟的重修期和第 256 窟的原创期，即第 259 窟第二层壁画和第 256 窟第一层塑像、壁画。第 256 窟原创的洞窟结构基本保持原状。

（一）塑像

佛坐像 1 身，于第 256 窟中心佛坛上后部居中，为窟室主尊；面东，结跏趺坐，右手抬至肩前结施无畏印，左手置左膝上结与愿印，披通肩袈裟，双领下垂，内着僧祇支。主尊塑造于原创期，其表面经后代重妆，头部、背部后面破损处呈长方形孔，露出原创塑像时使用的木桩。佛像坐下须弥座同为原创期塑造并彩绘。中心佛坛上南、北两侧与之组合的原塑俱已不存。

（二）壁画

1．尊像画

坐佛，6 身，结跏趺坐，填补于第 259 窟后部塔柱形上方南侧平顶影作平棋原绘残破处。坐佛下方绘祥云、莲花，延伸至塔柱形正面南上角，绘于残损被抹平的一身影塑上。

四大天王。第 256 窟覆斗形窟顶，东南角、西南角、西北角、东北角分别残存原创期凿成的"凹窝"。参照莫高窟同时期同形制诸窟，四凹窝内第一层壁画为居须弥山半腰镇守四方的护世四天王天，即东方天王提头赖吒、南方天王毗琉璃、西方天王毗楼博叉、北方天王毗沙门，及其眷属[30]，经后世重修重绘，画迹无存，但原有内容可以推知。

2．供养人画像

第 259 窟西壁塔柱形下部塔座座身正面，在原创画层之上，隐约有呈色较深的题记边框和题榜，已漫漶，无法辨识文字。未发现供养人画像痕迹。

第 256 窟东壁门两侧原绘供养人画像均被覆盖，今表层壁画被剥离处，露出第一层供养人题记 3 条，记有题名"故太□□十一小娘子""故郡君太夫人钜鹿索氏""郡君太夫人廣平宋氏"，见载于敦煌研究院编《敦煌莫高窟供养人题记》[31]。

3．装饰图案

第 256 窟主室中心佛坛四面上层、下层的上涩坛沿（上枋）破损处，均露出第一层白色地上的彩绘装饰图案，系原创期作品。

同窟主室东壁、南壁、北壁下段局部露出第一层壁画白色地，已被划毁。西壁上段破损处露出第一层壁画白色地，已无彩绘。主室窟顶南、西、北三披表层壁画残破处露出第一层壁画，西披崖体中央有一条用于定位的土红色竖线。甬道北壁西端上部和甬道顶部东端残损处，露出第一层壁画绿、白、蓝、红色画迹。前室西壁北侧壁画破损处，露出第一层壁画白色地上红色横向线条和黑色画迹。以上发现的第一层壁画残迹，多数原为装饰图案。

三　第三期

第三期是第 257 窟的重修期（第二层），位于中心塔柱塔座座身东端。在第 256 窟，则是几乎覆盖全窟（前室、甬道、主室）的表层（第二层）壁画，并在地面铺设花砖。

（一）壁画

第三期的第 256 窟壁画分类如下。

---

[30]　米德昉〈敦煌曹氏归义军时期石窟四角天王图像研究〉，《敦煌学辑刊》2012年第2期，pp. 83–92。

[31]　文物出版社，北京，1986年12月，p. 110。

图 3　莫高窟第 223 窟东壁北侧文殊变　　　　　　　　图 4　莫高窟第 223 窟东壁南侧普贤变
（敦煌研究院文物数字化研究所）　　　　　　　　　　（敦煌研究院文物数字化研究所）

1．尊像画

千佛，共约 908 身，分布于主室东、南、西、北四壁，其中西壁大部漫漶，千佛无法准确计数。千佛均结跏趺坐，说法印或禅定印，袈裟敷搭左肩、半披右肩。按头光、身光的纹饰和莲座的颜色搭配，以及所结印相，进行排列组合。相比早期千佛，排列上较为单调，趋于程式化，不再有丰富的色彩组合变化。背景莲池的绿色成为壁面的主调，故人称"绿壁画"。

七佛，7 身，见于前室西壁甬道入口上方，画面甚残。

赴会佛，4 身，见于前室南北壁上部，当系大幅画面的局部情节。

供养菩萨（天人），84 身。分布于前室西壁门口两侧和甬道南北两壁，以及主室佛坛四面壸门中，有立姿、坐姿、跪姿，或奉花，或奏乐，或持香炉等，其形姿各异，仪态纷呈。

飞天，1 身，仅见于前室顶部东北转角。

化生童子，17 身，见于甬道南北两壁供养菩萨（天人）面前。皆髡头裸身，着靴，立于莲花之上，手捧花蕾。

力士（药叉），2 身，见于主室中心佛坛西向面中间、佛座背后。

2．经变画

千佛变，1 铺，位于主室东壁门上方壁面。图中央绘盛千子名签的七宝瓶，瓶上有一朵大莲花，瓶两侧人众作供养状。此千佛变画面与东、南、西、北壁所绘全部千佛，共同组合为规模壮阔的贤劫千佛变相的整体。

文殊变，1 铺，位于前室西壁门南，画面甚残（图 3）。

普贤变，1 铺，位于前室西壁门北，画面较残（图 4）。

3．供养人画像

第 256 窟主室东壁门南、门北两侧供养人画像各一幅，共 5 身供养人，其中南侧男供养人像 2 身，北侧女供养人像 2 身、男供养人（童子）1 身，工笔人物，均有榜书题名。

另，第257窟中心塔柱塔座座身的东向面和南向面、北向面东端，现存绿色题榜16条，并能模糊地看出供养人像画迹，叠压原创期（第一层）壁画。供养人像列共12身，文献载东向面北起第五身题榜黑色，题名"社子高"[32]，现已漫漶。

4．壶门供宝

第256窟绘塑壶门约171个，分布于中心佛坛上、下层束腰部、主室四壁下段和甬道南北两壁下段。壶门内绘火焰宝珠、供养菩萨（天人）、伎乐、力士、法器、供器、乐器、神兽、七宝、莲花、珊瑚等。

5．装饰图案

分布于第256窟主室窟顶四披和四壁下段边饰，中心佛坛上、下层四面束腰部、上涩；甬道顶和南北两壁下段边饰；前室顶部和壁面上端。主要纹样有团花纹、半花纹、缠枝卷草纹、菱形纹、联珠纹、回纹、方胜纹、莲瓣纹、火焰宝珠纹、垂幔纹等。

（二）地面花砖

地面铺衬花砖，见于第256窟主室地面第二层。现存可辨识者主要有八瓣莲花云头纹、蔓草卷云纹、云头莲花纹、桃心十二卷瓣莲花纹、桃心十六瓣莲花纹等五种。这些纹饰的花砖，都曾出土于莫高窟窟前殿堂遗址地面考古发掘之中，大多属于五代、北宋曹氏归义军时期[33]。

四　第四期

分别见于第259窟第三层和第256窟第三层。

（一）塑像

第259窟西壁塔柱形龛内主尊释迦、多宝二佛并坐像面部和胸部重敷色彩。
第256窟塑像的第二次重塑期，即塑像第二层，对主室中心佛坛上主尊佛坐像重妆敷色并对佛座北、东、南三面重施彩绘，重塑佛坛上面南北两侧弟子立像2身、菩萨坐像2身、菩萨立像2身。

（二）绘画

见于第256窟主室中心佛坛上面重妆主尊佛坐像两胫前面、佛座北、东、南三面束腰部壶门和新塑造像台座立面。后者仿清代木构建筑旋子彩画形式，墨笔绘主题，如卧狮、坐象、松鹿图、松鹤图、奔马负图、犀牛望月，以及如意、葫芦、珊瑚、蕉扇和海上日出等。

（三）木构窟檐

第256窟窟前重建木结构窟檐1座，面阔三间，四梁六柱，卷棚顶。

第三节　洞窟时代

一　第一期

本卷三窟均无开窟纪年题记。第一期的第257、259窟内倚坐佛像、交脚坐说法和半跏坐思惟菩萨像、圆券形龛、阙形龛、斗四平棋、

---

[32]　敦煌研究院编《敦煌莫高窟供养人题记》，文物出版社，北京，1986年12月，p.110。

[33]　潘玉闪、马世长《莫高窟窟前殿堂遗址》，文物出版社，北京，1985年12月，pp.75—80。

壁画千佛、小型说法图、天宫伎乐、本生故事画……延续了早期第 268、272、275 三窟相应结构、形式和内容，但更多显示的却是随时代演化而出现的与其同时期一批洞窟共同的特征。

第 257 窟横截面方形的中心塔柱，出现在莫高窟同时代几乎所有的洞窟中，上部塔身，四面开龛，正面大龛塑造窟室的主尊，深受源于云冈石窟二期北魏模式的影响。又如塑像一佛二菩萨、四菩萨组合，三世佛以及释迦多宝二佛并坐，同时出现了大幅面的壁画说法图，逐渐形成了洞窟结构和内容的规制化。本生、因缘故事画也远比早期构图复杂、情节丰富、色彩艳丽。壁面下段生动的护法药叉形象，替代了早期单一的垂帐纹。塔柱上部有了贴附模制的影塑。

第 257 窟和第 259 窟的第一层为北魏时期作品向无异议。樊锦诗、马世长、关友惠《敦煌莫高窟北朝洞窟的分期》，将二窟定为北朝第二期，相当于北魏中期，大约是公元 465 年至 500 年左右[34]，其中第 259 窟年代约略晚于第 257 窟。

二　第二期

第二期为第 256 窟第一层，即洞窟凿建的时代，整体建筑结构基本保持原状，但其内容现状仅只在主室四壁、窟顶南北西三披、中心佛坛上下层四面上枋，以及甬道北壁和顶部、前室西壁门北等表层壁画残破处，露出叠压之下的画迹，大都已无法辨识其内容。

东壁门南侧被剥出的第一层壁画的供养人题名"故郡君太夫人鉅鹿索氏一……"，同列"郡君太夫人廣平宋氏……"和同壁门北侧被剥出的供养人题名"故太□□十一小娘子一心……"[35]，经考证均为五代曹氏归义军节度使曹元深当权时期的家族成员，窟室覆斗顶四角的凹窝最早出现于五代，因此可以推测第 256 窟的开窟及第一层壁画的绘制，乃五代曹氏归义军节度使家族所为[36]，属曹氏归义军前期，大约在公元 939～942 年之间。

第 259 窟第二层即窟顶重绘的 6 身坐佛，姿态造型、袈裟样式、颜色和绘画技法等，与五代第 108、152 等窟顶部千佛相近[37]，可知为五代时期重绘；但同窟塔柱形下部塔座座身在原创画层之上重绘的榜题，漫漶已甚，无法辨认其内容和时代。

三　第三期

第三期为第 256 窟壁画的第二层，即洞窟重修期，表层壁画于此时完成。

第 256 窟东壁门南侧供养人像列北向第一身题名"皇祖墨釐軍諸軍事……銀青光禄大夫檢校……中書令……□（慕）□（容）中盈"（"中"字似为"歸"字之误），同列第二身题名"窟主玉門諸軍事守玉門使君銀青光禄大夫檢校尚書左僕射兼御史大夫上柱國慕容言長……"；东壁门北侧供养人像列南向第一身题名"皇□（太）譙郡夫人……一心供養"，同列第二身题名"窟主娘子閻氏一心供養"，同列第三身题名"男節度都頭銀青光大夫檢校左散騎常侍御史大夫慕容貴隆……"[38]，经考证均为宋代曹氏归义军节度瓜沙等州观察处置押蕃落等使封谯郡开国侯曹宗寿当权时期的家族成员[39]，属于曹氏归义军后期，即公元 1003～1014 年。在敦煌文物研究所整理《敦煌莫高窟内容总录》中定为宋代，时值北宋[40]。对此，亦有持不同意见者。

第 257 窟壁画的第二层，即中心塔柱塔座东端供养人像画迹，与此同期。

四　第四期

第四期为第 256 窟主室中心佛坛上塑像的重修期和第 259 窟主尊并坐二佛面部和胸部重妆期。

在第 256 窟主室中心佛坛上，新造塑像貌似道教人物的造型和彩绘，以及台座旋子彩画、墨笔技法与清末建筑彩画类似，佐证以莫高窟其他清末重修洞窟的类似遗迹，其重修时代，可以推定在清代末年至民国初期。第 259 窟主尊重妆，也应大致在这一时期。

---

[34]　《中国石窟·敦煌莫高窟》第一卷，文物出版社、株式会社平凡社，北京，1981 年 12 月，pp. 188-191。

[35]　同注[31]。

[36]　贺世哲〈从供养人题记看莫高窟部分洞窟的营建年代〉，敦煌研究院编《敦煌研究文集·敦煌石窟考古篇》，甘肃民族出版社，兰州，2000 年 9 月，pp. 418-422。

[37]　同注[35]，pp. 415-418。

[38]　同注[31]，pp. 109-110。

[39]　同注[36]，pp. 434-436。

[40]　文物出版社，北京，1982 年 11 月，p. 90。

第四节　洞窟特征

本卷三个洞窟，其洞窟形制、内部空间、塑像和壁画内涵都不相同。虽然第257、259两个北魏洞窟，窟顶、佛龛形制有相同之处，也都是修禅之窟，但主题内容不尽相同。三窟各有值得注意的特征。

中心塔柱

第257窟中的中心塔柱，源于印度佛教石窟的支提窟。支提（梵文 stupa，音译窣堵波），指印度佛教建筑中供奉佛塔的塔庙，石窟称支提窟（图5、6）。北魏的中心塔柱窟受印度支提窟影响，莫高窟北朝共有约16个中心塔柱窟，其中北魏尚存10个，但形制、功用与印度塔庙有所不同。浑圆的覆钵形塔身之于方形"重楼"[41]式的塔柱，窟室前部列柱夹道的纵向长方形礼拜堂之于人字披顶下宽敞的横向空间，经过了中国化的改造。莫高窟中心塔柱窟更直接的影响来自于国都平城的"云冈模式"[42]（图7、8），是敦煌乃至河西北魏时期规范的窟形。北魏的塔庙无关瘗葬与舍利，是修行者供养礼佛、入塔观像、禅定修行，期求成佛的洞窟。

前部人字披后部平棋顶

莫高窟北魏石窟的顶部，不论规模大小，无一例外都是前部人字披、后部平顶的形制。第257窟前部人字披顶由东西两披斜面和中间较宽的平脊三部分组成，斜披浮塑椽条，椽条间形成望板，平脊影作数方斗四平棋。第259窟则中脊只有一条单独的脊枋。斜披的上下两边浮塑横枋。后部平顶在影作横枋、纵枋围合中，全部影作斗四平棋。

第257窟后部平棋绕中心塔柱一周，成为右绕礼拜的甬道顶，第259窟虽无成形的塔柱，但窟顶形制一仍时代的规范，在平面"凸"字形塔柱形上方形成影作斗四平棋的"凹"字形平顶，以适合塔庙禅观礼拜的功用。

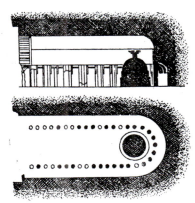

图5　阿旃陀第10窟（早期支提窟，孙志军摄影）

法华三昧窟

第259窟是一个形制独特的塔庙，西壁的"半个中心塔柱"，曾被认为"应是中心塔柱窟的一种不成熟和不完备的形式"[43]。但深入探究却令人钦佩洞窟建造者天才的创意和巧思，凸出的半个塔柱适形造成了一座"多宝塔"，上部正面圆券形大龛中塑主尊释迦、多宝二佛半跏并坐说法像，恰如鸠摩罗什译《思惟略要法·法华三昧观法》云："正忆念法华经者，当念释迦牟尼佛于耆阇崛山与多宝佛在七宝塔共坐"[44]。龛外两侧西壁上段并延伸至南北两壁西端的壁画"千佛"，是表达释迦佛于耆阇崛山与多宝佛共坐时，释迦"十方分身化佛遍

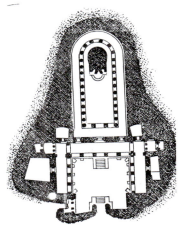

图6　埃罗拉第10窟（晚期支提窟，孙志军摄影）

[41]　梁思成："塔……它是多层的高耸云霄的建造物。……在佛教未到中国以前，我们的国土上已经有过一种高耸的多层建筑物，就是汉代的'重楼'。秦汉的封建主常有追求长生不老的会见神仙的思想；幻想仙人总在云雾缥缈的高处，有'仙人好楼居'的说法，因此建造高楼，企图引诱仙人下降"（梁思成《中国建筑艺术二十讲》，第八讲〈中国建筑中的塔〉，线装书局，北京，2006年1月，p. 122）。

[42]　宿白〈平城实力的集聚和"云冈模式"的形成与发展〉，《中国石窟·云冈石窟》第一卷，文物出版社、株式会社平凡社，北京，1991年9月，pp. 183–192, 197。

[43]　樊锦诗、马世长、关友惠《敦煌莫高窟北朝洞窟的分期》，《中国石窟·敦煌莫高窟》第一卷，文物出版社、株式会社平凡社，北京，1981年12月，p. 188。

[44]　《大正藏》第15册，p. 300。

图 7　云冈石窟第 1 窟中心塔柱
（《中国石窟·云冈石窟》第一卷）

图 8　云冈石窟第 6 窟中心塔柱
（《中国石窟·云冈石窟》第一卷）

图 9　炳灵寺北魏延昌年间第 125 窟
（黄文昆《极简中国雕塑史》）

图 10　云冈石窟第 6 窟中心塔柱北向面下层龛
（《中国石窟·云冈石窟》第一卷）

满所移众生国土之中"[45]。与第 257 窟相同，造窟的主旨依然归结为禅观，具体而言即"法华三昧观法"的直观再现。

《思惟略要法·法华三昧观法》又云："一切诸佛各有一生补处菩萨一人为侍。如释迦牟尼佛以弥勒为侍"[46]。第 259 窟南壁、北壁内容相对称，壁面上段各造上下二层龛像，上层四龛内的交脚菩萨、半跏思惟菩萨像和下层居中的倚坐佛像，表现的正是释迦牟尼佛补处菩萨弥勒上生兜率天和下生阎浮提的形象。

虽然法华信仰在炳灵寺石窟和云冈石窟北魏时期趋于流行，在北朝敦煌却仅此一例，其中不免受到东来的影响（图 9、10）。

法身如来卢舍那

十六国、北朝时期，常年战乱和严酷的灭法催生末法思想，滋养大乘佛教的土壤，此时华严信仰的发展初现端倪。5 世纪中叶云冈石窟第 18 窟主尊佛立像，松本荣一辨识为"华严教主卢舍那佛"，后经吉村怜论证[47]。第 257 窟壁画中卢舍那形象的出现，显示华严信仰在敦煌的影响当非偶然。其成因不只有平城云冈模式的东传，也应有敦煌自身因素的积累，北朝晚期更出现了将三界六道绘于袈裟的卢舍那法界人中像（如莫高窟北周第 428 窟），继而绵延至唐末五代。

大乘重要经典《大方广佛华严经》最初的五十卷，佛陀跋陀罗自东晋义熙十四年（418）至刘宋永初二年（421）译出。敦煌藏经洞

[45]　同注[43]。

[46]　同注[43]。

[47]　松本荣一《燉煌画の研究》，同朋舍，東京，1937年（林保尧、赵声良、李梅译《敦煌画研究》，浙江大学出版社，杭州，2019年9月，pp. 186–187）；吉村怜〈盧舍那法界人中像の研究〉，《美術研究》203号，1959年（贺小萍译〈卢舍那法界人中像的研究〉，《敦煌研究》1986年第3期，pp. 74–76）。

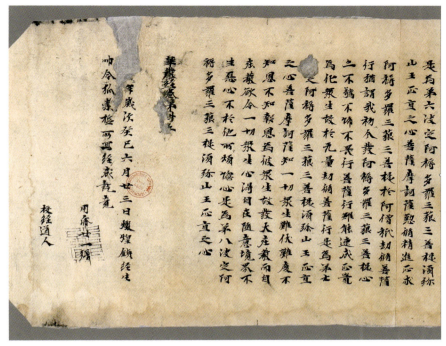

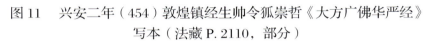

图 11　兴安二年（454）敦煌镇经生帅令狐崇哲《大方广佛华严经》
　　　写本（法藏 P. 2110，部分）

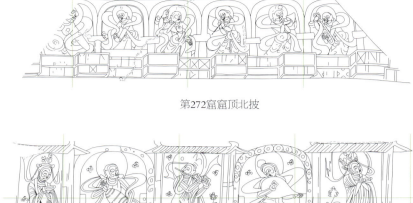

第272窟窟顶北披

第275窟北壁上段

图 12　早期第 272 窟、北魏第 257 窟天宫伎乐（吕文旭绘图）

中北魏兴安二年（454）的写本（法藏 P. 2110），便是敦煌镇经生帅令狐崇哲于该经译出后不久的手书[48]（图 11），早莫高窟北魏石窟约十数年。北魏时期，《华严经》已运用于禅法修习[49]，早莫高窟北魏石窟约二十年。适应石窟寺的功能，法身佛逐渐成为礼拜和禅观的重要对象[50]，在观佛三昧法中有专论"法身观法"[51]。"诸佛法身功德无量""礼一佛即礼一切佛，若思惟一佛即见一切佛"[52]。

　　言及于此，北魏佛教的弥勒信仰、法华信仰、华严信仰在本卷三窟中都有生动的表现。

天宫伎乐

　　早期窟顶藻井外围的天宫伎乐，在北魏中心塔柱窟被固定在了壁面的顶沿。其建筑形式，除西域圆拱形宫门和凹凸栏墙以外，增添了汉式木构悬山顶屋形宫门，与拱形门交替出现。屋形顶描绘了正脊、鸱吻和瓦垄，檐下有横向壁带的山墙和垂直的立柱。此外，北魏栏墙之下，增添了扁方形椽头（牛腿）和莲池。第 257 窟这种天宫伎乐的形式遍及北魏诸窟，并延续到西魏洞窟。壁画天宫伎乐在北魏出现的演变反映佛教美术中国化的进程（图 12）。

帝释梵天二胁侍

　　第 257 窟的一个饶有兴味的问题引人关注。中心塔柱东向面塔身主尊倚坐佛像龛外两侧，北侧左胁侍戎装立像《总录》中记为"天王一身"，似应更正为帝释天。据此，南侧左胁侍僧形像残像应识为大梵天。此说日益为学界所接受。

　　无独有偶，窟室前部人字披顶下南壁大型壁画说法图中，主尊立佛左胁侍是与塔柱上同样的戎装武士，宝冠、铠甲，手持金刚杵，且亦有僧形的右胁侍与之相对，竟也是帝释和梵天。帝释梵天胁侍佛尊左右，另见于莫高窟第 251、263 窟，以及秦陇、河西等地多处，在北魏时期，曾为一时之潮流[53]（图 13 ～ 16）。

本生、因缘故事画

　　本卷三窟中最负盛誉的第 257 窟中，尤以三幅故事画脍炙人口，其中九色鹿本生故事家喻户晓。画卷南端是美丽的山野，道路通往北端气派的宫城，情节灵活安置于统一的场景，至中间形成高潮而结束，以优美的形式生动感人地表现了惩恶扬善的主题。沙弥守戒和须摩提女请佛的两幅因缘故事画，自杀的悲壮动人心魄。众佛弟子施展神变的宏大气场让观赏者过目难忘。

［48］　敦煌研究院编《敦煌遗书总目索引新编》，中华书局，北京，2000年7月，p. 224。

［49］　魏道儒《中国华严宗通史》，江苏古籍出版社，南京，2001年5月，p. 57。

［50］　殷光明〈敦煌卢舍那法界图像研究之二〉，《敦煌研究》2002年第1期，pp. 46–56。

［51］　鸠摩罗什译《思惟略要法》，《大正藏》第15册，p. 299。

［52］　佛陀跋陀罗译《佛说观佛三昧海经》卷十一，《大正藏》第15册，p. 694。

［53］　张宝玺〈河西石窟以大梵天、帝释天为胁侍的造像〉，《敦煌研究》2016年第4期，pp. 19–25。

图 13　炳灵寺第 169 窟三号龛（《中国石窟·永靖炳灵寺》）　　　图 14　金塔寺西窟中心柱东向面下层龛（张宝玺《河西北朝石窟》）

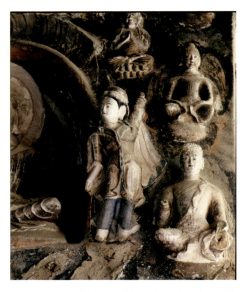

图 15　金塔寺东窟中心柱西向面上
层释迦苦修像左龛左胁侍
（张宝玺《河西北朝石窟》）

图 16　莫高窟第 251 窟南壁人字披下说法图
（敦煌研究院文物数字化研究所）

中心佛坛窟

窟内地面中央设坛，在莫高窟最早见于北魏，历经西魏、隋、初唐，至晚唐以后中心佛坛大量出现，成为莫高窟晚期大型洞窟通行的形制，系吸收融合中原唐代以降寺院建筑因素而逐渐发展形成 [54]。窟室结构为覆斗形顶、平面方形，中心佛坛呈须弥座式，单层或双层，具有类似中心塔柱右绕观像礼佛的功用，有的佛坛后部附设通连窟顶的背屏。第 256 窟有前室、甬道，主室在双层中心佛坛上塑像，无背屏，覆斗形窟顶四角残存"凹窝" [55]。

莫高窟"凹窝"之设始于五代，例如第 61、98、100、108、146、261 窟等，用以绘制四天王天 [56]。第 256 窟窟顶四角"凹窝"，不同程度残损，并被第二层壁画覆盖，天王画迹无存，但原绘四大天王应该是无疑的 [57]（图 17、18）。

本卷三窟特征鲜明：

第 257 窟除前壁崩毁外，内容大体保存完整，原状相对完好，形制上符合莫高窟北魏石窟规范，是最具代表性的北魏石窟之一，窟内壁画艺术堪称典范。

第 259 窟最具个性与特色，形制、内容、布局自成一格，留下了北朝石窟寺早期法华信仰极其珍贵的案例。

[54]　同第二章注[76]。

[55]　同第二章注[18]。

[56]　米德昉〈敦煌曹氏归义军时期石窟四角天王图像研究〉，《敦煌学辑刊》2012年第2期，pp. 83–92。

[57]　同第二章注[81]。

图 18　莫高窟第 146 窟窟顶西北角"凹窝"毗沙门天王
（敦煌研究院文物数字化研究所）

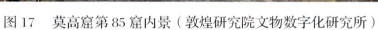

图 17　莫高窟第 85 窟内景（敦煌研究院文物数字化研究所）

　　第 256 窟于五代曹氏归义军时期初建于可能是北朝坍毁洞窟的遗址之上，至宋代又经重修，将初创壁画完全覆盖。但据研究，原状大约窟顶画贤劫千佛，角隅四大天王，壁面铺排法华经变、报恩经变、金光明经变、思益梵天问经变、天请问经变、华严经变、楞伽经变、药师经变、劳度叉斗圣变、维摩诘经变、观音经变、如意轮观音变、不空羂索观音变，加之前室的文殊变、普贤变等 [58]，曾经富丽壮观，足以媲美莫高窟著名的第 85、98、61 等窟。

---

[58]　同注[35]，pp. 421–422。

Summary

This archaeological report is compiled as Volume II to mainly document three caves adjacent to one another, namely Mogao caves 257 and 259 of the early Northern Wei dynasty on the north and Mogao cave 256 of the late Northern Wei on the south, following the publication of Volume I (*The Archaeological Report on Mogao Caves 266-275*) of the multi-volume archaeological reports entitled *The General Collection of Dunhuang Caves*.

Chapter I: Introduction

I. General conditions of the caves included in this volume

The three caves included in this volume are located on the second level in the cliff counting from the bottom up in the middle section of the southern area at Mogao, facing west and adjacent to one another. Cave 256 is mostly complete with a wooden eave constructed in front of its front chamber at a somewhat later time, and it is believed to have been rebuilt after the original cliff collapsed. The natural collapses of the cliff face throughout history have also resulted in the complete destruction of their façades and front walls, as well as front parts of the ceilings and two side (south and north) walls in caves 257 and 259. Cave 259 in particular has lost more than half of its ceiling and south wall.

The three caves all had undergone renovations over time, and original wall paintings in cave 256 were almost completely covered in later renovations.

Since 1954, the Dunhuang Academy and its predecessor, the Dunhuang Cultural Relics Research Institute, have successively carried out multiple efforts at maintenance and preservation work for many times. From 1957 to 1958, under direct guidance of National Cultural Heritage Administration (NCHA) of China, an experiemental reinforcement project was jointly undertaken by the Institute for the Repairment of Ancient Buildings (today's Chinese Academy of Cultural Heritage) under the NCHA and the Dunhuang Cultural Relics Research Institute to consolidate unstable cliff of the group of Northern Wei caves (caves 248-260) on the second level of the middle section in the southern area at Mogao: brick masonries were built in front of the collapsed façades of caves 257 and 259, the collapsed front (east) walls were restored, doors were installed in each of the two caves, and part of the south walls and the east sides of the north walls, each with varying degrees of destruction had been repaired.

II. Process of compilation

According to the sub-volume plan of the multi-volume *General Collection of Dunhuang Caves* formulated in 1994 by the Dunhuang Academy and continuing to follow the requirements of comprehensive records for archaeological reports, *The Archaeological Report on Mogao Caves 256, 257 and 259*, has been compiled based on the architectural structures and contents of painted statues and wall paintings of caves 256, 257 and 259 as recorded in words, survey maps and photos that have been obtained through re-conducted archaeological investigations of the three caves.

III. Style of compilation

This volume essentially follows the writing style of Volume I, and narrative order of the texts is slightly adjusted due to differences of structures and contents of the three caves in the volume.

Cave 257 has a central pillar, cave 259 has a pilaster-like stupa in the west wall, and cave 256 has a central altar. In principle, the narrative texts start with the stupa (pillar) or altar and then the walls. For the stupas and altar, the texts will be narrated from the top down; accordingly, contents on the walls are also narrated in this order. Moreover, for the caves with a central pillar or a central altar, the texts will follow in clockwise order in accordance with Buddhist circumambulation. For the bilaterally asymmetric layout in the above-mentioned two conditions, the general style of narrative texts in the order of the main wall, left wall, right wall, and front wall as well as the top down narrative principle is a little different from those in Volume I. Close attention is required to properly follow the below.

Chapter II: Cave 256

I. Façade

Cave 256 faces west with a direction of 2.76 degrees east by north and an elevation of 1, 337.20 m. Compared with cliff faces of other adjacent caves, the cliff outside of cave 256 is recessed inwards, which is probably due to natural collapses or human activity of early years, and its façade had undergone several changes over time. Part of its wall surface was covered by brick masonries in the consolidation project of the southern area carried out between the end of 1950s and the beginning of 1960s.

II. Structure

Cave 256 consists of a front chamber, a corridor and a main chamber (back chamber).

The front chamber is horizontally square in shape with an open entrance and without a front wall. The west, north and south walls, and the ceiling remain today. According to related written or visual materials and extant remains, it can be inferred that the cave is 486-510 cm high, 1071.2-1079.3 cm wide from south to north, and 360-390 cm deep from east to west. A corridor is cut westward in the middle of the west wall leading to the main chamber. The ceiling is flat, with the east end slightly higher than the west end, forming a slope of less than 5 degrees.

From the late Qing dynasty to the early period of the Republic of China, a wooden eave with a width of three-*jian* (the smallest unit of a house or building) was constructed in the front chamber.

The corridor connecting the front chamber and main chamber is longitudinal square in shape with a tent-like top. It is 378.4-398.7 cm high, 293.5-302.8 cm wide from south to north, and 586.5-590.6 cm deep from east to west.

With a truncated pyramidal ceiling, the main chamber is 855.6-875.7 cm high, 1092.3-1093 cm wide from south to north, and 1218.2-1221.3 cm deep from east to west. A central altar in the main chamber is shaped in the inverse form of a Chinese character " 凹 ", while the front side is recessed westward to form the shape of a Sumeru pedestal of two overlapped parts. The altar is 114.3-122.4 cm high, 688.7-689.7 cm wide from south to north, and 639.6-640 cm deep from east to west. The four walls in the main chamber are horizontally rectangular in shape and are about 536-571 cm high. In the middle of the east wall, there is an entrance to the corridor that leads to the front chamber. The truncated pyramidal ceiling with a vertical height of 306.6-321 cm has a central square recess and four trapezoidal slopes, with a shallow recession cut in each of the four corners respectively.

III. Contents

The front chamber, corridor, the walls in the main chamber, the ceiling, and the four sides of the central altar from the top down are covered with paintings of different subjects, and on the altar stands a group of statues.

The wall paintings and the statues have been renovated or repainted, and the traces can be divided into three layers of different periods according to their overlapping relationship.

1. Painted statues and wall paintings of the first layer

The first layer refers to the original layer created simultaneously with the construction of the caves. The subjects of painted statues and wall paintings refer to the visual content, including: the painted statues on the central altar and the wall paintings on the bottom of the altar in the main chamber, the paintings on the four walls and four slopes of the ceiling in the main chamber and on the top and north side wall of the corridor, as well as the remains of wall paintings of the first (bottom) layer exposed from the edge of surface wall paintings and the broken areas on the west wall in the front chamber.

On the back center (west end) of the altar is a square Sumeru throne, which is 238.5 cm high. On the throne is a seated Buddha statue, which is the central Buddha in this cave and which has basically kept its original appearance. The three-dimensional central Buddha, 358.2 cm high (including the Sumeru throne), faces east and sits in lotus position, with the right hand raised up to the right of the chest in abhaya mudra, and the left hand resting on the left knee in varada mudra. The Buddha wears an inner dark brown samkaksika and an outer earth-red kasaya covering the two shoulders with two collars hanging down and front chest exposed. There are two square holes between the head and back, and it is believed that a mandorla was originally installed at the back of the statue. There is a crack between the back neck and the body, which resulted from installing the Buddha's head.

Due to the broken conditions and destruction caused by renovation, repainting, and remodeling in later times, the remains of the painted statues and wall paintings of the first layer except for the main Buddha statue which is kept in original condition are sporadic, limited and lack integrity, and this makes it very hard to ascertain the overall layout and specific contents. The four recessions in the four corners of the ceiling remain till today, but the wall paintings, which were analyzed to be the paintings of four Heavenly Kings, are now lost.

2. The wall paintings of the second layer

On the walls in the front chamber, the corridor and the main chamber, and on the ceiling and central altar in cave 256, the wall paintings of the first (bottom) layer had been completely covered by the plaster and wall paintings of the second layer. The wall paintings on the walls of the corridor and in the main chamber are preserved in good condition except for those in the front chamber that are severely damaged and indicate a clear overall layout.

i. The front chamber

The front chamber is in poor condition due to natural weathering and several times of renovations. Each wall inside is divided into two sections for painting the murals. The lower sections depict the bases of altars, while the upper sections present the themes of wall paintings under decorative draperies.

In the lower sections of the two sides of the corridor entrance on the west wall is a *kunmen* (a kind of gate in Buddhist architecture) painted on the base of an altar; In the upper section on the north side of the west wall is a Samantabhadra illustration, while on the south, a Manjusri illustration. Both Samantabhadra riding an elephant and Manjusri riding a lion are seated in ardhaparyaṅka (semi-lotus position), holding a *ruyi* (an S-shaped ornamental object made of jade as a symbol of good luck), and followed by many devas who hold long-stem lotuses, treasured pagodas and banners in their hands. On the wall over the entrance is a row of seven seated Buddhas flanked by devas (worshipping bodhisattvas), and the upper edge of the walls are decorated with border decoration and draperies. The upper edges of the south and north walls are decorated with draperies, and most of the wall surface below the draperies is sheltered with only a few traces of wall paintings exposed from the wooden beams, including images of the Buddha attending an assembly, architecture and cloud-shaped patterns. The ceiling is covered with neatly and densely arranged flower patterns. The east side of the ceiling turns upward to form an outdoor cliff slope, on which fragments of the border decoration and draperies have been preserved.

i i. Corridor

The wall paintings on both south and north walls of the corridor are symmetrically arranged in upper and lower sections: the image of *kunmen* is depicted on the lower sections, while the upper sections are covered with images of 18 devas standing on lotuses growing out of a treasured pond, with 8 devas on each wall, each topped with a parasol and standing on dotted lotuses with long stems. On the flower in front of each deva is a standing reincarnated child. The devas are 195.5-200 cm high (including their lotus seats and halos), wearing high chignons and coronets decorated with flowers in addition to necklaces, wrist bracelets, armlets and jade necklaces. They wear samkaksikas (a kind of monastic clothing draped over one's left shoulder at a slant), long black skirts, and scarfs that either drapes over their shoulders or takes on a circular form in the back and then encircles the two arms before falling down gently in the front. They stand on the lotuses coming out of the green pond and seem to advance slowly westward.

The images of devas on two side walls of the corridor are classified into two types that are alternately arranged in processions. Type I devas have their shoulders covered by scarves which form two circles below their bellies without armlets. Their halos are decorated with lotuses of triangular petals and a pointed top, and their parasols are painted from an eye-level angle. Type II devas wear samkaksikas with their right shoulders exposed, revealing their armlets decorated with upright ornaments. Their scarves take on the form of a circle on the back, their halos are decorated with square-petaled lotuses in checker pattern, and their parasols are depicted from a lower angle.

There are 9 reincarnated children on each wall (8 remain on the north wall) standing on high branches of the lotuses rising out of the ponds. They are 13.2-14.7 cm high, plump and naked, partially shaved, holding lotuses or lotus buds in their hands, their cute little feet in short boots.

The corridor has a tent-like top: the middle part is flat, filled with neatly arranged motifs of medallions, and the two sloping sides are covered with border decoration and draperies.

iii. Main chamber

The floor of the main chamber is paved with embossed tiles, and most of them have been worn out due to frequent trampling.

The paintings in the lower part of the central altar are mainly seen on the narrow waist and on the upper corbels: embossed patterns of *kunmen* are depicted on the waist; outside the *kunmen* are painted patterns, inside the *kunmen* are images of devas and guardian warriors, and the upper corbels are filled with decorative patterns divided into different levels. The paintings in the upper part of the throne mainly include inverse lotus petals on the base, patterns of *kunmen*, Buddhist instruments, devas, mythical beasts and flowers on the waist, and decorative patterns on the upper corbels. On the east side of the throne are 11 *kunmen* painted in the lower part and 24 in the upper part; On the south side are 8 *kunmen* in the lower part and 15 in the upper part; on the west side are 8 *kunmen* in the lower part and 11 in the upper part; and on the north side are 9 *kunmen* in the lower part and 16 in the upper part.

The mural contents on the four walls are basically the same and interconnected. The wall surfaces are divided into a lower part showing the patterns of *kunmen* and an upper part depicting the images of lotus ponds and Thousand Buddhas. The remaining painting on the upper section of the west wall is 430 cm in height, the four sides of which show severe deterioration, including flaking, disruption, denudation, color fading, blurring, loss of ground layer and plaster as well as exposure of the inner rock body beneath the plaster. There are 9 rows of Thousand Buddhas that are faintly visible and 189 of them are recognizable now. The remaining paintings on the upper section of the north wall is 474.6-486.4 cm high, which are in good condition except for those in the west upper corner, west lower corner and on the west end which are lost. There are 271 Thousand Buddhas that remain intact now. The paintings on the upper section of the south wall are 475-483 cm high, and those on the east side are in good condition except for those on the west side which are severely indistinct. 295 Thousand Buddhas remain. The paintings on the east wall are relatively better preserved with richer contents: those on the upper section are 342.5-464.5 cm high with 82 thousand Buddhas survived on each side of the corridor entrance. On the wall surface over the entrance of the corridor are images of a bottle and lotuses flanked by standing figures. Research suggests that it is a Bhadrakalpika sutra illustration, which includes all the thousand Buddhas paintings on the four walls. These thousand Buddhas are neatly arranged in horizontal lines and vertical rows without dividing lines. They are 46-56 cm high (including their parasols, halos and thrones), depicted in the frontal view, seated in lotus position. They wear black kasayas, which hang over their left shoulders and cover half of their right shoulders. The lining with green edge turns outward from the right side, extends over the chest and rests on the left elbow, and its upper end hangs in front of the left shoulder at a slant through a buttonhook. In view of the difference between the mudras, signs and decorative patterns of their mandorlas, the thousand Buddhas can be divided into two types, which are arranged alternatively from top to bottom and from left to right. Type I thousand Buddhas are seated on black thrones with two hands in front of the abdomen in Samadhi mudra. The outer circle of the halo is decorated with checked square petals, and the outer circle of the mandorla with triangular pointed petals. Type II thousand Buddhas sit on white lotus thrones with two hands in vitarka mudra: the right hand is raised up with palm outward and the left hand below with palm upward. The outer circle of the halo is decorated with triangular pointed petals, while that of the mandorla decorated with checked square petals.

The painting of donor figures between the upper and lower sections on the north side of the corridor entrance in the east wall is 150-151 cm high and 136.5-138.6 cm wide, in which two women and one boy are painted, all facing south and turning slightly left. The first donor counting from the south is a female of 147.8 cm high. She holds a censer in front of her chest, wears a phoenix coronet painted in a technique named *lifen duijin* (an embossment of decorations with gold foil on the paintings to create a three-dimensional effect) and a hairstyle called *paojia ji* (a kind of hairstyle of ancient Chinese women), a Chinese cross-collared long red skirt, and a pair of shoes with a cloud-shaped toe cap and pearls decoration. There is an inscription in front of the figure, which reads: "Royal□(tai) lady of Qiaojun…worshipping (the Buddha) wholeheartedly." The second is a female of 135 cm high, who looks basically the same as the first one in terms of their postures, coronets, clothing and attributes. In front of her is an inscription which reads: "The cave owner, Lady Yan worships wholeheartedly." The third one is a boy of 34.5 cm high, who wears a white round-collared robe and holds a flower plate in front of his chest. In front of him is an inscription which reads: "Grandson Murong Guilong, Governor of Generals, Imperial Minister of State, Imperial Attendant and Imperial Censor……" The painting of donor figures between the upper and lower sections on the south side of the corridor entrance is 140-141.8 cm high, 140.9-141.8 cm wide, in which two male donors face north and slightly turn right. The first one counting from north is a male who is 122.5 cm high, holds a long-handled censer in front of his chest, and wears a round-collared loose-sleeved long red robe with a black belt at his waist decorated with ornaments. An inscription in front of him reads: "Royal grandfather Murong Guiying, General of the Moli Army Guarding Yumen…Imperial Minister of State… Prime Minister of State, Head of the Secretaries……" The second one is also a male, 116.2 cm high, who holds a scepter in his hands and looks basically the same as the first one in terms of their postures and costumes. The inscription in front of him reads: "Cave donor Murong Yanzhang, General of the Yumen Army Guarding Yumen, Imperial Minister of State, Prime Minister of State, and Imperial Military Commander……" All the donors stand on carpets with square flower patterns.

The ceiling center in the main chamber is broken and the cliff is exposed. The four slopes of the ceiling are covered with the same wall paintings which interconnect to form integrate ceiling decoration. The wall paintings on the four slopes are divided into three sections: the upper section consists of border decoration around the ceiling center, the middle section is covered with large-size medallions in small squares, and the lower section with draperies. Except the paintings on the east slope which are relatively well preserved, those on the other three slopes have suffered blurring and denudation of different degrees. The upper end consists of six borders filled with different decorative patterns from the top down and from the inside out, and these decorative borders together with the square ceiling recession form a colorful ceiling center design, which imitate the wooden truncated pyramidal ceiling center created by laying a series of successively smaller squares cater-corner one above the other in architecture. The middle section of the four trapezoid slopes below the ceiling center are covered with small squares of vertical lines and horizontal rows formed by horizontal and vertical lattice framings that are decorated with borders made of half-medallion patterns. For example, take the well preserved east slope: there are 81 squares altogether, and because of the bevel edge of the trapezoid, one corner of most squares on both ends of each line is cut off. The medallions consist of round double-petaled lotuses painted in two alternative colors and arranged in a tetragonal succession. The different colors are applied as follows: white color for the outer petals, dark red and white color for the inner petals; or green color for outer petals, and dark red and green for inner petals. Flowers on the lattice framings and in the four corners of the squares are also painted in white, green and dark red colors which alternate to create strong and rich decorative effect. The painted curtains in the lower section of the slopes include pendant triangles, draperies, flower strings, belts and bells.

3. Remnants of the painted statues, wall paintings, and architecture of the third layer

i. Re-coloring of the Buddha statues

The appearance of the main Buddha and part of the thrones were re-colored or repainted.

ii. Painted statues and wall paintings

Flanking the main Buddha statue on the upper layer of the altar are symmetrically re-sculptured and painted statues of two disciples, two seated bodhisattvas and two standing bodhisattvas.

The standing disciple (Kasyapa) on the north side is 210.8 cm high (including the platform) and the statue itself is 178.6 cm high. He faces southeast with two hands in fist in front of his chest and wears a dark purple kasaya and a red skirt, barefooted. The front side of the round platform is decorated with waves, red sun and corals. The standing disciple (Ananda) on the south side together with a round platform is 210.7 cm high (including the platform) and the statue itself is 175.7 cm high. Facing northeast, he holds hands in fist in front of his chest, wears a cross-collared charcoal grey robe beneath a red kasaya, and square-headed shoes with black vamps and white soles. The shape and decoration of the platform is basically the same as the one on the north side.

The sitting bodhisattva on the north side together with the platform is 229.9 cm high and the statue itself is 153.4 cm high. Facing south, the bodhisattva sits in lotus position, holds an oval attribute, wears a saddle-shaped chignon and his long hair falls to his shoulder, a charcoal grey coat with loose sleeves, a red samkaksika, a half draped red kasaya and a long orange skirt. The south, east and west sides of the square platform are respectively painted with images of a sleeping lion, a galloping bull looking at the moon and a pine with a crane. The upper and bottom paintings imitate the tangent circle pattern that was used as border decoration. The sitting bodhisattva on the south side together with the platform is 231 cm high and the statue itself is 152 cm high. Facing south, the bodhisattva sits in lotus position, holds something with an oval section in hand, wears the same hair chignon as the bodhisattva on the north side, and a grayish-green coat with loose sleeves, a red samkaksika, a half draped black kasaya and a long red skirt. The north, west and east sides of the square platform are respectively decorated with images of a sitting elephant, a pine and a deer, and a horse-bodied dragon carrying scriptures. The upper and bottom paintings imitate the tangent circle pattern that was used as border decoration.

The standing bodhisattva on the north side together with the platform is 212 cm high and the statue itself is 178 cm high. Facing south, the bodhisattva holds a purplish black fly whisk in front of his body and wears a cloud-shaped coronet, with a bare upper body and wearing a long red skirt, and scarves hanging over two shoulders, barefooted. The front side of the round platform depicts a *ruyi* while the east side, a gourd. The standing bodhisattva on the south side together with the platform is 212.4 cm high and the statue itself is 179.7 cm high. Facing north, the bodhisattva looks just like his counterpart on the north side as far as their postures, facial expressions, complexions, hairstyles, coronets, clothing and attribute are concerned. The front side of the round platform is decorated with corals and the east side with palm-leaf fans.

iii. Wooden eave

There is a modern wooden eave in the front chamber of cave 256, which has undergone several changes, and the eave we see today has been consolidated and renovated by the Dunhuang Academy. According to early 20th-century investigation records left by Paul Pelliot and Sergei Oldenburg, the wooden eave is closed architecture which is three *jian* (unit of compartment) wide, and the west of the sloping ceiling extends to the top of the cliff in the west. A north gabled wall and a south gabled wall were constructed in front of the south and north walls in the front chamber, while an eave wall was built in the east. There are four pillars, a central door and windows in the eave wall. The north and south gabled walls are made of adobe, over which is a round-ridged roof supported by four beams and six pillars: four pillars support the front eave and on the west wall two corner pillars stand in the south and north ends respectively. The west ends of two inner beams are inserted into the beam holes near the top over the entrance wall, and two outer beams are connected with the two corner pillars. On the beams are eave purlins and stringers, and over them are rows of rafters. Finally, the top is covered with willow twigs and reeds, and then plastered with a mixture of grass and mud.

Originally, the roof was lower than the top of the front chamber. When the eave was finished, the top of the front chamber that exposed to open air was repaired again to protect the cave from damage caused by sunshine, rain, wind and sand erosion.

iv. Inscriptions left by visitors

There are many inscriptions left by visitors in Chinese or in ethnic minority languages in different periods on the murals of the second layer in the front chamber, corridor and main chamber of cave 256.

4. Remnants of modern times

i. Wooden eave

In 1940s, the National Dunhuang Art Research Institute carried out repair work in front of cave 256, including taking protective measures, constructing protective walls, installing a door to the cave, and building a stairway. In the 1950s, the Dunhuang Cultural Relics Research Institute had repaired the wooden eave in front of cave 256 by removing the original eave wall and the cave interior was exposed to open air. Historical photos and other materials have provided general information about the original eave roof of the cave, the structure of the pillars, beams, purlins and rafters paved over them, which indicate clear discrepancies with the descriptions and photos left by Paul Pelliot and Sergei Oldenburg: for example, the eave wall seeming to be recessed backward, the single slope roof over the gateway built on two sides of the wooden door in the middle of the eave wall, the adobe stairway of thirteen steps built in front of the gateway leading to the ground below, and the handrail walls built on two sides of the stairway, and etc. The gateway, protective walls, and the stairway leading to the ground below were removed in 1950s, while roof boards and rafters were added to the eave roof, an architrave was added over the pillars supporting the eave. Handrails were added to the side compartments on the south and north, and the original holes dug out of the ground to provide access to low-level caves were blocked off.

In 1999, the Conservation Institute of the Dunhuang Academy once again took down the wooden eave of cave 256 for restoration and consolidation, and the rotten or broken components that could not be used any longer were replaced with new counterparts. The extant wooden eave with a round-ridged roof is three *jian* wide, 454.6 cm high, 1,076.7 cm wide and 429.6-431.7 cm deep. The south and north gabled walls were made of narrow bricks and spread with white plaster. The south gabled wall is 391.8 cm high, 431.7 cm wide, and 32 cm thick, while the north one is 386.9 cm high, 429.6 cm wide, and 32 cm thick. The four eave pillars were installed in the front and the two corner pillars in the back. Over the pillars are four beams, on which purlins were installed for laying rafters and paving roof boards with water-proof material. Finally the top was spread with cement to form the actual roof. In order to protect the wall paintings on the west wall in the front chamber, a brick wall in the back of the front chamber, which is about 113.6-131.9 cm away from the west wall, was added to connect the ground, the ceiling and also the brick walls of the gabled walls on two sides. A door was made in the lower center of the brick wall. The repaired architecture generally remains unchanged till today.

ii. Corridor

At the end of 1950s, the Dunhuang Cultural Relics Research Institute had repaved the floor of the corridor: the middle part was repaired with concrete while the south and north sides were paved with ancient flower tiles.

iii. Main chamber

The flower tiles paved on the east side of the floor in the main chamber of cave 256 had been partially destroyed, and the floor was repaired with concrete, measuring about 455 cm long from east to west and 180 cm wide from south to north, in 1950s by the Dunhuang Academy.

Near the door rim on the north side of the west wall in the main chamber is a cave number written by Zhang Daqian in 1943: Chinese numeral " 二四六 (246)" and an English letter "P". Near the door rim on the south side is a cave number written by Zhang Daqian: Chinese numerals " 二四七 (247)" and an English letter "P". In addition, the cave was numbered " 二四五 (245)" by Zhang Daqian, and the number was written in ink on the eave wall out of the entrance of the wooden eave. The eave wall was removed when a consolidation project was carried out at the end of 1950s.

From 1948 to 1962, the Dunhuang Cultural Relics Research Institute (former National Dunhuang Art Research Institute) wrote down an Arabic number on each wall or below each wall painting and statue in ink during investigating and recording the number of wall paintings and painted statues in caves, and now there are 16 written numbers left.

IV. Summary

Cave 256 is a cave with a central altar and this cave form was gradually formed, based on early cave forms at Mogao, absorbed and integrated elements of Central Plains temple architecture from the Tang dynasty. In the late Tang, Five Dynasties and Song dynasty, this cave form appeared in large numbers at Mogao and became one of the typical cave forms among Dunhuang caves.

Regarding the construction and renovation of cave 256, no material with an exact date has been found so far. According to previous research undertaken by scholars on the inscriptions attached to the donor figures in the paintings of the first layer, we believe that the paintings of the first layer date back to the Guiyijun Regime ruled by the Cao family during the Five Dynasties. More specifically, it is likely to be in the reigning period of Cao Yuanshen, and more exactly, between "the winter of 939 and the autumn of 942, when Cao Yuanshen called himself 'Sikong' (minister) ." However, there are different opinions about this issue in academic discourse. The paintings of the second layer can be clearly distinguished from those of the first layer as judged from their overlapping relationship. According to the research on the time of Murong's activities in Dunhuang as recorded in the inscriptions attached to the donor figures in the paintings of the second layer, they are believed to date from the end of the Guiyijun period ruled by the Cao family during the Song dynasty, namely in the reigning period of Cao Zongshou (1003-1014 CE); Some scholars also consider that it was renovated under the supervision of Murong Yanzhang in the reigning period of Cao Yangong and Cao Yanlu (974-1002 CE) or even earlier, likely in the late reigning period of Cao Yuanzhong, but no earlier than the third year of Jianlong era (962 CE).

Chapter III: Cave 257

I. Façade

Cave 257, located between cave 256 and cave 259, is a single-chamber cave facing east with a direction of 3.86 degrees east by north and an elevation of 1,337.21 m. Prior to the consolidation project undertaken in 1960s, the whole façade of cave 257 had collapsed, and the original cave entrance, the east wall, the east ends of both south and north walls, and the east slope of the gabled ceiling in the front also collapsed, exposing the cave interior to open air.

Throughout history, the Mogao caves had been numbered for several times by different people. Before it was numbered 257 by the Dunhuang Cultural Relics Research Institute, it had been numbered P. 110 by Pelliot (which was followed by Oldenburg), C.243 by Zhang Daqian, and 193 by Shi Yan.

II. Structure

Cave 257, a central-pillar cave, is lengthwise rectangular in plan, 438 cm high, 609 cm wide from south to north and 965 cm deep from east to west. The interior space is divided into a front part and a back part by the structure of the ceiling: the front (east) part is horizontally rectangular in plan with a gabled ceiling imitating wooden architecture, while the back (west) part is slightly square in plan with a flat ceiling. In the center is a square pillar cut out of rocks, which connects the floor and the ceiling to imitate a stupa. The pillar is 438 cm high and meets the ceiling at the top. The four bottom sides are about 324-342 cm long, making the cross section a rough square. The pillar consists of a lower Sumeru-shaped base and an upper stupa with a niche cut out in four sides.

On the east side, there is an arched niche in the center which is 242 cm high and 181 cm wide at the entrance. Each of other three sides contains an upper niche and a lower niche. On the south side, the lower arched niche is 137 cm high and 110 cm wide at the entrance, while upper niche with a square entrance is 96-97 cm high and 85 cm wide. On the west side, the lower arched niche is 142 cm high and 109 cm wide at the entrance, while the upper arched niche is 97 cm high and 91 cm wide at the entrance. On the north, the lower arched niche is 143 cm high and 112 cm wide at the entrance, while the upper niche with a square entrance is 99-101 cm high and 87-89 cm wide.

As for the four walls in cave 257: the east (front) wall is lost; the east ends of the south and north walls have been damaged, the remnants of the south wall is 948.6 cm wide, and the remnants of the north wall is 870 cm wide; below the gabled ceiling in the front (east) are two gabled walls, the one on the south side is 533 cm high and the other on the north is 510 cm high; below the flat ceiling in the back (west), the walls are horizontally rectangular in shape, the south wall is about 432-445 cm high and the north wall is about 432-436 cm high. The west wall, namely the back wall, is 432-441 cm high and 613 cm wide.

There is a broad ridge between the two slopes of the gabled ceiling in the front, while the ceiling in the back around the central pillar is flat, therefore the corresponding floor below forms a circular corridor like a Chinese character " 回 ".

III. Contents

The remnants in the cave can be divided into the upper layer (surface) and the bottom (first) layer according to their overlapping relationship. The upper part of the central pillar (the stupa), the south wall, west wall, north wall, ceiling, niches, statues and wall paintings were all created during the time when the cave was first constructed, therefore they are the remnants of the first layer, in which no overlapping remnants have been found. The overlaps of different layers can only be seen in the front side of the pedestal under the stupa.

1. Painted statues and wall paintings of the first layer

i. Central pillar

The central pillar is in the back center and the square pillar was obviously designed to imitate a wooden Buddhist stupa. Each of the four sides consists of the pedestal (including the base, the pedestal body and the rim from the bottom up) and the stupa body from the bottom up. The pedestal was sculptured in a Sumeru shape and painted in color. Along the upper rim of the pedestal are paintings of donor figures arranged in rows. One or two layers of niches with molded frames are cut in four sides of the pillar. Inside and outside of the niches are painted statues and wall paintings. The upper wall surface outside of the niches is covered with molded statues.

The east side contains an arched niche in the center which enshrines the central Buddha in the cave, namely a Buddha sitting on a square throne with two legs pendant, barefooted. The Buddha is 186 cm high with the right hand in abhaya mudra and the left hand in varada mudra, and both hands are broken from the wrists. The Buddha is half draped in a brown kasaya with loose sleeves that hang down to both sides of the throne, and beneath the kasaya are an orange samkaksika and an earth red skirt. The wall surface in the niche depicts a halo and a mandorla of the Buddha, each consisting of six decorative circles. The fifth circle of the mandorla includes 16 apsaras. On the two side walls in the niche are painted standing devas, 10 on each side, arranged in three rows from the top down. On the ceiling are images of apsaras, 2 on each side. On the pointed arched niche lintel are painted reincarnated children in a lotus pond, and 5 of them are performing musical instruments among flowers. On each side out of the niche is an attendant, the one standing on the north side is 126 cm high, dressed in martial attire and wearing a treasured crown and armors, while the other on the south side is damaged. In the upper section of the wall surface outside of the niche are images of 18 worshipping devas and most of them are now missing.

On the south side of the central pillar, a green dragon painted on the lower pedestal is indistinct. The arched niche in the lower part enshrines a statue of an ascetic Buddha whose head is missing, and the rest body is 77 cm high (including the throne). The Buddha sits in lotus position with two hands in samadhi mudra in front of his belly. The slim figure is draped in an earth red kasaya with both shoulders covered and most of the chest and belly exposed, revealing the bony ribs and clavicles. On the wall surface behind the statue in the niche are images of a halo and a mandorla, each consisting of four circles. Two standing devas are painted on each side, and the top of the niche is decorated with flowers and lotus buds. Outside of the niche is a molded niche lintel formed by two trees whose crowns tilt towards each other and meet in the middle over the niche entrance. On each side out of the niche are statues of two standing bodhisattvas, and the heads of two bodhisattvas are lost. The *que* (traditional Chinese gateway)-shaped niche in the upper part contains a pensive bodhisattva sitting with one leg crossed. The bodhisattva is 90 cm high, wears a treasured crown and a green long skirt, with his upper body bare. The paintings include a halo and a mandorla, 2 devas standing on two sides, and children reborn out of lotuses. The frame of the niche entrance is molded in the form of double *que* with a roof in between. The two sides out of the niche are filled with 49 molded worshipping devas, and most of them are now missing.

On the west side, the pedestal is decorated with a pattern of double tigers walking towards the flame orb in the center. The arched niche in the lower part contains a seated Buddha of 116 cm high (including the throne) sitting in lotus position with two hands in dhyana mudra in front of his belly and wearing a kasaya of earth red colour covering both his shoulders. On the wall surface in the niche are paintings of a halo and a mandorla, each consisting of four circles. On the two sides are two standing devas and on the niche ceiling are images of flowers and lotus buds. The pointed arched niche lintel is decorated with motifs of forked vines with bifoliate honeysuckles. On each of the two (south and north) sides out of the niche are two standing bodhisattvas which are now lost. The arched niche in the upper part contains a seated Buddha of 85 cm high (including the pedestal), sitting in lotus position with two hands in samadhi mudra and dressed in an earth red kasaya with two shoulders covered. A halo and a mandorla are painted inside the niche, and on either side are a standing deva and reincarnated children on lotuses. The decorative patterns on the niche lintel are the same with those of the lower niche. On the north and south side out of the niche are 60 molded worshipping devas and most of them are now lost.

On the north side, the paintings on the pedestal are indistinct, and the visible traces are similar to those on the south side, therefore the contents should be roughly the same. The arched niche in the lower part contains a seated Buddha with his whole head missing and the rest of the statue is 80 cm high (including the pedestal). The Buddha sits in lotus position with two hands in samadhi mudra in front of his belly, and is dressed in a kasaya of earth red colour with both shoulders covered. A halo and a mandorla are painted in the niche, each consisting of four circles. On each of the two sides in the niche are two standing devas and on the ceiling of the niche are lotus buds and flowers. The pointed arched niche lintel is covered with flame patterns painted in green, white, earth and black. On either side out of the niche stands a bodhisattva. The one on the west side is lost and the head of the other on the east is missing. In the upper *que*-styled niche is a statue of a seated bodhisattva preaching dharma with his ankles crossed. The bodhisattva is 91 cm high with the upper body bare, wears a treasured crown and a long black and brown striped long skirt. There are paintings of a halo and a mandorla in the niche, and on each side in the niche are paintings of a standing deva and children reborn out of lotuses. The two sides out of the niche are decorated with 50 molded worshipping devas, and most of them are now lost.

ii. Wall surface

The paintings on the north, west and south wall were executed according to an integrated plan based on their contents. The lower sections of all the walls are covered with images of yakshas, and the upper sections with heavenly musicians. The middle sections in the front below the gabled ceiling are painted with large-size preaching scenes, and the back part below the flat ceiling are painted with images of yakshas, narrative paintings, Thousand Buddha motifs, and heavenly musicians, which run the entire length of three walls.

The paintings on the lower sections of the south, west and north walls are 80-88 cm high, executed on a ground of earth red colour and consisting of more than 70 yakshas in various postures, the foreground consisting of rolling peaks and ridges. The paintings are severely damaged due to its lower position. There are 28 yakshas left on the south wall, 17 on the west wall, and 18 on the north wall.

Both the large-size preaching scenes on the middle section of the north and south walls below the gabled ceiling in the front take on the form of a trapezoid because of the spatial structure formed by a gabled ceiling and a flat roof ridge at the top. The present preaching scene on the south wall is 360 cm high and 361 cm wide. The central standing Buddha in frontal view with green hair and an ushnisha is 247.5 cm high and stands with legs apart on an inverse lotus. The Buddha is dressed in a patchwork kasaya with his shoulders covered, right hand in abhaya mudra and the left one holding the robe below the waist. Both the halo and mandorla behind consist of six circles, over which a domed parasol is painted like a circular umbrella; in the lower part on the two sides are two standing attendants, the one at left is in martial attire and holding a vajra, the one at right looks like a monk. Behind the two attendants are standing figures in three rows from the top down on each side, most of which are devas and one is a heretic. Above them are three rows of apsaras on each side. The west (left) part of the painting is basically intact while the east (right) part is severely damaged. The preaching scene on the north wall is about 337 cm high and 268 cm wide. The composition is similar to that of the south wall. Most of the central standing Buddha is damaged except for the head and a tiny part of his right shoulder. The halo, mandorla and parasol are the same as those on the south wall. The remaining head of the attendant in the lower part on the right side of the central Buddha looks like a bodhisattva according to the headwear. The west side includes three rows of devas, and above them there are three rows of apsaras similar to their counterparts on the south wall.

On the west side of the preaching scene are painted upright pillars (inner pillars) to support the beams below the west slope of the gabled ceiling, which are also used in the cave's composition as dividing lines between the preaching scene in the front and the narrative paintings and Thousand Buddha motifs below the flat ceiling in the back.

The paintings on the middle sections on the south, west and north walls below the flat ceiling in the back are interconnected narrative paintings rendered in horizontal bands, which are 57-60 cm high. The first narrative painting counting from the east on the south wall is a karma story of Sāmaṇera committing suicide for abstinence, which is 452 cm long horizontally. The main episodes are painted in chronological order from east to west and roughly divided by mountains and architecture. The narrative paintings on the west wall are about 612 cm long horizontally, and the first counting from the south is a jataka tale of the nine-color deer, about 379 cm long horizontally. The episodes are arranged randomly rather than chronologically in the mountain forests, royal cities and palaces. The first episode is painted on the south end, the following episodes start on the north end, and the final episode is arranged in the middle. The second is the karma story of Lady Sumati, which is 231 cm long horizontally and depicts the episodes of Sumati inviting and welcoming the Buddha to dinner. The story continues on the north wall, which is about 60 cm high and 602 cm long horizontally and includes the episodes of the magical presence of Buddha's disciples and the Buddha's sermon. On the west end of the south wall is a section of narrative painting which has turned black because of soot and is about 148 cm long horizontally. While it was once interpreted to be the karma story of an evil dog, recent research suggests that it is the introduction to the nine-colored deer jataka tale painted on the west wall, thus the contents of the narrative paintings on the south and west walls are connected.

The thousand Buddha motifs painted above the narrative paintings occupy three fourths of the wall surface of the middle section, and they are neatly arranged in horizontal rows and vertical lines. There are eight rows from the top down, each row including 35-39 images of Buddhas. There are 282 on the south wall, 295 on the west wall, and 294 on the north wall. The thousand Buddhas are basically the same in size and style, their heights vary between 24.5-27 cm (including their lotus thrones, halos and parasols). They are rendered in frontal view, seated in lotus position with hands in samadhi mudra. The kasayas covering both shoulders of the Buddhas include round-collared or pointed-collared types and are worn in two different ways: with collars around the neck or hanging down. When they were worn with collars hanging down, the samkaksika worn inside is visible at their chests. Different colors are applied to different parts of each Buddha and form fixed combinations, which are orderly arranged to create a decorative effect of five colors. There is a preaching scene in the lower center among the Thousand Buddha motifs on each side of the wall, which consists of one standing central Buddha and two standing bodhisattvas. Both the preaching scenes on the south and north walls have a black ground (background) and they are surrounded by depictions of double *que,* roofs, and stupas. The one on the west wall has a ground of earth red colour (background).

In the upper sections of the walls are images of heavenly musicians, including heavenly palaces, handrails, lotus ponds, rafters, draperies and musicians. Above the handrails of continuous and alternating concave and convex lines, the heavenly palace is formed by the small units of wooden gabled roofs or arched gates, and inside the gates are heavenly musicians performing music or holding flower offerings to the Buddha, with graceful bearing. The heavenly musicians are rendered in succession on the three walls below the ceiling: now there are 26 palace gates and 23 musicians on the south wall, 17 palace gates and 16 musicians on the west wall, and 25 palace gates and 21 musicians on the north wall.

iii. Ceiling

With regards to the gabled ceiling in the front, the east slope is lost except for the southwest corner; the west slope is relatively complete, on which rafters are rendered in bas-relief with a semi-circular section. Originally, there were 15 rafters, and now only 13 remain. The rafters are divided into different sections and decorated with pendant triangles. There were 16 roof boards between the rafters, and now only 15 remain. On the lower part of each board is a worshipping deva holding a lotus stem that winds upwards with three flowers in full blossom between the spreading branches and leaves.

The flat ridge between the two slopes consists of molded square beams on the east and west ends, and the flat top between them is filled with 8 painted lanterndecke motifs, among them 6 are complete and 2 on the south and north ends are in half size. Now only 3 remain.

The flat ceiling in the back around the central pillar is filled with lanterndecke motifs, each consisting of three painted squares laid cater-corner one above another. Now 9 of them are visible.

2. Paintings of the second layer

The paintings of the second layer include the upright line segments in green color on molded flat square pillars and the checkered patterns between the pillars in the pedestal in the east side of the central pillar, as well as vestiges on the east end of the north and south sides that should be frames of written inscriptions. There are 16 remnants of inscriptions altogether, but all of the words are now invisible. The contents of the paintings are hard to identify due to the flaking and fading of the paint layer, and they are believed to have been repainted in the Gui-yijun period since the 10th century. According to the records in *A General Catalogue of the Contents of Dunnhuang Caves* compiled by the Dunhuang Cultural Relics Research Institute, there are "donor figures of the Song dynasty painted on the pedestal" and the present traces of paintings and colors take on the style of Song dynasty paintings in which traces of the donors' attires are faint. An inscription attached to a donor of the Song dynasty is also recorded in *The Inscriptions of the Donors in the Mogao Grottoes at Dunhuang* compiled by the Dunhuang Academy.

3. Remnants of modern times

In 1957, the Dunhuang Cultural Relics Research Institute selected cave 257 and the cliff area that had suffered relatively severe collapse to the south of cave 257 for experimental reinforcement and salvage efforts. The damaged east sides of the south and north walls as well as the damaged part of the gabled ceiling were repaired and restored, and the east wall (front wall) and cave entrance were rebuilt. The present east wall is made of bricks and a concrete structure. The inner walls in the cave were made with white plaster, while the outer ones were made of mixture of concrete and gravel to imitate the actual cliff appearance and so as to obtain a landscape effect by integrating the cliff and the man-made wall surface.

During 1948-1962, when the Dunhuang Cultural Relics Research Institute (former National Dunhuang Art Research Institute) investigated and recorded the number of paintings and statues, printed Arabic numbers were added in the cave.

On the concrete surface of the middle of pedestal rim on the east side of the central pillar and on the east end of the north wall after restoration, a plate with cave numbers had been made by the Dunhuang Cultural Relics Research Institute for two times. In the position of the second time, a plate of cave number made by Zhang Daqian was also included.

IV. Brief summary

In cave 257, the space below the gabled ceiling in the front served as a hall for worshipping the Buddha. The square-pillar stupa was chiseled in the back center on a Sumeru-shaped pedestal, and the space between stupa and the south, west and north walls forms a circumambulation passage. This is different in form from the clockwise circumambulation corridor with an barrel-vaulted top in the Indian chaitya caves and Qiuci caves, but they have the same function. The statues and wall paintings contents follow the order of clockwise circumambulation around the pillar. The Buddhas enshrined in the niches dug out of the four sides of the pillar, from ascetic Buddha to enlightened Buddha, all sit in lotus position practicing meditation. Other than the Buddhas sitting in meditation on the upper register, the bodhisattvas on both sides of the niches, the pensive bodhisattva sitting with one leg crossed and the seated bodhisattva preaching dharma with ankles crossed in the niches in the middle, north and south are all arranged in a clear chronological order. The narrative paintings in horizontal bands, the paintings of karma stories for observing Buddhist precepts or spreading Buddhist dharma, and the paintings of jataka tales focusing on offering donations and sacrifices on the south, west and north walls enable the visiting believers to contemplate and receive the instructions on the Buddhist theories of giving donations, observing the precepts and being reborn into heaven. The nine-colored deer jataka tale, the karma stories of lady Sumati and the Sāmaṇera committing suicide for abstinence in this cave are all masterpieces of Northern Wei wall paintings that have attracted extensive attention. This kind of cave form with a hall in the front and a stupa in the back is typical in the Northern Wei dynasty, which exhibits the influence of the "Yungang Pattern" represented by Yungang's Phase II caves on Dunhuang.

Archaeological periodization research suggests that the remnants of the first (bottom) layer in cave 257 date to Phase II of the Northern Dynasties (from 465 to about 500 CE), equivalent to Phase II of the Yungang Grottoes (between 471-494 CE or a little later), and therefore they should be no earlier than 471 CE and no later than the first year of Xiaochang era (525 CE) when Lord Yuan (Tai) Rong from the Northern Wei royal family acted as the governor of Guazhou. The date of the remnants of the second layer might be between the latter half of the 10th century and the early 11th century.

Chapter IV: Cave 259

I. Façade

Cave 259, adjacent to cave 257 in the south, is a single-chamber cave facing east with a direction of 1.53 degree east by north and an elevation of 1,337.18 m. Similar to cave 257, the front part has been destroyed as a result of the collapse of the cliff face in its early years, and the east wall is lost, forming an open entrance. The front gabled ceiling, the east part of the north and south walls, and the east side of the floor are all damaged.

As for the serial numbers of this cave, it was numbered P.111 by Paul Pelliot in the beginning of the 20th century, C.242 by Zhang Daqian in 1940s, and 259 by the Dunhuang Cultural Relics Research Institute in 1950s.

II. Structure

Cave 259 is lengthwise rectangular in plan with a gabled ceiling in the front and a flat ceiling in the back, 372-446 cm high, 416-461 cm wide from south to north, and 525-513 cm deep from east to west. The middle of the west wall protrudes outward by 55 cm, forming a 251-261-cm high stupa on a 116.4-cm high Sumeru-shaped pedestal. A large arched niche is cut in the front side, which is 193 cm high and 180 cm wide at the entrance.

The wall surfaces, namely the west wall, north wall, and south walls except for those of the pillar are all divided into an upper section and a lower section by a protruding ridge along the upper edge of the lower section. The lower section is as high as the pedestal of the pillar, and the protruding ridge is connected with the rim of the pedestal. The upper sections of the north and south walls are divided into an upper part and a lower part by a horizontally protruding ridge: the lower part contains three arched niches and the upper part contains four niches with a square entrance.

In the lower part of the north wall, the first niche counting from the west is 110.8 cm high and 108 cm wide at the niche entrance, the second is 107.8 cm high and 104.5 cm wide at the entrance, and the third is 107.1 cm high and 102 cm wide at the entrance. In the lower part of the north wall, the first niche counting from the west is 60.7 cm high and 56.7 cm wide at the niche entrance, the second is 70.3 cm high and 58 cm wide at the entrance, the third is 82.2 cm high and 71.7 cm wide at the entrance, and the fourth is 83.4 cm high and 17.4-51.5 cm wide at the entrance. In the lower part of the south wall, the first niche counting from the west is 121.3 cm high and 105.2 cm wide at the niche entrance, the second is damaged except the west upper corner of the niche entrance, which is 31 cm high and 8 cm wide. In the upper part of the south wall, the first niche counting from the west is 66.3 cm high and 63.1 cm wide at the entrance, the second is 68.9 cm high and 61.8 cm wide at the entrance, and the third is damaged except the west upper corner of the entrance, which is 65.8 cm high and 61.2 cm wide. Half of the upper section of the south wall has been damaged, and the lower section is damaged except the west side, which is 115.5-145.5 cm wide.

As for the gabled ceiling, most of the east slope is damaged, and the west part of the west slope is severely damaged; as for the flat ceiling in the back, only a tiny part in the north, west and southwest remains.

III. Contents

1. Painted statues and wall paintings of the first layer

i. West wall

The painting traces on the pedestal under the pillar-shaped stupa on the west wall are vague and hard to identify, and they are originally inferred to be traces of yaksha images. Along the pedestal rim in the front side are donor figures painted on a white ground, and the middle part was contaminated with oil stains from the burning of oil lamps in later periods.

The large arched niche in the front side of the stupa contains two seated Buddha statues in ardhaparyanka (semi-lotus position). The one on the north side is 143.9 cm high, the right forearm is broken and the left hand rests on left knee; the other on the south side is 140.8 cm high, the right hand is raised to the chest with palm outward in abhaya mudra, and the left forearm rests on left thigh with a broken wrist remained. Both Buddhas are half draped in earth-red kasaya, while the lower parts of the kasaya hang down and cover their thrones; each Buddha has a halo consisting of four circles, a mandorla consisting of five circles, and a parasol painted on the wall above in the niche behind the Buddhas. The space between the two Buddhas and the two side walls in the niche shows 14 standing devas, and on the top of the niche, 10 apsaras. The pointed arched niche lintel is decorated with children reborn out of lotuses, lotuses, and wavy honeysuckle motifs. There are 9 children on lotuses performing musical instruments among flowers, which highlights the theme of music and dance.

On either side outside of the niche stands an attendant bodhisattva. The one on the north (left) side is 130 cm high, and the other on the south (right) side is 124.5 cm high. Both wear a treasured crown and a long green skirt, with a bare upper body. On the wall above them are four rows of molded devas or reincarnated children varying in size. There were 26 in total, and most of them are now lost.

On the north side of the pillar, there is a yaksha painted on the pedestal and a standing bodhisattva on the pillar. The bodhisattva, which is 126 cm high, wears a treasured crown and a long white skirt, with a samkaksika of red earth colour draped at a slant over his left shoulder. On the wall above the bodhisattva are four rows of molded statues, 11 in total and only 2 of them remain. The south side of the pillar is basically the same as the north side: a yaksha was painted on the pedestal, and a standing bodhisattva, whose head is partial missing, was painted on the pillar. The bodhisattva is 98 cm high, draped in a samkaksika of red earth colour and a long white skirt. The molded statues on the wall above the bodhisattva are all lost.

The west wall surface on the north and south sides of the pillar presents a painted yaksha in the lower section and ten rows of the thousand Buddhas motif in the upper section. There are 65 Buddhas on the north side and 59 on the south side. The shape and composition of the thousand Buddhas motifs are similar to those in cave 257.

ii. North wall

The paintings of 12 yakshas on the lower section of the north wall, are unclear and undecipherable.

The first niche from the west in the lower part of the upper section contains an 85-cm high (including the throne) seated Buddha in lotus position. His right arm is broken at the elbow, and his left forearm resting on left thigh is also broken, and was probably in vitarka mudra (a manual sign of teaching). A white samkaksika is worn inside under a half draped kasaya of red earth colour, the lower part of which hangs down covering the throne. An attendant bodhisattva stands against the east (left) wall in the niche, with his head missing partially. The bodhisattva is draped in an earth-red kasaya with two shoulders covered and wears a long white skirt; an attendant bodhisattva, 72 cm high and standing against the west (right) wall in the niche, wears a high chignon and clothing similar to the one on the left side. A halo consisting of four circles and a mandorla consisting of five circles are painted on the back wall behind the Buddha, while a halo is painted behind each of the two attendant bodhisattvas. The upper and lower space of the wall in the niche show lotuses and children reborn out of lotuses. The pointed arched niche lintel is decorated with horizontally cross-stemmed and interlocked honeysuckle motifs.

The second niche in the lower part contains a 97.2-cm high seated Buddha, with two legs pendant, right hand raised to the shoulder in abhaya mudra and left hand resting on the left knee in varada mudra. A black samkaksika is worn inside and a kasaya of red earth colour is half draped, revealing the white skirt from the ankles that is flush with the lower hems of the kasaya. Against the east wall in the niche stands the left attendant bodhisattva with the head missing partially, 60.7 cm high, dressed in a black samkaksika and a long grey skirt. The right attendant standing against the west wall in the niche with the head partial missing is 64.1 cm high, wearing clothing that is similar to that of the bodhisattva on the other side. The Buddha's halo and mandorla are painted on the wall in the niche, consisting of four and five circles respectively. The two attendant bodhisattvas also have a corresponding halo painted on the wall within the niche, and the upper and lower space in the niche are painted with motifs of lotuses and children reborn out of lotuses. The pointed arched niche lintel is decorated with lengthwise cross-stemmed and interlocked honeysuckle motifs.

The third niche in the lower part enshrines a Buddha of 93.8 cm high (including the throne) seated in lotus position with two hands in samadhi mudra in front of the belly. A kasaya of red earth colour is draped over the shoulders with the lower hem hanging down covering the front of the throne. The east wall inside the niche is lost, and against its west (right side) wall stands an attendant bodhisattva with the head partially missing, about 57 cm high, his upper body bare and lower body wearing a long green skirt. On the wall in the niche are paintings of the Buddha's halo consisting of four circles and a mandorla consisting of five circles. The bodhisattva on the west side has a painted halo. The upper and lower wall surfaces are filled with paintings of lotuses and apsaras. The niche lintel is partially lost.

On the west side out of the first niche in the lower part are paintings of thousand Buddhas, which are connected with those of the thousand Buddhas on the upper section on the west wall, arranged in 6 rows from the top down (20 Buddhas in total). The space between the first and second niches is filled with seven devas in three rows from the top down. The space between the second and third niches also depicts seven devas in three rows from the top down.

The first niche counting from the west in the upper part of the upper section enshrines a seated bodhisattva of 56 cm high who wears a treasured crown with ankles crossed, has a bare upper body and wears a long skirt, with both hands in front of his chest in dharmacakra mudra. The wall in the niche shows paintings of the Bodhisattva's halo and mandorla, each consisting of three circles. The east and west walls each depict one standing deva and the upper space depicts lotus buds.

The second niche in the upper part contains a 68.9-cm high bodhisattva seated with ankles crossed. His right arm hangs down and bends horizontally, and left arm hangs down with the lower part of the upper arm broken. The bodhisattva wears a treasured crown, has a bare upper body and wears a long green skirt. The wall surface in the niche shows paintings of a bodhisattva's halo consisting of three circles and a triangular backrest. The east and west side walls in the niche show two kneeling devas, one above the other, and the remaining space from top to bottom depicts paintings of lotus buds.

The third niche in the upper part contains a 71.8-cm high bodhisattva seated with one leg crossed. His right hand is raised up to support the cheek and left arm rests on the right foot, suggesting that the bodhisattva is in contemplation. The bodhisattva wears a treasured crown and a long skirt of red earth colour, with a bare upper body. The wall surface in the niche shows paintings of the bodhisattva's halo and mandorla, each consisting of four circles. A kneeling deva is painted on each side of the pedestal, a standing deva and an apsara are painted on both east and west walls in the niche, and the space between them is painted with lotus flowers and lotus buds.

The fourth niche contains a statue which is now lost, and the remnant is about 64 cm high. On the wall in the niche are a painted halo and mandorla, each consisting of three circles. The west side of the pedestal depicts a kneeling deva, the west wall shows paintings of three kneeling devas, and the rest wall surface is filled with lotus buds.

Each niche in the upper part has a square entrance, and two square holes are dug out of the east and west side walls of the Buddha statue near the top. Most of the double-que and the roof that were first molded and then painted out of the square entrance were damaged.

The paintings of the thousand Buddhas on the west side out of the first niche in the upper part join the paintings of thousand Buddhas on the upper section in the west wall, totaling 12 in number and arranged in three rows from the top down. The space between the first and second niches is decorated with paintings of 4 worshipping devas in three rows, the space between the second and third niche is decorated with 5 worshipping devas in three rows, and the space between the third and fourth niches is decorated with 3 worshipping devas in three rows, one in each row.

There is a preaching scene painted in a triangular frame above the two-layer niches and below the gabled ceiling, which is 88.6 cm high, starting from the east side and extending to the surface above the first niche in the upper part, almost spanning the whole wall horizontally. Focus of the composition is the central Buddha and two flanking bodhisattvas below the ridge of the gabled ceiling. The central Buddha seated in lotus position and half draped in dark brown kasaya, is 49 cm high (including the throne), with the right hand in front of his chest in abhaya mudra and the left hand extending outward from the waist in varada mudra. On either side is a standing bodhisattva. On the two sides of the preaching scene are many apsaras, 5 on the west side and 4 on the east side, all flying from east to west.

iii. South wall

In the lower part of the upper section in the south wall, the first niche counting from the west contains a seated Buddha statue which is 89.6

cm high. His right arm hangs down while the lower part of the upper arm is broken, and the left hand rests on the left knee in Bhumisparsha mudra. The Buddha wears an orange samkaksika under a half-dressed earth-red kasaya, and the lower part of the kasaya hangs down covering the front throne. The attendant bodhisattva on the left side against the west wall in the niche is 79.6 cm high, wearing a high chignon and a long black skirt, with a bare upper body. The attendant bodhisattva on the right side against the east wall is lost. The wall surface in the niche shows paintings of the Buddha's halo and mandorla, consisting of four and five circles respectively. On the two sides of the wall surface are painted halos of the two bodhisattvas, and the rest of the space is decorated with lotuses and children reborn out of lotuses. The pointed arched niche lintel, which is partially damaged, is decorated with horizontally cross-stemmed and interlocked honeysuckle motifs.

The second niche in the lower part has been damaged except for its west upper corner, which bears traces of the painted halo behind the bodhisattva on the west side. The remnants of the niche lintel are decorated with horizontally cross-stemmed and interlocked honeysuckle motifs.

On the west side out of the first niche in the lower part are paintings of the thousand Buddhas, which meet the paintings of thousand Buddhas in the upper section of the west wall, totaling 25 Buddhas arranged in six rows from the top down. The surface between the first and second niches shows worshipping devas painted in three rows, totaling 8 in number.

The first niche counting from the west in the upper part of the upper section contains a seated bodhisattva of 54.1 cm high, who wears a treasured crown, has a bare upper body and wears a long black skirt, and has ankles crossed and both palms together in front of his chest. The Budda's halo and mandorla are painted on the wall in the niche, consisting of two and four circles respectively. The east and west walls in the niche each depict a standing deva and the remaining space from top to bottom has paintings of lotus buds.

The second niche contains a seated bodhisattva of 65 cm high, who wears a treasured crown, has a bare upper body and wears a long green skirt. The right forearm stretches forward, and the right hand is held in abhaya mudra; the left arm hangs down and bends from the elbow, with the left forearm missing. The Buddha's halo and mandorla are painted on the wall in the niche, consisting of three and four circles respectively. The east and west side walls respectively depict 2 kneeling devas, one above the other. The rest of the space is decorated with lotuses and lotus buds.

The third niche contains a statue which has completely disappeared, and traces of a triangular backrest can be seen on the south wall. Above the backrest are 2 apsaras and on the ceiling of the niche are 2 apsaras, all of them paying tribute to a white pearl. The west wall depicts a standing deva.

In the niches with a square frame, there are two square holes dug out of the west and east sides of the statue respectively near the top of the niche. On the outside of the niche are molded and painted double-que and a roof, most of which are now lost.

On the west side of the exterior of the first niche are paintings of the thousand Buddhas, which meet the paintings of thousand Buddhas in the upper section on the west wall in four rows from the top down, totaling 16 Buddhas. The wall between the first and second niches shows images of 4 worshipping devas in two rows from the top down, and the wall between the second and third niches show 6 devas in three rows from the top down.

Above the lower and upper niches on the upper section and below the gabled ceiling is a preaching scene in a triangular shape, 81.8 cm high and 250 cm wide. Right below the middle ridge of the gabled ceiling are paintings of one Buddha and two bodhisattvas. The central Buddha is 49 cm high (including the pedestal), seated in lotus position and half draped in a dark brown kasaya, with the right hand in front of the chest in abhaya mudra and left hand extending forward from the waist in varada mudra. The two attendant bodhisattvas flanking the central Buddha are kneeling. On the two sides of the preaching scene are several apsaras, 4 on the west side and one left on the east side, all flying from the east to the west.

iv. Ceiling

The east and west slopes of the gabled ceiling in the front each have 8 molded rafters with a semi-circular section, whose upper ends are orthogonally connected with the ridge to divide 9 roof boards. Most of the east slope is lost and the west slope is relatively well preserved. The middle part of the east slope is decorated with cloud patterns and that of the west slope with pendant angle patterns.

The roof board between the rafters on the east slope shows a lotus stem winding its way upward with spreading branches and leaves as well as three lotuses. On the uppermost lotus is a kneeling deva. The roof board between the rafters on the west slope is filled with several pictures of apsaras, 3 in each picture, all flying westward (downward).

The flat ceiling in the back are covered with painted lanterndecke motifs that consist of three squares laid cater-cornered one above another. Originally there were 6 in total: of the 4 in front of the central pillar, only the first one counting from the west and a tiny part of the second remain; of the 2 on the south and north sides respectively of the central pillar, smaller in size, the one on the north remains intact and the other on the south side has been damaged except for a tiny part.

2. Wall paintings of the second layer

Some remnants on the front (east) side of pedestal under the central pillar cut out of the west wall have taken on darker color, and there seems to be a horizontal rectangle in the middle below the upper rim that is inferred to be a cartouche. There is an upright rectangle on the north side of the pedestal, which is also suspected to be a cartouche.

The first molded statue counting from the west in the first row on the lintel of the first niche in the upper front side of the pillar was filled in and plastered, on which auspicious clouds and lotus flowers are painted.

Remnants of the second layer of wall painting can be seen in front of the pillar, about 59 cm away from the north side of the flat ceiling, which is 73 cm long and 204.5 cm wide and includes a row of seated thousand Buddhas, 6 of them remain. Below the seated Buddhas are paintings of lotuses and cloud patterns, which are connected to the remnants of molded statues on the south side of the niche lintel in the front side of the pillar.

3. Remnants of modern times

Since 1915, faces and chests of the two main Buddha statues in the front niche of the central pillar were applied with a thin layer of flesh red color, some broken areas of the faces were filled in, and some previous paintings were repainted, resulting in overlapping paintings.

In 1946, Dunhuang Art Research Institute simply built a corridor in front of the caves and a plank walkway with wooden purlins and rafters. In the 1950s, these additions were renovated, and in 1957, a protective brick wall was built outside of the entrance when the experimental reinforcement and salvage project of the unstable cliff was undertaken at Mogao.

In 1948-1962, the Dunhuang Cultural Relics Research Institute (former National Dunhuang Art Research Institute) wrote down serial numbers in printed Arabic numerals in the caves when investigating and recording the paintings and painted statues.

In early 1940s, Zhang Daqian numbered some caves at Mogao, and he left an inscription by smoothing over and plastering the upper part of the pillar on the west side out of the third niche counting from the west in the lower part of the upper section in the north wall. In 1960s, the Dunhuang Cultural Relics Research Institute made a plate for labeling cave number in the middle of the front side of the Buddha's throne in the niche in the front side of the central pillar.

IV. Brief summary

The "half central-pillar shaped stupa" cut in the west wall in cave 259 is a feature unique to the Northern Wei caves at Mogao. Cave 259 has attracted academic attention because of its special form and contents, and research has been done on its various aspects including the architectural structure, religious themes, style and date. In 1980, an article *Periodization of Northern Dynasties Caves at Mogao Grottoes of Dunhuang* jointly written by Fan Jinshi, Ma Shichang and Guan Youhui classifies cave 259 as one of the Phase II caves of the Northern Dynasties, and demonstrates that it was constructed in the middle of the Northern Wei dynasty.

The choice to construct the Prabhutaratna Pagoda at Mogao was not random. The two Buddhas sitting side by side in one niche was once a polular theme among the Northern Wei cave temples, and it indicated the westward dissemination of the Yungang Pattern. Judging from the construction condition out of the cliff, cave 259 was built in a relatively later date, probably in the early 6th century. The theme of the cave was meditation (dhyana), while the combination of Buddhas of the Three Ages with Sakyamuni and Prabhutaratna was the very "Saddharma-pundarika-samadhi" visualization popular at that time.

The *que*-styled niches with vivid local characteristics, prevailed among the Northern Wei caves at Dunhuang. The *que*-styled niches in cave 259 are in the worst state of preservation, but are very important. The towers of the double-*que* and the roof between them have completely collapsed except for some wooden pieces partly inserted into the cliff as well as the holes cut out of the cliff for a load-bearing frame when molding the niches. There is also a pair of square holes in each niche, which were also used for inserting wooden pieces for consolidation. Judging from these extra measures and the length of the wooden pieces, the size of the components made of mud and grass mixture protruding from the walls at that time can be speculated, and the reason for its collapse is also understandable. The remnants on the wall surface have provided rich information about how the niches were made.

The remnants of the second layer in the cave include just a few paintings on the flat ceiling above the stupa. The original paintings should not be merely 6 seated Buddhas. According to caves 98 and 108 of the Five Dynasties and the paintings of the thousand Buddhas on the wall in cave 256, it can be inferred that the second layer of paintings dated to the Guiyijun period controlled by the Cao family, namely the Five Dynasties and Song dynasty.

Chapter V: Conclusion

I. Façade

The three caves included in this volume were constructed out of the cliff in the middle of the Southern Area at Mogao, and they are at the same level as the early three caves included in Volume I, namely the neighboring caves 268, 272 and 275 in the north. Among the group of caves numbered 246-275, they are located in the middle by the north. Façades of cave 257 and 259, constructed at an earlier time, were destroyed due to the cliff collapse, but also suffered damage in different degrees in the front. Prior to 1950s, all these caves have an opening toward east.

Cave 256 in this volume includes a wooden eave in front of its façade that was added at later times. There are no remnants of other caves above it, and it is likely that cave 256 is located in a hollow in the cliff formed by the collapse of natural rock mass. The depth in its plane is obviously greater than those of the about ten caves of the Northern Dynasties and the Sui dynasty on either side. A cave dating to the Sui dynasty or even earlier may have originally been constructed in the space that it now occupies. On this basis, a later excavation that went deeper into the cliff made way for the present and much larger cave 256.

II. Cave structure

Among the three caves in this volume, the form of cave 256 basically remains intact; while there is loss to the front part of caves 257 and 259, they have still retained their basic forms and functions.

In cave 256, a corridor connects the front chamber and the main chamber. The front chamber has no east (front) wall but a wooden eave built in the modern era. The main chamber is square in plan with an altar in its center, on which statues are installed; the truncated pyramidal ceiling has four recessions in the four corners. It is a cave hall for worshiping the Buddha.

In cave 257, the front space is horizontal and rectangular in plan with a gabled ceiling, and the back has a flat ceiling with a central pillar that has a square section cut out of the ground to symbolize a stupa. Niches were cut in the four sides of the pillar. This form suitable for clockwise circumambulation is the sinicization of the chaitya from Indian cave temples. The high open space in the front was suitable for gathering and worshipping, while the back part provided a passage for circumambulating the stupa and practicing meditation.

In cave 259, the front is horizontal and rectangular in plan with a gabled ceiling, and the back is shallow in depth with a flat ceiling. The central stupa was unshaped so that it protruded from the west wall like a pilaster, with a large arched niche cut in the front side. On the south and north sides, there are two rows of niches symmetrically arranged. As a special example of the caves with a pilaster-like stupa, though it was not used for circumambulation, the niches with statues inside on the three sides were still able to be used for worshipping the Buddhas, practicing meditation and cultivating the "Saddharma-pundarika-samadhi" visualization.

III. Cave contents

The three caves in this volume were built and renovated in different times, resulting in the overlapping of the original painted statues and paintings with the renovated statues and paintings of later times. According to their overlapping relationship, the contents in these caves can be divided into four phases.

1. Phase I

Phase I is the period during which caves 257 and 259 were first created.

i. Painted statues

There are 11 Buddha statues preserved in total, which are classified into the following types:

Two Buddhas seated with two legs pendant: one is the central Buddha in the large niche in the east side of the central pillar in cave 257, and the other in the second niche counting from the west in the lower part of the upper section on the north wall in cave 259, namely the middle one among the three arched niches. Some scholars have demonstrated that they both refer to Sakyamuni Buddha, or perhaps to the future Buddha Maitreya.

Two Buddhas seated in Ardhaparyaṅka in the large niche in the front side of the central pillar against the west wall in cave 259: they are Sakyamuni and Prabhutaratna sitting together in the Prabhutaratna Pagoda and are also main Buddhas in cave 259.

Seven Buddhas seated in lotus position: four of the Buddhas are enshrined in the south, west and north sides of the central pillar in cave 257, and among them the one in the south side is an emaciated Buddha practicing asceticism. The images of the ascetic and meditative Buddhas were combined to symbolize Sakaymuni's journey to enlightenment. Three Buddhas are in cave 259: two on the two sides of the preaching Buddha seated with legs pendant, one preaching and the other is in meditation, and the third one on the west side of the north wall. The three Buddhas can be identified as Sakyamuni Buddha on the one hand, and on the other hand, the possibility that they are a combination of the Buddhas of the Three Ages, in which Maitreya is in the middle, has to be taken into account.

There are 24 bodhisattvas left altogether:

Originally there were 28 standing bodhisattvas, now only 17 remain. Most of them are attendant bodhisattvas flanking the central Buddha in two combinations: either four standing out of a niche or two standing inside a niche. The first combination is seen outside the niches in the south, west and north sides of the central pillar in cave 257 and outside of the niche in the front side of the pillar in cave 259, and now only 11 bodhisattva statues have remained; the second combination is in the arched niches in the lower part of the upper sections in the south and north walls in cave 259, and now only 6 were preserved.

Five bodhisattvas are seated with their ankles crossed, respectively in the upper que-styled niches of the central pillar in cave 257 and the upper que-styled niches on both south and north walls in cave 259, all rendered as Maitreya Bodhisattva ascending to Tusita Heaven.

Two bodhisattvas are seated in ardhaparyaṅka in the upper que-styled niches just like the bodhisattvas seated with their ankles crossed; both are pensive images of Maitreya Bodhisattva under a dragon-flower (naga-puspa) tree.

One standing bodhisattva in martial attire serves as the left attendant on the north side out of the east niche in the central pillar in cave 257, and the opposite statue on the south side, which has been damaged, can be identified as a monk-like figure. Now the left and right attendants have been identified as Indra in martial attire and Mahabrahman in the form of a monk.

There were 222 small molded statues altogether, but only 46 remain. Among them, there were 174 in cave 257 and 44 remain today; and 48 in cave 259 with only 2 remaining today. The molded statues are all of devas in the form of kneeling bodhisattvas.

ii. Wall paintings

The wall paintings in caves 257 and 259 are classified into five types: images of Buddhist deities, sutra illustrations, story paintings, donor figures, and decorative patterns.

Among the Buddhist deities, there are 1,068 Buddhas which are all seated and similar to the form of the Thousand Buddhas in the early cave 272, and they can be subdivided into the thousand Buddhas and transformation Buddhas. There are 871 Thousand Buddhas in cave 257, including the Thousand Buddhas of both the present Bhadra kalpa and the future Naksatra kalpa. There are 197 transformation Buddhas in cave 259, which are Buddhas from ten directions displayed by Sakyamuni. There are 109 devas in various postures, commonly known as "worshipping bodhisattvas", of vivid and natural appearance. There are also 21 apsaras, 60 heavenly musicians and 78 yakshas (guardian warriors) left. On the pedestal of the central pillar in cave 257 are images of sacred beasts including dragons and tigers.

There are 7 sutra illustrations varying in size and shape that focus on the Buddha's preaching. There are 2 large-sized preaching scenes each on the south and north walls below the gabled ceilings in cave 257 and each consisting of one Buddha and two bodhisattvas surrounded by devas and apsaras on two sides. There are two medium-sized preaching scenes, each on the south and north walls above the niches in cave 259, which make use of the triangular wall surfaces of the upper gable walls below the gabled ceiling to form a unique shape. There are 3 small-sized illustrations in the lower center of the thousand Buddhas paintings on the north, west and south walls respectively in cave 257.

There are 4 story paintings in the middle sections on the south, west and north walls in horizontal bands, and three of them in clockwise order are the stories of a Samanera committing suicide for observing Buddhist precepts, a jataka tale of the nine-colored deer, and the karma story of Lady Sumati.

The donor figures are arranged along the rims of the pedestal in four sides of the central pillar in cave 257 as well as along the rim of the front-side pedestal under the pilaster and on the protruding ridge between the upper and lower sections on the north wall in cave 259.

The decorative patterns refer to the decorative borders used to separate the different paintings, the decorative patterns on architectural components, and those in the halos and mandorlas of Buddhist deities of various types.

2. Phase II

Phase II is the period during which cave 259 was renovated (the second layer in cave 259) and cave 256 was first constructed (the first layer in cave 256).

i. Painted statues

There is one Buddha statue on the central altar in cave 256 that serves as the main Buddha in the cave. It faces east and sits on a Sumeru-shaped throne in lotus position, with his right hand in abhaya mudra and left hand in varada mudra. A kasaya is draped over his two shoulders while the two collars hanging down reveal the samkaksika worn underneath.

ii. Wall paintings

Images of Buddhist deities include 6 of the thousand Buddhas used to fill in the broken area on the south side of the flat ceiling originally covered with painted lanterndecke motifs in cave 259. An inscription was written on the original painting in the front side of the pedestal underlying the pilaster in cave 259, and three inscriptions of the first layer were revealed when the surface wall paintings were removed from the two sides of the entrance in the east wall in cave 256.

3. Phase III

Phase III is the period during which cave 257 was renovated (the second layer), and the renovation includes the east end of the pedestal of the central pillar. In cave 256, the renovation includes the surface (second layer) wall paintings that almost cover the whole cave (including the front chamber, the corridor and the main chamber).

Among the images of Buddhist deities, there are the following: about 908 thousand Buddhas on the four walls in the main chambers; remnants of the Seven Buddhas are on the wall over the corridor entrance in the west wall of the front chamber; four scenes of the Buddha attending assembly are painted in the upper section of the south and north walls in the front chamber as a part of a large-sized painting; 84 worshipping devas in various postures that are attributed in the sutra illustrations on the west wall in the front chamber, on the south and north walls of the corridor, and on the inside of the *kunmen* in the lower part of the four sides of the central altar in the main chamber; children reborn out of lotuses that are depicted in front of the devas on the south and north walls of the corridor, an apsara in the northeast corner of the ceiling in the front chamber, and two yakshas behind the throne in the middle of the west side of the central altar in the main chamber.

In cave 256, there are three sutra illustrations altogether: an illustration of the thousand Buddhas on the wall over the entrance in the east wall of the main chamber, an illustration of Manjusri and an illustration of Samantabhadra on the north and south sides of the entrance in the west wall of the front chamber.

In cave 256, there are two paintings of donor figures, each on the south and north sides of the entrance in the east wall of the main chamber, including 3 male and 2 female donors. There were originally 12 donor figures in rows of the second layer paintings in cave 257, and now only 16 indistinct cartouches remain.

In cave 256, there are 171 *kunmen* either painted or molded mainly on the central altar, in the main chamber and the lower section of the side walls of the corridor. Inside these *kunmen* are images of flaming pearls, devas, heavenly musicians, warriors, Buddhist instruments, worshipping instruments, musical instruments, sacred beasts, seven treasures, lotuses and corals.

Decorative patterns are mainly seen in the chambers, on the top of the corridors, on the altar and in the lower section of the walls.

4. Phase IV

i. Painted statues

The faces and chests of the two seated Buddhas, Sakymuni and Prabhutaratna, in the niche of the protruding pillar out of the west wall in cave 259, were repainted.

The main Buddha seated on the central altar in the main chamber of cave 256 was repainted, and six statues, including two disciples of the Buddha and four bodhisattvas arranged symmetrically on the south and north sides, were re-sculptured.

ii. Wooden eave

In front of cave 256, a wooden eave, which is three *jian* wide and consists of four beams and six pillars with a round-ridge roof, was rebuilt.

IV. Time of caves

1. Phase I

The central pillar with a square cross section in cave 257 appears in almost all the caves built in the same period at Mogao and was influenced by Phase II caves of the Northern Wei dynasty in the Yungang Grottoes. There is no doubt that the first layers, namely the original layers contemporaneous with the cave construction in caves 257 and 259, date to the Northern Wei dynasty. Archaeological research suggests that the two caves date back to the middle Northern Wei dynasty, about 465-500 CE, and that cave 259 might be a litte later than cave 257.

2. Phase II

Cave 256 was also constructed in Phase II. The architectural structure and the main statues basically remain original condition, but the original wall paintings can only be seen in the areas where the surface-layer paintings are broken. According to the inscriptions attached to the donor figures of the first layer revealed in the east wall and the remains of the four recession in the truncated pyramidal ceiling, cave 256 was constructed by members of the Cao family in the Guiyijun period ruled by the Cao family during the Five Dynasties, namely the early period of the Guiyijun period ruled by the Cao family between 939-942 CE.

The six thousand Buddhas repainted on the ceiling in cave 259 date to the same period.

3. Phase III

Phase III refers to the period of renovation, when the wall paintings of the second layer in caves 256 and 257 were completed. The wall paintings of the surface layer in cave 256 were finished in this period. The donor figures painted on the east wall in the main chamber have been identified as members of the Cao family, when Cao Zongshou was in charge of the Guiyijun Regime in the Song dynasty, namely the late period of the Guiyijun period, of about 1003-1014 CE.

4. Phase IV

It can be inferred that the renovated main statues and paintings on the central altar in the main chamber of cave 257 were done in the period from late Qing dynasty to the early period of Republic of China, according to styles of the renovated statues and wall paintings.

V. Cave features

The three caves included in this volume are different from each other in form, inner space, statues and wall paintings contents. Among them, caves 257 and 259 of the Northern Wei dynasty are of obvious difference from each other. Each cave has its own noteworthy features.

1. Central pillar

The central pillar in cave 257 originated from chaitya in Indian Buddhist cave temples, but differed from its Indian prototypes in both form and function. The stupa consisting of a round pillar and a domed top in India, was transformed into a square pillar-shaped stupa with more than one storey of Chinese style. The central-pillar caves of the Northern Wei dynasty at Mogao were directly influenced by caves of the "Yungang Pattern" from Pingcheng (today's Datong city in Shanxi Province), capital in the middle period of the Northern Wei dynasty. The central-pillar caves of the Northern Wei dynasty share no links with burial and śarīra (remains of Buddha and Buddhist masters) practice, and they were constructed for Buddhist believers to circumambulate Buddhist statues and practice meditation. The central pillar is the most important features of the Northern Wei dynasty caves in Dunhuang.

2. Cave highlighting Saddharma-pundarika-samadhi

Cave 259 is a unique central-pillar cave and the "half central pillar-shaped stupa" (pilaster) in the west wall embodies creativity and ingenuity of cave builders. The pilaster forms a pagoda of Prabhutaratna. The large niche in the front side of the stupa enshrines the statues of Sakyamuni and Prabhutaratna sitting side by side, indicating that this cave was constructed to express the idea of meditation, a visual representation of Saddharma-pundarika-samadhi practice.

3. Gabled ceiling in the front and flat ceiling in the back

All the Northern Wei caves at Mogao adopt the form of a gabled ceiling in the front and a flat ceiling in the back regardless of the size, and this form is one of the most distinct characteristics of the Northern Wei caves in Dunhuang.

4. Heavenly musicians

The heavenly musicians around the ceiling in the early caves were fixed on the top of the four walls below the ceiling in the central-pillar caves of the Northern Wei dynasties. The heavenly palaces combine the original arched palace gates and handrails in the form of successive concave and convex lines from the Western Regions with the additions of wooden palace gates with gabled roofs of Han Chinese style, reflecting the sinicization process of Buddhist art.

5. Cave with a central altar

Caves with an altar in the center appeared in large numbers since the Late Tang dynasty, and became a prevailing form for large caves at Mogao in later periods. Cave 256, which consists of a front chamber, a corridor, a main chamber with a double-layered central altar, statues on the altar, and four recessions in the four corners of the truncated pyramidal ceiling, is complete in structure and well-preserved.

6. Indra and Mahabrahman, two attendants flanking the Buddha

Outside of the main niche in the east side of the central pillar in cave 257 are a standing attendant in martial attire on the left side and a monk-like figure standing on the right side, which have been identified as Indra and Mahabrahman, and this opinion has been increasingly accepted among scholars. The image of Indra and Mahabrahman flanking the central Buddha, either sculptured or painted, appeared frequently in the Mogao caves as well as in the caves in Qinlong and Hexi regions, was a popular theme in the caves of the Northern Wei dynasty.

7. Narrative paintings of Jataka and karma stories

Cave 257 in this volume is most famous for three narrative paintings, including the well-known Jataka tale of the nine-colored deer. Its episodes are flexibly arranged in beautiful scenery, and a theme of punishing the evil and promoting the good was highlighted in an impressive manner; the painted narrative of a Samanera committing suicide for abstinence is both tragic and enlightening, and the karma story of lady Sumati presents grand scenes of the magical manifestations of Buddha's disciples.

The three caves included in this volume have distinct characteristics: cave 257, with its intact content and standard form, is one of the most representative caves of the Northern Wei dynasty; cave 259, with the most distinct character and features, has preserved a precious example of early belief in the *Lotus Sutra*; and cave 256 is not inferior to the famous caves 98 and 61 at Mogao because the once magnificent wall paintings of the original layer, although completely covered by additions of later times, can still be made clear through textual research.